BRITANNICA ET AMERICANA
Dritte Folge · Band 24

Im Auftrage der Universität Hamburg
und der Philipps-Universität Marburg/Lahn

herausgegeben von
RUDOLF HAAS
CLAUS UHLIG

D1722310

MALTE W. TSCHIRSCHKY

Die Erfindung
der keltischen Nation
Cornwall

Kultur, Identität
und ethnischer Nationalismus
in der britischen Peripherie

Universitätsverlag
WINTER
Heidelberg

Bibliografische Information der Deutschen Nationalbibliothek

Die Deutsche Nationalbibliothek verzeichnet diese Publikation
in der Deutschen Nationalbibliografie;
detaillierte bibliografische Daten sind im Internet
über *http://dnb.d-nb.de* abrufbar.

D.30

ISBN 978-3-8253-5278-3
ISBN 3-8253-5278-1

© 2006 Universitätsverlag Winter GmbH Heidelberg
Imprimé en Allemagne · Printed in Germany
Druck: Memminger MedienCentrum, 87700 Memmingen

Gedruckt auf umweltfreundlichem, chlorfrei gebleichtem
und alterungsbeständigem Papier

Den Verlag erreichen Sie im Internet unter:
www.winter-verlag-hd.de

Meinen Eltern.

Inhalt

VIII

Abbildungsverzeichnis

Abstract

In legal practice a county of England at present and often considered too small to stand on its own, Cornwall nevertheless aspires to a place among the nations of the UK. This book researches the social movement of Cornish nationalism from a Cultural Studies perspective employing the text-based approach known from philology. It relates nationalism to cultural developments (in the widest sense) in the long 20th century during which the movement, growing in intensity as the century wore on, extended from the purely cultural into the political arena but remained strongly linked to its cultural roots. To this end, a corpus of nationalist discourse fixed in writing was established spanning the time from the onset of the phenomenon in around 1900 to the present.

In a thorough discussion of the terms *nation* and *nationalism*, it is argued that nationhood does not depend on objective characteristics and that nations (being "imagined communities" in Benedict Anderson's phrase) do not possess a discrete reality outside the realm of ideas. The way to build a specific nation, therefore, is to communicate the nation, its culture and identity, in discourse. Since discourse, in turn, is ephemeral unless it is fixed as a 'text' (as Paul Ricœur pointed out), the forging of a nation may best be understood as an act of 'writing' by nationalists, the dissemination of the idea of the nation, in consequence, as an act of 'reading' on the part of potential co-nationals which holds true for researchers of nations and nationalism as well. In contrast to earlier studies in the 'writing the nation' vein, it is argued that the writing is not a secondary expression of the nation already existing in some form external to discourse but that it is the very creation of the nation itself; it is thus *equated* with nation-building.

Overall, the study is devoted to those texts (or the resulting *metatext*) in which nationalists are 'writing' (i.e. creating) a specific nation, Cornwall, a surprising case, perhaps, in which the activity of construction is all the more obvious. Drawing on a wide variety of texts from the corpus, mainly in English (from literature, statements of political parties and programmes of cultural festivals to visual and abstract 'texts' such as T-shirts, bumper stickers and the use of symbols), Cornish nation-building is scrutinized in the key cultural fields of language, history, politics and Celticity, with a glance at literature, art, music and the academic discipline Cornish Studies. So the interest is in the cultural foundations of the movement. However, the focus is not on a furtherance of, for example, historical knowledge *per se*, but on the pragmatic use of such knowledge in nationalist discourse as nationalists (re-)interpret historical 'facts' in order to create an *image* of Cornwall which they can exploit when they demand a national status for the region, reflecting the paramount importance of history and tradition to nations. Comparisons with areas like Wales, Scotland and Ireland (nations that were established earlier but similarly) show that the emerging Cornish culture is a 'synthetic' one in that it co-opted elements from other 'Celtic' nations. This is embedded in a discussion of British Devolution, European integration and sub-state nationalisms and regionalisms in Europe.

Inasmuch as Cornwall is not widely accepted as a constitutional nation of the UK, it is found that Cornish nation-building is an ongoing process at the beginning of the 21st century and that the 'Cornish nation' is still being written. In sum, the 'Cornish nation' can be said to be *in statu nascendi*, with eventual success very much uncertain.

Danksagung

Kein Text dieser Art ist das Werk eines Einzelnen; während der Arbeit daran habe ich viele 'Schulden' angesammelt, und so danke ich all jenen, die sein Entstehen ermöglicht haben, insbesondere den Autorinnen und Autoren, von deren Ideen ich profitiert habe. Meinem Betreuer, Prof. Dr. Ulrich Keller, gebührt der erste Dank – vielleicht noch mehr für die Bereitschaft, den ungewöhnlichen Gegenstand als Thema einer anglistischen Dissertation zu akzeptieren, als für das gezeigte Interesse, vielfältige Anregungen und wohlwollende Kritik; er hat mich durchweg mit weitem Blick unterstützt und vor mancher Überspezialisierung bewahrt.

Weiterhin danke ich folgenden Institutionen und Personen: Dem *Deutschen Akademischen Austauschdienst* für die Gewährung zweier Stipendien, die mir ausgedehnte Studien in Cornwall und das Erlebnis kornischer Kultur in Aktion und vor Ort ermöglichten und für die dankenswerterweise Prof. Dr. Wolf-D. Weise Gutachten verfasste; Prof. Dr. Gert Solmecke, dem Zweitgutachter, für Anmerkungen, die vor der Drucklegung zum Tragen kamen; Bill McCann für wertvolle Literaturhinweise als Einstieg; dem Reihenherausgeber, Prof. Dr. Claus Uhlig, und Dr. Andreas Barth vom Universitätsverlag Winter für die freundliche Aufnahme meiner Bemühungen; den Angestellten der folgenden Bibliotheken, die meine Anliegen ertrugen: *Cornish Studies Library*, Redruth (besonders Kim Cooper); *Courtney Library* der *Royal Institution of Cornwall*, Truro; *Morrab Library*, Penzance; BSB München; SUB Göttingen; sowie UB Johann Christian Senckenberg, Frankfurt a.M., mit besonderer Erwähnung der Fernleihstelle sowie der Kolleginnen und Kollegen im DFG-Sondersammelgebiet Linguistik (insbesondere Heike Renner-Westermann, Dr. Elke Suchan und Hans Schlüter).

In Cornwall bin ich zu Dank verpflichtet: Dr. James Whetter von der *Cornish Nationalist Party*, der Informationsmaterial der Partei übersandte und sich für ein persönliches Interview zur Verfügung stellte; Dick Cole von *Mebyon Kernow*, mit dem ich ein ausgedehntes E-Mail-Interview führen durfte und der zuvor ausführliche Informationen über die Partei bereitgestellt hatte; Prof. Philip Payton für einen langen Gedankenaustausch, der mich bestärkte und ansporte; Dr. Alan M. Kent für die Motivation, die er mir wohl ohne es zu wissen gab; den kleinen Gemeinden St Agnes (Trevaunance Cove) an der rauen kornischen Nordküste und St Day sowie Illogan inmitten der traditionsreichen Minenregion Camborne-Redruth und speziell meinen jeweiligen Vermieterinnen und Vermietern für das mir vermittelte Gefühl, dort vorübergehend zuhause anstatt nur untergekommen zu sein.

Meinen Eltern danke ich für die aufgebrachte Geduld, wenn ihre Frage nach dem Ende der Arbeit gelegentlich eine unwirsche Antwort hervorrief, und ganz allgemein für die vielfältige Unterstützung meiner Studien, von der Überlassung von Druckern über die Hilfe bei den Druckkosten bis hin zu immaterieller, dabei noch weitaus wertvollerer Hilfe; hierin schließe ich meinen Bruder ein. Dank für ihre großzügige Förderung gebührt auch meinen Schwiegereltern, u. a. dafür, dass ich im Dienste der Forschung regelmäßig ihre Internetleitung heißlaufen lassen konnte.

Wie immer leider als letztes in dieser Textsorte geht mein besonderer Dank an meine Frau Mona, die ich durchweg als Freund an meiner Seite wusste und deren Unterstützung in persönlicher wie in professioneller Hinsicht nicht angemessen zu beschreiben ist, insbesondere, wenn sie sich während der Korrekturphase mit Sätzen wie diesem auseinanderzusetzen hatte. Möge dies ein Auftakt zu weiteren in Liebe gewidmeten Danksagungen an sie in den Vorworten späterer Bücher sein.

1 Grundsätzliches

1.1 Themenstellung und Plan der Arbeit

In den späten 1960er und 1970er Jahren wurde das Bild vom einigen britischen Nationalstaat erschüttert; bis dahin wurde zumindest Großbritannien innerhalb des *United Kingdom of Great Britain and Northern Ireland* wegen seiner zentralstaatlichen Qualität zumeist als ein Block betrachtet, dessen interne Differenzen in wissenschaftlichen Studien weitgehend zu vernachlässigen waren.[1] So stellte Anthony Birch 1977 fest: "From 1922 until at least 1967 it was generally assumed that the United Kingdom was not only united but integrated – a national society affected by class divisions but not by regional, ethnic or cultural conflicts that scarred political life in less fortunate countries."[2] (Nord-)Irland war freilich schon lange als ein Sonderfall erkannt worden, während substaatliche Identifikationsformen auf persönlicher Ebene in der Bevölkerung auch innerhalb Großbritanniens zu jeder Zeit vorhanden waren. Aber auch Tom Nairn wies darauf hin, dass es bis in die 1960er Jahre hinein so aussah, als habe Integration und Assimilation (von Wales, Schottland und Nordirland) über Partikularismus gesiegt.[3] Ein Beispiel der Unterbewertung substaatlicher Differenzen in der Forschungsliteratur findet sich bei Jean Blondel, der in seinem Standardwerk von 1963 Großbritannien noch als sehr homogen ansah, wenn es auch hauptsächlich soziale Charakteristika waren, aufgrund derer er dies feststellte. Dabei übersah er zwar die existierenden Unterschiede nicht, aber er unterschätzte sie, wie im folgenden Zitat:

> Britain is probably the most homogeneous of all industrial countries. [...] sources of diversity are also present in Britain, as is shown by the division of the United Kingdom into four countries, England, Wales, Scotland, Northern Ireland. What makes Britain appear homogeneous is the fact that the population is not uniformly spread in these four countries but highly concentrated in a small area.[4]

Um zu dem paradox erscheinenden Schluss zu gelangen, dass Großbritannien aufgrund der ungleichmäßigen Verteilung der Bevölkerung über die Landesteile homogen sei, musste Blondel das heterogene Merkmal geographischer Differenz und damit die dünner besiedelten, zugleich durchschnittlich ärmeren Randgebiete aus seiner Betrachtung ausblenden (was heute kaum noch denkbar ist) und seine

---

[1] So beschreiben Urwin 1982b, S. 19, und Payton 1992, S. 7f., die frühere Situation.
[2] Birch, S. 13.
[3] Nairn, S. 12.
[4] Blondel (hier überarbeiteter Nachdruck 1975), S. 20.

Erkenntnisse hauptsächlich auf England und insbesondere auf den dichtbesiedel-
ten, ökonomisch starken Südosten basieren. John Banks beschreibt diese ältere
und in der Bevölkerung bis dahin verankerte Sichtweise als "unionist myth".[5]

Die einem Paradigmenwechsel nahekommende Einsicht, dass das Vereinigte
Königreich keineswegs ein so homogener Staat war, wie bis dahin zumeist angenommen wurde, erklärt sich zum einen aus den Erfolgen von 'regionalen' Parteien
bei Wahlen zum britischen Unterhaus (insbesondere der *Scottish National Party*),
zum anderen aus zahlreichen neuen Untersuchungen, die sich auf einzelne Landesteile des Staates konzentrierten und dabei auf tief greifende (wirtschaftliche,
kulturelle u. a.) Unterschiede innerhalb des vermeintlichen Nationalstaates stie-
ßen. Zu nennen ist hier zunächst ein von den Erfolgen der *Scottish National Party*
und des walisischen Pendants *Plaid Cymru* angeregter Aufsatz Keith Buchanans
von 1968, dessen Verfasser die "Celtic revolt" als "partly a reaction to the economic disparities (especially in the field of employment) between the two Celtic
countries and their more wealthy English neighbor, partly a reaction against long
centuries of cultural and economic oppression" deutete und damit als einer der
ersten Wissenschaftler auf fundamentale Unterschiede in Wirtschaft, Kultur und
Gesellschaft Großbritanniens hinwies. Auch Michael Hechters einflussreiche These vom *internal colonialism* aus dem gleichnamigen Buch von 1975, das ebenso
auf innerbritische Differenzen abhob, nahm Buchanan in der Äußerung vorweg,
England habe bereits an Schottland und Wales seine "colonial adventures" getes-
tet und dabei die gleichen Mittel angewendet wie später bei den überseeischen
Kolonien.[6]

Die Annahme, dass das Vereinigte Königreich tatsächlich als ein multinatio-
naler Staat zu verstehen und zu untersuchen sei, wurde 1970 von Richard Rose (in
The United Kingdom as a multi-national state) mit Hinweisen auf signifikante
ökonomisch-soziale, religiöse und sprachliche Unterschiede sowie solche in der
nationalen Identität belegt und 1982 in seinem *Understanding the United Kingdom: the territorial dimension in government* lehrbuchartig beschrieben. Wegbereiter waren dabei Hechter (*Internal colonialism*) und Tom Nairn, der gleich das
Auseinanderbrechen Großbritanniens (Buchtitel *The break-up of Britain*, 1977,
hier 1981) erwartete und deshalb das nahende Ende des geeinten, 'groß-britischen'
Staates proklamierte. Da Irland dabei üblicherweise als ein Sonderfall anerkannt
war, konzentrierten sich viele Studien auf Schottland und Wales innerhalb des
(gegenüber dem Vereinigten Königreich) kleineren *Great Britain*. In der vorliegenden Arbeit wird nun ein weiteres Territorium in diesem Rahmen betrachtet:
Cornwall. Sind die anderen genannten Gebiete (einschließlich Nordirlands und,
unter Einbeziehung der Geschichte bis zu seiner Unabhängigkeit, Gesamtirlands)
zusammen mit England inzwischen längst als konstitutive Nationen des Vereinigten Königreichs anerkannt, so ist dies bei Cornwall nicht der Fall, da es als *county*

---

[5]   Banks, besonders S. 23-28.
[6]   Alle Zitate Buchanan, S. 37.

Englands gilt. Dennoch wird dort der Versuch unternommen, die Grafschaft als Nation des Vereinigten Königreichs zu etablieren. Die Aktivitäten, die auf eine größere Eigenständigkeit Cornwalls innerhalb des Staates und somit auf die Begründung einer 'kornischen Nation' parallel zu den walisischen und schottischen Nationen abzielen, sind das Thema dieser Untersuchung.

Dieser Vorgang ist in der Nationalismusforschung unter dem Schlagwort *nation-building* bekannt, eine Bezeichnung, die fester Bestandteil des terminologischen Repertoires ist. Sie schließt ein, dass Nationen nicht schon immer waren, was oder wie sie sind. Ebenso impliziert sie, dass es Aktionen von Personen oder Personengruppen ('Nationalistinnen' und 'Nationalisten') gab, die letztendlich die Erschaffung einer Nation bewirkten. Dabei ist jedoch nicht gesagt, mit welchem Zweck dies geschehen ist, ob sich die Akteure der Auswirkungen ihres Handelns bewusst waren oder ob es vorher bereits gewisse nationsähnliche Identifikationsformen und Solidaritätsbindungen gegeben hat oder gegeben haben muss.

Beim *nation-building* lassen sich nach Hugh Seton-Watson hauptsächlich zwei Kategorien von Nationen unterscheiden: Zum einen die "old continuous nations", deren 'nationale' Geschichte und 'nationale Identität' bis ins Spätmittelalter zurückverfolgt werden können und die unter einem starken Königshaus früh einen eigenen, unabhängigen Staat bilden konnten; Beispiele hierfür sind Frankreich, England und Spanien, deren jeweilige *nation-building*-Phasen sehr gut untersucht sind. Zum anderen die "nations by design", die erst viel später in Form von Nationen in Erscheinung traten und einen eigenen Staat oftmals erst im 20. Jahrhundert erlangen konnten; hierher gehören u. a. Serbien, Kroatien und Rumänien, die ohne lange Tradition und meist nach dem Vorbild der Nationen der ersten Kategorie modelliert wurden.[7] Seton-Watsons Modell ist allerdings nur ein sehr grobes, denn Deutschland und Italien lassen sich nicht einfach einer der beiden Gruppen zuordnen: Als alte Kulturnationen mit sehr später Staatsgründung, die ein bewusstes *nation-building* verzögerte, wären beide auf einem Kontinuum zwischen den beiden Polen Seton-Watsons zu verorten; hier spielt die Unterscheidung von *Staat* und *Nation* hinein, die sein Modell nicht voll reflektiert. Innerhalb dieses zweiten Typs, der "nations by design", lassen sich Untergruppen ausmachen: Nationen, die aus Großreichen wie dem Habsburger oder dem Osmanischen Reich nach deren Zusammenbruch hervorgingen, sind zu unterscheiden von unabhängig gewordenen Kolonien und schließlich von solchen Teilen größerer Staaten, die sich als meist dominierte Nation innerhalb eines multinationalen Gesamtstaates verstehen, der oft selbst auf einer "old continuous nation" beruht.

Um diese dritte Untergruppe geht es in dieser Untersuchung, deren Grundgedanke in der Frage besteht, wie im Namen einer territorialen und administrativen Einheit, die bei oberflächlicher Betrachtung kaum mit dem Terminus *Nation* zu belegen ist, dennoch dieser Anspruch erhoben und nationalistische Forderungen gestellt werden können; oder anders ausgedrückt: Wenn Nationen nicht ewige,

---

[7] Seton-Watson, S. 8.

seit unerdenklicher Zeit oder mindestens schon in vormoderner Zeit existierende Phänomene sind, sondern in einer historischen Situation der Neuzeit mit oder ohne Rückgriff auf frühere Grundlagen des Zusammengehörigkeitsgefühls und der Identität erschaffen wurden, wie kann dieser Prozess in einem kleinen Teilgebiet innerhalb eines seit langer Zeit etablierten Staates vonstatten gehen? Wie wird also eine Nation – *imagined community* nach Benedict Anderson – geistig erschaffen oder konstruiert? Diese Fragen werden am Beispiel Cornwalls diskutiert: In Anlehnung an den gängigen Terminus *nation-building* wird gefragt, wie das geistig-kulturelle Gebäude der 'Nation Cornwall' erschaffen wird. Dabei werden insbesondere die kulturellen Grundlagen der *Cornish identity* berücksichtigt, die eine wichtige Rolle im Prozess der Formation der 'kornischen Nation' spielt und die hier auf ihr Potenzial als explizit 'nationale' Identität im Zusammenhang des kornischen *nation-building* hin untersucht wird.

Dabei soll *Identität* für die Eigenkonzeption von Personen, für die individuelle Sicht des Selbst stehen (Identität als Eins-Sein der Person, daher auch 'personale Identität'), von der ein wichtiger Teil die wahrgenommene Zugehörigkeit zu verschiedenen, beispielsweise nationalen Gruppen ist, denen wiederum eine eigene Identität zugesprochen wird ('soziale' oder 'kollektive Identität'; Identität als Zugehörigkeit durch Gleich-Sein des Individuums mit einer Gruppen, wenn auch keine vollständige Gleichheit im Sinne von 'Identisch-Sein' postuliert werden kann, was eine andere Bedeutung von *Identität* ist). Identität ist damit ein Gemenge aus Attributen und Merkmalen, die Personen subjektiv und mit einer gewissen zeitlichen Kontinuität bei sich feststellen, und zwar in Abgrenzung von anderen möglichen Attributen und Merkmalen. Zudem beinhaltet Identität immer eine Grenzziehung zwischen dem 'wir' und dem 'sie'.[8] Dabei ist es jeweils vorrangig, auf die Unterschiede und Unterscheidungen zu anderen Individuen bzw. Gruppen zu achten, denn, um die Erinnerung Fredrik Barths aus einem vergleichbaren in diesen Kontext zu übertragen, wichtig sind weniger positive Definitionen einer sozialen Gruppe (etwa durch kulturelle Inhalte) als vielmehr die Definition *ex negativo* durch Grenzsetzung und Betonung oder Konstruktion von Differenz(en) zu anderen Gruppen, was zugleich eine interne Solidarität erzeugen kann.[9] Eine hohe Identifikation mit einer solchen sozialen Gruppe, was den Akt des Dazu-Zählens im Unterschied zur Identität als Eigenschaft darstellt, könnte sich etwa darin äußern, dass sich Personen als *in erster Linie* dieser Gruppe zugehörig beschreiben

---

[8] Auf diesen wichtigen Punkt verweist z. B. auch Edensor, S. 24.

[9] Barth, S. 15 (Hervorhebung im Original): "The critical focus of investigation [...] becomes the ethnic *boundary* that defines the group, not the cultural stuff that it encloses". Barth ging es zwar allein um "ethnic groups", aber davon darf zu anderen Arten von Identitäten und Gruppenzugehörigkeiten verallgemeinert werden, da dort der gleiche Mechanismus von In- und Exklusion wirksam ist und die Gruppen definiert. Abgrenzung ist somit als ein definierendes Merkmal von Gruppen festzuhalten. Auf ähnlichen Prämissen beruht Linda Colleys These in *Britons: forging the nation*, dass eine innerbritische Solidarität durch Kriege und Protestantismus, die das Land gegen die kontinentalen Mächte abgrenzten, induziert wurde.

oder dass sie stolz auf diese Zugehörigkeit sind, die sie zu ihrer persönlichen Identität rechnen.

Identität ist damit hier als diejenige Variante zu verstehen, die in Stuart Halls idealtypisierender Beschreibung Merkmal eines "post-modern subject" ist, dessen Identität nämlich keinem inneren, unveränderlichen oder von der Außenwelt nur modifizierten Kern entspringt, sondern sich ständig allein aus Erfahrungen mit jener Außenwelt konstituiert, multipel, wandelbar, instabil, situationsgebunden und historisch bedingt ist, der aber durch eine "narrative of the self" der Anschein von Kontinuität verliehen wird. Daraus folgt, dass Identitäten nicht 'real' existieren, sondern nur in sozialer Interaktion in Erscheinung treten und in spezifischen Situationen repräsentiert werden und dadurch erst entstehen.[10]

Kultur unterdessen soll jegliche Aspekte menschlichen Daseins und Handelns in der Gesellschaft umfassen: Wenn die Verfasserinnen und Verfasser einer ähnlich gelagerten Studie Kultur mit einer Grammatik vergleichen, indem beide ein System aus Prinzipien darstellen, die das 'richtige' Verhalten (hier in der Gesellschaft, dort in der Sprache) regeln,[11] so kommt dies dem hier benutzten Begriff von 'kornischer Kultur' sehr nahe: Letztere soll als ein System verstanden werden, das eine bestimmte, nämlich eine nationale Einstellung in Bezug auf Cornwall regelt, in der die Region im Rahmen der nationalen Vielfalt der Britischen Inseln als distinkt und mit 'nationalen' Eigenschaften ausgestattet zu gelten hat. Wichtiger Bestandteil dieses Systems sind die daraus hervorgehenden 'Texte', die Artefakte, die Symbole, Verhaltensweisen, Einstellungen, Überzeugungen, Werte und Rituale, deren Bedeutung von den Teilen der Bevölkerung geteilt wird, die sich dieser 'Kultur' zugehörig fühlen, und deren verschriftlichte Zeugnisse hier behandelt werden. Diese kulturellen Repräsentationen sind es, die die Nation definieren.[12] Gleichzeitig fungiert der Begriff 'Kultur' als Gegenbegriff zu 'Natur', was nebenbei bewirkt, dass beispielsweise Denys Val Bakers 'Beweis' der Andersartigkeit Cornwalls, das vor allem auf die geographische Situation abhebt (Cornwall als die westlichste aller englischer Grafschaften habe die längste Küste unter ihnen und in keiner anderen sei auch das Landesinnere so nah am Meer),[13] hier nicht berücksichtigt wird, solange diese natürlichen Gegebenheiten nicht mit einer bestimmten Absicht argumentativ benutzt und damit in den kulturellen Bereich übertragen und dort instrumentalisiert werden (Cornwall als in allen vier Himmelsrichtungen von Wasser umgeben und damit, von einer schmalen Landbrücke abgesehen, von

---

[10] So sieht es auch Sharon Macdonald (S. 6, in einem Handbuch über europäische Identitäten); ähnlich verhält es sich, wie noch argumentiert wird, mit Nationen. Zuvor Hall, S. 597f.

[11] Wodak et. al., S. 29.

[12] Hierzu etwa Hall (S. 612, Hervorhebung im Original): "We only know what it is to be "English" because we know of the way "Englishness" has come to be represented, as a set of meanings, by English national culture. It follows that a nation is not only a political entity but something which produces meanings – *a system of cultural representation.*" Halls unbedachte Gleichsetzung von "nation" mit einer politischen Einheit sei hier übersehen.

[13] Val Baker, S. 2.

England abgetrennt). Ebenso wenig werden selbstverständlich romantische oder schwärmerische Aussagen über Cornwall, seine Schönheit und ähnliches berücksichtigt, auch wenn sie breiten Raum in der populären Literatur über Cornwall einnehmen. Ansonsten wird der benutzte Kulturbegriff aber so weit wie möglich gespannt: Neben die 'hohe Kultur' (Literatur, Bildende Kunst etc.), im kornischen Kontext beispielsweise die Künstlerkolonien von Newlyn und St Ives oder historische Gebäude wie Cotehele oder Lanhydrock, tritt also die 'Alltagskultur' mit einzelnen Bedeutungsträgern wie dem *Cornish pasty*, dem kornischen Dialekt oder dem kornischen Nationaltartan, aber auch einer in England unerreichten Unterstützung der gesamtkornischen Mannschaft im englischen Grafschafts-Rugby. Letzteres deutet darauf hin, dass nicht nur Gegenstände, sondern auch persönliche Einstellungen und Lebensarten (in der Computersprache sozusagen die 'Software' im Gegensatz zur 'Hardware' der Artefakte) in die Kultur einfließen; für Cornwall wird dabei z. B. oft ein ländlicher, gelassenerer Lebensstil als im urbanen England genannt.[14] Dies alles bildet für die sich damit identifizierenden Menschen ein System von Bedeutungen und Zeichen, welches zusammen mit der individuellen Einstellung zu diesem System sowie dem eigenen Bewusstsein der Zugehörigkeit zu diesem System die kornische Kultur konstituiert, dabei aber nicht unveränderlich ist, sondern ständig neu konstruiert und damit verändert wird, da die genannten und andere Symbole als diese Kultur konstituierend interpretiert werden müssen.

Tim Edensor weist in seinem 2002 erschienenen *National identity, popular culture and everyday life* auf die Notwendigkeit hin, nationale Identität nicht nur im Bereich der 'hohen Kultur' zu suchen, sondern im Rahmen der *Cultural Studies* gerade auch "the more mundane aspects of national identity" im Alltagsleben zu studieren, was bisher wenig geschehen sei.[15] In Anlehnung an Edensors Ansatz wird deshalb besonders die Alltagskultur Berücksichtigung finden, da sie für das Verständnis des *nation-building*-Prozesses deutlich wichtiger ist als die für Großbritannien relativ homogene 'hohe Kultur', ist Nationalismus doch ein Phänomen, das auf die Masse der Bevölkerung abzielt. Somit wird der Kulturbegriff in seiner kulturanthropologischen Definition benutzt, der auch das Alltagsleben, dessen Normen und Anschauungen beinhaltet, kurz, eine Beschreibung des *way-of-life* einer Gruppe in seiner Gesamtheit. In Raymond Williams' Definition ist dies der letzte seiner drei Kulturbegriffe, "the 'social' definition of culture, in which culture is a description of a particular way of life, which expresses certain meanings and values not only in art and learning but also in institutions and ordinary behaviour", was bedeutet, dass hier immer "a particular culture" zu untersuchen ist.[16] In

---

[14]   So z. B. Malcolm Williams 2003, S. 55, und ein Informant in N. Pengelly (Hg.), S. 23.
[15]   Edensor, S. VI.
[16]   Raymond Williams 1961, S. 41; daneben nennt Williams (*ibid.*) zwei weitere Kulturdefinitionen: "the 'ideal'" (Kultur als "state or process of human perfection", es geht um "certain absolute or universal values") und "the 'documentary'" ("in which culture is the body of intellectual and imaginative work").

der grundsätzlichen Pluralität der so definierten Kulturen ist diejenige, die *Cornish culture* genannt wird und Grundlage kornischer Nationsbildungsbestrebungen ist, nur eine exemplarisch gewählte.

Warum aber gerade Cornwall? Anders als bei anderen staatenlosen Nationen der Britischen Inseln, besonders Schottland und Wales, bei deren Nennung sofort als für diese typisch empfundene Bilder kultureller Errungenschaften wie Kilts und Dudelsäcke, Männerchöre und in einer unverständlich klingenden Sprache stattfindende Zeremonien in den Sinn kommen, gehen die ersten Assoziationen zu Cornwall zunächst höchstens in Richtung eines beliebten Urlaubsziels mit dramatischen Küsten, Surfgewässern und sonnigen (wenn auch windigen) Stränden, die jedoch nicht als nationale Stereotypen gedeutet werden können, wie es bei Schottland und Wales der Fall ist. Durch Eigenheiten in Geschichte, Sprache und Kultur ist die Zuschreibung des Status einer Nation bei jenen scheinbar kaum bestreitbar – Schottland ist gar zu Seton-Watsons "old continuous nations" zu rechnen –, bei Cornwall jedoch zumindest überraschend, u. a. wegen der geringen Größe und der starken Integration in den englischen Teil des britischen Staates. Jedoch lässt sich auch für die genannten Nationen zeigen, dass das jeweilige System symbolischer Repräsentationen aus definierenden Eigenheiten, Traditionen, Geschichtsbewusstsein etc. (kurz die Kultur des jeweiligen Landes), die ein Gefühl der Kontinuität, Legitimität und Kohärenz vermitteln und an denen ihr Nationsstatus festgemacht wird, eine relativ junge Erfindung[17] ist und meist aus dem 18. und 19. Jahrhundert stammt. Für Cornwall ist diese Zeit der Erschaffung eines 'nationalen' Zeichensystems das 20. Jahrhundert, und der Prozess dauert zu Beginn des 21. Jahrhunderts an, was es mit sich bringt, dass dieser Fall wegen der zeitlichen Nähe besser dokumentierbar ist. Das Beispiel Cornwalls wurde somit gewählt, da hier besonders gut zu erkennen und nachzuvollziehen ist, dass die zur Nationsbildung gebrauchte Kultur eine erschaffene und synthetische[18] Kultur ist, wodurch der Akt der Erschaffung der Nation selbst, das *nation-building*, deutlicher hervortritt als bei den länger etablierten Nationen.

Die gewählte zeitliche Einschränkung auf ein 'langes 20. Jahrhundert', das die letzten Jahre des vorhergehenden und die ersten des nachfolgenden Jahrhunderts einschließt, muss sogleich näher begründet werden. Dabei ist das Ende unproblematisch: Es sollen die neuesten Entwicklungen berücksichtigt werden, da derzeit wichtige Veränderungen stattfinden, die nationalistische Akteure hoffnungsvoll in die Zukunft blicken und sich unter den Stichworten *Devolution*, *Regionalisierung* und *Europa der Regionen* zusammenfassen lassen. Problematischer ist der Beginn des Zeitraums; allerdings sind in den Jahrzehnten um 1900 einige Ereignisse und Vorgänge auszumachen, die diese Wahl als gerechtfertigt erscheinen lassen:[19]

---

[17] Hobsbawm 1983 und *id.*/Ranger (Hgg.), zu den einzelnen Ländern unten Abschnitt 4.3.

[18] Der synthetische Charakter der kornischen Kultur wird in Abschnitt 5.1 näher beschrieben.

[19] Auch Deacon/Cole/Tregidga (S. 14) beginnen ihre Darstellung des kornischen Nationalismus um 1900.

- Erste Überlegungen zu Formen von Selbstverwaltung für Cornwall gab es in den 1880er Jahren, als diskutiert wurde, ob "Home Rule all round" zu einer umfassenden Lösung der Irischen Frage führen könnte. Seitdem ist kornische Selbstverwaltung immer wieder angesprochen worden.[20]
- Um die Jahrhundertwende wurden die keltischen Wurzeln Cornwalls 'wiederentdeckt', was zu einer Transformation der kornischen Kultur führte und dem Land das rhetorische Repertoire keltischer Identität eröffnete. Dabei war Robert Stephen Hawker (1803-1875), der die vorindustrielle, keltisch-kornische Geschichte in Balladen literarisch verarbeitete, ein Vorläufer des *Cornish Revival*, während der Band *Poems of Cornwall by thirty Cornish authors* (1892) Gedichte versammelte, die Cornwall in einen 'patriotischen' Kontext stellten.[21]
- *Cowethas Kelto-Kernuak* ('Keltisch-kornische Gesellschaft') wurde 1901 als erste Gesellschaft des *Revivals* gegründet und verfolgte das Ziel des Studiums und der Erhaltung der *keltischen* nationalen Kultur Cornwalls; die *Issues*, die die Organisation aufwarf, wurden dann von den *Liberals* in Cornwall für politische Zwecke instrumentalisiert und in den politischen Bereich eingebracht.[22]
- Cornwall wurde 1904 als Mitglied in den *Celtic Congress* aufgenommen und gilt seitdem 'offiziell' als eine der 'keltischen Nationen'.
- Das Interesse an kornischer Sprache war im 19. Jahrhundert zumeist antiquarisch oder von nicht-kornischen Philologen (sic!) getragen worden (z. B. von dem deutschen Philologen Johann Kaspar Zeuss) und nicht auf die gesprochene Sprache ausgerichtet.[23] Im Jahre 1904 jedoch veröffentlichte Henry Jenner sein wegweisendes *Handbook of the Cornish language*, das seine Forschungen aus den vorhergehenden Jahren in Form eines Lehrwerks zusammenfasste und heute als Beginn des *Revivals* der kornischen Sprache und damit eines wichtigen *Icons* der 'nationalen' Identität Cornwalls gesehen wird.

---

[20] Hierzu Deacon/Cole/Tregidga, Kap. II, besonders S. 16-24; für die Zeit vor dem Ersten Weltkrieg Tregidga 1997, besonders S. 139-141.

[21] Vink, S. 109; auch Everett, *pass.*, Payton 1992, S. 129; der Gedichtband ist W.H. Thomas (Hg.). Die Geschichte der (Re-)Konstruktion der kornischen 'Keltizität' (nach *Celticity* geformt und u. a. von Löffler, S. 271, im Deutschen benutzt) ist gut dokumentiert (z. B. Hale 1998a, Kap. 2, S. 44-94, und Payton 1997b, *pass.*), jedoch nicht hinsichtlich der Nationalität. Kornische Keltizität wurde erst in den 1920er Jahren in der Tourismuswerbung benutzt (Perry 1999a, S. 104), ein Beleg dafür, dass sie in jener Zeit einen Aufschwung in der Selbstwahrnehmung Cornwalls erlebte, da sie nun (selbst)bewusst instrumentalisiert wurde.

[22] Hale 1997a, S. 100f., Tregidga 2000b, S. 18f. Die wichtigsten Ziele sind in "Cowethas Kelto-Kernuak = The Celtic-Cornish Society" wiedergegeben (zusammengefasst: "the study and preservation of the Celtic remains in the Duchy of Cornwall", S. 79 für das Englische).

[23] Everett, S. 194. P.B. Ellis (1974, S. 132) zitiert den aus Cornwall stammenden Davies Gilbert, der 1826 einen kornischsprachigen Text herausgab, mit den Worten aus dessen Vorwort: "No one more sincerely rejoices than does the editor of this ancient mystery that the Cornish dialect of the Celtic or Gaelic languages has ceased altogether from being used by the inhabitants of Cornwall." Die keltische Sprache Cornwalls war in dieser Zeit somit höchstens eine bemerkenswerte Eigentümlichkeit, kein nationales Symbol des Landes.

Der Zweite Weltkrieg beendete diese Phase des 'kornischen Erwachens' der Ära Henry Jenners und seiner direkten Nachfolger; danach jedoch verdichten sich die Hinweise auf die Erschaffung einer kornischen Nation, u. a. mit der Gründung der ersten nationalistischen Partei Cornwalls, *Mebyon Kernow*, 1951. Deshalb liegt besonderes Augenmerk auf der Zeit nach 1945 und der dann auch politischen Nationalismusbewegung, die ihrerseits auf frühere *nation-building*-Bemühungen aufbaute und durch ihre eigenen Aktionen selbst daran mitwirkte. Innerhalb dieses Zeitraumes wiederum wird, entsprechend dem sich zur Gegenwart hin, besonders seit etwa 1980,[24] weiter verstärkenden *nation-building* und Nationalismus, ebenso immer stärkeres Gewicht auf die neueren Entwicklungen gelegt, was sich in den in der Bibliographie nachgewiesenen Quellentexten niederschlägt.

Wenn im Folgenden Texte aus dem gesamten 'langen 20. Jahrhundert' ohne Rücksicht auf deren jeweiligen Entstehungszeitraum zitiert werden, so dass keine 'Geschichte' der nationalistischen Aktivitäten entsteht (was auch nicht beabsichtigt wurde), so kann dies dennoch nicht den Vorwurf der Ahistorizität nach sich ziehen: Erstens sind die früheren Argumente und Ideen in der Folgezeit immer relevant geblieben, sie sind gleichsam immer noch 'auf dem Markt' und unabhängig von ihrer Erstformulierung oder -veröffentlichung wirksam (gerade Henry Jenners Ausführungen aus dem frühen 20. Jahrhundert wurden und werden inhaltlich immer wieder aufgegriffen), was zweitens nach sich zieht, dass Argumentationslinien und Ideen jeweils nur exemplarisch in besonders aussagekräftigen Formen angeführt werden müssen, ohne in jedem Einzelfall auf eine genaue chronologische Einordnung angewiesen zu sein. Dies schließt natürlich nicht aus, dass der zeitliche Rahmen gelegentlich doch zu beachten ist, wie im folgenden Beispiel aus der Forschungsliteratur. Zwar gehört der kornische Nationalismus, vor allem in seiner politischen Form, sicherlich auch heute noch nicht zum *Mainstream*, doch könnte die mindestens mild abwertende Ironie in A.P. Herberts Vorwort zu George Thayers *The British political fringe* von 1965 in einem wissenschaftlichen Text (selbst im Vorwort) heute kaum noch so geäußert werden. Die fragliche Stelle ist es wert, in Gänze zitiert zu werden:

> Did you know that the 'nationalists' of Cornwall are the only ones in this island who do not want to break away from England entirely? Did you know that there is a gentleman who for years has been known as the 'Prime Minister of Wales'? Or that many brave Cornishmen believe that King Arthur will return, but meanwhile would like Home Rule on the lines of Northern Ireland or the Isle of Man? Did you know that the various neo-Nazi groups dislike each other almost as much as they dislike the Jews?[25]

---

[24] Die Zeit seit 1980 gibt auch Kent (2000, S. 241) als den Zeitraum an, in dem sich kornische Identität und Differenz verstärkt manifestieren. So führen Mitglieder der *Folkmusic*-Gruppe Dalla aus: "In the present day we are witnessing once again a growing feeling of renewed pride, confidence and optimism in Cornwall, and in turn, a re-assertion of this Cornish identity. This feeling finds its voice in many aspects of Cornish culture [...]" (s. Dalla).

[25] Herbert, S. 5.

Bemerkenswert ist neben der impliziten, durch die Anführungszeichen angedeuteten Annahme, dass die angesprochenen kornischen Aktivistinnen und Aktivisten keine 'echten' "nationalists" sein könnten, wie sich die substaatlichen Nationalismen in dieser Darstellung durch das Zusammenfassen unter dem Begriff "political fringe" in die Nähe von nazistischen Strömungen wiederfinden. Thayer selbst zeigte übrigens mehr Subtilität, denn die Stellen, auf die Herbert sich berief, heißen bei ihm: "they [the Cornish nationalists] are the only *nationalists* in *Britain* who are demanding *anything less* than *immediate Home Rule*" und "*Until the 18th century*, there *was* a strong folk tradition in both Cornwall *and* Wales that King Arthur was not dead and that he would one day return to lead his people."[26]

Dabei kann sogleich ein mögliches Vorurteil behandelt werden: Ist die Beschäftigung mit Cornwall als einer so kleinen Gebietseinheit und einer kornischen Identität und Nationalität, gerade im Zusammenhang mit der Keltizität, nicht mindestens nostalgisch und romantisch, eher aber der außerwissenschaftlichen Mode einer 'keltisch' genannten Populärkultur zugehörig, ist doch z. B. der Keltenbegriff selbst und schon in Verbindung mit Wales und Schottland in der Forschung umstritten? Immerhin genießt keltische Identität auch außerhalb des *Celtic fringe* hohe Anziehungskraft, so dass hinter Arbeiten, die sich mit dieser beschäftigen, die Absicht einer pseudowissenschaftlichen, vielleicht sogar esoterisch verklärten Legitimation des 'Keltentums' im Allgemeinen oder Cornwalls im Besonderen vermutet werden kann, womit die Arbeit der Keltomanie zuzurechnen wäre;[27] oder sitzt eine solche Studie gar einem kommerziellen Identitätsprojekt der Tourismusindustrie auf? Auch für Herbert (in dem soeben angeführten Zitat) war kornischer Nationalismus ja bestenfalls ein belustigendes Randphänomen.

Nun ist jedoch die kornische Identität in Cornwall eine etablierte, oftmals mit starken Emotionen verbundene Größe. Gefühle der Identifikation mit Cornwall, die wenig mit der Romantik der Rosamunde Pilcher-Romane und -Filme zu tun haben, die aber eine persönliche Identität bestimmen können, stehen in einem Spannungsfeld mit den weiteren Identitäten, in wechselnden 'Anteilen' englisch, britisch, europäisch und eben auch 'keltisch'. Ungeachtet dessen, wie aus wissenschaftlicher Sicht die Keltizität der sich 'keltisch' nennenden Menschen und die proklamierte Kontinuität des 'Keltentums' zu beurteilen ist, Tatsache bleibt, dass keltische Identität (die kornische darin eingeschlossen) eine moderne, lebendige Identifikationsform besonders in der Peripherie der Britischen Inseln, aber auch bei vielen Personen britischer (kornischer) und irischer Abstammung weltweit ist, die weder ignoriert noch geleugnet werden darf. Persönliche Identifikationsformen sind wie religiöse Überzeugungen Bereiche, in denen äußerste Vorsicht zu walten hat, um nicht einen wichtigen Teil des Gefühlslebens von Individuen zu

---

[26]   Thayer, S. 185 und S. 188 Fn. 2, jeweils eigene Hervorhebungen.

[27]   Ein Beispiel dafür, wie mit den Kelten romantische Stimmung und Umsatz gemacht wird, ist Severys Beitrag "The Celts" zu *National geographic* (1977); zahllose neuere Beispiele finden sich in jedem touristisch ausgerichteten Geschäft in den 'keltischen' Gebieten.

verletzen, die sich mit dem Untersuchten identifizieren. Auf den Zusammenhang von 'Keltentum' und religiösen und religionsähnlichen Identifikationen hat Marion Bowman hingewiesen und davor gewarnt, dass traditionelle wissenschaftliche Methoden und akademische Konzepte der Kern des Verhältnisses von 'Keltentum' und moderner 'keltischer' Spiritualität nicht treffen können: "Scholars may find many aspects of contemporary Celtic spirituality non-authentic or non-empirical but that does not negate it as a *religious* phenomenon", denn "The 'spiritual Celt' is real, whether or not he or she exists/existed."[28] Dies gilt *mutatis mutandis* auch für nicht-spirituelle Aspekte des 'Keltentums'. Deswegen sollen hier Identitäten, insbesondere keltische, weder bewertet noch legitimiert oder entlarvt werden – dies maßt sich der Verfasser nicht an –, sondern als legitime, wenn auch konstruierte Identifikationsform angenommen werden, deren Erschaffung und Perpetuierung als lohnendes Studienobjekt zu untersuchen sind. Dazu ein Parallelbeispiel: In der Behandlung des kornischen Dudelsacks in Kapitel 3 wird nicht untersucht, ob es einen solchen historisch gegeben hat oder nicht; untersucht wird vielmehr der Diskurs, in dem seine historische Existenz behauptet und eine Kontinuität in die Gegenwart konstruiert wird, wobei sodann gefragt wird, wie und in welchem Zusammenhang dies geschieht und welchem Zweck es förderlich ist. Der Erkenntnisgewinn besteht hier wie bei vielen anderen der untersuchten Punkte also weniger in z. B. historischen 'Fakten', die nichtsdestoweniger angesprochen werden müssen, als vielmehr in der Art der Benutzung oder Instrumentalisierung solcher 'Fakten' im nationalistischen Diskurs, also in jener Sichtweise, die Cornwall als Nation versteht und es so repräsentiert;[29] in diesem Sinne möchte, nebenbei, auch Deacon den Terminus *Diskurs* in den Cornwallstudien verstanden wissen, und in dieser sozialwissenschaftlichen Bedeutung wird er hier durchgängig verstanden:

> Thus there is a 'Cornish nationalist' discourse that 'sees' Cornwall as having been oppressed and exploited by the English for over a thousand years. In contrast there is a 'Cornwall as English county' discourse that views Cornwall as an integral component of England. Theses are clearly competing discourses and there is not much overlap between them.[30]

So kann Geschichte, 'nationalistisch' umgeformt oder selektiert, im nationalistischen Diskurs benutzt werden, um ein historisches Bild, ein 'Image' von Cornwall zu entwerfen, welches den Anforderungen von Nationalistinnen und Nationalisten in der Diskussion um eine größere Eigenständigkeit Cornwalls dienlich ist. Folglich besteht der Erkenntnisgewinn auch nicht im *debunking* dieser konstruierten Geschichte, wenngleich dies mitunter getan werden muss, sondern in der Deutung jener Umformung.

---

[28] Bowman, S. 88, Hervorhebung im Original.
[29] Zuletzt hat Umut Özkırımlı (2005, *pass.*) für eine Konzeptualisierung von *Nationalismus* als eine besondere Form von Diskurs argumentiert.
[30] Deacon 2004, S. 15.

Wenn hier nun von den kulturellen Grundlagen der Nation und der Nationserschaffung die Rede ist, so sollen darunter Texte verstanden werden, die geeignet
sind oder darauf abzielen, das Konzept einer kornischen Nation zu etablieren und
damit die kornische Nation zu erschaffen. Solche 'Texte' sind einerseits tatsächlich
schriftliche Erzeugnisse, andererseits aber auch alle koordinierten Handlungen
und Darstellungen, sofern sie eine Fixierung ähnlich der Konvertierung von gesprochener in geschriebene Sprache (Text im engeren Sinne) erlebt haben. Diese
Fixierung hält deren Bedeutung unabhängig von ihrem tatsächlichen zeitlichen
Auftreten für die spätere Zeit fest, wie es Paul Ricœur in seinem Aufsatz "The
model of the text: meaningful action considered as a text" von 1971 so überzeugend konzis dargestellt hat. Ein Beispiel ist der weiter unten behandelte *Tregellas
Tapestry*, ein Wandteppich, der in 58 Bildern Kultur und Geschichte Cornwalls
darstellt. Seine Einzelbilder ergeben eine Abfolge von Szenen, aus denen sich die
von seiner Erschafferin für wichtig erachteten historischen Momente und kulturellen Merkmale, mithin das dahinter stehende Geschichtsbild und das Kulturver-
ständnis 'herauslesen' lassen. Die Bedeutungen, mit denen er versehen ist, stehen
im selben Verhältnis zu Medium, Autor(in), Rezipient(inn)en und der jeweiligen
Umwelt von Erschaffungszeit, Rezeptionsgeschichte und gegenwärtiger Rezep-
tion, wie es bei geschriebenen Texten der Fall ist. In seiner Aussagefähigkeit, dem
möglichen Gehalt an Bedeutung(en), ist der Bildteppich rein schriftlichen Darstellungen völlig ebenbürtig, kann daher ebenso wie jene 'gelesen' werden und wird
deshalb hier unter dem erweiterten Textbegriff gefasst. Dass der Teppich als Text
dabei auch anders 'gelesen' werden kann, als es während seiner Erschaffung vielleicht intendiert war, gehört zu der "autonomization", die Ricœur für beide Seiten
seiner Analogie von Text und Handlung beschreibt.[31]

Der Prozess der Nationsbildung nun muss sich in solchen Texten (verstanden
als verschriftlichter Diskurs) äußern, da der Nation außerhalb der menschlichen
Vorstellung keine reale Existenz zukommt und sie ansonsten nicht erkennbar oder
'nachweisbar' ist, anders als beispielsweise der Staat, wie später argumentiert
wird. Damit wird auf die 'Nation Cornwall' ein Modell ausführlich angewandt, das
auf 'Cornwall as a place' bereits eine aufreizend kurze Anwendung gefunden, aber
keine Ausführung erfahren hat, denn in dem von Ella Westland edierten *Cornwall: the cultural construction of place* lassen sich an mehreren Stellen Anklänge
an eine textähnliche Konstruktion der geographischen Einheit namens *Cornwall*
erkennen; in zwei Aufsätzen sind methodisch orientierte Abschnitte enthalten, die
auf diese Konstruktion reflektieren. Chris Thomas, zum einen, setzt in seiner Untersuchung von Werbekampagnen der *Great Western Railway* voraus, dass diese

---

[31]   Ricœur, S. 541. An Ricœurs Aufsatz interessieren weniger dessen Erkenntnisse und deren
Auswirkungen auf die Sozialwissenschaften, sondern die so einfache wie schlüssige Analo-
giebildung zwischen "text" und etwas Nicht-Schriftlichem, "meaningful action", die die
Übertragung der Methodik aus der Textinterpretation im engeren Sinne auf neue Bereiche
unter Beibehaltung der textlichen Hermeneutik erlaubt, wie sie auch hier vollzogen wird.

Kampagnen in Form von Werbepostern, Reiseführern etc. nicht bloße Wiedergabe der Realität, sondern Re-Präsentationen einer *Idee* Cornwalls sind und einen Text bilden, der gelesen werden kann. Dieser Text konstruiere durch seine Schreibung, das Lesen und jeweilige Neuschreiben durch die Rezipierenden eine bestimmte Vorstellung Cornwalls, hier das romantische, zeitlose Cornwall der Tourismusindustrie. Hinzu treten zum anderen die Ausführungen von Philip Crang im gleichen Band. Crang betont einerseits den andauernden, prozesshaften Charakter einer solchen Konstruktion und andererseits die Diskursivität, die ihr innewohnt. Er fasst dies als "process of story-telling" zusammen, was die Existenz des Erzählten von der andauernden Erzählung abhängig macht. Im Grunde sind beide Sichtweisen sehr ähnlich, unter Berücksichtigung von Ricœurs oben genannter Fixierung bietet sich jedoch die Vorstellung des Textes eher an als die Narrativik von Crang, bei der die Konnotation einer gewissen 'Flüchtigkeit' des Erzählten mitschwingt.[32] Um diese Assoziation auszuschließen, wird im Folgenden dem Ausdruck *Text* Vorzug gegeben. Immerhin macht die schriftliche Fixierung der diskursiv erschaffenen sozialen und kulturellen Konstruktion diese dauerhaft und auch für vergangene Zeiten nachweisbar, zudem ermöglicht sie es leichter, den Prozess als additiv zu begreifen: Es werden dem 'Text' immer neue Passagen und Facetten (teilweise repetitiv, teilweise innovativ) hinzugefügt, anstatt dass eine Erzählung aufrecht erhalten (oder, bei Unterbrechung, auch abgebrochen) wird.

Eine ähnlich flüchtige Andeutung dieses Modells in Bezug auf den britischen Raum ist das von Herbert Grabes edierte *Writing the early modern English nation*, das aufgrund seines Titels, des Untertitels der Einleitung ("'Writing the nation' in a literal sense") sowie einer Aussage Grabes' ("What this pamphleteering shows is that "writing the nation" can be taken in a quite literal sense; that English national identity was constructed in and disseminated by the new print medium")[33] vielversprechend erscheint. Doch haben die einzelnen Autorinnen und Autoren wenig über das 'Schreiben der Nation' und die Konstruktion der englischen Nation durch Texte zu sagen, sondern verstehen die untersuchte Pamphletliteratur lediglich als Ausdruck der nationalen Identität in der öffentlichen Meinung und als Belege für Verbreitung und Veränderungen derselben,[34] nicht jedoch als deren erste

---

[32] Chris Thomas, S. 109f.; Crang, S. 154-159, das Zitat S. 158. Homi Bhabhas "narrating the nation" (als Ausdruck so schon Anderson 1986) deutet sich hier an: Bhabha (1990a, S. 3) spricht von der "performativity of language in the narratives of the nation"; tatsächlich ist es jedoch auch hier erst die Fixierung der Erzählung als Text, die untersucht werden kann, vielleicht eine feine, aber gewiss nicht unwesentliche analytische Unterscheidung.

[33] Grabes, S. XI; die Einleitung ist Grabes (2001), das Gesamtwerk Grabes (Hg.).

[34] Auch in *Nation and narration* (Bhabha (Hg.)) wird die untersuchte Literatur als *Reflexion* von Nation(alität) verstanden (Literatur *über* die Nation), das 'Schreiben' dient nur als Vergleich. Ebenso sieht Kent (2000, S. 13) literarische Texte aus Cornwall nur als *Ausdruck* der kornischen Differenz an, während Helgerson Texte englischer Provenienz aus der Frühen Neuzeit als Teil eines 'geschriebenen Englands' untersucht, jedoch überschattet auch hier die *Repräsentation* Englands die textliche *Konstruktion* in der Deutung. Ähnlich Berding, S. 9.

Verursacher. Näher kommen der hier vertretenen These vom 'Schreiben der Nation' schon die Voraussetzungen, die Ruth Wodak und ihre Beitragenden für ihre Untersuchung der österreichischen Identität darlegen:

> Die Frage, wie diese imaginäre Vorstellung [von der Nation nach Anderson] in die Köpfe derer gelangt, die von ihr überzeugt sind, läßt sich leicht beantworten: Sie wird diskursiv konstruiert und in Diskursen vermittelt, und zwar in erster Linie in Erzählungen der Nationalkultur. Die nationale Identität ist somit das Produkt von Diskursen.[35]

Hier tritt das Moment der Konstruktion von nationaler Identität vermittels Sprache (durch den Diskurs) hervor, wenn auch im Verlauf des Bandes ein Alternieren zwischen Konstruktion ("[Strategien,] deren Funktion darin besteht, nationale Identität sprachlich zu verfertigen") und dem dabei anklingenden Aspekt der reinen Reflexion ("Strategien, mit deren Hilfe man versucht, nationale Identität und Nationalbewußtsein herbeizureden und *zum Ausdruck zu bringen*") festzustellen ist.[36] Abwesend sind allerdings die Aspekte der schriftlichen Fixierung in Texten und der gedankliche Schritt von der Konstruktion und Verbreitung der nationalen Identität durch den Diskurs über die Nationalkultur (wobei Letztere nicht einmal näher problematisiert wurde) zur Konstruktion der Nation selbst.

Schrecken die genannten und einige andere Autorinnen und Autoren noch vor den vollen Implikationen des Modells zurück, so wird der Schritt nun konsequent vollzogen: Es wird argumentiert, dass sprachliche und nichtsprachliche Texte einen letztlich schriftlich fixierten nationalistischen Gesamttext bilden, der eine Nation wirklich erst erschafft. Dieses Modell wird fallstudienartig auf 'Cornwall as a nation' angewandt: Es wird untersucht, wie die vorgestellte Gemeinschaft der 'Nation Cornwall' durch Texte konstruiert und konstituiert wird. Dazu werden Modelle und Konzepte vor allem aus den Sozialwissenschaften (beispielsweise von A.D. Smith und M. Hechter) entlehnt und für eine geisteswissenschaftliche Arbeit fruchtbar gemacht. In philologischer Tradition wird hierbei selbstverständlich sowohl bei den forschungs- als auch insbesondere bei den ideengeschichtlichen Quellen zu den jeweiligen Originaltexten zurückgegangen.

Erneut muss nun ein Einwand entkräftet werden, der mit einer Kritik durch Malcolm Chapman zusammengefasst werden kann. Chapman kritisiert Darstellungen, die eine keltisch/englische oder, im Falle der Bretagne, keltisch/französische Opposition mit selektiven Zitaten ausschließlich von 'keltischen' Aktivistinnen und Aktivisten aufbauen (welche oftmals universitäre Bildung besitzen) und die Virulenz dieser Opposition belegen wollen, dabei aber die 'normalen' Menschen vergessen, für die jene zu sprechen vorgeben und so ein übertriebenes Bild der ethnischen Aufladung der untersuchten Gebiete zeichnen.[37] Im Folgenden könnte der Eindruck entstehen, dass dies auch in dieser Studie der Fall ist; sie ist jedoch

---

[35]   Wodak *et al.*, S. 61.
[36]   Die Zitate Wodak *et al.*, S. 16 bzw. S. 40 (eigene Hervorhebung).
[37]   Chapman 1992, S. 233-236 und *pass.*

nicht darauf ausgelegt, die gegenwärtige Situation in Cornwall empirisch zu beschreiben oder zu demonstrieren, bis zu welchem Grad kornischnationale Identität
etabliert war oder ist. Sie will vielmehr das Material, aus dem kornische Identität
und Nationalität erschaffen werden, sowie diesen Prozess selbst analysieren, so
dass eben jene Selektion, die Chapman kritisiert, und die Konzentration auf genau
diese Texte gerechtfertigt, ja geradezu imperativ sind und auch die von Chapman
nicht angeführte Tendenz in der Veröffentlichungs- und Äußerungstätigkeit (prokornische Personen äußern sich eher und sind damit 'sichtbarer' als indifferente
oder cornwallskeptische) keinen Angriffspunkt darstellt.[38] Für die Erschaffung der
Nation ist es wesentlich, dass Vorstellungen der Nation fixiert und verbreitet werden und so nachhaltig zu ihrer Konstruktion beitragen können, was bei individuell
gehegten Ansichten und Überzeugungen nicht der Fall ist. Deshalb ist hier nicht
die Methode der Informantenbefragung, sondern allein die Interpretation der genannten fixierten Texte angebracht. Als *social anthropologist* verfolgt Chapman
einen gänzlich anderen als den Ansatz der textbasierten Philologie.

Unter den genannten Voraussetzungen ist dies also eine reine Textstudie, die
verschiedene Arten von Texten, deren Argumentation und Wirkungsweise untersucht und auslegt; es werden keine Fragebögen verschickt, statistisches Material
gesammelt oder Interviews als Materialgrundlage herangezogen.[39] Durch diesen
hermeneutischen Ansatz, im Gegensatz beispielsweise zum ethnographischen, der
ebenso interessante, aber andere Ergebnisse lieferte, legitimiert sich die Arbeit als
der (hier anglistischen) Philologie zugehörig. Sie mag daher für die Geschichtswissenschaften zu wenig auf die Einbettung der 'Quellentexte' in historische Umstände oder die Erklärung bestimmter Ereignisse, für Politologie, Soziologie und
Gender Studies zu wenig auf die politischen Strukturen oder auf soziale Variablen
wie Klasse oder Geschlecht eingehen, für die Kulturanthropologie nicht hinreichend von der Theorie beispielsweise im Bereich der 'Mythen' informiert sowie
für alle empirisch orientierten Disziplinen zu wenig datengestützt angelegt sein.
Dergestalt sind aber die einschränkenden Bedingungen, wenn ein komplexes, inhärent multidisziplinäres Phänomen wie die kulturelle Erschaffung von Nationen
vor allem aus dem Blickwinkel einer einzigen, hier einer textwissenschaftlichen
Philologie betrachtet werden soll. Nur die Spezialisierung auf eine explizit genannte, bisher vernachlässigte Methode kann den Stand der Forschung erweitern

---

[38]   Ähnlich verhält es sich mit Deacons (2000, *pass.*) zwangsweise ignoriertem Aufruf, in den
        Cornish Studies die Größenordnungen von lokal bis global zu berücksichtigen, anstatt sich
        auf die cornwallweite Ebene zu beschränken und so innerkornische Differenzen zu überse-
        hen. Die Untersuchung der Konstruktion des 'nationalen' Cornwalls kann dem Gegenstand
        entsprechend nur auf der gesamtkornischen Ebene ansetzen. Wiederum ähnlich steht es um
        die (vielleicht ungewöhnlicherweise) im Singular gebrauchte *Cornish identity*: Im Prozess
        der Nationsbildung muss ein gewisses Maß an Übereinstimmung in der 'nationalen' Identität
        bestehen, auch wenn in der Bevölkerung empirisch *Cornish identities* zu finden sind.

[39]   Dies taten McArthur und Willett in voneinander unabhängigen Arbeiten und konnten
        jeweils einen hohen Grad an kornischer Identität in Teilen der Bevölkerung feststellen.

und zu neuen Erkenntnissen führen, die sich aus der Übertragung und Anpassung
vorhandener Modelle auf Cornwall zusammen mit dem textlichen Ansatz außerhalb der engen Grenzen der traditionellen Literaturdefinition und der streng voll-
zogenen Deutung des 'Schreibens der Nation' ergeben.

Um diesen Ansatz zu verdeutlichen, soll erneut das Beispiel des kornischen
Dudelsacks angeführt werden: Die Arbeit zielt nicht darauf ab, z. B. durch Umfragen herauszufinden, wie viele Personen in Cornwall des Dudelsackspielens
mächtig sind oder wie viele den Dudelsack als Attribut kornischer Kultur verstehen, um daran die Verbreitung der kornischen nationalen Kultur und den Grad der
Etablierung der kornischen Nation zu messen, oder darauf, durch den Nachweis
der Existenz von früheren kornischen Dudelsäcken tatsächlich eine ungebrochene
Kontinuität vom anzunehmenden Gebrauch des Instruments in Vorstufen der späteren kornischen Kultur bis zur heutigen Praxis zu belegen bzw. in Abwesenheit
einer Kontinuität des Dudelsackspielens das heutige Spielen als moderne Erfindung zu entlarven. Vielmehr wird das Dudelsackspielen in als 'kornisch' gekennzeichneten Situationen als ein Zeichen kornischer kultureller Differenz (nämlich
implizit zu England) gedeutet, wobei es seine *Cornishness* vom Kontext erhält, in
den es eingebettet ist; es ist Teil des Diskurses der kornischen Besonderheiten.
Die Fixierung dieses Diskurses als 'Text' (etwa in Zeitungsberichten) ist dann Materialgrundlage und Ausgangspunkt der Interpretation der kornischen Kultur, so
dass bereits vereinzelte Hinweise (im Gegensatz zu statistischen Erwägungen) als
Teil eines Nationsbildungsprozesses gelesen werden dürfen.

Da solche Texte besonders häufig unter den Vorzeichen der kulturellen Wiedererweckung Cornwalls (*Cornish Revival*) und des Nationalismus entstehen, also
der Etablierung des Konzepts einer kornischen Nation förderlich sind, werden die
Texte im Rahmen einer Analyse des kornischen Nationalismus untersucht. Dies
soll auch ein neues Licht zurück auf den schwierigen Begriff *Nation* werfen. Die
anfängliche Annahme, dass das Korpus kornischnationaler Texte aufgrund des
nicht allzu großen Umfangs nationsbildender Tätigkeiten in Cornwall mit einem
auf Vollständigkeit abzielenden Anspruch ausgewertet werden könnte, hat sich
dabei bald als Illusion herausgestellt, so dass Selektion, beispielhafte Darstellung
und Konzentration auf besonders aussagekräftige und typische Belege nötig wurden und einige Aspekte des *Revivals* ausgeblendet werden mussten. Auch kann es
hier nicht darum gehen, ob 'Nationen', gleich welcher Größe, ein Recht auf nationale Selbstbestimmung und eigene politische Institutionen, letztlich auf jeweils
eigene Staaten haben, oder warum sogenannte staatenlose Nationen (*stateless nations, nations without a state*) ihre Identität besonders seit der zweiten Hälfte des
20. Jahrhunderts artikulieren und daraus kulturelle und politische Forderungen ableiten, was als "re-emergence of peripheral nationalism" in den 1960er und 1970er
Jahren bezeichnet worden ist;[40] dabei ist aber jetzt schon anzumerken, dass der
kornische Nationalismus zu dieser Welle gehört und bei allen Unterschieden im

---

[40]   Keating, S. 1.

Einzelfall hinsichtlich Art und Stärke der Bewegungen Parallelen quer durch Europa findet. Genannt seien nur das Baskenland, Katalonien und Galicien in Spanien, die Bretagne und Korsika in Frankreich, Südtirol und Sardinien in Italien, Wales und Schottland im Vereinigten Königreich; als prominenteste westliche Region außerhalb Europas tritt die Provinz Québec in Kanada hinzu. In der Wiederbelebung einer verdrängten einheimischen Sprache und dem künstlichen Wiederaufleben(-lassen) von Merkmalen kultureller Eigen- und Besonderheiten gibt es aber auch mit anderen Gebieten Berührungspunkte, z. B. mit dem kulturellen *Revival* und den damit verbundenen Unabhängigkeitsbestrebungen auf den Hawaiiinseln.[41] Das hier untersuchte Cornwall erhält seine Relevanz damit einerseits, weil es als ein offensichtliches und auch wörtlich naheliegendes Beispiel für Vorgänge zu sehen ist, die in vielen Gebieten der Erde vonstatten gehen, und andererseits, weil es in der wissenschaftlichen Öffentlichkeit bisher zu wenig Beachtung gefunden hat. Abschließend ist darauf hinzuweisen, dass diese Untersuchung selbst kein nationalistischer Text ist, was sich unter anderem wahrscheinlich darin zeigen wird, dass die meisten der sich im kornischen Nationalismus engagierenden Personen mit den Erkenntnissen nicht einverstanden sein werden.

1.2   Forschungsstand, Literaturüberblick

In diesem kurzen Überblick kann es nur um die wichtigsten Werke gehen, die die Forschung nachhaltig beeinflusst haben oder Forschungsgang und -stand charakterisieren. Ältere Beiträge wie die von Deutsch, der die Bedeutung von Kommunikation in der Entstehung von Nationen betont und Nationalismus, wie andere nach ihm, als Folge eines Modernisierungsprozesses ansieht, Snyder, der verschiedene Nationalismusformen und deren Interpretation vergleicht und, auf angloamerikanische Erfahrungen gestützt, Nation und Staat beinahe gleichsetzt, Kohn oder Hayes, finden dabei keine Berücksichtigung. Aber schon allein die neuere Literatur zum Themenkreis "Nation und Nationalismus" ist nahezu unüberschaubar geworden; trotzdem kann das Schrifttum anhand gewisser Unterscheidungspunkte geordnet werden. Eine fundamentale Einteilung unterscheidet allgemeine und theoriebezogene Werke von Fallstudien einzelner Länder und Nationen. In der ersten Kategorie geht es immer wieder um die Frage der Modernität von Nationen und Nationalismus, die von *Modernists* wie Kedourie, Hobsbawm, Gellner, Anderson und anderen angenommen, von *Perennialists*, deren Gallionsfigur der frühe A.D. Smith ist, zumindest eingeschränkt oder abgelehnt wird (die einzelnen Werke finden sich in der Bibliographie verzeichnet, einige werden an passender Stelle näher behandelt). In dieser Frage spielt Geschichte eine herausragende Rolle, so dass historische Erwägungen einzelner Territorien meist schon einfließen, auch wenn es sich nicht wie in der zweiten Kategorie um Fallstudien handelt: Nationalismus

---

[41]   Dazu Theroux, besonders S. 18, S. 28 und S. 34.

ist keine von tatsächlich auftretenden Erscheinungsformen trennbare Theorie wie Liberalismus oder Konservativismus,[42] sondern passt sich den jeweiligen Umständen an und 'überformt' solche Ideologien. Andererseits definieren Untersuchungen zum Nationalismus einzelner Nationen zumeist auch zunächst die verwendeten Begriffe von Nation und Nationalismus, was wiederum die Möglichkeiten und Grenzen der weiteren Untersuchung präjudiziert. Ein Nationsbegriff, der die Deutung eines jeglichen Zusammengehörigkeitsgefühls von Menschen auf einem Gebiet oder einer Sprachgemeinschaft als Anzeichen der Existenz einer Nation oder gar von Nationalismus erlaubt, wird sicherlich Belege in deutlich früheren Zeiträumen zulassen als ein solcher, der strengere Kriterien anlegt (hierzu das Beispiel des mittelalterlichen englischen Schatzamtes in Abschnitt 1.3). Dabei dürften Nationalismusformen in allen Teilen der Welt Berücksichtigung gefunden haben, die der großen, alten Staaten Westeuropas sicherlich am meisten; in unserem Zusammenhang interessieren jedoch besonders die Britischen Inseln und der sogenannte *Celtic fringe*. Hierbei sind einerseits England und Großbritannien (durch Personen wie Linda Colley und Keith Robbins, deren einzelne Beiträge nicht verzeichnet werden müssen), sowie andererseits Schottland (hier etwa David McCrone, Christopher Harvie, Murray Pittock, Jack Brand u. a.), Wales (Kenneth Morgan, David Adamson, Colin Williams, Knut Diekmann u. a.), Irland (Owen Dudley Edwards, D. George Boyce, John Hutchinson, Timothy White u. a.) sowie der *Celtic fringe* als Ganzes (Peter Berresford Ellis, William Greenberg u. a.) besonders gut erforscht. Cornwall dagegen findet in Überblicksdarstellungen oder Publikationen mit gesamtbritischer Perspektive kaum Berücksichtigung und wird schnell abgetan, oftmals ohne die dortigen Gegebenheiten angemessen zu erwägen.

Die Probleme und Missverständnisse, die bei einer nicht adäquaten Behandlung Cornwalls auftreten, können an einem sprechenden Beispiel demonstriert werden, obwohl hier der Fokus schon deutlicher auch auf Cornwall liegt als in den meisten übergreifenden oder komparativen Publikationen, nämlich an dem 1991 von Havinden, Quéniart und Stanyer edierten, zweisprachigen *Centre and periphery: a comparative study of Brittany and Cornwall & Devon* (*Centre et périphérie: Bretagne, Cornouailles/Devon: étude comparée*). Die Herausgeber greifen dabei auf ein Zusammenfassen Cornwalls mit Devonshire zurück, das u. a. in einer gemeinsamen Polizeiautorität und einer Wasserversorgungsbehörde institutionellen Ausdruck gefunden hat, das in Cornwall jedoch weithin abgelehnt wird. Die Legitimation dieser Zusammenschau sehen sie in der Tatsache begründet, dass Cornwall und Devonshire als geographisch peripher gelten, sowie in der impliziten, aber nie ausgeführten Annahme, dass diese beiden Gebiete eine durch ihre halbinsulare Situation charakterisierte, gegebene Region bilden. Hier muss

---

[42] Ähnlich Alter, S. 11. Nach Benners (S. 164) geopolitischem Verständnis konkurriert Nationalismus dann auch nicht mit Ideologien wie Liberalismus oder Sozialismus, sondern mit geopolitischen Ordnungen wie Stadtstaaten-Systemen, religiösem Transnationalismus, Imperialismus, Regionalismus oder Globalismus; zur Überformung sogleich Kunze, S. 48.

eingewendet werden, dass die Ostgrenze der Grafschaft Devon keinesfalls die östliche Begrenzung der südwestlichen Halbinsel Großbritanniens darstellen kann,
wie schon ein flüchtiger Blick auf die Geographie des Landes zeigt. Sicherlich
war jedoch auch eine ähnliche, handhabbare Größe der beiden zu vergleichenden
Regionen ("the Far South West of England"[43] vs. Bretagne) zu wählen, und diese
war durch die Bretagne (bis auf die Frage des *Départements* Loire-Atlantique)
weitgehend vorgegeben, so dass sowohl Cornwall allein (da zu eng gefasst, dafür
aber eine wirkliche Halbinsel) als auch die von der Regierung u. a. in der Regionalentwicklung benutzte "South West Standard Region of England" (da zu weit
gefasst) als Einheiten ausschieden.

Indem die Herausgeber nun aber "Cornwall & Devon", im Französischen über-
raschenderweise "Cornouailles/Devon" [sic!] als Bezugsrahmen für die dort versammelten Studien vorgeben, behindern sie das Verständnis der Besonderheiten
Cornwalls, das auf diese Weise sogar innerhalb der Peripherie peripheralisiert
wird; dies wird insbesondere im Aufsatz von Denis, Pihan und Stanyer deutlich,
in dem die Autoren das Fehlen einer Bezeichnung für die vorgeblich "single entity
Cornwall & Devon" [sic!] bedauern und gleichzeitig den Unterschied zur Bretagne betonen, bei der es keine Zweifel am Regionsstatus gebe, so dass hier auch
kein Name zu erfinden sei. Dies finde Parallelen in der ethnischen Identität, die in
der Bretagne plausibel sei, im Südwesten Englands aber keine Basis habe; und
schließlich heißt es: "Cornish nationalism is such a miniscule phenomenon that it
is in no way comparable to Breton nationalism."[44] Hier sind zwei Dinge anzumerken. Erstens ist "Cornwall & Devon" keineswegs eine homogene Region ("single
entity"), der nur ein gemeinsamer Name fehlt, wie die Herausgeber vorgeben und
die Autoren annehmen. Vielmehr lassen die kulturellen, wirtschaftlichen und anderen Unterschiede zwischen den beiden Gebieten eine gemeinsame Darstellung
von "Cornwall & Devon" zumindest prekär erscheinen, was gerade der Grund für
das Fehlen eines einheitlichen Namens und dafür ist, dass in vielen Beiträgen zu
jenem Band Besonderheiten Cornwalls separat behandelt werden müssen. Zweitens ist die Vernachlässigung der internen Differenzen innerhalb von "Cornwall
& Devon" und der kornischen Besonderheiten von der subjektiven Identität eines
großen Teils der kornischen Bevölkerung bis hin zum Nationalismus im besten
Fall dem Systemzwang der Vergleichsstudie zuzuschreiben, die zu Vereinfachung
und Größenangleichung der untersuchten Gebiete nötigt, im schlimmeren Fall
reiner Unwissenheit oder dem Unwillen anzulasten, sich eingehend mit Cornwall
allein zu befassen. Eine bewusste kulturelle und ethnische Marginalisierung des
Landes sehen darin aber wohl nur Angehörige des kornischen Nationalismus.
"Cornwall & Devon" als eine Region zu wählen und der Bretagne gegenüberzu-
stellen führt u. a. zu folgendem eklatanten Fehlschluss: "Brittany is much better
placed than Cornwall & Devon because it has a real identity as an area in society

---

[43] Das Zitat und die vorherigen Annahmen Stanyer, S. XIX.
[44] Beide Zitate Denis/Pihan/Stanyer, S. 38.

and government".[45] Im Unterschied zu den Autoren erkennt die Leserin oder der Leser nun bereits, dass die künstliche Zusammenführung von Devonshire und Cornwall zu einer abstrakten Region, die hier der akademischen Untersuchung zugrundegelegt wird, die tatsächliche Identitätsgrenze am Tamarfluss ignoriert und eine einheitliche Identität damit automatisch ausschließt, was methodisch nicht zulässig ist; die Bemerkung, "Cornwall & Devon" habe keine eigene Identität, kommt daher einer methodisch bedingten Tautologie gleich. Mit anderen Worten, die Autoren argumentieren offenbar unwissentlich gegen den Regionsstatus der 'Region', die sie untersuchen, und unterminieren die eigene Argumentation. Der Vergleich sähe anders aus, wenn die Autoren allein Cornwall mit der Bretagne verglichen hätten: Der Unterschied wäre dann einer des Grades, nicht der Art.

Diese zugegebenermaßen lange Ausführung demonstriert die Missverständnisse, die bei oberflächlicher Betrachtung Cornwalls aufkommen können, wird dieses doch, wie erwähnt, in gesamtbritisch orientierten Publikationen kaum angemessen berücksichtigt. Von solchen übergreifenden, nicht allein auf Cornwall fokussierten Publikationen sind einige wegen ihrer Bedeutung für den Forschungsstand und ihren Einfluss auf diese Arbeit hinsichtlich der geistigen Prämissen und ihren Forschungsrahmen dennoch eine besondere Erwähnung wert; auf Werke der Problematisierung des Keltenbegriffs wird jedoch an anderer Stelle eingegangen.

Zunächst sind Geschichtsdarstellungen zu nennen, die eine regionale oder nationale Pluralität der historischen Entwicklung der Britischen Inseln betonen. J.G.A. Pocock, Hugh Kearney und Norman Davies sind die wohl bekanntesten Vertreter einer neueren Historiographie, nach der die Vergangenheit der Britischen Inseln nicht als Geschichte Englands mit gelegentlichen Einflüssen der zu Recht peripheren Gebiete (Schottland, Wales und Irland) oder als isolierte Regionalgeschichten (Geschichte Schottlands, irische Geschichte etc.) darzustellen ist, sondern eine Interdependenz der vier Nationen (England, Schottland, Wales, Irland) besteht, der nur dadurch Rechnung getragen werden kann, dass eine gemeinsame und doch pluralistische britische Geschichte unter Berücksichtigung aller Landesteile ("British history" im Gegensatz zu "English history" bei Pocock, Geschichtsschreibung mit einem "'Britannic' approach" bei Kearney) erzählt wird. Programmatisch gefordert wurde dies besonders von Pocock, der laut Stoyle als "the "true begetter" of the new British historiography" zu betrachten ist,[46] in seinem Beitrag von 1975, "British history: a plea for a new subject", angewandt von Steven G. Ellis (so in "Not mere English: the British perspective, 1400-1650" von 1988), schließlich paradigmatisch ausgeführt in den großangelegten Synthesen der Gesamtgeschichtsdarstellungen *The British Isles: a history of four nations* von Kearney (1989) und *The Isles: a history* von Davies (1999). Die Vorteile dieses Ansatzes für das Studium Cornwalls, welches sonst oftmals in der Betrachtung

---

[45]   Denis/Pihan/Stanyer, S. 47.

[46]   Stoyle 1999, S. 432; Stoyle selbst arbeitet im Rahmen dieser neuen britischen Historiographie über Cornwall. Die Namen der Ansätze zuvor Pocock, *pass.*, Kearney, S. 1 und *pass.*

Englands 'unterging', bestehen darin, dass Cornwalls Beziehungen zu anderen Landesteilen thematisiert werden, so die Verbindungen zu Wales im früheren Mittelalter,[47] sowie allgemein eine höhere Sensibilität gegenüber Landesteilen wie Cornwall erkenntlich ist. In seiner Darstellung der staatlichen Einigung Großbritanniens spricht Partridge beispielsweise von "the Anglo-Cornish-Welsh union with Scotland" und erkennt so den historischen Beitrag Cornwalls zum britischen Gemeinwesen an, der ansonsten vernachlässigt wird.[48] In diesem Zusammenhang ist auch die umfassende Studie von Colley zu sehen, die die gesamtbritische im Gegensatz zu den vier einzelnen Perspektiven beleuchtet.

Für den peripheren Nationalismus der Britischen Inseln ist Michael Hechters 1975 erschienenes *Internal colonialism: the Celtic fringe in British national development, 1536-1966* forschungsgeschichtlich eine der wichtigsten Publikationen. Hechter erklärt den Aufstieg des ethnischen Nationalismus in Großbritannien aus länger andauernden Tendenzen, wenn er das Vereinigte Königreich als auf kolonialer Eroberung der kleinen 'keltischen' durch die große 'angelsächsische' Ethnie beruhend begreift, wobei die Differenzen zwischen der dominanten und den dominierten Gruppen durch eine hierarchisch funktionierende "cultural division of labor"[49] immer erhalten geblieben und besonders seit den 1960er Jahren wieder an die Oberfläche gekommen seien. Hechters Verdienst ist es dabei, die Forschung sowohl stimuliert als auch polarisiert zu haben, was zu lebhafter Diskussion der nationalen Vielfalt des atlantischen Archipels führte, wenn seine These auch weitreichende Kritik und Ablehnung erfahren hat. So kann in der Tat mit Bulpitt festgestellt werden, dass Hechter eher *gegen* das 'diffusionistische Modell' als *für* das diesem gegenüber gestellte Modell des internen Kolonialismus argumentierte;[50] dass Hechter dafür aber umfangreiche Daten präsentierte, die auf den Erhalt peripherer Eigenheiten deuteten, half mit, die politisch favorisierte Doktrin des integrierten britischen Staates anzugreifen, was wiederum Wegbereiter für Werke wie Tom Nairns *The break-up of Britain* oder auch Philip Paytons *The making of modern Cornwall* war.

Eine letzte äußerst einflussreiche, nicht auf Cornwall spezialisierte Schrift ist der von Eric Hobsbawm und Terence Ranger edierte Sammelband *The invention*

---

[47] Z. B. Kearney, S. 35 und S. 46.

[48] Partridge, S. 10; Partridge (S. 11) sieht die Angliederung Cornwalls an den englischen Herrschaftsbereich (um das Jahr 944) als einen möglichen Beginn der britischen Unionen, als eine erste 'Union' der britischen Geschichte.

[49] Hechter, S. 9; zum *internal colonialism* findet sich mehr in Abschnitt 4.4. Der Keltenbegriff erfährt von Hechter keine Problematisierung, er benutzt *Celtic* und abgeleitete Termini als Kurzbezeichnung für Irland, Schottland und Wales im Gegensatz zu England.

[50] Bulpitt, S. 44. Nach dem Diffusionismus müssten sich, kurz gesagt, regionale Unterschiede in Kultur, Politik und Wirtschaft durch zunehmende Kontakte und wirtschaftliche Integration des Gesamtstaates mehr und mehr verringern und sich alle Regionen den Verhältnissen des Zentrums angleichen, so dass sich etwa Wohlstandunterschiede hauptsächlich entlang einer sozialen Klasseneinteilung, aber kaum entlang regionaler Einteilungen kristallisierten.

of tradition (1983), insbesondere der von Hobsbawm gegebene Rahmen für die enthaltenen Fallstudien. Hobsbawm definiert "invented traditions" als "a set of practices, normally governed by overtly or tacitly accepted rules and of a ritual or symbolic nature, which seek to inculcate certain values and norms of behaviour by repetition, which automatically implies continuity with the past"; später heißt es noch: "all invented traditions, so far as possible, use history as a legitimator of action and cement of group cohesion."[51] Für das Studium von Nationen relevante Beispiele sind Feiertage, die an historische Ereignisse erinnern, Denkmäler, Umzüge, Inszenierungen von Krönungen, aber auch Veranstaltungen wie die *Tour de France* oder nationale Fußball-Ligen und Finalspiele in der Hauptstadt. Die Idee von *The invention of tradition* besteht nun darin zu zeigen, dass im Entstehen begriffene Nationen oder Staaten in Zeiten einschneidender Umbrüche solche Traditionen erfinden, um ein Gefühl der Authentizität und historischen Legitimität zu erzeugen, indem sie scheinbar an eine längst vergangene Zeit anknüpfen, auch wenn bei näherer Betrachtung auffallen muss, dass diese Traditionen moderne Erfindungen sind und sich innerhalb weniger Jahre etabliert haben. Aber auch bei lange bestehenden Staaten sollen sie der Bevölkerung ein Gefühl der Sicherheit und Verbundenheit vermitteln. Entscheidend ist die rituelle Symbolhaftigkeit, mit der 'erfundene Traditionen' ausgeführt werden, was sie von bloßen Konventionen oder Routinen unterscheidet, und ihre relative Konstanz, die sie von veränderlichen Sitten und Gebräuchen unterscheiden.

Gegenüber der Situation der Nationalismusforschung ist die Literatur über Cornwall überschaubar. Sie zerfällt in drei Gruppen: Zunächst findet sich eine große Anzahl von Schriften 'impressionistischer', romantisierender oder esoterischer Art, die trotz oftmals ernsthafter Aufmachung den touristischen, 'spirituell' empfänglichen oder ausschließlich lokalen Markt bedienen und wegen großzügiger Interpretation und Selektion von Beobachtungen oder historischen Texten nur mit Vorsicht zu lesen sind oder hier nur als Quellen, nicht als Forschungsliteratur benutzt werden dürfen. Mit dieser Einschränkung sind aber gerade populäre Werke (beispielsweise Geschichtsdarstellungen) besonders aussagekräftig. Sodann existiert eine beachtliche Anzahl von Studien zu verschiedenen Aspekten der kornischen Sprache; dies reicht von der Sprachgeschichte der ausgestorbenen Sprache über linguistische Detailfragen, auch in Hinsicht auf die verwandten Sprachen Walisisch und Bretonisch, bis hin zur Grundlegung und Sprachpolitik des wiederbelebten Kornisch und seiner Varietäten. Gelegentlich werden in diesen Studien auch umliegende Aspekte aufgegriffen und Fragen um die Komplexe 'Sprache und Kultur' oder 'Sprache und Identität' angesprochen, vornehmlich im Kontext von Tod und Wiederbelebung des Kornischen. So hat Meic Stephens 1976 ein rund 20-seitiges Kapitel über das Kornische und dessen Sprachgemeinschaft in sein *Linguistic minorities in Western Europe* aufgenommen und darin auch das weitere kulturelle und politische Umfeld berücksichtigt. Im linguistischen Bereich

---

[51] Hobsbawm 1983, S. 1 bzw. S. 12.

sind es besonders die Arbeiten von Ken George, Wella Brown, Nicholas Williams, Richard Gendall und Oliver Padel, die, auf Henry Jenners Pionierarbeit *A handbook of the Cornish language* von 1904 aufbauend, den Stand der Forschung repräsentieren. Hinzu kommt als älteres Standardwerk Martyn Wakelins bedeutendes *Language and history in Cornwall* (1975), in dem der Autor hauptsächlich den kornischen Dialekt des Englischen, aber auch Wechselwirkungen mit der keltischen Sprache und dem historisch-gesellschaftlichen Hintergrund untersucht.

Anders schließlich als Wales, Schottland oder Irland, deren Verhältnis zu England, Großbritannien bzw. dem Vereinigten Königreich in Geschichte und Gegenwart und im Hinblick auf ihre jeweilige Nationalismusausformungen eingehend erforscht sind, fristet Cornwall in diesem Bereich oftmals ein Dasein in Fußnoten der Forschungsliteratur:[52] Cornwall dient dann als ein weiterer Beleg für eine meist Schottland oder Wales betreffende These oder ist als ergänzender Hinweis zu verstehen. Die knapp zweiseitige Erwähnung Cornwalls, seiner Identität, die eine Sonderbehandlung rechtfertige, und seiner Nationalismusbewegung durch Banks,[53] gerade angesichts des frühen Erscheinungsjahres seines *Federal Britain?* (1971), ist dabei schon besonders herauszuheben, ähnlich wie die Inklusion Cornwalls im Kompendium *World minorities* der Minority Rights Group von 1977 (A.M. Caseys "Cornish nationalism" etwa gleichen Umfangs). Wissenschaftlich-systematische Studien zu Cornwall, seiner Geschichte, gegenwärtigen Lage und dem Verhältnis zu dem Staat, dem es angehört, gibt es nur in bescheidenem Umfang und sind oftmals nur in spezialisierten Publikationen wie der Schriftenreihe *Cornish studies* zugänglich. In diesem Bereich sind insbesondere die Studien von Philip Payton zu nennen, der sich aus kornischer Sicht in seinem Standardwerk *The making of modern Cornwall* (1992) unter Anwendung des Zentrum/Peripherie-Modells mit der Frage beschäftigt, warum eine sowohl von der englischen als auch von der britischen separate kornische Identität ("Cornishness") bis heute überleben konnte, dabei in weiten Teilen aber auch eine Geschichte Cornwalls in der Neuzeit bietet (hierauf wird ab S. 272 genauer eingegangen). Neben Payton stehen Mark Stoyle, Amy Hale, Ronald Perry, Bernard Deacon und wiederum Oliver Padel sowie vormals A.L. Rowse, die allesamt kornische Besonderheiten anerkennen und eine distinkt kornische Dimension historischer Ereignisse und heutiger Entwicklungen unterstreichen. Stoyle warnte allerdings 2002 vor der

---

[52]   Als den Stand Cornwalls in der Forschung illustrierende Anekdote sei kommentarlos folgende Bemerkung angefügt: "Tatsächlich aber ist es den Berliner Keltologen gelungen, Wissenschaftler aus allen keltischen Regionen außer Cornwalls (hier wurde versehentlich nicht nachgefragt) [...] nach Berlin [zur Keltologie-Tagung] einzuladen sowie international anerkannte Forscher – bis nach Japan hin – auf keltologischen u. a. Gebieten." Heinz, S. 285f.

[53]   Banks, S. 253 und S. 255f.; der Autor erwog Cornwall bereits als "peripheral area" (S. 250/ 252). Einen längeren Abschnitt über den kornischen Nationalismus enthielt schon Greenbergs *The flags of the forgotten: nationalism on the Celtic fringe* von 1969, das aber eher die damalige politische Lage nachzeichnete, während Thayer in seinem *The British political fringe* von 1965 Cornwall eher vollständigkeitshalber auf gut drei Seiten abhandelte.

Gefahr, dass solche Arbeiten gegen die weithin etablierte anglozentrische Sichtweise ihrerseits den Status einer "new orthodoxy" erlangen könnten (was sie zu einem gewissen Grade bereits haben), wodurch sie wiederum Gegenangriffe provozieren könnten; und weiter:

> The Kernowsceptic backlash may be just around the corner, in other words, and if such a backlash does, in the end, materialize, it is not difficult to guess what its primary objectives will be: to thrust the historiography of early modern Cornwall firmly back into the box labelled 'English local history', and to nail down the lid.[54]

Dies betrifft nicht nur die Historiographie des frühneuzeitlichen Cornwalls, sondern alle Bereiche der *Cornish Studies*, und Stoyle weist hier exemplarisch aus seinem Spezialgebiet heraus deutlich auf die Gefahren hin, die von an den Besonderheiten Cornwalls zweifelnden (geschichtswissenschaftlichen) Studien auch in der Gegenwart für einen Status Cornwalls über der Grafschaftsebene und die Disziplin *Cornish Studies* selbst ausgehen. Und "the Kernowsceptic backlash" kam tatsächlich, denn das Paradigma kornischer Differenz ist neuerdings von 'Cornwallskeptikern' angegriffen worden; hierzu gehören John P.D. Cooper, der in seinem *Propaganda and the Tudor state* Devonshire und Cornwall zusammen als eine englische Region untersucht (dabei Cornwall dennoch häufig separat zu betrachten gezwungen ist), und John Chynoweth, der Cornwall als eine gewöhnliche englische Grafschaft behandelt und das, was er "a theory of Cornish distinctiveness" nennt,[55] widerlegt zu haben glaubt. Die beiden genannten Publikationen sind von Vertretern der *New Cornish Studies* scharf und weitgehend überzeugend kritisiert worden,[56] und es könnte sich in kleinerem Maßstab eine Debatte wie um den Begriff *keltisch* anbahnen, in der es dann darum ginge, ob *Cornish Studies* ein Beitrag zur 'nationalen' Vielfalt der Britischen Inseln (*New Cornish Studies*) oder Teil englischer Lokalstudien (cornwallskeptische Sichtweise) sind.

Publikationen all dieser und anderer Autorinnen und Autoren sind zumeist Untersuchungen über Einzelaspekte der Kultur Cornwalls, zeichnen die Geschichte des Landes nach oder verfolgen, wie sich *Cornish identity* im Wandel der Zeiten darstellte und darstellt (oder bereits in der englischen aufgegangen ist), auch schon unter dem Einfluss von *Celtic Revival* und keltischem/kornischem Nationalismus. Die umgekehrte Einflussrichtung jedoch, die Benutzung von Kultur und Identität(en) durch nationalistische Interessen, wurde kaum beachtet, was den An-

---

54   Stoyle 2002a, S. 111f., die Zitate S. 112.
55   Chynoweth ignoriert neuere kornische Studien weitgehend und argumentiert oft oberflächlich und mit vagen Begriffen, etwa in der nochmals in Gänze zu zitierenden Stelle (S. 21): "Most modern historians writing about Tudor Cornwall have emphasised how different it was from other English shires, and their assertions are sufficiently numerous to constitute a theory of Cornish distinctiveness." Entgegen Chynoweth konstituiert sich eine Theorie nicht durch eine Reihe wiederholter Thesen, und nur solche greift Chynoweth dort an.
56   Deacon 2003 zu Cooper, Payton 2003 zu Chynoweth, Stoyle 2004 zu beiden Forschern.

stoß zu der vorliegenden Arbeit gab. Der Themenkomplex, der ihr zugrunde liegt, ist damit im Wesentlichen unerforscht, weil es sich um ein junges, geographisch sehr stark beschränktes und politisch nicht virulent hervortretendes Phänomen handelt. Ältere Ausnahmen sind einige unveröffentlichte Beiträge von Adrian Lee seit der zweiten Hälfte der 1970er Jahre sowie Bernard Deacons Aufsätze von 1983 über politische Kultur und Wahlverhalten Cornwalls. Hinzu treten vier neuere Dissertationen im weiteren Themenumfeld. Jane Smith Korey übergeht in ihrer Arbeit von 1991 allerdings den nationalen Aspekt und die dezidiert nationalistische Argumentation der Bewegung (oder bemerkt sie schlichtweg nicht) und spricht stattdessen durchgängig von einer 'ethnischen' Bewegung. Zudem lässt sie wenig Einfühlungsvermögen für kornische Umstände erkennen, so dass es schon im Titel "Cornwall, England" heißt, und erscheint durch neuere Studien u. a. von Payton[57] überholt. Amy Hale andererseits beschränkt sich in ihrer Dissertation von 1998 auf die ethnographische Darstellung keltischer Identitäten und beobachtet dabei mehr und zeichnet nach, als dass sie argumentiert oder erklärt.[58] Unserer Thematik kommt Robert Edward Burtons Dissertation von 2000 am nächsten. Aus soziologischer Sicht untersucht Burton anhand der Debatten um die 'authentische' Version der kornischen Sprache und verschiedener Geschichtsdarstellungen, wer Kontrolle über Inhalte und Grenzen der kornischen Identität erlangt: Dies ist, so seine These, eine Klasse von Intellektuellen, den "cultural entrepreneurs", die, wie Burton scheinbar verwundert feststellt, bestehende Identitäten manipulieren und insbesondere durch ein verändertes Geschichtsbild an einer neuen Identität arbeiten (eine auch nur oberflächliche Lektüre einiger etablierter Werke der Nationalismusforschung hätte Burton in diesem Punkt sicherlich erhellt). Dabei übersieht er jedoch die nationale Dimension dieser kulturellen Inhalte und die nationalistische Argumentation der "cultural entrepreneurs"; Burtons ohnehin unübersichtliche und repetitive Darstellung leidet zudem unter der Unwissenheit ihres Verfassers auf dem Gebiet der Linguistik. Die vorliegende Arbeit geht über Burtons Dissertation hinaus und versucht, diese und andere Bereiche der kornischen Kultur, auf denen die kornische Identität aufbaut und welche die *Cornishness* definieren, sowie die darin stattfindenden Aktivitäten und die 'Manipulationen' als normalen, ja sogar zu erwarteten Teil des Nationserschaffungsprozesses zu deuten; im Mittelpunkt stehen dabei hier die Texte selbst, unabhängig von ihrer 'Autorschaft', die für den soziologischen Ansatz Burtons von Bedeutung ist. Auf ähnlichem Gebiet bewegt sich letztlich Bernard Deacon, der in seiner hervorragenden Dissertation von 2001 zwar auch Aspekte kornischer Kultur und Identität untersucht, wegen

---

[57] Besonders Paytons eigene Dissertation *Modern Cornwall: the changing nature of peripherality* von 1989, im Wesentlichen veröffentlicht als Payton 1992.

[58] Ein Beispiel aus Hales Dissertation (1998a, S. 213): "Do these practitioners [of Celtic spirituality] consider themselves to be Celts in the same way that ethnic Cornish activists do? Some do, some do not, and for residents in Cornwall this may be an area of some personal conflict." Dies ist in etwa so weit, wie Hales Interpretation reicht.

seiner Beschränkung auf das späte 18. und das 19. Jahrhundert aber noch nichts 'Nationales' darin finden kann.[59] In gewisser Weise setzt diese Arbeit also da ein, wo Burton und Deacon (auf verschiedene Art) enden. Einen ähnlichen Bereich deckt auch Philip Paytons 2002 erschienene Monographie mit dem Titel ... *a vision of Cornwall* ab, so dass es insbesondere bei der Überblicksdarstellung gewisse Überschneidungen gibt. Payton deutet das Dargestellte dort aber ebenso wie Alan M. Kent lediglich als Belege für eine nachzuweisende *Cornish identity* oder als Ausdruck derselben, nicht als deren textliche Konstruktion im Zusammenhang des *nation-building*. Hinzu kommt letztlich, dass im deutschsprachigen Raum relevante Untersuchungen beinahe gänzlich fehlen.

Der Forschungsstand ergibt sich somit aus durch Analogie über die anderen Gebiete des *Celtic fringe* gewonnen Erkenntnissen, wenigen unveröffentlichten Dissertationen und Abschlussarbeiten britischer Universitäten, die außerhalb der jeweiligen Institutionen kaum greifbar sind, unveröffentlichten Konferenzbeiträgen sowie den aus dem institutionellen Rahmen des *Institute of Cornish Studies* unter Leitung Paytons und dessen Umfeld hervorgehenden Veröffentlichungen der genannten Autorinnen und Autoren, bei denen es sich zumeist um Aufsätze in *Cornish studies* oder Sammelwerken wie *Cornwall since the war* (1993) und *New directions in Celtic studies* (2000) handelt. Ältere Geschichtsdarstellungen wie das wichtige *Tudor Cornwall* (zuerst 1941, hier 1957) des kornischstämmigen A.L. Rowse, welches überwiegend die Zeit der Reformation behandelt, und Mary Coates *Cornwall in the great Civil War and Interregnum 1642-60* (1933) sowie die Gesamtdarstellungen *A history of Cornwall* von F.E. Halliday (1959, hier 1975) und Paytons *Cornwall* (1996) komplettieren das Bild der Literaturlage.

1.3   Die Begriffe *Nation* und *Nationalismus* und deren Umfeld

Zunächst sind einige Begriffe des zu behandelnden Themenfeldes eingehender zu betrachten; dies sind vor allem die zentralen Termini *Nation* und *Nationalismus*, die bei einer komplexen Benutzungsgeschichte vielfältige und weitreichende Problematisierungen in der wissenschaftlichen Reflexion erfahren haben. Wenn die Begriffe auch meist wie selbstverständlich benutzt werden, so entstammen sie doch keineswegs einem eindeutigen oder unproblematischen Begriffsfeld. Es gehört zu den Standardelementen der Nationalismusforschung zu bemerken, dass es bisher keine allgemein akzeptierte Definition dieser schwierigen Begriffe gibt,[60] sondern lediglich Arbeitsdefinitionen, die die Konzepte für die jeweilige Studie handhabbar machen. Es überrascht deshalb nicht, dass diese Definitionen stark differieren können, wie bei der folgenden Besprechung von Definitionsansätzen in verschiedenen Nationalismusstudien erkennbar wird. Seton-Watson zweifelt

---

[59]   Deacon 2001b.
[60]   Z. B. Calhoun, S. 98; ähnlich über *nation* auch Connor 1978, S. 379.

sogar ganz an der Möglichkeit einer wissenschaftlichen Definition von *nation* (und damit auch von davon abgeleiteten Begriffen, wobei die englischen Termini forthin synonym mit den deutschen zu verstehen sind); ähnlich äußert sich nach über zwanzig Jahren Forschung McCrone, der darauf verweist, dass Definitionen von Konzepten in den Sozialwissenschaften selten unumstritten sind, da sie von den jeweilig benutzten Theorien bestimmt werden.[61] So ist auch hier freilich keine genau abgegrenzte Definition zu erwarten, vielmehr wird eine Vielschichtigkeit zutage treten, die bei der weiteren Untersuchung zu berücksichtigen ist.

Als erstes gilt es somit, anhand einiger Belege den Gebrauch der Termini für die folgenden Erwägungen zu bestimmen. Dabei erscheint es zweckmäßig, zuerst den Begriff der Nation zu klären, um den darauf zurückgreifenden Nationalismus als Funktion des Nationsbegriffs verstehen zu können, da die amüsante und doch nicht ganz aus der Luft gegriffene Bestimmung von *nation* als "a group of persons united by a common error about their ancestry and a common dislike of their neighbors"[62] leider nicht ausreicht.

Nach dem *Oxford English Dictionary* ist *nation* zunächst zu verstehen als das abstrakte Gemeinwesen einer großen Anzahl von Personen, die einander "by common descent, language, or history" so nahestehen, dass sie als "distinct race or people" gewöhnlich einen "separate political state" bilden.[63] Das lateinische Etymon *nasci* 'geboren werden', von dem *nation* und die anderen Formen abgeleitet sind, weist frühen Belegen entsprechend hauptsächlich auf die Abstammung hin. Die nachgeordneten Bedeutungen bezeichnen u. a. konkrete Personen dieses Gemeinwesens, die Gesamtheit dieser Personen, aber auch weitere abgeleitete Konzepte wie beispielsweise die obsolete Bedeutung 'nationality',[64] die hier nicht von Belang sind. Die Abgrenzung zu dem fälschlicherweise gelegentlich (und vor allem früher – so geht es in Adam Smiths *The wealth of nations* um den Wohlstand staatlicher Territorien, nicht um den von Nationen –, aber auch heute in Werken der Forschungsliteratur) synonym verwendeten Wort *state* besteht daher in der größeren Abstraktheit von *nation*. Der Staat ist, ohne in Tiefen und Feinheiten des Inter-'nationalen' Rechts einzudringen,[65] die konkrete, im politischen Handeln vor

---

[61] Seton-Watson, S. 5; McCrone 1998, S. 3.
[62] Zitiert nach Deutsch 1969, S. 3.
[63] *OED*, s. v. *nation* I.1.a.
[64] *OED*, s. v. *nation* I.1.b, I.4.a, I.3. *Nationality* ist heute sowohl synonym zu *national identity*, als auch zum deutschen 'Staatsangehörigkeit'.
[65] Da es in inter-'nationalen' Zusammenhängen um Staaten statt um Nationen geht, steht der Begriff hier in Anführungszeichen. Duursma unterzieht den Staatsbegriff hinsichtlich von Mikrostaaten (zu denen Cornwall aufgrund seiner über der zumeist angenommenen Marke von 300 000 Menschen liegenden Einwohnerzahl schon nicht mehr zu zählen wäre) einer rechtswissenschaftlichen Problematisierung (besonders S. 110-132; zur genannten Grenze der Einwohnerzahl S. 2f.) und befindet, dass es Mindestgrößen weder für das Territorium noch die Bevölkerung eines Staates gibt (S. 116-118). Walker Connors (1978, S. 383) Beschreibung der "terminological confusion" und seine Mahnung, *state* und *nation* auseinander zu halten, lässt eine Spur der Verzweiflung erkennen.

allem der sogenannten inter-'nationalen' Beziehungen sichtbare Entität, die sich durch ein mit festgesetzten Grenzen definiertes Territorium, ausdifferenzierte, dauerhafte Institutionen, Regierung, Gesetze, Verträge, legitimen Anspruch auf das Gewaltmonopol etc. auszeichnet. Eine solche positive Präsenz ist dem Konzept der Nation, das nur schwer greifbar ist, fremd. Ähnlich unterscheidet Seton-Watson die Begriffe:

> A state is a legal and political organisation, with the power to require obedience and loyalty from its citizens. A nation is a community of people, whose members are bound together by a *sense* of solidarity, a common culture, a national consciousness.[66]

Dieser "sense of solidarity" geht auf John Stuart Mill zurück, der in seiner klassischen liberalen Definition von *nationality* zu den aus dem *OED* bereits bekannten Kriterien (gemeinsame Abstammung, dann auch als 'Blut' oder 'Rasse' interpretiert, Sprache und Geschichte), die eine Nation ausmachen können, weitere nennt:

> A portion of mankind may be said to constitute a Nationality, if they are united among themselves by common sympathies, which do not exist between them and any others – which make them co-operate with each other more willingly than with other people, desire to be under the same government, and desire that it should be government by themselves or a portion of themselves, exclusively. This feeling of nationality may have been generated by various causes. Sometimes it is the effect of identity of race and descent. Community of language, and community of religion, greatly contribute to it. Geographical limits are one of its causes. But the strongest of all is identity of political antecedents; the possession of a national history, and consequent community of recollections; collective pride and humiliation, pleasure and regret, connected with the same incidents in the past. None of these circumstances however are either indispensable, or necessarily sufficient by themselves.[67]

Die von Mill ergänzten Begriffen in diesem Katalog finden sich im weiten Bereich der Kultur menschlicher Gemeinschaften angesiedelt, deuten auf 'gemeinsame Kultur und Sitten', wozu dann auch Ernährungsgewohnheiten, die Ausübung von Sportarten, Kunst etc. zu zählen wären. Max Weber fasste Mills "political antecedents" und "community of recollections" als "Erinnerungen an politische Schicksalsgemeinschaft" zusammen.[68] Allerdings zeigt sich tatsächlich, wie Mill bemerkte, dass keines dieser Kriterien in jeder Nation gegeben sein muss, wie am Beispiel der Sprache gezeigt werden soll.

Sprache stellt häufig ein gewichtiges Merkmal von Nationen dar, manchmal gar das einzige, und Nationalistinnen und Nationalisten berufen sich sehr häufig darauf, wie schon Max Weber feststellte: "Allerdings pflegt die Prätension, als

---

[66] Seton-Watson, S. 1, eigene Hervorhebung. So kann ein Staat ohne eine entsprechende Nation bestehen oder eine Nation sich über mehrere Staaten erstrecken.

[67] Mill in seinen "Considerations on representative government", S. 427.

[68] M. Weber (1976), S. 528.

besondere "Nation" zu gelten, besonders regelmäßig an das Massenkulturgut der Sprachgemeinschaft anzuknüpfen".[69] Dieser 'Sprache/Nation-Nexus' ist also weit verbreitet. Wenn Sprache bei der Nationsbildung eine Rolle spielt (was sie nicht muss), so kann sie dort auf zwei verschiedene Weisen fungieren: Eine *gemeinsame* Sprache verbindet die Angehörigen einer Nation, während eine *eigene* Sprache deren Sprecherinnen und Sprecher von anderen Personen, die dann als einer anderen Nation zugehörig gedacht werden, abgrenzt. Benedict Anderson lässt nur die erste Funktion gelten: Die wichtigste Rolle der Sprache, so Anderson seiner These von der 'vorgestellten Gemeinschaft' folgend, sei "its capacity for generating imagined communities", dass eine Sprache durch die gemeinsame Kommunikation eine Gemeinschaft überhaupt erst erfahrbar machen kann; dagegen sei es immer falsch, Sprachen als "*emblems* of nation-ness" zu sehen, wie es im Nationalismus gelegentlich geschehe.[70] Dem muss in dieser allgemeinen Form jedoch widersprochen werden: Auch wenn Sprache kein eindeutiges, gleichsam wissenschaftliches Kriterium des Nationsstatus ist, so war doch z. B. die gälische Sprache Irlands im Unabhängigkeitskampf für die gesamte irische Nation eines der wichtigsten Symbole oder eine Emblem der Eigenständigkeit gegenüber Großbritannien auch für nichtgälischsprachige Irinnen und Iren, obwohl diese Unabhängigkeitsbewegung ursprünglich nicht "language-based", das heißt durch Sprache ursächlich bedingt war.[71] Allerdings, so Anderson richtig weiter, ist eine Nationalismusbewegung, die sich auf eine eigene Sprache berufen kann, nicht realer oder höherwertiger als eine andere, die in einer 'fremden' Sprache Ausdruck findet.

Für die Konstituierung der deutschen Nation war Sprache wesentlich: Die eigene Sprache wirkte mit anderen kulturellen Faktoren zunächst dabei mit, einen Kern innerhalb des Heiligen Römischen Reiches (Deutscher Nation) zu bilden,[72] aus dem sich dann ein deutscher Staat (im Gegensatz zu dem vom Kaiser repräsentierten, multilingualen Reich) entwickeln konnte, auch wenn die Staatsgründung lange nicht zustande kam und der spätere Staatsname wieder das Wort *Reich* enthielt. Der Zusammenhalt der vielen Einzelstaaten während dieser verzögerten Staatswerdung geschah wiederum hauptsächlich durch die gemeinsame Sprache,

---

[69]   M. Weber (1976), S. 528. Diesen Zusammenhang belegt Kamusella anschaulich mit Beispielen aus Mittel- und Osteuropa; s.a. Myhill, *pass.*, historisch besonders S. 6-9.

[70]   Anderson 1991, S. 133f. (Hervorhebung im Original).

[71]   Hobsbawm 1990, S. 103, ähnlich S. 106; und O'Reilly (S. 17) konstatiert: "Whatever the eventual fate of Irish as a living language, it continues to influence Irish identity in both Northern Ireland and the Republic, regardless of whether people embrace the language or consciously reject it. The powerful historic connection between the Irish language and Irish nationalism makes it a potent element in today's politics of culture and identity, in spite of its assumed 'symbolic' status." Diese Bewertung des Status des Irischen (und hierbei ist der betrachtete Zeitraum sogar unerheblich) ist deutlich ausgewogener als die neuerdings geäußerte, allein auf die numerische Stärke der Sprache gestützte Ansicht Myhills (S. 192): "The Irish language [...] played almost no role in the Irish nationalist movement."

[72]   Diesen Topos beleuchtet Wiesinger kritisch (besonders S. 340-342), hält dabei die Abgrenzung für wesentlich und sieht die Wirkung sich erst ab dem 16. Jahrhundert verstärken.

auch wenn sie in viele Dialekte aufgesplittert war, weswegen ihre Standardisie-
rung eine große Aufgabe des neuen Staates war.[73] Für die vielsprachige Schweiz
ist eine *gemeinsame* Sprache jedoch bis heute nicht ausschlaggebend, und die jungen Vereinigten Staaten konnten sich auch ohne eine *eigene* Sprache (was das
18. Jahrhundert anbelangt, als höchstens Englisch-Varietäten bestanden) von England abgrenzen, während das gemeinsame Englisch andererseits England und die
USA nicht in einer Nation zusammenhielt – in einem Staat erst recht nicht.[74]

Ganz ähnlich verhält es sich mit den anderen Kriterien. 'Rassenzugehörigkeit'
ist ohnehin eine – zumal in Europa – kaum aufrecht zu erhaltende Kategorie: Nur
die ältere Literatur zum Thema (bis 1945) konnte darin einen bedeutenden Faktor
sehen, während Max Weber dem Kriterium 'Rasse' schon vor den Weltkriegen
höchstens einen ausschließenden Charakter zugestand, eine verbindende "Bluts-
gemeinschaft im Sinne der Rassenfanatiker" aber als völlig irrig abtat, und Renan
bereits 1882 ein rassisches Prinzip (allerdings nur innerhalb Europas) als äußerst
gefährlich für die europäische Zivilisation bezeichnet hatte.[75] Religion kann zwar,
wie in Irland oder im ehemaligen Jugoslawien, ein entscheidendes Merkmal sein,
spielt aber in den meisten modernen Nationen nur eine untergeordnete Rolle. Eine
Geschichte oder eine (konstruierte) Erinnerung war wiederum im Fall der USA in
deren Frühzeit nicht bedeutsam: Die heute historischen Erlebnisse, die Identität
versprachen, lagen noch nicht lange genug zurück, um als Geschichte betrachtet
zu werden und können unter 'politischer Gemeinschaft' subsumiert werden. Zusammenfassend kann in Max Webers Worten festgehalten werden:

> "Nation" ist ein Begriff, der, wenn überhaupt eindeutig, dann jedenfalls nicht nach
> empirischen gemeinsamen Qualitäten der ihr Zugerechneten definiert werden kann. Er
> besagt, im Sinne derer, die ihn jeweilig brauchen, zunächst unzweifelhaft: dass gewissen
> Menschengruppen ein spezifisches Solidaritätsempfinden anderen gegenüber *zuzumuten*
> sei, gehört also der Wertsphäre an. Weder darüber aber, wie jene Gruppen abzugrenzen
> seien, noch darüber, welches Gemeinschaftshandeln aus jener Solidarität zu resultieren
> habe, herrscht Übereinstimmung.[76]

Wenn nun solche 'harten' Kriterien nicht zur Definition der Nation genügen, so
muss es andere Faktoren geben; ohne Zweifel sind die genannten deswegen aber
nicht bedeutungslos: Eine Nation beruht auf einer gewissen Grundlage, die meist
durch eine oder einige der genannten Faktoren gegeben ist. Entscheidend ist nach

---

[73]   Hier wird eine interessante Interdependenz beim *nation-building* deutlich: "We can hence
      see standard languages partly as products of modern nations, and nations partly as products
      of modern communications that allow the effective functioning of states." (Barbour, S.13).

[74]   Auch Mill (S. 427, im Anschluss an die eben ausführlich zitierte Stelle) und Max Weber
      (1976), S. 528 führen solche Beispiele an.

[75]   M. Weber 1913, S. 50; *id.* (1976), S. 528: "Daß "nationale" Zugehörigkeit nicht auf realer
      Blutsgemeinschaft ruhen muß, versteht sich vollends von selbst", wenn auch "die Idee der
      "Nation" gern die Vorstellung der Abstammungsgemeinschaft" einschließe. Renan, S. 895.

[76]   M. Weber (1976), S. 528 (Hervorhebung im Original).

Renans zu Recht immer wieder angeführten Definition aus seiner Rede "Qu'est-ce qu'une nation?" von 1882 vielmehr der *Wille* zur Nation, der Wille einer großen Zahl von Menschen, die bestehende(n) Gemeinsamkeit(en), die den so verbundenen Individuen eigen sind, für wichtig zu erachten, besonders hervorzuheben und zur Nationsbildung zu nutzen. Was die Nation neben der überkommenen Vergangenheit in der Gegenwart ausmache, sei "le consentement actuel, le désir de vivre ensemble, la volonté de continuer à faire valoir l'héritage".[77] Der Autor grenzt den Nationsbegriff dabei insbesondere von Rasse, aber auch von Sprache, Interessen und geographischen Erwägungen als relevanten Kriterien ab. Eine Nation ist in dieser Deutung, was eine Nation sein will. In den berühmten Worten Renans: "L'existence d'une nation est [...] un plébiscite de tous les jours"; dieses 'täglich stattfindende Plebiszit' bestehe darin, den Kult großer Vorfahren, das Bewusstsein einer glorreichen und leidvollen Vergangenheit in die Gegenwart zu übernehmen und auch in der Zukunft opferbereit zu sein. Harte Fakten als notwendige Bedingungen jeder Nation lehnt Renan also ab, allein ein geistiger Zusammenhang bleibt bestehen: "Une nation est un principe spirituel, résultant des complications profondes de l'histoire, une famille spirituelle". Wird das kollektive Erinnern (und Vergessen, wie sogleich ergänzt wird) der Geschichte, bei denen erneut Mills "community of recollections" und die Gefühle von "collective pride and humiliation, pleasure and regret, connected with the same incidents in the past"[78] anklingen, in den vielen Zitaten der These Renans heute oft vernachlässigt, so wird das Wort des 'Willens zur Nation' als Grundlage einer jeden Nation als Renans eigentliche Leistung um so stärker betont. Sowohl Kohn als auch Seton-Watson folgen dem eng, aber auch viele andere Forscherinnen und Forscher (so z. B. Anderson) hängen von Renans Grundidee ab. So heißt es bei Kohn: "Nationality is formed by the *decision* to form a nationality", wobei *nationality* in unserem Zusammenhang synonym mit *nation* verstanden werden darf, bei Seton-Watson: "a nation exists when a significant number of people in a community *consider* themselves to form a nation, or behave *as if* they formed one."[79] Diese wichtige Erkenntnis, dass eine Nation nicht auf feststehenden, objektiv nachweisbaren Kriterien fußt, sondern im Bewusstsein einer Gruppe erschaffen und in einem ständigen Prozess aufrecht erhalten wird, also nur subjektiv und von der Selbstwahrnehmung bedingt ist, wird weiter unten wieder aufgegriffen.[80] Dieses Selbstbild beruht auf einer selektiven Wahrnehmung und anschließender Bedeutungszumessung oder -aufladung eines oder einiger der aufgezählten 'Kriterien' wie Sprache, gemeinsame Abstammung,

---

[77] Renan, S. 903f., für dieses und die folgenden Zitate aus seiner Rede.
[78] Mill, S. 427.
[79] Kohn, S. 1013; Seton-Watson, S. 5; eigene Hervorhebungen.
[80] Bechhofer *et al.* (besonders S. 522-527) zeigen anhand der englisch/schottischen Identifikation britischer Staatsangehöriger, wie Nationalität (im Unterschied zur objektiven Staatsangehörigkeit) vom Willen des Individuums unter Berücksichtigung der gegebenen Umstände (z. B. der Wohn- und Arbeitssituation) abhängt – nicht von Abstammung oder Geburtsort – und in einem Prozess der ständigen sozialen Interaktion mit der Außenwelt definiert wird.

Territorium etc.[81] Wie der 'Wille zur Nation' (was nur die stärkste Formulierung gegen objektive Kriterien ist und hier als Ausgangspunkt dient) funktioniert, exemplifiziert Connor an der gemeinsamen Abstammung: Keine europäische Nation kann eine Abstammung unabhängig von 'fremden' Einflüssen vorweisen, dennoch reicht es aus, wenn die Mitglieder der Nation im Unbewussten "an intuitive sense of the group's separate origin and evolution" haben, selbst wenn sie rational den historischen Fakten, die das Gegenteil belegen, zustimmen.[82] In einem früheren Beispiel führte Connor dies an einem außereuropäischen Beispiel aus:

> Since the nation is a self-defined rather than an other-defined grouping, the broadly held conviction concerning the group's singular origin need not and seldom will accord with factual data. Thus, the anthropologist may prove to his own satisfaction that there are several genetic strains within the Pushtun people who populate the Afghani-Pakistani border-region and conclude therefrom that the group represents the variegated offspring of several peoples who have moved through the region. The important fact, however, is that the Pushtuns themselves are convinced that all Pushtuns are evolved from a single source and have remained essentially unadulterated. This is a matter which is *known* intuitively and unquestionably, a matter of attitude and not of fact. It is a matter, the underlying conviction of which is not apt to be disturbed substantially even by the rational acceptance of anthropological or other evidence to the contrary.

Die Nation beruht dann auf dem unbewussten Willen, historische Fakten nicht zur Kenntnis zu nehmen (zu 'vergessen') und an deren Stelle eine imaginierte Abstammungstheorie als Grundlage der Nation zu akzeptieren. Bereits Renan sah die selektive Erinnerung, eine 'fabrizierte Geschichte', als eine Basis der Nation, folglich Fortschritt in den historischen Wissenschaften als Gefahr für das Selbstbild der Nation, da Gewalttaten, die bei der Nationsformation stattgefunden hatten und danach selektiver Erinnerung zum Opfer gefallen waren, wiedererkannt werden: "L'oubli, et je dirai même l'erreur historique, sont un facteur essentiel de la création d'une nation".[83] Vorsichtiger ausgedrückt geht es hier um ein "selective editing of historical memory", wobei die erwählten Ereignisse (im Unterschied zu den 'aussortierten') die Realität der Nation in der glorreichen Vergangenheit und einer utopischen Zukunftsvision bestimmen, so dass sich eine Geschichtserzählung der nationalistischen Akteure ergibt und eine einfache Richtig/falsch-Dichotomie der Geschichtsdarstellung, wie sie Hobsbawm von Renan aufgreift, zu kurz greift[84] (Hobsbawm gibt Renan mit "Getting its history wrong is part of being a nation" wieder). So gesehen ist die Vergangenheit, die zur Einheitsstiftung aufgerufen wird, immer eine mythische, da sie außerhalb der Mitglieder der Nation keine

---

[81] So nüchtern formuliert ist es bei Renan selbstverständlich nicht zu finden, aber die Konzeption geht doch auf ihn zurück und wurde hier nur moderner gefasst.

[82] Connor 1992, S. 49f., das folgende Zitat *id.* 1978, S. 380f., Hervorhebung im Original.

[83] Renan, S. 891.

[84] Levinger/Lytle, S. 188; das folgende Zitat, im Original mit einfachen Anführungszeichen als eigene Übersetzung gekennzeichnet, findet sich in Hobsbawm 1990, S. 12.

oder eine gänzlich andere Realität besitzt. Ähnlich funktionieren andere Identifikationspunkte: Ihre Wirkung für die subjektive Bindung hängt nicht davon ab, ob sie faktisch 'wahr' sind, sie wirken allein durch ihre 'Gegebenheit' und ihre gefühlte Realität.[85] Die Nation im modernen Sinn erhält durch diese Unbestimmtheit eine mystische Qualität; Hayes sieht im Nationalismus sogar eine Religion, wenn er Nationen (um dies hier ja zunächst geht) mit Sekten innerhalb der Religion des Nationalismus ("He [sic!, a migrant] may change his sect, so to speak, but not the religion") und Nationalhymnen mit dem *Te Deum* vergleicht, das sich textlicher Kritik entziehe, und weitere Parallelen aufdeckt. Llobera folgt dem Religionsvergleich: "The success of nationalism in modernity has to be attributed largely to the sacred character that the nation has inherited from religion. In its essence the nation is the secularized god of our times."[86]

Der 'Wille zur Nation' und die genannte Unbestimmtheit des Nationsbegriffs erlauben aber keinen 'Voluntarismus' (eine Nation entstehe durch das bloße Nation-sein-Wollen, wie Hobsbawm kritisch einwendet),[87] denn dazu tritt die Aufladung einer oder einiger der genannten bestehenden oder konstruierten Gemeinsamkeiten mit der Ideologie des Nationalismus. Die hier vorgetragene Sichtweise der Nation verbindet Positionen der 'subjektivistischen' (nach Renans *plébiscite de tous les jours*, Nationsbildung durch "popular will and political action") und der 'objektivistischen' (feste kulturelle und linguistische oder ethnische Grundlagen der Nation) Schule der Nationalismusforschung und kann mit Seymours Beschreibung der Nation als "neither objective nor *entirely* subjective" charakterisiert werden:[88] Einige der 'objektiven' Kriterien müssen zwar bestehen (mindestens in Form von *invented traditions*, die durch den Anschein ihrer hinzunehmenden Gegebenheit eine ebenso unmittelbare Wirkung besitzen wie vorgeblich 'objektive' historische Fakten),[89] diese allein machen aber noch keine Nation. Entscheidend ist der Wille, die Kriterien zum *nation-building* zu benutzen. Somit ist eine Nation kein Ding, das wie ein Objekt selbst studiert werden kann, sondern, wie Verdery argumentiert,[90] ein Symbol, das in verschiedenen Kontexten unterschiedlich interpretiert und mit verschiedenen Bedeutungen versehen wird. Die Personengruppen,

---

[85] Neben Connor auch Calhoun, S. 34: "Some nationalist self-understandings may be historically dubious yet very real as aspects of lived experience and bases for action." Und weiter (S. 35): "It is thus not the antiquity of Eritrean nationalism that mattered in mobilizing people against Ethiopian rule, for example, but the felt reality of Eritreanness."

[86] Hayes, S. 166, dann Llobera, S. 221.

[87] Hobsbawm 1990, S. 8.

[88] Zu dieser Unterscheidung und für das Zitat A.D. Smith 1998, S. 170; wie Hobsbawm wendet sich auch Llobera gegen das reine Erfinden von Nationen ohne eine vorher bestehende Identität, wie versteckt oder durch geschichtliche Umstände verändert diese auch sein möge (zusammenfassend S. 220). Sodann Seymour, S. 237, eigene Hervorhebung.

[89] Calhoun, S. 34, dazu: "[...] what gives tradition (or culture generally) its force is not its antiquity but its immediacy and givenness." Zu den *invented traditions* oben S. 22.

[90] Verdery, S. 39-41.

die das Symbol 'Nation' zu kontrollieren suchen und es mit Bedeutung supplementieren, und die so entstehenden Diskurse und Gebrauchsweisen des Symbols, die das konstituieren, was 'Nation' genannt wird, sind die zu studierenden Phänomene der Nationalismusforschung, wie es im Folgenden geschieht.

Anderson greift die zuvor angesprochene Unbestimmtheit der Nation und die Künstlichkeit ihrer Erschaffung auf, wenn er in seiner Definition schreibt: "it [the nation] is an imagined political community – and imagined as both inherently limited and sovereign".[91] Dabei sei das Gemeinwesen "imagined", da persönliche Bekanntschaft mit der Mehrheit der die Nation bildenden Mitglieder nicht vonnöten sei, um in ihren Köpfen eine Verbindung zwischen ihnen allen herzustellen, so dass die Gemeinschaft nur in der Vorstellung ihrer Mitglieder Bestand habe. Die Begrenzung ("limited") bestehe darin, dass selbst die größten Nationen bestimmte, wenn *in praxi* flexible Abgrenzungen besitzen, außerhalb derer andere Nationen existieren; keine Nation strebe an, die gesamte Menschheit zu umfassen, wie es etwa im Christentum zeitweise ein Ziel war. Souveränität sei ein Merkmal, da das Nationskonzept aus einer historischen Epoche stamme, in der Souveränitäts- und Freiheitsgedanken über frühere Legitimationsformen (so ein "divinely-ordained, hierarchical dynastic realm") gesiegt hatten und sich wie natürlich miteinander verbanden, da sich die Nation emblematisch im souveränen Staat manifestieren wollte. Eine Gemeinschaft ("community") schließlich sei es, da die Nation als eine "deep, horizontal comradeship" aufgefasst werde, die ihre Mitglieder letztlich sogar dazu bringe, zu Millionen für sie ihr Leben zu opfern.[92] Diese Definition zeigt erneut deutlich, wie Nationen künstlich, nämlich in der Vorstellung, erzeugt, aber nicht in einem abwertenden Sinne 'gefälscht' werden, wie es bei Gellner anklingt ("Nationalism is not the awakening of nations to self-consciousness: it invents nations where they do not exist"; dennoch muss er gleich darauf anerkennen: "– but it does need some pre-existing differentiating marks to work on").[93]

Der auf den vorhergehenden Seiten dargelegte Nationsbegriff reicht für die im Folgenden ausgeführten Überlegungen als Arbeitsbegriff aus; allerdings soll nun kurz eine neuere Definition diskutiert werden, um den hier benutzten Begriff von zu engen Bedeutungsfassungen abzugrenzen. Anthony Smith definiert den fraglichen Terminus wie folgt: "A nation can therefore be defined as *a named human*

---

[91]   Die Definition selbst Anderson 1991, S. 6, die nachfolgenden Erklärungen der einzelnen Elemente mit den Zitaten S. 6f.; das Attribut *political* wird dabei aber nicht behandelt. Politisch ist die vorgestellte Gemeinschaft wohl wegen der aus ihr resultierenden Forderungen im Bereich der Politik; oft ist dies die nach einem eigenen Staat.

[92]   Für Hayes (S. 171) ist die Opferbereitschaft der beste Beweis für den von ihm festgestellten "religious character of modern nationalism".

[93]   Gellner 1964, S. 168. Sklar untersucht anhand politischer Aktivitäten rund um das Québec-Referendum von 1995, wie die Gemeinschaften *nation* und *people/peuple* definiert oder 'gefertigt' (oder mit Anderson: 'imaginiert') werden: Die separatistische Seite musste aus den "Canadiens français", die vorgeblich der *Canadian nation* angehört hatten, eine "nation Québecois" [sic!] mit dem "peuple Québecois" [sic!] formen (S. 107f.).

population sharing an historical territory, common myths and historical memories, a mass, public culture, a common economy and common legal rights and duties for all members."[94] Einige der bereits genannten Kriterien kehren hier wieder ("human population" als vage gefasste Gruppe von Menschen, Bindung an ein 'überkommenes' Territorium); eine Benennung für diese Gruppe von Menschen erscheint selbstverständlich, außer vielleicht in isolierten Zuständen, in denen eine Gruppe sich selbst als 'die Menschen' und andere als 'die Fremden' bezeichnet.[95] Der 'Wille zur Nation' ist aber nicht enthalten, allein die Grundlage dafür in Gestalt von "common myths and historical memories" erscheint noch, wird aber in dieser Konzeption nicht bewusst durch die Angehörigen der Nation mit Bedeutung aufgeladen. Die weiteren Kriterien jedoch sind neu und nicht durchweg überzeugend. Die Bedingung "mass, public culture" ist noch durchaus schlüssig: Der Nationsbegriff muss es bei einer bedeutenden Größe der Gruppe ("mass") ermöglichen, die gesamte Nation als Einheit zu erfahren. Deshalb muss die Masse dieser Personen Zugang zur Kultur der gesamten Gemeinschaft haben, damit sich das Individuum mit vielen anderen, die es nie getroffen hat, als dieser Nation zugehörig fühlen und die Nation so erst vorstellen kann; hier gibt es Berührungspunkte mit Andersons Theorie, die sich in der gewählten Terminologie niederschlägt. Auch, dass dies in einem gemeinsamen Wirtschaftssystem, das also weder auf dörflicher oder regionaler, noch auf kontinentaler oder globaler, sondern eben auf nationaler Interaktion basiert, besonders gut geschehen kann, ist leicht nachzuvollziehen. Notwendig allerdings ist dies nicht, sondern nur förderlich, ansonsten gäbe es im Zeitalter multi-'nationaler' Konzerne und globaler Wirtschaftskreisläufe keine Nationen mehr, ebenso wenig könnte im 19. Jahrhundert vor der Reichsgründung von einer 'deutschen Nation' gesprochen werden, da es wegen divergierender Wirtschaftspolitiken und unzähliger Zollbarrieren keine "common economy" gab. Auch "common legal rights and duties for all members" sind nur hilfreich, wenn eine gemeinsame nationale Identität geschaffen werden soll, aber Nationen entstehen nicht erst beispielsweise mit der Ausdehnung des Wahlrechts auf Frauen, also wenn 'alle Mitglieder' gleichen Rechtsstatus teilen (dies wäre eher ein Kriterium des modernen, demokratischen Staates, nicht der Nation: Smith vermengt hier Eigenschaften zweier streng zu unterscheidender Konzepte). Selbst mit der Konzession, dass Frauen im Verständnis früherer Zeiten nicht als politisch zu berücksichtigende 'Mitglieder' zählten, so waren auch Privilegien einer Adelsschicht kein Hindernis für die Existenz einer Nation, auch wenn Nationalismus als Ideologie tatsächlich eine gewisse Nivellierung der Angehörigen der Nation anstrebt. In Smiths Definition werden somit einige deskriptive Aspekte der Nation als Bedingungen überbetont, die nicht essentiell sind, was den Nationsbegriff über Gebühr einschränkt.

---

[94] A.D. Smith 1993, S. 14, Hervorhebung im Original.
[95] Die Etymologie von *Welsh* ergibt, dass die von dessen Etymon abgeleiteten Formen 'Fremde' (*OED*, s. v. *Welsh*) bezeichnen, so *Wallonen* und die noch zu behandelnden *Corn-Welsh*.

Eine andere, ebenso zu enge Konzeption von *Nation* gibt der Historiker Peter Alter in seiner Überblicksdarstellung, wenn er aus der Definition von *Nation* den Begriff der *Nationalität* herauslösen will: Letztere sei eine "sich als ethnische Minderheit verstehende soziale Gruppe, die lediglich nach Respektierung als eigenständige Gemeinschaft strebt, allenfalls nach kultureller oder politischer Autonomie in einem größeren Staatsverband", nicht jedoch nach der "Kontrolle politischer Machtpositionen oder der eigenen unabhängigen Staatlichkeit".[96] Diese Beschreibung passt auf weite Teile der kornischnationalen Bewegung und würde Cornwall und seine Bevölkerung somit von einer Nation (so der Anspruch der kornischnationalen Bewegung) zu einer Nationalität herunterstufen. Zwei Einwände müssen Alters Definition entgegengehalten werden: Erstens nimmt Alter implizit ein Primat des Politischen gegenüber dem Kulturellen an, das jedoch nicht unterstützbar ist; politischer Nationalismus kann ohnehin nicht von kulturellen Ausformungen des Nationalismus getrennt werden, wie am Beispiel Cornwalls gezeigt werden wird. Zweitens bedeutete diese Definition, dass die Argumentation der Anhänger der Bewegung gänzlich ignoriert werden müsste, die in ihrem Diskurs auf die Nation rekurrieren und auf den Nationsstatus abheben, womit sie in der hier vorgetragenen Argumentation die Nation erschaffen: Der Behauptung von kornischen Aktivistinnen und Aktivisten, eine kornische Nation zu bilden, müsste der Forscher dann entgegnen, sie irrten sich und seien 'in Wirklichkeit' nur eine Nationalität.

Behalten wir also *Nation* als nur grob bestimmbare, vom Willen der Menschen abhängige vorgestellte Gemeinschaft im Gedächtnis, die sich aufgrund einiger Kriterien (seien sie faktisch oder mythisch)[97] wie Sprache, Territorium, Religion, Abstammung oder gemeinsam erinnerter oder vergessener Geschichte (also ein Geschichts*bild*), von denen keines notwendig oder hinreichend ist, als zusammengehörig betrachtet, die sich von anderen abgrenzt und ein gewisses Maß an politischer Selbstbestimmung fordert oder bereits besitzt, und wenden uns dem bereits angesprochenen Terminus *Nationalismus* zu.[98]

Nationalismus lässt sich hauptsächlich in zwei Bedeutungsfelder unterscheiden, nämlich in eine ideengeschichtliche Denkrichtung oder ein Paradigma, das Nationen als die wesentlichen Identifikations- und Ordnungspunkte der sozialen

---

[96] Alter, S. 24; s. auch die *Nationalismus*-Definition (vs. *Regionalismus*) unten, ab S. 45.

[97] *Myth* ist nach Shafer (S. 313) zu verstehen als "an ill-founded belief held uncritically by a people (or an individual)"; mögen die Mythen einer Nation auch keine verifizierbare Realität besitzen, so ist doch der Glaube an diese Mythen vollkommen real.

[98] Zu beachten ist letztlich, dass beispielsweise *la nation* in Frankreich andere Konnotationen besitzt als *die Nation* in Deutschland: Dort steht die individuelle Entscheidung für den Staat und seine Ideale wie die Tugenden der Französischen Revolution im Vordergrund, während hier die Bestimmung der Zugehörigkeit durch Abstammung geschieht, was leichter zum Ausschluss aus der Nation führen kann. Thieberger (S. 39) bezeichnet den Übergang von *national*, das im Französisch der Revolution ein Attribut von *souveraineté* war und das Volk meinte, zum Adjektiv des Nationalismus als "perversion étymologique".

Welt ansieht, und ein darauf aufbauendes und davon abhängiges Bündel vor allem politischer Handlungsrichtungen. Diese stellen entweder die Interessen der eigenen Nation in der inter-'nationalen' Politik über die der anderen und sehen in der Innenpolitik das 'Wohl der (gesamten) Nation' im Unterschied zu Individuen oder einzelnen Gruppierungen (beispielsweise Stände/Adel, Arbeiterschaft, Frauen, Rentnerinnen und Rentner etc.) als oberstes Gut an, oder aber suchen staatliche Souveränität für die eigene Nation zu erreichen, wenn ihr diese nicht zukommt, da der Nationalismus-Ideologie nach die Nationsgrenzen mit den Staatsgrenzen zusammenfallen sollten. Diese Zusammenhänge werden idealtypisch abstrahiert und ohne Anspruch auf Vollständigkeit selektiv für diese Abhandlung in der folgenden Übersicht (Abb. 1) dargestellt, wobei zu beachten ist, dass Wechselwirkungen nicht verzeichnet, sondern nur Begriffsvarianten aufgefächert wurden; Einflüsse sind in diesem Diagramm jedoch von oben nach unten anzunehmen.

Abb. 1: Bedeutungsvarianten von *Nationalismus*.

Die für alle anderen Punkte grundlegende Bedeutung von *Nationalismus* ist die hier "Nations-Paradigma" genannte Variante. Von *Nationalismus* im Sinne dieses Paradigmas wird immer dann gesprochen, wenn die Welt als in Nationen aufgeteilt gilt und diese Nationen als entscheidende Kriterien angesehen werden. Diese Bedeutung begegnet uns beispielsweise in der Politikwissenschaft: Im Bereich der Inter-'nationalen' Beziehungen wird so ein politologischer Ansatz bezeichnet, der Staaten (sic!, ein Beispiel für die institutionalisierte, streng genommen dennoch illegitime Gleichsetzung von *Staat* und *Nation*; richtiger wäre hier vielleicht "Staatismus" nach dem französischen *étatisme*) als die wesentlichen Akteure auf dem weltpolitischen Parkett ansieht, hingegen nichtstaatliche Akteure vernachlässigt, etwa Nicht-Regierungsorganisationen, Mineralöl- oder Medienkonzerne etc. Ähnlich steht *nationalism* in der Theologie für "the doctrine that certain nations (as contrasted with individuals) are the object of divine election."[99]

Die "Nationalismus-Ideologie"[100] baut auf dem "Nations-Paradigma" auf und führt es weiter: Nationen werden als historische Konstanten betrachtet, jeder Person komme die Zugehörigkeit zu einer Nation wie von Natur aus zu,[101] und diese Zugehörigkeit wird als bedeutendes Merkmal von Individuen und Gruppen verstanden, da diese aufgrund ihrer Zugehörigkeit zu der jeweiligen Nation als mit bestimmten Eigenschaften ausgestattet angesehen werden.[102] Weiterhin habe jede Nation eigene, typische Charakteristika, die überhaupt erst die Grundlage für den Status einer eigenen Nation sind,[103] jede Person müsse einer und nur einer Nation angehören, der sie unveränderlich unterstehe und für die sie sich einzusetzen habe; jede Nation wiederum müsse idealerweise einen eigenen Staat bilden, dem alle Angehörigen der Nation untertan sind, aus denen die Regierung hervorzugehen habe, denn nur eine solche Ordnung garantiere Frieden und Gerechtigkeit. All das findet sich in einer pointierten Definition der Nationalismus-Ideologie wieder:

> Thus the doctrine of nationalism can be split into three principal components. One is a piece of philosophical anthropology: men have 'nationality' as they have a nose and two eyes, and this is a central part of their being. The second is a psychological contention: they wish to live with those of the same nationality, and above all resent being ruled by those of another one. The third is an evaluative contention, and adds that this is rightly so.[104]

---

[99]   *OED*, s. v. *nationalism* 1.

[100]   S. hierzu die "'core doctrine' of nationalist ideology" in A.D. Smith 1995b, S. 55.

[101]   Schon Max Weber (1976, S. 529) wandte sich gegen diese Annahme der "Nationalismus-Ideologie": "[...] es scheint so, daß eine Menschengruppe die Qualität als "Nation" unter Umständen durch ein spezifisches Verhalten "erringen" oder als "Errungenschaft" in Anspruch nehmen kann, und zwar innerhalb kurzer Zeitspannen."

[102]   R.L. Stevenson (1911, S. 373) karikierte diese Seite der "Nationalismus-Ideologie" 1881: "The prostrating experiences of foreigners between Calais and Dover have always an agreeable side to English prepossessions. A man from Bedfordshire, who does not know one end of the ship from the other until she begins to move, swaggers among such persons with a sense of hereditary nautical experience. To suppose yourself endowed with natural parts for the sea because you are the countryman of [Robert] Blake and mighty Nelson is perhaps as unwarrantable as to imagine Scotch extraction a sufficient guarantee that you will look well in a kilt. But the feeling is there, and seated beyond the reach of argument." An der Seetauglichkeit als vermeintlichem Merkmal des englischen Volkes konnte er die Irrationalität der nationalen Eigenschaften zeigen, die Nationsangehörigen *qua* Nationalität zukämen.

[103]   Im Hinblick auf Cornwall bedeutet dies, dass die Existenz der kornischen Identität auf die Existenz einer kornischen Nation hindeutet, so dass die Begriffe oftmals ineinander fließen.

[104]   Gellner 1964, S. 150. Die Ablehnung der Herrschaft durch Angehörige anderer Nationen (die Forderung nach vertikaler Gleichheit, der von Regierenden und Regierten, zu der hier die horizontale Gleichheit der Nationsangehörigen tritt) stellte schon Mill fest, s. oben S. 28.

Daraus folgt zumindest in der Theorie, dass Nationalistinnen und Nationalisten neben ihrer eigenen auch andere Nationen und deren Interessen als legitim aner- kennen müssten. Dies bezeichnet Gellner mit "ethical, 'universalistic spirit'" des Nationalismus, entsprechend "nationalists-in-the-abstract".[105] Die Zuteilung von Charakteristika an andere Nationen ist *in praxi* aber oft mit Indifferenz bis Feind- schaft diesen Nationen gegenüber gepaart, Letzteres besonders häufig, wenn diese benachbart sind oder mindestens subjektiv die Sicherheit der eigenen Nation be- drohen: "Nationalist sentiment divides peoples as it unifies a people".[106] Dies ist eine fundamentale Ambivalenz des Nationalismus, der in der Praxis (im obigen Diagramm "Nationalismuspolitik") in die rücksichtslose Überordnung der eigenen Nation und ihrer Interessen über die legitimen Interessen anderer Nationen um- schlagen kann (*Chauvinismus*, *Jingoismus*),[107] was den oft pejorativen Gebrauch der Worte *Nationalismus*, *Nationalist(in)* oder *nationalistisch* erklärt: Nationalis- mus der einen Art ist anfällig, in die andere Art umgekehrt zu werden.

Dieses zweite, zur Praxis zählende Bedeutungsfeld ist umfangreicher und wird im *Oxford English Dictionary* neben spezielleren Definitionen bestimmt als "De- votion to one's nation; national aspiration; a policy of national independence".[108] Der erste Definitionsansatz drückt die Wertschätzung für die eigene Nation im Inneren aus und ist am ehesten zu charakterisieren als eine politische Einstellung, die politische und soziale Gruppierungen und Einzelpersonen innerhalb der Na- tion in einem vorgeblich gemeinsamen Interesse vereinigt, gleichzeitig aber das Individuum dieser Nation unterordnet sowie andere ausschließt. Individuen gehö- ren verschiedenen sozialen Gruppen an, die auf unterschiedliche Weise definiert sein können. Geographisch lassen sich solche Gruppen z. B. auf den Ebenen Orts- teil, Stadt, *Département*, Landstrich, Bundesland, Region, Nation, Kontinent er- fassen; daneben aber auch durch andere Merkmale, wie z. B. die Zugehörigkeit zu einer Gewerkschaft, einer politischen Partei, einem Fußballverein oder einer Reli- gionsgemeinschaft, die Identifikation mit dem eigenen Geschlecht, der Hautfarbe, der sozialen Klasse, der Altersgruppe, dem Bildungsstand, der Arbeitssituation, der sexuellen Orientierung, und diese Gruppendefinitionen reichen bis hin zur Studienfachwahl Studierender und sogenannten Sub- oder Jugendkulturen.[109] All diesen so divers definierten Gruppen ist gemein, dass sie ein Gruppenbewusstsein in den Mitgliedern erzeugen können. Im Nationalismus jedoch verlangt die Nation im Falle konkurrierender Gruppenloyalitätsansprüche die höchste Loyalität:[110] Die

---

[105] Gellner 1983, S. 1; eine gewisse Ironie deutet an, dass dies wohl nur in der Theorie stimmt.
[106] Shafer, S. 19.
[107] Gellner (1983, S. 6) zitiert Mussolinis "*sacro egoismo* of nationalism".
[108] *OED*, s. v. *nationalism* 2., analog dazu *nationalist*.
[109] Hingewiesen sei auf die harmlosen Rivalitäten zwischen Studierenden der Anglistik und der Amerikanistik, die beinahe rituelle Züge tragen, aber beiseite gelegt werden können, wenn anwesende Jura-Studierende eine neue *Outgroup* darstellen, und auf die Kämpfe zwischen *Mods* und *Rockers* im Großbritannien der 1960er Jahre.
[110] So schon Kohn, S. 1009f.

Forderungen der Nation übertreffen die aller anderen Bindungen, insbesondere regionaler, klassensolidarischer, religiöser, im Extremfall sogar familiärer. Auf der "Nationalismus-Ideologie" aufbauend war es, historisch gesehen, diese Nationalismusvariante, die im 19. Jahrhundert im Zuge des *nation-building* den Typus des modernen westlichen Staates ins Leben rufen konnte. Der zweite Definitionsteil des *OED* drückt die inter-'nationalen' Ansprüche einer Nation im Gegensatz zu anderen Nationen aus und ist somit der nach außen gewendete Aspekt der ersten Variante; beide zusammen werden fortan als "Nationalismuspolitik" bezeichnet.

Der dritte Definitionssatz ("a policy of national independence") deutet auf ein auf die Praxis ausgerichtetes politisches Programm, das sich am ehesten mit dem verwandten Stichwort Selbstbestimmungsrecht (*right of self-determination*) fassen lässt und gelegentlich als "Ethnonationalismus" bezeichnet wird: Eine Gruppe von Menschen findet sich als 'Nation' in einem Staat oder in einem besonderen Verhältnis zu einem Staat und kann nun zwei Forderungen stellen: 1. Selbstbestimmung ihrer inneren Angelegenheiten innerhalb des Staates (*Home Rule* oder Autonomie, was im britischen Rahmen die Regelung innerer Angelegenheiten einer 'Nation' ohne die Institutionen des Zentralstaates bezeichnet, die Souveränität verbleibt bei Letzterem), eventuell im Zuge eines föderalistischen Umbaus desselben; 2. Auflösung des bisherigen Verhältnisses, da der bestehende Staat gänzlich abgelehnt wird (Separatismus oder Sezession, was – wiederum im britischen Umfeld – die völlige Ausgliederung der 'Nation' aus dem Vereinigten Königreich und das Errichten eines eigenen, mit voller Souveränität ausgestatteten 'Nationalstaates' bedeutete). Dabei kann Unabhängigkeit nur die Maximalforderung sein, um Autonomie zu erreichen, oder Autonomie den ersten Schritt zur völligen Unabhängigkeit darstellen. Durch Separatismus würde idealerweise, aber nicht zwingend, versucht werden, Nation und Staat im eigenen Nationalstaat (*nation-state*)[111] zur Deckung zu bringen. Dass dieses Ziel der weitgehenden Übereinstimmung zwischen Nation und Staat im Nationalstaat zumeist nicht erreicht wird, kommentierte Kenneth Minogue in einer interessanten, leicht spottenden Nebenbemerkung in einem älteren Aufsatz, die es wert ist, in Gänze angeführt zu werden:

> The nation-state of modern Europe is almost entirely a fiction. Its two most celebrated exemplars are the United Kingdom and France, but a glance at the realities will immediately show how completely unreal it is to describe these states as nations. The United Kingdom contains four obvious nationalities – the English, Scots, Welsh and Irish –

---

[111] *OED*, s. v. *nation* II,9: "nation-state, a sovereign state the members of which are also united by those ties [...] which constitute a nation"; nur so soll der Terminus hier verstanden werden, was in der Literatur oft nicht eingehalten wird. Zur Illustration sei darauf verwiesen, dass die meisten Staaten keine Nationalstaaten sind, da sie in ihren Staatsgrenzen, von Immigrantengruppen abgesehen, mehrere ethnische oder nationale Gruppen umfassen; 'echte' Nationalstaaten sind nur solche wie Portugal, Island, Dänemark ohne Färöer (A.D. Smith 1995b, S. 86). Nach nationalistischer Ideologie erhält der Staat seine *raison d'etre* und die Legitimation seines Handelns jedoch gerade durch die Kongruenz von Nation und Staat.

without in any way exhausting the plurality of her populations. Inherited from the past are such groups as the inhabitants of the Guernsey, Jersey, Shetland and other islands; Cornwall is a county with claims to nationhood, and history records regions (such as Northumbria) which, given the impulse of economic circumstance and intellectual cultivation, could easily be promoted as independent nationalities. Nor is this to consider the French Huguenots, Poles, West Indians and inhabitants of the Indian sub-continent who have settled in significant numbers within her borders. France was, till quite recent times, construed as a union, between the Germanic Franks and the Latin Gauls; but it has also absorbed Basques, Italians and the Germanic peoples of Alsace-Lorraine. The memory of a split between the *langue d'oc* and the *langue d'oïl* occasionally generates the project of resuscitating a new realm of Occitanians. Nor should we forget the Celtic Bretons. If, then, these are the models of a nation-state, how can we possibly take the idea seriously. [sic!][112]

Ideengeschichtlich ist hierbei interessant, dass der Historiker und Nationalismus-Kritiker Lord Acton im 19. Jahrhundert die Gefahren des Prinzips der Selbstbestimmung (den Zerfall der staatlichen Ordnung) erkannte und dabei fast sogar die These des *internal colonialism* anklingen ließ, als er den Totalitätsanspruch vorgeblicher Nationalstaaten kritisierte:

> By making the State and the nation commensurate with each other in theory, it [the "modern theory of nationality", 'Nationalismus'] reduces practically to a subject condition all other nationalities that may be within the boundary. It cannot admit them to an equality with the ruling nation which constitutes the State, because the State would then cease to be national, which would be a contradiction of the principle of its existence.[113]

Doch zurück zur Terminologie der Selbstbestimmung, die ihrerseits zweideutig ist: Der Terminus bezeichnet zum einen die Regelung innerer Angelegenheiten ohne äußere Einmischung (wie in Schottland, sofern sich dessen Parlament als dauerhaft funktionierend etablieren kann und nicht bei einer vorübergehenden *Devolution* stehen bleibt, da es ständig von der Rücknahme der Befugnisse bedroht ist), zum anderen das Recht einer großen Personengruppe, über die Zugehörigkeit zu einem bestehenden oder zu schaffenden, eigenen Staat selbst zu entscheiden, wie mit der Republik Irland geschehen.[114] Eine spezielle Form davon, die seit Ende des Zweiten Weltkriegs vornehmlich in westlichen Industriestaaten auftritt, wird "Neonationalismus" (*neo-nationalism*)[115] genannt. Dieser zeichnet sich aus

---

[112] Minogue, S. 54f.

[113] Acton, S. 168.

[114] Hutchinson (1987, *pass.*; *id.* 1994, S. 40-54) stellt neben diesen politischen einen *cultural nationalism*, der nicht mit der Forderung nach politischer Autonomie verbunden sein muss, sondern die eigenständige Kultur bewahren und die Nation einen und erneuern will.

[115] Nairn, besonders S. 127f., McCrone 1998, S. 125-129. Andere Termini sind *ethnic separatism, minority -, sub-state -, autonomist -* und *secession nationalism* (nach A.D. Smith 1993, S. 82), *regionalism*. Hier herrscht Klärungsbedarf, denn es wird nicht klar zwischen Ethno- und Neonationalismus unterschieden, da auch Letzterer ethnische Dimensionen besitzt.

durch eine enge Verbindung von kulturellem und politischen Nationalismus, multiple nationale Identitäten und "concentric loyalties"[116] (z. B. walisisch *und* britisch), meist territorial-voluntaristisch-inkludierende statt ethnisch-exkludierende Definition der Nation,[117] eine unbestimmte soziale Basis der Aktivistinnen und Aktivisten und der weiteren Anhängerschaft (was eine Festlegung auf konventionelle politische Ordnungskriterien verhindert: links/rechts, progressiv/reaktionär etc.) sowie wechselhafte Wählerunterstützung.[118] Doch auch hier spielen ethnische Gesichtspunkte eine Rolle, belegt etwa durch antienglische Gefühle in Schottland, die der rein staatsbürgerlichen schottischen Identifikation entgegenstehen. Hinzu kommt eine dominierende Stellung der *Intelligenzija* im Prozess des *nation-building*: "The intellectuals and professionals ["intelligentsia"] not only revive customs and languages, rediscover history and (re-)establish ceremonies and traditions; they also give these activities and rediscoveries a national political meaning they never previously possessed."[119]

Bei alledem fällt auf, dass "Nationalismuspolitik" und Selbstbestimmungsprinzip von den Varianten des erstes Bedeutungsfeldes abhängen, also von der Annahme der Existenz und Relevanz von Nationen in der Welt ("Nations-Paradigma") und der daraus entwickelten "Nationalismus-Ideologie". Freeman unterstützt diese Unterscheidung der dennoch miteinander verbundenen Seiten von 'Theorie' und 'Praxis' des Nationalismus, wenn er in seinem Handbuch-Beitrag schreibt: "Nationalism is the doctrine that attributes primary value to nations. Political nationalism mobilizes nations for political ends."[120] Raymond Williams bestärkt diesen Befund im Artikel "Nationalist" in seinen *Keywords*:[121]

> There was from eC17 [early seventeenth century] a use of the nation to mean the whole people of a country, often in contrast, as still in political argument, with some group within it. The adjective national [...] was used in this persuasive unitary sense from C17.

---

[116] A.D. Smith 1981, S. 164.

[117] Im Neonationalismus wird in der auf Kohn zurückgehenden Dichotomie (angedeutet 1939, S. 1001f., später ausgeführt) von 'schlechtem' östlichen *ethnic* oder *identity nationalism* (Beispiele: Deutschland, Osteuropa, Asien) und 'gutem' westlichen *civic nationalism* (England, Frankreich, USA) eher auf Letzteren zurückgegriffen, dem Eigenschaften wie liberal, rational, voluntaristisch, staatsbürgerlich, inklusiv zukommen, Ersterem dagegen solche wie autoritär, emotional-romantisch, ethnisch, mystisch, exklusiv. Dies sind idealtypische – mit A.D. Smith (1998, S. 126) 'analytische' und 'normative' – Positionen, die keine existierende Nationalismusform beschreiben. Die geographische Definition hat nurmehr historischen Wert, da viele 'östliche' Staaten im postkommunistischen Europa westliche Muster übernahmen. Kohns Dichotomie geht ihrerseits letztlich auf die aus dem 19. Jahrhundert stammende Unterscheidung zwischen Staats- und Kulturnation zurück (hierzu Jusdanis, S. 134f.).

[118] Nach McCrone 1998, S. 128f.

[119] A.D. Smith 1993, S. 140f.

[120] Freeman, S. 54; dort werden zuerst das "Nations-Paradigma" expliziert und die "Nationalismus-Ideologie" impliziert, sodann die Formen der "Nationalismuspolitik" zusammengefasst.

[121] Die beiden folgenden Zitate Raymond Williams 1988, S. 213 bzw. S. 213f.

Dies ist die einigende Wirkung des nationalistischen Nationsbegriffs, der Individuen unter der Nation vereint, wenn und nur wenn sie sich dieser Nation angehörig fühlen und auch von anderen als zugehörig betrachtet werden (im anderen Fall
dient der Nationalismus als Rechtfertigung wenigstens des Ausschlusses der als
nicht der Nation angehörenden Personen von bestimmen Privilegien – auf privater
Ebene z. B. bei der Vergabe von Mietwohnungen –, wenn er nicht gar Anlass zu
Feindseligkeiten gibt). Dem steht aber auch bei Williams das praktische Streben
nach Selbstbestimmung gegenüber, das hier stärker an das Vorhandensein einer
angenommenen Rasse gebunden ist:

> Claims to be a nation, and to have national rights, often envisaged the formation of a na
> tion in the political sense, even against the will of an existing political nation which in
> cluded and claimed the loyalty of this grouping. [...] nationalist movements have been as
> often based on an existing but subordinate political grouping as upon a group distin
> guished by a specific language or by a supposed racial community.

Dabei darf Nationalismus – sei es als Streben nach Selbstbestimmung oder als
einigende Unterordnung von Individuen unter eine Nation – nicht gleichgesetzt
werden mit einem 'Gefühl von Nationalität',[122] das bereits lange vor dem Nationalismus in unserem Verständnis existierte; diese emotionale Bindung kann hier nur
als Vorgeschichte des Nationalismus verstanden werden. Als Beispiel genügen die
Historien Shakespeares, in denen der Autor eine 'National'-Geschichte konstruiert,
die die Einigkeit Englands vorführt und die Tudorherrschaft legitimiert. Das patriotische Gefühl kulminiert im Monolog John of Gaunts (II,i,46: "This precious
stone set in the silver sea") in *King Richard II*: Hier wird ein früher Patriotismus[123]
artikuliert, eine Bindung an das eigene Land, das Gefühl, dass England etwas Besonderes sei; der Fokus liegt auf dem Land selbst (deshalb die häufigen Hinweise
auf geographische Gegebenheiten) und der Königstradition, ein allumfassender
Nationalismus ist darin noch keineswegs enthalten. Dem entspricht der Hinweis
Seton-Watsons, es sei möglich, dass eine Nation (hier "old nation") im Bewusstsein von Teilen eines Volkes existiere, ohne dass von Nationalismus gesprochen
werden könne, wie Nationalismus überhaupt immer im jeweiligen historischen
Kontext gesehen werden muss, da er in sehr unterschiedlichen Formen erscheinen
kann, die von der spezifischen historischen, geographischen und sozialen Situation bedingt sind; so erinnert Anthony Smith: "Chameleon-like, nationalism takes

---

[122] Kohn, S. 1004. Dies schließt oft auch die Abwertung anderer 'Nationalitäten' ein.

[123] *Patriotismus* ist ein unspezifischerer Begriff als *Nationalismus* und bezeichnet eine allgemeine, persönliche 'Vaterlandsliebe' (im Fokus steht das Land, als 'Vaterland' verstanden),
während *Nationalismus* immer die Kollektivität des Volkes impliziert (die Nation, die Gesamtheit der Menschen der Nation). Obwohl beide eine starke emotionale Identifikation des
Individuums benennen und daher oft fälschlicherweise synonym verwendet werden, ist
Nationalismus, eine Ideologie, "a much more complex, programmatic and historically
conditioned elaboration of this simple feeling ["mere patriotism"]" (Newman, S. 52).

its colour from its context."[124] In akademischen Kreisen ist es seit geraumer Zeit üblich, einen solchen Terminus in den Plural zu setzen (*Englishes* oder gleich *englishes* für Sprachvarietäten, *British cultures*); entsprechend wird auch hier oft von *nationalisms* gesprochen, was die verschiedenen Sinnbereiche, Stadien und geographischen Varianten unter unterschiedlichen historischen Gegebenheiten abdeckt. Typischerweise sind Nationalismus-Studien deshalb oftmals Fallstudien einzelner Länder oder Epochen oder nach solchen Gesichtspunkten gegliedert. Die andere Richtung beschreitet Benner, die das Nationalismus-Konzept elaboriert und gleichzeitig reduziert und in dem dünnen Kern ihrer Definition, der "core doctrine" nationalistischer Ideologie, zusammenfasst: "[Nationalism claims] *that it is desirable to foster or preserve a strong continuous identity between rulers and ruled, and among different sections of the ruled.*"[125] Dies sei die geringe Gemeinsamkeit, die alle Nationalismus- Ausformungen verbinde. Dabei ist erkenntlich, dass die bereits genannten Forderungen nach einer Regierung, die nur aus 'Landsleuten' der Regierten besteht (vertikale Identität), und nach Gleichheit aller Landsleute (horizontale Identität) lediglich in eine einzige Definition integriert wurden; dies ist uns bereits in Gellners Zitat weiter oben (S. 38) begegnet.

Nationalismus ist also auch:

> an ideology that calls for the merging of the sentimental nation with the functional state. The state is purely administrative; it provides goods and services to its citizens. The nation is purely emotive; it provides a sense of belonging and community to its members. Nationalism thus engenders among a specified population a common political identity.[126]

Somit sucht Nationalismus, die Masse der Bevölkerung in eine gemeinsame politische Form zu integrieren (wenn auch nicht zwingend alle politisch gleichwertig teilhaben müssen), gleichzeitig fordert er, dass die Gruppe, die sich als eine Nation versteht, dem Selbstbestimmungsrecht folgend die Einrichtung eines eigenen Nationalstaates anstrebt,[127] um die Grenzen des Staates mit denen der Nation zur Übereinstimmung zu bringen. Es zeigt sich hier, wie aus der "Nationalismus-Ideologie" die politische Forderung nach Selbstbestimmung der Nation erwächst: Die beiden Bedeutungen sind zu unterscheiden, hängen jedoch eng zusammen; der teilweise synonyme Gebrauch von *nation* und *state* mag auch daher rühren, dass die vielleicht wichtigste Forderung des Nationalismus die nach staatlicher Souveränität der Nation ist. Dabei muss bemerkt werden, dass die Anrufung der Nation meist etwas Religiöses an sich hat, wie Hayes es beschreibt;[128] Nationalistinnen

---

[124]   Seton-Watson, S. 8, dann A.D. Smith 1993, S. 79, über Nationalismusbewegungen.
[125]   Benner, S. 162, Hervorhebung im Original.
[126]   Kupchan, S. 2.
[127]   "Nationalism demands the nation-state; the creation of the nation-state strengthens nationalism"; Kohn, S. 1016. In diesem Sinne lässt sich der Streit um den zeitlichen Vorrang von Nation, Staat und Nationalismus, der an die Frage nach Henne und Ei erinnert, vermeiden.
[128]   Hayes, Kap. XII.

und Nationalisten sehen die Nation als etwas Höheres oder Größeres als die Summe ihrer Mitglieder und als 'verehrungswürdig' an, ihre Interessen stehen über den Partikularinteressen einzelner, sogar dominanter Gruppen.

Resümierend sei noch Kohns Zusammenfassung seines Nationalismus-Verständnisses angeführt, bevor sich die thematische Zielrichtung etwas ändert:

> Nationalism is a state of mind, permeating the large majority of a people and claiming to permeate all its members, which recognizes the nation-state as the ideal form of political organization and the nationality as the source of all creative cultural energy and of economic well-being. The supreme loyalty of man is therefore due to his nationality, as his own life is supposedly rooted in and made possible by its welfare.[129]

An dieser Stelle kann nun auf die schwierige Unterscheidung zwischen *Nationalismus* (im Sinne des hernach vornehmlich behandelten Neonationalismus) und *Regionalismus* eingegangen werden. Es könnte zunächst sinnvoll erscheinen, Nationalismus als nach staatlicher Souveränität der Nation strebend zu unterscheiden von einem gemäßigteren Regionalismus, dessen Ziel es wäre, deutlich begrenzte Autonomie zu erlangen. Häufig jedoch sind die jeweiligen Bewegungen in sich uneins über die Ziele und den erstrebenswerten Grad an Eigenständigkeit, so dass eine einheitliche Bezeichnung gar nicht in Frage käme, und nach Urwin können auch Regionalismusbewegungen nach völliger Unabhängigkeit von dem bisherigen Staat streben,[130] so dass es keinen Unterschied gäbe. Blaschke wiederum führt in seinem *Handbuch der westeuropäischen Regionalbewegungen* auch 'klassische' Fälle von expliziten Nationalbewegungen wie die Schottlands oder des Baskenlandes auf: Hier wird *Regionalismus* als der umfassendere Terminus verstanden, Nationalismusbewegungen sind darin eingeschlossen. Nach Puhle eher eine Frage der Bevorzugung in verschiedenen Ländern unabhängig von der Stärke der jeweiligen Bewegung (*Nationalismus* in Großbritannien und Spanien, *Regionalismus* in Frankreich),[131] sollte doch versucht werden, den auf den etwas entrückten Begriff *Nation* zurückgreifenden Nationalismus von einem mit weniger leidenschaftlichen Termini agierenden Regionalismus zu unterscheiden, auch wenn dies eher gegen den deutschen Sprachgebrauch geht. Wichtigstes Kriterium in der hier neu eingeführten Deutung ist also der in der Bewegung selbst geführte begriffliche Diskurs, deren Argumentationslinien und der Rückgriff auf unterschiedliche 'Ressourcen', hier nationale Selbstbestimmung, dort z. B. Demokratie und bürgernahe Regierung. Eine Bewegung, die im Zuge nationaler Selbstbestimmung Autonomie für

---

[129] Kohn, S. 1014. Allerdings muss Nationalismus nicht unbedingt die große Mehrheit eines Volkes durchdringen; dies wäre aber ein Kriterium für eine Nation wie bereits beschrieben.

[130] Urwin 1982a, S. 433.

[131] Puhle, S. 28. Deacon/Cole/Tregidga (S. 2 zur Begründung) benutzen in ihrer Geschichte der kornischen Partei *Mebyon Kernow* durchgängig den Terminus *nationalism*, da sie ihn als den umfassenderen Begriff sehen, und schließen darin jegliche Formen und Grade von Autonomie-, Separatismus- und auch *Revival*-Bestrebungen ein.

ihre 'Nation' fordert und ein System 'nationaler' Repräsentationen entwirft und benutzt,[132] kann schwerlich als *regionalistisch* bezeichnet werden, sondern muss als
nationalistisch klassifiziert werden, eine Deutung, die der Forschungsliteratur bisher unbekannt zu sein schien.[133] Wenn der Nordosten Englands an wirtschaftlicher
Unterentwicklung und dem Gefühl der Vernachlässigung durch die Zentralregierung leidet, was durch die Errichtung einer nordostenglischen Regionalregierung
zu ändern versucht werden könnte, so sind diese Beschwerden und die anvisierte
Abhilfe ähnliche wie in Cornwall. Im Unterschied zu Cornwall kann im Namen
des Nordostens in Ermangelung einer nationalen Einheit dennoch nicht nationalistisch argumentiert werden, es handelt sich also um keine nationalistische, sondern
eine regionalistische Bewegung. Zudem wird in Nationalismusbewegungen meist
Autonomie nur für die jeweilige 'Nation' unabhängig von Veränderungen im restlichen Staat gefordert (dies liegt außerhalb der Perspektive der in der Bewegung
aktiven Personen), während Regionalismusbewegungen oftmals auf eine Föderalisierung des gesamten Staates ausgerichtet sind, für eine Region also ein größeres
Maß an Autonomie im Zuge einer Reform für alle Regionen fordern; dies kann
ein weiterer Hinweis auf die zu treffende Unterscheidung sein. Ein weiteres mögliches Unterscheidungskriterium besteht in der von den Befürwortern der Bewegungen wahrgenommenen Konfliktlage: Bei regionalistischen Bewegungen kann
unklar oder umstritten sein, welches Gebiet die Region umfasst, deren Interessen
vertreten werden. Im englischen Nordosten, um das Beispiel aufzugreifen, besteht
eine Ungewissheit, welchen Umfang und welche Grenzen die Region besitzt: Die
subjektiven Grenzen des Nordostens werden von der dortigen Bevölkerung unterschiedlich definiert, es kann nur eine Kernzone mit wechselnden weiteren Umräu-
men angegeben werden,[134] die mit der staatlich definierten Nordostregion nicht
deckungsgleich ist. Dies kontrastiert scharf mit Cornwall, wo der Tamarfluss als
Grenze vollkommen etabliert ist, sogar wenn kleinere Gebiete administrativ bei-
derseitig Ausnahmen bildeten oder bilden: Bei Nationalismusbewegungen sieht
die jeweilige Anhängerschaft ihre Nation als eine gegebene Größe an. So wird
Cornwall gemeinhin einer Region mit Bezeichnungen wie *Southwest England*

---

[132] So beruft sich Graham Hart (S. 48) auf die nationale Selbstbestimmung, wenn er die Zulas-
       sung Cornwalls zu den *Commonwealth Games* und anderen inter-'nationalen' Sportveran-
       staltungen fordert, da dies ein "rightful claim" der "historic nation of Cornwall" sei.

[133] Peter Alter etwa will in seiner Überblickdarstellung des Nationalismus, die auch 20 Jahre
       nach ihrem Erscheinen noch bestehen kann, das von anderen "Neonationalismus", von ihm
       Regionalismus genannte Phänomen explizit vom 'echten' Nationalismus abgrenzen, denn
       "der unabhängige Nationalstaat wird eigentlich nur vom baskischen Regionalismus und in
       anderen Regionalismen von radikalen Randgruppen angestrebt." Dies stellt eine normative
       konzeptuelle Voraussetzung ('Nationalismen zielen auf den unabhängigen Nationalstaat ab')
       über den empirischen Befund der nationalistischen bzw. regionalistischen Rhetorik, der in-
       nerhalb dieser Sichtweise gänzlich ignoriert werden muss, was nicht unterstützt werden
       kann (s. hierzu schon die obige Bemerkung zu Alters Begriff einer *Nationalität*, S. 36).

[134] Townsend/Taylor, S. 389f.

(*The Southwest*) oder *West Country* zugeordnet, was mindestens noch Devonshire umfasst (dann auch *Devonwall* genannt), je nach Quelle, Absicht und benutzten Kriterien aber auch noch die weiter östlich und nördlich liegenden Gebiete der früheren Grafschaften Somerset, Dorset, Wiltshire, Hampshire und Gloucestershire. Kornische Nationalistinnen und Nationalisten lehnen solche Zuordnungen dagegen grundsätzlich ab: Ein Slogan der Partei *Mebyon Kernow* lautet "The only region for Cornwall is Cornwall!"[135]

Im Folgenden werden die behandelten Begriffe in der dargelegten Weise verstanden und deutlich voneinander unterschieden, anders als selbst in manchen Fachpublikationen, wie an zwei Beispielen demonstriert wird. Gregory Jusdanis schreibt im Überblickkapitel über den Nationalismus, das in sein Buch einführt:

> The nation cannot be identified with the state because most states contain more than one nation. Neither is a shared tongue identical with the nation. People in Great Britain, the United States, and India speak English yet belong to autonomous states.[136]

Die ersten beiden zitierten Sätze verdienen volle Unterstützung, ebenso wie das Beispiel im dritten Satz, das Jusdanis anführt, um zu zeigen, dass eine Sprache keine Nation konstituiert, wie im zweiten Satz allgemein formuliert. Leider erliegt Jusdanis dabei dem Fauxpas, *nation* und *state* entgegen seinem ersten Satz doch synonym zu verwenden, denn die jeweilige Staatlichkeit der genannten Länder, in denen das gemeinsame Englisch gesprochen wird, belegt noch nicht, dass sich deren Einwohner nicht auch zu einer gemeinsamen Nation zugehörig fühlen,[137] zumal Jusdanis ja nicht die unterschiedliche Staats-, sondern Nationsangehörigkeit belegen wollte. Das zweite Beispiel für ungenauen Sprachgebrauch hinsichtlich *Nation* und *Staat* in der Forschung, zudem mit Ungereimtheiten in der Benennung der Landesteile der Britischen Inseln gepaart, ist Raphael Samuel entnommen, der im Vorwort zu *Patriotism: the making and unmaking of British national identity* erklärt, warum im Untertitel das ursprünglich verwendete Wort *English* während der Entstehungszeit des Bandes durch *British* ersetzt wurde: *British* habe nicht so viele "pleasant connotations" wie *English* ("rural", "gentle", "literary tradition"), die vermieden werden sollten. "Compared with 'English' it [the term *British*] is formal, abstract and remote. But it allows for a more pluralistic understanding of the nation, one which sees it as a citizenry rather than a folk." Damit wechselt er aber von der "English *nation*" zum "British *state*" über: Eine Nation kennt keine

---

[135] Diese Aussage erscheint schon in den späten 1960er Jahren (Payton 2004, S. 11), um 1976 in Truran (S. 19), als Slogan dann belegt in Mebyon Kernow 1984 (S. 4) und 1999b.

[136] Jusdanis, S. 24.

[137] Als Gegenbeispiele ließen sich die dänische Minderheit in Schleswig-Holstein, die, obwohl in einem anderen Staat beheimatet, Teil der dänischen Nation ist, und die britischstämmige Bevölkerung der jungen USA anführen, die zwar einen eigenen Staat gebildet hatte, aber lange eine britische Identität erhielt, sicherlich verstärkt durch wahrgenommene Unterschiede zu gleichzeitig eingewanderten Personen aus anderen europäischen Nationen.

Bürgerschaft *im Gegensatz zu the people* oder *folk*, sondern nur eine Gemeinschaft aus Angehörigen dieser Nation, die sich im "Western nationalism" – also
wie hier im britischen Zusammenhang – tatsächlich am besten mit dem Begriff
citizenry, im "Eastern nationalism" dagegen mit *people/Volk* fassen lässt.[138] Zudem ist der Ausdruck "pluralistic understanding of the nation" ein innerer Widerspruch, wie nach den bisherigen Ausführungen über die einigende Wirkung des
Nationsbegriffs deutlich geworden ist. Letztlich scheint nach Samuel die Wahl
zwischen *British* und *English* eine der bevorzugten Assoziationen zu sein; wenn
auch *England* im Gegensatz zum imperialen *Britain* eher an ländliche Idylle und
literarische denn politische Größe erinnert, so darf der eine Terminus nicht einfach durch den anderen ersetzt werden, da dadurch zugleich Inhalte ausgetauscht
werden. Ob es nämlich eine *British nation* gab oder gibt, ist durchaus umstritten:
Nach Keating gab es keine offizielle britische Nationalismus-Ideologie, weil das
Vereinigte Königreich schon immer aus den Einzelnationen zusammengesetzt
war, folglich (*Great*) *Britain* nie eine Nation gewesen sein kann, und gleichzeitig
das *Empire* entstand, welches nationalistischen Tendenzen innerhalb des Königreichs eher im Wege stand. Colley dagegen untersucht den Versuch der britischen
Monarchen und Regierungen, eine einheitliche Nation zu schmieden, obwohl z. B.
Engländer auf Schotten herabsahen und Waliser Engländer als ein anderes Volk
betrachteten,[139] weshalb Großbritannien eine "artificial nation" sei.

Dem Nationalismus steht ein weiterer kritischer Komplex gegenüber: *Kolonialismus* und *Imperialismus*. Wenn nach dem "Nations-Paradigma" die Welt als in
Nationen aufgeteilt gilt, so müssten alle Gemeinwesen, die sich *Nation* nennen
können und aus denen sich die Welt zusammensetzt, die gleichen Rechte in der
weltweiten Interaktion beanspruchen können, insbesondere müsste das Recht der
nationalen Selbstbestimmung allen zugestanden werden. In der historischen Praxis zeigte sich jedoch, dass ein sich in Relation zu anderen Nationen definierender
Nationalismus, der die eigene Nation als überlegen darstellte und überhöhte, ein
auf Nationen übertragener, simplifizierter Darwinismus (*Social Darwinism*)[140] und
rassistisches Gedankengut zur Ideologie des Imperialismus weiterentwickelt wurden, eines Ordnungszusammenhanges aus imperialem Mutterland und abhängiger,
nicht-staatlicher und vor allem nicht als Nation betrachteter Kolonie. Geschichtlich bedeutete dies meist, dass die Staaten Europas untereinander nationalistisch,
mit anderen Kontinenten imperialistisch 'umgingen'. Im Wettstreit der europäischen Staaten um die Hegemonie in Europa und der restlichen Welt spielte der
Besitz von Kolonien eine entscheidende Rolle, da diese eine wichtige Machtbasis
für das Mutterland darstellten, mit der sich eine Kolonialmacht gegenüber den
anderen Nationen zu behaupten suchte. Kolonialismus kann also (in Abgrenzung

---

[138] Samuel, S. XIIf., führt hier implizit Kohns Dichotomie von östlichem *ethnic* - und westli-
chem *civic nationalism* fälschlicherweise auf die Begriffe *English* und *British* zurück.
[139] Keating, S. 56; Colley, S. 13, das folgende Zitat S. 56.
[140] So zumindest Shafer, S. 156.

vom Nationalismus) erklärt werden als die Bestrebungen, Kolonien zu erwerben und zu sichern und den Einflussbereich des vorgeblichen Nationalstaates über dessen Grenzen, aber außerhalb Europas auszudehnen, um im nationalistischen Wettstreit innerhalb Europas bestehen zu können. Im Nationalismus kommt der Kultur die Rolle des entscheidenden Differenzkriteriums zu: Zwischen der italienischen und der französischen Nation ist in dieser Sicht zu unterscheiden, weil die italienische Kultur eine andere als die französische ist (dies schließt das Differenzmerkmal der Sprache ein und reicht bis hin zu kulinarischen Unterschieden). Auch im Imperialismus ist Kultur eine wichtige Größe, wenn sie hier auch völlig anders gelagert ist, da sie nun als *Zivilisation* gefasst wird (*Kultur* im Gegensatz zu *Natur*), die in imperialistischer Sichtweise der von kulturlosen 'Naturvölkern' bewohnten Kolonie erst noch gebracht werden muss. Nationalismus und Imperialismus stehen sich in der Theorie somit beinahe unvereinbar gegenüber.

Im 20. Jahrhundert, besonders aber nach dem Zweiten Weltkrieg wurde der Nationalismus, insbesondere das Prinzip der Selbstbestimmung durch fortan als 'Nationalstaaten' verfasste frühere Kolonien, im Zuge der Entkolonialisierung in alle Teile der Welt verbreitet. Als Dekolonisationsideologie war er somit *in diesen Gebieten* Nachfolger des Imperialismus[141] und nutze die Nationsbildung der europäischen Staaten zum Teil als Modell. Jedoch konnte im Prozess der Emanzipation der Kolonien und der Abschüttelung der Kolonialherrschaft nicht immer auf bestehende nationsähnliche Bindungen zurückgegriffen werden, war doch bei der Aufteilung der Kolonialgebiete auf bestehende Ethnien und kulturelle Gruppen meist keine Rücksicht genommen worden,[142] so dass eine gemeinsame Identität für den unabhängig werdenden Staat und die diesen vorgeblich bildende Nation nun erst erschaffen werden musste – nach Seton-Watson die "nations by design" (s. oben, S. 3): Das *nation-building* musste durch neue Symbole wie Nationalflaggen und -hymnen und die Bedeutung der (kolonialen, oft geradlinigen) Grenzen unterstützt werden, da die jungen 'Nationen' zumeist multiethnisch und damit potentiell multinational waren. So wurde eine solche Nationalismusbewegung zum großen Teil von der (Kolonial-)Macht bestimmt, gegen die sie sich richtete.

Damit steht nun ein terminologisches Instrumentarium bereit, mit dessen Hilfe die Untersuchung des Nationalismus Cornwalls und dessen 'Nationsstatus' angegangen werden kann. Vorher jedoch sollen die beiden zentralen Begriffe *Nation* und *Nationalismus* einer kurzen forschungs- und ideengeschichtlichen Betrachtung unterzogen werden, um deren Tragweite, aber gleichzeitig auch ihre Grenzen noch deutlicher zutage treten zu lassen.

Das Begriffspaar *Nation/Nationalismus*, so wie es hier vorgestellt wurde und weiterhin gebraucht wird, ist dezidiert neuzeitlich. Die Konzepte sind keineswegs schon immer (latent) im Menschen vorhanden, zu dessen Natur gehörig und damit

---

[141] Alter (S. 10) sieht darin zu Recht die Wandelbarkeit des Nationalismus belegt: "Nationalismus zeigte und zeigt sich im Gewand des Imperialismus wie dem des Anti-Imperialismus."

[142] A.D. Smith 1993, S. 107, und Hobsbawm 1990, S. 171.

essentiell, sondern "socially and politically constructed" und damit historisch kontingent.[143] Zudem können sie in dem hier vorgetragenen Verständnis auch nicht vor der Neuzeit erscheinen, da sie eine horizontale Gemeinschaft der Angehörigen voraussetzen, die in vormoderner Zeit undenkbar ist: Eine Solidarität zwischen allen Angehörigen der Nation *qua* Nationsangehörigkeit und unabhängig vom Ständedenken, mithin beispielsweise zwischen Adligen und Bauern, ist bis ins 18. Jahrhundert hinein nicht vorstellbar. Als Massenphänomene aber implizieren *Nation* und *Nationalismus* immer alle anderen Angehörigen der Nation. Damit wird im Streit um den zeitlichen Bezugsrahmen der Entstehung von Nationen und Nationalismus ein modernistischer Standpunkt eingenommen, zu dem heute die meisten Forscherinnen und Forscher tendieren; angesichts des hier vorgetragenen Verständnisses der Begriffe kann es auch gar keine andere Wahl geben. In dieser Diskussion geht es um die Frage, ob es Nationen und/oder Nationalismus als Spiegelbild von Gemeinschaftsgefühlen der Familie, Sippe und des Stammes natürlicherweise schon immer gab (primordialistisch, wie es die meisten nationalistischen Akteure auf Herder aufbauend verstehen; hier wurde auch Anthony Smith polemisch oftmals eingeordnet, neben dem u. a. Adrian Hastings steht) bzw. in einigen Fällen mindestens seit dem Spätmittelalter und in Einzelfällen seit der Antike, wenn auch nicht natürlicherweise (perennialistisch, hier sah Smith sich zunächst selbst, ähnlich John Armstrong), oder ob sie erst in der Neuzeit entstanden (modernistisch, wie Kedourie, Gellner, Hobsbawm oder Anderson). Nach Smith muss die ethnische Dimension berücksichtigt werden, sonst könne Nationalismus nicht verstanden werden. Smith leitet die Nation ab von einer über die Zeit hinweg sehr stabilen, auf Abstammung beruhenden prämodernen *ethnie*, Smiths aus der französischen Forschung übernommenen Wort für 'ethnische Gruppe',[144] und muss deshalb zu diesem Standpunkt gelangen, gab er seinem grundlegenden Buch von 1986 doch schon den sprechenden Titel *The ethnic origins of nations*.

In Anklang an Max Webers klassische Definition von ethnischen Gruppen (bei Weber solche Gruppen, deren Zusammenhalt durch einen subjektiven Glauben an eine gemeinsame Abstammung unabhängig von deren objektiven Vorliegen gesichert oder gefördert wird) bezeichnet *ethnie* bei Smith eine Gemeinschaft, die sich auf ähnliche Merkmale beruft wie das 'Volk' einer 'Nation' und wie diese einen einigenden Abstammungsmythos besitzt, wobei allerdings die *ethnie* nicht direkt, sondern nur ideell (z. B. in Form eines 'heiligen Landes') mit einem Territorium verbunden sein müsse, während die Nation ohne ein Territorium undenkbar sei.[145] Daneben müssen sich Angehörige einer Nation mehr ihrer eigenen Nationalität und der Tatsache bewusst sein, dass es außerhalb ihrer selbst andere Nationen

---

[143]   Kupchan, S. 3. Dies bedeutet, dass sie Resultate der Handlungen von Personen sind, die auf historische Umstände in einer bestimmten Weise reagiert haben, nicht aber unausweichlich so zustande kommen mussten; vgl. die Bemerkung zur Konstruktion des 'Keltischen', S. 74.

[144]   A.D. Smith 1993, S. 22f.; Terminologie der drei Standpunkte zuvor nach *id.* 1986, S. 12.

[145]   M. Weber (1976), S. 237; A.D. Smith 1993, S. 40.

gibt, von deren Verschiedenheit sie überzeugt sein müssen; wo Ethnizität einzelne Menschen betrachten kann, muss bei der Nation immer ein Kollektiv vorhanden sein. Die *ethnie* ist so, nach Smith, eine Vorstufe, die vom Nationalismus zur Nation umgewandelt werden kann. Einen 'Ethnizismus', der wie der Nationalismus einen höchsten Bindungsanspruch formulieren könnte, gibt es allerdings nicht.

Die von Smith dargelegte Verbindung der Nation mit der sie bildenden *ethnie* ergibt sich zu einem großen Anteil aus diesen sich weitgehend überschneidenden Definitionen. Die Unschärfe der Begriffe tritt hier besonders deutlich zutage, eine genaue Abgrenzung ist nicht möglich; oft geht es nur um die Vermeidung von noch weniger genau umrissenen, evaluativen oder emotional aufgeladenen Begriffen wie *tribe* oder *Volk*. Allerdings ist *ethnie* keinesfalls mit *Rasse* austauschbar, die zumindest auf der "commonsense" Ebene[146] eine auf biologischen Grundlagen aufbauende, die *ethnie* aber eine soziale Kategorie ist, die sich im Laufe der Zeit ändern kann, von Selbstwahrnehmung, Kultur, Sprache und Erfahrungen beeinflusst wird und manipulierbar ist. Auf Bourdieu zurückgreifend, der *Ethnie* und *Ethnizität* als "euphémismes savants que l'on a substitués à la notion de "race", pourtant toujours présente dans la pratique" bezeichnet hatte, spitzt Chapman dies zu: "In many ways, 'ethnicity' is 'race' after an attempt to take the biology out. [...] There is, however, a great deal of muddle in this area." Hobsbawm dagegen nennt Ethnizität "a readily definable way of expressing a *real* sense of group identity which links the members of 'we' because it emphasizes their differences from 'them'."[147] Andererseits ist Ethnizität aber auch so nahe zu 'Kultur' angelegt, dass auch hier eine Unterscheidung problematisch werden kann:

> Every society has observable customs, styles of life, and institutions – in short, a distinctive set of cultural forms – through which meanings are ascribed, goals are enumerated, and social life is regulated. The totality of these cultural forms is often considered to make up the 'ethnicity' of a particular group. In this conception, ethnicity becomes indistinguishable from culture.

Doch sollten mit Hechter die beobachtbaren Verhaltensweisen (Kultur) von der daraus resultierenden Solidarität (Ethnizität) unterschieden werden,[148] wie es ja

---

[146] May, S. 33; auch A.D. Smith (1993, S. 21) möchte *ethnie* und *race* streng getrennt halten.

[147] Bourdieu, S. 64; Chapman 1993, S. 21; Hobsbawm 1992, S. 4, Hervorhebung im Original.

[148] Hechter, S. 312, das vorherige Zitat S. 311. Ähnlich O'Reilly (S. 21): "Ethnic identification tends to be a narrower form of classification. For example, two different ethnic groups can use a limited number of traits to highlight their distinctiveness, in spite of a great deal of shared culture between them." Dies trifft auf Cornwall zu, wo bei großer Überlappung mit der englischen und weiteren britischen 'Kultur' wenige kulturelle Merkmale zur ethnischen Differenzierung benutzt werden; Barths obige (S. 4) Überlegung zur Grenzsetzung spielt hier wieder hinein. Zudem sollten, wie O'Reilly (S. 21) ausführt, die Machtverhältnisse berücksichtigt werden, die sich in der Begrifflichkeit widerspiegeln: "Dominant groups have cultures. Minority groups have ethnicities." Letzteren wird dabei oft vorgehalten, als Abweichung von der staatlich und mehrheitlich definierten Norm nur Uneinigkeit zu schaffen.

auch bei Smiths prämoderner *ethnie* als deren Trägerschaft geschieht. Insgesamt
ging Smiths früherer *perennialism* gegen den Forschungstrend, der besonders von
Gellner und Hobsbawm geprägt war und ist, wobei Andersons Nationsdefinition
fast zu einem Standard geworden ist. So schwächte Smith seinen perennialisti-
schen Standpunkt später ab und bewegte sich mit dem geologischen Bild der Nation als "a deposit of the ages, a stratified or layered structure of social, political
and cultural experiences and traditions laid down by successive generations of an
identifiable community", in dem nationalistische Akteure zu "Archäologen" werden, auf die modernistische Position zu, indem er stärker als früher die Bedeutung
nationalistischer Aktivitäten für die Mobilisierung der Nation betont. Dies geschah auf Kosten ethnischer Faktoren der *longue durée*, welche er geringfügig zu
(wenn auch notwendigen) Symbolen herunterstufte: "The nation may be a modern
social formation, but it is in some sense based on pre-existing cultures, identities
and heritages"; aber auch von modernistischer Seite waren ja prämoderne Elemente der Nation und der Nationsbildung anerkannt worden, so schon 1964 von
Gellner.[149] Smith fasst seinen eigenen Standpunkt nun mit dem Terminus 'Ethno-
Symbolismus' zusammen, der denjenigen Ansatz besonders Smiths selbst (und
Hutchinsons) bezeichnet, in dem Nationen und Nationalismus als Fortsetzung prä-
nationaler, prämoderner Bindungen unter den Bedingungen der Moderne verstanden werden, also als zwar moderne Phänomene, die jedoch ohne ihre Wurzeln in
der vormodernen Zeit, den Abstammungsmythos, frühere Geschichtserinnerungen
und territoriale Bindungen nicht denkbar sind und aus diesen nur zu ihrer heutigen
Form umgewandelt wurden. Ähnlich wie Smith vermittelt auch Llobera zwischen
den Standpunkten, indem er nationale Identität und Nationen als "medieval heritage" sieht, die dann aber im modernen Nationalismus '(re-)aktiviert' werden,[150] so
dass sich die Positionen von Modernismus und Perennialismus annähern.

Die Diskussion ist so ausdauernd geführt worden, weil beinahe alle Autorinnen
und Autoren für ihren Ansatz eigene Begriffe von *Nation* und *Nationalismus* eingeführt haben und verschiedene Definitionen des Phänomens verschiedene Datierungen nach sich zogen, was wiederum zu Widerspruch und neuen Definitionen
führte, und der Gegenstand auf verschiedenen Ebenen betrachtet wurde. Bei der
Intelligenzija und einigen Eliten, z. B. bei den im Mittelalter zweimal jährlich zur
curia regis ad scaccarium – dem mittelalterlichen Rechnungshof des englischen
Königs – reisenden *Sheriffs*, die dort 'Kollegen' aus allen Teilen des Reichs getroffen haben mögen, oder anderen königlichen Bediensteten ('Beamten'), könnte

---

[149] A.D. Smith 1995a, S. 10 bzw. S. 13; Gellner 1964, S. 168, wurde bereits zitiert (hier S. 34).
[150] Llobera, S. 3 bzw. S. 85f. Nach der Klassifikation von Özkırımlı (2000, S. 168f.), der große
       Anstrengung darauf verwendet, die Nationalismusforschung in 'Schulen' einzuteilen, müsste
       sich der Ansatz der vorliegenden Studie dem 'Ethno-Symbolismus' zurechnen lassen (der
       sich in Özkırımlıs Definition anders liest als bei Smith selbst), da dieser die symbolische
       Benutzung (wenn auch nur vorgeblich) pränationaler Bindungen, Mythen, Symbole und Ge-
       schichtserfahrungen in der Entstehung moderner Nationen betont, wobei der Erschaffungs-
       charakter und die Modernität hier viel stärker als bei Smith thematisiert werden.

sich ein Bewusstsein der Zusammengehörigkeit der Menschen des Reiches recht früh finden lassen. Dies jedoch als Beleg für eine mittelalterliche Nation zu deuten, wäre sicher voreilig, denn die restliche Bevölkerung, um deren Steuern es bei diesen Reisen ging, konnte diese Erfahrung nicht machen und deshalb nicht von nationaler Identität durchdrungen werden, was aber eine wesentliche Bedingung für die Klassifikation als Nation in der Definition eines Phänomens ist, das die Bevölkerungsmasse umfasst.[151] Werden Nationen dagegen als bloße Volksgruppen auf einem bestimmten Gebiet angesehen, so können Vorläufer der modernen Nationen tatsächlich vor dem 18. Jahrhundert erkannt werden; dem steht jedoch der unspezifische Gebrauch des Begriffs in jener Zeit entgegen (in Quellen ist dann etwas anderes gemeint), der konkret Menschen in einem wenig genau umrissenen Gebiet und keine abstrakte Gemeinschaft bezeichnete. Erkenntlich ist hier, wie die Definition der Begriffe und der Umfang der Betrachtung die Ergebnisse präjudizieren, weshalb es wichtig ist zu betonen, dass im Folgenden die modernen, abstrakten Begriffe Verwendung finden.

Die Modernität dieses Nationsbegriffs darf jedoch nicht von zwei Tatsachen ablenken. Zum einen sehen nationalistisch orientierte Personen ihre eigene und, durch die Abgrenzung zu anderen, auch fremde Nationen als schon immer oder seit undenkbarer Zeit existent an und versuchen zumeist, die Entstehung ihrer Nation in den Nebel der dunklen Vor- oder Frühgeschichte zurückzuschieben[152] und von dort eine ungebrochene Traditionserzählung bis in die Gegenwart zu formulieren, was eine legitimierende Kontinuitätslinie hervorbringt. Dabei ist es für sie von Vorteil, dass in der Archäologie heute eher auf Kontinuität und Evolution statt auf Revolution und Katastrophen hingewiesen wird:

> In some, ways, the recent trend in archaeological interpretation, which emphasises the local and indigenous basis of historical change and cultural development in place of the earlier diffusionist models, has actually served to bolster the ethnic nationalist images of deep-rooted, foundational settlement and of stratified ethnic continuity amid change.[153]

Zum anderen darf nicht vergessen werden, dass es "sentiments of loyalty akin to national patriotism"[154] tatsächlich bereits seit der Antike gab. Ciceros "Civis Romanus sum" drückte sicherlich auch eine stolze Loyalität aus, die dem späteren Nationalstolz ähnelt, aber dieses Gefühl kann wegen der fehlenden Ideologie des Nationalismus höchstens als nationsähnlicher Patriotismus bezeichnet, das expansiv-inkludierende, multilinguale und -kulturelle Römische Reich freilich nicht als 'Nation' verstanden werden.

---

[151] Diese Einsicht lehnt sich an Connors (1990) stimulierende Überlegungen an.
[152] So für Cornwall Laity/Saunders/Kent, S. 11: "The Cornish Nation, like nearly every other nation in the world, came into existence so long ago that no former record has survived of its creation."; Riley (S. 69f.) spricht sogar von einer "Cornish nation" im 9. Jahrhundert.
[153] A.D. Smith 2001a, S. 446.
[154] Shafer, S. 23.

Für das Mittelalter ist neben der Transformation des antiken Imperiums das *regnum* charakteristisch: Dies bezeichnete den Bereich, in dem ein Herrscher seinen Machtanspruch durchsetzen konnte, was nicht als abgegrenztes Territorium zu verstehen war, sondern als direkte Einflusssphäre, die je nach Hausmacht der Monarchen variabel war. Dieses persönliche – da auf die Person des Herrschers (und seiner Dynastie) bezogene – Verständnis der 'staatlichen' Einheit reicht weit in die Neuzeit hinein und findet Ausdruck in dem vielzitierten Schlagwort "L'état, c'est moi": Was den Staat in seiner Essenz ausmacht ist allein der Herrscher, ohne ihn gäbe es keinen Staat;[155] von *Nation* ist dabei gar keine Rede. Solange das Herrscherhaus und die darunter stehende Aristokratie in europäischen Dimensionen zu denken gewohnt war und sich nicht primär als einem Land, sondern einer Familie mit bestimmten Ländereien als Besitz und ihrem Stand zugehörig sahen, war für den 'Nationalstaat' kein Platz: Das dynastische und das nationale Prinzip schließen einander aus. Newman zitiert ein anschauliches Beispiel, das verdeutlicht, welchen Stellenwert nationale Identität innehatte, bevor sich die "Nationalismus-Ideologie" gegenüber ständischen Identifikationsformen durchsetzte:

> Their [the European nobilities'] place in military affairs furnished common standards of honor and a sense of aristocratic brotherhood which often overrode whatever kinship they felt with their lesser-born countrymen. There is a hidden social significance in stories such as that of the Battle of Fontenoy [1745], at which the gallant French officers politely invited the gallant English officers to shoot first: «Messieurs les Anglais, tirez les premiers!»[156]

An dieser Anekdote lässt sich erkennen, dass Nationszugehörigkeit insbesondere unter Adeligen bei weitem nicht die oberste Identifikation in jener Zeit war. Darauf weist auch die Tatsache hin, dass die Kinder – zumeist Söhne – der obersten Schichten Englands auf ihrer *Grand Tour* in den gehobenen Kreisen Frankreichs willkommen waren, auch wenn sich die beiden Länder gerade miteinander im Krieg befanden. Im Zeitalter des Nationalismus, in dem Krieg eine Angelegenheit der Nation ist und so *alle* Individuen erfasst, änderte sich dies: Nationalismus bedeutet auch, dass sich ein im 'Feindesland' reisender Aristokrat nicht auf die Unterstützung der dortigen Standesgenossen verlassen kann, da Nationalität nun (bis auf erwähnenswerte, anekdotisch überlieferte Ausnahmen) über Standessolidarität steht; dabei muss die Person selbst nicht einmal nationalistisch denken.

Im 18. Jahrhundert, zu der Zeit also, da der Nationalismus erstmals aufkam, war in Großbritannien bereits ein artikulierter Patriotismus etabliert, der mit einer u. a. durch religiöse Differenzen zu anderen Ländern (Frankreich, Spanien, teilweise Irland) ausgelösten Fremdenfeindlichkeit einherging.[157] Gleichzeitig war

---

[155] Ähnlich Shafer, S. 33.
[156] Newman, S. 12, die nachfolgende Bemerkung zur *Grand Tour* S. 13.
[157] William Hogarths Bilder zeigen vor allem Feindlichkeit gegenüber Franzosen, so das Ölgemälde *O the Roast Beef of Old England; "Calais Gate"* (1748, London, *Tate Gallery*) und

Großbritannien, durch die parlamentarische Union 1707 entstanden, keine homogene Einheit, da die unterschiedlichen Landesteile England, Schottland und Wales erst durch Kriege und den im Inneren verbindenden und nach außen abgrenzenden Protestantismus geeint werden mussten. Dabei machte der beginnende Massenlesemarkt, das Entstehen von (Tages-)Zeitungen und der sich nicht nur im Umfang anwachsende, sondern auch geographisch auf die gesamte Insel ausdehnende Handel Großbritannien als eine Einheit erst 'erfahrbar'.[158] Diese beginnende *britische* Identität ist aber weder durch eine einfache Vermischung englischer, schottischer und walisischer Identitäten, noch durch ein 'Überstülpen' der englischen über die Identität des *Celtic fringe* entstanden (wie bei Hechter formuliert),[159] noch hat diese frühere Identifikationen gänzlich ersetzt: Im 18. Jahrhundert wurde der Grundstein für ein mehr oder weniger unbehagliches Nebeneinander verschiedener nationaler Identitäten auf der britischen Hauptinsel gelegt. Bildlich gesprochen sind Identitäten nicht wie Hüte, von denen immer nur einer getragen werden kann,[160] sondern können in derselben Person gleichzeitig vorhanden sein. Dabei können Individuen je nach Situation durch eine strategische Wahl eine Identität den anderen vorziehen oder betonen. Mindenhall demonstriert dies am Beispiel kornischer Emigrantinnen und Emigranten nach British Columbia, die nicht im Bergbau tätig waren: Entgegen den emigrierenden Bergleuten, die sich in der Neuen Welt natürlich vorzugsweise wiederum in Bergbaugebieten niederließen und wegen des exzellenten Rufs kornischer Bergwerkskunst durch Betonung ihrer kornischen Abkunft zu Arbeit, Ansehen und Einfluss kommen konnten, war dies bei den anderen Berufsständen nicht möglich. Für diese bot es sich an, ihre zweite, nämlich britische Identität zu betonen und die *Cornishness* zu vernachlässigen, was sie zu "invisible immigrants" machte, da ihre britische Ethnizität in British Columbia als Angehörige der mehrheitlichen Einwanderergruppe nicht als solche wahrgenommen wurde, wodurch ihre Aufstiegschancen deutlich größer waren als die anderer, 'ethnisch distinkter' Einwanderergruppen. Noch heute, so Mindenhall,

---

die dazugehörigen Stiche. Zur Religion Colley, Kap. 1 *pass.*, kondensiert S. 54: "Protestantism was the foundation that made the invention of Great Britain possible." Ähnlich C. Hill (S. 159: "Protestantism and patriotism were closely linked") und Rowse (hier 1957, S. 319) schon 1941: "The choice was henceforth [under Mary's reign] a clear one between Catholicism and Spain, and Protestant nationalism." (nach unserer Definition "patriotism").

[158] Colley, S. 5-25 und S. 39-41; diese Passagen Colleys hängen, ohne nähere Angabe, stark von Anderson ab. Auch für Cornwall war die Leseöffentlichkeit bedeutend, allerdings etwas später: Periodika wie die *Royal Cornwall Gazette* (seit 1800/01), der *West Briton* (seit 1810), das *Cornish magazine* (in den späten 1820er Jahren) oder *Netherton's Cornish Almanack* (jährlich seit 1854) bedienten zusammen mit Institutionen wie der *Royal Institution of Cornwall* oder der *Cornwall Agricultural Society* ganz Cornwall und sorgten dafür, dass sich als Basis der Identifikation kein kleineres (z. B. das industrielle Westcornwall), aber auch kein größeres Gebiet (Cornwall und Dartmoor oder ganz Devonshire) etablieren konnte, sondern genau Cornwall als Einheit erlebbar wurde (Deacon 1997, S. 18f.).

[159] Hechter: "The anglicization of the Celtic periphery, 1851-1961" (Überschrift S. 164).

[160] Colley, S. 6.

ist das Gefühl von kornischer Identität in jenen Gebieten stärker, die vom Bergbau
bestimmt waren, in denen deshalb Neuankömmlinge Vorteile durch Perpetuieren
ihrer kornischen Ethnizität erlangen konnten und deshalb eine lebendige kornische Tradition aufrecht erhielten.[161]

In David Humes Essay *Of national characters* von 1748 ist ein anderer Aspekt
des späteren nationalistischen Denkens erkennbar: Die Zuweisung von ganz bestimmten Eigenschaften an theoretisch jede existierende oder vergangene 'Nation',
die zu nationalen Stereotypen wurden. Dieser 'Nationalcharakter' ist in der englischen Literatur des 18. Jahrhunderts ein weithin akzeptierter Topos. Humes Anliegen in diesem Essay war es zwar, dagegen zu argumentieren, dass der "national
character" eines Volkes von physischen Umständen (Geographie, Klima, Ernäh-
rung) abhänge, die grundsätzliche Annahme aber, dass jede Nation einen solchen
Nationalcharakter habe, stand für ihn außer Zweifel, auch wenn es jeweils Individuen gebe, die nicht den "national character" ihrer Landsleute teilten:

> They [men of sense] allow, that each nation has a peculiar set of manners, and that some
> particular qualities are more frequently to be met with among one people than among
> their neighbours. The common people in SWITZERLAND have probably more honesty
> than those of the same rank in IRELAND; [...] An ENGLISHMAN will naturally be supposed
> to have more knowledge than a DANE; though Tycho Brahe was a native of Denmark.

Statt von physischen sei der nationale Charakter von "moral causes" wie der Re-
gierungsform, dem Ablauf der öffentlichen Angelegenheiten oder dem Verhältnis
zu benachbarten Nationen abhängig:

> That the character of a nation will much depend upon *moral* causes, must be evident to
> the most superficial observer; since a nation is nothing but a collection of individuals,
> and the manners of individuals are frequently determined by these causes.[162]

An dieser Stelle ist zudem der vormoderne, noch nicht nationalistische Begriff
von *nation* erkenntlich, denn prinzipiell können jeder Gruppe von Individuen
Nations-Charakteristika eigen sein: Sogar Jesuiten, so ein Beispiel,[163] haben nach
Hume eigentümliche Charakteristika einer Nation erworben, ebenso wie er sie
Engländern, Spaniern oder den Griechen der Antike zuschrieb, aber diese Gruppe
war dann, auch wenn es sich um eine tatsächlich nationale Gruppe handelte, nur
die Summe der Individuen ("nothing but a collection of individuals"), nicht aber
eine höhere, einheitliche Ordnung und mehr als die Summe der Einzelpersonen,
so dass trotz vereinzelter Merkmale des späteren Nationalismus dieser noch nicht

---

[161] Mindenhall, besonders S. 50, das Zitat *ibid*; sie greift damit auf Ronald James zurück, der
       gezeigt hatte, dass emigrierte kornische Bergarbeiter ihre kornische Identität im Zielland
       nicht etwa als Schutzmechanismus perpetuierten, um die Unsicherheit der neuartigen Situa-
       tion bewältigen zu können, sondern um die genannten ökonomischen Vorteile zu erlangen.
[162] Hume, S. 78 bzw. S. 79, Hervorhebungen jeweils im Original.
[163] Hume, S. 84.

entwickelt war. So ist in Samuel Johnsons *Dictionary* das Stichwort "Nation" nur vage definiert als "A people distinguished from another people; generally by their language, original, or government", wobei das Unterscheidungsmerkmal 'government' nach den bisherigen Definitionen gerade nicht auf *nation*, sondern auf *state* verweist.[164] In der ersten Hälfte des 18. Jahrhunderts kann in England also nicht von einer Nation oder von Nationalismus im bisher vorgestellten Verständnis gesprochen werden: Der "Nationalismus-Ideologie" nach ist es undenkbar, dass das britische Parlament 1714 einen deutschen Kurfürsten, Georg Ludwig, zum König machte, so dass eine katholische Thronfolge verhindert werden konnte; Konfessionszugehörigkeit stand noch weit über Nationalität.

Allgemein gilt die Französische Revolution als erste Manifestation von Nationalismus in Europa.[165] So kann als die vielleicht wichtigste Entwicklung während dieser Revolution der Wandel von der Summe der französischen Untertanen zur souveränen französischen Nation bestimmt werden (auch sprachlich vom Plural zum Singular), welche fortan als französische *nation une et indivisible* verfasst war. Allerdings galt dies zunächst nur für die Hauptstadt Paris, die *Ile de France* und wenige große Städte und privilegierte Bevölkerungsgruppen, während auf dem Lande starke Partikularismen die Revolution unbeschadet überlebten und sich die Landbevölkerung noch nicht primär als französisch begriff. Wie Eugen Weber in seiner beeindruckenden Studie *Peasants into Frenchmen* zeigt, wurde dies erst in dem halben Jahrhundert vor dem Ersten Weltkrieg endgültig erreicht, u. a. durch ein bewusst gesteuertes Erziehungsprogramm (generelle Schulpflicht), das sowohl die nordfranzösische Hochsprache zum verbindlichen Standard erhob, als auch eine kollektive Geschichte vermittelte, und den Ausbau der Infrastruktur (vor allem Eisenbahn und Straßen), die Kommunikation mit entfernten Regionen ermöglichte: Außerhalb der Zentren musste das *patrie*, das 'Land der Väter', erst noch zwischen den (vormals nur wie in einem Kolonialreich zusammengehaltenen) *pays* ('Land, Landstrich') und der Nation Frankreich vermitteln.[166]

Vereinfacht ausgedrückt ist die Französische Revolution jedoch der historische Zeitpunkt, zu dem in Frankreich das dynastische Prinzip, nach dem der Herrscher mit seiner Hausmacht die eigenen Interessen unter Ausnutzung der Staatsmechanismen wie Regierung und Verwaltung verfolgt, abgelöst wird durch das Prinzip der Volkssouveränität, welches auf der aus freien Staatsbürgern (*citoyens*) bestehenden Nation aufbaut.[167] Dies wurde ausgedrückt im dritten Artikel der *Déclaration des droits de l'homme et du citoyen* vom August 1789: "Le principe de toute

---

[164] Johnson (1810), s. v. *nation*.

[165] Z. B. Kohn, S. 1001: "Nationalism as we understand it is not older than the second half of the eighteenth century. Its first great manifestation was the French Revolution, which gave the new movement an increased dynamic force." Der darin enthaltene Eurozentrismus sollte in diesem groben Übersicht nicht allzu sehr stören.

[166] E. Weber, *pass.*, Letzteres S. 96. Seine Erkenntnis ist umso erstaunlicher, da Frankreich gerne als Beleg für eine mittelalterliche oder zumindest vorindustrielle Nation angeführt wird.

[167] Shafer, S. 9. Das Maskulinum legitimiert sich durch die Abwesenheit des Frauenwahlrechts.

souveraineté réside essentiellement dans la nation; nul corps, nul individu ne peut exercer d'autorité qui n'en émane expressément"; nach nationalistischer Ansicht ist die Nation als Quelle der politischen Legitimation eines Staates die Voraussetzung des Loyalitätsanspruchs des Staates an die Bürger.[168] Der dynastische Staat wurde umgedeutet in eine demokratische Nation unter liberalen Vorzeichen, wobei dieser Demokratiebegriff freilich noch nicht mit dem heutigen deckungsgleich ist – hingewiesen sei auf das allgemeine und gleiche Wahlrecht und insbesondere das Frauenwahlrecht. Entsprechend war der entstehende Nationalismus eine republikanische Bewegung mit einer letztendlich demokratischen Zielrichtung.[169] Auch 'die Nation' in unserem Verständnis wurde in diesem Zusammenhang und zum Kampf gegen das *Ancien régime* erfunden:

> Nations are not born; they are made. Nations do not grow like a tree, they are manufactured. Most of the nations of modern Europe were manufactured during the nineteenth century; people manufactured nations as they did cotton shirts. The processes were intimately linked, as peoples called non-historic invented for themselves a usable past to inform an attainable future, under the twin stimuli of democratic and industrial revolutions. In the precociously unified monarchies of Britain and France, they began to manufacture nations earlier.[170]

In Frankreich ist Nationalismus seinen Entstehungsbedingungen in der Revolution entsprechend speziell auf die Loyalität zum *Staat* begründet, ein *nationalisme des citoyens*, es ist kein ethnisch definierter, exklusiver Nationalismus des Volkes wie später in Deutschland. Dies zeigt sich bis heute in der Art, wie farbige Immigranten aus ehemaligen französischen Kolonien bei der Fußballweltmeisterschaft 1998 als Nationalhelden gefeiert wurden, eine Kontinuität seit der Revolution, in der es kein Problem war, den Angloamerikaner Thomas Paine in die *Convention nationale* aufzunehmen.

In Deutschland baute dieser völlig andere Nationalismus auf Autoren wie Johann Gottfried Herder und Johann Gottlieb Fichte auf. Herder, "who more than anyone else is entitled to be called the father of nationalism", sah in der Nation, die aus einer kulturell und linguistisch homogenen Gruppe bestehe, die einzige natürliche Einheit menschlicher Gemeinschaften, da die Welt in Nationen mit

---

[168]   Die Quelle ist abgedruckt in Tulard/Fayard/Fierro, S. 770f., hier S. 771. Auch die "Nationalismus-Ideologie" entstand ja erst im 18. Jahrhundert (so z. B. A.D. Smith 1995b, S. 55).

[169]   Shafer, S. 68; Greenfeld (S. 10, Hervorhebung im Original): "Democracy was born with the sense of nationality. The two are inherently linked, and neither can be fully understood apart from this connection. [...] Originally, nationalism developed *as* democracy". Als Autor jener Zeit ist Emmanuel Joseph Sieyès mit seiner Flugschrift *Qu'est-ce que le Tiers état?* (Januar 1789) zu nennen, in der er den Dritten Stand mit der Gesamtheit der französischen Nation gleichsetzte (S. 124) und die Versammlung des Dritten Standes zur Vertretung der gesamten Nation ("Assemblée nationale", S. 197) erklärte; mit Sieyès wurde das Volk zur Nation.

[170]   G. Williams, S. 190; hinsichtlich des Erfindungscharakters pflichtet Kedourie (S. 1) bei: "Nationalism is a doctrine invented in Europe at the beginning of the nineteenth century".

jeweils eigenem, aber nicht über- oder unterlegenem (kulturellen) Charakter und eigener Sprache aufgeteilt sei; sekundär ist bei ihm die Vorstellung der Nation als einer politischen Formation, die im Staat verwirklicht wird.[171] In diesem ideellen Zusammenhang zwischen Individuum, Volk, Sprache und Nation haben wir den Ursprung des romantischen, organischen Nationsverständnisses vor uns, das ein ganz anderes als das vorher für Frankreich beschriebene ist und einen romantischen (im Gegensatz zu einem rationalen) Nationalismus bedingt.

Fichtes nationalistische Gedanken treten besonders in den *Reden an die deutsche Nation* hervor, die unter dem Eindruck der Invasionen Napoleons entstanden, weshalb sein Nationalismus durch eine antifranzösische Note gekennzeichnet ist (da in Fichtes Werk typische Eigenschaften des Nationalismus zutage treten, wird es eingehender besprochen). Diese deutsche Nation, die Fichte zur Überwindung von "trennenden Unterscheidungen, welche unselige Ereignisse seit Jahrhunderten in der einen Nation gemacht haben"aufruft, ist gleichzusetzen mit dem deutschen Volk, das als ein organisches Ganzes nur durch historische Widrigkeiten von dem entfernt wurde, "was *der Deutsche* an und für sich, unabhängig von dem Schicksale, das ihn dermalen betroffen hat, in seinem Grundzuge [ist], und von jeher gewesen [ist], seitdem er ist".[172] Gegenüber anderen germanischen Völkern sei das deutsche "Urvolk" überlegen, weil es die eigene, "ursprüngliche Sprache" oder "Ursprache" beibehalten habe, während andere eine fremde Sprache angenommen hätten.[173] Die deutsche Nation ist für Fichte eine nahezu ewige Kategorie, schon die Römer kämpften ihm zufolge gegen sie, und die Nachkommen der jetzigen Deutschen "beschwören" ihre heutigen, dereinst großen Vorfahren, auf die Selbständigkeit und staatliche Einigkeit der deutschen Nation hinzuarbeiten, so dass eine ungebrochene, "edle", "glorreiche Reihe"[174] der deutschen Nation existiere. Schließlich sei es jener Generation der Deutschen wie keiner anderen gegeben, "das Geschehene ungeschehen zu machen, und den nicht ehrenvollen Zwischenraum auszutilgen aus dem Geschichtsbuche der Deutschen." Dies ist ein Aufruf zum Selektieren und sogar zum kollektiven Vergessen geschichtlicher Fakten, wie es Renan als Zeichen der Erschaffung einer Nation benannte (so sein Zitat oben, S. 32). In alledem erscheinen die Merkmale des östlichen "identity nationalism" Kohns: Die Nation, bestehend aus dem Volk, zu dem ein Individuum durch Geburt eindeutig gehört ("Nationalismus-Ideologie"), wird als seit undenkbarer Zeit existent dargestellt, Vergangenheit, Gegenwart und Zukunft werden zu einer großen Kette verbunden, in der die mit einer eigenen, ehrwürdigen Sprache ausgestattete Nation eine überzeitliche Konstante darstellt und die Opfer der in der Geschichte auftretenden, widrigen, aber letztlich doch untergeordneten Ereignisse

---

[171] Nach Cobban, S. 56, wo sich auch das Zitat findet.

[172] Fichte, S. 377 bzw. S. 422, eigene Hervorhebung.

[173] Fichte, S. 425 bzw. S. 439. Seine Vision der deutschen Nation legt großen Wert auf die ungebrochene Sprachgeschichte (S. 427, S. 436); das folgende Beispiel der Römer S. 500f.

[174] Fichte, S. 608; zur Geschichte im Folgenden S. 596, ähnlich an anderen Stellen.

ist. Einige dieser Widrigkeiten haben dazu geführt, dass die Nation, die wegen ihrer Herkunft als anderen überlegen wahrgenommen wird, weder politisch geeint noch selbständig ist, was sich als praktische Forderung an die Gegenwart richtet, ein verlorenes 'Goldenes Zeitalter' wiederherzustellen.

Mit der Bedrohung durch die napoleonischen Eroberungen entstand bei vielen Völkern Europas ein nationales Gefühl, das sich jetzt in einem Nationalismus als Forderung nach Selbstbestimmung äußerte. Um die Mitte des 19. Jahrhunderts dann war mit *Nation* meist ein in wirtschaftlicher und sicherheitspolitischer Hinsicht lebensfähiger Großstaat mit einem Volk gemeint, welches sich als Nation identifizierte.[175] Hier müssen wiederum die unterschiedlichen historischen Gegebenheiten in den einzelnen Ländern berücksichtigt werden. In Frankreich und England war es bereits im ausgehenden Mittelalter gelungen, durch ein starkes Königtum einen großen Staat zu schaffen (*Staatsnation*). Gerade in Großbritannien entwickelte sich kein Nationalismus in der ausgeprägten Form wie auf dem Kontinent: Bei der führenden Weltmacht mit seinem ausgedehnten, imperialistisch ausgerichteten Kolonialreich bestand nicht der Anlass zu nationalistischer Ideologie oder Politik, während sich Gefühle der Verbundenheit mit der eigenen Nation eher in patriotischer Art und als Stolz auf die Errungenschaften hinsichtlich des *Empires* äußerten, das so weit über die eigene Nation hinausreichte.

In Deutschland und Italien hatte sich ein solcher starker (Zentral-)Staat hingegen nicht gebildet: Gemeinsamer Nenner der Nation waren hier nicht Staat und Politik, sondern vor allem Sprache und Kultur (*Kulturnation*).[176] Die Kulturnation war jedoch nur eine Station zum eigentlichen Ziel der Staatlichkeit: Im Verlauf des 19. Jahrhunderts wurde die Rolle der Sprache in der nationalen Identität vor allem deshalb noch stärker, da erkannt wurde, dass sie (in Deutschland wie bis zu einem gewissen Grad in Italien) beinahe der einzige Identifikationspunkt war und Anlass zur Forderung nach einem Nationalstaat wurde.[177] Gleichzeitig führte das Kriterium der beträchtlichen Größe einer (ungeteilten) Nation, gemessen an der Zahl ihrer Angehörigen, zur Forderung nach der Einigung Deutschlands durch nationalistische Akteure. Um einen textlichen Beleg für die Relevanz der Einigkeit zu erhalten, reicht ein Blick in das 1848, lange vor der Reichsgründung, von August Heinrich Hoffmann von Fallersleben geschriebene Deutschlandlied, das das Konzept einer geeinten deutschen Nation propagiert (was zwischen 1945 und 1990 noch einmal eine besondere Bedeutung erlangte). Das Argument der Größe einer Nation wurde in Deutschland aufgenommen, weil damit das Manko der deutschen Kleinstaaterei unterstrichen werden konnte, während England Irland mit der gleichen Begründung seine Selbständigkeit vorenthalten konnte. John Stuart Mill allerdings sah die Bevölkerung Irlands (nicht aber die der Bretagne oder des Elsass) als groß genug an, um eine Nation zu konstituieren; es war und

---

[175] Hobsbawm 1990, S. 39; zu Napoleon zuvor Shafer, S. 122, ähnlich Jusdanis, z. B. S. 75.
[176] Hierzu z. B. Jusdanis, S. 79-93; auch Alter, S. 22.
[177] Hobsbawm 1990, S. 103, und Kamusella, besonders S. 239.

ist also unklar, wie groß eine Menschenmenge sein muss, um 'Nationsgröße' zu erlangen.[178] Erst seit 1945 sind Kleinstaaten wie selbstverständlich denkbar, da nun
auch diese als wirtschaftlich lebensfähig angesehen werden, eine gewaltsame Annexion kleiner Nationen zumindest in (West-)Europa unwahrscheinlich ist und die
beständigen Beispiele der Schweiz, Luxemburgs, Dänemarks, Islands und anderer
auch empirisch für die Dauerhaftigkeit kleiner Nationen sprechen.[179]

Die irische Nationalismusbewegung mit dem ideologischen Höhepunkt des
Easter Rising 1916 ist vielleicht der klassische Fall eines wenigstens teilweise erfolgreichen Separatismus nach dem nationalen Selbstbestimmungsrecht, in deren
Verlauf viele wichtige Charakteristika dieses Nationalismus zu erkennen waren:
eine vorausgehende Phase des kulturellen 'Wiedererwachens', eine von der Staats-
doktrin differierende Wahrnehmung der Geschichte durch die nationalistische Seite, unterschiedliche Konfessionen, die Betonung einer eigenen Sprache und des
eigenen nationalen Charakters sowie eine soziale Klassenteilung, die zur nationalen Identifikation weitgehend parallel verlief. Die Loslösung der Republik Irland
(*Eire*) von *United Kingdom* und *Commonwealth* ist komplett, was eine Errungenschaft des irischen Nationalismus darstellt. Dennoch ist der Erfolg nur partiell,
denn es entstand zwar ein eigener Staat, dem aber nicht die gesamte Nation angehört, weil der (überwiegend katholische) Teil der nordirischen Bevölkerung, der
sich zu *Eire* bekennt, nicht einbezogen ist, wodurch das bis heute ungelöste Problem Nordirlands entstand, während nach irisch-nationalistischer Sicht ohnehin
ganz Nordirland zur irischen Nation zählt. Als textliches Zeugnis für den irischen
Nationalismus sei auf die *Proclamation of the Republic* von 1916 verwiesen:

> In the name of God and of the dead generations from which she receives her old tradition
> of nationhood, Ireland, [...], summons her children to her flag and strikes for her free-
> dom. [...] We declare the right of the people of Ireland to the ownership of Ireland and to
> the unfettered control of Irish destinies, to be sovereign and indefeasible. The long
> usurpation of that right by a foreign people and government has not extinguished the
> right, nor can it ever be extinguished except by the destruction of the Irish people. In
> every generation the Irish people have asserted their right to national freedom and sover-
> eignty; six times during the past three hundred years they have asserted it in arms. [...]
> The Irish republic is entitled to, and hereby claims, the allegiance of every Irishman and
> Irishwoman. The republic [...] declares its resolve to pursue the happiness and prosperity
> of the whole nation [...] oblivious of the differences carefully fostered by an alien gov-
> ernment, which have divided a minority from the majority in the past. [...] In this su-
> preme hour the Irish nation must, by its valour and discipline, and by the readiness of its

---

[178] Mill, S. 433. Nationalismus aus Wales, Schottland oder der Bretagne hätte Mill nebenbei für
unsinnig gehalten, da er deren Einwohner (in Schottland nur die *Highlanders*) als die "in-
ferior and more backward portion of the human race" ansah, die von der Zugehörigkeit zu
einer großen Nation nur profitieren könne (S. 431). Hierin erklärt Mill die etablierte Position seiner Zeit (Hobsbawm 1990, S. 34f.; dem folgt May, S. 20-22, mit Belegen von Mill,
Michelet und Marx und Engels unter dem Stichwort "denunciations of ethnicity", S. 20).

[179] Verdery, S. 44: "The size requirements of viable nationhood are decreasing"; Banks, S. 195:
"National sentiment has nothing to do with size."

children to sacrifice themselves for the common good, prove itself worthy of the August destiny to which it is called.[180]

Die Proklamation listet in beinahe idealtypischer Weise Charaktermerkmale der Ideologie des Nationalismus auf. Insbesondere sind in diesem historischen Dokument die folgenden Punkte typisch nationalistisch zu nennen: Es wird eine heroische Vergangenheit aufgerufen und eine Zeit der Unabhängigkeit evoziert, die durch historische Widrigkeiten unterbrochen wurde – hier klingen Fichtes eben (S. 59) zitierten Ausführungen an; die Ursprünge der Nation, die mit dem Volk identisch ist und gleichzeitig durch menschliche Wertattribute personifiziert wird, werden in eine ferne Vergangenheit verschoben; das Interesse der Nation wird ausdrücklich über das Leben Einzelner gestellt, auf welches die Nation ein Recht habe, ebenso wie auf die (höchste) Loyalität aller Irinnen und Iren; interne Unterschiede innerhalb der irischen Nation werden als von England bewusst gestreute Uneinigkeit dargestellt, was impliziert, dass Irland ohne äußere Einmischung eine homogene Nation gewesen wäre; das Selbstbestimmungsrecht wird angerufen, um eine glorreiche Bestimmung in der Zukunft zu erreichen. Ein irisches Spezifikum ist die historische Legitimation der Anwendung von Gewalt im irischen Nationalismus, eine Tradition, in die sich die IRA in ihrem 'bewaffneten Kampf' bis zu dessen offiziell verkündeten Ende im Juli 2005 bewusst stellen konnte.

Die beiden schrecklichen Weltkriege des letzten Jahrhunderts verhalfen besonders in ihrer Anfangszeit dem Nationalismus zu einem neuen Erblühen, wie auch andersherum Nationalismus zu den Kriegen beitrug – in jener Zeit setzte ja auch die wissenschaftliche Untersuchung des Phänomens durch Kohn, Hayes und andere ein. Danach verlor er jedoch, besonders in den unterlegenen Staaten, für einige Zeit an Bedeutung. Andererseits spielte das Element der nationalen Selbstbestimmung, ein zentraler Punkt des Nationalismus, gerade in den Friedensverhandlungen nach dem Ersten Weltkrieg eine entscheidende Rolle:[181] *Self-determination* war einer der wichtigsten der "Vierzehn Punkte" (1918) des amerikanischen Präsidenten Woodrow Wilson, die eine Ordnung für die Nachkriegszeit skizzierten. Nach dem Zweiten Weltkrieg, besonders seit den 1960er Jahren, war dann eine neue Welle des Nationalismus zu beobachten, die sich nun in kleineren Nationen innerhalb größerer Staaten manifestierte; diese Bewegungen waren aber eher auf Autonomie denn auf Unabhängigkeit ausgerichtet und offenbarten meist eine duale Identität: Neben die Identität des Territorialstaates (z. B. spanisch, französisch) trat eine kulturell-nationale (z. B. katalanische, bretonische) Identität.[182] So

---

[180] *IHD*, S. 317f.; dort finden sich für das 19. Jahrhundert Belege, so eine Rede des "Liberator" Daniel O'Connell (1843) und die *Resolutions of the Home Rule Conference of 1873*.

[181] Hierzu Cobban, besonders S. 16-27.

[182] A.D. Smith 1993, S. 138; die föderalistische, nicht-separatistische Seite argumentierte 1995 in Québec, eine doppelte Identität sei unproblematisch und führe nicht zu Separatismus: "It is possible to be at the same time a proud Québecer and a proud Canadian. Our homeland will always be Québec. Our country will always be Canada." Zitiert in Sklar, S. 112.

gewann in den 1970er Jahren in Schottland die nationalistische Bewegung unter Führung der *Scottish National Party* (SNP), die vor den 1960er Jahren keinen nennenswerten Erfolg hatte, stark an Zulauf. Ähnlich verhielt es sich in Wales, wo *Plaid Cymru* zunächst erstarken konnte, bevor beide Parteien wieder verloren. Aber die Wahlerfolge der nationalistischen und die deswegen drohenden Stimmenverluste für die staatsweiten Parteien führten doch nach Vorarbeit unter der *Labour*-Regierung zu den ersten Referenden über die *Devolution*-Frage im Jahre 1979, die in Wales wie in Schottland nicht erfolgreich waren.[183] 1997 fanden unter der erst neu gewählten *Labour*-Regierung erneut Referenden über die *Devolution*-Politik statt, welche in Schottland ein deutliches Ergebnis für ein eigenes gesetzgebendes Parlament inklusive eingeschränkter Steueränderungsbefugnis brachte; in Wales dagegen, wo die Zustimmung nicht so groß war und das Ergebnis folglich denkbar knapp ausfiel, erhielt die neue Versammlung geringere Befugnisse. Deutete Premierminister Tony Blair diesen Ausgang als Zeichen des Zusammenhalts Großbritanniens,[184] so war das schottische Ergebnis für SNP-Vorsitzenden Alex Salmond der erste Schritt zur vollen Unabhängigkeit Schottlands. In diesen Zusammenhang gehört auch der Nationalismus Cornwalls.

So ist Nationalismus heute noch ein bestimmendes Konzept der inter-'nationalen' Weltordnung, alle Staaten gelten offiziell als Nationen (*United 'Nations'*), und Unabhängigkeits- und Autonomiebewegungen belegen sich gerne mit dem Attribut 'national'.[185] Ein Ende des Zeitalters des Nationalismus ist somit nicht in Sicht; erinnert sei nur an den Falkland-Krieg 1982, der unter der Regierung Thatcher eine Welle nationalistischer Begeisterung mit den üblichen Überlegenheitsallüren, Jingoismus und Anflügen von *Empire*-Übermut und Zweiter-Weltkrieg-Nostalgie hervorbrachte und in dem *Great Britain* noch einmal als Nation in Erscheinung trat, während *Britishness* sonst bereits gegenüber den Einzelidentitäten, besonders im *Celtic fringe*, an Bedeutung verloren hatte. Vielmehr erlebt Nationalismus eine erneute Blüte in einer Welt, in der nach der strengen bipolaren Weltordnung des Kalten Krieges, der sich fast alle Nationen beugen mussten und die Minoritätennationalismen in den Schatten stellte, eine Vielzahl von Nationalismusformen in allen Erdteilen aufkommt, viele neue 'Nationen' ihr Recht auf nationale Selbstbestimmung einfordern, und, wie das zerfallene Jugoslawien zeigt, auch gewaltsame Fragmentierung mit den nur allzu bekannten Schreckenstaten auftritt. So äußerte A.D. Smith: "the nation and nationalism provide the only realistic socio-cultural framework for a modern world order. They have no rivals today."[186]

---

[183] Zu den Referenden Urwin 1982b, S. 61-63, Keating, S. 182-186. In Wales stimmten 20,3%, in Schottland 51,6% der *Wählenden* für *Devolution*; das sind 11,9% bzw. 32,9% der Wahlberechtigten, womit beide Gebiete das im Vorhinein festgelegte Quorum einer Zustimmung von 40% unter der gesamten Wahlbevölkerung verfehlten (Rose/McAllister, S. 31f.).

[184] The Economist Intelligence Unit (Hg.), S. 14f.

[185] Hobsbawm 1990, S. 163, sogleich Weight (S. 611-630), der den Falkland-Krieg im Rahmen des Nationalismus erwägt.

[186] A.D. Smith 1995b, S. 159; zu den vorherigen Punkten auch S. 1.

Insgesamt ist Nationalismus nicht einhellig bewertbar: Er stellt eine Ordnung im inter-'nationalen' System dar, wenn Staaten – als 'Nationalstaaten' wahrgenommen – Grundlage inter-'nationaler' Kooperation sind, führt aber auch zu destabilisierendem und eventuell gewaltsamem Separatismus und Zerfall, wenn eine Nation unter dem Prinzip der nationalen Selbstbestimmung die bisherige Ordnung angreift; er kann Personen an einen Staat binden, so dass dieser erst funktioniert, er kann zu Sympathie, übersteigert zu Liebe und bis weit über den Umschlagpunkt hinaus zu Aufopferung des Selbst führen, und kann sogar Fanatismus, Diskriminierung, Unterdrückung und Krieg hervorrufen. Hier wird noch einmal deutlich, wie flexibel Nationalismen instrumentalisiert werden können. Nationalismus ist somit zunächst weder 'gut' noch 'schlecht', sondern wird in vielen Fällen, beispielsweise bei mindestens subjektiv unterdrückten Kolonien oder kleinen Nationen, als legitim angesehen, zumal angesichts der Allgegenwart des Nationalismus in der modernen Welt. Nationalismus ist aber immer abzulehnen, wenn in seinem Namen Nationen und deren Angehörige diskriminiert werden, und das nicht nur, da hierbei die eigenen Prämissen des Nationalismus negiert werden. Vor allem aber ist Nationalismus eines: Beinahe überall auf der Welt anzutreffen.

Dieser geschichtliche Überblick kann nicht mehr als eine Einführung ohne Anspruch auf Vollständigkeit sein; die Frage, warum Nationalismus entstanden ist, kann erst recht nicht diskutiert werden. Ob Nationalismus eine zwangsläufige Folge eines sich in der Industrialisierung virulent durchsetzenden Kapitalismus war, der die Form modernen, industriellen Nationalstaat forderte (unterschiedlich deutlich vertretene marxistische Sicht),[187] ob er auf eine von Regierungen und sozialen Eliten vorangetriebene Ausdehnung primordialer Bindungen an Familie, Sippe, Heimat und ähnliches auf die nationale Gruppe, wie es bei Shafer anklingt, oder auf die kompensierende Neubesetzung eines in der menschlichen Natur vorhandenen "religious sense" mit der identitätsstiftenden Nation in einer Zeit zunehmender Säkularisierung zurückgeht, wie es Hayes beschreibt, oder ob er aus völlig anderen Ursachen resultierte, muss letztlich unbeantwortet bleiben. Die Tatsache allein, dass es der Nationalismusforschung bis heute nicht gelungen ist, universelle Bedingungen für die Entstehung des Nationalismus auszumachen, da sich immer zahlreiche Gegenbeispiele anführen lassen, ja nicht einmal Definitionen der grundlegenden Begriffe akzeptiert sind,[188] deutet darauf hin, dass wir es mit einem so komplexen und sich historischen Umständen so gut anpassenden Phänomen zu tun haben, dass einfache Erklärungsversuche zum Scheitern verurteilt sind. Somit ist dieses Fehlen von Eindeutigkeit und Konsens, ins Positive gewendet die Vieldeutigkeit und grundlegende Flexibilität der Begriffe, das eigentliche Ergebnis dieses Abschnitts.

---

[187] Ähnlich bei Gellner 1983, *pass*; im Folgenden Shafer, *pass*., Hayes, besonders S. 176.

[188] Seymour (*pass.*) fordert hinsichtlich der Nationsdefinitionen deshalb einen Pluralismus, der auch die Konstellation einer 'Nation innerhalb einer Nation' anerkennen würde, wie er sie am Beispiel Québecs in Kanada vorstellt.

1.4 Geographische Einheiten, Ethnonyme und Keltenbegriff

Nach dieser gezwungenermaßen ausführlichen theoretischen Exposition der zentralen abstrakten Konzepte, die als Leitbegriffe Verwendung finden, müssen nun einige Definitionen hinsichtlich geographischer Termini erfolgen, denn es besteht nicht nur im umgangssprachlichen Gebrauch, sondern auch in wissenschaftlichen Fachpublikationen eine gewisse Willkür die Benennungen der verschiedenen Territorien der Britischen Inseln betreffend. Diese Quelle von Unklarheiten ist daher definitorisch auszuräumen.

England/englisch (die entsprechenden englischsprachigen Ausdrücke verhalten sich hierbei identisch) bezieht sich ausschließlich auf den südöstlichen Teil der britischen Hauptinsel, die außer England noch Wales und Schottland umfasst. Daraus folgt, dass England entgegen der unreflektierten Meinung keine Insel ist, sondern sich eine Insel mit Wales und Schottland teilt; zusammen bilden diese drei 'Nationen' *Großbritannien* (entsprechendes Adjektiv hierfür: *britisch*). In der Frühzeit, vor dem *adventus Saxonum*, beziehen sich *Britannien*, *Briten* und *britisch* allerdings auf alle dortigen Siedler und deren Gebiete (das gesamte spätere Großbritannien), mit dem Vordringen der Angelsachsen im Unterschied zu diesen dann nur auf die Bewohner der Randgebiete des bisherigen Britanniens, die späteren Gebiete Schottland, Wales und Cornwall. Der politische Ausdruck *Vereinigtes Königreich* wiederum bezeichnet den Staat (*United Kingdom of Great Britain and Northern Ireland*), der gegenwärtig Großbritannien und Nordirland umfasst, aber im gesamten 19. Jahrhundert und bis zur Abspaltung der Republik Irland auch das südliche Irland einschloss, während die deutsche Bezeichnung *Britische Inseln* auf das Vereinigte Königreich und auf die Republik Irland, also auf beide Staaten zusammen verweist. Dass Irland dabei mit *britisch* in Verbindung gebracht wird, weshalb *British Isles* in Irland kaum in diesem Sinne benutzt wird, dürfte akzeptabel sein, da es sich um eine explizit und ausschließlich geographische Definition handelt und sich im Deutschen bisher kein neutraler, ähnlich griffiger Terminus eingebürgert hat: Eine Entsprechung zum *Atlantic* - oder *European Archipelago* ist dem Verfasser im deutschsprachigen Raum bisher nicht begegnet, und die auf jenem 'Europäischen Archipel' häufig anzutreffende Wendung *these Islands* ist aufgrund der Ungenauigkeit der verschobenen Deixis auf dem Kontinent als genereller Begriff für die besprochenen Inseln unbrauchbar. Dies führt zwar zu dem vermeintlichen Paradox, dass die *Channel Islands*, die (politisch) direkt der britischen Krone unterstellt sind und deren Außenpolitik vom Vereinigten Königreich wahrgenommen wird, nicht Teil der (wie erwähnt rein geographisch definierten) Britischen Inseln sind, sehr wohl aber die Insel Man, die in einem ähnlichen Verhältnis steht; es ist jedoch die einzige Definition der Landes- und Staatsteile, die einen eindeutigen Gebrauch ermöglicht und beispielsweise Schottland nicht England zurechnet, was in der Öffentlichkeit vor Ort ohnehin tunlichst vermieden werden sollte.

Es gibt kein korrelierendes Adjektiv, das den vollen Umfang von *Britische Inseln* wiedergäbe, ebenso wenig wie für das politische *Republik Irland*: *Irland* bzw. *irisch* umfasst zunächst rein geographisch die gesamte ('irische') Insel, während der Staat die nähere, umständlichere Bezeichnung erhält. Im Folgenden wird Wert darauf gelegt, die Termini in einer exakten Weise zu verwenden, da Unterschiede etwa zwischen *englisch* und *britisch* gerade in unserem Zusammenhang kritisch sind, obwohl diese Unterscheidung im allgemeinen Sprachgebrauch, insbesondere in England selbst, aber auch auf dem Kontinent, selten getroffen wird.

England, Wales, Schottland und Irland werden gemeinhin als 'Nationen' der Britischen Inseln verstanden (die Insel Man wird dabei oftmals vergessen), wobei der besondere Status Nordirlands gelegentlich dazu führt, dass dieses als eigene Nation bezeichnet wird; Cornwall wurde hierbei bewusst ausgelassen, da dessen Stellung zwischen England und Großbritannien im weiteren Verlauf thematisiert wird. Diese Nationen stehen in einem merkwürdigen Verhältnis zum Gesamtstaat des Vereinigten Königreichs, da dieser oftmals ebenso mit Elementen aus dem Wortfeld *Nation* versehen wird, insbesondere in unspezifischen Wendungen wie "a national feeling", während z. B. "the British nation" eher selten erscheint, seitdem die kleineren Nationen durch ihre jeweiligen Nationalismusbewegungen das Konzept des multinationalen Staates popularisierten. Unterschiede zwischen den Landesteilen lassen es angesichts des dargelegten Nationsbegriffs tatsächlich prekär erscheinen, den Gesamtstaat als Nation zu bezeichnen, insbesondere seit dem Zweiten Weltkrieg. Solange es nicht wirklich um ein 'Zusammenschmieden' der genannten Landesteile geht (Linda Colley), wird daher für das Gebiet der Union der neutrale Ausdruck *Staat* bevorzugt. Die von Colley ausführlich behandelten historischen Versuche der Krone, der Regierungen und der sozialen Führungsschichten, die Einzelnationen in einer 'britischen Nation' zu vereinen, sind nach dem oben gezeigten Diagramm (Abb. 1, S. 37) der Position der "Nationalismuspolitik" zuzurechnen (Ausrichtung auf die ganze, noch zu einigende Nation), während die später aufkommenden Autonomiebestrebungen der kleinen Nationen der "Neonationalismus"-Variante nach dem Prinzip der nationalen Selbstbestimmung angehören, bei der allerdings der Einfluss einer eigenen "Nationalismuspolitik" spürbar ist, die der eingliedernden oder unterordnenden Absicht der Politik des britischen Zentrums entgegenwirkt. Irland ist hier wie immer ein Sonderfall. Im Folgenden sind mit den britischen Nationen immer diese Landesteile gemeint, die sich einerseits vom größeren Staat, andererseits von den kleineren Regionen unterscheiden und zusammen den britischen Staat bilden, wobei Nordirland wenn nötig explizit genannt wird.

Da sich die kleineren Nationen der Britischen Inseln, also alle genannten außer England, als 'keltische' Nationen sehen, verlangt nach den vorherigen Definitionen ein weiteres Wortfeld nach einer Klärung: *keltisch/Kelten*. Wenn hier auch keine vollständige Übersicht, geschweige denn eine Lösung des 'Keltenproblems' erwartet werden kann, so muss diesbezüglich dennoch ein Problembewusstsein gezeigt werden, wie dies etwa Veröffentlichungen von Anne Ross, wenn auch mit anderer Zielsetzung, und Maryon McDonald, nicht aber jene von Marjorie Filbee oder Bernhard Dietz tun. Ist dieses Unterlassen im ersten Fall aus dem populären Charakter des Werkes erklärbar, so ist es im zweiten Falle besonders sträflich, da im Untertitel jener Arbeit bereits die "keltische Peripherie" genannt wird und Vergleichbarkeiten dreier 'keltischer' Regionen aufgedeckt werden sollen. Hier folgt nun eine kurze Beschreibung der traditionellen Sichtweise,[189] deren Dekonstruktion durch die neuere Forschung, die eine anhaltende und teilweise mit Heftigkeit geführte Debatte ausgelöst hat, und letztlich eine Arbeitsdefinition für den weiteren Gebrauch der Begriffe in den nachfolgenden Kapiteln.

Mit *keltisch* bzw. *Kelten* werden zunächst verschiedene, frühgeschichtliche europäische Völkergruppen belegt, die in der antiken griechisch-römischen Welt sehr unspezifisch *Keltoi, Galatai/Galatae, Celtae* oder *Galli* genannt wurden, die sich jedoch nicht als ein zusammengehöriges Volk betrachtet oder sich selbst so genannt haben dürften. Ihre moderne, archäologische Klassifizierung als 'keltische' Gruppierung beruht neben dokumentarischen Hinweisen griechischer und römischer Autoren auf den materiellen Überresten, die gewisse Ähnlichkeiten, aber auch deutliche Unterschiede aufweisen und sich mit den Hallstatt- und La Tène-Kulturen verbinden lassen. Keltische Völker bewohnten nach dieser Sichtweise im ersten Jahrtausend vor Christus in einem großen, nicht durchgehend geschlossenen Bogen, der sich von Portugal und Nordspanien (Keltiberer) über Frankreich (Gallier, popularisiert durch die Abenteuer aus dem Comic *Astérix le Gaulois*) und Belgien, Britannien, das südliche Deutschland, den Alpenraum, Oberitalien und den Balkan bis in die Türkei (Galater) spannte, weite Teile Europas und der angrenzenden Gebiete, allerdings nicht unter einer sie verbindenden Herrschaft oder einer einheitsstiftenden Identität. Dabei muss auffallen, dass die Bewohner Britanniens von antiken Autoren nicht zu den Kelten gezählt wurden,[190] obwohl sich gerade diese heute als die letzten Bewahrer keltischer Kultur sehen. Somit ist *keltisch* zunächst ein Begriff, der auf in Fremdzeugnissen benannte und archäologisch belegte Kulturen Anwendung findet und – daraus folgernd – auch die menschlichen Träger dieser Kultur als *keltisch* kennzeichnet, also kulturell und nicht etwa durch Abstammung, das Zusammengehörigkeitsgefühl eines Volkes oder gar durch 'Rasse' definiert ist. Diese Kulturen sind zumeist als "ancient Celts" (Buchtitel von Barry Cunliffe) bekannt. Bei alldem ist unbedingt zu beachten, dass es sich um eine vereinfachte Darstellung des traditionellen Verständnisses handelt; die aufgezeichnete Verbindung von materiellen Überresten mit in schriftlichen Quellen (die zudem nur Fremdzeugnissen darstellen) genannten 'Völkern' ist beispielsweise in der Forschung heftig umstritten. Dennoch sind die so definierten antiken Kelten Untersuchungsgegenstand der archäologischen und vor- und frühgeschichtlichen Disziplinen.

---

[189] Diese vertrat beispielsweise noch 1989 Mallory (S. 95f. und S. 105-107).
[190] Powell, S. 17f., Renfrew 1987, S. 223f., Cunliffe, S. 145f., Meid, S. 210.

Mit dieser historisch-archäologischen Definition konkurriert jedoch die linguistische, die auf das 16. Jahrhundert zurückgeht. Der schottische Humanist George
Buchanan (1506-1582) war der erste, der durch philologische, vornehmlich topo-
nymische Untersuchungen nachweisen konnte, dass die in Wales und den *Scottish
Highlands* gesprochenen Sprachen Kymrisch und Gälisch kontinentaleuropäischen Sprachen ähnelten (besonders dem Gallischen), die durch Hinweise in antiken Quellen überliefert sind.[191] Diese Sprachen, die er von den lateinbasierten und
den germanischen Sprachen abgrenzte, bezeichnete Buchanan, bei einiger Varianz
in der Terminologie, vorzugsweise als 'Gallisch', während er 'Keltisch' restriktiver
für die Sprachen benutzte, die, wie er es sah, von aus Südgallien über Spanien eingewanderten Menschen gesprochen wurden und auf denen das schottische und
das irische Gälisch beruhen.[192] Durch weitere linguistische Untersuchungen, fortgeführt u. a. von Edward Lhuyd (1660-1709), konnten die vorangelsächsischen
Sprachen Britanniens, die in den westlichen und nördlichen Randgebieten der
Britischen Inseln bis in die Neuzeit überlebt hatten, mit mehreren ausgestorbenen
Sprachen des Kontinents einer gemeinsamen Sprachfamilie zugeordnet werden,
die aufgrund der Quellenlage und der terminologischen Gleichsetzung von Gal-
liern mit Kelten die Bezeichnung *keltisch* erhielt:[193] In jenen Quellentexten war
von "Celtae" die Rede, so in den berühmten Anfangsworten von Caesars *Bellum
Gallicum*;[194] diese Benennung ist als "almost accidental but not wholly arbitrary
or erroneous" charakterisiert worden. Im Anschluss und als Ausweitung davon,
denn nun wurden auch Menschen und nicht nur Sprachen so benannt, verband
sich der Keltenbegriff mit dem sprachlichen Merkmal, wonach alle Völker als
'keltisch' galten, die eine Sprache der umfangreichen keltischen Sprachfamilie
benutzten, also erstmals auch die vorangelsächsischen Briten, die nun als Angehörige des keltischen Kulturkreises gesehen wurden; in diesem Sinne kann vom
keltischen Britannien als einer Erfindung der Neuzeit gesprochen werden.

Diese Sprachfamilie wird unterteilt in das ausgestorbene Festlandkeltisch mit
den Sprachen Gallisch, Keltiberisch (iberische Halbinsel), Galatisch (mittlere Donau), und Lepontisch (Norditalien), und das Inselkeltische mit dem goidelischen/
irischen und dem britannischen Zweig. Obwohl die Bretagne auf dem Festland
liegt, zählt Bretonisch zum Inselkeltischen, da es aller Wahrscheinlichkeit nach

---

[191] Powell, S. 19; Hale 1997b, S. 87; zu George Buchanan besonders Collis 1999.

[192] Besonders "sermo Gallicus", "Gallice" und "lingua Gallica", vs. "lingua Celtica" oder auch
       "lingua Britannica"; Collis 1999, S. 98, S. 101f., S. 104 und S. 105.

[193] Birkhan, S. 55, Payton 1996, S. 47, Löffler, S. 275, S. James 1999, S. 45f. Nach Chapman
       (1992, S. 201) sind aus dem christlichen Europa bis 1497 keine Termini aus dem Bereich
       keltisch überliefert, während Sims-Williams (1998, S. 16) und Collis (1999, S. 102 und
       S. 105) vermuten, *keltisch* habe sich im 17. und 18. Jahrhundert als Name für die Sprachfa-
       milie durchgesetzt, da *gallisch* zu sehr auf Gallien, somit auf Frankreich verwiesen habe.

[194] "Gallia est omnis divisa in partes tres, quarum unam incolunt Belgae, aliam Aquitani, ter-
       tiam qui ipsorum lingua Celtae, nostra Galli appellantur." Caesar, I, 1 (S. 6); das nachfol-
       gende Zitat Sims-Williams 1998, S. 16.

mit Einwanderern aus Dumnonia (dem Südwesten Englands und Cornwall) und Wales in jenen Landstrich kam, somit keine Variante des Gallischen darstellt, sondern besonders eng mit dem Kornischen verwandt ist.[195] Die linguistische Definition des Keltenbegriffs findet auch heute noch weitgehend Verwendung: So fasst ein pankeltisch orientierter Autor zusammen, Sprache sei "the most important yet elusive definition of what 'Celtic' meant then [2000 years ago] and means now: it is a matter of understanding and listening, and it is certainly not a question of race or place of birth. First and foremost, the Celts of Britain are a speech community."[196] So kommt es, dass sich 'Kelten' sowohl durch den linguistischen Befund der Sprache als auch durch den archäologischen Befund der materiellen Überreste der Kultur sowie den historischen Befund der Fremdzeugnisse definieren lassen, was zu unterschiedlichen Resultaten führt: Der Keltenbegriff ist nur disziplinspezifisch zu gebrauchen.[197] Deckungsgleich können damit auch genetische Befunde und solche anhand von 'Rassen' nicht sein, die in den Definitionen keine Grundlage finden und in ihnen deshalb gar nicht erst erscheinen.

Die Bedeutung von *keltisch* erfuhr eine erneute Erweiterung, von der linguistisch-archäologischen zu einer ethnischen Kategorie, als das Erscheinen der keltischen Sprachen auf den Britischen Inseln historisch zu erklären war. Dazu wurden mehrere massive Einwanderungswellen von kontinentaleuropäischen 'Kelten' angenommen, die im ersten Jahrtausend v. Chr. die einheimische Bevölkerung (welche die Megalithbauten errichtet hatte) mehr oder weniger verdrängt haben. Diese Invasionstheorie beruht auf der unhaltbaren Annahme einer direkten Kongruenz zwischen linguistischer und ethnischer oder kultureller Gruppe.[198] Wie auch im späteren *adventus Saxonum* ist das Ausmaß der vermeintlichen Wanderungsbewegungen umstritten: In beiden Fällen wird heute eher von Kulturkontakt im Rahmen enger und lang anhaltender Handelsbeziehungen oder kleineren Gruppen von Kriegern ausgegangen, die die einheimische Oberschicht bezwingen und durch die erlangte Vormachtstellung am Kopf der Sozialstruktur ihre eigene Sprache und Kultur etablieren konnten, ohne dabei auf Vertreibung, Massenmord und groß angelegten, andauernden Nachzug von 'Stammesgenossen' angewiesen zu sein.

---

[195] Powell, S. 179, Cunliffe, S. 21f., Meid, S. 211f. und S. 223.

[196] Moffat, S. 2. Mac Eoin, S. 674, fasst das Merkmal enger: "With the final disappearance of the Celtic languages there will be no further excuse for referring to the peoples of Brittany, Ireland, Scotland, and Wales as Celts, for there was never any justification other than the linguistic one for that appellation." Ähnlich P.B. Ellis 1993, S. 16.

[197] So auch Meid (S. 210).

[198] Chapman 1992, S. 20-22, Renfrew 1996, S. 127f.; zu den Kelten, *ibid.*: "The existence in Western Europe of a group of languages that linguists agreed to call 'Celtic' seemed, for the prehistorian, to make a 'Coming of the Celts' an inevitable and unproblematic event. [...] So the archaeology of Britain and of Ireland was saddled with the necessity of an incursion of Celtic-speaking peoples at some point, even though the archaeology of Ireland offered no convenient evidence for such an incursion and the Iron Age archaeology of Britain was increasingly interpreted in non-invasionist terms".

Die Britischen Inseln wurden nach dieser These eher durch kulturelle Übernahme denn durch Invasion 'keltisch', während die Grundbevölkerung des heutigen *Celtic fringe* auf 'schleichende Einwanderung' oder allmähliche Besiedelung über mehrere Jahrtausende hinweg zurückgeht, die vor der Zeitenwende endete.[199]

Renfrew verlegt das Erscheinen protokeltischer Sprachen auf den Britischen Inseln seiner Ackerbau-These entsprechend noch weiter zurück: Danach verbreiteten sich die indoeuropäischen Sprachen mit dem Ackerbau vereint in Europa, so dass auf den genannten Inseln bereits im Neolithikum, um 4 000 v. Chr., die indoeuropäischen Vorläufer der heutigen keltischen Sprachen gesprochen wurden, sich *in situ* vom Indoeuropäischen zum Keltischen weiterentwickelten und auch die Differenzierung zwischen "p-" und "q-Keltisch" erst dort ausbildeten.[200] Dies eröffnet eine Differenz von 3 000 bis fast 4 000 Jahren zwischen den Datierungen des Ersterscheinens der keltischen Sprachen auf den Britischen Inseln, eine Differenz, die die Uneinigkeit in der Forschung noch einmal eindrucksvoll belegt.

Wie auch immer die keltische Frühgeschichte ausgesehen haben mag, mit dem Erscheinen der keltischen Sprachen auf den Britischen Inseln legitimiert sich zumindest in dieser Definition die Bezeichnung *keltisch* für die Bevölkerung, die dort lebte. Wird die Keltendefinition als 'Sprecherinnen und Sprecher einer als keltisch klassifizierten Sprache' akzeptiert, so sind auf den Britischen Inseln bis ins Frühmittelalter 'Kelten' mit 'Briten' gleichzusetzen. Von dieser Prämisse ausgehend sehen sich die heutigen Einwohner von Irland, Schottland, Wales, Cornwall und der Insel Man (sowie der Bretagne auf dem Festland), sofern nicht in jüngerer Zeit eingewandert, als die letzten Träger keltischer Kultur in Europa.

Damit nähern wir uns der Dekonstruktion des Keltenbegriffs durch die neuere Forschung. Einer der prominentesten Vertreter der keltenkritischen Forschung ist Malcolm Chapman, der in seinem 1992 erschienenen *The Celts: the construction of a myth*, eines der frühen einflussreichen Werke dieser Art, die von 'modernen' Keltinnen und Kelten angenommene Kontinuität seit den antiken Kelten problematisiert und dabei zu dem Schluss kommt, dass der Keltenbegriff nicht einmal in der Antike eine kulturelle oder ethnische Gruppe beschrieb, sondern ein generelles Schimpfwort für alle nicht dem 'zivilisierten' griechisch-römischen Kulturkreis angehörigen Menschen nördlich oder nordwestlich desselben war. Er nimmt an, dass beispielsweise das Wort *Keltoi* von den Griechen als Bezeichnung für "'barbarians in the north-west who do not speak Greek'" benutzt wurde, woraus sich

---

[199] Eine frühe ähnliche Darstellung ist z. B. Laing 1975, S. 6 und S. 17, über die keltische Einwanderung (die "perhaps as early as the seventh century BC" stattgefunden habe, *id.* 1979, S. 9) bzw. die 'angelsächsische Landnahme'; zur Genetik z. B. M. Smith, S. 16.

[200] Renfrew 1987, *pass.*, zum Keltischen besonders S. 244f. Renfrew koppelt dabei den Keltenbegriff von der archäologischen *La Tène*-Klassifikation ab, da es keine Legitimation für die Verbindung von Sprache und materieller Kultur gebe, wodurch die Ankunft der Sprache unabhängig von der einer korrespondierenden Kulturform konzipierbar wird, da es sich dann um zwei nicht miteinander verbundene Vorgänge handelt, und die Bezeichnung 'keltisch' für einen Kunststil oder eine Kultur ohnehin nur sekundär nach der Sprache zulässig ist.

keine Aussage über deren tatsächliche Homogenität in Sprache, Kultur, Identität oder Ethnizität ableiten lasse.[201] Deshalb könne es keine keltische Tradition bis in die Gegenwart geben und der Keltenbegriff in der Moderne keine ethnische Gruppierung beschreiben, sondern lediglich eine Haltung der Opposition zu und des Widerstands gegen das dominante Kultursystem symbolisieren. Kontinuität besteht daher laut Chapman nicht in der Abkunft der modernen Kelten von den in Opposition zu Angelsachsen und Normannen definierten Kelten des Mittelalters, die ihrerseits von den in Opposition zu Griechen und Römern definierten Kelten abstammten, sondern allein in ihrer Definition der Verschiedenheit von den jeweils dominanten Kulturen[202] und in der Wiederbenutzung des gleichen, an sich inhaltslosen Namens, der von außen mit abwertenden Inhalten gefüllt wurde, welche ihrerseits in der Romantik wiederum durch das Zentrum um- und aufgewertet wurden und nun erst zur Eigenidentifikation gereichten. Chapmans Buch ist immer unterhaltsam, oft gedanklich interessant, manchmal stimulierend und, um in Chapmans eigener ikonoklastischer Diktion zu bleiben, selten relevant für die modernen Cornwall- (Schottland-, Wales- etc.)Studien, die die Erzählung der keltischen Abstammung als 'ethnischen' oder 'nationalen' Mythos, dessen Historizität irrelevant ist, oder als *invented tradition* erkannt haben.

Auch Simon James nimmt in seinem populärwissenschaftlichen *The Atlantic Celts: ancient people or modern invention?* von 1999 eine keltenkritische Position ein, akzeptiert jedoch ein modernes 'Keltentum', wo Chapman den Keltenbegriff komplett entleert. James kritisiert seinerseits nicht den antiken Keltenbegriff selbst, sondern das Zusammenführen von den auf dem Kontinent (wo die Benennung auch schon zweifelhaft sei) 'Kelten' genannten Völkern und den eisenzeitlichen Bewohnern der Britischen Inseln, für das es keine archäologische Grundlage gebe. Letztere seien kulturell so divers, dass sich ein einheitlicher Terminus wie *keltisch* verbiete, zudem, so insistiert James, seien nur selbst*benutzte* Termini (egal ob selbst- oder fremd*erschaffen*) legitim, die neben den oberen auch 'einfache' Bevölkerungsschichten benutzten, so dass in Ermangelung jeglicher Belege keltischer Selbstbezeichnungen in der Frühzeit niemand als 'keltisch' deklariert werden könne. Damit jedoch, so ist einzuwenden, wären außerhalb der antiken griechisch-römischen Welt bis in die Neuzeit praktisch keinerlei Großgruppenbezeichnungen in Europa legitim, denn mit dieser Bedingung wird eine Definition von Ethnizität benutzt, die dem modernen Nationsbegriff nahekommt (und daher auch erst in der Moderne Anwendung finden kann) und die so den Keltenbegriff in der vormodernen Zeit gleichsam *per definitionem* ausschließt, da die Quellenlage die Erfüllung dieses Kriteriums gar nicht erlaubt.

James nimmt statt Migrationswellen, die die keltischen Sprachen auf die Britischen Inseln gebracht hätten, vielmehr lokal hochdifferenzierte, einheimische kulturelle Entwicklungen mit großer Kontinuität aus der vorhergehenden Bronzezeit

---

[201] Chapman 1993, S. 24, ausführlicher *id.* 1992, S. 30-37; ähnlich Renfrew 1987, S. 219f.
[202] So z. B. Chapman 1992, S. 69.

und wechselseitigen Einflüssen von und auf gallische Kulturen auf der anderen
Seite des Kanals an. Er präsentiert sodann eine Geschichte der Britischen Inseln,
in der bis ins 20. Jahrhundert die einzigen Migrationswellen mit extensiver Besiedelung die Invasionen der Wikinger waren. Wie Chapman glaubt er, so die Erzählung der keltischen Kontinuität vom eisenzeitlichen Europa bis zu den modernen
Resten in den insularen Randgebieten entwertet zu haben. Stattdessen sieht er die
modern Celts als eine legitime ethnische Konstruktion der Frühen Neuzeit an, die
dann der Vergangenheit übergestülpt worden sei. Hiermit unterminiert er seine anfänglich geäußerte Absicht, die Auswirkungen einer falsch rekonstruierten Frühgeschichte Britanniens auf die gegenwärtige politische Situation im Rahmen der
Devolution-Debatte aufzuzeigen,[203] eine Aussage, mit der er die Relevanz dieser
Geschichte für die moderne Identität ohnehin überschätzt hatte: Die Historizität
des Abstammungsmythos macht weder für die Selbstidentifikation noch für politische Forderungen einen Unterschied. Dazu sei ein Parallelbeispiel angeführt: Was
immer die historischen Wissenschaften über den Cheruskerfürsten Arminius
('Hermann') und die Varusschlacht des Jahres 9 n. Chr. oder den Sturm auf die
Bastille herausgefunden haben oder noch herausfinden mögen, ihre Stellung in
der deutschen bzw. französischen Nationalmythologie (vor allem im 19. Jahrhundert) wird davon nicht berührt, und auch die jeweiligen Nationsangehörigen werden dadurch nicht weniger deutsch oder französisch. Da James solche modernen
Konstruktionen für legitim hält und als moderne Ethnogenese beschreibt, endet er
trotz seines keltenfeindlichen Rufs mit erstaunlich 'prokeltischen' Ansichten, die
sich mit der in Abschnitt 3.4 vorgetragenen Sichtweise oftmals decken.

Solchen 'keltenskeptischen' stehen in einer heftigen Debatte nun wiederum
'keltenakzeptierende' Forscherinnen und Forscher wie Ruth und Vincent Megaw,
die eine rege Veröffentlichungstätigkeit in der Verteidigung ihrer Keltendefinition
als "those who produced and used prehistoric Celtic art, or the art of the La Tène
Iron Age" unterhalten, sowie die traditionelle Lehrmeinung gegenüber.[204] Diese
Kontroverse bringt es mit sich, dass beinahe jeder Aussage bezüglich der Kelten
widersprochen worden ist, so dass eine Untersuchung, die wie diese den Hintergrund kurz anreißen will, oft nur ältere oder die am wenigsten umstrittenen Aussagen darlegen und kaum einen 'Dreiviertelkonsens' beschreiben kann. So gehört
das "Celtic paradigm" (das eisenzeitliche Europa als mehr oder weniger homogen
'keltisch' zu betrachten) und somit der Keltenbegriff für die europäische Frühgeschichte eventuell sogar bald nur noch der Wissenschaftsgeschichte an, wenn sich
der Trend des "post-Celticism" fortsetzt: J.D. Hill benutzt das Wort *Celtic* in seinem 45-seitigen archäologischen Überblick über die Britischen Inseln der Eisenzeit nur neunmal (davon siebenmal in distanzierenden Anführungszeichen) und
meist in einem Zusammenhang, in dem es als überholt oder als für die Britischen

---

[203] S. James 1999, S. 11 und Umschlagtext.
[204] Siehe etwa den Schlagabtausch zwischen Megaw/Megaw (1996 und 1998), Collis (1997)
      und S. James (1998) in der Zeitschrift *Antiquity*. Das Zitat Megaw/Megaw 1999, S. 48.

Inseln unpassend negiert wird. Die Konzentration der Belege in wenigen Stellen, in denen forschungsgeschichtlich die hergebrachte Perspektive geschildert wird,[205] macht Hills eigene Darstellung der Eisenzeit annähernd frei von Erwähnungen der Kelten. Megaw und Megaw werfen solchen Abhandlung daher in Anlehnung an 'schlimmere' Kraftausdrücke zugleich ironisch und polemisch eine "avoidance of the 'C' word" vor. Glücklicherweise muss die Debatte um die (antiken) Kelten in der vorliegenden Arbeit zur Neuzeit nur zur Kenntnis genommen, nicht jedoch fortgeführt oder gar um Lösungsansätze bereichert werden. Vielleicht sollte vielmehr Sims-Williams, der einen mittleren Weg zwischen "Celtomania and Celto-scepticism" (sein Aufsatztitel) steuert, Recht gegeben werden, dass *keltisch* von den verschiedenen historisch orientierten Disziplinen teils überschneidend, teils einander ausschließend definiert wird, wobei der Begriff innerhalb der jeweiligen Disziplin durchaus brauchbar ist, wenn die Definitionen auch nicht in einer Synthese zusammengeführt werden können.[206]

Welche Erkenntnisse können aus all dem nun für diese Studie gewonnen werden? Zunächst einmal, dass die 'keltische' Vergangenheit keinen unproblematischen Ansatzpunkt für das 'moderne Keltentum' bietet. Der äußerst unspezifische Gebrauch des Keltenbegriffs seit der Antike hat dazu geführt, dass mit ihm sehr verschiedene Inhalte transportiert werden können. Instrumentalisiert wurde er in der Antike als Gegenbild zum 'zivilisierten' griechisch-römischen Kulturkreis, nach einer langen Pause besonders seit dem 19. Jahrhundert (somit im modernen Zeitraum dieser Arbeit) in den Ursprungsmythen vorgeblicher Nationalstaaten (z. B. "nos ancêtres, les Gaulois" in Frankreich, ähnlich in Irland), vornehmlich im 20. Jahrhundert zur Differenzierung regionaler oder nationaler Identitäten (z. B. der walisischen und galicischen) von der dominanten Nation in einem größeren Staat, was auch der Förderung von Wirtschaft und Tourismus dient, und in neuerer Zeit als Basis einer paneuropäischen Identität, in der die gesamteuropäische Dimension der keltischen Frühgeschichte betont wird (hierzu unten S. 255).

Wenn der Keltenbegriff so verschieden benutzt werden kann, so liegt dies an seinen mannigfaltigen Definitionen, die in der Moderne zur Verfügung stehen: In unserem neuzeitlichen Zusammenhang erscheint er als vornehmlich ethnische Kategorie, die besonders auf dem sprachlichen Befund fußt, aber immer Konnotationen der prähistorischen, archäologischen Kulturen mit sich bringt. Danach gelten heute die sechs 'Nationen' als keltisch, die das sogenannte 'linguistische Kriterium' im Sinne des Pankeltismus erfüllen, also diejenigen Länder und Bevölkerungen, deren keltische Sprache bis in die moderne Zeit überlebt hat.[207] Für die Neuzeit kann der Keltenbegriff somit nicht mehr in dem 'archäologischen' Sinne gebraucht

---

[205] J.D. Hill, S. 51-53, S. 68, S. 72f., S. 90. Die neun Stellen sind S. 51, S. 52 oben und unten, S. 53, S. 68, S. 72, S. 73 zweimal oben, S. 90. Zur Absage an den Keltenbegriff in Anspielung auf *post-colonialism* S. James 1998, S. 202. Sogleich Megaw/Megaw 1998, S. 433.

[206] Sims-Williams 1998, S. 33f.

[207] Nach P.B. Ellis 1985, S. 13, *id.* 1989, S. 3f., und *id.* 1993, S. 16, S. 20-27 und *pass.*

werden, wie es für das Altertum und das frühe Mittelalter üblich war. In der Forschung hat sich heute weitgehend der Konsens etabliert, dass dieser Begriff und
die *imagined communities*, die er repräsentiert, im neuzeitlichen Zusammenhang
'sozial konstruiert' sind, um es mit einem populären, wenn auch nicht unproblematischen Schlagwort zu belegen.[208] Dies bedeutet, dass er sich nicht auf ein durch
eine 'keltische Rasse' definiertes, historisch konstantes, objektivierbares 'Keltentum' bezieht (welches mit esoterischer Aufladung etwa im *New Age*-Tourismus in
Cornwall von Bedeutung ist), wenn auch viele *soi-disant* Keltinnen und Kelten
eine strenge Kontinuität von den archäologisch belegten, 'keltischen' Hallstatt-
und La-Tène-Kulturen bis in die Gegenwart und die direkte Abkunft etwa der gälischen Sprachgemeinschaft Irlands oder der schottischen *Highland*-Bevölkerung
von diesen eisenzeitlichen Völkern Europas beanspruchen. Dies tut etwa P.B.
Ellis, der die sechs modernen 'keltischen' Nationen als "inheritors of nearly three
thousand years of unbroken cultural tradition" anspricht.[209] Vielmehr meint diese
Aussage, dass es sich dabei um den Ausdruck einer modernen Selbstidentifikation
handelt, die aus den spezifischen historischen Umständen und sozialen Entwicklungen der Neuzeit vor allem auf den Britischen Inseln und dort in Opposition zur
dominanten Kultur und deren Trägern entstanden ist, wobei historische Opposi-
tionskonstruktionen unter der Bezeichnung 'keltisch' aufgegriffen wurden.[210] Eine
bewusste Füllung mit neuen Inhalten hat das Begriffsfeld dabei ebenso erfahren
wie die Kategorie 'Nation' selbst und die einzelnen nationalen Kategorisierungen,
während das in der Bezeichnung *soziale Konstruktion* anklingende Fälschen, das
einen Akt des Enttarnens oder Entlarvens forderte, darin nicht impliziert ist. Als
inhärent soziale, von Menschen geschaffene Kategorie verbietet sich zugleich eigentlich die Bezeichnung 'sozial' für die Konstruktion, da sie anders als sozial gar
nicht hätte vonstatten gehen können.

Der Konstruktions-These entsprechend gehen nach Ansicht des Verfassers Studien wie die von R.G. Harvey *et al.*, die anhand von empirischen Blutgruppen-,
Kopfgrößen-, Haarfarben-, Augenfarben-, genetischen und ähnlichen, auf
statistische Signifikanz abhebenden Untersuchungen die 'Keltizität' der heutigen
kornischen Bevölkerung festzustellen suchen, an den modernen Inhalten des
Wortfeldes *keltisch* vorbei, da sie dabei einen essentiellen Charakter des 'Keltischen' annehmen, wenn R.G. Harvey *et al.* letztlich auch anerkennen müssen, dass
kulturelle Faktoren wichtiger als genetische sind, verweist der benutzte Keltenbegriff doch eher auf die Zeit seit dem 18. Jahrhundert als auf eine jahrtausendelan-
ge Entwicklung, die im heute vorliegenden genetischen Material nochvollzogen

---

[208] So D. Harvey *et al.*, S. 2-4. Den inflationären Gebrauch der Wendung, der zu einer teilwei-
sen semantischen Entleerung geführt hat, zeigt Ian Hacking (*pass.*) problematisierend auf.
Zumeist ist es nur die Idee dessen, was vorgeblich sozial konstruiert ist, auf die dies zutrifft.
[209] P.B. Ellis 1985, S. 12.
[210] Ähnlich gibt Chapman (1992, S. 88) den Inhalt dieser Konstruktion des Keltischen wieder,
der argumentierte, die Kategorie *keltisch* sei "entirely social in construction" (s. oben S. 70).

werden könnte.[211] Entsprechend ist *Celtic fringe* eine Kurzformel für die Randgebiete der Britischen Inseln, die in der Geschichte ähnliche Erfahrungen mit dem zentralen Staat und dem in diesem dominanten England gemacht, ähnliche soziokulturelle Entwicklungen erlebt haben und sich durch ihre Peripheralität, gestützt durch ihre Geographie, in vielen Punkten, aber bei weitem nicht in allen, in einer vergleichbaren Stellung zum Zentrum befinden.[212] Der Terminus soll nicht suggerieren, dass eine genuine ethnische, kulturelle, genetische oder andersartige Kontinuität vom ersten vorchristlichen Jahrtausend bis ins Jetzt besteht. Im modernen Umfeld wird er hier nur als eine solche Abkürzung für jene Identifikationsformen verstanden (auch wenn sie sich auf alte Traditionen berufen), während die besonders in der Archäologie geführte Diskussion um die Existenz einer ausreichend homogenen Gruppe, die den Begriff (*Ancient*) *Celts* rechtfertigt, getrost vernachlässigt werden kann. In den Worten von Simon James: "[...] even if it [insular Celticity] is largely mythical for the deep past, various kinds of self-identity called Celtic are today a reality for millions of people in the British Isles, and millions more of insular ancestry across the world."[213]

Nach Vorläufern nahm dieses moderne 'Keltentum' seinen wahren Aufschwung im 19. Jahrhundert mit den Werken Ernest Renans und (von diesem abhängend) Matthew Arnolds. In *On the study of Celtic literature* zeichnete Arnold das Bild des sentimentalen, von Emotionen schnell überwältigten Kelten, dessen "Celtic nature" Ungeduld, Wechselhaftigkeit und Ineffektivität einschloss. So reihte er die Kelten, den rassenlastigen Theorien seiner Zeit folgend, in die Gruppe anerkannter Völker ein (Griechen, Normannen, Deutsche etc.). Mit diesen beiden Autoren (und im Anschluss an sie) erfuhr die evaluative Dichotomie von Kelten und anderen 'Rassen' (wie damals formuliert) eine Umkehrung.[214] Waren Kelten bislang als 'desorganisiert, unzivilisiert, unregierbar' beschrieben worden, so wurden sie nun mit Attributen wie 'naturnah, romantisch, spirituell, visionär, freiheitlich, dezentral' belegt, was mit den 'germanischen' Eigenschaften kontrastierte ('zivilisiert, pragmatisch, materialistisch, eingeschränkt, hierarchisch, zentralisiert'), ein keltisches *Image*, das in den Nationalismen zum Gegenbild des 'germanischen',

---

[211] Das Problem tatsächlich bestehender genetischer Variationen zwischen 'Kelten' und 'Nichtkelten' auf den Britischen Inseln, auf das es in jener Untersuchung trotz des provokanten Titels ankam, wie M. Smith 1998 in der Antwort auf eine Kritik (Cole, 1997) an R.G. Harvey *et al.* (1986) klarstellt, kann für unseren Kontext übergangen werden. Um es erneut zu verdeutlichen: Da es kein 'Kelten-Gen' gibt, kann die Bezeichnung *keltisch* nicht aufgrund genetischer Tests vergeben oder entzogen werden. Es ist jedoch anzumerken, dass im kornischen Nationalismus bisweilen rassistische Tendenzen zu erkennen sind (z. B. Whetter 1972), womit wiederum essentielle Faktoren des 'Keltischen' angenommen werden.

[212] Ähnlich Payton 1995, S. 2.

[213] S. James 1998, S. 207.

[214] Arnold, besonders S. 83-90 und S. 96, Zitat S. 84. Nach Sims-Williams (1986, S. 74) suchte Arnold die geschilderte Antithese zu überwinden, kehrte sie stattdessen aber um; zu den beiden Autoren Chapman 1978, besonders S. 84-99.

urbanisierten und industrialisierten Englands ausgebaut wurde. Diese Konstruktion des Keltischen als ein peripheres Anders-Sein geschah aus dem Blickwinkel derjenigen, die sich selbst als 'normal' und 'zentral' sahen, also von außerhalb der keltischsprachigen Gebiete, und wurde dann von Teilen der dortigen Bevölkerung über- und angenommen.[215] So beanspruchte Henry Jenner 1904 die klischeehaften Eigenschaften der Kelten für die Bewohner Cornwalls.

Damit ist die keltische eine moderne, fluide Identifikationsform, die sich auf einen bestimmten Ursprungsmythos beruft und dabei in scharfen Gegensatz zum wissenschaftlichen Verständnis gerät, der kaum überwindbar erscheint. Wie bei *Nation* und *Nationalismus* muss eine gewisse Unschärfe der Definition akzeptiert werden. Einige Vorstellungen bezüglich der Kelten müssen wohl oder übel aufgegeben werden, so die Idee, antike und heutige 'Kelten' in ein für Letztere akzeptables, dabei aber wissenschaftlich überzeugendes Verhältnis zueinander bringen zu können, wenn in der Forschung überhaupt am Keltenbegriff festgehalten wird. Doch schon unter *modern Celts* ist keineswegs unumstritten, was 'dem Keltischen' an Eigenschaften zukommt.[216] Dass 'Keltentum' sogar unabhängig von den sonst angeführten sprachlich-ethnischen Faktoren konstruiert werden kann, wurde interessanterweise in einer außereuropäischen Fallstudie aufgezeigt: Die Grenzen des Begriffs *Celtic*, auf den beim "Celtic Music and Arts Festival" in San Francisco zurückgegriffen wird, sind so offen, dass z. B. eine Aussage von Teilnehmenden über die hohe Qualität ihrer Waren oder eine naturnahe Geisteshaltung als ausreichend angesehen wird, um sich als 'keltisch' zu etablieren.[217]

Zusammenfassend ist *keltisch* in seiner Bedeutung als moderne Identifikation somit eine Größe, die sich als eine Konstruktion auf wissenschaftlich betrachtet fragwürdigen Fundament erweist und wie jene auf "imagineering"[218] gründet – ein Begriff von Alistair Moffat, der *imagination* und *engineering* verbindet. Wenn sich dabei selbst Anhänger der 'keltischen' Konstruktion über deren Inhalte nicht einig sind, so findet auch dies Parallelen in zeitgenössischen 'nationalen' Identitäten, da hier ebenso kaum auch nur von einer Mehrheit der Nationsangehörigen (etwa von Deutschen, Franzosen oder gar von Engländern im Zwiespalt zwischen *Englishness* und *Britishness*) eine einheitliche Definition ihrer nationalen Identität zu erwarten ist. Wie sich diese Identitätskonstruktion im kornischen Einzelfall darstellt, wird in Abschnitt 3.4 thematisiert, nach diesen terminologischen Erwägungen wird im nächsten Kapitel zunächst der Untersuchungsgegenstand, Cornwall und seine Nationalismusbewegung, vorgestellt.

---

[215] Sims-Williams 1986, S. 76f.; sogleich Jenner 1904-1905, S. 238.

[216] Dies zeigen mehrere Beiträge in *Celtic geographies*, einleitend D. Harvey *et al.*, S. 10-12.

[217] Hale/Thornton, besonders S. 106f.

[218] Darin ähnelt es anderen, nationalen Identitäten – s. den Vergleich oben, S. 72, mit der deutschen und französischen Identität, für die historische Momente unabhängig vom Erkenntnisstand der Geschichtswissenschaft relevant sind; der zitierte Begriff Moffat, Überschrift von Kapitel 12, in dem es u. a. um die *Gorsedd*-'Wiederbelebung' geht.

2 Cornwall: Der Hintergrund

2.1 Cornwall als geopolitische Einheit in Geschichte und Gegenwart

Die Halbinsel Cornwall, der südwestliche Ausläufer der britischen Hauptinsel, wird im Norden vom Atlantik, im Süden vom Ärmelkanal begrenzt und läuft im Westen in die Landspitzen Land's End und Cape Cornwall aus. Im Osten bildet der grob von Nord nach Süd verlaufende Fluss Tamar, von wenigen Unregelmäßigkeiten abgesehen, die Grenze zur Nachbargrafschaft Devon, so dass Cornwall bis auf eine Länge von etwa 6 km von Wasser umgeben ist. Von Morwenstow im äußersten Nordosten Cornwalls, unweit des Tamars, bis Land's End (zugleich der westlichste Punkt Cornwalls und des britischen Festlands) beträgt die größte Länge etwa 132 km, die Breite zwischen Nord- und Südküste variiert zwischen 72 km im Osten entlang des Tamars und nur 8 km im Westen von Hayle nach Marazion. Auf einer Landfläche von rund 3 550 km² lebt heute eine Bevölkerung von knapp einer halben Million Menschen; keine englische Grafschaft weist eine geringere Bevölkerungsdichte auf.[1]

Zurzeit ist Cornwall rechtlich eine Grafschaft Englands und in der tagtäglichen Praxis nicht von anderen englischen Grafschaften unterschieden. In der Geschichte jedoch waren kornische Besonderheiten zu verschiedenen Zeiten bedeutsam, so dass als Heranführung an das Thema ein kurzer Einblick in den Status Cornwalls in der Vergangenheit gegeben werden muss, da Kenntnisse der komplexen 'Regionalgeschichte' nicht vorausgesetzt werden können. Dabei wird keine allgemeine Geschichte Cornwalls geschrieben, nicht einmal als Abriss;[2] vielmehr werden diejenigen historischen Momente aufgezeigt, die für das Verständnis Cornwalls und seiner Stellung im Königreich unabdingbar und auch nur sofern sie für unseren Zusammenhang relevant sind.

Diese Stationen sind zumeist die gleichen, die in nationalistischen Geschichtsdarstellungen mit Bedeutung angereichert werden, somit für die *Cornish identity* und die kornische Nationserschaffung entscheidend sind. Wenn nun diejenigen Gesichtspunkte, die Cornwall von England oder englischen Grafschaften unterschieden, ausführlich dargestellt werden, so sollten darüber nicht die Gemeinsamkeiten vergessen werden, die das Land immer mit England verbanden und es als eine Grafschaft unter vielen erscheinen ließen und lassen: Der kornischen Besonderheit des Zinn- und Kupferabbaus steht die ebenso große Bedeutung der Landwirtschaft wie in England, der Eigenheit in der Verfassungstheorie die praktische

---

[1]   Daten (gerundet) nach Cornwall County Council 2001b.
[2]   Hierfür sei auf Rowse 1957, Halliday, Soulsby sowie Payton 1996 und 2002a verwiesen.

Regierung als Grafschaft durch die englische Krone und das Westminster-Parlament gegenüber, die starke Überrepräsentation Cornwalls im Parlament – vom späten 16. bis zu den Reformen des 19. Jahrhunderts, unterbrochen von einer Phase während des *Commonwealth*, stellte Cornwall bis zu 44 Abgeordnete – wird relativiert durch die Inexistenz der demokratischen Proportionalitätsidee und die Tatsache, dass die für Cornwall gewählten *Members of Parliament* oftmals nicht aus Cornwall stammten und kaum die Interessen Cornwalls und seiner Einwohner vertraten.[3] Hier wird nur das 'Rohmaterial' der Unterschiede dargestellt, das im nationalistischen Diskurs benutzt wird, während die Gemeinsamkeiten im Zuge der zunehmenden Eingliederung und Angleichung Cornwalls stillschweigend vorausgesetzt und in übergreifenden Geschichtswerken zu Großbritannien nachgelesen werden können.

Wie zuvor beschrieben kamen der älteren Sichtweise nach die keltischen Einwohner Britanniens etwa seit dem 6. Jahrhundert v. Chr. auf die Britischen Inseln und verschmolzen mit der einheimischen Bevölkerung, die sich ihrerseits aus mehreren Einwandererwellen zusammensetzte. In der neueren Forschung wird dazu angenommen, dass es sich nicht um Invasionen durch große Menschenmengen mit weitgehender Vertreibung und Ausrottung der einheimischen Bevölkerung handelte, sondern Letztere vielmehr Sprache und andere Kulturmerkmale von den Bewohnern keltischer Handelsstützpunkte übernahmen und einzelne keltische Kriegergruppen die lokale Aristokratie verdrängen und auf diese Weise auf die Einheimischen kulturellen Einfluss ausüben konnten. Zusammenfassend ist erneut festzuhalten, dass die 'Keltisierung' Britanniens so eher kulturell und linguistisch als genetisch bedingt war.

Die Unterwerfung Britanniens durch Rom brachte eine erste Christianisierung, hatte aber in Cornwall (im römischen Kanton der "Civitas Dumnoniorum") relativ wenig zur Folge und auf die Bewohner des späteren kornischen Gebiets nur geringen Einfluss,[4] da Britannien in nennenswertem Maße nur bis Exeter (lateinisch Isca Dumnoniorum) romanisiert wurde. Es ist lediglich ein Römerlager in Cornwall mit Sicherheit belegt (Nanstallon bei Bodmin), das zudem nur kurz bewohnt war; allerdings zeugen römische 'Meilensteine' von römischer Präsenz auch an anderer Stelle, wahrscheinlich aus ihrem Interesse an kornischem Zinn heraus. Das Gebiet westlich des Tamarflusses könnte aber unter den Bezeichnungen *Cornouia*

---

[3]   Im Jahre 1761 beispielsweise waren über die Hälfte der 44 für Cornwall gewählten Parlamentsmitglieder weder in Cornwall geboren noch dort ansässig (Colley, S. 49). Zur Abgeordnetenzahl Rowse 1957, S. 94 (S. 20: "Cornwall was then [in the sixteenth century] an integral part of the kingdom, like any other county"); Chynoweth (S. 268) rechnet vor, dass Cornwall 1584 bei einem Bevölkerungsanteil von 1,6% ganze 9,4% der englischen Unterhausabgeordneten stellte (jeweils auf der Grundlage von England inklusive Cornwall).

[4]   Haverfield, S. 25, ebenso Laing 1979, S. 104f., Laing/Laing, S. 96; das Zitat Todd, S. 216. Laing (1975, S. 123) über Dumnonia sogar: "[...] an overall continuity can be observed in the economy and settlement pattern from the Iron Age to the post-Roman period." Zum Römerlager im Folgenden erneut Todd, hier S. 200f.

oder stärker latinisiert *Cornubia* schon in römischer Zeit eine distinkte Untereinheit des westlichen Teils der römischen Provinz Britannia gewesen sein; nach dem Abzug der Römer aus Britannien bestand die Civitas Dumnoniorum als Kleinkönigreich Dumnonia fort.[5]

Die britisch-keltische Bevölkerung Britanniens, nun in Kleinreiche aufgeteilt, wurde dann von den im 5. und 6. Jahrhundert[6] in dem jetzt erst *England* zu nennenden Landesteil siedelnden nicht-christlichen Angelsachsen immer weiter in die gebirgigen, unzugänglichen Gebiete im Westen und Norden der britischen Hauptinsel, hinter natürliche Barrieren abgedrängt, wenn nicht gar versklavt oder ermordet oder, so wiederum die neuere Sichtweise, kulturell und linguistisch assimiliert. Auf die Problematik des numerischen Ausmaßes des *adventus Saxonum* wurde bereits im vorherigen Abschnitt hingewiesen,[7] sie ist für Cornwall allerdings nicht so entscheidend wie für England insgesamt, da sich die angelsächsische Herrschaft schon weitgehend stabilisiert hatte – sei es nun durch Einwanderung und Vertreibung oder durch Assimilation und Kulturwechsel –, als das periphere Cornwall in Kontakt mit ihr kam. Das westliche Gebiet, das noch unter britischem Einfluss blieb, spaltete sich dann durch die Expansion der beiden rivalisierenden angelsächsischen Teilreiche Wessex und Mercien am Bristolkanal in eine nördliche ('walisische') und eine südliche ('westwalisische', später 'kornische') Region, Letztere bildete die genannte keltische Herrschaft Dumnonia.[8] Durch die Spaltung des Britengebietes wurde die Ausdifferenzierung der britischen in die walisische und die kornische Sprache, die auf lange bestehende Dialektvariationen zurückging, vollendet, auch wenn über den verbindenden, nicht trennenden Seeweg enge

[5] Zunächst Charles Thomas 1986, S. 52 und 64, dann Todd, S. 236, und Payton 1996, S. 65.

[6] Laing (1979, S. 108) weist darauf hin, dass germanische Stämme schon im 2. Jahrhundert in Britannien angesiedelt wurden, in den folgenden beiden Jahrhunderten dort germanische Siedlungen bestanden und Germanen in der römisch-britischen Armee dienten, so dass das Ende der Herrschaft Roms über Britannien und die Ankunft der Angelsachsen keinen so dramatischen Umbruch darstellte, wie in der Katastrophentheorie angenommen wird.

[7] Higham (*pass.*) argumentiert ausführlich gegen die germanische Migration in großem Umfang und betont die britische Kontinuität von spätrömischer bis in angelsächsische Zeit.

[8] So Finberg 1974, S. 28, A.K.H. Jenkin, S. 25f., Price 2000, S. 72f.; ausführlicher Krieger, S. 18f. und S. 38, Payton 1992, S. 44. P.B. Ellis (1994, S. 73) sieht Cornwall entgegen der etablierten Sicht nicht als Teil des "Celtic kingdom of Dumnonia" (Soulsby, S. 24) an: "Cornwall was not simply the western part of Dumnonia. It was already an independent and influential kingdom in the sixth century, buffered by Dumnonia. It would not face a serious Saxon threat for another two centuries." Diese Deutung kommt der hier vorgetragenen Argumentation des besonderen Status Cornwalls zwar entgegen, muss aufgrund der unsicheren Quellenlage aber als spekulativ gelten. Nicht einmal Weatherhills tendenziöse Geschichtsdarstellung (1998, S. 4) unterstützt Ellis' These, Pearce' Studie, die sich einer schon im 9. und 10. Jahrhundert romantisierten Tradition (S. 159) bewusst ist, erst recht nicht. Dark gesteht Cornwall nur den Status eines "sub-kingdom" zu, das dem größeren "over-kingdom of Dumnonia" angehörte (S. 105), während Charles Thomas (2002, S. 87, Hervorhebung im Original) jüngst doch zwei getrennte Gebiete annahm – allerdings ohne Belege: "[...] *Dumnonia*, a region that by 700 included and distinguished *Cornubia*, Cornwall".

Kontakte bestehen blieben; so konnte ein Teil der späteren kornischen (Dumnonia) und walisischen Bevölkerung seit dem späten 5. Jahrhundert in die historische Landschaft Armorica übersiedeln,[9] die nun erst, nach dem Herkunftsland
Britannien, *Bretagne* oder *Brittany* 'kleines Britannien' genannt werden darf, und
in geringerem Maße eventuell nach Galicien im Norden Hispaniens. Legendär
wurde in jener Zeit unter Führung von König Artus Widerstand gegen die 'angelsächsische Landnahme' geleistet.[10] Gleichzeitig wurde Cornwall von keltischen
Mönchen missioniert, so dass das 5. und 6. Jahrhundert (teilweise auch noch die
spätere Zeit) mit der Bezeichnung "the Age of the Saints" belegt wird.

Die obige Darstellung beinhaltet grobe Vereinfachungen und ignoriert verschiedene abweichende Thesen: Der Prozess wird weder über die Zeit hinweg
gleichmäßig noch nach einem koordinierten Plan oder Oberbefehl abgelaufen
sein, wie erwähnt ist das Ausmaß der angelsächsischen Einwanderung umstritten,
zudem kann nicht von vollkommener Vertreibung oder Massenmord der Briten
ausgegangen werden;[11] vielmehr ist eine Vermischung der Gruppen unter angelsächsischer Dominanz mit nur teilweiser Auswanderung und Vertreibung anzunehmen. Trotzdem reicht diese Darstellung angesichts der dürftigen Quellenlage,
die zur Bezeichnung *Dark Ages* geführt hat, für einen Überblick aus.

Die folgenden, 'dunklen' Jahrhunderte sind einerseits gekennzeichnet von
einem Konzentrationsprozess, unter dem mehrere angelsächsische Königreiche in
größeren Strukturen aufgingen, Wessex eine dominierende Stellung erlangte und

---

[9]   Todd, S. 238-240; zuvor zur Sprache Jackson, S. 25, zur Seeverbindung Kearney, S. 35.

[10]   Padel (1994) argumentiert, dass Artus ursprünglich eine literarische Gestalt war, die dann
historisiert wurde, also einen historischen Status angedichtet bekam; S. 30: "The legendary
figure was historicized, at least as early as the *Historia Brittonum* in 829-30, and perhaps
before that, and it was this historicized figure which was developed by Geoffrey of Monmouth and provided the beginnings of the fully-grown Arthurian cycle later in the twelfth
century." Wie immer es um seine Historizität steht, Artus' Bedeutung für die *Cornish identity* und für den kornischen Tourismus darf nicht unterschätzt werden.

[11]   Hoskins, S. 21, Krieger, S. 36 und S. 40, Todd, S. 270-275, Laing/Laing, S. 65f., Price
2000, S. 75. Der älteren, aber weitgehend etablierten Auffassung einer Flut angelsächsischer
Einwanderer, die die Briten vertrieben habe, widersprechen u. a. Ward-Perkins (besonders
S. 521-523), der auf die schnelle Anglisierung der entlegenen Gebiete Britanniens hinweist,
in denen keine massive Einwanderung angenommen werden könne, Higham (*pass.*), der auf
Kontinuität im Landgebrauch abhebt, die er als Beleg für Kontinuität im Bevölkerungsauf-
bau deutet (insbesondere der bäuerlichen Unterschicht, die die Masse der Bevölkerung aus-
machte), und Kleinschmidt (*pass.*, gestützt auf die "Angelsächsische Chronik", um 890 begonnen), der die intensive, mit Eroberung verbundene angelsächsische Einwanderung als
einen Topos des 8. und 9. Jahrhunderts beschreibt, mit dem ethnische Abstammungsmythen
erfunden wurden. Härke (*pass.*) schätzt anhand einer Korrespondenz von Skelettgrößen und
Waffen als Grabbeigaben in angelsächsischen Friedhöfen, dass unter der männlichen Bevölkerung in vielen Gegenden Britanniens im 5. und 6. Jahrhundert grob ein 50:50-Verhältnis
zwischen Briten und Angelsachsen geherrscht haben könnte, was einerseits wieder germanische Einwanderung größeren Ausmaßes bedeutete, andererseits aber ebenso ein hohes Maß
keltischen Überlebens und deutliche keltische Einflüsse auf das entstehende 'England'.

im 9. Jahrhundert die Basis für ein gesamtenglisches Königtum legen konnte, andererseits von Konflikten zwischen Briten und Angelsachsen, in denen die Briten Dumnonias durch kämpferische Auseinandersetzungen und angelsächsische Besiedelung zunehmend an Einfluss und Kontrolle über Territorium verloren. Das Gebiet der an Cornwall grenzenden Grafschaft Devon gelangte im 7. Jahrhundert unter sächsische Kontrolle, Cornwall und seine Könige waren jedoch noch sich selbst überlassen.[12] In Devonshire müssen einzelne Orte und Gegenden angenommen werden, die bis in die Zeit König Athelstans in britischen Händen blieben und deren Bewohner dann erst absorbiert oder vertrieben wurden,[13] eventuell nach einer gewissen Zeit, in der beide Bevölkerungsgruppen zusammen in den gleichen Dörfern lebten. Im 8. Jahrhundert dann begannen kleinere Gruppen angelsächsischer Siedler, sich auch westlich des Tamars niederzulassen, wie Untersuchungen der Ortsnamen im östlichen Cornwall belegen; allerdings gab es Widerstand von kornischer Seite, der durch eine gewonnene Schlacht im Jahr 722 vorübergehend erfolgreich schien, so dass der sächsische Einfall nach Cornwall wohl erst ins 9. Jahrhundert zu datieren ist:[14] Keith Robbins nennt dieses Jahrhundert als die Zeit, in der kornische Unabhängigkeit *de facto* verloren ging. Insgesamt jedoch wurde Dumnonia in diesem Prozess auf Cornwall, also das Gebiet westlich des Flusses Tamar reduziert (entsprechend wich die britische Sprache, das Protokornische, dem Angelsächsischen), dieses Gebiet unterhielt über den Seeweg aber weiterhin enge Verbindungen zu Wales, Irland und der Bretagne.[15]

Auch im 9. Jahrhundert kam es immer wieder zu Kämpfen, die dem König von Wessex schließlich die Oberherrschaft über die kornischen Könige brachten, während der kornische Bischof den Erzbischof von Canterbury anerkennen musste. Überschattet von dieser Oberherrschaft Wessex' blieb eine Dynastie einheimischer kornischer Könige bis Anfang des 10. Jahrhunderts (so ist 926 von einem kornischen König Huwal zu hören) oder sogar bis ins 11. Jahrhundert erhalten, auch wenn diese Könige seit Egbert zu Beginn des 9. Jahrhunderts eher den Status von Vasallen innehatten.[16]

Im Zuge der Stabilisierungspolitik in seinem Reich vertrieb König Athelstan von Wessex und Mercien (gestorben 939) mit dem Anspruch, *rex totius Britanniae* zu sein, die britischen Einwohner Exeters aus der Stadt nach Westen und setzte der Überlieferung von Wilhelm von Malmesbury nach die Grenze zwischen

---

[12] Laing 1979, S. 129, die vorherige Charakterisierung nach Krieger, S. 42-49.

[13] Hoskins, S. 21, Finberg 1964, S. 129.

[14] Finberg 1974, S. 94; Laing 1975, S. 144 und *id.* 1979, S. 129; über die Ortsnamen Wakelin, S. 65f. und S. 202, und Svensson, zusammenfassend S. 13. Hernach Robbins 1998, S. 9.

[15] Payton 1992, S. 44; Finberg 1974, S. 31f., Price 1992, S. 301. Nach der zuvor dargelegten (Fn. 8) These von P.B. Ellis (1994, S. 73) wäre Dumnonia nun als politische Einheit gänzlich aufgelöst und sein Territorium der angelsächsischen Herrschaft unterworfen worden und Cornwall erst jetzt in direkten Kontakt mit Wessex getreten.

[16] Dark, S. 233; Finberg 1974, S. 117; *id.* 1964, S. 163f.; Laing 1975, S. 144; *id.* 1979, S. 129; Robbins 1998, S. 9; auch P.B. Ellis 1994, S. 201.

seinem Königreich und dem keltischen Cornwall fest, die fortan das linke Tamarufer sein sollte.[17] Diese Grenzsetzung im frühen 10. Jahrhundert (in der Literatur
finden sich die Jahre 926, 936 und 937 genannt) konstituierte das Gebiet westlich
des Tamars nun endgültig als Cornwall, wo es früher ein Teil Dumnonias war (die
Spekulationen von P.B. Ellis außer acht lassend). Westlich dieser Grenze konnte
die britische Bevölkerung durch die Grenzziehung ihre bisherige Lebensweise
relativ unabhängig von englischem Einfluss weiterentwickeln.[18] Allerdings wurde
das britische System der Einteilung des Landes nach sechs Stämmen umgewandelt
in das englische Modell der 'Lokalverwaltung' nach *hundreds*,[19] so dass nun auch
englisches Recht im britischen Cornwall galt; im Jahr 973 schließlich erkannten
die Könige von Schottland, Strathclyde, Wales und Cornwall die Oberhoheit des
englischen Königs Edgar an. Mit diesen beiden Ereignissen war zwar die Unabhängigkeit des südwestlichen Keltengebietes, die zuvor in gewaltsamen Auseinandersetzungen behauptet werden konnte, beendet und Cornwall unter englische
Kontrolle geraten, zugleich aber war dessen Status als Gebietseinheit von den östlichen Widersachern durch die Festsetzung einer kornischen Ostgrenze anerkannt
worden. Cornwalls Stellung war nun zweideutig: Es war "neither separate nor incorporated".[20]

Da Cornwall (latinisiert zu *Cornvalia*) im *Domesday Book* enthalten ist und
nicht von anderen Grafschaften unterschieden wurde, ist anzunehmen, dass es
tempore regis Edwardi faktisch zu England gehörte oder doch von den normannischen Königen beansprucht wurde; Wilhelm der Eroberer jedenfalls gab Cornwall
oder weite Teile davon seinem Halbbruder Robert von Mortain und begründete
damit eine Verbindung Cornwalls zum Königshaus, die das gesamte Mittelalter

---

[17]   Zu Athelstan Krieger, S. 68. Wilhelm von Malmesbury, S. 148: "[Ethelstanus Occidentales
       Britones qui Cornewalenses vocantur] ab Excestra [...] cedere compulit; terminum provin-
       ciæ suæ citra Tambram fluvium constituens"; eine Übersetzung der Quelle ist *EHD*, S. 281;
       dazu Payton 1992, S. 45f. Finberg (1964, S. 112 und S. 124) und Padel (1999, S. 93) deuten
       es als Zugeständnis an die Briten, dass Athelstan den Tamar anstatt der Flüsse Lynher und
       Ottery als Grenze wählte, da Ortsnamen belegten, dass die sächsische Kolonisation bereits
       bis dorthin fortgeschritten war (ausgenommen das Gebiet zwischen Ottery und Inny; Pearce,
       S. 21, genauer Padel 1999, S. 88), diese also die tatsächliche ethnische Grenze bildeten; dies
       wäre die früheste Form der *accommodation*, ebenso wie die Ernennung eines *kornischen*
       Geistlichen zum Bischof von Cornwall (wieder Finberg 1964, S. 112 und S. 124).
[18]   Laing (1975, S. 144) über das 10. Jahrhundert: "The effect of the Anglo-Saxons on Cornish
       life, however, was probably negligible, though it no doubt opened up a limited amount of
       trade." Ähnlich Soulsby, S. 26. Zur Bedeutung dieser Grenzsetzung äußert Payton (1992,
       S. 46): "For Cornwall, the importance of Athelstan's actions cannot be stressed too greatly.
       Not only had Athelstan established Cornwall as a geo-political unit, but also he had set it as
       the territory of the "West Welsh" (the Cornish Celts) and defined its relationship with
       England. In short, Cornwall was firmly annexed to England and yet was not part of it".
[19]   Finberg 1964, S. 171 und *id*. 1974, S. 152. Allerdings orientierte sich die neue Einteilung
       wahrscheinlich an der älteren Gliederung, da mindestens fünf der sechs ursprünglichen
       hundreds keltische Namen trugen (so Flatrès, S. 182). Zu Edgar sogleich Krieger, S. 69.
[20]   Payton 1996, S. 82.

über Bestand hatte.[21] So fasst Kearney die Situation unter den Normannen zusammen: "There was, finally, Celtic-speaking Cornwall, which was incorporated into 'England', governmentally if not culturally." Bis in die Tudorzeit wurden viele Rechtsdokumente aber mit dem Geltungsbereich "in Anglia et Cornubia" ausgestellt,[22] eine Formulierung, die Cornwall explizit von England unterschied.

Der nächste wichtige Beleg für den besonderen Status Cornwalls ist die Errichtung der *Duchy of Cornwall* 1337 aus großen Teilen des gerade vakanten, bisherigen *Earldom* Cornwall unter Edward III. mit der *Duchy*-'Hauptstadt' Lostwithiel im Osten Cornwalls. Das Herzogtum Cornwall sollte dem ältesten (überlebenden) Sohn und Thronfolger des englischen Königs ein Einkommen sichern, wozu ihm als *Duke of Cornwall* (Herzog von Cornwall) alle Regalien inklusive der königlichen Privilegien hinsichtlich der Bodenschätze übertragen wurden, insbesondere also die Rechte an den reichen Zinnvorkommen.[23] Daraus folgte, dass der Herzog in seinem Herzogtum den Status eines "quasi-sovereign" innehatte.[24] Die in der britischen Geschichte einzigartige Institution der *Duchy of Cornwall*, "a little government of its own, with a whole hierarchy of officials", kann als ein Mittel des privilegierten Anschlusses des Gebietes an das Reich des englischen Königs gelten, bewahrte dem Land einen Rest von Selbständigkeit und unterschied es ausdrücklich und gleichsam konstitutionell von England, ähnlich wie es mit dem Titel *Prince of Wales* geschehen war: Payton sieht in der Schaffung beider Titel eine *accommodation* der jeweiligen keltischen Peripherien.[25] Stoyle folgt dem in seiner Untersuchung über die Bürgerkriegszeit eng, wenn er Cornwall mit dem stärker als 'keltisch' gekennzeichneten Wales vergleicht:

> Cornwall, like Wales, presented special problems of governance, then, and in Cornwall, as in Wales, the English crown had long sought to mollify its Celtic subjects by providing them with special marks of royal favour and at least an illusion of residual autonomy.

Abgesehen von der Parallelität von *Principality/Prince of Wales* einerseits und *Duchy/Duke of Cornwall* andererseits verweist er aber auch noch darauf, dass die

---

[21] Elliott-Binns, S. 156f., Rowse 1957, S. 77, Soulsby, S. 38. Die Regierungszeit von Eduard dem Bekenner war die Grundlage der *Domesday*-Erhebung, der Abschnitt über Cornwall liegt separat ediert z. B. in Thorn/Thorn (Hgg.) vor.

[22] P.B. Ellis 1993, S. 30, zuvor Kearney, S. 70 (ähnlich Charles Thomas 1986, S. 65).

[23] Rowse 1957, S. 65 und S. 78, Haslam, S. 55f., Soulsby, S. 43. Zur *Duchy* einführend Rowse 1937, Elliott-Binns, S. 164f., und die Beiträge von Stuart und Burnett in *The Duchy review*. Die Geschichte des kornischen Zinnabbaus (hierzu etwa Lewis, besonders Kap. 1 und 2), zunächst nur oberirdisch, ab dem 16. Jahrhundert auch unter Tage, reicht von der Bronzezeit (Lewis, S. 32; Haverfield, S. 15: "Cornish tin is the one famous product of ancient Britain. The tin trade of the west is mentioned in literature long before Britain became a real part of the known world") bis zur Schließung der letzten Mine 1998, *South Crofty*, obwohl dort derzeit Vorbereitungen für eine mögliche Wiederaufnahme des Betriebs getroffen werden.

[24] Robbins 1998, S. 8.

[25] Payton 1996, S. 93, nur für Cornwall *id.* 1992, S. 48f.; das Zitat zuvor Rowse 1957, S. 82.

beiden Gebiete einer besonderen Gerichtsbarkeit unterstellt wurden: Wales dem *Council of the Marches*, Cornwall den *Stannaries* – "royal institutions which oversaw the local tin-mining industry, and which bestowed remarkable privileges on many thousands of Cornishmen."[26] Wenn auch die Sicherung eines Einkommens für den Thronfolger der Regierungs- oder Verwaltungsfunktion der *Duchy* überwogen haben mag, wie Cooper *contra* Rowse, Robbins, Payton und Stoyle betont, so ist es doch nicht zulässig, ihre implizite Funktion als Zeichen kornischer Besonderheit zu negieren, wie Cooper es (u. a. gestützt auf eine Quelle aus dem 17. Jahrhundert) tut.[27] Ein Titel wie *Duchy of Cornwall* wird nicht zufällig verliehen, zudem übersieht Cooper einen Hinweis auf eine ähnliche wie Stoyles oben referierte Perspektive der Parallelität zwischen Cornwall und Wales bei John Norden, ebenfalls im 17. Jahrhundert. Nach Norden war die Schaffung der *Duchy* sogar gleichbedeutend mit der Vereinigung des Herzogtums Cornwall mit dem Fürstentum Wales, einem weiteren nicht-englischen Landesteil, da beide in der Hand des Thronfolgers zusammenfielen: "Before *Cornwall* was made a Dukedome, and vnited vnto the Principallitye of *Wales*, which was in the time of kinge *Edw.* the 3. the Dukes and Earles of that Countrie dyd beare great swaye"; und weiter unten: "since this *Duchy* was annexed vnto the Pricipalitie, the greater hath depriued the lesse of beyng graced with the Princes presence". Zwar sind Fürstentum und Herzogtum trotz der faktischen Personalunion auseinander zu halten (wie auch in der Gründungsurkunde der *Duchy* geschehen)[28] und die tatsächlich ausgeübte Regierungsgewalt des Herzogs von den genannten Autoren möglicherweise überbewertet worden, doch die Gleichartigkeit der Auszeichnungen von Wales und Cornwall als von England unterschiedene Gebiete, die nicht direkt dem König, sondern zumindest formal einem Mitglied der Königsfamilie (im Unterschied zu Mitgliedern des weiteren Adels als Vasallen des Königs) unterstellt sind, bleibt bestehen und wird durch Norden auch für das frühe 17. Jahrhundert belegt.

Die *Duchy*, zu der neben weiten Teilen des Küstenlandstreifens zwischen den Hoch- und Niedrigwassermarken in Cornwall (*coastal foreshore*) und Flussböden (*fundus*) nur geringe Teile (heute weniger als 3%) Cornwalls (und fast die gesamten Isles of Scilly vor der kornischen Küste), dafür aber weite Ländereien in vielen anderen (früher bis zu 23) Grafschaften gehören,[29] existiert bis heute: Charles *Prince of Wales* und *Duke of Cornwall* erhielt aus den *Duchy*-Geschäften des Geschäftsjahres bis 31. März 2006 beispielsweise den Gewinn von £14 067 000 für sein öffentliches und privates Leben.[30] Die *Duchy of Cornwall* gilt in der offiziellen Version heute als *landed estate* und Besitz des Herzogs, der es kommerziell

---

[26] Stoyle 2000, S. 1121f., das abgesetzte Zitat S. 1121; Cornwall sei mit seinen 44 Abgeordneten sogar durch ein Merkmal mehr als Wales rechtlich ausgezeichnet gewesen (S. 1122).

[27] Cooper, S. 172-174.

[28] Rowse 1957, S. 78; zuvor Norden, S. 20, Hervorhebungen im Original, durchgängig sic!

[29] Burnett, S. 9. Cooper (S. 172) gibt als historische Höchstgrenze 17% der kornischen Landfläche an, die zur Duchy gehörten.

[30] S. dazu näher Prince of Wales, S. 44f.

nutzt. Dabei sorgte die *Duchy* dafür, dass der Großteil des Gewinnes der kornischen *Duchy*-Ländereien aus Cornwall abfloss,[31] zumindest nicht in vollen Umfang wieder in Cornwall investiert wurde. Dass aber gerade Cornwall diesen Status bekam, kann als ein weiteres Zeichen gedeutet werden, dass Cornwall kein unterschiedsloser Teil Englands war, sondern eher als Kronbesitz galt.[32] Im heutigen Verständnis der *Duchy*-Verwaltung ist Cornwall allerdings weit davon entfernt, mehr als Namensgeber des Landbesitzes zu sein, und in der *Duchy*-eigenen Zeitschrift *The Duchy review* werden selten Fragen zu Cornwall als eigenständige geopolitische Einheit mit einem über den Grafschaftsstatus hinausgehenden Anspruch, erst recht keine konstitutionellen oder kontroversen Probleme behandelt, wird Cornwall doch als Teil des *West Country* verstanden.

Als weitere historische Besonderheit Cornwalls ist die Anerkennung der *Stannaries* durch verschiedene königliche Dokumente seit 1198 zu nennen; da jedoch die in der Zinngewinnung Beschäftigten bereits lange vor den heute erhaltenen Urkunden einen Sonderstatus innehatten,[33] ist davon auszugehen, dass das dann als *Stannary Law* kodifizierte System ältere Vorläufer hatte. Die *Stannaries* waren eigenständige juristische Bereiche mit einem von dem sonst geltenden *Common Law* unabhängigen Rechtscode (*Stannary Law*), eigenen Gerichten, Befreiung von den allgemeinen Steuern für die *Tinners* (Zinnarbeiter) und vielen weiteren Privilegien. Ob die *Cornish Stannaries* tatsächlich aufgrund von "racial differences" zwischen den kornischen *Tinners* und ihren englischen 'Kollegen' von ähnlichen *Stannaries* in Devonshire getrennt wurden, wie G.R. Lewis zu Anfang des letzten Jahrhunderts noch spekulierte, mag dahingestellt bleiben; jedenfalls verloren die *Stannaries* von Devonshire sehr schnell, nämlich noch im Hochmittelalter, an Bedeutung, als sich die dortigen Zinnvorkommen erschöpften.[34] Die Gewährung der weitreichenden Privilegien für einen 'Berufsstand' ist aus der königlichen Prärogative und den resultierenden Einnahmen durch die Steuern auf die Zinnproduktion zu erklären, allerdings könnte sie ebenso eine Einschränkung gewohnheitsmäßig bestehender Rechte durch Kodifikation sein.

Aus jedem der vier *Stannaries* (Zinnabbaugebiete, mit den *Stannary*-Städten Lostwithiel, Truro, Launceston, Helston) wurden sechs *Stannators* ernannt, die eine Versammlung (*Stannary Parliament*) bildeten, welche sich um die Belange der Zinnindustrie kümmerte; mit der Zeit festigte sich dieses System und die Zuständigkeit des *Stannary Parliament* dehnte sich weit über die Grenzen der Zinnindustrie aus,[35] so dass sich durch die eigenen Institutionen (*Stannary Parliament* und - *Courts*) bald für fast ganz Cornwall ein Status von annähernder "territorial semi-independence" ergab. 1508 erhielt das 24-köpfige *Stannary Parliament* ein

---

31 Rowse 1937, S. 55, und Payton 1992, S. 50. Für das Mittelalter Elliott-Binns, S. 166.
32 P.B. Ellis 1994, S. 221.
33 Lewis, S. 85. Zur Geschichte der *Stannaries* und des *Stannary Law* ausführlich Pennington.
34 Lewis, S. 43f., das Zitat S. 85, zu den Privilegien zuvor S. 35-39.
35 Soulsby, S. 45, Payton 1992, S. 50f., Rowse 1957, S. 65f.; das folgende Zitat Rowe, S. 13.

Vetorecht über die Geltung von Gesetzen aus Westminster in den Zinngebieten Cornwalls.[36] Bei der Errichtung der *Duchy of Cornwall* wurden die *Stannaries* in diese integriert: Der *Duke of Cornwall* stand den *Stannaries* formell vor, da die Schürfrechte als Teil der königlichen Prärogative der *Duchy* zugesprochen worden waren. In der Zeit der Tudors und frühen Stuarts wurden die *Stannaries* sowie die legislative Funktion und die Souveränität des *Stannary Parliament* nach und nach bedeutungslos, insbesondere als dann im Bürgerkrieg die in Lostwithiel gesammelten Aufzeichnungen, Dokumente und Urkunden der *Stannaries* vernichtet wurden.[37] 1838 wurde die gesonderte Zinnbesteuerung (*Coinage*) aufgehoben, die Gerichte der *Stannaries* (*Stannary Courts*) verfuhren noch bis 1896 nach dem *Stannary Law*, als sie per Gesetz aufgelöst wurden.[38]

Ereignisgeschichtlich trat Cornwall wieder 1497 hervor, als eine kornische 'Armee' unter Führung von Michael Joseph (genannt "An Gof" 'der Schmied') aus St Keverne und dem Anwalt Thomas Flamank aus Bodmin bis vor die Tore Londons marschierte, unterstützt von und vergrößert um Teile der Bevölkerung der durchquerten Gebiete Südenglands, um die hohe Besteuerung unter Heinrich VII. zur Finanzierung seines Schottland-Kriegs abzuwenden; dort wurden die Rebellen von königlichen Truppen geschlagen. Nur wenige Monate darauf wurde das loyale Exeter belagert, als in Cornwall Sympathien für den Thronprätendenten Perkin Warbeck spürbar waren, dieser in Cornwall gelandet war und schnell Unterstützung sammeln konnte.[39] Signifikant sind dabei zwei Punkte: Zum einen, dass Cornwall sich weigerte, den Krieg durch Steuern zu unterstützen, nicht etwa, weil es sich mit dem 'keltischen' Schottland verbunden fühlte (ein Anzeichen dafür, dass pankeltische Solidarität nicht sehr stark gewesen sein kann),[40] sondern weil der Krieg als Problem Englands (exklusive Cornwalls), besonders der nördlichen Gebiete Englands, angesehen wurde; da das Land nicht zu England gehörte, so die Vorstellung, war der Krieg nicht Sache Cornwalls.[41] Zum anderen ist signifikant, dass die einheimische niedere *gentry*, meist mit kornischen Namen, den Warbeck-Aufstand unterstützte, anders als die letztlich auf die normannische Eroberung

---

[36] Lewis, S. 41 und S. 125f., Payton 1993a, S. 8, *id*. 1996, S. 132, P.B. Ellis 1994, S. 222, und Laity; das Privileg wurde nie als *Act of Parliament* ratifiziert, was später konstitutionelle Probleme aufgeworfen hätte (Pennington, S. 20f.). Zur *Duchy* sogleich Rowse 1937, S. 54.

[37] Rowe, S. 13, und Payton 1993a, S. 8.

[38] Rowse 1937, S. 54, Pennington, S. 70, und Payton 1996, S. 225.

[39] Rowse 1957, S. 120-140. Nach Arthurson (S. 162-168) war die Unterstützung Warbecks bereits Motivation des ersten Aufstands (auch wenn der *Auslöser* die Steuern waren); er schließt dies aus den nachfolgenden Ereignissen (Heinrichs Proklamation nach der Schlacht, die aber nur dessen Sicht wiedergibt, und die spätere Landung Warbecks in Cornwall), so dass die Argumentation, zumindest soweit Cornwall betroffen ist, nicht überzeugen kann.

[40] Ebenso haben Waliser und Schotten in der Geschichte nicht viel Gemeinsames bei sich entdeckt (Colley, S. 14), während pankeltische Identität vor dem späten 19. Jahrhundert überhaupt kaum zu erkennen ist (Kidd, S. 185f.).

[41] Payton 1992, S. 59 und *id*. 1996, S. 125f. Analog hatte Yorkshire 1489 rebelliert, als Steuern die bretonische Intervention König Heinrichs VII. finanzieren sollten (*id*. 1996, S. 121).

zurückgehende höhere *gentry*; Zustimmung und Ablehnung kristallisierten sich somit entlang einer Linie von "Cornishry",[42] so dass der Aufstand eine deutlich kornische Dimension aufwies. Nach den Aufständen zeigte sich König Heinrich VII. zwar gnädig, was das Leben vieler Rebellen außer den Anführern anging, ließ sich seine Milde jedoch in Form von Geldbußen teuer bezahlen. In diesem Zusammenhang steht auch die *Charter of Pardon* (1508), ein Dokument, das die Privilegien der kornischen *Tinners* bestätigte und um das genannte Vetorecht erweiterte, den Gebräuchen entsprechend aber eher erkauft denn erlassen zu sein scheint. Die Bedeutung dieser Aufstände fasst Rowse wie folgt zusammen: "The rebellions of 1497 left their mark upon the history of England: they were the first notice served upon the country [England] of the existence of an obscure, hardy people in the west not yet wholly absorbed into the nation."[43]

In der *Prayer Book Rebellion* von 1549 (auch *Western Rising*) zogen *Cornishmen* erneut aus und belagerten zusammen mit Bevölkerungsteilen aus Devonshire wiederum Exeter (Bischofssitz und wichtigste Stadt Westenglands), diesmal aus Protest gegen die Aufhebung der lateinischen Messe mit den gewohnten katholischen Bräuchen und die Einführung des ersten *Book of Common Prayer* in Englisch, welches viele Menschen besonders in Westcornwall nicht sprachen. Payton argumentiert, dass der sich zentralisierende Tudor-'Staat' hier erstmals keine Ausnahmeregelungen für Cornwall vorgesehen hatte, was die an verschiedene Formen von *accommodation* gewohnte kornische Bevölkerung zusätzlich gegen die Neuerungen aufgebracht habe, während Caraman die Rebellion als ausschließlich religiös motiviert darstellt, als Ablehnung der Verdrängung des in der Bevölkerung fest verankerten Glaubens durch einen von der Regierung gegen Widerstand oktroyierten neuen Glauben. Zu den genannten Ursachen mischten sich jedoch in jedem Falle soziale Fragestellungen, die bei aller ideologischer Führung durch katholische Geistliche und einer der Bevölkerung des Südwestens unterstellten konservativen Grundeinstellung in Glaubensfragen dazu beigetragen haben müssen, dass sich so viele einfache Leute der Rebellion anschlossen.[44] Das Argument der Rebellen, viele Gläubige in Cornwall sprächen kein Englisch, sondern nur Kornisch, wird dabei relativiert durch die Tatsache, dass sie das vorher benutzte Latein ebenso wenig (oder gar weniger) verstanden. Zudem erklärte Nicholas Udall, der aus zeitgenössischer königlicher Sicht die Forderungen der Rebellierenden beantwortete, der König hätte gewiss eine *kornische* Übersetzung gewährt, wenn demütig darum ersucht worden wäre.[45] Dennoch wurde das Englische als 'fremde' Sprache abgelehnt, während Latein als die im kirchlichen Zusammenhang

---

[42] Zitat Rowse 1981, S. 36, ähnlich *id*. 1957, S. 130.
[43] Dies alles Rowse 1957, S. 136-139, das Zitat S. 139.
[44] Rowse 1957, S. 261-284, Whiting, S. 35; zuvor Payton 1996, S. 138, und Caraman (*pass*.).
[45] Udall, S. 171f. Dies wäre durchaus im Sinne des protestantischen 'Staates' gewesen, dem es um die Verbreitung der reformatorischen Gedanken ging, weshalb es *walisische* Übersetzungen gab (zu diesem Zusammenhang ausführlicher Tschirschky, S. 308f.).

gewohnte und mit dem Katholizismus verbundene Sprache akzeptiert war. Die diesmal harsche Vorgehensweise des Zentral'staates' gegen die Aufständischen nach deren Niederlage in der Grafschaft Devon blieb in der Erinnerung Cornwalls noch lange erhalten, ähnlich wie später beim *1916 Easter Rising* in Irland, wo erst die überharte Reaktion der Regierung den Großteil der irischen Bevölkerung auf die nationalistische Seite brachte, eine Mythisierung der Geschehnisse provozierte und die Opfer unter den Rebellen zu Märtyrern machte.[46] So musste John Norden noch Anfang des 17. Jahrhunderts bemerken: "so seeme they ["the Cornish-men"] yet to retayne a kinde of conceyled enuye agaynste the Englishe, whome they yet affecte with a desire of reuenge for their fathers sakes, by whome their fathers recuyued the repulse."[47]

Die 'kornischen' Aufstände zeigen, dass das Land zu jener Zeit noch nicht in die Unterordnung unter englische Herrschaft einwilligte; danach jedoch wurde es, den zentralistischen Tendenzen der Tudors entsprechend, politisch zunehmend in den englischen Herrschaftsbereich integriert,[48] wenn es auch in dieser Zeit noch eine in sich geschlossene Gesellschaft war, die vom englischen Leben weitgehend unbeeinflusst blieb, und der "Cornish sense of independence and individuality"[49] weiter bestand. So deutet einiges darauf hin, dass Cornwall im Bürgerkrieg in den 1640er Jahren deswegen weitgehend royalistisch blieb, weil "Cornish particularist sentiment" in der kornischen Bevölkerung und die Hoffnung auf einen "semi-independent Cornish state" unter Führung des Thronfolgers als *Duke of Cornwall* beim Aufruf zur Unterstützung der Royalisten gegen die parlamentarischen Truppen genutzt werden konnte.[50]

Ein weiteres Indiz für den besonderen Status Cornwalls in England ist dessen keltische Sprache, die in der zweiten Hälfte des 18. Jahrhunderts als gesprochenes

---

[46] Martin (*pass.*), der das Dubliner *Easter Rising* mit der Begrifflichkeit des Theaters interpretiert (wobei die ionische Fassade des *General Post Office* zum Bühnenbild für die Ausrufung der Republik durch Pearse wird, S. 60), zeigt auf, dass dieser Aufstand zunächst keine Unterstützung in der Bevölkerung fand, sondern erst später zum populären Mythos wurde.

[47] Norden, S. 22. Die Bedeutung, die die Geschehnisse des 16. Jahrhunderts dann im 20. Jahrhundert erlangten, hat der Abschnitt 3.2 zum Thema.

[48] Rowse 1981, S. 4. Urwin (1982b, S. 54) datiert die endgültige Eingliederung erst nach dem 17. Jahrhundert, also etwa zeitgleich mit der parlamentarischen Union Schottlands und Englands; bis in die Frühe Neuzeit konstatiert Fawcett (S. 61): "Cornwall was too remote to form a part of England; it was rather an outlying dependency before the Age of Discovery."

[49] Payton 1992, S. 65. Die Abgeschiedenheit beschreibt Rowse (1957, S. 20f.) ausführlich.

[50] Stoyle 1998, *pass.*; und Coate sah die Taten des Royalistenführers Sir Richard Grenvil(l)e (1646) als Ausdruck kornischen Lokalpatriotismus: "all Grenvile's schemes were rooted in the particularism of a Cornishman; his energies were directed more to the saving of Cornwall than to the preservation of the Royalist cause." (S. 197). Stoyles Bemerkung (1994, S. 149), das an Cornwall grenzende Devonshire sei "a marcher (or border) county, the River Tamar forming a racial frontier between Anglo-Saxon England and Celtic Cornwall", ist in dieser Schärfe sicherlich überstark formuliert, wenn auch ethnische Unterschiede bei der Wahl der Allianz mit König oder Parlament nicht unbedeutend waren (*id.* 1994, S. 150f.).

Kommunikationsmedium ausstarb und das Land bis dahin linguistisch von England differenziert hatte. Aber auch ihre Wiederbelebung im *Celtic Revival* macht Cornwall im englischen [sic!] Verwaltungsgebiet einzigartig. 1752/53 tagte das letzte *Stannary Parliament* (als das Vetorecht noch einmal bestätigt wurde), bevor es nicht mehr einberufen wurde; allein der Name der *Stannaries* lebt in dem der lokalen Gerichtsinstanzen fort.[51] Allerdings wurde Cornwall erst im *County Council Act* von 1888 offiziell eine Grafschaft Englands genannt, während das Konzept der "Cornish nationality" noch geläufig war; so bemerkte ein Cornwall-Reisender in den 1850er Jahren, "a strong spirit of distinct nationality is still cherished in Cornwall", was auf das Vorherrschen des 'keltischen Blutes' zurückzuführen sei.[52] Zudem wurden im Sprachgebrauch vor Ort Engländer weiterhin als "foreigners" bezeichnet.[53] Gerade dieses Konzept wurde bis ins 20. Jahrhundert u. a. von John Betjeman in dessen kornischem Reiseführer ("Visitors to Cornwall, "foreigners" as they are rightly called by the Cornish [...]") und in der Literatur etwa von Enid Blyton in dem in Cornwall angesiedelten Band der *Famous Five*-Serie perpetuiert:

> "You be the folks that old Mrs. Penruthlan be having in?" said the village shopkeeper. "She do be expecting of you. Furriners, bain't you?"
> "Well–not exactly," said Julian, remembering that to many Cornish folk anyone was a foreigner who did not belong to Cornwall. "My mother had a great-aunt who lived in Cornwall all her life. So we're not *exactly* 'furriners,' are we?"
> "You're furriners all right," said the bent little shopkeeper, looking at Julian with bird-like eyes. "Your talk is furrin-like, too. [...]"[54]

[51] Lewis, S. 130, Rowe, S. 48f. und S. 262, Payton 1992, S. 83, und P.B. Ellis 1994, S. 222. Als 1865 Gerüchte über stärkere Kontrollen der kornischen Zinnminen durch Regierungsbeauftragte kursierten, gab es Überlegungen zu einer neuerlichen Einberufung eines *Stannary Parliament* (nach über 100 Jahren), diese wurden aber nicht umgesetzt (Rowe, S. 314).

[52] Walter White, S. 137; zum vorgenannten *Act of Parliament* P.B. Ellis 1994, S. 222.

[53] Quiller-Couch, S. 7; Payton 1992, S. 92 und *id.* 1996, S. 193. Wilkie Collins beschrieb Cornwall Mitte des 19. Jahrhunderts als "a county where [...] a stranger is doubly a stranger, in relation to provincial sympathies; where the national feeling is almost entirely merged in the local feeling; where a man [sic!] speaks of himself as *Cornish* in much the same spirit as a Welshman speaks of himself as Welsh." (Collins, S. 47, Hervorhebung im Original). Payton (2002b, S. 123) führt einen Beleg aus dem Jahr 1861 an, in dem im fernen Australien von 'kornischer Nationalität' gesprochen wird. Die kornischen Emigrantinnen und Emigranten mögen im 'Exil' ihre kornische Identität aus sentimentalen und professionellen Gründe betont haben, so dass diese eventuell sichtbarer als im Heimatland selbst war (hierzu Mindenhall, besonders S. 50), wie es bei Emigrierten verschiedener Herkunft der Fall war, bekanntermaßen besonders bei irischstämmigen Amerikanerinnen und Amerikanern.

[54] Betjeman, S. 7, Blyton, S. 20, Hervorhebung im Original. Cornwall muss Blyton beeindruckt haben, denn der Band ist voller Anspielungen auf Besonderheiten der von den literarischen Gestalten besuchten Gegend, anders als bei den meisten anderen Bänden der Reihe. Daneben fällt die in der substandardlichen Sprache gegebene Stereotypisierung der (kornischen) Landbevölkerung auf. Auch in der Lyrik lassen sich Hinweise auf das 'fremde' England finden, so in R.M. Royles Gedicht "An edhen dhu" ('The black bird', 1972, hier 1999), in dem der Verfasser Devonshire als "pow estren" ('fremdes Land', S. 170) bezeichnet.

Nach dem Zweiten Weltkrieg zeigte sich der besondere Status Cornwalls in zwei Reformvorschlägen. Zum einen war dies die Neuordnung der *County*-Grenzen zwischen Devonshire und Cornwall: In mehreren Anläufen wurde vorgeschlagen, einen beträchtlichen Teil Südostcornwalls der Zuständigkeit von Plymouth zu unterstellen und so eine 'Tamarside'-Grafschaft zu erschaffen; das Vorhaben scheiterte nicht nur am Widerstand des *Cornwall County Council* (der kornischen Grafschaftsversammlung), sondern auch an der beinahe ungeteilten Ablehnung unter der kornischen Bevölkerung, nicht nur unter den erklärt nationalistischen Teilen davon. Damit wurde die territoriale Integrität Cornwalls erhalten, anders als die vieler (anderer) englischer Grafschaften, und die traditionsreiche, symbolträchtige Tamargrenze bewahrt.[55] Zum anderen spielte der Status der Region ab 1979 in den Debatten um einen eigenen, rein kornischen Wahlkreis in den Wahlen zum Europaparlament eine Rolle: Obwohl Cornwall von der Zahl der Wahlberechtigten her zu klein war, wurde von kornischer Seite, u. a. von der Partei *Mebyon Kernow*, aufgrund der besonderen geographischen und kulturellen Umstände ein eigener Wahlkreis gefordert (ohne Plymouth, mit dem es einen gemeinsamen Wahlkreis bildete), wie es den schottischen *Highlands and Islands* unter ähnlichen Umständen gewährt wurde. Signifikant ist auch in diesem Fall, dass sich staatliche und inter-'nationale' Gremien mit dem kornischen Status beschäftigen und im Verlauf der Untersuchungen eine gewisse Sonderstellung anerkennen mussten, auch wenn diese letztlich in Bezug auf das Europäische Parlament nicht als für eine Überrepräsentation in Europa ausreichend eingeschätzt wurde.[56]

Insgesamt hatte Cornwall zu jeder Zeit einen ganz eigenen Status, den keine englische Grafschaft vorweisen konnte, der vielmehr in einigen Punkten dem von Wales oder Schottland nahekam. Dies zeigte sich, wie besprochen, in der weitgehenden territorialen Integrität während der gesamten belegten Geschichte seit den *Dark Ages* und den verschiedenen Mitteln der *accommodation* (Schaffung der *Duchy* als 'außer-englischer Kronbesitz', eigener Rechtscode im *Stannary Law*, *Stannary Parliament*, Überrepräsentation Cornwalls im Londoner Parlament), die nur solchen Gebieten gegenüber angewandt werden mussten, deren Position im Staat als distinkt angesehen wurde. Neben dem konstitutionellen Sonderstatus grenzte nicht zuletzt die eigene Sprache Cornwall von 'normalen' Grafschaften ab. Sie war es, die bis zu ihrem Aussterben gegen Ende des 18. Jahrhunderts die Wahrnehmung der kornischen Bevölkerung durch die englischen Nachbarn als ein anderes Volk (abseits der bisher betrachteten konstitutionellen Stellung) bestimmte, was in eine Unterscheidung von Rassen mündete: Payton führt John Beddoes *The races of Britain* von 1885 an, in dem der kornischen Bevölkerung nach Teilen Schottlands und Irlands die größte "nigrescence" (dunkle Haare und Hautfarbe) auf den Britischen Inseln zugeschrieben wurde.[57] Auf eigene Beobachtungen

---

[55] A. Thomas, S. 139, und Payton 1992, S. 211-213; hierzu mehr unter Abschnitt 4.1.
[56] Hierzu Payton 1992, S. 213-217.
[57] Payton 2002c, S. 51.

gestützt verwies Beddoe in jenem Buch auf Rassenunterschiede zwischen Cornwall und den englischen Grafschaften, postulierte aber keine eigene kornische 'Rasse': Er klassifizierte Cornwall nurmehr ähnlich wie Südwales, Westschottland oder Nord- und Westirland. Die Qualität von Beddoes pseudowissenschaftlichen Studien, die nur als ein Produkt ihrer Zeit zu verstehen sind, zeigt sich in folgender Spekulation über die Frühgeschichte:

> It may be worth consideration whether the high physical and intellectual average of the Cornish people may not be partly due to their having in their veins a double portion of the blood of the old Romano-British chiefs and military class; for it is natural to suppose that as the West-Welsh were driven back step by step, the chiefs and fighting men would abandon their lands and take refuge with their countrymen further back, while the servile class would remain on the soil and accept easily the rule of their new and alien lords.[58]

Bis ins 19. Jahrhundert konnte sich wegen des auf der Kategorie *people* basierenden Verständnisses eine 'nationale' Sichtweise Cornwalls nicht etablieren, da die wie gezeigt mit 'rassischen' Untertönen unterlegte Sicht des Landes nationale Aspekte überlagerte.[59] So konnte Robert Louis Stevenson in seinem nordamerikanischen Reisebericht *Across the plains* noch gegen Ende des Jahrhunderts äußern:

> There were no emigrants direct from Europe – save one German family and a knot of Cornish miners who kept grimly by themselves, one reading the New Testament all day long through steel spectacles, the rest discussing privately the secrets of their old-world, mysterious race. Lady Hester Stanhope believed she could make something great of the Cornish; for my part, I can make nothing of them at all. A division of races, older and more original than that of Babel, keeps this close, esoteric family apart from neighbouring Englishmen. Not even a Red Indian seems more foreign in my eyes. This is one of the lessons of travel – that some of the strangest races dwell next door to you at home.[60]

Diese ältere Unterscheidung von kornischer und englischer Bevölkerung aufgrund von 'Rassenunterschieden', obwohl immer vorhanden, wurde im 19. Jahrhundert im Zuge der Industrialisierung Cornwalls zunehmend unbedeutend, als Cornwall sich im Spitzenfeld der industrialisierten Regionen Großbritanniens befand und *Cornishness* weniger durch die alten kulturellen Eigenheiten als durch industrielle Stärke, technischen Erfindungsreichtum und Spezialisierung auf Bergbau definiert wurde. Das frühere *Image* als abgelegenes Hinterland mit Sonderstatus war dabei nicht förderlich, vielmehr stellte sich Cornwall nun als integraler, sogar führender Teil Großbritanniens dar. Dies gelang so gut, dass es erneut eine Art Sonderstatus

---

[58] Beddoe, S. 98.
[59] Deacon (2001b, *pass.*, besonders S. 112 und zusammenfassend S. 333f.) stellt in seiner Untersuchung der territorialen Identität Cornwalls im späten 18. und im 19. Jahrhundert zwar ein weitverbreitetes Bewusstsein kornischer, ethnischer Differenz fest, erkennt darin aber keinen 'nationalen' Aspekt. Eine genaue Lektüre A.D. Smiths hätte ihn über dessen Modell der pränationalen *ethnie* als eine gleichsam unbearbeitete Vorstufe der Nation informiert.
[60] R.L. Stevenson (1915), S. 39.

erlangte, diesmal nicht konstitutionell, sondern im Bewusstsein und der Wahrnehmung neuer, industrieller Eliten: Dieses Zeitalter der "industrial prowess" Cornwalls führte dazu, dass kornische Abstammung seit dem 19. Jahrhundert beinahe
als Garant bergbautechnischer Fähigkeiten oder technischen Verständnisses galt.[61]
Die Wahrnehmung Cornwalls begann sich damit zu ändern.

2.2   Entwicklung vom kulturellen zum politischen Nationalismus

Wie im vorigen Abschnitt gezeigt, war Cornwall lange Zeit durch einen eigenarti-
gen Sonderstatus zwischen Grafschaft und 'Landesteil' gekennzeichnet; als eine
'Nation' im modernen Sinne wurde es allerdings zunächst nicht betrachtet. Bereits
Polydore Vergil, der in der ersten Hälfte des 16. Jahrhunderts seine *Anglica Historia* schrieb, liefert Hinweise auf die merkwürdige Sonderstellung Cornwalls, die
aber noch nicht als 'national' charakterisiert werden kann:

> The whole countrie of Britaine (which at this daie, as it were in dowble name, is called
> England and Scotlande), beinge an Ilonde in the ocean sea buttinge over agaynste the
> Frenche shore, is divided into iiij. partes; whereof the one is inhabited of Englishmen,
> the other of Scottes, the third of Wallshemen, the fowerthe of Cornishe people. Which all
> differ emonge them selves, either in tongue, either in manners, or ells in lawes and ordi-
> naunces. Englond, so called of Englishmen the inhabitauntes, being farre the greateste
> parte, is divided into xxxix. Shiers, which commonlie men call cownties: of the which x.,
> that is to weete Kente, Sussex, Surrey, Southehamton, Bareckshier, Wilshire, Dorset-
> shire, Somersetshier, Devonshire, and Cornwall, conteine the firste parte of the ilond,
> which enclininge towarde the sowthe liethe betwene the Sea and the river Thames.[62]

Herausgehoben ist Cornwall hierbei zwar, da es als ein konstitutiver Teil Britanniens mit England, Wales und Schottland auf eine Stufe gestellt wird und auch die
"Cornishe people" als eigenes Volk angesprochen werden; dann jedoch wird es
als eine von vielen Grafschaften Englands bezeichnet. In einer tabellarischen Repräsentation von Vergils Verständnis der britischen Landesteile erscheint Cornwall zweimal, und zwar auf unterschiedlichen Ebenen:

Landesteile	Insel Britannien (= England und Schottland)			
	England	Schottland	Wales	**Cornwall**
Unterteilungen der Landesteile mit Beispielen	*Shires/Counties*: Kent, Sussex, **Cornwall**, ...	*'Regions'*: Fife, Galloway, ...	*Bishoprics*: St David's, Bangor, ...	–

---

[61]   Zur "industrial prowess" z. B. Payton 1992, S. 73-78, und *id.* 1996, S. 199-213. Die *Image-*
Transformation Cornwalls und die zugrundeliegenden kulturellen Veränderungen werden
in Abschnitt 5.1 ausführlicher thematisiert.
[62]   In dieser frühen Übersetzung Polydore Vergil, S. 1.

(Auch *England* ist hier zweideutig, da es zunächst mit Schottland Britannien bildet, dann aber wie so oft synonym zu *Britain(e)* gebraucht wird.)[63] In der späteren Beschreibung der einzelnen Landesteile wird Cornwall dann aber wieder deutlich von England abgegrenzt: "And this Englonde [...] is limited [...] on the weste parte with the bowndes of Cornewall and Walls" [sic!] und an anderer Stelle "On the easte side it [Cornwall] borderithe on Englande". Vergil versichert auch, dass allein in Cornwall die "nation of Britons" überlebt habe, die die Insel zuerst besiedelt habe, was durch die Sprache belegt werde.[64] Der Zugehörigkeit Cornwalls als Grafschaft zu England steht also in unbehaglichem Verhältnis der Status als Landesteil Britanniens gegenüber, der Cornwall zukommt, da es von einem zu unterscheidenden Volk mit eigener Sprache bewohnt wird. Der Nationsbegriff, der hier Verwendung findet, bezeichnet 'Volk', so dass dies für Vergil kein Widerspruch ist: Die moderne Ideologie des Nationalismus und der dazugehörige Nationsbegriff sind ihm selbstverständlich unbekannt, das unterschiedene Volk kann ohne Probleme in einer Grafschaft ansässig sein. Später erscheint der Begriff *nation* bei William Borlase (1758) in Bezug auf Cornwall, jedoch ist auch dort eher 'Rasse' oder 'Volk' gemeint, nicht der moderne Nationsbegriff;[65] eine im modernen Sinne 'nationale' Sichtweise kam erst mit dem *Celtic Revival* auf. Diese Beobachtungen an Quellentexten sind als Zeichen der pränationalistischen Sicht der Autoren sowie der Brauchbarkeit des modernen Nationsbegriffs dieser Arbeit zu deuten.

Die Transformation dieses noch nicht nationalen Cornwall zur 'Nation Cornwall' hatte unscheinbare Vorläufer in antiquarischen Bestrebungen auf dem Gebiet der lokalen Kultur, die ernsthaft im 18. Jahrhundert begannen und später nationalistisch benutzt und ausgebaut wurden; durch sie wurde das bloß kornischsprachige Volk mit einem kulturellen Umfeld versehen, das im Nationalismus dann als 'nationale' Kultur gedeutet werden konnte. Dieser vorspielartige Prozess kann abrisshaft wie folgt dargestellt werden: Antiquarisches Interesse an der keltischen Sprache Cornwalls begann bereits im späten 17. Jahrhundert, als Amateure der kornischen Sprache auf Kornisch miteinander kommunizierten, Lieder und andere Texte sammelten oder dichteten und die Sprache vor dem Vergessen zu bewahren suchten, was um 1700 die Aufmerksamkeit des Walisers Edward Lhuyd erweckte. Lhuyd stattete Cornwall einen längeren Besuch ab, um Material für seine komparative Untersuchung der keltischen Sprachen zu sammeln.[66] Seine Beobachtungen u. a. als Grammatik des Kornischen veröffentlicht, sind bis heute für die Rekonstruktion der Sprache unverzichtbar und die bedeutendste Quelle für den Zustand der sterbenden Sprache. Da die Sprache das wichtigste Kennzeichen der kornischen Besonderheit außerhalb der konstitutionellen Rahmenbedingungen war, blieb das Interesse der Liebhaber zunächst weitgehend allein bei der Sprache.

---

[63]   Z. B. Vergil, S. 13.
[64]   Dies Vergil, S. 14, die vorherigen Zitate S. 4 bzw. S. 14.
[65]   Zwei Belegstellen William Borlase, S. 304.
[66]   Derek Williams 1993, S. 21.

Neben einzelnen Hinweisen auf die Keltizität, was sich zumeist nur auf das
Volk bezog, das eine keltische Sprache sprach, begann die Konstruktion des kulturell 'keltischen' Cornwall (also zusätzlich zur Sprache) im 19. Jahrhundert, verstärkt zu dessen Ende hin. Dies wurde durch antiquarisches Interesse getragen,
etwa von Robert Hunt, der in seinen *Popular romances of the west of England*
(zuerst 1865) die Bewahrung von überlieferten Geschichten in Cornwall auf die
Keltizität der kornischen Bevölkerung zurückführte: Diese sei "a people, who,
like all the Celts, cling with sincere affection to the memories of the past". Mit
diesen Entwicklungen ging eine Art pränationalistischer kornischer Patriotismus
einher, der sich u. a. in der Begeisterung für die Abspaltung Cornwalls von der
Diözese Exeter und die Gründung der eigenen Diözese Truro (1876) äußerte.[67]

Die Anfänge des kornischen Nationalismus[68] liegen im *Celtic Revival*, einer
von der europäischen Romantik beeinflussten Bewegung in den Jahrzenten vor
(und um) 1900, als die keltischen Sprachen, Literaturen und Kulturen 'wiederentdeckt' wurden (was sich nicht zuletzt in der Gründung mehrerer Zeitschriften zur
Erforschung des 'Keltentums' äußerte: *Revue celtique* 1870, *Archiv für celtische
Lexikographie* 1898, *The Celtic revue* 1904, auch das pankeltische *Celtia* 1901)
und das Gefühl 'keltischer' Identität in jenen Gebieten erneut aufkam, in Cornwall
zunächst vor allem von Außenstehenden getragen.[69] Nach anfänglichen, nicht immer zuverlässigen Untersuchungen etwa von W.C. Borlase (1848-1899) zum keltischen Christentum und prähistorischen Stätten war Henry Jenner (1848-1934)
hier von besonderer Wichtigkeit, dessen Verdienst es vor allen *Revivalists* ist, der
ausgestorbenen Sprache neues Leben eingehaucht zu haben. Von Studien zur kornischen Literatur ging er dazu über, die Sprache selbst zu untersuchen mit dem
Fernziel, sie wieder als lebendige Sprache in Cornwall zu etablieren.[70] In seinem

---

[67] Rowse (o.J.), S. 278: "The founding of the diocese and the building of a cathedral [...]"
      released an astonishing stream of Cornish patriotism". Zuvor Hunt, S. 23.

[68] Deacon (2001b, S. 323-326) zeigt Beispiele dafür aus dem 19. Jahrhundert auf, verweist
      jedoch anschließend auch auf andere Beschreibungen Cornwalls (S. 326f.). Tatsächlich be-
      gannen Ende des 19. Jahrhunderts zwei Aspekte: Einerseits, dass Cornwall *überwiegend* als
      keltisch (gegenüber angelsächsisch) dargestellt wurde, was alternative Vorstellungen zu-
      rückdrängte, andererseits, dass sich die Keltizität zum Massenphänomen wandelte.

[69] Deacon 2001b, S. 338; Taylor, S. 37. Wichtige Daten sind die Edition der kornischen *Ordi-
      nalia* (drei biblische Dramen über die Erschaffung der Welt, die Passion Christi und die
      Auferstehung) durch Edwin Norris 1859 sowie anderer kornischer Texte, so des einzigen er-
      haltenen, damals bekannten britischen Heiligendramas des Mittelalters, *Bewnans Meriasek*
      (1872), durch den Iren Whitley Stokes. Colley (S. 374) erklärt die keltische Rückbesinnung
      mit dem Nachlassen der Bedeutung der Faktoren, die die Landesteile vereint hatten: Protes-
      tantismus, Kriege, *Empire*. Dagegen sieht Payton (1997a, S. 104) dies für Cornwall als "a
      response to the socio-economic and cultural crisis in which Cornwall found itself".

[70] Jenner (1982), S. 25 bzw. S. IX; in dessen Leben und Werk führen Derek Williams 2004
      und weitere Beiträge in jener 'Festschrift' ein. Neuerdings hat Lowenna (*pass.*) darauf hinge-
      wiesen, dass Jenner der politischen Rechten angehörte, Aspekte des Faschismus guthieß und
      seine frühen Bemühungen oft elitär und von okkultistischen Verbindungen motiviert waren.

Werk lässt sich für Cornwall eine 'pränationalistische' Phase des Patriotismus erkennen, in der sich eine starke emotionale, von Stolz gekennzeichnete Bindung an eine als distinktiv 'kornisch' wahrgenommene territoriale Einheit äußert, verbunden mit einer Geringschätzung anderer Grafschaften, gegen deren Status Cornwall als Nation abgegrenzt wird, insbesondere durch den Rekurs auf die Geschichte des Landes. Typisch ist hierbei, dass Jenner als kornischer 'Emigrant', der in England Ausbildung und Arbeit fand, die patriotischen Gefühle für seine Heimat entwickelte und dann, vor und nach seiner Rückkehr nach Cornwall, mithalf, die *Cornish identity* zu (re-)definieren[71] und Cornwall zu einer 'Nation' zu wandeln.

Mehrere Stellen in Jenners *Handbook of the Cornish language* von 1904 weisen auf das patriotische Gefühl hin, wie die folgende exemplarisch zeigt:

> Why should Cornishmen [sic!] learn Cornish? There is no money in it, it serves no practical purpose, and the literature is scanty and of no great originality or value. The question is a fair one, the answer is simple. Because they are Cornishmen. At the present day Cornwall, but for a few survivals of Duchy jurisdictions, is legally and practically a county of England, with a County Council, a County Police, and a Lord-Lieutenant all complete, as if it were no better than a mere Essex or Herts. But every Cornishman knows well enough, proud as he may be of belonging to the British Empire, that he is no more an Englishman than a Caithness man is, that he has as much right to a separate local patriotism to his little Motherland, which rightly understood is no bar, but rather an advantage to the greater British patriotism, as has a Scotsman, an Irishman, a Welshman [...]; and that he is as much a Celt and as little of an "Anglo-Saxon" as any Gael, Cymro, Manxman, or Breton.[72]

In dieser Passage finden sich viele typische Momente des Patriotismus formuliert oder impliziert: Das Erlernen der Sprache wird explizit als nicht zweckorientiert im Sinne eines praktischen Vorteils für die Lernenden dargestellt, während allein die Aufrufung der *Cornishness* als Legitimation genügen soll; das Land wird von anderen Gebieten abgegrenzt, wobei jene als Grafschaft gleichzeitig herabgesetzt werden ("a mere Essex");[73] die Vorteile der Zugehörigkeit zum *Empire* werden nur beiläufig anerkannt; neben den *state patriotism* tritt eine zweite, im Unterschied zur ersten nicht administrativ, sondern geographisch definierte nationale Loyalität (bei Jenner "separate local patriotism" – den Nationsbegriff bemüht er hier noch nicht); schließlich wird die Verbindung zu den anderen keltischen Nationen hervorgehoben und durch Analogie zur Legitimation des besonderen Status Cornwalls benutzt. Den Nationsbegriff wendete Jenner im gleichen Jahr an, um Cornwall die Mitgliedschaft im *(Pan-)Celtic Congress* zu sichern. Dem stand vor allem entgegen, dass Cornwall das Sprachkriterium nicht erfüllte, nach dem in der damaligen Interpretation nur solche Regionen als 'keltische' Nation zu betrachten

---

[71] Deacon 1985, S. 18, ähnlich S. 24f., und Payton 1992, S. 133.
[72] Jenner (1982), S. XIf.
[73] Ähnlich in Jenner (1904-1905), S. 236: Cornwall sei schon im Bürgerkrieg kein "mere shire of England" gewesen; hier richtete sich das *mere* deutlicher gegen den Grafschaftsstatus.

waren, in denen eine keltische Sprache gesprochen wird. Diese Bedingung galt es auszuhebeln, was Jenner in seiner Rede "Cornwall a Celtic nation" tat, deren Titel er von Duncombe-Jewells wenige Jahre vorher erschienenen Beitrag zu *Celtia* übernahm. Jenner argumentierte jedoch stringenter, wo Duncombe-Jewell emotional u. a. an das Gefühl des Verlustes appelliert hatte, den die keltische Gemeinschaft durch den bisherigen Ausschluss Cornwalls erleide. So hatte Duncombe-Jewell geschrieben, Cornwall außerhalb der keltischen Welt zu sehen

> would be as great a loss to Celtic [Celtia?] to-day as the loss of the Hebrides to Highland Scotland, or of Breiz-Izel [Brittany] itself, that great result of the great Cornish Immigration in the ninth [sic!] century-"Cornwall beyond the sea." The Isle of Man has been described as the fifth wheel in the Celtic coach, but if Cornwall be paired with Man we have at once six wheels upon which to make our vehicle for the salvation of the Celtic world run easily and swiftly from start to glorious finish.[74]

Jenner lehnte nun eine in der Gegenwart gesprochene keltische Sprache als einziges Kriterium ab und argumentierte, dass nach dieser Logik denjenigen Einwohnern der anderen keltischen Nationen, die die jeweilige Sprache nicht sprechen (was in allen Gebieten, mit der möglichen Ausnahme von Wales um die Jahrhundertwende, eine Mehrheit war), ihre keltische Identität ebenso abzusprechen wäre. Ähnlich, aber eindringlicher, führte er dieses Argument Jahre später aus:[75]

> Yet Cornwall is undoubtedly a nation and though it no longer speaks a Celtic language, its national consciousness and characteristics are still as Celtic as those of the many Irishmen, Scottish Highlanders and Manxmen who have no Gaelic, the many Welshmen who speak only English, and the many Bretons whose only language is French. If Celtic nationality is denied to English-speaking Cornishmen, it must be equally denied to those many members of the other Celtic nations who speak no Celtic language – which is absurd.

Insgesamt führte Jenner die im Hinblick auf die anderen 'keltischen Nationen' erstellte Konstruktion des Sprachkriteriums somit von einer kollektiven auf eine individuelle Ebene und demonstrierte so das Versagen des Sprachkriteriums im bisherigen Verständnis mit einer geschickten Argumentation, die abstrahiert wie folgt verlief: Es genügt nicht, dass die keltische Sprache in einer Nation von einigen Menschen gesprochen wird, um die gesamte Nation als 'keltisch' zu definieren; das Sprachkriterium in dem Cornwall ausschließenden Verständnis ist, wenn überhaupt, nur so zu verstehen, dass 'keltisch' ist, wer persönlich einer keltischen Sprache mächtig ist. Damit lassen sich aber keine zusammenhängenden Nationen definieren, da die keltischen Sprachgemeinschaften in allen betroffenen 'Nationen' Minderheiten sind. Vielmehr verwies Jenner in beiden Texten auf andere Faktoren, die zur keltischen Nationsdefinition nötig seien, in seiner frühen Rede auf die

---

[74] Duncombe-Jewell, S. 151.
[75] Zuvor Jenner 1904-1905, S. 237f., das Folgende, um 1928, *id.* (o.J.), S. 11.

distinktive *Cornishness*, die er aus der Geschichte und den vorgeblich 'keltischen' Zügen der kornischen Bevölkerung ableitete, im späteren Aufsatz vor allem auf das nationale Bewusstsein, wo er mithin ein subjektives gegenüber dem 'objektiven' Sprachkriterium akzeptierte: "It may be said that national consciousness is the most important factor in nationality, and that a community, however heterogeneous in language, race or religion, is a nation when it feels itself to be a nation".[76] Mit der Aufnahme Cornwalls in die "sacred ranks of the Celtic nations" auf dem Kongress in Carnarvon 1904 wurden seine Bemühungen gekrönt, wie die Reaktionen auf die Rede zeigen, die im Kongressbericht festgehalten wurden:[77]

> Professor Jenner, of the British Museum, read a lengthy but exceedingly interesting and valuable paper laying down the case for Cornwall, a document that should be secured in permanent form by all means. Tracing the history of the Cornish people, he proved beyond a doubt that they were a separate nationality, and with equal weighty proofs showed that they were also Celts. [...]
> Lord Castletown, president of the Congress, having summed up the case amidst plentiful indications of a popular bias in favour of admitting Cornwall as a sixth Celtic nation, the Rev. Archdeason [sic!] Williams, of Merioneth, suggested that no vote be taken, but that the meeting unanimously affirm its recognition of Cornwall's claim. [...] The motion was then put, and carried unanimously, to the great satisfaction of the Cornish delegates.

Jenners Nationsbegriff ist allerdings noch der eines rein kulturellen, noch nicht politischen Nationalismus, mit Sprache *prima inter pares* (denn Jenner war sich des Kornischen als eines keltischen Identitätsträgers durchaus bewusst). *Cornish Revivalists* bis zum Zweiten Weltkrieg waren meist nicht nationalistisch orientiert in dem Sinne, dass sie kornische Selbstbestimmung forderten, auch wenn sie, wie Jenner, Cornwall als Nation verstanden: Die kulturelle Wiederbelebung und die Betonung der Distinktivität Cornwalls führten noch nicht zu politischen Begehren.[78] Jenner selbst war die Förderung des kornischen Nationalgefühls wichtig, während er kornische Entsprechungen des irischen Republikanismus oder des bretonischen Separatismus ablehnte,[79] wie eine Aussage von etwa 1928 belegt: "There is no wish on anyone's part to translate the Irish political expression "Sinn Fein" into Cornish, to agitate for Home Rule for Cornwall".

Das kulturelle Bestreben wurde in der Frühzeit vor allem von *Cowethas Kelto-Kernuak* ('Keltisch-kornische Gesellschaft') unter Leitung von Duncombe-Jewell und Jenner getragen, die sich für den Erhalt der vor- und frühgeschichtlichen und frühchristlichen Stätten Cornwalls, der 'nationalen' Sitten, Feiern und Sportarten, sowie für die Wiederbelebung des Kornischen als gesprochene Sprache und die Wiederaufnahme der mittelalterlichen kornischen Mirakelspiele (*miracle plays*)

---

[76] Dies Jenner (o.J.), S. 5, vorher *id.* 1904-1905, S. 234 bzw. S. 238.

[77] Das vorige Zitat Celtic Association (Hg.), S. 108, der folgende Ausschnitt *ibid.*, S. 102.

[78] Payton 1992, S. 160. Bereits oben (mit Seton-Watson, S. 8) wurde ja darauf hingewiesen, dass eine Nation bestehen kann, auch wenn keine nationalistische Ideologie vorhanden ist.

[79] Everett, S. 205f., ähnlich Derek Williams 2004, S. 102; sogleich Jenner (o.J.), S. 11.

einsetzte.[80] Um dies zu fördern, wurde nach dem Vorbild entsprechender Veranstaltungen in Wales (dort im Rahmen der *eisteddfodau*, dem nationalen Musiker-
und Poetenwettstreit, dessen Tradition ins Mittelalter zurückreicht, seit dem
18. Jahrhundert in moderner Form wieder abgehalten) und der Bretagne (dort seit
1901) das *Gorseth Kernow* ins Leben gerufen, dessen erstes Treffen 1928 stattfand.[81] Bei aller Abhängigkeit von den walisischen (und in geringerem Maße bretonischen) Ursprüngen entstand eine Synthese, die speziell den kornischen Aspekt
des *Celtic Revival* symbolisierte, u. a. in der starken Betonung der Verbindungen
Cornwalls zu König Artus.[82] In den seit ihrem Beginn jährlich ausgerichteten,
kornischsprachigen *Gorseth*-Zeremonien, die als kulturelle Feiern vor bardischem
Hintergrund verstanden werden und nicht mit 'druidisch-heidnischen' Festen ver-
wechselt werden dürfen, wie sie zu Sonnenwenden oder Tagundnachtgleichen an
'heiligen Orten' gefeiert werden (*Celtic paganism*), soll der heutigen Perzeption
der Vergangenheit nach die keltische Kultur Cornwalls praktiziert und gefeiert
werden: Kornischer Tanz und Musik werden aufgeführt, Preise für Kunst und
Literatur in Englisch und Kornisch vergeben sowie neue Mitglieder mit dem Titel
Bard aufgrund ihrer besonderen Verdienste um Cornwall oder guter Beherrschung
der kornischen Sprache aufgenommen. Es sind insbesondere diese Dienste der
Mitglieder, die wichtig für Cornwall sind und durch den Bardentitel angeregt und
honoriert werden sollen, mehr als die eigentliche, nur einmal im Jahr stattfindende
Zeremonie, wenn diese auch als Symbol wirkmächtiger ist.

Zur Zeit der *Gorseth*-Gründung wurden Studium und Lehre der kornischen
Sprache von Robert Morton Nance und A.S.D. Smith fortgeführt, die mit Jenner
die herausragenden Personen des frühen *Cornish Revival* waren. Im Bereich der
Sprachrekonstruktion und -wiederbelebung etwa suchten Nance und Smith Jenners gelegentlich inkonsistente Orthographie und Grammatik zu systematisieren
und erstellten Lexika, Grammatiken und Lehrwerke für den Sprachunterricht; so
erschien das Standardwörterbuch jener Zeit, das Kornisch-Englische Wörterbuch
von Nance, 1938. Dazu traten einige Personen aus der Literatur, in deren Werken
patriotische Züge auftreten, u. a. bei James Dryden Hosken, der am frühen *Cornish Revival* beteiligt war und kornische Geschichte und *Cornish difference* in sein
Werk einfließen ließ.[83] In den ersten Jahrzehnten jenes Jahrhunderts blieb es aber
weitgehend bei diesem 'kulturellen Nationalismus' einer Gruppe gebildeter Personen, die oftmals nicht dauerhaft in Cornwall lebten. Ein politischer Nationalismus,

---

[80]   Hierzu"Cowethas Kelto-Kernuak = The Celtic-Cornish Society", ausführlicher Hale 1997a,
      besonders S. 100, und Deacon/Cole/Tregidga, S. 14f.
[81]   P. Morgan, S. 56-58, Keating, S. 72, Payton 1992, S. 135. *Gorsedd* ist das aus dem Kymri-
      schen stammende Wort für die Versammlung, das in dieser Schreibung ins Englische über-
      nommen wurde (*Cornish Gorsedd*), die kornischsprachige Schreibung ist jedoch *Gorseth*,
      die hier bevorzugt wird, wenn es um die kornische Variante geht; hierzu Miners, S. 5.
[82]   Payton 1997b, S. 33. Zur Geschichte des *Gorseth Kernow* Miners sowie Hale 1998a,
      S. 135-142 und S. 151-163.
[83]   Hierzu sei auf Kent 2000, S. 154-156, verwiesen.

der weitere Bevölkerungsgruppen umschlossen hätte, konnte sich nicht entwickeln, unter anderem weil die Irische Frage als das dominante Thema der Politik jener Zeit kleinere Bewegungen überdeckte[84] und eine Föderalisierung des britischen Staates als Gefahr für das gesamte *Empire* verstanden wurde, aber auch, weil sozioökonomische Probleme nicht thematisiert wurden, die die weitere kornische Bevölkerung betroffen hätte. Allein die wenige Jahre existierende, besonders auf die jüngere Generation zielende Organisation *Tyr ha Tavas* ('Land und Sprache', 1933 gegründet), eigentlich eine Vereinigung zur Förderung der kornischen Sprache und Traditionen mit Betonung kornischer Geburt oder Abstammung, formulierte neben den kulturellen gelegentlich auch politische Ziele und kann damit als Vorläufer von *Mebyon Kernow*, als Bindeglied zwischen kulturellem und politischem Nationalismus gelten.[85] Sozioökonomische Veränderungen wie die starke Zuwanderung vor allem älterer Menschen aus anderen Staatsteilen, der weitere Niedergang des Zinnbergbaus und der moderne Massentourismus ließen den kulturellen Patriotismus nach 1945 zugunsten des politischen Nationalismus in den Hintergrund treten,[86] auch wenn er als Plattform, auf dem die Argumentation des Nationalismus entfaltet wird, immer präsent war und ist. Das Anwachsen der Bewegung lässt sich an der Publikation *New Cornwall* nachvollziehen. Laut Eigenaussage "A monthly publication to unite those who have the interests of Cornwall at heart" (so der Kopf der ersten Ausgaben) erschien sie zuerst 1952 als vierseitiges Flugblatt und entwickelte sich über ein Jahrzehnt hinweg zu einem etablierten Informationsdienst. Da schon die ersten Ausgaben Berichte über die wirtschaftliche Lage Cornwalls enthielten, mit kulturellen Themen vermischt, und auch die "Celtic links" Eingang fanden, lässt sich hier die thematische Bandbreite erkennen, die der kornischen Nationalismusbewegung bis heute eigen ist.

Im Jahre 1952 stellte Richard Gendall dann fest:

> In recent years, and especially within the last year, there have appeared in Cornish newspapers and magazines a number of articles, letters, and reports with a savour of nationalism about them. Sometimes this has shown itself humourously, [...]. Some, like Mr. Yelland and the society *Mebyon Kernow* have taken the suggestions more seriously.[87]

Neben sentimentalen Facetten beschrieb Gendall hier vor allem praktische Aspekte, die diesen Nationalismus hervorgebracht haben: Die schlechte wirtschaftliche Lage der Minen, Nachteile für Umwelt und Landwirtschaft durch Installation neuer Einrichtungen wie Flughäfen in Cornwall sowie generell eine zu geringe

---

[84] Eine Ausnahme sind Überlegungen und Forderungen unter dem Schlagwort 'Home rule all round' als Lösung der Irischen Frage (zu diesem Komplex näher Tregidga 1997); so kommentierte der Literat und Kritiker Arthur Quiller-Couch (S. 15f.), bekannt als "Q", um 1920: "the county [Cornwall] has shown itself one of the keenest of all in self-government".

[85] Tregidga 1997, S. 145f.; zur Abstammung "Tyr ha Tavas (Land and Language)", S. 29.

[86] Payton 1997a, S. 109.

[87] Dies und die folgende Aufzählung Gendall 1952, S. 17.

Beachtung der kornischen Besonderheiten durch die britische Zentralregierung. Einen Umschwung in der Bewertung des kornischen politischen Nationalismus stellte 1953 auch Helena Charles von *Mebyon Kernow* fest:

> One of the most striking changes in public opinion in Cornwall during recent years, is to be seen in the attitude towards the question of Home Rule for Cornwall. A few years ago, any one who was bold enough to admit believing in it was regarded as mad. To-day the idea has gained widespread acceptance.[88]

Payton schreibt diese erhöhte Glaubwürdigkeit des Nationalismus der Tatsache zu, dass sich das frühe, rein kulturelle *Cornish Revival* der *Intelligenzija* (also der beginnende kulturelle Nationalismus mit seiner Betonung eines mittelalterlichen, keltisch-katholischen Cornwalls), auf die industrielle Zeit ausgedehnt habe und nun das zeitgenössische, von den Folgen der De-Industrialisierung gekennzeichnete Cornwall einschließe. Daraus hätten sich seitens des *Revivals* (besonders wirtschafts-) politische Forderungen ergeben, was dem dadurch auch politischen Nationalismus eine breitere Basis in der kornischen Bevölkerung eröffnet habe.[89] Neben dieser plausiblen Begründung waren weitere Anlässe für das Anwachsen des politischen Nationalismus der Zuzug vor allem pensionierter Arbeitnehmerinnen und Arbeitnehmer aus England (insbesondere die Aussicht auf die *London Overspill*-Pläne) und das starke Anwachsen des Tourismus, die beide als Gefahr für die *Cornish identity* gesehen wurden, der drohende Untergang Cornwalls in der Vereinigung mit Devonshire (in verschiedenen institutionellen Bereichen) oder einer englischen Südwestregion im Rahmen einer Regionalisierung Englands und die Neuordnung der Grafschaftsgrenzen, die zusammen genommen die Integrität und den Anschein von 'Autonomie' Cornwalls angriffen, sowie das Beispiel der Erfolge der anderen nationalistischen Bewegungen Großbritanniens. Seitdem ist der politische Nationalismus in Cornwall ein kleines, bei allen Schwankungen aber immer präsentes Phänomen geblieben.

Ein Meilenstein in dieser Entwicklung ist die Veröffentlichung von *Cornwall at the crossroads* von Bernard Deacon, Andrew George und Ronald Perry 1988. In dem häufig polemischen Buch untersuchen die Autoren fundiert vor allem die wirtschaftlich desolate Situation in Cornwall und machen für diesen Zustand eine falsche, da unangemessene Wirtschaftsplanungspolitik verantwortlich, die ihrer Ansicht nach auf solchen Annahmen und Ansätzen beruht, welche die besonderen Gegebenheiten in Cornwall nicht beachten. Dabei wird immer kritisch hinterfragt, was insbesondere von Planungsgremien als gegeben und zumeist als Nachteil Cornwalls angesehen wird, wie beispielsweise dessen periphere Lage: Angesichts

---

[88] Charles, S. 1. Dennoch muss auffallen, dass bis in die 1970er Jahre die kornische Sprache, der bis dahin wenig politisierten Natur des Nationalismus entsprechend, vielleicht der wichtigste einzelne Identifikationspunkt war (ähnlich Payton 1997a, S. 110) und politische Momente erst langsam hinzutraten.

[89] Payton 1992, S. 192f.

des Gemeinplatzes der Klage über die geographische Abgeschiedenheit Cornwalls und die Entfernung zum Zentrum London und Südostengland, was nur durch den Bau besserer Straßen nach und in Cornwall behoben werden könnte, so dass z. B. kornische Firmen ihre Produkte in ganz Großbritannien vertreiben könnten, kontern die Autoren mit drei Argumenten. Sie halten dem erstens entgegen, dass der Ausbau des Straßennetzes in Wirklichkeit dazu geführt habe, dass Firmen von außerhalb Cornwalls ihrerseits ihre Waren besser in Cornwall verkaufen konnten und dabei der einheimischen Wirtschaft großen Schaden zugefügt hätten, da kornische Firmen nicht konkurrieren konnten; zweitens, dass Cornwall nur in der englischen, also nicht-kornischen Perspektive isoliert und 'fern ab' sei, für Cornwall und die kornische Wirtschaft jedoch London und der Südosten Englands fern seien; drittens, dass die geographische Lage mit der langen Küste am Schnittpunkt wichtiger Schifffahrtslinien am Eingang des Ärmelkanals sogar große Chancen biete, wenn das Potenzial des zwischenstaatlichen Seeverkehrs angemessen in die Erwägungen einbezogen würde, anstatt ausschließlich vom englischen Festland her zu denken. Ein vorgeblicher Nachteil gereicht so zum Vorteil, wenn nur eine auf Cornwall zugeschnittene Wirtschaftspolitik die speziellen Umstände des Landes berücksichtigt, was, so argumentieren die Autoren, lediglich durch kornische Institutionen zu erreichen sei, so dass sie ein gewisses Maß an kornischer Autonomie fordern und die Notwendigkeit desselben argumentativ untermauern.[90]

In unserem Zusammenhang ist jedoch die selbstreflexive Art von besonderem Interesse, in der die Autoren von kornischer Kultur und Identität sprechen: Sie definieren Konzepte wie 'Kultur' und 'Identität' (sowohl mit als auch ohne das Attribut *kornisch*) in fast wissenschaftlicher Art, lassen die kornischen Ausformungen den etablierten Standards dieser Konzepte bewusst angepasst erscheinen und argumentieren für die Gleichheit all dieser Erscheinungsformen. Als kurzes Beispiel diene die folgende Parallelstellung unter der Frage, die die Autoren rhetorisch stellen, was 'Identität' denn sei:

> In contrast [to culture], identity is primarily subjective. Identity involves an image of ourselves. A regional or national identity, for example, is a measure of identification associated with the feeling of belonging, whether it be 'Westcountry', Cornish, English or Chinese. It is widespread, but variable in intensity. Different identities can even co-exist within the same person in a multi-layered way. Thus some people can quite happily define themselves as both Cornish and English whereas others will deny the possibility of being both at once.[91]

Das Konzept wird hier also definiert, dann die kornische Variante als konform gehend dargestellt und auf eine Stufe mit legitimierten Identitätsausformungen (hier englisch und chinesisch) gestellt, wobei die Anerkennung der mehrschichtigen Identität (englisch/kornisch) in der differenzierten Sichtweise der Autoren weit

---

[90]   Deacon/George/Perry, S. 25-27, und *pass.*
[91]   Deacon/George/Perry, S. 155.

über das hinausgeht, was zum nationalen Standardtext gehört. Ähnliche Beobachtungen, allerdings nicht an Texten, sondern durch Informantenbefragungen, bringen Korey dazu, die kornische als eine "self-conscious culture" zu bezeichnen, das heißt eine, in der die Akteure der "Cornish ethnic movement" die kulturelle Praxis (hier *Cornish culture*) bewusst verändern können, da sie erkennen, dass diese eine unter vielen und grundsätzlich veränderbar ist.[92]

Die neuesten Entwicklungen in der kornischen Nationalismusbewegung sind mit der Hoffnung auf ein kornisches Gremium ähnlich der walisischen Versammlung (*Cynulliad Cenedlaethol Cymru/The National Assembly for Wales*) oder gar dem schottischen Parlament (*The Scottish Parliament*) verbunden. Im Rahmen der Regionalisierung Englands, die oft als notwendige Balancemaßnahme zu den Einrichtungen in Wales und Schottland dargestellt wird und in deren Diskussion Cornwall gelegentlich in beiden Häusern des britischen Parlaments erwähnt wird, sollte Cornwall, nach Meinung kornischer Nationalistinnen und Nationalisten, eine eigene 'Region' werden und eigene Institutionen erhalten, insbesondere eine Versammlung, für die bereits der Name *Senedh Kernow* gefunden wurde und die von London übertragene, dezentralisierte Aufgaben ausführen sollte.

Um diesen Forderungen Nachdruck zu verleihen und Vorgehen und Kampagnen zu koordinieren, wurde im Jahr 2000 die *Cornish Constitutional Convention* ins Leben gerufen, die aus Mitgliedern aller großen Parteien in Cornwall sowie nicht parteilich gebundenen Personen aus vielen Bereichen des kornischen Lebens besteht, rege Veröffentlichungs- und Dokumentationstätigkeiten betreibt und die Unterstützung für *Cornish Devolution* bündelt. Die wichtigste Aktion war eine Unterschriftensammlung, bei der 2000-2001 über 50 000 Menschen ihre Unterstützung für eine kornische Versammlung außerhalb der designierten englischen Südwestregion ausdrückten, was bei einer Einwohnerzahl von knapp einer halben Million (die Größe der Wahlbevölkerung liegt also weit darunter) ein äußerst großer Erfolg ist. Den Optimismus der Beteiligten kann nicht einmal das Nein-Votum im Referendum der englischen Region Nordost 2004 bremsen: Weil diese Region als erste für eine Abstimmung ausgewählt wurde, da sie nach Meinung der Regierung und des verantwortlichen Vize-Premierministers John Prescott die größten Erfolgschancen unter den Regionen versprach, muss nun die gesamte *Devolution* neu erwogen werden. Dem Vorsitzenden der *Cornish Constitutional Convention* Bert Biscoe zufolge besteht nun jedoch sogar eine erhöhte Chance für Cornwall, im Zuge der *Devolution* außerhalb der Südwestregion berücksichtigt zu werden, da hier, anders als bei den bisher designierten Regionen, eine in der Bevölkerung fest verankerte Identität bestehe und die Regionsgrenzen akzeptiert seien.[93] Der Ausgang der *Devolution*-Bestrebungen ist aber völlig offen.

Der kornische Nationalismus wurzelt also im kulturellen Bereich und ging von antiquarischem Interesse an Sprache, Geschichte, Topographie und Ähnlichem

---

[92] Korey, S. 307.
[93] Biscoe in "Cornish Assembly still a possibility".

aus, bevor auch politische Forderungen geäußert wurden. Allerdings wäre es zu einfach gedacht, sich diesen Vorgang als das Ablösen der linguistisch-kulturellen durch politische Bestrebungen zurechtzulegen, denn die kulturelle Dimension besteht weiter; kultureller und politischer Nationalismus existieren nebeneinander und sind u. a. durch eine große personelle Überschneidung der jeweiligen Aktivistinnen und Aktivisten miteinander verflochten. Hinzu kommt, dass Cornwall das Modell der anderen 'keltischen' Nationen zur Verfügung stand, so dass nicht angenommen werden darf, es habe eine glatte Weiterentwicklung oder Umwandlung des kulturellen in den politischen Nationalismus gegeben, vielleicht sogar unbeeinflusst von außerhalb Cornwalls stattfindenden Ereignissen. Nach dem Zweiten Weltkrieg ist aber eine Zunahme der politischen Aktivitäten des kornischen Nationalismus zu verzeichnen, die mit einem Aufschwung kultureller Aktivität und einer verstärkten Artikulation kornischer Identität einherging. Dieser Nexus setzt sich weiter fort, da sich seit 1980 und bis heute politische und kulturelle Aspekte des Nationalismus gegenseitig unterstützen. Den vorläufigen Höhepunkt bilden die Bestrebungen, eine kornische Versammlung zu schaffen, denen im kulturellen Bereich ein in dieser Stärke nie da gewesenes, sich in vielfältiger Weise äußerndes Bewusstsein kornischer Identität und Differenz entspricht.

Wenn Cornwall in den meisten dieser und später angeführter Punkte einerseits zeitlich den anderen 'keltischen' Gebieten nachfolgte, andererseits im Unterschied zu diesen eher Legitimationsprobleme hatte und hat, so hängt dies mit mehreren Faktoren zusammen. Zuerst ist natürlich das frühe Aussterben der kornischen Sprache als sichtbares (oder vielmehr hörbares) Zeichen einer eigenen, von der englischen verschiedenen Identität zu nennen. Hinzu kommt der frühe Zeitpunkt der faktischen Eingliederung in den 'Zentralstaat' (für Cornwall das frühe 10. Jahrhundert), die dem Anschluss von Wales (1536) rund 600, der parlamentarischen Vereinigung mit Schottland (1707) 800 und der staatlichen Eingliederung Irlands (1801) 900 Jahre vorausging, obwohl auch in jenen Territorien bereits lange vorher englischer Einfluss spürbar war und der Begriff *Staat* in vormoderner Zeit mit Vorsicht zu verwenden ist.[94] Folglich waren die wirtschaftlichen und sozialen Beziehungen zwischen Cornwall und dem (englischen, später britischen) Staat älter, intensiver und gefestigter. Zudem war die Eingliederung und allmähliche Assimilation Cornwalls weniger als bei den anderen Gebieten von kultureller Diskriminierung begleitet, so dass eine Mentalität des Kolonisiert-worden-Seins durch eine andere 'Ethnie' hier nicht in dem Maße wie in Wales oder Schottland entstand.[95]

---

[94] Erinnert sei daran, dass Cornwall bis zum *County Council Act* von 1888 nie formell in den Staat integriert wurde; wird dieser Zeitpunkt als Entsprechung z. B. zur Vereinigung des schottischen und englischen Parlaments genommen, so kehrt sich die Reihenfolge sogar um. Die 'Grauzone', in der sich Cornwall bis dahin befand, wird sowohl vom *Cornish Stannary Parliament* (hierzu Abschnitt 3.3) als auch im nationalistischen Geschichtsbild (Abschnitt 3.2) argumentativ benutzt; als direkter Beleg Laity/Saunders/Kent (S. 4): "Cornish sovereignty was never merged (like that of Scotland) or extinguished (like that of Wales)."

[95] So zumindest Hechter, S. 64f.

Da England Cornwall zumeist als Teil seiner selbst ansah und nicht, wie im Fall der anderen Gebiete des *Celtic fringe*, als untergeordnetes, aber distinktes Territorium, konnte eine kulturelle Differenzierung und Diskriminierung nicht zu jeder Zeit konsistent aufrechterhalten werden, auch wenn Stoyle für die Bürgerkriegszeit ethnische Stereotypisierung und Diskriminierung der kornischen Bevölkerung von englischer Seite nachgewiesen hat:[96] Selbst hier muss bemerkt werden, dass ethnische Differenzen, so welche wahrgenommen wurden, den Konfliktparteien in ihrer Propaganda zur Diffamierung des Gegners äußerst gelegen kamen, so dass sie diese in der Instrumentalisierung überhöhten; mithin wäre die Betonung etwaiger ethnischer Merkmale primär aus der Konfliktlage zwischen *Parliamentarians* und *Royalists* und weniger aus einer tief greifenden ethnischen Kluft zwischen kornischen und englischen Parteigängern zu erklären. Letztlich ist die im Vergleich zu Schottland, Wales oder Irland geringe Größe Cornwalls[97] dafür verantwortlich, dass sich eine 'kornische Frage' nicht in gleicher Weise wie bei jenen bemerkbar machen konnte und nur als Randphänomen betrachtet wurde.

[96]   Stoyle 2002b, S. 72-82 und S. 86.
[97]   Sowie eventuell seine nur *halb*insulare Lage: Es grenzt nur an eine akademisch unzulässige Spekulation, in einem Gedankenexperiment zu überlegen, ob die kleine Insel Man ihre Autonomie und keltische Sprache so lange bewahrt hätte, wenn sie wie Cornwall eine mit der Hauptinsel verbundene Halbinsel gewesen wäre oder ob andersherum Cornwall englischem Einfluss länger hätte widerstehen können, wenn es eine ganz abgetrennte, abgelegene Insel vor der 'Westküste' Devons gewesen wäre. Die Kontinuität der Landmasse begünstigte im Falle Cornwalls jedenfalls die Entstehung eines gemeinsamen politischen Gebildes.

3 *Nation-building* in Texten verschiedener Kulturbereiche

3.1 Sprache: Kornisch und kornisches Englisch

Der erste zu besprechende Kulturbereich, in dem die Erschaffung kornischer Identität sowie der kornischen Nation betrieben wird, ist der der Sprache. Hierbei muss unterschieden werden zwischen dem kornischen Englisch, also dem in Cornwall gesprochenen Dialekt des Englischen, und Kornisch, der ausgestorbenen und wiederbelebten keltischen Sprache Cornwalls, die ein unterschiedliches Potenzial hinsichtlich der Nationserschaffung besitzen.

Nach dem Aussterben der keltischen Sprache im späten 18. Jahrhundert war zunächst der kornische Dialekt des Englischen linguistisches Symbol und Träger kornischer Identität in einer Zeit, als sich die industrielle Stärke Cornwalls, basierend auf dem Reichtum an Bodenschätzen und technischen Innovationen, mit der englischen Sprache verbinden und das *Image* eines progressiven, weltoffenen Cornwall transportieren konnte. Bei diesem Vorgang war die alte keltische Sprache hinderlich,[1] eine distinkte Varietät des Englischen, das Modernität und Stärke des britischen *Empire* verkörperte, dagegen äußerst förderlich. Allerdings war die Ähnlichkeit des kornischen Dialekts zumindest in den östlichen Gebieten Cornwalls zum Englisch in der Nachbargrafschaft Devon doch so groß, dass eine explizit abgrenzende Identitätsbildung aufgrund der englischen Sprachvarietät im Dialektkontinuum des britischen Südwestens[2] kaum möglich war. Hinzu kam, dass Existenz und Nutzungsmöglichkeit der keltischen und damit zweifellos unenglischen Sprache ein weitaus größeres Identifikationspotenzial bot und somit die Bedeutung des kornischen Dialekts verminderte, auch wenn Letzterer eine breitere Basis in der kornischen Bevölkerung gefunden hatte als das Kornische, das im Gegensatz zum kornischen Englisch erst erlernt werden musste, wozu Zeit und Geld nötig waren, das also in gewisser Weise elitär war.[3] Dennoch wird der kornische Dialekt immer noch als Identitätsmerkmal des Alltags verstanden (wenn auch nicht zwingend in nationalistischer Absicht)[4] und geachtet, in der Literatur zum Hervorheben von kornischer Differenz und Identität genutzt (wie Kent in vielen Studien immer wieder belegt) sowie der Rückgang desselben bedauert:

---

[1] Payton 1992, S. 129, und *id.* 1997a, S. 101f.

[2] Ein solches nimmt auch Bremann (S. 23) an.

[3] Deacon (1985, S. 52) sieht u. a. hierin einen Spalt zwischen dem (kulturellen) Nationalismus der Intellektuellen und der weiteren kornischen Bevölkerung.

[4] Les Merton (2003a, S. 12) etwa schätzt den kornischen Dialekt sehr, versteht Cornwall aber in gänzlich unnationalistischer Weise als "the most south-westerly county of England".

> We can dress up in tartan, wave our national flag and claim Cornish roots and sing Tre-
> lawny, but if the day ever comes that we never hear the rich sounds of our dialect spoken
> it will be a death knell of a Cornishness which will never be resurrected or put in a
> museum.[5]

Seit der Deindustrialisierung Cornwalls durch den Niedergang des Zinn- und Kupferbergbaus in der zweiten Hälfte des 19. Jahrhunderts und dem Einsetzen des *Celtic Revival* gegen Ende jenes Jahrhunderts ist das kornische Englisch für viele der heute am *Cornish Revival* Beteiligten höchstens eine Randerscheinung. Hingegen wird die keltische Sprache Cornwalls als Ausdruck kornischer Identität auf linguistischem Gebiet angesehen, da diese, insbesondere in ihren auf dem Mittelkornischen basierenden Rekonstruktionsvarianten mit der Verbindung zu einem keltisch-katholischen Cornwall, ideologisch anziehender war als das *Cornish English*, das mit Industrialisierung und wirtschaftlicher Stärke assoziiert wurde,[6] also mit zu Beginn des *Revivals* erst kürzlich verloren gegangenen und daher unerwünschten Faktoren. Dies wurde gesteigert durch den generellen Prestigeverlust von regionalen Dialekten angesichts des Standards der südostenglischen Sprachvariante mit der sogenannten *Received Pronunciation*. Dementsprechend ist das untersuchte Textkorpus (bis auf die angeführten Zitate) beinahe gänzlich frei von Hinweisen auf das kornische Englisch, das am Rande als Differenzbeleg des Gebietes und Zeichen individueller Identität, nicht aber als Definitionsmerkmal der 'Nation Cornwall' erscheint. Dies liegt offensichtlich an der antienglischen Tendenz, die den kornisch-keltischen Nationsbildungsbestrebungen innewohnt, da diese Nation ja gerade in Opposition zu England definiert und konstruiert wird, was sich in dem in der Bewegung propagierten Gegensatz keltisch/angelsächsisch äußert (linguistisch ausgedrückt der Gegensatz Kornisch/Englisch, wenn Letzteres auch eine kornische Färbung trägt). In diesem Zusammenhang ist die symbolische Nutzung (der Zweck einer eigenen Sprache im Nationalismus) einer englischen Sprachvarietät nahezu ausgeschlossen. Die Aufwertung des Kornischen gegenüber dem kornisch-englischen Dialekt war jedoch ein längerer Prozess und musste sich erst durchsetzen: Noch 1925 schrieb Vulliamy, obwohl sich sonst kornischer Besonderheit genau bewusst, die kornische Sprache sei "a mere amusement, now, for cultured dilettanti or for people who fancy themselves as Celtophils" [sic!].[7]

Somit bleibt als ein wichtiger Punkt der Identifikationsbildung in der Nationalismusbewegung die keltische Sprache Cornwalls, das Kornische. Kornisch gehört dem britannischen Zweig der keltischen Sprachen an und ist mit dem Kymrischen und vor allem dem Bretonischen eng, mit dem Gälischen Irlands, Schottlands und der Insel Man weitläufiger verwandt. Die Nähe der erstgenannten Sprachen erlaubt es, bei nicht überlieferten kornischen Wörtern auf jene zurückzugreifen und

---

[5]   J. Stevenson, S. 18f. Bedauern über den Rückgang des Dialektgebrauchs und damit Sorge über die linguistische Identität Cornwalls wird auch in Free Cornwall (1988) geäußert.

[6]   Payton 1997a, S. 100, S. 102 und S. 106.

[7]   Vulliamy, S. 10; Cornwall wird dort stets als (wenn auch spezieller) Teil Englands gesehen.

die fehlenden Lemmata durch Analogie zu rekonstruieren. Henry Jenner hielt 1903 einen Vortrag auf Kornisch vor dem Kongress der *Union Régionaliste Bretonne* und behauptete, von den bretonischsprachigen Delegierten gut verstanden worden zu sein.[8] Der weitaus größte Teil der belegten Geschichte des Kornischen ist von dessen Niedergang gekennzeichnet; bereits seit dem Hochmittelalter wurde es vom Englischen geographisch immer weiter nach Westen, soziolinguistisch in die unteren Bevölkerungsschichten[9] verdrängt. Um 1100 war Englisch bereits bis in die Gegend von Bodmin dominant, um 1500 auch westlich von Truro.[10] Der Ablauf dieses Verdrängungsprozesses ist als "a general retreat, leaving small pockets here and there" konzipierbar. Allerdings ist diese Sichtweise nicht unumstritten: So nimmt N.J.A. Williams an, dass der Status der Sprache zeitweise wieder gestärkt wurde, so dass bis zur Reformation eventuell auch in den Gebieten bis zum Grenzfluss Tamar Kornisch gesprochen wurde,[11] wenn es auch kaum die wichtigere Sprache war. Die Reformation jedenfalls brachte den Untergang der keltischen Sprache durch mehrere Faktoren auf die letzte Stufe: Es gab keine Übersetzung der Bibel und des *Book of Common Prayer* ins Kornische – aber z. B. ins Walisische, was dort einem modernen Standard und dem Erhalt der Sprache insgesamt förderlich war[12] – so dass allein Englisch in den Kirchen Cornwalls gesprochen wurde. Penglase argumentiert zwar für die Existenz einer Bibel im *mittelalterlichen* Kornisch, jedoch ist sein Argumentationsgang, der sich auf indirekte Belege aus einem einzigen späteren Manuskript (den sogenannten *Tregear Homilies*) stützt, neuerdings angezweifelt und als nicht zwingend kritisiert worden.[13] Damit und in Ermangelung erhaltener kornischer Bibelexemplare hat die These bis auf weiteres als widerlegt zu gelten; vielmehr ist davon auszugehen, dass es vor den neuzeitlichen Spracherhaltungs- und -wiederbelebungsversuchen keine kornische Bibelübersetzung gegeben hat. Dass auch in der Reformation keine kornischen Übersetzungen angefertigt wurden, war zugleich ein Schritt zum weiteren Untergang der Sprache und ein Symptom, dass eine solche Übersetzung als nicht lohnend erachtet wurde, wenn darin auch keine bewusste Unterdrückung der keltischen Sprachen durch die Tudormonarchen gesehen werden sollte. Diesen

---

[8]   Jenner (1982), S. 7 Fn. 1. Zur kornischen Sprache einführend Wakelin und, kurz und leicht verfügbar, Government Office for the South West; eine kurze linguistische Beschreibung der Sprache mit einem Abriss der Sprachgeschichte ist K. George 1993a.

[9]   Wakelin, S. 99f. Dazu beobachtete Norden (S. 21, Hervorhebung im Original, durchweg sic!) um 1600: "ther is none of them in manner [in West Cornwall] but is able to conuers with a *Straunger* in the Englishe tongue, vnless it be some obscure people, that seldome conferr with the better sorte : But it seemeth that in few yeares the Cornishe Language wilbe by litle and litle abandoned."

[10]   Wakelin, S. 77; Price (1984, S. 134) setzt die Daten etwa ein Jahrhundert später an. Das folgende Zitat wiederum Wakelin, S. 94.

[11]   N.J.A. Williams 1995, S. 79-93, und *id.* 1998, S. 143.

[12]   Moffat, S. 84, und C. Williams 1999, S. 275.

[13]   Penglase 1997; dagegen Tschirschky, *pass*, dessen Kritik in Anhang A zusammenfasst ist.

ging es in der Reformationszeit, wie Gillian Brennan überzeugend argumentiert, nicht primär um die Unterdrückung von Minderheitensprachen in ihrem Königreich, sondern um die Etablierung der protestantischen Glaubensrichtung, wozu der Gebrauch von Vernakularsprachen (Gälisch, Walisisch, Englisch gegenüber Latein) in der Glaubensausübung gefördert anstatt unterdrückt wurde.[14] Zumindest wäre durch eine kornische Bibelübersetzung, selbst wenn es nur ein Evangeliar wäre, das Korpus der traditionellen kornischen Literatur deutlich größer als heute, was der Rekonstruktion äußerst dienlich wäre. Des Weiteren wurde im Zuge der Klöstersäkularisation *Glasney College* in Penryn aufgelöst, das ein Zentrum des Studiums der alten Sprache war und in dem im Mittelalter vermutlich die kornischsprachigen Mirakelspiele verfasst wurden; schließlich lockerten sich unter dem Einfluss der Reformation die engen Beziehungen zur keltischsprachigen, aber katholischen Bretagne, die die kornische Sprache gestützt hatten.[15] Letztendlich wird aber auch die Einwanderung von englischsprachigen Personen aus dem Gebiet östlich des Tamars die Sprache bedrängt haben, versprachen doch die im Aufschwung begriffenen Bergwerksgebiete Cornwalls vielfältige Beschäftigungsmöglichkeiten. Während also in vielen Fällen eine Sprache ausstirbt, weil die Sprachgemeinschaft durch Auswanderung geschwächt wird und die Sprache in der Diaspora nicht mehr benutzt werden kann, trat in Cornwall der umgekehrte Fall ein;[16] ein merkwürdiger Umstand angesichts der heutigen Abwanderung der arbeitsfähigen Bevölkerung, der die Einwanderung von Rentnerinnen und Rentnern gegenübersteht. Insgesamt muss es jedoch erstaunen, dass die Sprache nach der Eingliederung Cornwalls in das englische Königreich noch rund 700 Jahre überlebte.[17] Seit dem ausgehenden 18. Jahrhundert ist die kornische Sprache mit den letzten, sie flüssig beherrschenden Sprechern in isolierten Dörfern an oder in der Nähe der Küste (St Buryan, Mousehole oder St Just, alle in Penwith, dem westlichen Ausläufer Cornwalls), gänzlich ausgestorben, wenn auch einzelne kornische Wörter ihren Weg in den kornischen Dialekt des Englischen fanden, die Mehrzahl der Ortsnamen kornischsprachige Ursprünge hat und weiterhin einige Personen Wörter, Sätze oder das Vaterunser auf Kornisch gelernt hatten und

---

[14]   Brennan, *pass.*
[15]   Pool 1975, S. 7, Wakelin, S. 98f., Soulsby, S. 79, Stephens, S. 205, Price 1992, S. 306, und schon 1904 Jenner (hier 1982), S. 12: "The Reformation did much to kill Cornish." Zu Glasney Whetter 1988, S. 111-113. Rowse (1957, S. 73) findet die Kontakte mit der Bretagne vor der Reformation durch den Seehandel belegt, der zwischen diesen Gebieten größeren Umfang hatte als zwischen Cornwall und jedem anderen Gebiet: "But trading relations between Brittany and Cornwall were so close, in addition to the link of a common speech, that it is not surprising to find a considerable Breton element in the Cornish population."
[16]   So auch Rokkan/Urwin, S. 96; als Beispiel kann das Gälische dienen, dessen Sprachgemeinschaft sich in den *Hungry Forties* durch Tod und Auswanderung infolge der Kartoffelfäule derart verkleinerte, dass sie dem Einfluss des Englischen wenig entgegensetzen konnte.
[17]   Deutsch 1953, S. 136; ähnlich schon A.S.D. Smith 1947, S. 4: "All things considered, the wonder is not that Cornish ceased to be spoken about 1800 A.D., but that it managed to survive so long."

dieses traditionelle Wissen in der Familie weitergaben.[18] Dies sollte aber nicht als ein 'Weiterleben' der Sprache gesehen werden, wie auch Nance anmerkte:

> Unless some documentary evidence should be found to upset all that has hitherto been established, which seems most unlikely, we must accept 1800 as being about the very latest date at which anyone really spoke Cornish traditionally, as even the remnant of a living language, all traditional Cornish since then having been learned parrot-wise in greater or less quantity from those of an earlier generation.[19]

Im 19. Jahrhundert verstärkte sich das antiquarische Interesse am Kornischen und die ersten Editionen kornischsprachiger Texte entstanden; dazu wurden kleinere Vokabularien und Wörterlisten erstellt. Insgesamt waren diese Bestrebungen aber ausschließlich auf die geschriebene Sprache gerichtet. Vor diesem Hintergrund müssen die ersten Anstrengungen Henry Jenners bezüglich des Kornischen gesehen werden, der sich der gesprochenen Seite der Sprache zuwandte.

Seit dem Beginn des *Revivals* durch Jenner und seine Nachfolger gibt es heute eine kleine, aber wachsende Zahl von Sprecherinnen und Sprechern des *Revived Cornish*, sogar einige bilingual erzogene Kinder, "the first native speakers for 200 years"; nach Schätzungen sprechen bis zu 200 Menschen fließend Kornisch, einige Tausend verfügen über unterschiedliche Grade von sprachlicher Kompetenz.[20] Das *Cornish Language Board* sieht es deshalb für nötig an, "to raise the levels of consciousness [in terms of "Cornwall's traditional tongue"] both of the populace and of public authorities".[21] Die Unterstützung von offizieller Seite war bis vor kurzem gering, die Bewegung musste sich weitgehend selbst tragen.[22] Neuerdings jedoch beantragte der *Cornwall County Council* Gelder für die Sprachförderung

---

[18] Price 1984, S. 137, *id.* 1992, S. 304f., und Government Office for the South West, S. 5-7.

[19] Nance 1973, S. 81f.

[20] Deacon 1993, S. 213, Payton 2000a, S. 118, EBLUL; das Zitat K. George 1993b, S. 645. Bis zu 300 kompetente Sprecherinnen und Sprecher nimmt das *Government Office for the South West* (S. 20) an; vorsichtiger schätzen Stephens (S. 200f.) und J. Davies (Hg., S. 195). Dagegen nennt Agan Tavas (2001)a (ebenso wie Cornwall County Council / Cornish Language Strategy Steering Group, S. 2) keine Zahlen, um den doch bescheidenen Umfang nicht deutlich werden zu lassen, sondern umschreibt die Lage und suggeriert breit gestreute Kompetenz mit steigendem Trend: "One of the great successes of Cornish today is it's [sic!] wide appeal. [...] Cornwall now has many children who now [sic!] have Cornish as a native language along side [sic!] English, and many more who are fluent in the language."

[21] Brown/Sandercock, S. 20.

[22] K. George 1993b, S. 645 und 649; Dorian, S. 488; Neil Kennedy (S. 291) sprach im Jahre 2002 von £5 000 jährlich, mit denen der *Cornwall County Council* die Sprache seit damals drei Jahren förderte. Obwohl die Sprache keinen offiziellen Rechtsstatus hat, wurde sie von der Europäischen Gemeinschaft als "officially-recognised living language" (Burrell 1996) und im November 2002 von der britischen Regierung im Rahmen der Europäischen Charta für Regional- und Minderheitensprachen als "legitimate autochthonous language" (EBLUL, ähnlich Cornwall County Council / Cornish Language Strategy Steering Group, S. 3) anerkannt; bis dahin war die Wiederbelebung der Sprache eine rein private Angelegenheit.

aus dem europäischen 'Ziel 1'-Programm, und die britische Regierung hat die von ihrer Seite notwendige Eigenzahlung in Höhe von £80 000 bewilligt, eine Unterstützung, die in Cornwall weithin begrüßt wurde.[23]

Innerhalb der Wiederbelebungsversuche besteht ein gewisses Maß an Rivalität zwischen *Agan Tavas* ('Unsere Sprache'), das vornehmlich das ältere *Unified Cornish* von Nance fördert, und dem 'offiziellen' *Kesva an Taves Kernewek* (*Cornish Language Board*), das 1967 gegründet wurde und *Kernewek Kemmyn* als Standard benutzt, aber weiterhin *Unified Cornish* anerkennt.[24] Exponenten dieser gegenläufigen Schulen sind Nicholas Williams, der eine revidierte Form des *Unified Cornish* vorlegte, und Ken George, der *Kernewek Kemmyn* entwickelte. Sowohl *Kernewek Kemmyn* als auch *Unified Cornish* (bzw. *Unified Cornish Revised*) sind auf der Basis der mittelalterlichen geschriebenen Sprache (*Middle Cornish*, etwa 14. bis 16. Jahrhundert) rekonstruiert worden. Daneben gibt es eine Schule von *Language Revivalists*, die ein von Richard Gendall entwickeltes System (*Modern Cornish* oder *Kernuack*) bevorzugt, das nach *Late Cornish*, der letzten traditionell gesprochenen Sprachstufe vom späten 16. bis zum 18. Jahrhundert, rekonstruiert ist. Die entsprechende Dachorganisation hierfür ist *Cussel an Tavas Kernuack* oder *Cornish Language Council*. Diese drei Varianten (vier, wenn *Unified Cornish* von Nance und das darauf aufbauendes *Unified Cornish Revised* von Williams getrennt zählen) der wiederbelebten Sprache mit "rival authenticities" konkurrieren unter dem Schlagwort *great Cornish spelling debate* um die Gunst potentieller und tatsächlicher Lernender. Die auf dem mittelalterlichen Kornisch beruhenden Varianten sind einerseits zwar ideologisch anziehender, da sie von der romantischen 'keltischen' Vergangenheit abgeleitet sind anstatt von der proto-industriellen Zeit, in der *Late Cornish* gesprochen wurde,[25] welches gemeinhin als von Anglizismen durchsetzt gilt. Das von Letzterem abgeleitete *Kernuak* kann andererseits aber die höhere Kontinuität vorweisen und gilt als weniger elitär, da es an die zuletzt von Fischern und Bauern gesprochene Sprachform anknüpft. Gendall nennt es 1990 daher "the language of the Cornish people" (Aufsatztitel). Insgesamt bindet der Streit jedoch viel Energie, schreckt potentielle neue Lernwillige ab und lähmt die Wiederbelebungsbewegung als Ganzes.[26] Tatsächlich behindert die Situation auch die kornischsprachige Kommunikation zwischen den Fraktionen und Einzelpersonen verschiedener Varianten, ist doch insbesondere *Modern Cornish* von den *Middle Cornish*-basierten Varianten so verschieden, dass es deren Anhänger oft nur schwer verstehen. Pool fasst die Lage in seiner Streitschrift *The second death of Cornish* noch düsterer zusammen: "[This work] describes how the revival has been injured, perhaps mortally, by those who were entrusted with its protection." und später: "In the last six years, all has been lost; clarity has

---

[23]   BBC News 2005b.
[24]   K. George 1993b, S. 650, und Government Office for the South West, S. 33f.
[25]   So Payton 1997a, S. 106; zur *spelling debate* zuvor Dorian, S. 488, Zitat S. 479.
[26]   Dorian, S. 488f.

been replaced by confusion, and unity by discord."[27] Gleichzeitig jedoch regt die Situation zu vermehrter Forschungsarbeit, verstärktem Gebrauch und erhöhter Identifikation mit der jeweiligen Sprachvariante durch die der Sprache bereits mächtigen Sprecherinnen und Sprecher an und erhöht das Wissen um die Sprache in der Bevölkerung. Dieser zweiten Sichtweise der *spelling debate* schließt sich ein mit der Sprache befasstes Komitee des *Cornwall County Council* an, das verlauten lässt: "Today, several spelling conventions for Cornish attest to a lively interest in the language." Mittlerweile werden alle drei Varianten nebeneinander weiterentwickelt und gefördert, und das *Gorseth Kernow* erkennt sie gleichermaßen an.[28] In gewisser Weise ähnelt das in drei bzw. vier Varianten existierende Kornisch einer noch nicht standardisierten, sondern in konkurrierenden Dialekten bestehenden Vernakularsprache: Es hat sich noch keine 'nationale' Hochsprache entwickelt, die als gemeinsame Plattform über den Varianten stünde; ein solcher Standard müsste durch weitreichende philologische Arbeit noch erschaffen werden. Ob es allerdings je gelingen wird, Kornisch in größerem Umfang wiederzubeleben, ist zweifelhaft: Wie Untersuchungen etwa von Colin Williams zu Wales, Schottland und Irland zeigen, hält die große Mehrheit der Bevölkerung zwar den Erhalt der jeweiligen Sprache (durch andere) prinzipiell für wünschenswert, aber nur eine Minderheit strebt Bilingualismus als persönliches Ziel an.[29]

In unserem Zusammenhang ist jedoch der Gebrauch der Sprache zur 'nationalen' Identifikationsbildung entscheidend. Dabei geht es nicht um die Vorteile, die Kornisch vor anderen Sprachen zugeschrieben werden könnten, etwa wenn James Whetter die Schönheit der kornischen Sprache rühmt ("It is a gentle, easy-flowing tongue with delightful sounds and words.") und ihr Erlernen ein "aesthetic experience" nennt.[30] Es wird auch nur selten behauptet, dass Kornisch anderen Sprachen überlegen sei, wie es beispielsweise Penglase tut: "The Cornish language is a language which any nation would be proud to have for its own. It is a brilliant language that few, if any, other modern European languages can equal." In diesen Worten ist zwar der nationalistische Aufruf zum Erlernen der Sprache als Nationssymbol implizit, ebenso wie in den Schlussworten des Verfassers: "It is such a brilliant language that it certainly deserves to have a nation for its home. So why don't the Cornish people and the Cornish language get together? It sounds like a very good idea and each could do wonders for the other."[31] Doch betrachtet Penglase dies aus dem Blickwinkel des Linguisten, der den Erhalt einer Sprache *per se* für erstrebenswert hält und dies in einer auf dieser Sprache begründeten Nation als am ehesten gewährleistet sieht; die Nation ist damit bei Penglase sekundär.

---

27   Pool 1995, unpaginierte "Author's note", dann S. 5.
28   Zuerst Cornwall County Council / Cornish Language Strategy Steering Group, S. 2, dann Government Office for the South West, S. 13 und S. 33.
29   C. Williams 1999, S. 283. *Agan Tavas* jedoch möchte die kornische Sprache als "mainstream spoken tongue throughout Cornwall" sehen; Agan Tavas (2001)a.
30   Beides Whetter 1970.
31   Beide Zitate Penglase (2001).

Vielmehr ist es hier von Interesse, wenn das Potenzial zur Identifikationsstiftung durch eine dem Land eigene Sprache aufgerufen wird: "Although spoken by a very small number, the language is seen in this movement [of cultural revival] as having immense symbolic significance".[32] Das Kornische ist aber kein Kriterium *sine qua non*, denn die gesprochene Sprache ist wie in Schottland und Irland weitaus weniger wichtig für die 'nationale' Identität als in der Bretagne oder Wales, wo die jeweiligen Sprachen zumindest in einigen Gegenden noch ein gängiges Medium der Alltagskommunikation sind. Dass die kornische Sprache hingegen eine weitgehend kulturelle und identitätsstiftende Funktion besitzt und kein reines Kommunikationsmedium ist, zeigt sich u. a. im Manifest der kornischsprachig benannten Partei *Mebyon Kernow*, das die Sprache benutzt; dieses Dokument[33] ist nicht durchgängig zweisprachig gehalten, sondern enthält kornische Übersetzungen, die den entsprechenden englischen Abschnitten über Kultur, Identität, Geschichte und Sprache Cornwalls vorangestellt wurden, während u. a. die Passagen über Wirtschafts-, Umwelt- und Außenpolitik ausschließlich auf Englisch vorhanden sind. Das Kornische erhält hierdurch in dem Text einen symbolischen Wert als Identitätszeichen, wird aber gleichzeitig auf den kulturellen Sektor beschränkt. Nur ein durchgängig bilinguales Dokument hätte vorgegeben, dass das Kornische neben seiner Identifikationsfunktion auch als Kommunikationsmedium dient, in der vorliegenden Form jedoch bleibt seine Benutzung rein symbolisch, führt die kornische als eine eigene, unenglische Kultur vor. Mit anderen Worten, als bedeutungstragender Teil kornischer Kultur ist allein die symbolische Existenz der Sprache unabhängig von der Zahl ihrer Sprecherinnen und Sprecher das Argument der separaten, 'nationalen' Kultur Cornwalls.[34] In diesem Sinne äußerten sich auch Charles Thomas ("the knowledge of the existence of a separate language, as distinct from a full knowledge of that language itself, is probably sufficient [...] to foster a sense of otherness.") und Philip Payton ("The fact that there *was* a language revival at all spoke volumes about the nature of modern Cornwall."), während der pankeltische Aktivist P.B. Ellis sogar einen zwingenden Nexus zwischen der Sprache und dem Nationsstatus (und Nationalismus) konstatiert ("you cannot revive a language without reviving the idea of nationhood and the aspiration of nationhood is independent statehood."), versteht er doch Sprache als "the great distinguishing mark of nationhood".[35]

Doch nicht nur die numerische Stärke der Sprache (gemessen an der Zahl der Sprecherinnen und Sprecher), auch der Stand der Sprachrekonstruktion selbst ist für die Akteure des kulturellen und politischen Nationalismus, anders als für manche Sprachgelehrte (so Price, s. u.), unbedeutend: Im Streit um die verschiedenen

---

[32]   K. George 1993b, S. 645, das Folgende C. Williams 1999, S. 268.
[33]   Mebyon Kernow 1999a.
[34]   Ähnlich, allerdings ohne Beispiel, Vink, S. 113.
[35]   Charles Thomas 1973, S. 10 (das Wort "probably" kann dabei gestrichen werden); Payton 1996, S. 287, eigene Hervorhebung; P.B. Ellis 1974, S. 177, bzw. *id.* 1969, S. 15.

Versionen geht es zwar auch um die Frage der höchsten Authentizität, in der Bewertung der Bedeutung der Grundsprache für die kornische Identität sowie für den Status Cornwalls sind sich die Akteure jedoch weitgehend einig, so dass der 'Erfindungscharakter' der Sprache als normal heruntergespielt werden kann: So zieht Jenner Vergleiche zwischen dem Kornischen und Latein, Hebräisch und Sanskrit, während lange nach ihm auch Hodge die Wiederbelebung des Kornischen mit der des Hebräischen vergleicht.[36] In der Tat tragen alle Varianten einen künstlichen, plansprachenartigen Charakter, obwohl sie auf der Basis einer belegten Sprachstufen (*Middle* bzw. *Late Cornish*) rekonstruiert sind. Price spricht sogar von "pseudo-Cornish", das er als "Cornic" von "genuine Cornish" abgrenzen will. Diese "traditional and authentic language" nämlich sei tot und werde es auch bleiben.[37] Dagegen wendet u. a. Dorian ein, mit den bilingualen Kindern, die Kornisch als zweite Muttersprache lernen, könne die kornische Sprache wieder als "a living mother tongue" gelten. Ohne zu tief in linguistische Detailfragen einsteigen zu wollen, kann Price weiterhin entgegengehalten werden, dass eine neue Sprache weder durch eine Rechtschreibreform hervorgebracht (*Kernewek Kemmyn* oder *Unified Cornish* im Gegensatz zur uneinheitlichen mittelkornischen Orthographie), noch durch das zwischenzeitliche Fehlen von Muttersprachlern (wie beim Lateinischen) konstituiert wird. Auch der Linguist David Crystal sieht das wiederbelebte Kornisch im Gegensatz zu Price als Fortsetzung der alten Sprache an, wenn er das Todesurteil "premature" nennt, und schließlich weist Hobsbawm darauf hin, dass die meisten nationalen Standardsprachen "semi-artificial constructs and occasionally, like modern Hebrew, virtually invented" seien.[38] Dies trifft auf das Kornische doppelt zu, das es stark rekonstruiert *und* künstlich wiederbelebt ist; sein Potenzial, 'nationale' Identität zu stiften, wird dadurch jedoch keineswegs eingeschränkt. Daher stellt Dorian einen eventuellen Kompromiss zwischen den Varianten, der die Erlernbarkeit der Sprache berücksichtigt, den lähmenden Streit beenden und so überhaupt zur erfolgreichen Wiederbelebung führen könnte, über den Purismus der von allen Seiten beanspruchten 'Authentizität'.

Die Ansicht, dass das Kornische als Symbol kornischer Nationalität gilt, lässt sich seit Jenner für jede Zeit belegen. Jenner selbst sprach von Kornisch als "the outward and audible sign of his [sic!, the Cornishman's] separate nationality".[39]

---

[36] Jenner 1904-1905, S. 239, Hodge 1999, S. 17.

[37] So Price 1984, S. 134. Price hält die von ihm geforderte terminologische Unterscheidung jedoch selbst nicht ein, wenn er schreibt, Jenners *Handbook* habe "the 'revival' of Cornic" (*ibid.*, S. 141) begonnen: Da er "Cornic" als "a type of language that is partially derived from the old Celtic speech of Cornwall, but [...] also partially invented" definiert, kann diese Sprachform nicht selbst wiederbelebt, sondern nur initiiert werden; wiederbelebt kann nur werden, was tot war, und 'Cornic' war nie tot. Das Folgende Dorian, S. 488.

[38] Crystal, S. 360, Hobsbawm 1990, S. 54. Im Folgenden Dorian, S. 489.

[39] Jenner (1982), S. XII; ähnlich im früheren Zitat (oben S. 95), wo das Erlernen der Sprache ja keinem Zweck dienen sollte (wie das einer modernen Fremdsprache, welches z. B. die beruflichen Chancen erhöhen kann), sondern allein ein Attribut der *Cornish identity* war.

Die bereits erwähnte Gruppierung *Tyr ha Tavas*, die in der Zeit zwischen den Weltkriegen aktiv war, hat es sich, Jenners Einfluss reflektierend, zur Aufgabe gemacht, "to utilise the Cornish Language, both as an outward and visible [sic!] sign of nationality and as a means of helping Cornish people to realise their essential kinship with other Celtic Races", und wegen der *Bedeutung* des Kornischen bereits einen Aufruf in die Liste ihrer Ziele aufgenommen, die Sprache zu benutzen: "Use the Cornish language to show to the world that the Cornish are a nation, and also to make them see they are of the same blood and united with the other Celtic nations."[40] Die kornische Sprache ist dabei also nicht nur Symbol des Nationsstatus Cornwalls, sondern auch Beleg der Keltizität des Landes, wie etwa Janet Fennell äußerte, die Severy als Informantin zur Verfügung stand:

> I have learned to speak Cornish because I am Celtic. I taught my daughter to speak it, so she will feel Celtic too. We are Celts – not English, not Anglo-Saxons. We must make our heritage live, as must the Irish, the Welsh, the Bretons, the Scots, and the Manx. We possess something sacred and beautiful that must not die.[41]

Weitere frühe Beispiele für die Verbindung der Sprache mit dem Nationsbegriff finden sich bei Nance, der zunächst 1925 die Überlegung anstellte, dass "a full sense of our Celtic nationality" erhalten geblieben wäre, wenn die kornischen Vorfahren ihre keltische Sprache nicht aufgegeben, sondern als Zweitsprache behalten hätten, und dann, im Vorwort zu seinem Kornisch-Englisch-Wörterbuch von 1938, bedeutet, das Wörterbuch sei "primarily intended for people of Cornish nationality who wish to make use of their own Celtic language".[42] A.S.D. Smith stellte 1947 fest: "It [the revival of Cornish] has enabled many Cornishmen to find an outlet for the Celtic spirit within them", und weiter: "For without her language, Cornwall in the eyes of the world is just another English county. The Revival is beginning to put Cornwall on the map." Richard Gendall erhob die Sprache 1975 gleichsam zum 'nationalen Eigentum' der kornischen Bevölkerung, als er das Kornische "their own national language" nannte. Ken George, im Übergangsbereich zwischen Wissenschaft und kulturellem und politischem Nationalismus tätig, sieht die wiederbelebte Sprache geradezu als "the birthright of a Celtic nation waiting to be claimed"; zuletzt äußerte sich Angarrack (zwar mit Bezug auf das 16. Jahrhundert, aber nichtsdestoweniger eindeutig) zur Bedeutung der Sprache für den kornischen Nationsstatus: "The Cornish language remained as living proof of Cornwall's difference, an everyday reminder of her roots, and a distinct mark of nationhood."[43]

---

[40] Nach Deacon 1985, S. 54; zuvor "Tyr ha Tavas (Land and Language)", S. 29.
[41] Severy, S. 584.
[42] Nance 1925, S. 5 bzw. *id.* (1990), erste Seite der unpaginierten *Introduction*, eng an Jenner (1982), S. IX. Payton/Thornton (S. 86f.) listen andere Beispiele der Zwischenkriegszeit auf.
[43] A.S.D. Smith 1947, S. 20; Gendall 1975, S. 16; K. George 1993b, S. 653; Angarrack 2002, S. 173.

James Whetter legt bei seiner Betrachtung der Bedeutung des Kornischen den Schwerpunkt auf die Identität anstelle des bisher betonten Nationsstatus: In der Sprache sieht er den einen wesentlichen Faktor, der die *Cornish identity* zukünftig entgegen allem wahrgenommenen Verfall anderer Kristallisationspunkte derselben erhalten könne, sofern nur mehr Kinder die Sprache erlernten. Wenn auch die kornischen Phänotypen, Temperamente und der kornische Akzent durch Wegzug vieler Einheimischer bei gleichzeitigem Zuzug aus dem restlichen Großbritannien in Zukunft verwischt würden oder verloren gingen, die Spezialisierung auf Berufe im Bergbau und in der Fischerei durch den Niedergang dieser Industrien keine Besonderheit mehr darstellte und der Methodismus in Cornwall so weit an Einfluss verlöre, dass dadurch kein Sonderstatus mehr demonstriert werden könne, so jeweils Whetter, dann bliebe immer noch die keltische Sprache Cornwalls (hier wieder mit Hinweis auf den kornischen Dialekt des Englischen):

> This, in fact, is the feature which links indissolubly, eternally the land of Cornwall, its Celtic history, and the people, whose stock is still largely Celtic, whose accents reflect the way in which their ancestors spoke the mother tongue and whose surnames are also mainly locally derived. The language is the essence of Cornishry, and for young people it provides the key to the Cornish identity.

Schließlich sei das Kornische "the summation of the Cornish identity, the facet of Cornwall and its people which will always distinguish them from the rest of the world, humanity."[44] Eine stärkere Aussage über die Bedeutung der Sprache für die kornische Identität ließe sich kaum finden. Craig Weatherhill konstatiert jedoch auch eine direkte Beziehung zum Nationalismus: "Doesn't its [the Cornish language's] revival reflect a politically nationalistic attitude?"[45] Ohne die Frage explizit zustimmend zu beantworten, wiegelt Weatherhill dies gleich darauf ab, wohl wegen der Konnotationen des Wortes *nationalistic*, die von vielen Menschen als inakzeptabel empfunden werden, und der nichtverstandenen Bedeutung von *nationalism* im kornischen Kontext: Dies sei der "negative view", förderlich sei die Sprache dagegen im Tourismus als Zeichen, in einer anderen, fremden Gegend zu sein, was eine zusätzliche Faszination für Besucherinnen und Besucher darstelle. (So heißt die Stadt Penzance Bahnreisende mit einem steinernen Gruß sowohl auf Englisch als auch auf Kornisch willkommen, Abb. 2.) Tatsächlich setzt sich auch eine Formation des politischen Nationalismus für die Sprache ein: Die Partei *Mebyon Kernow* fordert finanzielle Unterstützung vom Staat für den Unterricht der kornischen Sprache, da diese

Abb. 2: Zweisprachiges Willkommen am Bahnhof von Penzance.

---

44   Dies alles Whetter 1970.
45   Weatherhill 1998, S. III.

"the most obvious example of the unique identity of the Cornish people" sei und deshalb alle, die sie erlernen wollten, gleich welchen Alters, Zugang zu Unterricht in der Sprache haben müssten, analog zu den Verhältnissen in Wales (mit dem vom britischen Staat getragenen, kymrischsprachigen Fernsehkanal *Sianel Pedwar Cymru*, kurz S4C, sowie dem ebenso kymrischsprachigen Radiosender *Radio Cymru* der BBC) und der Insel Man.[46]

Als letzter Beleg sei erneut Penglase angeführt, der eine direkte, gegenseitige Abhängigkeit von Volk und Sprache konstatiert und Cornwall mit seiner eigenen Sprache den anderen 'keltischen' Regionen folgen sehen möchte:

> A language needs a people and a people needs a language. If ever the Cornish people needed their language it is now, when the other Celtic regions of Britain are beginning to rise and take their own place in the sun again. Having their own language gives a people a common identity and culture, making the people strong and helping to give them a sense of common purpose. With that, Cornwall too could take her place in freedom together with the other Celtic peoples of Britain.[47]

Die kornische Sprache als ein Zeichen der kornischen Identität mit ihrem Verweisen auf das 'keltische' Cornwall hat aber auch eine ökonomische Dimension, denn 'Cornwall sells' ist mittlerweile eine Binsenweisheit. So verwundert es nicht, dass die Inhaber vieler Geschäfte in Cornwall die kornische Sprache zur Identitätsdemonstration benutzen, etwa die eines *Fish and Chips*-Ladens in Helston, die ihren Produkten mit den Worten "Pysk hag askloes" ('Fish and Chips') eine kornische Note verleihen (Abb. 3). Erstaunlicher ist, dass die großbritannienweit tätige Supermarktkette Asda, seit 1999 zum globalen Konzern Wal-Mart gehörig, ihre drei kornischen Supermärkte im Jahr 2002 zweisprachig ausschilderte, so dass eine Begrüßungstafel "Dynnargh dhe Asda" ('Willkommen bei Asda') lautete, während die Angestellten am "Gonis Prener" ('Informationsschalter'), wie ein weiteres Schild versprach, "lowen pup-prys dhe weres" ('immer gerne helfen').[48] Zum symbolhaften Charakter der Benutzung der Sprache passt jedoch, dass sich die zweisprachige Ausschilderung nicht auf Dauer durchsetzte: Eine Begehung der Asda-Filialen in Penryn und St Austell im Oktober 2004 ergab, dass das Kornische nur noch für die Beschriftung "Best of Cornwall /

Abb. 3: Kornischsprachige Tafel an der Eingangstür einer Imbiss-Stube in Helston.

---

46 Mebyon Kernow 1999b; interessant ist hier noch, dass Cornwall (Bevölkerung um 500 000) mit der Insel Man verglichen wird: "the Isle of Man, with a population of less than 80,000, is committed to funding nine full-time Manx language teachers. Cornish deserves to be supported, at least on a par with the Manx programme." Mit der Bevölkerungsstärke wird also die Forderung nach einem kornischen Sprachförderungsprogramm argumentativ gestützt.

47 Penglase (2001).

48 Parker 2002a, S. 22.

An gwella a Gernow"[49] an jeweils einem einzigen Verkaufstisch benutzt wird; diese ist auf kornische Produkte ("local choice") beschränkt und bewirbt speziell und ausschließlich diese, was deutlich weniger signifikant ist als der frühere bilinguale Sprachgebrauch im gesamten Ladengeschäft. Letztere konnte mit Fug und Recht als (unwillkürlicher) Teil des kornischen *nation-building* verstanden werden, da die durchgängige Beschilderung Cornwall als ein zweisprachiges Land mit einer etablierten eigenen Sprache neben der 'Verkehrssprache' Englisch suggerierte. Andererseits tritt durch die neuerliche Beschränkung auf kornische Produkte der Symbolcharakter der kornischen Sprache stärker hervor, denn sie gibt nun nicht mehr vor, ein Medium der Kommunikation zu sein, sondern erklärt sich aus dem Zusammenhang der dargebotenen und mit ihr beworbenen kornischen Produkte und ist ganz offenkundig auf die Demonstration kornischer Identität und Differenz beschränkt.

Durch diese Beispiele ist die Benutzung der Existenz der kornischen Sprache zur Konstruktion von nationaler Kultur und Identität hinreichend belegt, doch bietet sie den Akteuren der kornischen Bewegung weitere Nutzungsmöglichkeiten im nationalistischen Diskurs, durch den eine 'kornische Nation' etabliert wird: Wie bisher gezeigt, erfüllt Kornisch zwar von den beiden Funktionen, die eine Sprache im Prozess der Nationsbildung haben kann, vor allem die von anderen Nationen abgrenzende Funktion, die eine eigene Nation impliziert,[50] doch sieht Richard Gendall auch die die Angehörigen einer Nation einigende Wirkung von Sprache, da diese eine gemeinsame Identität schafft, wie das folgende Zitat belegt: "Cornish people ... are losing houses, losing dialect, losing jobs. But there is nothing like the knowledge that you possess a distinctive language to make you feel you belong together." In dieser defensiven Position, in der sich die kornische Bevölkerung befinde, komme der Sprache somit die Funktion zu, ein einigendes Identifikationsreservoir zu schaffen. Auch wenn Gendall anerkennen muss, dass nur sehr wenige der "Cornish people" des Kornischen tatsächlich mächtig sind, so ist es doch gerade diese Defensive und der Rückzug auf die Sprache der wenigen Menschen, die den Zusammenhalt der kornischen Bevölkerung bewirken. Die

---

[49] Das Wort *Kernow* zeigt hier das für keltischen Sprachen typische Phänomen der Initialmutation, da es in Kombination mit dem vorausgehenden *a* zu *Gernow* verändert wird.

[50] In Norwegen gab es eine solche Situation: Als im 19. Jahrhundert der identitätsstiftende Effekt von Sprache erkannt wurde und genutzt werden sollte, musste eine eigene Sprache als Trägerin norwegisch-nationaler Identität (re)konstruiert werden, da das einheimische Norwegisch durch Dänisch ersetzt worden war. Es entstanden zwei moderne Sprachformen: *Landsmål* (heute meist *Nynorsk* genannt) wurde aus den konservativen, ländlichen Dialekten des Dänischen Norwegens konstruiert, während *Riksmål* (heute meist *Bokmål*) eine 'Norwegisierung' der dänischen Schriftsprache ist (Walton, S. 338-340, Myhill, S. 86). Beide Varianten existieren (mit Übergewicht von *Bokmål*) nebeneinander, da sie gegenseitig verständlich sind, wohingegen Kommunikation mit verschiedenen Kornisch-Varianten schwer ist. Zu den beiden Funktionen von Sprache Abschnitt 1.3 oben, zum Folgenden Richard Gendall in einem Interview, zitiert in Jury, S. 5.

kornische Sprache wird so als ein Indiz für den Status einer nationalen Minderheit angeführt.[51] Innerhalb der Nationalismusbewegung selbst dagegen gilt das Beherrschen der Sprache als Zeichen des Engagements und des Einsatzes, den Aktivistinnen und Aktivisten zu erbringen bereit sind, und schafft dadurch Legitimation und Gemeinsamkeit.

Ein weiterer typischer Charakterzug des nationalistischen Diskurses in diesem Bereich ist die Verteidigung des Kornischen und seines historischen und heutigen Status. Hier stellt sich vor allem das vermeintliche Problem, dass die kornische Sprache keine lebendige, in der weiten Bevölkerung verankerte, auf alltäglicher Basis kommunizierende Sprachgemeinschaft besitzt, was umso schwerer wiegt, je mehr die Bedeutung der eigenen keltischen Sprache als Identifikationspunkt betont wird, was als Divergenz von Anspruch und Realität gesehen werden könnte. Dieses Manko soll durch zwei Argumente entschärft werden: Erstens bestehe in Cornwall ein vom Kornischen modifiziertes 'keltisches Englisch', da einerseits die Aussprache des Englischen in Cornwall von der keltischen Sprache beeinflusst sei (wie im sogleich folgenden Zitat von James Whetter; hierbei steht meist Westcornwall im Vordergrund, wo das Kornische länger gesprochen wurde, während das Englisch Ostcornwalls, das dem regionalen Dialektkontinuum der englischen Sprache entstammt, vernachlässigt wird), andererseits das Englische Cornwalls durch keltische Ausdrücke angereichert sei. Letzteres tat etwa Duncombe-Jewell, der 1901 so weit ging zu behaupten, dass etwa 5% der englischen Wörter im täglichen Gebrauch in Cornwall aus dem Kornischen stammten.[52] Zweitens lebe die kornische Sprache in Orts- und Eigennamen fort. Tatsächlich geht die Mehrzahl der Ortsnamen auf das Kornische zurück, wohingegen es Lehnwortübernahme vom Kornischen ins Englische nur in geringem Maß und fast ausschließlich im Fachwortschatz der traditionellen Wirtschaftszweige Cornwalls (Bergbau und Fischerei) gab, und das Ausmaß des phonetischen, phonologischen und prosodischen Einflusses des Kornischen auf das Englische Cornwalls kontrovers ist.[53] Insgesamt entsteht durch diese Argumente der Eindruck, das Kornische habe gleichsam in anderer Form weitergelebt. Als Beispiel für diesen Argumentationsgang, der sich in einer Vielzahl ähnlicher Formulierungen wiederfindet, genüge James Whetter, der eine Kontinuität der keltischen Sprache in Cornwall folgendermaßen konstruiert:

> In fact the Cornish language never did die. It survives in various words used in the Cornish dialect, in the intonation, word-order the Cornish use in speaking English. It survives in Cornish placenames, in the names of farms, fields, all sorts of physical features of the land, many Cornish surnames and the way the Cornish say these is the way which has been handed down to them by their ancestors.[54]

---

[51]   So auch durch SOSKernow (2001), ähnlich Nute/Murley, S. 6; das Folgende Korey, S. 239f.
[52]   Duncombe-Jewell, S. 152.
[53]   Die Positionen in diesem Streit stellt Payton (1997a) vor. Zu Lehnworten Wakelin, S. 180f.
[54]   Whetter 1977, S. 54.

Eine Kontinuität der Sprache wird im kornischen Nationalismus aber auch durch eine andere, weiter gehende ideologische Konstruktion hergestellt, deren Inhalt der Erhalt der keltischen Sprache in einer traditionellen Form bis zum Beginn der bewussten Wiederbelebung ist. Dazu versuchen nationalistische Autorinnen und Autoren, durch die Aufzählung von Einzelpersonen mit einer gewissen Kenntnis der Sprache vom späten 18. bis zum frühen 20. Jahrhundert eine ungebrochene Kette von der früheren weiten Verbreitung der Sprache bis zu ihrer 'Wiedererweckung' zu bilden und so die kornische Sprache als nie ganz ausgestorben darzustellen. So fasste Jenner 1904 zusammen, "a faint flicker of living Cornish" habe immer überlebt, Herbert Thomas nannte die Sprache 1928 nur "almost extinct" und John Parry pflichtete 1946 bei: "Cornish has never been completely dead".[55] Wird dies in den frühen Belegen nur ausgesprochen, so werden in den späteren auch die Hinweise auf ein Überleben der Sprache nach dem 18. Jahrhundert aufgeführt; dabei reicht es oftmals aus, wenn ein Individuum ("speaker") einige Phrasen von den Eltern (auswendig) gelernt hatte, auch wenn es diese nur auf Nachfrage aufsagen konnte (als *speaker* oder *native speaker* wird dabei gewöhnlich angesehen, wer Teile der Sprache von anderen, zumeist älteren, im Idealfall den elterlichen Muttersprachlern gelernt hat). Diese konstruierte Kontinuität zeigt sich prägnant bei Trevelyan Lyon, der in seiner auf Hypothesen aufbauenden Darstellung genau auf solche Personen eingeht und, gestützt auf Übereinstimmung in Wohngegend und Geburtsdaten, die sich mit den Lebensdaten eines 'Kornisch-Sprechers' überschneiden, annimmt, diese haben Kornisch beherrscht und benutzt:

> It is known for a fact that there *were* those living at this time who had a good working knowledge of Cornish. One in particular was the fisherman John Tremethick. He was born in 1765, and as he was aged 87 when he died in 1852, he would have been 76 at the time of the Census of 1841. [...] Being born in 1765, he would have been a fisherman at the same time as William Bodiner [sic!], and doubtless working from the same port of Mousehole, could easily have conversed in Cornish with him. It was John Tremethick who taught Cornish to his daughter Mrs Kelynack, wife of fisherman John Kelynack, to whom Jenner spoke at Newlyn in 1875.[56]

Im Anschluss wird die Anbindung der Kornisch-Sprecherinnen und -Sprecher an das *Revival* noch deutlicher, wenn allein das Sterbejahr einer vermeintlichen Kornisch-Sprecherin (einer Elizabeth Vingoe) als Beleg der Kontinuität gilt: "Mrs. Elizabeth Vingoe died in 1903, thus carrying a knowledge of traditional Cornish into the 20th century and virtually linking up with the start of the Revival and the publication of Jenner's 'Handbook' in 1904." Somit kann Lyons Fazit lauten:

---

55 Jenner (1982), S. 22; H. Thomas, S. 8; Parry, S. 258.
56 Lyon, S. 9 (Hervorhebung im Original). Weitere Belege dieser ideologisch motivierten Konstruktion von Kontinuität, deren zeitliche Verteilung zugleich das Zunehmen nationalistischer Aktivitäten demonstriert, sind für die frühe Zeit Jenner 1904-1905, S. 239-241, und *id.* (1982), S. 20-22, für die Nachkriegszeit Parry, S. 258, für die neuere Zeit P.B. Ellis 1990, S. 20f., Gendall 1990, S. 532, Weatherhill 1998, S. 147-149, und Angarrack 1999, S. 190.

> [...] spoken Cornish survived certainly well into the latter part of the 19th century and [...] a certain working knowledge of the traditional language was carried right through into the 20th century, when it was picked up again by Henry Jenner, and built into the revived Cornish which today enjoys an increasing number of speakers.[57]

Auf diese Weise kann der Sprachverein *Agan Tavas* den tatsächlichen Tod der Sprache um 100 Jahre 'verzögern' ("Cornish died out as a native language in the late 19th [sic!] century [...]. By this time however, Cornish was being revived by Henry Jenner [...]"), dann schließlich ganz in Frage stellen ("Cornish is not dead and has not been for very many years (if it ever was)."[58] Diese Konstruktion kann so weit gehen, dass Nute und Murley suggestiv behaupten, die kornische Sprache werde auch heute noch von der einheimischen Bevölkerung gesprochen,[59] wobei sie den zwischenzeitlichen Tod der Sprache ganz 'vergessen'. Damit wird im Bereich der Sprache vorweggenommen, was im Abschnitt über Geschichte näher thematisiert wird, denn ein nationales Geschichtsbild und das selektive Ignorieren historischen Wissens (nach Abschnitt 1.3 oben das 'Vergessen' oder Verdrängen) zeigt sich schon in der nationalistischen Sprachgeschichte. So lässt der Informationskreis *SOSKernow* verlauten, das Kornische sei noch um 1550 die dominante Sprache Cornwalls gewesen, was aber höchstens für die westliche Hälfte zutreffen könnte; ähnlich äußert sich Green: "Kernewek, the distinct Cornish variety of Brythonic Celtic languages, did not begin its westward retreat as a mass language until the onset of English state centralisation in the 16th and 17th centuries."[60]

Neben den bisher besprochenen Texten und Argumentationslinien gibt es noch ein weiteres Feld, in dem das Kornische als ein 'nationales' Merkmal Cornwalls zum Tragen kommt, und das ist die kornischsprachige Lyrik, die erwartungsgemäß besonders auf die Sprache reflektiert. Für W.C.D. Watson ist Kornisch, dessen Geschichte er als eine des Verlustes unter 'sächsischem' Einfluss darstellt, eine Voraussetzung für das Wohl Cornwalls, wenn er in "My a glew" schreibt:

> Gwreugh cara 'gas tavas en termen termennow
> Ha gwedhen an Gernow gwra lesa hy delkyow.
>
> Love your language for ever and ever, and the
> tree of Cornwall will spread its leaves.[61]

---

57   Lyon, S. 14, dann S. 20; insgesamt muss Lyon aber anerkennen, dass die "unbroken lineage of Cornish from the last known first-language speakers of the 18th century through to the 20th century" zuletzt doch an einer "somewhat delicate and tenuous line" hing (S. 21).

58   Agan Tavas (2001)b. Eine Sprache muss aber als tot gelten, wenn sie keine Sprachgemeinschaft als tägliches Kommunikationsmedium nutzt. So ist P.B. Ellis (1974, S. 120-129) zwar sehr an den Resten traditionell überlieferter Kornischkompetenz im 19. Jahrhundert interessiert, akzeptiert hier jedoch noch eine Datierung des Sprachtodes ins 18. Jahrhundert.

59   Nute/Murley, S. 6.

60   Zuerst SOSKernow (2001), dann Green, S. 1.

61   Watson, S. 72 für das Kornische, S. 73 für die englische Prosaübersetzung.

Watson postuliert damit schon um 1935 eine enge Verbindung von Cornwall und "tavas côth Kernow" (der 'alten Sprache von Cornwall'), die er in seinem Gedicht auch sprachlich nah aneinander anlegt, heißt es doch an dieser Stelle nicht etwa "tavas [...] Kernewek" 'kornische Sprache', sondern "tavas [...] Kernow" 'Sprache Cornwalls', und bettet dies in die Opposition von "Sawson" und "Keltyon" ('Sachsen' und 'Kelten') ein, die im nationalistischen Diskurs immer wieder erscheint. Ähnlich eng konzipiert A.S.D. Smith die Verbindung des Landes mit 'seiner' Sprache. In "An dasserghyans Kernewek" ('The Cornish revival') geht es zunächst ebenso um Verlust und Tod der Landessprache, bevor dieser am Ende des Gedichts die Aufgabe zugesprochen wird, Hüterin der *Cornishness* zu sein. Daneben fällt auf, dass Smith das Land hier emphatischer fasst: Statt *tyr* 'Land, Grund, Boden' benutzt er *gwlas* 'Land, Nation, Reich' ("tavas coth an wlas" [sic!] 'die alte Sprache des Landes / der Nation').[62] Damit wird die Sprache deutlicher als zuvor zum Attribut der kornischen Nation.

Der in Irland geborene Tomás Mac Neacaill dagegen macht in seiner literarischen Verarbeitung der kornischen Sprache umfassenderen Gebrauch von den gestalterischen Möglichkeiten von Literatur, auch wenn dabei der nationale Aspekt weniger hervortritt. In seinem allegorischen Gedicht "An venen goth" personifiziert Mac Neacaill die kornische Sprache, in der dieses geschrieben ist, als eine alte Frau, die totgeglaubt wurde, aber in neuem Gewand aus dem Grab gestiegen ist und jung und stark weiterlebt.[63] Eine Verbindung zur 'kornischen Nation' oder auch nur dem Land Cornwall gibt es hier nicht, allein die Wertschätzung für kornische Kultur in Form ihrer Sprache wird hier ausgedrückt. E.H. Hambly letztlich fordert in seinem Gedicht "Mebyon Kernow": "Pup ger agan TAVAS yn-freth daskermereugh!" ("Repossess quickly every word of our LANGUAGE!").[64] Dies ist zugleich ein direkter Aufruf zum Erlernen der kornischen Sprache und, durch die Parallelstellung zu "TYR" 'Land' im vorausgehenden Vers, ein Hinweis auf die Verbindung des Landes Cornwall mit dessen Sprache (als eine dritte Bedeutung ergibt sich eine Anspielung auf die kornische Organisation *Tyr ha Tavas*).

Um das 'Schreiben der kornischen Nation' im Kulturbereich der Sprache zusammenzufassen: In den exemplarisch angeführten Texten zum Kornischen werden sprachliche Aspekte der kornischen Kultur und Identität zusammengestellt; dies reicht von der Sprache als Kennzeichen ethnischer Differenz und des Nationsstatus (durch den Sprache/Nation-Nexus) über Sprache als Quelle von Solidarität bis zu einer nationalistisch gefärbten Version der Sprachgeschichte, aus der solche Teile gestrichen werden, die nicht ins Bild einer historisch kontinuierlichen

---

[62]   A.S.D. Smith (1999)a, zuerst S. 82f./83f., dann S. 86/87.

[63]   Mac Neacaill, S. 130 für das Kornische; dieses Gedicht mag als Vorbild für das bekannte irische Lied "Four green fields" von Tommy Makem aus den 1960er Jahren gedient haben, in dem Irland als alte Frau personifiziert erscheint, von deren vier grünen Feldern (den Provinzen Irlands, Leinster, Munster, Connaught und Ulster) eines, nämlich (ein Teil von) Ulster, in fremden Händen gefangen gehalten wird.

[64]   Hambly (1999)b, Hervorhebungen im Original.

Nation passen, nämlich des Aussterben der Sprache im 18. Jahrhundert. Hinzu kommt, als nicht-schriftlicher 'Text'-Teil, dass das *Revival* und der Erwerb der Sprache aus rein ideologischen Gründen betrieben werden: Damit bekunden die Lernenden ihre Verbundenheit mit der als Nation vorgestellten Gemeinschaft, was nicht der Fall ist, wenn ein Linguist Kornisch oder eine Außenhandelskauffrau Chinesisch lernt. Es entsteht ein Gesamttext, der von der kornischen Nation in den Begriffen des Kornischen als einer Nationalsprache erzählt und dabei textliche Muster des Nationalismus benutzt – etwa die Opposition zwischen der eigenen kornischen und der 'fremden' englischen Nation, die an den jeweiligen Sprachen festgemacht und demonstriert wird, oder das 'Vergessen' unerwünschter Aspekte der kornischen Sprachgeschichte –, und durch diese Erzählung tritt die kornische Nation ins Dasein, da eine Nation ja eine ideelle, keine physische Realität ist.[65] Dies bedeutet allerdings nicht, dass die Einwohner Cornwalls in ihrer Gesamtheit (oder auch nur nationalistisch orientierte Teile davon) allen oder den meisten Bestandteilen dieses Textes zustimmen: Die kornische Nation wird in diesem Text nur von wenigen Personen 'geschrieben'; danach müssen möglichst viele Menschen diesen 'Text' lesen, ihn sich zu eigen machen und sich mit der im Text konstruierten Nation identifizieren (wenn das *nation-building* erfolgreich sein soll), was ein zweiter Schritt ist, der aber außerhalb des Untersuchungsbereichs liegt. Wer jedoch von der kornischen Nation spricht, muss im Bereich der Sprache auf Versatzstücke dieses Textes zurückgreifen, etwa die Sprache selbst erlernen, Aspekte der dargelegten Sprachgeschichte beispielsweise in Leserbriefen unterstützen oder auch nur kornische Identität durch die Benennung von Wohnhäusern (oder Straßen, im Falle von Stadtverwaltungen) in der kornischen Sprache zeigen. Dass dies in erster Linie mit dem Kornischen anstelle des kornischen Dialekts des Englischen geschieht, liegt sicherlich an der weithin angenommenen Verbindung von Sprache und Nation: Sprache ist in der etablierten Ansicht "the most essential symbol of ethnic nationhood", weshalb nationalistische Akteure oft verstärkt Wert auf Sprachenplanung legen.[66] In dieser Sichtweise mag Dialekt eine gewisse Differenz symbolisieren, eine Nation jedoch bedarf einer eigenen Sprache. Nicht umsonst wurde bei der irischen Staatsgründung das Gälische zur ersten Staatssprache erhoben, obwohl es bereits eine Minderheitensprache war und mit dem irischen Englisch eine eigene Variante des Englischen bereitstand. So hat John Angarrack, aus dem Herzen der kornischen Bewegung heraus, die kornische Sprache, nicht etwa den kornischen Dialekt "the key to Cornwall's Celtic identity" genannt.[67]

In Wales und der Bretagne, um zwei 'keltische' Gebiete anzuführen, die linguistisch geteilt sind (vereinfacht: kymrischsprachiger Norden vs. englischsprachiger Süden im ersten, bretonischsprachiger Westen vs. französischsprachiger Osten

---

[65]   Sprache ist freilich gewissermaßen nur ein Kapitel des nationserschaffenden Gesamttextes, die später behandelten, anderen Kulturbereiche sind als weitere Kapitel zu verstehen.

[66]   O'Reilly, S. 25.

[67]   Angarrack 1999, S. 190.

im zweiten Fall), wird immer wieder um die Bedeutung der jeweiligen keltischen Sprache für die Identität der Bevölkerung gestritten: Während für die eine Seite das Beherrschen der Sprache wesentliches Merkmal der Identität ist, geht die andere davon aus, dass sich Identität auch an anderen Merkmalen festmachen lässt. Cornwall kann hier eine Position einnehmen, die der irischen und schottischen nahekommt, weil dort wie hier die reine Existenz der Sprache ein symbolisches Differenzierungsmerkmal ist, da nur geringe Bevölkerungsanteile der Sprache mächtig sind. A.S.D. Smith brachte dies in seinem Gedicht "An Gwlascarer" zum Ausdruck, in welchem er den titelgebenden kornischen Patrioten ganz unnationalistisch sagen lässt, das Kornische sei eine schreckliche Sprache, die er [sic!] weder sprechen noch schreiben könne, auch wenn er den Slogan "Kernow bys vyken", etwa: 'Lang lebe Cornwall!', rufe (und damit seine Liebe zu Cornwall bekennt). Einen dramatischen, entgegengesetzten Effekt erreicht Smith jedoch durch die poetische Form des Textes, da das Gedicht kunstvoll in kornischsprachigen Kreuzreim-Versen geschreieben wurde.[68]

Mit den oben gemachten Beobachtungen zum Symbolcharakter der kornischen Sprache können letztlich O'Reillys Schlussfolgerungen bezüglich des Irisch-Gälischen unterstützt und sogar verstärkt werden: O'Reilly wendet sich dagegen, einer Sprache, die nicht als weithin benutztes Kommunikationsmedium fungiert, einen 'bloß symbolischen' Charakter zuzuschreiben, wie dies selbst Sprecherinnen und Sprecher von Minderheitensprachen tun: "The role of language in ethnic identity is always symbolic in part and no less significant for this, even where the communicative status of a language is in question."[69] Tatsächlich drückt sich die Verfasserin noch zu vorsichtig aus: Eine Sprache ist für ethnische oder nationale Identität nicht 'just symbolic', sondern kann 'even symbolic' sein. Der Unterschied kann am Sprachenpaar Englisch-Kornisch verdeutlicht werden: Englisch besitzt für dessen Sprecherinnen und Sprecher innerhalb Großbritanniens keinen besonderen Status – es ist das Medium der Alltagskommunikation, geht in dieser Funktion ganz auf und ist damit sogar 'just functional' (anders mag es sein, wenn sich die Personen im Ausland befinden). Kornisch dagegen, das als Kommunikationsmedium entbehrlich ist, weil es keine monolingualen Kornisch-Sprecherinnen und -Sprecher gibt, ist der zwingenden Kommunikationsfunktion enthoben und konnte sich so als eine 'Gallionsfigur' kornischer Identität etablieren. Es ist nicht '*just* symbolic', es ist '*even* symbolic', da seine Sprecherinnen und Sprecher die Sprache bewusst zur Demonstration ihrer kornischen Identität benutzen können. Und wenn zum Erlernen der kornischen Sprache aufgerufen wird, so geschieht dies, um das Kornische zusätzlich 'even functional' und die 'Nation Cornwall' sichtbarer werden zu lassen. Verwandte Beobachtungen wie bezüglich der Sprache lassen sich im kulturellen Bereich der Geschichte anstellen, der im folgenden Abschnitt betrachtet wird.

[68]   A.S.D. Smith (1999)b.
[69]   O'Reilly, S. 30.

3.2   Geschichte

Eines der wichtigsten kulturellen Felder, in denen sich die Erschaffung von Nationen zeigt, ist die Geschichte. Die historischen Wissenschaften stellen das Material
bereit, das nationalistische Akteure, möglicherweise selbst in den Geschichtswissenschaften tätig, in ihren Bemühungen nutzen können, braucht doch jede Nation
eine Geschichte, wie der Historiker Eric Hobsbawm feststellt:

> historians are to nationalism what poppy-growers in Pakistan are to heroin-addicts: we
> supply the essential raw material for the market. Nations without a past are contradic-
> tions in terms. What makes a nation *is* the past, what justifies one nation against others
> is the past, and historians are the people who produce it.[70]

So wie Mohn als Rohmaterial weiter verarbeitet wird, wird das Rohmaterial
der Vergangenheit erst noch verarbeitet. Nationalistische Akteure selektieren und
deuten geschichtliche 'Fakten' und schreiben daraus eine Erzählung der Entstehung der Nation und ihrer Identität, durch die die Nation auf ein historisches Fundament gestellt und legitimiert wird. Hierbei erschaffen sie zugleich die Vision
eines 'Goldenen Zeitalters', die auch die nationalistischen Ziele umreißt: Ein in die
entfernte Vergangenheit projizierter Zustand der 'Nation', die es damals noch gar
nicht gegeben hatte, soll in der Zukunft wiedererlangt werden.[71] Dabei mythisie-
ren sie Ereignisse, das heißt, sie entheben sie ihrer ursprünglichen, damaligen Bedeutung (oder, häufiger, Bedeutungslosigkeit) und stellen sie im nationalistischen
Gesamttext in einen erzählerischen Rahmen, in welchem diese Ereignisse eine
zentrale Rolle in der Entstehung oder im Leben der Nation spielen. Viele andere
Ereignisse werden dagegen gleichsam 'aussortiert' – 'vergessen', um erneut mit
Renan zu sprechen (s. oben, S. 32). Dieser Vorgang lässt sich mehr oder weniger
deutlich bei allen europäischen Nationen beobachten, wobei das 19. Jahrhundert
als die Zeit auffällt, in der die Erschaffung solcher nationaler Geschichtsbilder
besonders ausgeprägt ist: Die meisten Mythen der europäischen Nationen wurden
"im 19. Jahrhundert erfunden, geradezu konstruiert", und Anthony Smith erweitert
dies auf beinahe alle kulturellen Gemeinwesen aller Zeitalter.[72] Das Resultat dieses Vorgangs, ein verändertes, oft leidenschaftlich vorgetragenes und verteidigtes
Geschichts*bild* im Gegensatz zur sachlichen, 'nüchternen' Geschichte der historischen Wissenschaften nach Leopold von Rankes Diktum 'wie es eigentlich gewesen', nennt Anthony Smith *ethno-history* oder *mythistoire*. Wenn diese *ethno-history* auch dazu erschaffen wurde, um in Gegenwart und Zukunft einen Zweck zu

---

[70]   Hobsbawm 1992, S. 3, Hervorhebung im Original.
[71]   A.D. Smith (2001a, v. a. S. 444f.) beschreibt diesen Vorgang im Hinblick auf die Archäologie, die besonders geeignet sei, Material über den vorgeblich ursprünglichen Zustand und
Charakter der Nation zu liefern.
[72]   Das Zitat Flacke, S. 14f.; A.D. Smith 1995b, S. 63. Einen anschaulichen Überblick quer
durch Europa gibt der von Monika Flacke edierte Band *Mythen der Nationen* (s. Flacke).

erfüllen, so handele sich doch nicht um "fabrication or pure fiction", sondern um einen historisch wahren, selektiv wahrgenommenen Kern, der im Laufe der Zeit idealisiert, heroisiert und romantisiert wird, um der Gemeinschaft ein "stirring and emotionally intimate portrait of the community's history, constructed by, and seen from the standpoint of, successive generations of community members" zu liefern, welches das genannte 'Goldene Zeitalter' einschließt.[73]

Dieser Abschnitt beschäftigt sich folglich mit der *mythistoire* Cornwalls, den für bedeutsam erachteten und geschätzten, in Geschichtserzählungen gefassten historischen Momenten des Landes, die als Anzeichen des 'Schreibens der kornischen Nation' verstanden werden: Ganz im Sinne der Ideologie des Nationalismus rufen kornische Nationalistinnen und Nationalisten[74] die Geschichte Cornwalls als eines der wichtigsten Zeugnisse einer eigenen, nationalen kornischen Identität auf, wollen mithilfe von Geschichte einen früheren Nationsstatus Cornwalls belegen (Stichwort 'Goldenes Zeitalter'), der in der Zukunft wiederzuerlangen sei, und erschaffen durch sie eine Basis der inneren Solidarität unter den Angehörigen der 'kornischen Nation'. Die kornische *ethno-history* ist insbesondere in den eher populären Geschichtsdarstellungen Cornwalls zu finden, wo eine bestimmte Version und Sichtweise der Geschichte bereitgestellt wird, die dann instrumentalisiert werden kann: Historische 'Fakten', in den Geschichtswissenschaften bereits von bloßer Vergangenheit zu Geschichte geformt, werden, nachdem sie mehr oder minder nationalistisch interpretiert und damit erneut verändert wurden, selektiv als Argumente zitiert, die die Forderungen in der Diskussion um den Status Cornwalls legitimieren sollen. Dabei ist Geschichte, erneut umgearbeitet zu *heritage*, auch Grundlage von nationaler Identität auf einer persönlichen Ebene (hier der vielzitierten *Cornish identity*), indem bestimmte historische Momente zu handhabaren Symbolen umgedeutet und als Fixpunkte, um die sich Identität kristallisieren kann, instrumentalisiert werden: "For all but amnesiacs, heritage distills the past into icons of identity, bonding us with precursors and progenitors, with our own earlier selves, and with our promised successors."[75] Mit dem *heritage*-Aspekt geht dieser Abschnitt über das hinaus, was Smith im Begriff der *ethno-history* zusammenfasst, was sein Konzept erweitert: Indem die *Heritage industry* Symbole, Erlebnisse und Orte als Geschichtserfahrungen vermarktet, bringt sie Geschichte von einer vorwiegend akademischen auf eine populäre Ebene und bietet sie durch

---

[73] A.D. Smith 1995b, S. 63.

[74] Hiermit sind nicht nur Personen aus nationalistischen Parteien gemeint, sondern alle, die für Cornwall einen Sonderstatus beanspruchen oder den Nationsbegriff bewusst auf Cornwall anwenden, wie Angarrack, der "this nation" für "Cornwall" benutzt (z. B. 1999, S. 425), was gerade durch die Beiläufigkeit zeigt, wie verankert der kornische Nationsstatus für ihn ist. Die Bedeutung der kornischen Geschichte musste übrigens sogar die *Local Government Commission for England* (S. 29, eigene Hervorhebung) anerkennen: "The Commission recognises nationally that many people [in Cornwall] have strongly held loyalties to their county, which has a long and *valued* history."

[75] Lowenthal, S. 43.

individuelles Erleben zur persönlichen (im Gegensatz zu Smiths kollektiver) Identifikation an, was bei Cornwall sogar sehr ausgeprägt ist, denn 'Cornwall sells'.[76] Eine solche Enthistorisierung ist auch textlich nachweisbar, etwa in einem Reiseführer (1937), in dem das Gefühl beschrieben wird, dass "it [Cornwall] belongs somehow to the mists of time, that its proper place is in the far-off past", was die jüngere Geschichte bedeutungslos erscheinen lässt, oder wenn Daphne du Maurier in *Vanishing Cornwall* (1967) über die kornische Bergbauanlage Wheal Cotes in St Agnes (im Kontrast zu einer anderen Anlage im Westen Cornwalls) schreibt:

> Here it is not so easy to imagine the line of men climbing from their toil to the grassland and the open air. The site has more the drama of old legend, of days even before the miner hewed his way into rock and stone. This chimney surely never belched forth smoke, those walls never housed an engine's throbbing power. They stood for something outside time, like the tombs on the moorlands of West Penwith; memorials to daring and to courage, to the spirit of the miner himself, undefeated in adversity and loss, braving the centuries past, the centuries to come, symbols of a Cornish heritage.[77]

Dies ist, in prägnanter Form ausgeführt, die Transformation einer historischen Stätte, die mit der Glanzzeit des kornischen Bergbaus verbunden ist und damit den Höhepunkt wirtschaftlicher Prosperität Cornwalls markiert, in ein Symbol kornischer Vergangenheit, das selbst keinem spezifischen Moment der Geschichte mehr zuzurechnen ist: Als Symbol verweist es nicht mehr grob auf das 19. Jahrhundert (somit auf eine einigermaßen fest umrissene historische Phase, als eben doch Rauch aus den Schornsteinen quoll), sondern auf die kornische Geschichte selbst, weswegen du Maurier zudem den Vergleich mit den mehrere tausend Jahre älteren Gräbern von Westpenwith anstellt, die (fast wie die ägyptischen Pyramiden) eher für die Ewigkeit als für eine diskrete historische Epoche stehen.

Abweichungen vom strikten Geschichtsverständnis der historischen Wissenschaften reichen in der nationalistische Geschichtsschreibung von intellektuellen, aber radikalen Ansätzen (das Verhältnis Englands zu Cornwall in Geschichte und Gegenwart wird mit ausführlicher Argumentation als Genozid dargestellt) bis hin zu unbelegbaren oder schlichtweg falschen Behauptungen mit romantischem Anklang ("Stannary Law [...]. A Legal system exclusive to the Celts of Cornwall dating back to pre-English and perhaps pre-Christian eras.")[78] Dabei wird den

---

[76]   Dass dies spätestens seit dem Erfolg der Rosamunde Pilcher-Filme auch in Deutschland bekannt ist, zeigt visuell u. a. ein Reiseführer von Caroline Görnandt mit dem Titel *Cornwall: Somerset, Devon, Dorset*, auf dessen Umschlag das verkaufsträchtige erste Wort im Titel in einer mehr als doppelt so großen Type wie die anderen geographischen Namen gedruckt ist. So wird der werbewirksame Name *Cornwall* gegenüber denen der anderen Gebiete in einer Weise betont, die keine Entsprechung im Umfang der Behandlung der Regionen findet.

[77]   Zuerst Mee (Hg.), S. 2, dann du Maurier 1972, S. 108.

[78]   Für das erste Beispiel etwa *Tyr-Gwyr-Gweryn*, ähnlich Angarrack 1999, *pass.*, z. B. S. 51, sodann SOSKernow (1999) für das Zitat. Pennington (S. 12) bezeichnet bereits das Wissen um ein pränormannisches "customary mining law" als "largely speculative".

'englischen' Versionen der Geschichte, die als etablierte Texte unter anderem in Schulen in ganz Großbritannien gelehrt werden, mitunter vorgeworfen, kornische (und insgesamt 'keltische') Aspekte der Geschichte in englisch-nationalistischer Absicht bewusst zu unterdrücken, um die englische Führungsposition in der britischen Union historisch, aber auch in der Gegenwart zu festigen; demgegenüber müsse eine kornische Version der Geschichte geschrieben werden, die von kornischen Nationalistinnen und Nationalisten natürlich als 'wahrer' angesehen wird und die Teile der britischen Geschichte wieder aufdecke, die dem englischen Geschichtsbild unliebsam wären. So heißt es im *Cornish Stannary Parliament*: "The English national majority has ensured, through the National Curriculum, that history lessons for all British children do not include reference to the Celts [...]", und kurz darauf, nach der Darlegung der eigene Geschichtsversion bezüglich der *Duchy*-Einrichtung: "Such facts are considered taboo in insular circles, as a result of which, Cornish history has become a casualty of English nationalism."[79]

Die folgende Darstellung ist themenzentriert, sie folgt mithin nicht einzelnen Texten immer wieder in ihrem Durchgang durch die gesamte Geschichte, sondern vergleicht einzelne historische Momente in ihrer Behandlung in verschiedenen Texten. Dies geschieht in der Absicht, die Kristallisationspunkte der kornischen Geschichte hervortreten zu lassen, die zur Definition kornischer Identität genutzt werden, anstatt einzelnen Texten Geschichtsrevision nachweisen zu wollen.

Die selektive Wahrnehmung in der Interpretation der Geschichte zur Legitimation des unabhängigen, nationalen Status Cornwalls (programmatisch Jenner: "the history of Cornwall proves it to have been a separate nation in the past"),[80] kann an einer Fülle von Ereignissen in vielen Texten gezeigt werden. Für die Frühzeit der kornischen Geschichte kommt dabei, neben der proklamierten keltischen Abstammung, der ein eigener Abschnitt gewidmet wird, der Darstellung des Verhältnisses zwischen 'Kelten' und 'Angelsachsen' in vornormannischer Zeit besondere Bedeutung zu. Diese Zeit wird als die Nationsentstehung Cornwalls gedeutet:

> The beginnings of Cornish nationality, as distinct from an earlier British one, extend as far back in time as the 6th century, in the course of which, as the result of English expansion westwards, the Britons of Cornwall, Devonshire and part of Somersetshire became cut off from their compatriots in Wales and the north of Britain.[81]

Eine solchermaßen verfasste 'Geburt der kornischen Nation' deutet bereits auf eine grundlegende Eigenschaft des kornischen Nationalismus hin: Die Nation, ihre Bevölkerung und das Land selbst, werden geradezu *ex negativo* definiert durch

---

[79]   Nute/Murley, S. 19, ähnlich S. 24f. Woanders wird von "the untold history of Britain" gesprochen (Murley/Pascoe/Nute (Hgg.), S. 36), während Hodge (1999) seinem Text den Titel *Cornwall's secret war: the true story of The Prayer Book War* gab; weitere Beispiele in Angarrack 1999 und 2002, *pass.*

[80]   Jenner 1904-1905, S. 234.

[81]   Mebyon Kernow (o.J.), S. [1].

den Gegensatz zu England und den 'germanischen', 'angelsächsischen' Einwanderern. Die sogenannte angelsächsische Landnahme auf Kosten der britischen Kelten wird dabei gerne drastisch geschildert:

> The ancestors of the English had begun to invade the island of Britain in the 5th Century [sic!], annihilating sections of the indigenous Celtic inhabitants and sometimes forcing other sections to undertake mass migrations out of the area of Britain which then became England.[82]

Auf P.B. Ellis' Deutung Cornwalls als einflussreiches und von Dumnonia distinktes Königreich wurde bereits hingewiesen. Dazu beschreibt Ellis ausführlich den heroischen Widerstand der 'Westwaliser' gegen die Raubzüge und Expansionsversuche der Könige von Wessex, welche um 721/722 geschlagen werden konnten, so dass "the Cornish were able to retain their independence for another two centuries"; doch noch im gleichen Jahrhundert musste sich Cornwall weiter zur Wehr setzen und eine Reihe von Schlachten bestehen: "Cornwall stubbornly protected its independence against Wessex."[83] Die folgende Zeit wird für Cornwall als "semi-independence" beschrieben, aber nicht weiter als wichtig erachtet: Die Nation ist in diesen Texten nun erstmals in Erscheinung getreten und musste sich von Anfang an und in der Folgezeit immer wieder gegen Aggressoren verteidigen, während die Existenz kornischer Könige als Beleg für ein unabhängiges Königreich in jener Zeit gedeutet wird, etwa von Weatherhill.[84] Auch David Riley sieht die kornische Nation als zu dieser Zeit 'geboren' an, beschreibt diesen Vorgang jedoch in modernen Begriffen, die die historische Distanz verwischen: So erwähnt er ein wahrscheinlich aus dem 7. Jahrhundert stammendes Dokument, in dem von "the West Welsh kingdoms of 'Dumnonia' and 'Cornubia'" die Rede sei, und schließt aus dieser Doppelung: "it would seem therefore that Western Dumnonia had declared its independence having adopted the title of 'Cornubia' perhaps because the new kingdom was still related to the original Cornovian dynasty". Kurz darauf spricht er noch eindeutiger von den westlichen Dumnoniern "who in declaring their independence successfully managed to retain control of their political and religious matters until much later." Eine Unabhängigkeitserklärung darf in jener Zeit selbstverständlich nicht erwartet werden, und doch überträgt Riley hier moderne Verhältnisse auf 'dunkle' Bereiche der Geschichte, was er direkt im Anschluss daran erneut tut, diesmal sogar ganz explizit, als er die spätere Tamargrenze als damalige Grenzlinie suggeriert: "The watershed of the Tamar may well have been the boundary *as it is today* between Devon and Cornwall."[85] Wenn das junge Cornwall in Rileys Darstellung nach der Unabhängigkeitserklärung "control of their political and religious matters" gehabt haben soll, was in seiner modernen

---

[82]   P.B. Ellis 1992, S. 13.
[83]   Beide Zitate P.B. Ellis 1994, S. 161, das folgende Wortzitat Mebyon Kernow (o.J.), S. [2].
[84]   Weatherhill 2005, *pass.*, besonders S. 41-43; das Folgende Riley, S. 56f. bzw. S. 57.
[85]   Riley, S. 57, eigene Hervorhebung.

Diktion nach einer Art frühen *Home Rule* klingt, so fallen hierbei die Parallelen zu den heutigen Autonomiebestrebungen unzweifelhaft ins Auge. Die Implikationen von Rileys Schilderung des 'Goldenen Zeitalters' Cornwalls als Analogie zu den gegenwärtigen Bemühungen zeigen die zeitgenössische Relevanz der Geschichte, insbesondere angesichts der Entstehungszeit seines Buches, das zum bisherigen Höhepunkt der politischen Aktionen mit dem Ziel erweiterter Selbständigkeit Cornwalls geschrieben und 2004 veröffentlicht wurde. Tatsächlich kann Rileys Geschichtsdarstellung nur als Gleichnis verstanden werden, durch das einerseits Cornwall eine frühe, ehrwürdige Nationsentstehung erhält, das andererseits den Mitgliedern der kornischen Bewegung Vorbild und Ansporn sein kann, den 'unabhängigen' Status Cornwalls wiederzuerlangen; sie ist damit mindestens ebenso sehr politischer Kommentar wie Historiographie. Dies ist auch an anderer Stelle ersichtlich: Über das 14. Jahrhundert und Eduard III. schreibt Riley: "With his sure political touch he re-elevated the earldom to a dukedom hoping to assuage any feelings of apprehension on the part of Cornishmen that they were being absorbed into what was to them the amorphous mass of England."[86] Natürlich ist nicht belegt, dass auch nur einzelne Personen im damaligen Cornwall so empfanden, der Ausdruck"amorphous mass of England" ist vielmehr dem heutigen Nationalismus entlehnt, in dem die Inklusion Cornwalls in der, wie immer betont wird, identitätslosen, 'amorphen' englischen Südwestregion abgelehnt wird. Erneut bietet Riley in der Vergangenheit ein Vorbild für die Gegenwart.

Auf den so konzipierten Beginn der Nationsgenese folgen in der Erzählung der 'nationalen' Geschichte die Taten König Athelstans gegen das westliche Keltengebiet (zum Hintergrund immer Abschnitt 2.1). P.B. Ellis' Bewertung derselben ist eindeutig: Die letzten Überreste des Königreichs Dumnonia (außerhalb des späteren Cornwall jetzt nur noch das Gebiet westlich von Exeter) wurden nun annektiert, die verbliebene keltische Bevölkerung getötet oder schonungslos vertrieben und auf die andere Seite des Tamar verbannt. Ellis vergleicht die Vorgänge gar mit dem, was er die "modern Serbian philosophy of 'ethnic cleansing' in the former Yugoslavia" nennt; dies habe nur durch einen vom kornischen König angestrebten Friedensvertrag und die rein formale Anerkennung der Oberhoheit von Wessex gestoppt werden können.[87] In einer anderen Darstellung heißt es ähnlich:

> During the first half of the tenth century King Athelstan of Wessex defeated the Cornish King Hywel and, thereafter, King Hywel seems to have acknowledged that he owed allegiance to King Athelstan who declared the River Tamar should form the boundary between the Kingdom of Wessex and the Kingdom of Cornwall.

Einen weiteren Aspekt fügen Laity, Saunders und Kent dem nationalistischen Text über die Geschichte Cornwalls hinzu: "Wessex did not annex Cornwall. That

---

[86] Riley, S. 105.
[87] P.B. Ellis 1994, S. 204, das Zitat zuvor S. 203. Das folgende, längere Zitat Hawkins, S. 3.

is the crucial point. Cornwall has never been annexed by anybody. Cornwall 'agreed' to the 'protection' of Wessex." Dadurch sei ein Verhältnis zwischen "Protectorate" und "Protecting Power" mit beidseitigen Verpflichtungen entstanden: "Cornwall undertook not to act contrary to the interests of Wessex, while Wessex undertook to defend the rights of the Cornish, their laws and institutions, and the integrity of their land."[88] Wie bei Ellis ist hier in Bezug auf das spätere Cornwall nichts von Unterwerfung zu lesen, wohl aber hinsichtlich der Gebiete östlich des Tamars, so dass mit Athelstan Cornwall in seinen modernen Grenzen definiert ist. Mit der Geschichte als Hintergrund für die Gegenwart schreibt Fleet:

> Thus was it proposed [by the Redcliffe-Maud Commission on Local Government in 1969] that the "Tamar Line", the Border which has stood for over a thousand years between the Celts and the Saxons of the South-Western peninsula, should be violated, legally, and that the 1970s should see the establishment of an official alien bridgehead west of the river, an achievement which [...] had been denied to all comers since the days of Howell and Athelstane [sic!], Kings of Cornwall and Wessex respectively, whose Treaty, early in the tenth century, followed the collapse of Celtic Dumnonia, "put Tamar as the bounder between them".

Fleet nutzt die in Cornwall bekannte Grenzsetzung Athelstans im frühen 10. Jahrhundert als Argument für einen Disput in der zweiten Hälfte des 20. Jahrhunderts, nämlich der Neuordnung der Grafschaftsgrenzen im Südwesten Großbritanniens, die dem Interesse kornischer Nationalistinnen und Nationalisten entgegenläuft. Wichtig ist diesen bei alldem, dass Cornwall nicht in England eingegliedert wurde, sondern nur "an apanage or dependency of the English Crown" wurde,[89] und zwar zumeist durch Vertrag oder Übereinkunft, also durch Zustimmung auf kornischer Seite. Dass es Hinweise weder auf einen Vertrag selbst noch auf etwaige Inhalte einer Übereinkunft gibt und beides ohnehin äußerst modern anmutet, ist in dieser Konstruktion irrelevant, geht es doch darum, ein Bild kornischer 'Außenpolitik' zu zeichnen, das die Existenz einer kornischen Nation impliziert und in der Person des kornischen Königs das Handeln einer gleichsam staatlichen kornischen Instanz vorführt. Ähnlich geht Angarrack vor, wenn er über ein Ereignis im Spätmittelalter äußert, dieses habe "the complete breakdown in relationships between Cornwall and England"[90] bewirkt: Auch hier impliziert die Terminologie, die die modernen inter-'nationalen' Beziehungen evoziert, den Gegensatz von kornischer und englischer Nation.

Die Anerkennung Cornwalls als geographische und politische Einheit durch Athelstans Grenzsetzung wird gerne genannt; weggelassen oder 'vergessen' wird dabei (was ja typisch für nationale Geschichtsbilder ist), dass zugleich englisches

---

[88] Dies alles Laity/Saunders/Kent, S. 6. Das Folgende Fleet, S. 118.
[89] So Mebyon Kernow (o.J.), S. [2]; ähnlich auch Mebyon Kernow 1968, S. 3: "Cornwall was England's first colony, conquered, though not subdued, by Egbert and Athelstan of Wessex."
[90] Angarrack 1999, S. 37.

Recht eingeführt und (modern gesprochen) eine Bodenreform durchgeführt wurde. Dies suggeriert, dass Cornwall gleichberechtigt neben England stand, wo es eher ein Abhängigkeitsverhältnis war.[91] Dennoch ist die Grenzsetzung eines der wichtigsten Ereignisse in der kornischen Geschichtsschreibung nationalistischer (oder patriotischer, wie im folgenden Zitat) Art:

> All our subsequent separatism or idiosyncracies [sic!], whether remarked upon externally or boasted about internally, derive from the status and development of the peninsula in that millenium [sic!] from 100 B.C. [prior to the Roman conquest of Britain] to A.D. 900, or thereabouts [Athelstan].[92]

Die Grenzziehung erlangt ihre Relevanz in dieser Deutung aus ihrer Funktion als *terminus ante quem* des Ursprungs jeglicher kornischer Differenz. Der kornische Nationalismus beruft sich teils auf eine sehr lange zurückliegende Zeit (Whetter erklärt Unterschiede zwischen England und Cornwall im 17. Jahrhundert sogar mithilfe von Einwanderungen in vorchristlicher Zeit),[93] die nichtsdestoweniger für relevant gehalten und zur Identitätsbildung und Argumentation benutzt wird.

Ein weiteres Beispiel ist die Institution der *Duchy of Cornwall*, die auch heute noch Identität schafft: "The fact that Cornwall contains a duchy is a matter of pride to its modern inhabitants".[94] Ihre Erschaffung 1337 wird als Beleg für das besondere Verhältnis Cornwalls zur englischen Krone im Unterschied zu einer Zugehörigkeit zu England gedeutet:

> Cornwall's connection with the English Crown was reinforced in 1337 by the creation of the Duchy of Cornwall [...]. This connection with the English Crown has never implied Cornwall's incorporation into England, and in this, as in every other respect, Cornwall stands apart from the English counties, all of which are a natural part of the territory of England.[95]

In der Deutung von P.B. Ellis liest sich der Vorgang wie folgt: "Cornwall was created a Duchy in recognition of its constitutional position as a separate nation", nämlich als kolonialer Besitz des englischen Königs. James Whetter geht in seiner Interpretation noch weiter: "The establishment of the Duchy of "Cornwall" was in part recognition of the individual Celtic identity of the land."[96] Tatsächlich deutet es auf eine gewisse Ausnahmestellung im Königreich hin, dass es gerade Cornwall anstatt einer 'normalen' englischen Grafschaft war, das zur *Duchy* erhoben wurde. Damit kann aber nicht nachgewiesen werden, dass Cornwall damals eine eigene keltische Identität besaß oder als keltisches Land wahrgenommen wurde,

---

[91]   Ausnahme hier: Mebyon Kernow (o.J.), S. [2] und [3].
[92]   Charles Thomas 1973, S. 6f.
[93]   Whetter 1991, S. 26.
[94]   Elliott-Binns, S. 166.
[95]   Mebyon Kernow (o.J.), S. [3].
[96]   P.B. Ellis 1992, S. 20, ähnlich *id.* 1994, S. 221; Whetter 1973, S. 33.

sondern nur als 'anders': Einen integralen Teil seines Reiches hätte kein englischer König derart herausgehoben, lautet der bekannteste Titel des Thronfolgers doch auch *Prince of Wales* und nicht etwa *Prince of Hampshire*.[97] Ähnlich deutete Jenner den Status Cornwalls nach der Normannischen Eroberung: "Cornwall did not become a part of England. It became an appanage of the Norman dynasty, and no more a part of England than Ireland became a century, or Wales two centuries, later", und nach der Erschaffung der *Duchy* sei Cornwall "a separate earldom or duchy attached to the English Crown"[98] gewesen. Noch deutlicher ist diese Strategie der Abgrenzung von England durch Zuschreibung an die Krone bei Nute und Murley: "It was more acceptable to exploit the 'foreign' Cornish than persuade English supporters to pay taxes for the upkeep of the monarch and his family."[99] Für Angarrack ist "the obscenely wealthy, ever growing, criminal syndicate known as the Duchy of Cornwall" das politische Mittel, das unenglische Cornwall finanziell auszubeuten, für Tyr-Gwyr-Gweryn letztlich ist die *Duchy* mit ihren Institutionen dagegen gar "the legitimate Cornish Nation-State".[100] In diese Richtung geht auch Angarracks neuere Argumentation: Danach sei Cornwall nicht nur außerhalb Englands, sondern sogar "extra territorial [sic!] to the English Crown" gewesen.[101] In der Zeit der *Earls of Cornwall* (also vor der *Duchy*) nimmt Angarrack kornische 'Vizekönige' an, die dann durch den *Duke of Cornwall* in ihrer Funktion als Quasi-Staatsoberhaupt abgelöst worden seien. Dazu führt Angarrack geschickt gewählte Zitate aus lateinischen Quellentexten an, die ein Publikum ohne ein gewisses Maß an Sprachkenntnis und mittelalterlichen Vorkenntnissen (und Misstrauen) beeindrucken wie überfordern können, was seiner Arbeit einen akademischen Anschein und der Argumentation mehr Überzeugungskraft verleihen soll. Ein Beispiel ist die Übersetzung des Wortes *dux* aus den Urkunden: Angarrack wendet sich gegen die bisherige Übersetzung 'Duke' und möchte es als "Leader" verstanden wissen, schließlich sei die zeitgleiche Wendung "Christo Duce" ja auch nicht als 'Herzog Christus' zu verstehen; Angarrack macht damit

---

[97]   Die Schaffung des walisischen Fürstentitels könnte wie die des kornischen Pendants eine *accommodation* eines noch nicht integrierten Teils der Inseln in den englischen Herrschaftsbereich sein, wie in Abschnitt 2.1 dargelegt. Damit wird erneut Cooper (S. 172-175, S. 178) widersprochen, der ja jedwede Verbindung der *Duchy* mit kornischen Besonderheiten ablehnte und sie allein als Möglichkeit der propagandistischen Einflussnahme durch die Krone und als Einkommensquelle auslegte.

[98]   Jenner 1904-1905, S. 234 und S. 235.

[99]   Nute/Murley, S. 19.

[100]   Angarrack 1999, *pass.*, das Zitat S. 55, und Tyr-Gwyr-Gweryn. Angarracks Argumentation ist hier unentschlossen, denn er sieht im Herzog einen "quasi-sovereign of Cornwall" (z. B. S. 217, und *pass.*), eine Art Staatsoberhaupt, was erneut Beleg für den separaten Status Cornwalls sei; dies verleiht Cornwall einen staatsähnlichen Charakter, was er begrüßen sollte, doch überwiegt die Beschwerde über die Ausbeutung durch *Duke* und *Duchy*, wobei die Einkünfte des Herzogs zu "Tributzahlungen" Cornwalls werden (*ibid.*, S. 213), was wiederum eher auf Staatlichkeit deutet, wenn auch auf die eines unterdrückten, abhängigen Staates.

[101]   Angarrack 2002, S. 145, die dazugehörige Argumentation S. 143-166.

aus dem spezifischen Adelstitel eine generelle Bezeichnung für eine Führerfigur, die an der Spitze Cornwalls gestanden habe.[102] Mit der Referenz zur Bezeichnung Christi mag Angarrack eine Breitenwirkung erzielen, jedoch belegt dies nicht, wie er unterstellt, dass Cornwall nicht von einem Herzog geführt wurde, was seinen Vorstellungen von einem beinahe unabhängigen mittelalterlichen Cornwall aber nicht ausreicht. Stattdessen verwebt er solche Aussagen mit anderen Ausnahmen, die sich aus den Besonderheiten des *Duchy*-Status ergeben (etwa Unterschiede bei der Steuereintreibung und der Ernennung von *Sheriffs*) zu einem Bild, in dem Cornwall als von England und der Krone deutlich geschieden erscheint, wodurch er den Nationsstatus Cornwalls im Mittelalter bewiesen sieht.[103] Dies untermauert er mit Zitaten, die er nur zur Hälfte deutet, etwa die Wendung 'England und Cornwall' in verschiedenen königlichen Dokumenten: Angarrack beleuchtet ausführlich, dass Cornwall hier von England unterschieden worden sei; die Tatsache hingegen, dass der König dennoch Mandate und Erlasse (*writs*, *directives*) für Cornwall ausgeben konnte, 'vergisst' er in seiner Darstellung.[104]

Neben der *Duchy of Cornwall* wird aus dem Mittelalter die eigentümliche Institution der *Stannaries* als Merkmal Cornwalls im Kontrast zu England hervorgehoben: Das mittelalterliche *Stannary Parliament* habe das Land als "a different administrative entity to the rest of England"[105] markiert. Dem nationalistischen Geschichtsbild fällt hierbei zum Opfer, dass auch im benachbarten Devonshire Bezirke geschaffen wurden, die wegen ihres Zinnabbaus einer eigenen Gerichtsbarkeit unterstanden, denn dies würde das Argument des kornischen Sonderstatus unterminieren. Stattdessen verweisen die Personen, die eine 'nationale' Geschichte Cornwalls schreiben, auf das ehrende, hohe Alter der *Stannaries*, wenn etwa Nute, dem modernen, selbsteinberufenen *Cornish Stannary Parliament* angehörig und für dieses sprechend, die Existenz der *Stannaries* bis in vorrömische Zeit verlängert: "Certainly, there has been a controlling body such as a national parliament for at least the last two millennium [sic!] and probably much longer back into pre-Christian times."[106] Der Ursprung der parlamentarischen Vertretung wird somit in die Zeit der Dominanz keltischsprachiger Völker auf den Britischen Inseln zurückverschoben, wodurch Cornwall eine lange Tradition zugeschrieben wird, wie auch in den folgenden beiden Belegstellen:

> The beginnings of the Stannary Institutions are shrouded in the mists of time, but the principle of an Assembly of Tinners is very much in line with the original democratic [sic!] ideals of the Celts.
> St. Pauls' [sic!] Epistle to the Galatians was, in fact, to the Celtic Commonwealth of Galatia, which operated a Parliamentary system in the first century A.D.

---

[102] Angarrack 2002, S. 146f.
[103] So viermal für das späte Mittelalter: Angarrack 2002, S. 162, S. 164, S. 165 und S. 166.
[104] Angarrack 2002, S. 165.
[105] P.B. Ellis 1994, S. 221.
[106] Nute, S. [3].

Bescheidener, aber ebenso bar jeglicher Belege ordnet eine andere Publikation des modernen *Cornish Stannary Parliament* den Beginn der 'kollegialen' Organisation des Zinnabbaus ein: "Whatever the name [...], a public assembly, grand jury, senate or stannary parliament has been in existence in some form in Cornwall at least since 700 A.D."[107]

Diese Beispiele mögen für das Mittelalter genügen, welches Nationalistinnen und Nationalisten zahlreiche Fälle von Unterscheidungen zwischen Cornwall und England liefert; so hatte etwa Angarrack verschiedene mittelalterliche Belege der Differenz von "Anglia et Cornubia"[108] zitiert, daneben Landkarten "that show Cornwall accepted and recognised as one of the four nations of Britain", was auch für die Tudorzeit noch möglich sei.[109] Die nächsten Einschnitte der Geschichte für die Britischen Inseln insgesamt und auch für Cornwall sind der Bürgerkrieg und die Republik im 17. Jahrhundert.

Cornwall galt und gilt im Bürgerkrieg und danach als royalistisch, und auch diese Zeit wird nationalistisch benutzt, im folgenden Beispiel, um 'nationalistische' Gefühle in Cornwall in der Vergangenheit aufzuspüren:

> The united and independent action of Cornwall on the side of the King during the great Rebellion was another instance of nationalism. The Cornish acknowledged Charles as their King and were not going to be dictated to by an English House of Commons, in spite of the fact that the boroughs of Cornwall returned a very disproportionate number of members to it.[110]

Das 'royalistische Cornwall' wird immer noch gerne evoziert, u. a. bei Dramatisierungen von Bürgerkriegsschlachten, wie sie auch in Cornwall gelegentlich stattfinden,[111] oder in dem amüsanten *How to be proper Cornish* von Mark Penrose: "The Cornish are notoriously royalist, and made their mark in the civil war [sic!] such as few English will quickly forget." Eventuell spielen dabei auch die Verbindungen zum Thronerben über die *Duchy of Cornwall* eine Rolle, in jedem Fall aber ist hier wieder die Nähe Cornwalls zum Königshaus im Unterschied zu England ausgedrückt, durch die ein eigener, nationaler Status Cornwalls gegenüber England oder einzelnen englischen Grafschaften demonstriert wird.[112]

Verbunden mit, aber doch zu unterscheiden von der bisher betrachteten Legitimation des Nationsstatus Cornwalls durch Instrumentalisierung von Geschichte

---

[107] Zuerst Trewin-Wolle (Hg.), S. 4, dann Murley/Pascoe/Nute (Hgg.), S. 16.

[108] So Angarrack 1999, S. 222; ähnlich S. 221 und *pass.*, und *id.* 2002, S. 68f. und *pass.*

[109] Zitat Angarrack 2002, S. 66; zur Tudorzeit S. 166 und S. 210-224, dort mit Abbildungen.

[110] Jenner (o.J.), S. 10, unter der Annahme, dass das Parlament englisch, der König britisch sei.

[111] Auf einer solchen 'Aufführung', die der Verfasser 1996 auf der Burg Pendennis in Cornwall besuchen konnte, wurde seitens der Veranstalter nachhaltig Stimmung im Publikum für die 'kornisch-royalistische' Seite gemacht. Die Frage des royalistischen Cornwall problematisiert Stoyle 2002b, *pass.*, besonders S. 157-162. Das folgende Zitat M. Penrose, S. [1].

[112] Angarrack (2002, S. 73) zieht hierzu auch die Überrepräsentation Cornwalls im Londoner Parlament heran, die "a reflection of its [Cornwall's] unique status" gewesen sei.

ist das Entwerfen eines Geschichtsbildes zur Stärkung der inneren Solidarität in Cornwall. Dieser Vorgang stützt sich besonders auf eine propagierte hohe Kontinuität des Landes und seiner Bewohner, wie im folgenden Beispiel:

> The Cornish are a Celtic people, in ancient times the Westernmost kingdom of the Dumnonii, the people who inhabited all of Cornwall, Devon and West Somerset.
> The Cornish are probably the same people who have lived in Cornwall since the introduction of farming around 3000 B.C.[113]

Da nach der lange etablierten Sicht die Kelten erst etwa im 6. Jahrhundert v. Chr. mit der Besiedelung der Britischen Inseln begannen und eine Urbevölkerung vorfanden, kann sich die heutige Bevölkerung nicht auf 'keltische' Vorfahren vor rund 5 000 Jahren berufen, zumindest nicht unter jener Bezeichnung, es sei denn, der keltische Einfluss wird auf reine Kulturübernahme zurückgeführt, was aber eine eher akademische Deutung ist, die im nationalstischen Korpus ansonsten nicht erscheint.[114] In dieser Aussage ist erneut erkennbar, dass es nicht um historische Fakten geht, sondern vielmehr um eine konstruierte Kontinuität, die so extrem gedehnt wurde, damit sie auch die prähistorischen Megalith-Monumente (Steinkreise, Tumuli, Dolmen etc.) einschließen kann, die für das Selbstverständnis Cornwalls von Bedeutung sind, auch wenn sie nichts mit Kelten zu tun haben und die Zivilisation vor den Kelten dabei ignoriert werden musste, über die ohnehin vergleichsweise wenig bekannt ist.[115] Die mögliche längere Kontinuität konkurriert hier mit dem keltischen Abstammungsmythos, ein Zwiespalt, der durch das 'Vergessen' (Verdrängen) der zu spät stattfindenden Einwanderung der Kelten gelöst wird. In diesem Kontext sollte eine Bemerkung Anthony Smiths berücksichtigt werden, der darauf hinweist, dass der Trend in der Archäologie, historischen Wandel und Neuerungen nicht mehr in 'Eroberungswellen' einwandernden Völkern zuzuschreiben, sondern demgegenüber einheimische Entwicklungslinien und Innovationsleistungen zu betonen, die durch äußeren Einfluss auf die ansässigen Oberschichten, sei es durch Kontakt oder geringfügige Migration, höchstens vorangetrieben wurden, dem nationalistischen Geschichtsbild gelegen kommt:

> If, for example, we can no longer speak of insular Celts arriving in Britain from Gaul with their La Tene [sic!] culture, but only of cultural borrowings by the elites of indigenous Iron Age British populations that have been present from the earliest settlements in

---

[113] Agan Tavas (2001)b; mit der letzten Aussage gehört die Organisation offensichtlich zur Anhängerschaft von Colin Renfrews Ackerbau-These!

[114] Zur traditionellen Datierung u. a. Krieger, S. 18, und Chapman 1992, S. 6. Weatherhill (2006, S. 37-39) aber unterstützt in seiner Behandlung der "conspiracy of the Celtic Cornish cover up" [sic!, S. 35] explizit Renfrews akademisches Modell, ein Hinweis darauf, dass kornisches *nation-building* noch fast ausschließlich von Eliten getragen wird.

[115] Da dies keine geschichtswissenschaftliche Arbeit ist, interessiert nicht, dass das Argument falsch ist, sondern allein, dass es, wie dargestellt, die geschichtliche Situation simplifizierend benutzt wird, um eine historische Kontinuität im Zuge der Nationsbildung zu schaffen.

Britain, and have evolved gradually by stages from earlier British cultures, then the older romantic antiquarianism which traced British identity right back to Bronze Age cultures and their megalithic monuments, such as Avebury and Stonehenge, re-enters the realm of possibility. For ethnic nationalists, for whom continuity and rootedness in the land are prime realities and virtues, local, indigenous evolution affords a more plausible and a more inspiring model of national development, for it can be used to demonstrate the successive glories of the ethnic nation's continuous past – from Stonehenge to the Dome![116]

Für Cornwall ergäbe sich daraus allerdings eine starke Relativierung der Keltizität des Landes, da diese ja darauf beruht, dass auf die britische Hauptinsel eingewanderte keltische Völker mit ihrer Verbindung zum keltischen Europa der Eisenzeit von Angelsachsen in die Randgebiete verdrängt wurden,[117] was das prestigereiche Paradigma keltischer Abstammung und die wirkmächtige, melancholische Geschichte der Unterdrückung der keltischen Zivilisation durch Angelsachsen und damit die antienglische Solidarität schwächen würde. Deshalb wird dieser Weg im kornischen *nation-building* kaum beschritten, sondern nur auf die Wirkung der präkeltischen Bevölkerung auf die kornische Landschaft verwiesen; eine erwähnenswerte Ausnahme (wegen der relativ geringen Bedeutung, die den Kelten dort zugemessen wird) ist das folgende Beispiel:

It seems a little obvious to me that the natives of Cornwall (the Cornish) were here in our beloved land many millennia before the Celtic invasion. Walking across our local moorland it is plain for everyone to see, the remains of Bronze Age, and earlier, round-houses, field systems, stone circles and so on.
The Celts were tribes of war-like people who originally emerged from the continent, coming across to Britain in force with the Romans. No doubt many settled within these more remote areas of the country, but that does not necessarily make all our forebears Celtic.[118]

Wenn auch der keltische Aspekt hier weniger stark als sonst erscheint, so kann genau dadurch eine längere Geschichte Cornwalls geschrieben werden, die hier sogar eine Kontinuität über viele Jahrtausende beinhaltet, ganz der dargelegten Tendenz der meisten Nationalismusbewegungen entsprechend, den Beginn der Geschichte ihres Gemeinwesens weit in die Vergangenheit zu projizieren (s. oben, S. 53). Wegen der genannten Gründe keltischer Abstammung wird dies aber zumeist nicht explizit bis in die Bronzezeit, also in noch nicht 'keltisch' zu nennende Zeiten getrieben; so bleiben Laity, Saunders und Kent bei der Datierung der Formation des kornischen Gemeinwesens im Unbestimmten: "The formation of our commonwealth, like that of our nation, happened so long ago, that no records

---

[116] A.D. Smith 2001a, S. 446. Der Paradigmenwechsel wurde oben in Abschnitt 2.1 für 'keltische Einwanderung' und *adventus Saxonum* beschrieben, für Cornwall beruft sich z. B. M. Smith, S. 16, darauf.

[117] P.B. Ellis (1985, S. 23) lehnt das Bild einer friedlichen Besiedelung ab, stattdessen spricht er von "almost complete extermination either by death or by forced emigration".

[118] Leserbrief von Roy Williams.

survive. The earliest accounts, nearly a thousand years ago, refer to matters already of immeasureable [sic!] antiquity."[119]

Auch Pol Hodge setzt auf die historische Kontinuität und die lange Geschichte Cornwalls, die er der Tradition 'Englands' gegenüberstellt und die schon ohne die Megalitherbauer deutlich länger ist als jene:

> The history of Cornwall is different to the history of her neighbour England. Firstly the ethnicity of the English people is believed by most, to be based on the Angles, Jutes and Saxons. So one could say that English history began with the arrival of these tribes. However, the history of the Cornish people began with the arrival of the Ancient Celts. The exact date for this is disputed in the academic world and so Cornish history has roots very much deeper than England.[120]

Mit diesem Vergleich wird der kornischen Bevölkerung eine Geschichte eröffnet, die der des benachbarten England überlegen zu sein scheint, was einen kornischen Nationalstolz ermöglicht.

In diesem Zeitraum spielt natürlich die sagenumwobene Gestalt von König Artus eine Rolle. Dieser wird, ungeachtet der historischen Unklarheiten, als historische Person angesehen,[121] die den Kampf der Kelten gegen die angelsächsischen Eindringlinge in heroischer Art angeführt haben soll: "Arthur's achievement was to contain the Irish in the west and the English in the east, to restore the territorial integrity of Roman Britain." Dabei wird besonders auf seine kornische Herkunft und seine keltische im Gegensatz zu einer angelsächsischen Identität abgehoben: In einer *Cornish Stannary Parliament*-Publikation stellen die Verfasser den "barbarous Anglo-Saxon English of that age" auf einer einzigen Seite fünfmal die Keltizität von König Artus gegenüber ("Celtic hero", dreimal "Celtic Arthur", "Celtic King Arthur").[122] Riley elaboriert in seiner "History of the Kingdom of Cornwall" (Umschlagtext) von 2004 Artus sogar zu einem "Cornish king and British overlord" oder "British high king", eine Doppelrolle, die mehr an die Personalunion zwischen preußischem König und deutschem Kaiser des 19. Jahrhunderts erinnert als an die Gegebenheiten des frühen 6. Jahrhunderts. Zuletzt problematisiert Rawe die literarische Ausarbeitung des Artusstoffes, die den Blick auf die Person des historischen Artus verstelle.[123]

---

[119] Laity/Saunders/Kent, S. 11.
[120] Hodge 1999, S. 2; er unterstützt dies mit einer tabellarischen Gegenüberstellung der Geschichte Cornwalls und Englands (S. 3), in der das erste Ereignis auf kornischer Seite die Erwähnung des Zinnhandels durch den Marseiller Geographen Pytheas 325 v. Chr., auf Seiten Englands die Einwanderung der Angeln, Sachsen und Jüten um 500 n. Chr. (sic!) ist.
[121] Besonders bei Riley, neben zahlreichen weiteren Belegen etwa S. 39: "When Arthur rose to authority the Saxons were still making considerable inroads on British territory." Das folgende Zitat Whetter 1974, S. 85.
[122] Murley/Pascoe/Nute (Hgg.), S. 14.
[123] Zunächst Riley, S. 152 bzw. S. 155 (ähnlich S. 159: "king of Corno-Dumnonia and high king of Britain"); dann Rawe 2004a, *pass.*

Weitere historische Momente, die im kornischen Nationalismus instrumentalisiert werden, sind die bereits angesprochenen kornischen Revolten von 1497 und 1549, in denen möglicherweise auch Spuren der ethnischen Besonderheiten Cornwalls eine Rolle spielten. Heute sind die Aufstände "to Cornishmen what the '15 and '45 are to the Highlands",[124] Punkte einer abgrenzenden Identifikationsbildung gegenüber einem als vereinnahmend wahrgenommenen England, Teil des selektiven Geschichtsbildes und Kristallisationskerne für kornischen Nationalstolz. In diesem Zusammenhang wird gerne der "independent spirit" Cornwalls gerühmt,[125] der sich in den Aufständen zeige. So verwundert es nicht, dass die Anführer insbesondere des Aufstands von 1497 zu Widerstandskämpfern, Nationalhelden und Führern der Einigung Cornwalls stilisiert werden; damit können sie von Nationalistinnen und Nationalisten für ihre heutige Politik eingesetzt werden:

> The achievement of An Gof and Flamank in uniting the people of Cornwall remains an inspiration. It is right that the spirit and memory of these enduring heroes of Cornish nationalism should be evoked in our modern day fight for the future of Cornwall.[126]

Dies ist erneut ein Beispiel für die Benutzung von Geschichte als Vorbild für die Gegenwart und die Zukunft, die Zeitunterschiede verwischt, wenn für das späte 15. Jahrhundert bereits von "Cornish nationalism" gesprochen wird. Ähnlich geht Angarrack vor, der Michael "An Gof" Joseph als Anführer einer Armee von 'Bürgerrechtskämpfern' darstellt, deren Tod für Cornwall noch immer von Bedeutung sei, und dabei die unterschiedlichen Zeitebenen synchronisiert:

> [...] their martyrdom forms part of our common heritage. Angof's [sic!] fine words, uttered in defiance of his vengeful persecutors, are not the words of a mealy-mouthed tax evader. He was a civil rights leader, and his sacrifice, together with that of his fellow Countrymen, exhibits an incalculable love for his homeland.[127]

Tatsächlich war das 500-jährige Jubiläum des Aufstandes von 1497, zu dessen Angedenken erneut ein Marsch nach London stattfand (*Keskerdh Kernow 500*), der unter anderem von *Mebyon Kernow*-Mitgliedern organisiert wurde, Anlass für eine Welle nationalistischer Gefühle in Cornwall.[128] Die beiden Aufstände von

---

[124] Diesen Vergleich der heutigen Bewertung zwischen den kornischen Aufständen und den beiden Rebellionen der schottischen *Highland*-Bewohner im 18. Jahrhundert, bei denen es um die britische Thronfolge ging, zog der kornische Historiker A.L. Rowse (1981, S. 32).

[125] So z. B. Soulsby, S. 60. Auch für Daphne du Maurier (1972, S. 124) ist ein "spirit of independence" ein Merkmal des 'kornischen Charakters' zu jeder Zeit.

[126] Mebyon Kernow 1997, eigene Hervorhebung. Mitglieder der Partei setzten den Rebellen von 1497 im Jahre 1966 in St Keverne eine Gedenktafel auf Kornisch und Englisch.

[127] Angarrack 2002, S. 132. Ähnlich führte E.G.R. Hooper in seinem Gedicht "Mebyon Kernow" ('Sons of Cornwall', 1965) Michael Joseph als Führerfigur des zeitgenössischen kornischen Kampfes an, der zum Aufstand gegen die "Saws" ('Sachse, Engländer') aufrufe.

[128] Burrell 1997.

1497 führt P.B. Ellis sogar in seiner kleinen kornischen Sprachgeschichte an, obwohl sie mit der Sprache in seiner Darstellung nicht viel zu tun haben:[129] Die 'Tradition der Rebellionen' gehört zu den Standardelementen des kornischnationalen Diskurses. Dabei wird "An Gof" anachronistisch entweder als der erste Nationalist Cornwalls oder als Verteidiger pankeltischer Solidarität dargestellt; gegen diese beiden Darstellungen wendet sich jedoch Gendall, der ihn einfach als aufrechten *Cornishman* portraitiert, der gegen die unfaire Besteuerung protestierte, dafür sein Leben aufs Spiel zu setzen bereit war und nur deshalb als Nationalheld zu betrachten sei; dennoch gilt "An Gof" in Cornwall als kornischer "Braveheart".[130]

Der Toten der Rebellion, die auf kornischer Seite zu beklagen waren, wurde im Verlauf von *Keskerdh Kernow 500* in einer spontanen Zeremonie gedacht; ein Teilnehmer beschrieb diesen Moment als ein bewegendes Ritual ("Our dead have been honoured"), das bei vielen der Anwesenden die Entschlossenheit gestärkt habe, sich mehr für eine kornische Zukunft einzusetzen.[131] Mit dieser rituellen Verehrung der 'nationalen' Toten, die vom Senken der kornischen Flaggen und dem Singen der kornischen 'Nationalhymne' begleitet wurde, wird der Text der kornischen Nationsbildung um eine Art nationalen Gedenkfeier erweitert. Das gemeinsame Erinnern historischer Personen und Ereignisse trägt also entsprechend der bereits dargestellten besonderen Wichtigkeit der Geschichte für Nationen dazu bei, die kornische Nation mit ihrer Identität zu erschaffen und zu perpetuieren, ähnlich wie dies hinsichtlich der Identität 1980 auch P.B. Ellis in einer Gedenkrede am Londoner Ort der Hinrichtung der Anführer des Aufstandes von 1497 am heutigen *Marble Arch*, Tyburn, bemerkte: "The Cornish identity survives by the very act of commemoration." Insgesamt wird durch das Neuschreiben der Geschichte eine Tradition des Protestes und des Widerstandes begründet, in der sich heutige Aktivistinnen und Aktivisten sehen können, beschreibt doch beispielsweise Angarrack die Aufständischen von 1497 als "peaceable civil right protesters from Cornwall". Roberts sah den Aufstand eher in pankeltischen Dimensionen, aber auch in einer Tradition verankert, nämlich der der 'keltischen' Aufstände, als er dem *Celtic Congress* 1930 stolz verkündete: "Blackheath [wo die Aufständischen von königlichen Truppen geschlagen wurden] is the nearest any Celtic Army ever got to London, and is nearer than Derby, which the Highland Gael reached in the Forty-Five."[132]

Die "An Gof"-Rebellion von 1497 erhält zwar die größte Aufmerksamkeit, aber auch der Aufstand von 1549 wird nationalistisch gedeutet und damit instrumentalisiert: Whetter spricht von einem "nascent Cornish nationalism", der mit

---

[129] P.B. Ellis 1990, S. 13.

[130] Gregory 1997, S. 3; auch Kent 1997 und A.T. Jenkin (1998, S. 13) ziehen diesen Vergleich; zuvor Gendall 1998, S. 5.

[131] So Biscoe 1998, S. 161.

[132] Aus der Rede von Ellis wird in Parker (Hg.), S. 164, zitiert; sodann Angarrack 1999, S. 39, und Roberts, S. 59.

der Niederschlagung des Aufstandes erstickt worden sei, was zusammen mit der
Auflösung von *Glasney College* ein "damaging blow to the history and spirit of
the Cornish nation" gewesen sei. In seiner nationalistischen Sicht deutet Hodge
beide Ereignisse als Kriege zwischen Cornwall und England,[133] wodurch Cornwall
staatsähnliche Züge erhält und als von England distinkte Nation impliziert wird;
diese 'Kriege' seien nur in englischer Perspektive 'Aufstände' oder 'Rebellionen',
getreu der Weisheit, dass der subversive Aufstand in der Sicht der einen Seite der
Befreiungskampf in der Sicht der anderen Seite ist, die Akteure entsprechend Ver-
räter oder Nationalhelden. Weiterhin stellt Hodge, wie es auch andere Autorinnen
und Autoren tun, die Verluste unter der Bevölkerung Cornwalls heraus: Er rechnet
vor, dass Cornwall im "Prayer Book War" 1549 etwa 11% seiner Einwohner (rund
5 000 Menschen) verlor, was andere wiederum mit dem Genozid im Kosovo vergleichen.[134]

In gleicher Weise wird die jüngere Geschichte zur Identifikationsbildung herangezogen. Die industrielle Vergangenheit besonders aus dem 19. Jahrhundert
("industrial prowess", Methodismus Wesleyanischer Prägung – zum kulturellen
Bereich der Religion folgen einige Bemerkungen am Ende dieses Abschnitts) und
deren sichtbare Überreste tragen zur Identität des Landes bei: "'Revivalists' recognised that Cornish pumps and Cornish boilers could be placed legitimately alongside Celtic crosses and Cornish language miracle plays as integral parts of Cornish
culture and determinants of Cornish identity."[135] Ein sehr frühes Beispiel hierfür
sind die Überlegungen innerhalb des kornischen *Gorseth* Mitte der 1930er Jahre
bezüglich der Richtlinien für die Aufnahme neuer Mitglieder, als sich ein Teil der
Beteiligten gegenüber den älteren, auf die keltische Sprache und Archäologie ausgerichteten Vertretern dafür aussprach, in der Aufnahmepolitik auf eine breitere
Wirkung in der kornischen Bevölkerung hinzuarbeiten und herausragende Persönlichkeiten in Cornwall aus verschiedenen Wirkungsbereichen mit dem Bardentitel
zu würdigen, anstatt auf einem "Celtic spirit" zu bestehen. Insbesondere fragte ein
Mitglied des Zirkels in dieser Diskussion: "If Trevithick, Humphry Davy and John
Opie were alive today, would they be merely successful, ambitious and perhaps
selfish men, and not eligible for bardship?"[136] Als rhetorische Frage komprimiert
ist dies die Aussage, dass sich kornische Identität in industrieller Fortschrittlichkeit ebenso manifestieren könne wie in der Konservierung des keltischen Erbes
und der kornischen Sprache.

---

[133] So z. B. Hodge 1999, S. 2; dem folgt Weatherhill 2005, S. 47: "the war in 1549 (not 'rebellion' – you can only rebel against a legitimate authority)." Zuvor Whetter 1988, S. 114.
[134] Zunächst Hodge 1999, S. 13, dann z. B. SOSKernow (2001).
[135] Zur "industrial prowess" Payton 1992, S. 77, das Zitat S. 193; ähnlich *id.* 1996, S. 210-212.
Die früheren *Revivalists* dagegen evozierten in ihrem Wiederaufbau der kornischen Identität
ein Cornwall vor der Reformation, als Cornwall "more indisputably 'Cornish' and non-
English" war (Deacon 1993, S. 206), und ignorierten die Industrialisierung weitgehend.
[136] Den Disput stellt Miners (S. 30f., das Zitat S. 31) dar.

Abb. 4: Maschinenhaus und Schornstein einer Mine im Logo des *Approved Origin Scheme*.

Zwei weitere Beispiele sollen hierzu angeführt werden. Einerseits sind die weithin sichtbaren Maschinenhäuser der Minen geradezu ein Inbegriff Cornwalls: Deren kornischer Symbolcharakter ist so weit etabliert, dass der *Cornwall County Council* seit 1991 ein stilisiertes Maschinenhaus im Logo seines *Approved Origin Scheme* verwendet und so graphisch zeigen kann, dass die damit versehenen Produkte in Cornwall hergestellt wurden (Abb. 4). Die Ruine aus der Zeit der industriellen Stärke Cornwalls drückt damit bildlich das aus und korrespondiert mit dem, was der Namenszug "Cornwall" schriftlich bezeichnet: die Gesamtheit Cornwalls; dies ist zugleich ein Beispiel für einen nicht-schriftlichen Teil des kornischen National-'Textes'.

Andererseits werden die kornischen Beiträge zur Geschichte der Technikentwicklung, insbesondere im Bergbau (*Cornish beam engine*, William Bickfords Sicherheits-Zündschnur, Humphry Davys Sicherheitslampe für Minenarbeiter, die *Davy lamp*) zu kornischen Symbolen gemacht und mit Stolz verbunden, was auch dem Zinnabbau insgesamt zukommt.[137] So drücken Jenkin und Jenkin in einem Kapitel über "Cornwall's mining" (Überschrift) eine hohe Wertschätzung für die kornische Bergbaugeschichte aus und geben das Diktum weiter, dass, wo immer auf der Welt ein Loch im Boden sei, ein kornischer Bergmann auf dessen Grund sitze; dieses hatte 1930 schon Roberts erwähnt und dazu die *Davy lamp* als spezifisch kornische Errungenschaft gerühmt.[138]

Eine besondere Stellung nimmt hier der kornische Erfinder Richard Trevithick ein, dessen Dampfmaschinen-Experimente 1801 zum Bau der ersten selbstvorantreibenden Lokomotive führten; in der Folgezeit ermöglichten seine verbesserten Maschinen für die Pumpen immer tiefere Minen. Seine Ausnahmestellung unter den historischen Persönlichkeiten Cornwalls wird dadurch belegt, dass ihm als Individuum im *Tregellas Tapestry* ein eigenes Bild gewidmet ist, das ihn von seinen Dampflokomotiven umgeben zeigt (Abb. 5, dort als "Cornish giant" bezeichnet), und dass er

Abb. 5: *Tregellas Tapestry*, Tafel 32: "Richard Trevithick".

---

[137] Hierzu Payton 1996, S. 203-210. Im Übrigen gibt es mit *The cry of tin* sogar eine Art kornisches Zinnbergbau-Musical (s. O'Connor (Hg.)), was die Bedeutung des Metalls und seiner Gewinnung für Cornwall unterstreicht.

[138] Jenkin/Jenkin, S. 12-16, die Redensart S. 15; Roberts, S. 62 bzw. S. 63.

den Ehrenplatz an der prominentesten Stelle der "Fifty famous Cornish folk" einnimmt, einer Zusammenstellung durch die Zeitung *West Briton* von 2002.[139] Das
Cornish Stannary Parliament benutzt den berühmten *Cornishman* Trevithick in
seiner Argumentation sogar als Beweis für eine englische Kulturpolitik, die kornische Aspekte der Geschichte marginalisiere, da der Engländer George Stephenson
mit seiner Lokomotive *Rocket* von 1829 anstatt Trevithick mit seinem *Puffing
Devil* von 1801 auf der 1990 ausgegebenen Fünf-Pfund-Banknote gezeigt werde.
Dies sei "effective nationalist propaganda" von englischer Seite, die dadurch den
'wahren' Erfinder der Dampflokomotive wegen dessen kornischer (mithin in dieser
Perspektive nicht-englischer, 'keltischer') Abstammung nicht anerkenne. Dies
wurde inzwischen durch zwei Änderungen im britischen Geldwesen geändert. Zunächst zog die *Bank of England* die Stephenson-Banknote im November 2003 aus
dem Zahlungsverkehr, als sie eine Serie mit verbesserten Sicherheitsmerkmalen
einführte. Im folgenden Jahr gab *The Royal Mint* dann eine Zwei-Pfund-Münze zu
Ehren Trevithicks heraus, die dessen Namen und seine *Penydarren*-Lokomotive
zeigt, welche 1804 in Südwales eine historische Fahrt mit Fahrgästen und Fracht
unternahm – also nicht die in Cornwall u. a. im Lied *Goin' up Camborne Hill* er-
innerte Straßenlokomotive *Puffing Devil*, mit der der Erfinder in seiner Heimat-
stadt Camborne Weihnachten 1801 Aufsehen erregte.

Die Bedeutung des Bergbaus als Identifikationsmerkmal wird besonders außerhalb Cornwalls deutlich, nämlich in den überseeischen Zielgebieten kornischer
Auswanderer: Hier ist Bergbau noch heute viel stärker ein Symbol der *Cornishness* als in Cornwall selbst,[140] was sicherlich daran liegt, dass er dort länger eine
allgegenwärtige, lebensbestimmende Rolle spielte. Das 19. Jahrhundert mit seiner
Verknüpfung von Bergbau und Methodismus im Rahmen der industriellen Stärke
Cornwalls konnte als Ressource kornischer Identitätsbildung allerdings erst genutzt werden, als es bereits von einer im Gedächtnis älterer Menschen erinnerten,
bloßen 'Vergangenheit' zu 'Geschichte' geworden war,[141] ein Übergang, der sich
im Englischen sprachlich als Wandel von *the (recent) past* zu *history* (mit allen
Konnotationen) manifestiert, während die materiellen Überreste zu *heritage* werden, welche ihrerseits durch die Tourismusbranche vermarktet wird.

---

[139]   Dies ist Williams/Williams, zu Trevithick S. 3; das Folgende Nute/Murley, S. 16.
[140]   "For 'the Cornish overseas', those of Cornish descent in North America, Australasia and
        elsewhere, mining is perhaps the primary differentiating symbol of 'Cornishness', as it was
        in Cornwall itself in the heyday of copper and tin." Mindenhall, S. 50f. Den Erhalt korni-
        scher Identität in der weltweiten Emigration, die zu einer "Cornish diaspora" führte, hat
        Payton (1999, *pass.*) umfassend bearbeitet; zu beobachten ist dabei erwartungsgemäß, dass
        gerade *exiles* Wert auf ihre kornischen Wurzeln legten und legen, damit geradezu ein Re-
        servoir an kornischer Identität darstellen. Immerhin überschlägt Deacon (1986b, S. 2f.), dass
        im Zeitraum 1841-1901 etwa 300 000 Menschen (±ca. 20 000) aus Cornwall ausgewandert
        sind, also etwa genausoviel, wie im letzten dieser Jahre in Cornwall lebten.
[141]   Ähnlich auch Payton 1992, S. 192f.: Nach 1945 habe das industrielle Erbe Cornwalls bereits
        den "romantic glow of history" angenommen.

Insgesamt wird die Geschichte von Anhängern der nationalen Sichtweise Cornwalls also in sehr freier Manier gebraucht; wo Selektion und Interpretation allein nicht ausreichen, um das passende Bild von Cornwall zu entwerfen, werden zusätzliche Fakten, notfalls in ferner Vergangenheit, die sich genauerer Überprüfung leichter entzieht, hinzuerfunden. Was Derek Urwin über Regionalismusbewegungen im Allgemeinen sagt, trifft auch auf die Nationalismusbewegung Cornwalls zu: "All [regionalist movements] have strong links to historical questions which today are mainly irrelevant or almost impossible to disentangle."[142] Dies ist in besonderer Weise in Cornwall der Fall, dessen für den nationalistischen Diskurs relevante Geschichte, wie beschrieben, so weit zurückreicht und Monumente wie neolithische oder frühbronzezeitliche Steinkreise (z. B. The Merry Maidens) und Dolmen (Lanyon Quoit) sowie archäologische Stätten wie eisenzeitliche, keltische Siedlungen (Chysauster) und die mittelalterlichen Überreste von Tintagel Castle einschließt, also Stätten, deren frühere Bedeutung und (hinsichtlich Tintagels Artusverbindungen) Historizität verborgen bleiben, die aber heute zur 'nationalen' Identifikation benutzt werden. So ist insbesondere Tintagel mit der omnipräsenten, aber historisch äußerst fragwürdigen Artusfigur ein Schlüsselort Cornwalls: "Tintagel is simply our Tower of London, our Stonehenge."[143] Dazu treten Mythen im engeren Sinne: Die Bedeutung Cornwalls für den *Arthurian cycle* wird gerne hervorgehoben, Artus selbst steht symbolisch für den Kampf gegen das angelsächsische 'Andere' auf der Seite der kornischen Nationalistinnen und Nationalisten, die die Vereinnahmung ihrer Symbolfigur durch romantisierende Spielfilme, die Artus zum englischen König spätmittelalterlicher Prägung umdeuten, anklagen.[144]

Die *Cornish identity* beruft sich somit auf zwei historische Zeitstufen: Einerseits wird eine neuere, aus dem 19. Jahrhundert stammende kornische Kultur der industriellen Stärke und des Methodismus hervorgehoben, die aber einige frühere Merkmale (*Cornish Wrestling* und *Hurling*, Feiertage etc.) inkorporieren konnte[145] und Industrialisierung und Deindustrialisierung einschließt. Die durch diese Charakteristika definierte Kultur, die im 20. Jahrhundert durch den industriellen Niedergang und die Säkularisierung des Alltagslebens an Bedeutung verloren hatte, konkurriert andererseits mit dem zeitlich ferneren, vorindustriellen, keltisch-katholischen Cornwall des Mittelalters in der Version der *Revivalists*, dessen Kennzeichen die 'keltische' Abstammung, die 'keltischen' Heiligen des Frühmittelalters,

---

[142] Urwin 1982a, S. 434.
[143] So charakterisiert der Archäologe Charles Thomas (2002, S. 88) die Bedeutung Tintagels, auch in ökonomischer Hinsicht. Zum historischen Hintergrund heißt es (*ibid.*):"A fairly safe inference is that before the eighth century the Island [on which Tintagel Castle is situated] was one of several potential 'royal' seats, that its external contacts were extraordinary, its wealth-potential obvious, its Christian affiliations very early, and that Geoffrey of Monmouth replaced one set of, alas irrecoverable, legends with his own Arthurian obsession."
[144] So durch das *Cornish Stannary Parliament*: Murley/Pascoe/Nute (Hgg.), S. 48.
[145] Deacon/Payton, S. 63-65. Deacon (1997, S. 20) findet die "regional identity" in den 1840/ 50er Jahren voll ausgebildet.

die kornische Sprache, die politische Bedeutung der *Duchy* seit dem späteren Mittelalter, die Beziehungen zu Wales, Irland und der Bretagne sowie, unter oftmals visionärer Einbeziehung der Vorgeschichte, Steinkreise und Dolmen anstelle von Dampfmaschinen, Sprengstofffabriken und methodistischen *Chapels* sind.[146]

Diesem mittelalterlichen Cornwall entsprechend wurde seit dem 19. Jahrhundert ein *Image* Cornwalls aufgebaut, das aus Eigenschaften bestand (Romantik, Abgeschiedenheit, Zurückgebliebenheit, Aberglaube, Land der (Artus-)Legenden und der *Piskies* genannten Kobolde der regionalen Folklore), die dem Land besonders für den Tourismus zugeschrieben wurden. Dieses *Image* wurde in den 1920er und 1930er Jahren in großangelegten Werbekampagnen von der *Great Western Railway* propagiert, um die Idee von Cornwall als Urlaubsziel zu verbreiten und so mehr Menschen dorthin befördern zu können.[147] Es entstand die *Cornish Riviera*, das Bild eines fremdartigen Landes mit ganzjährig angenehmen Klima, das von durch und durch unenglischen Menschen mit einer unvertrauten Kultur bewohnt wird, wie es der *Great Western Railway*-Reiseführer *The Cornish Riviera, within easy reach of London, the Midlands and the North* präsentierte (mit Titeländerungen unter Beibehaltung des Ausdrucks *Cornish Riviera* zuerst 1904 erschienen, seit 1928 nach mehreren Auflagen von S.P.B. Mais geschrieben): "You shut your eyes going over Saltash Bridge [between Devon and Cornwall] only to open them again on a foreign scene. Cornish cream is not Devonshire cream, the Cornish people are not English people"; und zur Abgrenzung von England weiter: "Your Cornishman thinks little of Devon, and less of the rest of England."[148]

Die Eisenbahngesellschaft konnte dabei Ideen und Ikonographie der *Revivalists* nutzen,[149] was zugleich deren Verbreitung diente. So konnte der Autor des genannten Reiseführers dankend auf Tipps der *Cornish Association* und kornischer Korrespondenten verweisen und sich eine fortgesetzte Zusammenarbeit erhoffen.[150] Für die *Great Western Railway* war dies ein zweischneidiger Prozess, denn es musste das Bild eines kulturell andersartigen, entfernten Landes verkauft werden, das dank der Eisenbahn dennoch leicht zu erreichen war: Cornwall "had to remain remote yet also become accessible in its remoteness". Eine Person dieses

---

[146] Deacon/Payton, S. 72f.

[147] Payton 1992, S. 126, und Payton/Thornton, S. 90f.

[148] S. zunächst *Great Western Railway, pass.*, die Zitate dann Mais, S. 9 und S. 4; zur Illustration etwa Sidney Heaths *The Cornish Riviera* (1911), aus der Forschung Payton/Thornton.

[149] Payton 1992, S. 128f. und Payton/Thornton, *pass.*, besonders S. 95-99. Auch Literatinnen und Literaten waren an der romantischen Redefinition beteiligt, so Daphne du Maurier, die Cornwall in ihren kornischen Romanen als 'anderes', romantisches Land benutzte, in dem abenteuerliche oder geheimnisvolle Handlungen plausibler als anderswo stattfinden können.

[150] Mais, S. 7; dort heißt es in Anspielung auf Edmund Burke romantisierend: "Old England is everywhere crumbling about our ears, and it is a sorry business trying to find any traces of her nowadays in the Home Counties, but in the Duchy medievalism still exists, the candle lit by the early saints still burns, the age of chivalry is emphatically not dead, and our most remote ancestors still haunt the ancient places." Das folgende Zitat Robbins 1988, S. 25.

Interface zwischen *Revival* und Tourismus war Silvanus Trevail, der als Hotelier, Bürgermeister von Truro und *Cornwall County Councillor* das touristische Metier mit der beginnenden keltischen *Revival*-Kultur verband. Das neue, zusammengesetzte Bild Cornwalls war aber keine reine Erfindung, sondern eine Redefinition der kornischen Kultur und Identität als Folge und Antwort auf die Deindustrialisierung nach Untergang der traditionellen Industrien im späten 19. Jahrhundert.[151]

Bevor die Geschichte als Feld kultureller Tätigkeiten, in dem die Konstruktion einer kornischen Nation stattfindet, weiter zusammengefasst wird, soll nun in Abweichung von der bisherigen Praxis ein einzelner 'Text' behandelt werden, der durch seine Andersartigkeit heraussteht: der *Tregellas Tapestry*. Dabei handelt es sich um eine von der kornischen 'Bardin' Rita Tregellas Pope initiierte Darstellung der kornischen Geschichte und Kultur in Form eines bestickten Wandteppichs, der 1991 begonnen und innerhalb von 3 Jahren fertiggestellt wurde; seit 2000 wird er in 58 Einzeltafeln permanent im kornischen Redruth ausgestellt.[152] Die Abhängigkeit dieser Stickerei vom Teppich von Bayeux in der Idee der textilen Fixierung historischer Ereignissen wie in der gestalterischen Ausführung ist offensichtlich: Wie sein berühmtes Vorbild enthält der *Tregellas Tapestry* drei Register (der zentrale Hauptbildfries wird oben und unten von zwei schmalen Streifen gesäumt, die vor allem dekorative Elemente aus Flora und Fauna enthalten), wobei die einzelnen Motive auch in die anderen Register hineinspielen können. Auch wenn die kontinuierliche, geradezu fließende Darstellungsweise aus Bayeux durch die Aufteilung in einzelne, szenenartige Tableaus nicht übernommen wurde, so bedingt der Durchgang durch die verschiedenen Ereignisse und Zeitabschnitte doch bei beiden ein physisches Fortschreiten der Betrachtenden, wenn auch in unterschiedlichen Maßstäben, so doch analog zum Dahinfließen der dargestellten Zeit.

Hinsichtlich der dargestellten Szenen bedient der Bildteppich mit den bekannten historischen Momenten die Erwartungen an das kornische Geschichtsbild: So wurden die 'kornischen Aufstände' von 1497 und 1549 verewigt, wenn Letzterer auch unter "Religious Troubles" (Tafel 21) firmiert – und nicht etwa unter "Prayer Book War" (oder ähnlich) wie bei Hodge, was für eine zurückhaltendere Version spricht; durch die Jahresangabe "1549" nimmt das Bild dennoch eindeutig Bezug auf diesen Aufstand. Die Erzählung kornischer Geschichte beginnt mit idyllisierenden Bildern der prähistorischen Zeit (Tafel 1-2; "Late Stone Age", Tafel 3), auch wenn Cornwall damals nicht vom restlichen Südwesten der britischen Hauptinsel zu unterscheiden war, und reicht bis in die Gegenwart, wo die Darstellung von Geschichte einer Charakterisierung des heutigen Cornwalls weicht.

---

[151] Kneafsey (*pass.*) zeigt am heutigen Irland und der Bretagne, dass Einheimische in solch einem Prozess von der Tourismusbranche keine vorgefertigte Identität übergestülpt bekommen, sondern ihre Identität nur unter deren Einfluss und Erwartungen (neben vielen anderen Einflüssen und Traditionen) ständig neu definieren: "People in general are not 'becoming' Celtic just to please tourists." (S. 190). Zu Trevail zuvor Perry 1999b, besonders S. 39f.

[152] Einige Hintergrundinformationen und eine Kurzbeschreibung der 58 Bilder finden sich in The Tregellas Foundation. Zur Textlichkeit eines Teppichs s. oben S. 12.

Doch zuerst zur Frühzeit: Das Bild über die als 'keltisch' geltende Eisenzeit ("Iron Age", Tafel 4) zeigt u. a. eine Reihe von Artefakten, die der Art nach (ein Bronzespiegel, eine Lunula, ein Armreif, ein Schild) an als 'keltisch' identifizierte archäologische Fundstücke erinnern; sie sind hier zudem kurvilinear dekoriert. Dies ist allerdings ein schwacher Hinweis auf den keltischen Abstammungsmythos bzw. die Keltizität Cornwalls (und der einzige in diesem Bild), geht es hier doch immerhin um die Epoche, die in der lange etablierten Chronologie als geradezu gleichbedeutend mit 'keltisch' gilt.

Abb. 6: *Tregellas Tapestry*, Tafel 8: "Saxon Times".

Auch König Artus, der unter dem Titel "Saxon Times" (Tafel 8, hier Abb. 6) u. a. mit dem Schwert Excalibur und dem kreisrunden Tisch seiner Tafelrunde erscheint, erhält keine spezifisch 'keltischen' Attribute, vielleicht von Kurvenlinien am Rand jener Bildtafel abgesehen. Hier könnte sogar eine englische Perspektivenübernahme vorliegen, da die Epochenbenennung *Saxon times* auf die mythische Glanzzeit, das 'Goldene Zeitalter' der Briten übertragen wird, wodurch die ehedem 'keltische' Symbolfigur in den (angel-)sächsischen Kontext eingebracht wird, anstatt gerade in Opposition dazu zu stehen. Artus' sächsische Widersacher, die nur durch ihre Abwesenheit in einem Bild auffallen, das den britischen Widerstand gegen die 'angelsächsischen Invasionen' unter seiner Führung zeigen könnte, hätten dieser Version zufolge bereits zu 'Lebzeiten' des mythischen Königs gesiegt. Diese Überlegungen weisen darauf hin, dass die Bildtafel eher den Stoff der literarischen *matière de Bretagne* denn eine eigene Version der

Abb. 7: *Tregellas Tapestry*, Tafel 45: "Gorseth Kernow 1928".

Abb. 8: *Tregellas Tapestry*, Tafel 58: "Plen-an-Gwary".

frühmittelalterlichen Geschichte darstellt. Immerhin jedoch wird Artus durch die Einbeziehung in den Bildzyklus für Cornwall reklamiert.

Die mittelalterlichen Zeichen der kornischer Besonderheit, das *Stannary Parliament* (Tafel 13) und die *Royal Duchy of Cornwall* (Tafel 16) sowie, aus dem späten 17. Jahrhundert, die Person Jonathan Trelawnys (Tafel 25) dürfen in dem kornischen Geschichtsabriss nicht fehlen. Bischof Trelawny ist nur als bedeutende Person aus Cornwall und Objekt des in Cornwall nationalhymnenartig gesungenen Liedes *Trelawny or The Song of the Western Men* in die Reihe aufgenommen worden (mehr dazu unten S. 242; der Vers "And shall Trelawny die?", angepasst aus dem Refrain des Liedes, erscheint auch auf dem Bild), denn seine dort besungenen Taten besitzen keine speziell kornische Dimension, aufgrund derer er hätte berücksichtigt werden können.

Der Bedeutung des Zinnbergbaus als kornischer Identifikationsquelle wird in mehreren Tafeln Rechnung getragen, neben vereinzelten Hinweisen insbesondere durch "Tin Route" (Tafel 5), das den europäischen Handel mit kornischem Zinn etwa in römischer Zeit zeigt, und "Mining" (Tafel 33), das die neuere Zeit abdeckt. Damit erreicht die Chronologie das 20. Jahrhundert, das weniger ereignisgeschichtlich denn charakterisierend behandelt wird. Im Gegensatz zu dem begleitenden Text im Kurzführer, der explizit von einem "revival of the bardic tradition in the county, customs lost when the Saxons invaded Britain" spricht,[153] stellt "Gorseth Kernow 1928" (Tafel 45, hier Abb. 7) Kontinuität zwischen dem mittelalterlichen *Gorsedd* und der 1928 wiederbelebten Version nur durch das abgebildete 'keltische' Hochkreuz, das der früheren Zeit entstammt, und die mit dem 'Keltischen' assoziierte Symbolik (Triskell, kurvilinear-verschlungene, eigentlich 'hiberno-sächsische' Tierformen) im unteren Register her, so dass der Zyklus an dieser Stelle wieder als gemäßigt gelten muss. Des Weiteren erscheinen Tafeln zu "Shipping" (Tafel 43), "National Trust" (Tafel 44), "Holidays" (Tafel 46), "Arts and crafts" (Tafel 50) und "Uniformed services" (Tafel 52), Themen, die für Cornwall Relevanz besitzen, obwohl ihre spezifisch kornische Dimension fragwürdig ist, so beim *National Trust*, der zwar weite Abschnitte der Küste Cornwalls besitzt und konserviert, dies aber im Rahmen seiner Verantwortung für England, Wales und Nordirland unternimmt (was die Frage nach der Bedeutung des Wortes *national* in seinem Namen aufwirft) und Devonshire und Cornwall, sehr zum Ärger der Mitglieder der kornischen Bewegung, als eine gemeinsame Region behandelt.

Aus den besprochenen Bildtafeln lassen sich folgende Schlüsse hinsichtlich des *Tregellas Tapestry* als 'Text' zur kornischen Geschichte und Kultur ziehen: Der Zyklus ist kein explizit 'nationalistischer' Text; zwar werden Versatzstücke gezeigt, die auch im nationalistischen Geschichtsbild von Bedeutung sind (so der Aufstand von 1497, an den in "Rebellion – June 1497", Tafel 19, erinnert wird), aber wichtige andere Punkte erscheinen nicht oder nur in abgeschwächter Form. Der Tregellas-Text ist zu inkludierend, um ihn als 'nationalistisch' zu bezeichnen,

---

[153] The Tregellas Foundation, unpag. (Nr. 45).

was ja eine Dichotomie von 'Wir' und 'Ihr' impliziert; erinnert sei an die fehlende Opposition um *King Arthur* zwischen 'Kelten' und '(Angel-)Sachsen', die das englische Publikum entfremden würde, in nationalistischer Sicht aber unverzichtbar ist. Vielmehr feiert der *Tregellas Tapestry* Kultur und Geschichte Cornwalls und illustriert damit, dass prokornische Darstellungen nicht nationalistisch sein müssen, was sich mit den Termini *Nation* vs. *Region* korrelieren ließe.

Zum Abschluss der in diesem Abschnitt angeführten exemplarischen Belege der Benutzung von Geschichte im nationsbildenden Diskurs sollen noch Beispiele aus zwei Kulturbereichen angeführt werden, die nicht primär historisch orientiert sind, in denen aber historisch argumentiert wird. Dies ist zum einen die Religion. Cornwalls nur sporadisch angeführte nonkonformistische Tradition wird zumeist als das angesehen, was sie ist: als eine Tradition. Wie Deacon gezeigt hat, spielte Methodismus im 19. Jahrhundert eine wichtige Rolle im religiösen Leben Cornwalls und trug zur Umformulierung der *Cornish identity* bei, so dass sich diese als durch den Bergbau-Methodismus-Zusammenhang definiert darstellte, was jedoch gegen Ende jenes Jahrhunderts nachließ, kurz vor und zu der Zeit, da die ersten Ansätze des kulturellen Nationalismus nachweisbar wurden. So konnte sich Methodismus nicht dauerhaft und auf breiter Ebene mit dem Gefühl kornischer Nationalität verbinden[154] (im Unterschied zur kornischen, ethnischen Differenz).

Heute wird zwar die Geschichte des kornischen Methodismus geschätzt, dieser selbst aber kaum aufgrund seiner aktuellen Bedeutung instrumentalisiert, da religiöse Argumente in einer säkularen Gesellschaft wie der modernen britischen nur geringen Zuspruch finden und Religion, nach der Anzahl der schriftlichen Belege zu urteilen, für die meisten Aktivistinnen und Aktivisten keinen unmittelbaren, sondern hauptsächlich einen historischen Wert besitzt. Jenkin und Jenkin etwa führen ein Kapitel über "Cornwall and Nonconformity" in ihre Erklärungen zur kornischen Distinktivität ein, enden aber mit der Zersplitterung des Methodismus nach John Wesleys Tod und der lapidaren Bemerkung, noch heute sei Cornwall mehrheitlich (nominell) methodistisch. Es bedurfte der akademischen Argumentation für den Status einer nationalen Minderheit der kornischen Bevölkerung, um religiöse Eigenheiten als Zeichen kornischnationaler Differenz zu deuten.[155] Mit

---

[154]　Milden, S. 145, mit unpräziser Terminologie: "Methodism has never become involved in a separatist movement en masse." Zuvor Deacon 2001b, besonders S. 311-313.

[155]　So durch Deacon 1999, S. 13; zuvor Jenkin/Jenkin, S. 10-12. Wenn sich etwa seit 2004 doch eine Verbindung von Religion und kornischer Nationalität anbahnt, so ist dies wohl auf solche akademische Reflexion und die historische Assoziation zurückzuführen. So fordert Andy Phillips (*pass.*), die *Church of England* möge in Cornwall ihren Status als Staatskirche ablegen, so dass eine rein kornische Kirche die frühchristlich-keltischen, methodistischen und anglikanischen (sowie eventuell die katholischen) Traditionen integrieren könnte. Damit vollzieht er in der Religion nach, was auch an anderer Stelle zu beobachten ist: Die Abgrenzung von England und Ablehnung englischer Benennungen, die Tradition der Unterdrückung Cornwalls und, in Vergleichen mit Wales und Irland, die Einbindung in das Paradigma 'keltischer Nationen'. Für weiter gehende Einschätzungen ist es aber noch zu früh.

der eigenen religiösen Tradition wird die Unterschiedlichkeit der historischen Erfahrungen Cornwalls als Teil der eigenständigen kornischen Kultur und damit die kornische Differenz auch in diesem Bereich, aber eben zumeist nur in historischer Perspektive identifizierbar gemacht. Dies kann dann, wie bei den anderen, im engeren Sinne ereignisgeschichtlichen Kristallisationspunkten, gelegentlich auch für die Gegenwart nutzbar gemacht werden: Der Aktivist John Angarrack beispielsweise sieht die in Cornwall etablierten nonkonformistischen Glaubensrichtungen und gerade den Methodismus als Widerstandsmöglichkeit der kornischen Bevölkerung gegenüber den Machtansprüchen der anglikanischen Kirche (und damit bei ihm immer zugleich Englands und der 'englischen' Monarchie) in Cornwall, welche er als "Anglican expansionism" beschreibt. Methodismus ist für ihn nur wegen republikanischer Untertöne interessant,[156] nicht wegen religiöser Aspekte.

Doch damit ist die Benutzung von Religion, abgesehen von ihrer Funktion als Zeichen kornischer Differenz, beinahe gänzlich erschöpft, denn auch das frühe 'keltische Christentum' wird überwiegend als Teil kornischer Geschichte begriffen. Entsprechend präsentiert der *Tregellas Tapestry* in den drei relevanten Tafeln ("Cornish Saints", Tafel 7, frühchristliche Zeit; "The Wesley Brothers", Tafel 29, früher Methodismus; "Nine Lessons and Carols", Tafel 40, Gründung der Diözese Truro 1876) Religion ohne Hinweise auf eine zeitgenössische Relevanz, sondern schon durch die Einreihung in die Chronologie ganz im jeweiligen historischen Kontext eingebunden. Anders verfahren andere Tafeln, etwa "Plen-an-Gwary" (die letzte des Zyklus, Tafel 58, hier Abb. 8, S. 146), die eine übergeschichtliche Verbindung von Vergangenheit und Gegenwart herzustellen und damit die überlebende Bedeutung der Vergangenheit darzustellen vermag. Dies geschieht einerseits durch die Kombination der dargestellten Objekte innerhalb des Bildes selbst: Die mittelalterliche, runde Dramenspielstätte (kornisch *plen-an-gwary*) ist mit einem Gebäudekomplex in Form eines 'keltischen' *wheel-headed cross* überbaut, der in einem solchen Kontext kein mittelalterliches Vorbild hat. Diese Kombination von modernem und historischem Bau erzeugt eine Inkongruenz, in der die erhalten gebliebene Wertschätzung und eine neue Bedeutung der mittelalterlichen Rundarena erkenntlich wird: Letztere wird gleichzeitig für die Gegenwart beansprucht. Zum anderen geschieht die Anbindung der Vergangenheit an die Gegenwart, unter Berücksichtigung der mittelalterlichen Ursprünge der Spielstätte, durch die Positionierung der Tafel außerhalb der Chronologie, wodurch sowohl die historische Provenienz als auch die durch die moderne Wiederbelebung der Mirakelspiele und andere Aufführungen neu hinzugewonnene zeitgenössische Bedeutung dargestellt werden kann. Als ein weiteres Bild, das den religiösen Tafeln des Zyklus entgegengehalten werden kann, stellt auch "Royal Duchy of Cornwall" (Tafel 16) durch die Bildsprache einen Bezug zur Gegenwart her: Dort wird die Burg Restormel als Ruine gezeigt, in einem Zustand also, der dem heutigen näher kommen dürfte als dem der Zeit des Schwarzen Prinzen, des ersten Herzogs von

---

[156] Angarrack 1999, S. 73 und S. 75; das Zitat zuvor *id.* 2001, S. 20.

Cornwall (1337), als sie in Benutzung war. Eine solche zusätzliche, zeitgenössische Bedeutung ist den genannten Tafeln mit religiösen Themen völlig fremd.

Das andere, einem von der Geschichte verschiedenen Kulturbereich entnommene Beispiel für die Instrumentalisierung von Geschichte zur Demonstration kultureller Identität, hier im Rahmen einer kulturellen Veranstaltung, die selbst zur *Cornish identity* beiträgt, entstammt dem Bereich des Sports. Auf Rugby wird in Abschnitt 4.1 weiter eingegangen, die Ikonographie von *Trelawny's Army*, wie die Fangemeinde der kornischen *County*-Mannschaft im Rugby kollektiv genannt wird, entstammt jedoch dem historischen Hintergrund des 17. Jahrhunderts und zeigt erneut die Relevanz der kornischen Geschichte für die heutige Identität. So sprach der Präsident der *Cornish Rugby Football Association* in einer Verlautbarung anlässlich des Spiels Cornwalls gegen Yorkshire 1991 die Inhaftierung von Bischof Trelawny und die legendären Ereignisse jener Zeit an und erklärte dazu: "the Cornish have the additional motivation of a Celtic people striving to preserve an identity".[157] Jonathan Trelawny, den Jakob II. 1688 als Gegner seiner Politik der 'katholischen Emanzipation' zusammen mit sechs anderen Bischöfen verhaften ließ, gilt in Cornwall als Nationalheld und wurde in dem Lied *Trelawny* verewigt, das bei wichtigen Rugbyspielen von kornischen Anhängern gesungen wird (der Text ist als Anhang B abgedruckt, die Melodie ist die eines französischen Liedes, *Le petit Tambour*). Der dort besungene Aufstand der kornischen Bevölkerung hat zwar so nie stattgefunden,[158] bildet aber als Teil der kornischen *mythistoire* eine Manifestation der kornischen Kultur, durch die sich die kornische Identität reproduziert. Die Person des Bischofs von Bristol wird appropriiert und zusammengespannt mit dem Erfolg der kornischen Rugbymannschaft zu einer Demonstration und damit Perpetuierung der kornischen Identität. In diesem Kontext verbindet Tom Prout die Erfolge der damaligen, kornischen Anhänger Trelawnys explizit mit den Erfolgen der kornischen Rugbymannschaft: "Almost single-handed, the Cornish had taken on the rest of the South West counties and won many famous battles. (*Feats later to be emulated on the rugby field!*)".[159] In diesem wie in den früheren Beispielen wird erkenntlich, wie ein Geschichtsbild entworfen und in die gegenwärtige Kultur integriert wird und als Legitimation und Inspiration für die Zukunft gebraucht werden kann. Noch deutlicher zeigt sich diese gegenwärtige Relevanz und der zukunftweisende Charakter des kornischen Geschichtsbildes beim *Cornish Stannary Parliament*:

---

[157] Zitiert in Deacon 1993, S. 207.

[158] Payton 1996, S. 168. Perry 1991, S. 232: "Popular celto-victorian [sic!] culture was still strong enough to absorb cosmopolitan elements and transmute them into something Cornish, as the rituals that developed around 'Trelawney's [sic!] Army', the crowd that supported Cornwall's rugby team, showed. American pop music, drum majorettes, silver bands and the 'Mexican wave' accompanied the singing of 'Trelawney' [sic!], Cornwall's stirring Marseillaise, written by a Devonian [R.S. Hawker], set to an old French tune and celebrating a historic event that never actually took place."

[159] Prout (unpag.), Hervorhebung im Original.

English historians have been in the habit of referring to Cornwall's Celtic identity in the past tense. The Cornish are British and were resident in Britain long before the English invaded Britain. Cornish place names and surnames still exist to this day. Cornwall is entitled to a Celtic future.[160]

Im Bereich der Geschichte kann sich die Nationalismusbewegung Cornwalls letztlich auf den Paradigmenwechsel in der britischen Historiographie berufen, der von der anglozentrischen zu einer pluralistischen Sichtweise der Geschichte der Britischen Inseln, von "English history" zur "Four nations history" führte. Paradigmatisch war hier Kearneys Buch *The British Isles: a history of four nations*, dessen Verfasser zwar nicht ausführlich auf Cornwall einging, das aber die Implikationen des Wandels zur multinationalen Sichtweise für Cornwall doch erkennen ließ. War Cornwall als 'Anhängsel' Englands früher kaum beachtet worden, so kann es im multinationalen Großbritannien und der entsprechenden Geschichtsschreibung einen eigenen Raum beanspruchen. Murley, Pascoe und Nute deuten das in den neueren Geschichtswissenschaften vielzitierte Schlagwort der *four nations history* (England, Schottland, Wales, Irland, innerhalb der Britischen Inseln) geschickt um, wenn sie Cornwall "one of the four nations of Britain"[161] nennen. Indem sie Irland ausschließen, verkleinern sie den Referenzrahmen von 'Britische Inseln' auf 'Großbritannien' und schaffen so innerhalb der neuerdings etablierten Vier-Zahl Platz für Cornwall (England, Schottland, Wales, Cornwall, innerhalb Großbritanniens); dadurch erscheint dessen Inklusion legitimiert:

> Britain is comprised of four nations. One Anglo-Saxon and three Celtic. They are the English, Scots, Welsh and Cornish. The English, the only non-Celts, have a numerical majority. This Anglo-Saxon racial majority has created a "unitary" as opposed to federal state. Britain has no written constitution and there is still an unelected, undemocratic House of Lords promoting an English nationalist version of British history.[162]

Tatsächlich ist kornische Geschichte nicht nur in nationalistischen Publikationen Thema, sondern wird auch in Leserbriefen an Zeitungen kontrovers diskutiert; als Beispiel sei auf eine Debatte im *West Briton* und den *Western morning news* verwiesen, die am 7. März 2002 begann und Antworten und Gegenantworten am 21. März, 4., 11., 25. und 27. April und 2. Mai hervorrief, in denen (auf ereignisgeschichtlicher Ebene) u. a. der Umfang von Massakern an der kornischen Bevölkerung, aber (in theoretischer Art und Weise) auch die Benutzung von Geschichte in nationalistischer Absicht (so der Vorwurf von beiden Seiten) diskutiert wurde. Die Heftigkeit der darin zutage tretenden Emotionen ist ein Beleg dafür, dass solche Fragen für das heutige Cornwall als relevant angesehen werden.

---

[160] Murley/Pascoe/Nute (Hgg.), S. 54.
[161] So im Buchtitel Murley/Pascoe/Nute (Hgg.).
[162] Murley/Pascoe/Nute (Hgg.), S. 54; im letzten Satz findet sich auch die Umkehrung des Vorwurfs, nationalistisch zu sein, der gewöhnlich nur den kornischen Akteuren gemacht wird.

Zusammenfassend lässt sich im kornischen Fall beobachten, was *mutatis mutandis* für Nationen generell gilt: Für die Nation wird eine Entstehungsgeschichte entworfen und ihr ein früherer Zustand angedichtet, der einem 'Goldenen Zeitalter' gleichkommt, als Cornwall 'am kornischsten' war, also von englischen Einflüssen kaum erfasst und von seinem ursprünglichen Zustand verändert. Von diesem ausgehend wird die weitere Geschichte als Niedergang dargestellt, in unserem Fall als eine Geschichte der zunehmenden Integration in ein 'fremdes Land', die den Erhalt der 'Nation' mehr und mehr gefährdete, deren Kultur verdrängte, Besonderheiten verwässerte und Cornwall eine 'fremde' Sprache aufzwang. Anthony Smith drückt im Allgemeinen aus, was auch für Cornwall im Besonderen zutrifft:

> They [the nation's 'Golden Ages'] witnessed the nation's first creative flowering and liberation. They also existed in the nation's 'first time' when it was most truly 'itself'. Antiquity is therefore deemed to be canonical, because it stands at the inception of national time. This is a time when nations are most authentically 'themselves', unmixed with later accretions and foreign borrowings; and when nations are most heroic, for antiquity itself can enhance the sense of national dignity and inspire emulation.[163]

Um von den Einzeltexten, in denen ein nationales Geschichtsbild für Cornwall und damit die kornische Nation im Kulturbereich der Geschichte geschrieben werden, weiter zu abstrahieren, kann dieser Schreibvorgang mit A.D. Smiths Ansatz einer dreifachen Benutzung von Geschichte im *nation-building* korreliert werden.[164] Zunächst erkennt Smith "rediscovery", die Suche nach einer gemeinsamen, authentischen "ethno-history"; diese Wiederentdeckung geschieht durch national orientierte Eliten in den historischen, philologischen, archäologischen und anderen Wissenschaften (von Smith schon "nationalists" genannt). In Cornwall geschieht das u. a. am *Institute of Cornish Studies* und im *Cornish History Network*, wo eine als ethnisch verstandene, kornische Dimension der Geschichte (wieder-) entdeckt und mit gesammelten Mythen und Traditionen zu einer umfassenden Beschreibung Cornwalls zusammengestellt wird, die Ausgangspunkt des kulturellen Nationalismus sein kann, ganz wie es Smith beschreibt. Darauf folgt "reinterpretation", in welcher durch jetzt tatsächlich nationalistische Aktivität Geschichte (und Gegenwart) selektiv uminterpretiert werden, um nationalistische Ansprüche als 'natürlich' und historisch legitim erscheinen zu lassen. Dieser Vorgang, der in Smiths Triade nationalistischer Geschichtsbenutzung eine zentrale Rolle spielt, wurde im Vorausgehenden ausführlich vorgeführt und dokumentiert: Erinnert sei an die Umdeutung der frühneuzeitlichen Aufstände einer zum englischen Herrschaftsbereich gehörenden Region zu Kriegen zwischen England und Cornwall, in welcher Hodge die kornische Nation implizierte und den heutigen nationalistischen Ansprüchen einen historischen Kontext gab. "Collective regeneration" letztlich ist der daraus erwachsende Aufruf an die Bevölkerung, sich aufgrund der so

---

[163] A.D. Smith 2001a, S. 445.
[164] Dies in A.D. Smith 1995a, S. 15-17.

dargestellten historischen Lage für die nationalen Ziele einzusetzen, die Nation zu perpetuieren und dabei zu erneuern. Dies war immer dann zu beobachten, wenn Geschichte als Legitimation für den verloren gegangenen Nationsstatus angeführt wurde: Darin enthalten sind der Aufruf und die Forderung, der 'kornischen Nation' ihre historische Eigenständigkeit wiederzugeben. So studieren Mitglieder der *Old Cornwall Societies* die Vergangenheit nicht aus rein antiquarischen Interesse heraus, wie Nance 1925 in der ersten Ausgabe des Gesellschaftsorgans *Old Cornwall* klar macht, und tragen Fragmente der alten Kultur zusammen,

> [...] not in the spirit of collectors of quaint and useless curios, but as gleaners of the folk-culture of Cornwall, upon which all really Cornish art and literature of the future must be based, and hoping that future generations will arise, Cornish still, to make good use of them. It is for such a "New Cornwall" that we work, but it is "Old Cornwall" that provides us with all the essence of Cornishness that we mean to hand on to it.[165]

Die Geschichte wird hier programmatisch zur Grundlage einer Erneuerung Cornwalls zu einer kulturell prosperierenden Nation der Zukunft erklärt, und u. a. mit John Jenkins für Kinder konzipierte *A first history of Cornwall* von 1984 wird der kollektiven Erneuerung auch dahingehend genüge getan, dass kornischen Kindern ein spezifisch kornisches Geschichtsbild vermittelt wird, so dass sie von Anfang an eine Bindung an ein 'nationales Cornwall' erhalten und so mit der Zeit die kornische Gesellschaft im nationalistischen Sinne erneuern, wie es Smith konzipiert. Tatsächlich konnten Smiths Beobachtungen zur Geschichtsnutzung durch die Untersuchung des kornischen *nation-building* im kulturellen Bereich der Geschichte gestützt werden, wenn die drei Stufen in der Fallstudie freilich nicht ganz so klar unterschieden werden können, wie es in Smiths Modellentwicklung erscheint. Die in Abschnitt 3.5 unten erwogene Disziplin *Cornish Studies* beispielsweise, obwohl der ersten Stufe (Wiederentdeckung) zugehörig, spielt teilweise unkomfortabel in den Bereich der zweiten Stufe (Reinterpretation) hinein, besonders dann, wenn sich Forscherinnen und Forscher außerhalb des rigiden akademischen Fachs äußern oder die engagierte Darstellung von Forschungserkenntnissen zur Modifikation bisheriger Geschichtserzählungen führt. Mit populären Werken wie Philip Paytons *Cornwall*, seinem *Cornwall's history*, das als broschierte Kurzeinführung in die historische Konstante kornischer Differenz durch seine weite Verfügbarkeit in Cornwall und besonders in dortigen Supermärkten, Souvenir- und ähnlichen Geschäften auch den touristischen Lesemarkt bedient, oder dem von ihm edierten *Cornwall for ever! Kernow bys vyken!* für Schulkinder leistet die Disziplin zugleich einen Beitrag zur dritten Stufe, der kollektiven Erneuerung.[166]

Um diesen Abschnitt abzuschließen: Das Schreiben der kornischen Nation im Kulturbereich der Geschichte basiert auf dem Akt des Entwerfens dessen, was der

---

[165] Nance 1925, S. 3.
[166] S. hierzu die Bemerkungen zur akademische Disziplin *Cornish Studies* weiter unten, ab S. 220. Die genannten Publikationen sind Payton 1996, *id.* 2002a und *id.* (Hg.).

Ägyptologe Jan Assmann das "kulturelle Gedächtnis" nennt, was hier auf eine
entstehende Nation angewendet wurde: Die vorgestellten historischen Momente
und Ereignisse werden als für Cornwall schicksalshaft dargestellt, sind den Akteuren "zeitenthoben" präsent und definieren die nationale Sichtweise Cornwalls.[167]
Insbesondere der Mechanismus der Enthistorisierung geschichtlicher Momente,
Assmanns "Zeitenthobenheit", wurde zuvor an Beispielen aus dem nationalistischen Korpus deutlich gemacht. Das kulturelle Gedächtnis der 'kornischen Nation'
wird durch die genannten Texte, aber auch durch Denkmäler (etwa für die Aufständischen von 1497 in St Keverne), Feierlichkeiten (*St Piran pilgrimages*) und
andere Veranstaltungen (*Keskerdh Kernow 500*) perpetuiert und soll dabei zugleich weitere Verbreitung in der Bevölkerung Cornwalls finden, was Teil des
kornischen *nation-building* ist, da einerseits ein voll ausgeprägtes kulturelles Gedächtnis Cornwalls als Nation erst im 20. Jahrhundert zu entstehen begann und zu
Beginn des 21. Jahrhunderts nicht abgeschlossen ist, andererseits bislang nur eine
Minderheit der in Cornwall lebenden Bevölkerung an diesem Gedächtnis teilhat.
Eine wichtige Rolle spielen dabei die *Old Cornwall Societies*, die in den 1920er
Jahren auf Anregung von Robert Morton Nance entstanden, in ihrer Funktion die
Cowethas Kelto-Kernuak ersetzten und seit 1924 unter dem Dach der *Federation
of Old Cornwall Societies* zusammengefasst sind; Nance sah in ihnen die Möglichkeit, die kornische Kultur in der Bevölkerung zu verbreiten und die antiquarischen Studien einzelner Gelehrter populär zu machen. In Assmanns Terminologie
sind sie dadurch Teil der "Organisiertheit" des kulturellen Gedächtnisses, das zu
seiner Transmission darauf angewiesen ist, dass die Kommunikation über die Inhalte des Gedächtnisses institutionalisiert ist.[168]

3.3   Politik

Vielleicht der wichtigste einzelne, gewiss aber der offensichtlichste Ausschnitt
aus dem hier als Kultur zusammengefassten Feld menschlicher Tätigkeiten, in
dem nationalistische Akteure versuchen, die Idee von der 'Nation Cornwall' zu
etablieren, ist die Politik. Die Nationsbildung geschieht hier ganz offensichtlich
durch den in und von den Parteien geführten Diskurs selbst. Zunächst einmal verwenden deren Mitglieder und Anhänger den Nationsbegriff wie selbstverständlich

---

[167]   J. Assmann, S. 12: "Das kulturelle Gedächtnis hat seine Fixpunkte, sein Horizont wandert
nicht mit dem fortschreitenden Gegenwartspunkt mit. Diese Fixpunkte sind schicksalhafte
Ereignisse der Vergangenheit, deren Erinnerung durch kulturelle Formung (Texte, Riten,
Denkmäler) und institutionalisierte Kommunikation (Rezitation, Begehung, Betrachtung)
wachgehalten wird. Wir nennen das "Erinnerungsfiguren"." Später erwähnt er noch die
"Identitätskonkretheit": Durch das Bewusstsein dieses (gruppenspezifischen, mithin nicht
universellen) kulturellen Gedächtnisses beziehe eine soziale Gruppe (z. B. eine Nation)
Einigkeit und Identität, da es 'Angehörige' und 'Fremde', 'Wir' und 'Sie' definiert (S. 13).

[168]   J. Assmann, S. 14. Zu Nance zuvor Payton 1992, S. 133f., und Hale 1998b, S. 42-44.

für Cornwall, und zwar sowohl in ihren Publikationen als auch in den Amtsbe-
zeichnungen innerhalb der jeweiligen Partei: So gibt es bei der *Cornish Nationalist Party* einen "National Treasurer", bei *Mebyon Kernow* ein "National Executive
Committee".[169] Damit wird jeweils die ganz Cornwall betreffende Ebene im Unterschied zu Unterteilungen innerhalb Cornwalls bezeichnet (bei *Mebyon Kernow*
beispielsweise die sieben *Branches*), nicht etwa – wie bei den staatsweiten Parteien – die großbritannien- oder königreichweite Ebene. Dabei sehen die Akteure
die 'Nation Cornwall' als gegeben an, was ja Voraussetzung für ihre Aktivität ist:
Die Ziele, die sie sich im Namen Cornwalls gesteckt haben, basieren darauf, dass
eine 'nationale' Entität namens *Cornwall* existiert.[170] Folgerichtig heißt das 1968
gegründete, vierteljährliche, mit seinem Namen bereits auf den Nationalismus hin-
weisende Organ von *Mebyon Kernow* schlicht *Cornish nation*. Da schon die Existenz von Parteien (und anderen Organisationen), deren Ziel es ist, einen höheren
Grad an Autonomie für ein klar definiertes Gebiet zu erlangen, die entsprechende
Bewegung nach den obigen Ausführungen (ab S. 45) zu Nationalismus und Regionalismus als eine nationalistische qualifizieren, sind diese Parteien auch selbst
ohne Weiteres als Parteien des kornischen Nationalismus zu bezeichnen. So wird
nun der Diskurs dargestellt, mit dem auf politischem Gebiet für die 'Nation Cornwall' agiert wird.

Das Feld der Politik lässt sich anhand der in ihm aktiven Organisationen unter-
teilen. Um den Rahmen dieses Kapitels nicht zu sprengen, wurden kleine und
kurzlebige Formationen ohne bedeutenden politischen Einfluss, dauerhaft sichtbare Strukturen und eindeutig politischen Fokus an dieser Stelle ausgelassen. Dies
betrifft beispielsweise eine Pressure-Group namens *Tyr-Gwyr-Gweryn* (etwa:
'Land-Wahrheit/Gerechtigkeit-Volk') und *An Gof 1980*, bei der es sich um eine
nach dem kornischen 'Nationalhelden' benannte Gruppe handelt, die sich im Dezember 1980 zu einem Bombenanschlag auf ein Gerichtsgebäude in St Austell
bekannte, obwohl nach einem anonymen Telefonanruf unklar war, ob es sich um
eine Tat handelte, die gegen linksradikale Personen *innerhalb* der kornischen Bewegung gerichtet war, oder ob eher eine private Abneigung des Täters gegen
einen *Magistrate* das Motiv war,[171] so dass der Anschlag vielleicht gar nicht als
Ausdruck des Nationalismus gelten könnte. Weiterhin wurden 'pankeltische' Organisationen wie die *Celtic League* ausgeblendet, auch wenn sie einen kornischen
Arm besitzen. So werden nun nacheinander nur die wichtigsten Parteien und
Gruppierungen besprochen, die im politischen Feld für eine größere Eigenständigkeit Cornwalls streiten und dabei die Nationsbildung betreiben, wobei nicht nur
ihre Publikationen auf das *nation-building* hin untersucht, sondern zugleich ihre
jeweiligen Ziele dargestellt werden.

---

[169] Cornish Nationalist Party (o.J.), § 11 (S. [3]); Mebyon Kernow 1997.
[170] So äußert Nute (1998-1999, S. [6]) über das moderne *Cornish Stannary Parliament*: "We
see ourselves as continuing the challenge of asserting the rights of a small nation."
[171] Hierzu der Artikel "Warning of more bombs".

Die Partei Mebyon Kernow – The Party for Cornwall

Mebyon Kernow – The Party for Cornwall ('Söhne Cornwalls', hernach kurz MK) wurde 1951 als Pressure-Group, nicht als Partei, mit dem Ziel gegründet, die 'Nation Cornwall' zu erhalten und zu stärken, ihre keltische Kultur zu pflegen und begrenzte Autonomie innerhalb des Vereinigten Königreichs zu erreichen. Damit ist MK nach *Tyr ha Tavas*, das nur am Rande politische Ziele verfolgte und aus dem es die meisten seiner frühen Mitglieder speiste,[172] die erste kornische Organisation mit einer explizit politisch-nationalistischen Zielsetzung. Die Gründung von MK fällt in die Zeit nach dem Zweiten Weltkrieg, in der erneut Forderungen nach einem schottischen Parlament laut wurden; MK forderte analog dazu Autonomie für Cornwall, hinzu kamen wirtschaftliche und kulturelle Themen, unter anderem wurde eine Kampagne für eine Universität in Cornwall gestartet.[173] In der zweiten Hälfte der 1960er Jahre trat MK erfolgreich der *London Overspill*-Politik der Zentralregierung entgegen; diese bestand in dem Plan, vor allem ältere Menschen aus London nach Cornwall umzusiedeln, um die Größe der Metropole besser kontrollieren zu können. Von kornischnationaler Seite wurde dies als "deliberate English colonisation" bezeichnet und mit weiteren Angriffspunkten aus der Wirtschaftspolitik unter der Formel "economic imperialism" zusammengefasst, der sich in Cornwall äußere,[174] ein Sprachgebrauch, der Parallelen zwischen den geplanten Umsiedlungen nach Cornwall und den britischen *plantations* in Irland im 16. und 17. Jahrhundert suggeriert, als englischstämmige Siedler in Irland enteignetes Land erhielten. Daraus habe sich weitere "typical colonialist activity – on the small scale" ergeben: Mit den im Durchschnitt deutlich höheren Einkommen (insbesondere Südost-)Englands könne sich die zuziehende Bevölkerung die besten Häuser in attraktiven Orten leisten und die Einheimischen nach und nach aus ihren bisherigen Gemeinschaften verdrängen;[175] angegriffen wurde aber auch die Veränderung der Landschaft durch das Abreißen der traditionellen steinernen Hecken (*Cornish hedges*) und den Bau großer Supermarkt-Komplexe auf der sprichwörtlichen grünen Wiese (Schlagwort hier: "exploiting the land").

Das wichtigste Ziel der Partei war jedoch die Erhaltung dessen, was Cornwall kornisch machte, die *Cornish identity*, die (nicht zuletzt durch Zuzug aus England auch außerhalb von *London Overspill*) als stark gefährdet angesehen wurde; diesem Ziel diente letztlich auch das Streben nach politischer Selbstverwaltung: "The founders of Mebyon Kernow quickly came to the conclusion that, if the Cornish nation was to survive as an entity, the Cornish themselves must take a greater part in running their own country." Bereits die damaligen Kampagnen (und bis in die

---

[172]　Tregidga 1997, S. 145f. Deacon (2001a) stellt konzis Geschichte und Ziele der Partei dar.
[173]　Mebyon Kernow 1968, S. 23f., Payton 1992, S. 194.
[174]　Whetter 1973, S. 71f., das folgende Zitat S. 38. Zu *London Overspill* Payton 1992, S. 182.
[175]　Mebyon Kernow 1984, S. 2; dies konstatiert auch Perry 1991 (S. 230; neben dem Wohnraum besetzt die zugezogene Bevölkerung mit ihrer durchschnittlich höheren Bildung oft auch die besseren Arbeitsplätze). Das Wohnraumproblem war durchgängig Thema von MK, wie viele Beiträge zur *Cornish housing crisis* in *Cornish nation* belegen.

1980er Jahre hinein) wurden ganz explizit mit dem Schlagwort 'Nationalismus' geführt, wie ein Blick in das Parteiorgan *Cornish nation* jener Zeit offenbart.[176]

War der Erfolg bis zum Ende der 1960er Jahre gering gewesen, so konnte sich MK durch die Aktionen gegen die *Overspill*-Pläne und die Rhetorik des "English imperialism regarding Kernow" stark profilieren: 1970 lag die Mitgliederzahl über 3 000.[177] Durch die gestiegene Bekanntheit und Unterstützung der Partei (dieser Aufschwung verlief parallel zu dem der nationalistischen Parteien in Wales und Schottland) und des kornischen Nationalismus insgesamt konnte MK zu dieser Zeit zum ersten Mal ernsthaft in lokale Wahlen eingreifen. Ihren ersten Sitz überhaupt gewann MK 1953 in den Wahlen zum *Redruth-Camborne Urban District Council*, doch in das gesamtkornische Grafschaftsgremium, den *Cornwall County Council*, wurde ein Vertreter erst 1967 gewählt. Allerdings traten zwei der fünf Westminster-Abgeordneten Cornwalls jener Zeit der Pressure-Group bei, ein dritter erklärte seine Unterstützung für deren Ziele,[178] so dass ihr Einfluss größer war, als es die Sitzgewinne allein erkennen lassen.

Dies ermunterte MK schließlich, 1970 und 1974 auch an den Wahlen zum Westminster-Parlament teilzunehmen und sich gleichzeitig offiziell als politische Partei zu rekonstituieren. Damit begann sie, einen Zwiespalt aufzulösen, der lange Probleme mit sich gebracht hatte, denn MK spielte eine doppelte Rolle: Einerseits war sie eine nicht parteipolitisch gebundene, kulturelle Pressure-Group mit nur 'patriotischen' Untertönen und Unterstützung durch Personen aller sozialen und politischen Gruppen, der Mitglieder und sogar Parlamentsabgeordnete anderer Parteien angehören konnten. Andererseits war sie durch die Teilnahme an Wahlen (zumal zum Parlament) eine nationalistische politische Partei, der aber erst seit 1976 Mitglieder anderer in Cornwall aktiver Parteien nicht mehr angehören durften. Die Ungewissheit bezüglich des Politisierungsgrades, aber auch die anschließende Entscheidung für die politische Seite kosteten einige Unterstützung.[179]

Die Ziele der sich nun offen nationalistisch präsentierenden Partei stellte James Whetter, der damals als *Vice-Chairman* für MK sprach,[180] 1973 wie folgt dar:

---

[176] Für die spätere Zeit dann Mebyon Kernow 1984, S. 3. Das Zitat R.G. Jenkin 1968, S. 5.

[177] Das Zitat Whetter 1973, S. 72; die Mitgliederzahl gibt Payton 1996, S. 290. Anders als bei der Immigration von Personen anderer Staatsangehörigkeit, gegen die sich fremdenfeindlich-nationalistische Parteien *aus Prinzip* meist wenden (so die sich "Die Republikaner" nennende Partei in Deutschland), liegt es im *wahltaktischen* Interesse einer autonomistisch-nationalistischen Partei wie MK, die innerstaatliche "in-migration" zu bremsen, hier den Zuzug britischer, mit Wahlrecht ausgestatteter Personen: Diese würden (zumindest anfangs) kaum die nationalistische Partei vor Ort wählen, sondern den bisher gewählten, staatsweiten Parteien treu bleiben, deren Dominanz in den Wahlkreisen stärken und den relativen Stimmenanteil der lokalen Partei senken. An den verschiedenen Interessenlagen der nationalistischen Parteien werden unterschiedliche Arten des Nationalismus, wie sie im Abschnitt 1.3 dargelegt wurden, erkenntlich. Die folgende Bemerkung Deacon (1983)a, S. 243.

[178] Stephens, S. 211, die vorausgehenden Jahreszahlen Mebyon Kernow (2001a).

[179] Payton 1992, S. 195 und S. 198.

[180] Whetter 1973, S. 13-15; aus Platzgründen wird nur eine Zusammenfassung gegeben.

A) Kurzfristige Ziele
1. Das Kornische soll in allen Schulen als Unterrichtsfach angeboten werden.
2. Der politische Status Cornwalls und das Verhältnis zur Zentralregierung des *United Kingdom* sollen dem von Wales und Schottland angeglichen werden.
3. Statt als "county" soll Cornwall als "nation" bezeichnet werden, die *St Piran's flag* als 'National'-Flagge gelten und "Celtic symbolism" benutzt werden.
4. Es soll eine Universität in Cornwall gegründet werden.
5. Es soll eine eigene Tageszeitung, eigene Radio- und Fernsehstationen für die ganze kornische "Nation" sowie eigene kornische Briefmarken geben.

B) Langfristige Ziele
1. Cornwall soll eine Republik unter den Prinzipien des Wohlfahrtsstaates innerhalb der Europäischen Gemeinschaft und der Vereinten Nationen werden.
2. Da die *Church of England* "anomalous" sei, sollen alle Kirchen vom kornischen Staat übernommen werden.
3. Die wichtigsten Zweige der Großindustrie (Kaolin- und jeglicher Untertagebau) sollen verstaatlicht, alle *Duchy*-Ländereien dem "council or government" unterstellt werden.
4. Die Universität, die kornische Sprache und Kultur sollen 'blühen'.

Dieses 'Programm', vor fast über 35 Jahren zusammengestellt, enthält als zentralen Punkt die Forderung, Cornwall aus England auszugliedern und als distinktive, konstitutive Einheit Großbritanniens zu verstehen (A2). Dies ist die Grundlage für alle weiter gehenden Forderungen, auch wenn dies dort nicht formuliert ist. Doch im Kultur- und Bildungssektor können die 'nationalen' (A3) Autoritäten erst dann, wenn sie einen eigenen Rechtsstatus und insbesondere in diesem Bereich eigene Kompetenzen besitzen (Kulturautonomie wie Schottland und Wales), die Schulpläne bestimmen (A1), eine eigene Universität unterhalten (A4; *England* kann in seiner bisherigen Randregion ohne eine solche Institution auskommen) und Medien gezielt und im eigenen Sinne unterstützen (A5). Ebenso wäre der neue Status, der ja das Hauptziel nationalistischer Aktivität darstellt, die Grundlage für die Benutzung des Terminus *Nation* nicht nur im privaten, sondern auch im öffentlichen Sprachgebrauch, sowie für die Anerkennung der St. Piran-Flagge als Nationalemblem (A3; was die 'keltische Symbolik' angeht, so bleibt dieser Punkt mangels näherer Ausführung leider im Dunkeln).

Insgesamt sind die Nahziele, wie hier Anfang der 1970er Jahre formuliert, davon abhängig, dass Cornwall als eigenständige nationale Einheit anerkannt wird; dass dies der kornischen Sprache trotzdem als erster Punkt der Aufzählung weichen musste, zeigt die Bedeutung, die die Partei der Sprache als Identitätsträger nach Whetter zumisst. Allerdings sind die genannten Ziele zumeist bis heute nicht erreicht worden: Zwar gab es Bemühungen um eine Universität in Cornwall, diese scheiterten aber bis vor kurzem, als mit der *Combined Universities in Cornwall*-Initiative zumindest ein Ansatz zu vollen universitären Strukturen vollzogen ist; allein die St. Piran-Flagge als einheitsstiftendes kornisches Zeichen ist heutzutage in Cornwall allgegenwärtig, freilich vorwiegend im privaten Bereich, nicht als Hoheitszeichen, auch wenn sie sogar vor dem Gebäude des *Cornwall County Council* weht. Die kurzfristigen Ziele sind, zusammengefasst, das Programm des Strebens nach größerer Autonomie für die 'Nation' Cornwall. Als realistische Punkte dieser Bewegung umfassen sie einen kleinen Ausschnitt des möglichen politischen Spektrums; sie sagen nichts über die politischen Inhalte der Partei bis zur Selbstregierung oder die Zeit danach aus: Der Autonomie, also der vorgeblich besten Möglichkeit, die Interessen des Landes zu wahren, werden andere Politikfelder wie die Wirtschafts-, Sozial- oder Außenpolitik völlig untergeordnet.

Anders steht es um die langfristigen Ziele: Diese sind teilweise visionär oder streitbar, gehen aber über die bloße Forderung nach Selbständigkeit mit den genannten verknüpften Punkten hinaus; Peter Vian hatte in der Parteizeitschrift *Cornish nation* gefordert, dass MK sich über Pläne und Ziele für die Zeit nach Erlangung von Selbstverwaltung äußern solle, schließlich sei *self-government* "not an end in itself but a means to an end. And that end is the total rebirth of Kernow as a Celtic nation".[181] So ist die Verstaatlichung der für Cornwall bedeutenden Industriezweige (B3) ein Politikum jener Zeit, mit dem die um ihren Arbeitsplatz besorgten Bergleute angesprochen werden konnten. Zusammen mit dem Erhalt des Wohlfahrtsstaates (B1) für das dann unabhängige Cornwall, das die 'zeitgemäßere' Staatsform der Republik haben soll (Polemik gegen das Königshaus, auch in der Enteignung des *Duchy*-Besitzes, B3), werden nun konkrete soziale und konstitutionelle Forderungen umrissen, die eine politische Handlungsrichtung erkennen lassen. Mit dem Bekenntnis zur Europäischen Gemeinschaft und den Vereinten Nationen (B1) werden auch Grundzüge der Außenpolitik angesprochen. Ob die Polemik gegen die Anglikanische Kirche (B2) allerdings dem in Cornwall starken Methodismus oder der Sehnsucht nach dem mittelalterlichen, katholischen Cornwall entspringt, muss offen bleiben; sicherlich wird hier aber keine Staatskirche gefordert, eher geht es um den Besitz der Kirchengebäude, die dem neuen Staat zu Erhalt und Pflege unterstellt werden sollen, da sie sowohl für den Charakter der Orte bestimmend (ein Hinweis auf die *Cornish identity*) als auch touristisch, mithin ökonomisch bedeutend sind. Die Fernziele sollen insgesamt Stimmung machen: Neben der populären Forderung nach Verstaatlichung, die den Erhalt der von Krisen bedrohten Industrien sichern sollte, und der genannten Polemik tritt dies besonders im nichtssagenden letzten Punkt (B4) zutage, der nur suggeriert, dass nach Erreichen all der vorgenannten Ziele bleibende Erfolge genossen werden können. Der persönliche Einfluss Whetters vor allem auf die Formulierungen wird im Vergleich dieser Passagen mit dem *policy statement* der *Cornish Nationalist Party*, deren Mitgründer er später war, deutlich (s. jener Abschnitt unten).

Insbesondere die Ausgliederung Cornwalls aus England und seine Neulokalisierung als Nation innerhalb des Vereinigten Königreichs oder als eigener Staat sind es, die MK zu einer nationalistischen Partei machen, da sie hier das Ziel der

---

[181] Vian, S. 94.

verfassungsmäßigen, institutionellen Anerkennung der 'Nation Cornwall' in zwei Stufen der Autonomie und einer möglichen, darauf folgenden Unabhängigkeit formuliert. Eine Variante dieser nationalistischen Kernforderung findet sich im Parteiprogramm *Mebyon Kernow: for Cornwall – a future!* von etwa 1976/77, das in Ergänzung oder Kontrast zu den vorherigen Positionen ein Cornwall mit einer kornischen Versammlung als "valid, contributing, national unit within a British Confederation of Nations" fordert.[182] Das genaue Maß an erstrebenswerter kornischer Selbständigkeit war also durchaus umstritten und variierte im Laufe der Zeit und mit wechselnden Führungspersonen, an der nationalistischen Forderung nach mehr Autonomie für Cornwall änderte sich jedoch nichts.

Dem in vielen Punkten optimistischen und idealistischen Programm von 1973 stehen die Ziele der Zeit um 1997-2001 mit einigen bescheideneren, aber aussichtsreicheren und weniger mitreißend formulierten Forderungen gegenüber, was als Anzeichen einer größeren Reife der Partei gedeutet werden muss. Danach solle Cornwall grundsätzlich "greater self-government" erhalten, wozu eine legislative "Assembly for Cornwall, with powers at least equal to those of the Scottish Parliament" eingerichtet werden müsse, um Entscheidungen "as locally as possible" treffen zu können; damit vertritt MK die Forderung nach möglichst weitreichender Subsidiarität im britischen Staat. Die Forderung nach Unabhängigkeit innerhalb des Vereinigten Königreichs wird hier nicht mehr explizit formuliert, sondern lässt sich nur aus der gesetzgebenden Versammlung schließen. Zudem erscheint diese Forderung eher als probates Mittel, die wirtschaftlichen Ziele zu erreichen, weniger als Selbstzweck zur Erlangung eines 'nationalen' Status: Wichtiger sind Arbeitsplätze vor Ort, die durch eine neue *Cornish Development Agency* (bisher gibt es eine solche Organisation nur für den gesamten Südwesten Englands inklusive Cornwall) geschaffen werden sollen, und bezahlbarer Wohnraum für die lokale Bevölkerung. Dazu treten, wie für den keltischen Nationalismus insgesamt typisch, die Stärkung der (hier kornischen) Identität, Kultur und Sprache, der Schutz der Umwelt vor "indiscriminate growth" und "over-development" und nicht zuletzt ein "integrated transport system".[183] In diesen Positionen ist eine Hinwendung zur untersten Ebene des politischen Systems erkennbar; die Politik von MK evoziert nicht die 'kornische Nation' insgesamt, sondern richtet sich direkt und gezielt an den einzelnen, in Cornwall lebenden Menschen und dessen Lebensumstände. Während *nation* und *national* kaum vorkommen, wird *local* zum zentralen Schlagwort, was den Eindruck von Unmittelbarkeit hervorruft: MK gibt sich das *Image*, für jeden Einzelnen in Cornwall zu agieren, wobei durch die konsequente Anwendung des Subsidiaritätsprinzips durch MK auch innerhalb Cornwalls die Argumentation über die 'Nation Cornwall' geschwächt werden musste. Doch geht

---

[182]   Truran, S. 5.
[183]   Solche Forderungen zum Schutz der kornischen Landschaft sind keine Neuerungen des heutigen kornischen Nationalismus, sondern erschienen schon deutlich in einem Report des *Council for the Preservation of Rural England* von 1930 (hier W.H. Thompson, *pass.*).

die Begründung für MKs Einsatz für Cornwall letztlich auf den Nationsstatus zurück ("Cornwall is a historic nation and a unique European region"; "Power must be returned to Cornwall as a national community"),[184] während zur Erfüllung der Ziele weiter reichende Entscheidungsbefugnisse nach Cornwall geholt und in eigenen Gremien institutionell verankert werden sollen, was *nationalistisch* genannt werden muss. Da dies nun jedoch nicht mehr primär zur Erfüllung des nationalistischen Ideals einer Deckungsgleichheit von Nation und politischer Gemeinschaft, der früheren nationalistischen Kernforderung, geschehen soll, lässt sich konstatieren, dass sich die Partei von einem ideologischen, prinzipiengebundenen zu einem deutlich pragmatischeren Standpunkt bewegte.

Zwei weitere Punkte des MK-Programms verdienen Beachtung.[185] Zum einen will die Partei Rüstungsausgaben senken, den Waffenhandel einschränken und auf ein "Nuclear-Free Cornwall in a nuclear-free world" hinarbeiten sowie einen weitreichenden Schuldenerlass für die sogenannte Dritte Welt erreichen; sie spricht damit, anders als in der früheren Zeit, nun auch außen- und weltpolitische Fragen im Detail an und präsentiert sich so als eine Partei, die auf allen Politikfeldern tätig ist und eine Alternative zu den großen Parteien sein kann. Zum anderen vertritt die (europafreundliche) Partei auch in der Europapolitik den Standpunkt größtmöglicher Subsidiarität und strebt ein "decentralised Europe of the Peoples" an, was einerseits zu den Forderungen für Cornwall innerhalb des Staates passt, andererseits kornische Präsenz auf europäischer Ebene sichert, da in dem angestrebten 'Europa der Regionen' Cornwall ein direkter Ansprechpartner wäre, anders als bei der bisherigen Vertretung durch den Zentralstaat. Insgesamt wird die Partei durch das besprochene Programm als der linken Seite des Parteienspektrums zugehörig gekennzeichnet, was in ihrer Selbstcharakterisierung ausdrücklich formuliert wird: Ihre Politik sei "Cornish, green, left of centre and decentralist".[186]

In neuester Zeit ist die Politik von MK vor allem auf die Unterstützung der Bestrebungen zur Errichtung einer kornischen Regionalversammlung im Rahmen der englischen Regionalisierung gerichtet. Hierbei benutzt die Partei weiterhin kaum nationalistische Argumente oder Terminologie, obwohl faktisch immer noch die größere Autonomie das (nationalistische) Ziel ist. Zuvor hat es die führende nationalistische Partei Cornwalls versäumt, bereits im Zuge der *Devolution*-Debatte für Schottland und Wales ein eigenes Strategiepapier vorzulegen: Für Dick Cole, den Vorsitzenden von MK, war es "a hell of a lot of work to do to bring out a paper no one is going to read".[187] Aus Sicht des (kulturellen) Nationalismus ist dies bedauerlich, immerhin hätte ein solches Papier und ein Ignorieren oder eine Ablehnung desselben durch *Whitehall* Teil der neueren *mythistoire* werden können, ähnlich wie der Ausgang des Schottland-Referendums 1979. Dieses gilt proschottischen

---

[184] Mebyon Kernow 1999b.
[185] Beide Mebyon Kernow 1999b.
[186] Mebyon Kernow 1997 und 1999a, ähnlich Mebyon Kernow (2001a).
[187] Zitiert in Wright, S. 6.

Aktivistinnen und Aktivisten heute als ein Beleg der Vernachlässigung oder gar der Unterdrückung Schottlands, da das mehrheitliche Ja-Votum in der Abstimmung ignoriert worden sei, wie das folgende Beispiel (wiederum aus dem kornischen Kontext) belegt:

> Scotland first voted for a parliament of its own as long ago as 1979, when the pro-devolution camp won a majority of the votes cast in the first referendum – though this was ignored by central government. This year, the Scots voted overwhelmingly for their own parliament.[188]

Diese Darstellung enthält zunächst das 'Vergessen' der Tatsache, dass vor dem Referendum ein zusätzliches Quorum von 40% Zustimmung unter allen Wahlberechtigten festgelegt worden war (tatsächlich eine hohe Hürde), und erst dadurch kann der Vorwurf erhoben werden, der schottische Wählerwille sei vorsätzlich ignoriert worden; anschließend wird der aktuelle 'Sieg' an die zurückliegende, unverdiente 'Niederlage' angebunden, was den Durchhaltewillen in der schottischen Bewegung demonstriert und der kornischen Bewegung als Vorbild dienen kann. Dass es nun kein kornisches *Devolution*-Papier gab, zeigt, dass sich MK neuerdings an vielleicht zu realistischen Zielen orientiert, wodurch der kornische Nationalismus jedoch insgesamt weniger sichtbar wird.

Die Wahlergebnisse von MK müssen in anderen Dimensionen gemessen werden als die der großen Parteien. In Cornwall sind dies neben den *Conservatives* und *Labour*, die in Wahlen oft erst an dritter Stelle kamen, auch die *Liberal Democrats*. Cornwall hat sich der für England (sic!) nach dem Ersten Weltkrieg typischen Dichotomie *Labour* vs. *Conservatives* nie angeglichen, sondern eher den Gegensatz *Liberals* vs. *Conservatives* aus dem 19. Jahrhundert beibehalten.[189] Als Kuriosität sei ein Wahlbezirk bei den *County Council*-Wahlen 1993 genannt, in dem MK die *Labour*-Partei auf den vierten Platz verweisen konnte. Die größten Wahlerfolge bei Allgemeinen Parlamentswahlen erzielte MK 1979 (dem Jahr der ersten schottischen und walisischen Referenden), als die Partei 4 155 Stimmen gewann – etwa 4% der kornischen Stimmen;[190] auch MK profitierte damit von der *Devolution*-Debatte seit der Mitte der 1970er Jahre, teilte nach der Erfolglosigkeit der Referenden aber auch den Rückgang des Wählerzuspruchs der anderen nationalistischen Parteien.[191] MK nahm zwischen 1987 und 1997 nicht an Allgemeinen Parlamentswahlen teil, da die Aussichten, tatsächlich eine Kandidatin oder einen Kandidaten nach Westminster schicken zu können, doch zu gering waren. An den Parlamentswahlen 2001 nahm MK wieder in drei der fünf kornischen Wahlkreise

---

[188] So zu lesen in *Mebyon Kernow unofficial Australian site*.
[189] Hierzu Rush, S. 202-204; zum distinktiven Wahlverhalten näher Lee, besonders S. 260-264.
[190] Wright; die Bemerkung über die Wahl 1993 zuvor Deacon 1993, S. 211.
[191] Payton 1992, S. 196: "Mebyon Kernow benefited [in 1979] from the apparent new-found credibility of Celtic nationalism. [...] however, Mebyon Kernow shared too in the declining fortunes of the nationalist parties", so dass die Partei 1983 nur rund 1 000 Stimmen gewann.

teil, konnte jedoch in keinem eine Mehrheit erlangen; die Gesamtstimmenzahl lag mit 3 199 etwa zweieinhalb mal so hoch wie bei den vorhergehenden Wahlen,[192] in denen MK um kornische Wahlkreise kämpfte. Dieser Anstieg kann auf die *Cornish Assembly*-Kampagne zurückgeführt werden, an der die Partei führend beteiligt war.

Auf anderen Wahlebenen war die Partei deutlich erfolgreicher: Bei Wahlen zum *Cornwall County Council*, zu den *District Councils* und den *Parish and Town Councils* konnte MK immer wieder Sitze gewinnen, dazu in vielen Bezirken über 15% der Stimmen für sich sichern.[193] Das *First-past-the-post*-Wahlsystem Großbritanniens auf allen Wahlebenen verringert dabei die Chancen einer kleinen Partei, Abgeordnete zu stellen. Im *Cornwall County Council* vor der Neuwahl im Juni 2001 hatte MK deshalb nur einen Sitz, obwohl die Partei 14% der Stimmen gewinnen konnte, was bei einem reinen Proporzsystem sieben oder acht Sitze bedeutet hätte.[194] Dazu kommt auf europäischer Ebene die Wahlkreiseinteilung, nach der Cornwall mit Plymouth und seinem Umland einen Wahlkreis bildet: In dem außerhalb Cornwalls liegenden Gebiet kann MK natürlich kaum mit Unterstützung rechnen, so dass die dortigen Stimmen die Wahrscheinlichkeit verringern, den gesamten Wahlkreis und damit den Sitz zu gewinnen. Payton überschlägt hierzu großzügig, dass die 10 205 Stimmen, die MK bei den Europawahlen 1979 erhielt, in Cornwall allein ein Ergebnis von knapp 10% bedeutet hätten, im tatsächlichen Wahlkreis aber nur 5,9% ausmachten, was dennoch beachtlich ist. Nach einer genaueren Rechnung kommen Butler und Marquand zu dem Schluss: "If all his [the MK candidate's] support came from voters registered in the five Cornish Westminster constituencies rather than the three Plymouth ones, it would mean that 8.8 per cent of those who voted in Cornwall supported the local nationalist cause."[195]

Anhand der Wahlen von 1997 lässt sich der Unterschied des Wahlerfolges auf den verschiedenen Ebenen aufzeigen: Bei den Allgemeinen Parlamentswahlen nahm MK in vier der fünf Wahlkreise Cornwalls teil, was für die größere Aktivität der Partei in jüngerer Zeit spricht; mit knapp über 1 900 Stimmen in ganz Cornwall (etwa 1% der kornischen Stimmen) fiel das Ergebnis aber wieder dürftig aus. Bei den am gleichen Tag stattfindenden Wahlen zum *Cornwall County Council* dagegen erzielte MK in den Wahlkreisen, in denen sich die Partei zur Wahl gestellt hatte, 10-15% der Stimmen.[196] Dieses differenzierende Wahlverhalten wird gewöhnlich der größeren Bedeutung zugeschrieben, die die Wahlbevölkerung den

---

[192]   Mebyon Kernow 2001c, S. 6 und S. 8.
[193]   Payton 1992, S. 197: Bei den *District*-Wahlen 1979 kamen 10 421 Stimmen zusammen.
[194]   Diese und die folgenden Zahlen nach Cornwall County Council 2001a und eigenen Berechnungen. Der 1997 gewonnene Sitz ging 2001 wieder verloren, als die Partei insgesamt nur noch 3,48% der Stimmen erhielt, im Stimmbezirk Bude aber als Spitzenwert 28,91%, was sicherlich auf die Popularität des dortigen Kandidaten zurückgeführt werden kann, wenn auch solche herausstehenden Ergebnisse keine Seltenheit sind.
[195]   Payton 1992, S. 197f.; Butler/Marquand, S. 176.
[196]   Zahlen nach Wright und *Mebyon Kernow unofficial Australian site.*

Parlamentswahlen beimisst, bei denen die Stimme für eine kleine Partei eher als 'verloren' angesehen wird.

Interessant ist schließlich, wie MK den Personenkreis mit *Cornish nationality* definiert, also diejenigen, für deren Interessen die Partei eintritt. Entscheidendes Kriterium ist nicht etwa Geburt in Cornwall oder Abstammung von kornischen Eltern. Wenn es um Mitgliedschaft in der Partei geht, gilt jeder als kornisch, der sich kornisch fühlt.[197] Dies gilt nicht nur für die Mitgliedschaft, denn die Partei möchte sich für alle in Cornwall lebenden Menschen einsetzen, wie in vielen Broschüren und Handzetteln immer betont wird: "We are a party for all the people of Cornwall, irrespective of origin." Diese Selbstbeschreibung zielt hauptsächlich auf die zugezogene Bevölkerung ab, die in die kornische Gesellschaft und Identität (und schließlich in die kornische Bewegung) integriert werden soll. Es ist also kein objektives, von außen erkennbares Kriterium, aufgrund dessen die Mitgliedschaft in der Partei wie in der kornischen Gemeinschaft erlangt werden kann, sondern allein die Überzeugung des Einzelnen, der Wille des Individuums, seine Gefühle und Zuneigung zu Cornwall oder seine als primär kornisch empfundene Identität als politisch relevant anzusehen: "Cornish identity and nationhood is not a racial issue. It is about a respect for life and culture, it is about living in Cornwall and having a positive commitment to the future of Cornwall."[198] Dies ist ein sehr inkludierendes Kriterium: MK schließt bewusst niemanden, der oder die nicht 'kornisch genug' ist, aus seinen Reihen und seinen Erwägungen aus. Ob diese weite Auslegung damit in Verbindung steht, dass die Bevölkerungsgruppe kornischer Abstammung seit Jahrzehnten in der Minderheit ist, wie Stephens vermutet,[199] sei dahingestellt; jedenfalls geht die Definition auch auf die in Abschnitt 1.3 skizzierte Minimalübereinstimmung der Forschung zum Themenfeld *Nation* und letztlich auf die Überlegungen Renans zurück, und dass MK den Weg des inkludierenden *civic nationalism* beschritten hat, ist nur zu begrüßen. Trotz dieser Inklusion der gesamten Bevölkerung in Cornwall lässt sich durch die Zeiten feststellen, dass MK eine Wir/Ihr-Dichotomie eröffnet und einen starken Gegensatz zwischen Cornwall (allen Bewohnern hier) einerseits und England (oftmals metonymisch verdichtet beispielsweise in London, Bristol, etc.) andererseits aufmacht; der nationalistischen Ideologie entsprechend wird im Inneren Solidarität erzeugt, insbesondere im Gegensatz zu einer 'Bedrohung' von außen: "Cornwall's problems will only be solved when we are able to take those decisions which affect *all of us here*. Cornwall is remote from central government in London."[200] Einige zusammenfassende Bemerkungen zum Einfluss von MK folgen gegen Ende dieses Abschnitts, nach der Betrachtung weiterer Organisationen.

---

[197]   So berichtet schon Charles Thomas 1973, S. 14; das folgende Zitat Mebyon Kernow 2001b.
[198]   Mebyon Kernow 1999a.
[199]   Stephens, S. 214.
[200]   Mebyon Kernow 1984, S. 3 (eigene Hervorhebung).

Die Cornish Nationalist Party

Nachdem eine Gruppe früherer MK-Mitglieder unter dem Namen *Cornish National-al Party* bereits 1969 eine rivalisierende Splitterpartei gegründet hatte, die aller-dings in Wahlen auch nicht erfolgreicher als MK war und sich verlor, als viele der Mitglieder nach und nach zu MK zurückkehrten, spaltete sich unter Führung des bereits genannten James Whetter die *Cornish Nationalist Party* (CNP) 1975 dauer-haft, zunächst aber mit sehr geringem Erfolg[201] von *Mebyon Kernow* ab, um sich eindeutig als Partei zu präsentieren, die für das Ziel einer eigenen Regierung (*self-government*) kämpft, und nicht wie MK bis dahin für eine beschränkte innere Selbstverwaltung. Später mäßigten sich die Ziele der CNP zur Forderung nach ei-nem "regional status" für Cornwall,[202] was bedeutet, Cornwall nicht länger dem *West Country* oder der Südwestregion Englands zuzurechnen. In "A Cornish-only region" schreibt Whetter für die CNP: "Cornwall forms a unique Celtic identity, fully entitled to having an independent status within the United Kingdom".[203]

Zunächst jedoch verfolgte die Partei, ihrem Programm von 1977 nach, das Ziel einer "Confederation of the six Celtic countries" mit gemeinsamen Institutionen z. B. in Recht, Währung, Bildung bis hin zu Verteidigung; Cornwall solle darin ein unabhängiger, demokratisch regierter Staat mit der St. Piran-Flagge und dem *Trelawny*-Lied als Hoheitszeichen sein; das Rechtssystem solle nach und nach sei-nen englischen Charakter verlieren; die offizielle Sprache solle Kornisch sein, das in allen Schulen gelehrt und später auch zum Unterricht in anderen Fächern sowie an der zu etablierenden Universität zu nutzen sei; Zweitwohnsitze von "absentee landlords" sollen beschlagnahmt und zu günstigen Konditionen an kornische Fa-milien verkauft werden; die Wirtschaft solle sich mit nur geringer Unterstützung entwickeln.[204] Ihrer Parteiverfassung zufolge lauten die grundlegenden Ziele der CNP im Einzelnen wie folgt: Die Partei möchte

1. die Interessen der kornischen Bevölkerung vertreten,
2. die Identität von "Kernow", "an essentially Celtic identity", erhalten und stärken,
3. "self-government for Kernow" erlangen.[205]

---

[201] Stephens, S. 213. Zur kurzlebigen *Cornish National Party* Deacon/Cole/Tregidga, S. 56.

[202] So weit Deacon (1983)a, S. 243. Der erste Punkt eines Manifests der Partei lautete 1987: "More powers to be given to a Cornish region and local government; recognition of the same to be acquired at British and European levels." (Cornish Nationalist Party 1987); von "Nation" und *self-government* wird hier nicht mehr gesprochen.

[203] Whetter 1992, S. 3.

[204] Dies alles und einige kleinere Punkte aus dem unpaginierten Parteiprogramm von 1977 (Cornish Nationalist Party [1977]); interessant am Rande ist folgende Passage aus dem Ab-schnitt "Mass communications": "The Cornish state will uphold a free press and commun-ications system. Existing press coverage will continue. Aid will be given to the promotion of the periodical devoted to the interests of Cornish people, the CNP magazine, the Cornish Banner." Die CNP schreibt hier fest, dass ihre Hauszeitschrift staatlich zu fördern ist!

[205] Cornish Nationalist Party (o.J.), § 2 (S. [1] der unpaginierten *Constitution & rules*).

Diese vage formulierten Ziele, die sich von denen *Mebyon Kernows* kaum unterscheiden, erfahren nähere Ausführung in einem neueren Artikel in *An baner Kernewek* ('Das kornische Banner', das von Whetter herausgegebene Sprachrohr der CNP), der als repräsentativ für das spätere, 'gemäßigte' Programm der Partei zu gelten hat.[206] Die dort formulierte Politik lässt sich in vier Bereiche einteilen:

1. Hinsichtlich der konstitutionellen Verhältnisse strebt die Partei kein kornisches Parlament an, sondern nur die Aufwertung Cornwalls in Großbritannien; dies könne beispielsweise durch Umbenennung des *Cornwall County Council* in *Regional Council* (sic!) geschehen, da Cornwall eine der konstituierenden Nationen (sic!) Großbritanniens sei.

2. Kulturpolitisch solle die Identität Cornwalls gestärkt werden, unter anderem durch Berücksichtigung in Schulen (Geschichte Cornwalls im Unterricht) und den Erhalt des Charakters der Landschaft und Orte. "Unified Cornish, the Cornish language revived" solle in allen Schulen angeboten werden.

3. In der Wirtschaftspolitik setzt die Partei auf die Gesetze des Marktes, der Staat solle so wenig Einfluss wie möglich nehmen.[207] Die traditionellen Wirtschaftszweige Cornwalls (Landwirtschaft, Fischfang, Bergbau) sollen unterstützt und zusammen mit dem Tourismus in einer umweltfreundlichen Weise fortgeführt werden: So sollen in kornischen Gewässern nur kornische Boote fischen dürfen. Bauvorhaben (vor allem Straßen- und Hausbau) sollten restriktiv kontrolliert, der öffentliche Nahverkehr dagegen gefördert werden.

4. In der Außenpolitik und im Verhältnis zu Europa solle Großbritannien traditionelle Wege gehen, der europäischen Währungsunion und der 'bürokratischen' Europäischen Union fernbleiben und stattdessen seine alten Beziehungen in der ganzen Welt pflegen.

Aus diesen Punkten ergibt sich das Bild einer konservativen, zur rechten Seite des politischen Spektrums tendierenden Partei, die ihre Politik mit der entsprechenden Rhetorik formuliert. So wird zur Begründung des Fernbleibens aus der Europäischen Union ("European socialist straitjacket") die glorreiche Geschichte Großbritanniens aufgerufen: "We in our off-shore island did not fight world wars, in this century and the last, to become chained to a totalitarian European-wide state to-day." Ansonsten ist der Text durch einfache, parataktische Satzkonstruktionen gekennzeichnet, ein Merkmal der gesprochenen Sprache ("The CNP is the sensible voice of the Cornish people. Of the sensible people.", ähnlich die anderen angeführten Zitate), die nur teilweise der Absicht zugeschrieben werden können, in möglichst wenigen Worten möglichst viel Information zu transportieren; es

---

[206] Alle der folgenden, das Parteiprogramm beschreibenden Punkte und die enthaltenen Zitate Whetter 1997. James Whetter, CNP-*Chairman*, verwies auf die Anfrage nach einem *policy statement* der CNP hin auf diese Ausgabe der vierteljährlichen 'Hauszeitung' seiner Partei.

[207] "We acknowledge the imperative of market forces, controlling and shaping our economic affairs. A nudge or two here and there by a minuscule state apparatus is all that can be expected. Minimal state inference [sic!]. Any other position is doomed to cause expense and misery." Erneut Whetter 1997.

wird der Eindruck erzeugt, unmittelbarer Zeuge der dramatischen Rede eines überzeugten Anhängers der Partei zu sein.

Einige Stellen dieses Programms sind, unabhängig von der Bewertung der Ziele selbst, kritikwürdig. So ist es merkwürdig, dass sich die CNP im Gemeinplatz der zu erhöhenden *cultural awareness* ausdrücklich auf eine bestimmte Form der wiederbelebten Sprache, nämlich *Unified Cornish* festlegt, anstatt nur die Bedeutung der Sprache an sich für die nationale Identifikation herauszustellen, was die Anhängerschaft der anderen beiden Formen nicht von der Partei distanzieren würde; zudem ist dies kaum eine Frage, die eine politische Partei entscheiden könnte oder sollte. Im Bereich der Wirtschaftspolitik widersprechen sich die Forderung nach Unterstützung – von wem? – und Erhalt der genannten Wirtschaftszweige und nach Schutz der Landschaft, die einen Interventionsstaat mit weitreichender Gesetzgebungskompetenz voraussetzen, einerseits, und die so prononciert formulierte Forderung nach geringen Staatsmaßnahmen und den Gesetzen des Marktes andererseits. Die geforderte Zurückhaltung des Staates führt zur Schließung von Minen (wie besonders in der Regierungszeit Margaret Thatchers gesehen) und zum Entstehen der großen Supermärkte und Bungalow-Feriensiedlungen, gegen die sich auch die CNP im Sinne des Umweltschutzes und des Erhalts der *Cornish identity* wendet, so dass beide Forderungen inkompatibel sind. Ungewöhnlich bescheiden dagegen ist der erste Punkt, Cornwall strebe kein eigenes Parlament an, weil das Land peripher und zu klein sei ("We [the sensible Cornish people] recognise our geographical, cultural, historical position. We are a small nation in a peninsula of Great Britain. We do not seek our own parliament."), was an das aus dem 19. Jahrhundert stammende Kriterium der 'überlebensfähigen Größe' einer Nation erinnert (wie oben in Abschnitt 1.3 erwähnt). Hierbei fällt unmittelbar der nicht überzeugende, wechselnde Sprachgebrauch zwischen *region* und *nation* auf: Als Nation käme für Cornwall nur ein "National Council" in Frage, "Regional Council" dagegen läuft der sonstigen nationalen Argumentation entgegen, da Regionen untergeordnete Einheiten der Nation sind, in diesem Falle Englands (so ist auch Schottland in Regionen aufgeteilt), während die Zugehörigkeit zu England oder einer Südwestregion Englands aber gerade abgelehnt wird. Diese Unbestimmtheit kann an einer weiteren Stelle aufgezeigt werden:

> Great Britain should be free, as we have always been to trade with whomsoever we like, exchange products, views, media productions. We have our links with America, South Africa, India, Australia, New Zealand to which many of our countrymen and women have emigrated, with other Commonwealth countries and these should be fostered, to our own greater good and the benefit of the world.[208]

Aus dieser Passage spricht ein *britischer* Stolz, der die sonst dezidiert als kornisch dargestellte Identität des Verfassers und der Partei an zweite Stelle zurücksetzt. Es

---

[208] Immer noch durchgehend Whetter 1997.

ist unklar, ob die Pronomen "we" und "our" (ab "we have our links ...") sich wie an anderen Stellen des Artikels auf die kornische Bevölkerung beziehen oder ob sie auf *Great Britain* zurückverweisen, wie es das "we" im ersten zitierten Satz eindeutig tut. Der erste Fall wird gestützt durch die explizit genannten Länder: Mit Ausnahme Indiens waren dies die Hauptziele kornischer Emigrantinnen und Emigranten, meist wegen des dort vorhandenen Bergbaus. In diesem Falle macht die emotionale Aufrufung der "countrymen and women" in einem kornisch-nationalistischen Zusammenhang Sinn, es würde die kornische Solidarität ansprechen; dafür hinge das *Commonwealth* und "the benefit of the world" von Cornwall ab, was kaum anzunehmen ist. Im umgekehrten Falle, wenn das "we" die Bevölkerung Großbritanniens bezeichnete (was grammatisch überzeugender ist), zeigte sich ein vollkommen unkornisches, britisches Überlegenheitsgefühl mit imperialistischen Untertönen, das an die Ideologie der *splendid isolation* englischer [sic!] Konservativer erinnert. In jedem Fall wird hier die 'distinktiv' genannte *Cornish identity* nicht aufrecht erhalten, sondern mit *Empire*-Anleihen zu einer britischen Identifikation vermischt, die die spezifischen Anliegen Cornwalls vollkommen in den Hintergrund drängt. Letztlich fällt auf, welch breiter Raum (etwa ein Drittel des gesamten Artikels) der antieuropäischen Agitation mit Anschuldigungen und Übergeneralisierungen[209] gewährt wird, also einer Frage, die Cornwall nicht unmittelbar, sondern nur als Teil Großbritanniens tangiert und eine gesamtbritische Thematik ist, zu der sich eine kornisch-nationalistische Partei zwar äußern, auf die sie sich aber nicht allzu sehr stützen sollte. Die ablehnende Haltung der CNP zur Europäischen Union hat sich mit der zunehmenden Integration eher noch verstärkt (wie in späteren Ausgaben von *An baner Kernewek* nachzulesen ist), und das obwohl Cornwall seit Erlangen des *Objective 1 status* große Summen an Regionalförderung von der Europäischen Union erhält. Dies wird jedoch in der Zeitschrift kaum thematisiert, entspricht doch diese Art der Subventionierung nicht dem grundsätzlichen Bekenntnis der Partei zu den Marktgesetzen.

Die besprochenen Ziele der CNP zeigen im Gegensatz zur eher linksgerichteten Politik von MK eine Orientierung zur politischen Rechten, die mit der Zeit ausgeprägter wurde; insbesondere in der anvisierten Außenpolitik und der Europafeindlichkeit und -angst gibt es Berührungspunkte zur *Conservative Party*, mit der sie (in Cornwall) damit ideologisch konkurriert. Jüngst wurde in der Parteizeitschrift sogar zur Unterstützung der rechtspopulistischen, strikt europafeindlichen *U.K. Independence Party* (UKIP) aufgerufen.[210] Es ist anzunehmen, dass die Abspaltung

---

[209] Der Europäischen Union wirft Whetter u. a. vor, sie sei sozialistisch, totalitär und verhindere den freien Austausch von Meinungen mit anderen Ländern. Die konservative Einstellung zeigt sich auch in der Bemerkung, die britischen Wirtschaftsbeziehungen zu außereuropäischen Ländern seien "more important for our economy for the past three centuries at least" als die zu Europa: In der Art des Konservatismus wird die Vergangenheit benutzt, um für Gegenwart und Zukunft zu argumentieren, nur dass hier nicht die Möglichkeit sich ändernder Umstände und von Bewahrung durch Veränderung gesehen wird.

[210] So geschehen im Editorial "Thirty years' a-leader writing" von 2005.

der CNP von MK zumindest teilweise auf solch ideologischen Unterschieden be-
ruhte, da sich die Ziele, abgesehen der Europapolitik, nicht allzu sehr unterscheiden, auch wenn Payton als alleinigen Grund angibt, MK sei nicht offen genug als
Partei des politischen Nationalismus (im Unterschied zur Pressure-Group) aufge-
treten. Ihren größten Wahlerfolg erzielte die CNP ausgerechnet bei Wahlen zum
Europaparlament, nämlich 1984, als sie 1 892 Stimmen erhielt. Mitgliedschaft in
der CNP ist nur an die Unterstützung der Parteiziele und Annahme der Parteiverfassung sowie der Richtung der Partei gebunden; wie bei MK ist es demnach nicht
notwendig, in Cornwall geboren oder kornischer Abstammung zu sein.[211]

Insgesamt sind die Mitglieder der CNP heute nicht an Politik im engeren Sinne
interessiert, also an der Beteiligung an Wahlen und dem Stimmen- und Mandats-
gewinn (wie auch der genannte Aufruf zur Unterstützung der UKIP nahelegt): Seit
1985 hat die CNP an keiner Wahl teilgenommen.[212] Ihr tatsächliches Interesse und
damit ihre Bedeutung für Cornwall und den kornischen Nationalismus liegen auf
kulturellem Gebiet, in dem besonders durch ihre Zeitschrift *An baner Kernewek*
Themen wie die Einwanderung aus England, die kornische Sprache und andere
Elemente der *Cornish culture* diskutiert und kornische Publikationen vorgestellt
werden, was das Bewusstsein kornischer Identität in der Bevölkerung hebt. Daneben gehen die Partei, ihr Organ und ihr Vorsitzender aber weit über das hinaus,
was von einer kornischnationalen Partei zu erwarten ist, wenn sie etwa die globale
Erwärmung und ihre Folgen für kleine Inselstaaten, die Einführung des metri-
schen Systems oder die der europäischen Gemeinschaftswährung im Vereinigten
Königreich behandeln.[213] Die CNP ist damit eher ein (stark von Whetters Einfluss
gekennzeichnetes) Forum, in dem für Cornwall unmittelbar relevante, aber auch
viel weiter gehende Probleme aus kornischer Perspektive thematisiert werden. Der
Parteienstatus verleiht diesem Forum dabei mehr Gewicht, als es ohne ihn hätte,
wohingegen das Wort "Nationalist" im Parteinamen eher auf den Status Cornwalls
verweist (darauf, dass es sich nicht um eine regionale oder lokale Einheit Englands handelt) als auf tatsächlich politische Ziele. Dennoch macht das Vorhandensein einer sich *Cornish Nationalist Party* nennenden Organisation die kornische
Nation sichtbar und wirkt auf diese Weise und durch ihre kulturell ausgelegten
Aktionen und insbesondere die Veröffentlichungen bei deren Erschaffung mit.

Das Cornish Stannary Parliament

Im Mai 1974 wurde eine Struktur namens *Cornish Stannary Parliament* (CSP) ins
Leben gerufen, die sich als direkte Nachfolgerin der aus dem Mittelalter stammenden Institution gleichen Namens versteht.[214] Nach dem *Stannary Law*, so glauben

---

211 Cornish Nationalist Party (o.J.), § 4 (S. [1]); zuvor Payton 1992, S. 200.
212 Deacon/Cole/Tregidga, S. 81.
213 Persönliche Mitteilung Whetters, 9. März 2002, und mehrere Ausgaben des Parteiorgans.
214 Nute, S. [6], Trewin-Wolle (Hg.), S. 7f. Zum alten *Stannary Parliament* Abschnitt 2.1 oben.

einige kornische Juristen, habe Cornwall immer das Recht auf dieses Parlament behalten, was den Eigentümlichkeiten des englischen Gewohnheitsrechts zu verdanken sei, nach welchem in der Interpretation sympathisierender Juristen sowohl durch das *Stannary Law* als auch durch die *Duchy of Cornwall* ganz Cornwall, also nicht nur den Zinnabbaugebieten oder den *Duchy*-Besitzungen, ein unabhängiger verfassungsrechtlicher Status verliehen werde.[215] Die Mitglieder (*Stannators* oder *Members of the Stannary Parliament*, MSP) berufen sich dabei auf die beiden königlichen 'Gründungsurkunden' von 1337 (*Duchy of Cornwall Charter*) und 1508 (*Charter of Pardon*) des *Stannary*-Systems, die nie widerrufen oder außer Kraft gesetzt worden seien und die sie "Anglo-Cornish Treaties" nennen; auf der Grundlage dieser Urkunden konstruieren sie eine Verfassung für Cornwall.[216]

Anders als die beiden vorher besprochenen Körperschaften, die sich als politische Parteien den *Parish-* und *Town-*, *District-*, *County-*, Parlaments- und Europawahlen stellten oder stellen und innerhalb des englischen (sic!) Systems für ihre Ziele streiten, vertritt das radikalere CSP einen 'revolutionären' Ansatz, da dessen Mitglieder die theoretisch immer noch bestehenden, nicht geringen Rechte der *Stannaries* in der Praxis zu nutzen und gleichzeitig durch das eigenständige Parlament den von England unabhängigen Status Cornwalls zu demonstrieren suchen. Im Gegensatz zu den Parteien, die die Anerkennung des Status Cornwalls erlangen wollen, aufgrund derer dann erst eine eigene parlamentarische Versammlung einzuberufen wäre, möchte das CSP Fakten schaffen durch den 'revolutionären' Akt seiner einseitigen[217] Selbst-Wiedereinberufung, wobei dieser dann bereits die

---

[215]   Payton 1993d, S. 245, P.B. Ellis 1992, S. 27, Murley/Pascoe/Nute (Hgg.), S. 70. Da das CSP die uneingeschränkte Kontinuität mittelalterlicher Institutionen bis in die Neuzeit annimmt und sich durch historische Gegebenheiten legitimiert, liefern dessen Publikationen sprechende Beispiele des nationalistischen Geschichtsbildes, wobei die Position des CSP durch rhetorische Fragen oft eher suggeriert als formuliert wird: Vorgänge werden ohne Rücksicht auf die historische Sachlage nach heutigen Maßstäben interpretiert und damit 'synchronisiert'. So wird bemängelt, dass es 1721 keine Rechtsgrundlage (etwa ein königliches Mandat) für die Einrichtung des Premierminister-Amtes gab (Trewin-Wolle (Hg.), S. 6), obwohl im Absatz über das alte *Stannary Parliament* kurz zuvor auf die Entstehung von Recht durch Gewohnheit (*prescriptive right*) hingewiesen worden war (S. 4), das für das CSP von großer Bedeutung ist; dies wird 'vergessen', wenn es die Argumentation unterstützt.

[216]   Cornish Stannary Parliament 1975a: "Plans for the complete enfranchisement of the Cornish people"; später: Cornish Stannary Parliament 1993: *The constitution of Cornwall or Kernow, the country of the West Britons*, ähnlich Cornish Stannary Parliament 2000a, C2(a). Dieser Argumentation folgt auch Angarrack (1999, S. 46), der die Urkunde von 1508 als Grundlage permanenter legislativer Unabhängigkeit Cornwalls interpretiert. Das Zitat im Text zuvor Cornish Stannary Parliament 2000a, Abschnitt C1.A(b).

[217]   Auf traditionellem Weg (auf Anweisung des *Duke of Cornwall*, damals und bis heute Prinz Charles, mit dessen Thronbesteigung sofort Prinz William) war nicht mit einer Einberufung zu rechnen. Die juristische Argumentation ist für Laien nicht immer leicht nachvollziehbar, jedoch sehen die *Stannators* auch ihre einseitig einberufene Zusammenkunft als durch "'intent' and 'plainly expressed operative point' of the Charter of Pardon" rechtlich legitimiert an (Cornish Stannary Parliament 1993, S. 12).

Eigenständigkeit Cornwalls (re)konstituiert. Das CSP sieht sich als das "National Parliament" Cornwalls an, was im Internationalen Recht wichtig sei: "With our own legislature, law and language the Cornish have the necessary qualifications in international law to re-establish themselves as a self-governing nation".[218]

Ziel des CSP ist kornische Autonomie in Großbritannien.[219] Dazu soll jedoch keine "Cornish Assembly" eingerichtet werden, wie sie die besprochenen Parteien fordern; vielmehr argumentieren die Anhänger der Formation, dass die Grundlage für ein gesetzgebendes Gremium, nämlich das *Stannary Parliament*, rechtlich bereits bestehe und beinahe alle juristischen und konstitutionellen Bestimmungen für sehr weitreichende Autonomie im *Stannary Law* gegeben seien:

> We are, therefore, of the opinion that the Cornish people, 'being heirs and successors' of their Charter of AD 1508, have, at the very least, an historic claim to their Stannary Parliament equal to that of the claims of the Duke of Cornwall, and his heirs, to the benefits of the Plantagenet family Charter of AD 1337.[220]

Demgegenüber sei eine dezentralisierte kornische Versammlung ein Rückschritt:

> Some well meaning Cornish organisations have suggested "an assembly for Cornwall" as a temporary solution, apparently without considering the implications. Translated into practice a Cornish assembly given by Westminster would mean nothing more than giving the present Cornwall (County) Council a new name. Control over policies would still lie with existing English political parties and their bureaucrats. [...]
> A Cornish assembly would, in more ways than one, represent a blind alley and a surrender of potential and status.
> The future government of Cornwall must be based on the prescriptive and constitutional rights of the Cornish people to their own recognised and legitimate Parliament which has never been surrendered.[221]

---

[218]   Beide Zitate Nute, S. [4].

[219]   Cornish Stannary Parliament 1975b, S. 2, Murley/Pascoe/Nute (Hgg.), S. 83. Dem steht die neuere Vision einer "independent Cornish nation within the European Community" gegenüber (Cornish Stannary Parliament 2000a, C2(e)), was völlige Unabhängigkeit vom Vereinigten Königreich suggeriert; als erreichbares Ziel ist dies allerdings wenig wahrscheinlich.

[220]   Cornish Stannary Parliament 1993, S. 10. Es ist anzumerken, dass der Entwurf für die 'Demokratisierung' des historischen Parlaments für die Gegenwart (Cornish Stannary Parliament 1975a, S. 9f.) trotz und aufgrund aller Ungenauigkeiten ("Duties of the Lower House shall be those of any Government or Parliament" [sic!], S. 9) kaum demokratisch zu nennen ist, weniger noch, als es das CSP seinerseits Westminster vorwirft: Es soll ein *Upper House* aus 24 auf Lebenszeit gewählten *Stannators*, die die meisten der "principal officers" (S. 9, etwa 'Minister') stellen, und ein 24-köpfiges *Lower House* mit fünfjähriger Amtszeit geben; die Berufung auf Lebenszeit ist äußerst bedenklich, da das Oberhaus nach jener Verfassung das Recht hat, das Unterhaus aufzulösen und Neuwahlen auszuschreiben (S. 10f.) und somit eine dominierende Stellung einnimmt, während das Unterhaus in Westminster zwar vom Premierminister (über die Krone), nicht aber vom Oberhaus aufgelöst werden kann.

[221]   So die letzten Paragraphen von Murley/Pascoe/Nute (Hgg.) (S. 88). Mit den "well meaning Cornish organisations" sind MK, die CNP und *Cornish Solidarity* gemeint.

Trotz der dezidiert juristischen Argumentation des CSP bleibt die eigenständige Einberufung einer seit Mitte des 18. Jahrhunderts nicht mehr besetzten Instanz mit nicht demokratisch gewählten Personen, die wie eine provisorische Regierung eine Politik der Autonomie verfolgen, eine revolutionäre Tat. Dabei wird über die Politik in Cornwall in der Zeit nach der erhofften, juristisch zu erkämpfenden Anerkennung durch die Zentralregierung wenig Konkretes ausgesagt; da sich diese Formation als politische Institution, nicht als Partei oder Pressure-Group versteht und nach ihrer Anerkennung demokratisch zu wählen wäre, muss sie selbstverständlich zur späteren Politik schweigen.[222] Allerdings können einige Punkte ausgemacht werden, die für Cornwall nach Ansicht des CSP anzustreben sind und sich oft nicht von einigen Zielen der vorgenannten Parteien unterscheiden: Es werden von England unabhängige, kornisch-kontrollierte Medien- (Rundfunk, Fernsehen, Presse) und Erziehungssysteme (zur Verbreitung der kornischen Sprache und Geschichte) sowie ein eigenes Polizei- und Justizwesen gefordert; die sozialen Bedingungen sollen gerade für die "indigenous Cornish national minority" verbessert werden (vor allem die Wohn- und Arbeitssituation); der Einschluss Cornwalls in eine englische Südwestregion wird abgelehnt; letztlich soll der Eid auf Monarchin oder Monarch ersetzt werden durch einen auf die kornische Nationalverfassung.[223] Wie bei der CNP waren in den 1970er Jahren die Steuerung des Tourismus und der Bauvorhaben sowie die Verbesserung der Bildungsmöglichkeiten (namentlich zur kornischer Sprache, Geschichte und Kultur) weitere wichtige Ziele des CSP.[224]

Auch im kulturellen Sektor wird der 'revolutionäre' Ansatz dieser Formation sichtbar: 1999 gab das CSP *English Heritage* (eine Organisation zum Erhalt des 'gebauten Erbes Englands') die 'Anordnung', die in ihrer Obhut befindlichen historischen Stätten in Cornwall zu verlassen und sich aus Cornwall zurückzuziehen. Organisationen wie *English Heritage* wurde vorgeworfen, einem Mandat der britischen Regierung zur Assimilation des 'keltischen' Cornwalls in das 'angelsächsische' England zu folgen und die keltische Identität Cornwalls zu vernichten;[225] schon allein das Wort *English* erregt dabei immer Ärger (und nicht nur unter Anhängern des CSP), da es Cornwall als Teil Englands impliziert. Diese Aktion war zwar eher geeignet, die Öffentlichkeit auf das CSP aufmerksam zu machen, als das genannte Ziel zu erreichen, in seiner symbolischen Wirkung war sie aber sehr gut berechnet, immerhin geht es um historische Stätten wie Steinkreise und Tintagel Castle, die wegen ihres hohen Symbolwertes für die 'kornische Nation' einer zu schaffenden kornischen Organisation oder dem existierenden *Cornwall Heritage*

---

[222] Eine interessante Beobachtung am Rande ist hier, dass der 'Verfassungsentwurf' von 1975 jegliche Parteienbildung innerhalb des Parlaments strikt ablehnt (Cornish Stannary Parliament 1975a, S. 10f.), wie dies auch in der athenischen Volksversammlung der Fall war.

[223] So Murley/Pascoe/Nute (Hgg.), S. 82f. bzw. Cornish Stannary Parliament 2000a, C3.

[224] Trewin-Wolle (Hg.), S. 17f. und Cornish Stannary Parliament 1975b, S. 2.

[225] Murley/Pascoe/Nute (Hgg.), S. 49. Der Vorwurf der kulturellen Assimilation des keltischen Cornwall durch das angelsächsische England ist ein wiederkehrendes Motiv im Diskurs des CSP (z. B. Nute/Murley, S. 15).

Trust unterstellt werden müssten. Da *English Heritage* der Aufforderung wie erwartet nicht nachkam, entfernten Mitglieder des CSP wiederholt Erklärungstafeln dieser Organisation von historischen Stätten in Cornwall und gaben sie an deren Büro in Bristol (also in 'England') zurück oder "konfiszierten" sie als "evidence of English cultural aggression in Cornwall".[226] Damit dies nicht als Diebstahl ausgelegt werden konnte, sondern als politische Aktion gelten musste, wurde jeder Vorgang fotografisch dokumentiert und *English Heritage* selbst sowie die Presse über gefaxte Pressemitteilungen, die Öffentlichkeit über das Internet informiert:

> The Bailiff and Assistant Bailiff, Stannators Rodney Nute and Huw [sic!] Rowe, were arrested and taken to Camborne Police Station on suspicion of theft and criminal damage along with Stannator Nigel Hicks who was present at Pendennis as the official photographer to ensure accurate records and, as is our custom, to provide the authorities with irrefutable evidence.[227]

Die Verhafteten wurden deshalb als "the First Cornish Political Prisoners this Century" bezeichnet, sind aber nach einer außergerichtlichen Einigung, die dem CSP die erhoffte langwierige juristische Untersuchung und die erwünschte Öffentlichkeit verweigerte, wieder auf freiem Fuß. *English Heritage* hat seit mindestens 2001 Überschriften in seinen Informationsblättern zu kornischen Stätten zweisprachig (englisch und kornisch) abgedruckt, z. B. "Historic Cornwall, Kernow Istorek", und spricht im Zusammenhang mit Orten wie dem eisenzeitlichen Dorf Chysauster bei Penzance nun von "Celtic Cornwall";[228] dies darf durchaus als Folge einer erhöhten Aufmerksamkeit für kornische Besonderheiten gesehen werden, die nicht zuletzt von Aktionen wie denen des CSP ausgelöst wurde. Erneut ist der Erfolg der Gruppe nicht direkt an den ursprünglichen Zielen zu messen, sondern in den weiteren Auswirkung und Niederschlägen ihres Wirkens zu suchen.

Mit solchen Aktionen konnte das CSP zwar einiges Interesse und Neugier wecken, aber keine breite Zustimmung oder Glaubwürdigkeit erlangen. Kurzzeitige Bekanntheit in ganz Großbritannien erlangte das CSP jedoch in der Debatte um die sogenannte *Poll Tax* 1990 und 1991, als die Mitglieder argumentierten, die neue Steuer sei gegen das *Stannary Law*, vom *Stannary Parliament* nicht ratifiziert und deshalb in Cornwall nicht erhebbar. Außer einem Achtungserfolg 1991, als ein Gerichtsverfahren gegen einen *Cornishman*, der sich als Nachfahre der *Tinners* dargestellt hatte, unter Berufung auf das *Stannary Law* auf unbestimmte Zeit vertagt wurde, konnte das Parlament aber keine offizielle Anerkennung erlangen:[229]

---

[226] Hierzu Murley (*pass.*), das letzte Zitat wiederholt in Cornish Stannary Parliament 2000b.

[227] Dieses und das folgende Zitat Cornish Stannary Parliament 2000b.

[228] Beide Beispiele English Heritage, Titel bzw. S. 11; vormals hieß es oft "Romano-British".

[229] 1993 spaltete sich das Parlament zudem in zwei Fraktionen, die beide beanspruchen, das *Cornish Stannary Parliament* zu sein (Payton 1993d, S. 246); über die *Poll Tax* berichtet Payton 1992, S. 199, und *id.* 1993d, S. 246, über das genannte Gerichtsverfahren P.B. Ellis 1992, S. 27f., und *id.* 1993, S. 31.

Charles *Duke of Cornwall* hat es durchgängig abgelehnt, dem heutigen *Lord War-
den of the Stannaries* das Mandat zur Einberufung des *Stannary Parliament* zu
erteilen. Generell hält sich der Herzog von wenigen zeremoniellen Anlässen abgesehen bezüglich dieser Funktion stark zurück,[230] auch wenn ihm dieser Titel sein
Einkommen sichert, was das CSP natürlich streng abgelehnt.

Im Gegensatz zu den beiden vorher untersuchten Parteien arbeitet das CSP mit
einem stärker ethnozentrischen Verständnis von Nationalismus. So ist in vielen
seiner Publikationen von einer Dichotomie zwischen der "Cornish national minority" und der "English national majority" in Cornwall die Rede: Wo besonders MK
zu integrieren sucht, polarisiert das CSP. Bis zur Unabhängigkeit Cornwalls von
England sollen auch nur Personen kornischer Abstammung in der Versammlung
sitzen, damit diese nicht mit der Zeit von englischen Einwanderern 'infiltriert'
wird, auch wenn viele davon für die kornische Sache seien, wie anerkannt wird.[231]
Deshalb definiert das CSP als Mitglieder der 'kornischen Nation' immer noch recht
vage solche Menschen, die "by birth and naturalisation" kornisch sind. Zu diesem
ethnozentrischen Verständnis mag die stark antieuropäische Ausrichtung des CSP
in dessen Anfangszeit passen, der heute die faktische Anerkennung der Bedeutung
der Europäischen Union gegenübersteht; in einer Notiz über den Gemeinsamen
Markt der Europäischen Wirtschaftgemeinschaft (EWG) ist in der ersten Ausgabe
der *Cornish Stannary Gazette* 1975 zu lesen:

> Britain is being yoked in a manner that no Kaiser, Hitler, Mussolini or Napoleon could
> achieve. Don't the British people realise from history, that we have no friends in Europe,
> only those who would delight at our downfall?
> The prospect of years of Brussels' Bureaucratic dictatorship is abhorrent to us and it is
> time to tell these parasites to keep their domination well outside our Cornish borders.[232]

Die Publikationen des CSP sind voll von Erwähnungen der 'Cornish nation', die
für die Mitglieder eine gegebene Größe ist. Dennoch versuchen sie, den historischen Nationsstatus auf interessante und für ihre Argumentationsweise typische
Art zwingend zu beweisen: Die Geschichte habe gezeigt, dass England Ausländer
doppelt besteuert habe, was auch im Falle des 'keltischen' Cornwalls geschehen
sei, das mit einer doppelt so hohen *Coinage*-Steuer auf die Zinnproduktion belegt
worden sei wie das englische Devonshire, was zeige, dass Cornwall als Ausland
definiert worden sei. Hierfür ziehen sie jeweils einzelne Belegstellen aus historischen Dokumenten oder auch aus sehr alter Forschungsliteratur heran:

> The English custom of imposing a "double tax on foreigners" is confirmed by A.F.
> Pollard London University; "The Reign of Henry VII", Longmans and Green 1913,
> Introduction; page xlvii. (re:- general merchants tax) "making aliens pay double taxes".

---

[230] So bedauernd Laity; das Folgende Murley/Pascoe/Nute (Hgg.), S. 22f.
[231] Nute, S. [6-7], das folgende Zitat Cornish Stannary Parliament 2000a, C2(e).
[232] Trewin-Wolle (Hg.), S. 20.

Also; William Stubbs, Oxford University; "The Constitutional History of England" Vol.II; 4th Ed; Clarendon Press, 1906; page 555. "In 1337" (the king imposed a custom in respect of wool) "doubling the charge in the case of aliens" [durchweg sic!].[233]

Entsprechend heißt es zu Cornwall: "Her Majesty's double charge on Cornish tin production, when compared to neighbouring Anglo-Saxon Devon, and its legal consequences, extended from 1198 AD to the repeal of "H.M. Coinage Abolition Act 1838", in 1983". Da es nun das britische Innenministerium 1999 abgelehnt habe, so die Argumentation des CSP weiter, Cornwall und die 'kornische Minderheit' in Großbritannien als nationale Minderheit unter den Schutz des "Rahmenübereinkommens zum Schutz nationaler Minderheiten" (*Framework Convention for the Protection of National Minorities*) zu stellen, folge daraus, dass Cornwall in dieser Sichtweise kein ausländisches Gebiet sei, was die Doppelbesteuerung illegal machen würde; werde diese jedoch als historisch legal angesehen, so folge daraus, dass Cornwall 'Ausland' und damit eine von England verschiedene Nation sein müsse. In dieser Argumentation wird ein Paradoxon aufgebaut und die britische Regierung vor die Wahl gestellt, entweder die höhere Besteuerung Cornwalls als illegal oder aber Cornwall als Nation anzuerkennen. Um die britische Regierung nun möglichst zur Anerkennung dieser zweiten Variante zu bewegen, was ja Ziel aller nationalistischer Akteure ist, musste das CSP die Annahme der ersten Variante unmöglich machen: So schickten dessen Mitglieder eine Zahlungsaufforderung in Höhe von 20 Milliarden britischen Pfund an die *Duchy of Cornwall*, was in ihrer Sichtweise die Rückzahlung der 'illegalen Doppelbesteuerung' bedeutet. Die hohe Summe ergibt sich nach einer vom CSP durchgeführten Umrechnung der Gewinne aus der 'illegalen Doppelbesteuerung' der kornischen Zinnproduktion gegenüber der von Devonshire in den heutigen Wert, natürlich eine unerfüllbare Forderung.[234] Damit wird jedoch der anderen Sichtweise Vorschub geleistet: "By paying for 640 years the racially motivated "double coinage tax", over and above the standard Devon or English rate, the Cornish have purchased their right to exist officially as an independent non-English Celtic people", womit Cornwall als Nation legitimiert sei. Dass all dies natürlich weder zu einer Zahlung in der genannten Milliardenhöhe noch zur Anerkennung des Nationsstatus Cornwalls geführt hat, darf nicht von der nationsbildenden Argumentation ablenken, die das CSP in origineller Manier auf den historischen, politischen und juristischen Gebieten führt. Hier ist erneut zu erkennen, dass der Erfolg des CSP weniger im engeren politischen als vielmehr im kulturellen Bereich liegt, indem es kornische Geschichte untersucht und durch Veröffentlichungen (auch von historischen Dokumenten, freilich in der eigenen Interpretation) einer breiten Öffentlichkeit zugänglich macht und damit das Bewusstsein der kornischen Besonderheiten und des Konzepts der 'kornischen Nation' in der Öffentlichkeit weckt oder stärkt.

---

[233] Dieses und das folgende Zitat Cornish Stannary Parliament 2002, S. 10.
[234] Dies alles Cornish Stannary Parliament 2002, S. 12f., das nachfolgende Zitat *ibid.*, S. 13.

Die Cornish Constitutional Convention

Im Jahr 2000 wurde die *Cornish Constitutional Convention* (CCC) gegründet, eine parteiübergreifende Organisation mit dem Ziel, eine eigene, demokratisch gewählte, 40-50-köpfige Versammlung für Cornwall (*Senedh Kernow*) mit einem Kabinett aus sieben bis acht Mitgliedern unter Vorsitz eines *First Minister* anstelle der Integration in die von der Regierung geplanten Südwestengland-Versammlung zu erreichen. Dazu sammelten Aktivistinnen und Aktivisten in einer Unterschriftenaktion zwischen März 2000 und Dezember 2001 über 50 000 Unterschriften unter einer Petition für eine solche Versammlung, darunter über 10% der Wahlberechtigten in Cornwall; diese Zahl bedeutet "the biggest single expression of public support for devolution, and for the establishment of any particular devolved regional assembly within the British Isles".[235] Die Petition mit einer Dokumentation der Unterschriften wurde Ende 2001 Premierminister Tony Blair übergeben.

Programm und Ziele hat die CCC in der Broschüre *Devolution for one and all: governance for Cornwall in the 21st century* von 2002 dargestellt, ein Dokument, das erstmalig in der Geschichte des kornischen Nationalismus genaue Vorschläge zur Institutionalisierung und Ausgestaltung kornischer Autonomie vorlegt. Argumentationsgrundlage ist wiederum eine als entscheidend erachtete Verschiedenheit Cornwalls gegenüber dem englischen Südwesten vor allem in der Wirtschaft, aber auch in der Sozialstruktur, Kultur, Geschichte und Sprache, ergänzt durch die angenommene Vergleichbarkeit Cornwalls mit anderen europäischen Regionen und Nationen, beispielsweise Luxemburg, Island und der spanischen Provinz Kantabrien. Damit und indem die CCC Separatismus und nationale Unabhängigkeit Cornwalls als Ziele explizit ausgeschlossen hat,[236] passt sie ihren Diskurs den britischen (Regionalisierung des Staates, hier insbesondere des englischen Teils desselben) und europäischen ('Europa der Regionen') Vorgaben einer Fokussierung auf die Regionen an und benutzt den Nationsbegriff vor allem dann, wenn es im Vergleich mit Cornwall um andere Territorien geht, die tatsächlich, hauptsächlich durch ihre EU-Mitgliedschaft, via Staatlichkeit als 'Nationen' anerkannt sind (Irland, Portugal, Estland). Die genaue Ausgestaltung der angestrebten Versammlung, ihr Wahlrecht und ähnliche Details sind hier nicht relevant;[237] erstaunlich ist aber, dass die CCC, anders als das *Cornish Stannary Parliament*, bereits umfassende und detaillierte Vorstellungen von der Versammlung und der konstitutionellen Neuordnung hegt und publiziert. Damit präsentiert sie Cornwall als eine Region im Spitzenfeld der Regionalisierungsbefürworter, jederzeit bereit, die übertragenen Befugnisse zu übernehmen und eine dezentralisierte Ordnung zu etablieren, sofern diese auf Cornwall beschränkt ist und nicht, so die Grundforderung, die Bedingung dafür ist, diese Bestrebungen noch unter 'Nationalismus' abhandeln zu

---

[235] So weit Cornish Constitutional Convention 2002a, S. 2.
[236] Alles Cornish Constitutional Convention 2002a, S. 1.
[237] S. hierzu Cornish Constitutional Convention 2002a (*pass.*) und die Homepage der Organisation (<http://www.senedhkernow.com>).

können, den ganzen Südwesten Englands einschließt. Allein der Umfang der Befugnisse, die nach Ansicht der CCC in der neuen Verwaltungsordnung übertragen werden sollen, verdient hier Aufmerksamkeit: Dazu gehören Gesundheit, Arbeit, Wohnraum, Bildung, Sozialeinrichtungen, Kunst und Kultur, Sport, Wirtschafts- und Landwirtschaftspolitik, Fischerei und lokale Verwaltung, während Innen- und Außenpolitik, Verteidigung und andere zentrale Bereiche in London verbleiben sollen.[238] Damit erhielte die *Cornish Assembly* umfangreiche Kompetenzen über innerkornische Angelegenheiten, so dass tatsächlich von *Home Rule* gesprochen werden könnte. Tatsächlich gehen diese Kompetenzen weit über das hinaus, was die britische Regierung den Regionen an Aufgaben und Befugnissen zu übertragen gewillt ist.[239] Die CCC bewegt sich damit in einem potentiell ausweglosen Zwiespalt, denn ihre Begründungen und Ziele ähneln denen der britischen *Devolution* (wie in Schottland und Wales), der angestrebte Weg dahin ist aber der der englischen Regionalisierung. Die Übertragung von politischen Entscheidungsfunktionen einerseits und von rein administrativen Funktionen andererseits sind jedoch streng getrennte Prozesse,[240] so dass mit der auf Ethnizität, Kultur, Identität und Nationsstatus aufbauenden bisherigen Argumentation des kornischen Nationalismus unter den Vorzeichen der Regionalisierung Englands unter *Labour* kaum Erfolge zu erwarten sind. Sandford gibt außerdem zu bedenken, dass eine Ausnahmeregelung für die 'Grafschaft Cornwall' (im Gegensatz zu anderen Grafschaften) von kaum einer Regierung zu vertreten wäre.

So beschränkt sich die Argumentation weitgehend auf wirtschaftliche Themen. Dauerhafter Aufschwung, Prosperität und die Verbesserung der ökonomische Lage der Bevölkerung Cornwalls sind die Hauptziele, die mit der Errichtung von *Senedh Kernow* erreicht werden sollen. Als wiederkehrender Punkt erweist sich die Überlegung, dass dem europäischen 'Ziel 1'-Programm nach dessen Auslaufen 2006 eine eigenständige, cornwallzentrierte Wirtschaftspolitik folgen müsse, um dessen Wirkung fortzusetzen, was nur durch eine allein Cornwall verpflichtete, demokratisch gewählte und der kornischen Wahlbevölkerung verantwortliche Institution erreicht werden könne, da nach dem Versiegen der EU-Gelder und der anderweitigen, damit verbundenen Mittel sonst wieder die alten Verhältnisse einkehrten.[241] Dieser starken Verengung auf die wirtschaftliche Situation wird auch die ansonsten prominente *difference* untergeordnet, die hier nicht so sehr als eigentliches Argument für kornische Autonomie denn vielmehr als Mittel angeführt wird, um die Wirtschaft eines mit vergrößerter Autonomie ausgestatteten Cornwalls anzutreiben:

---

[238] Cornish Constitutional Convention 2002a, S. 3 und S. 11.

[239] Sandford (2004), S. 20.

[240] Sandford (2003, S. 40-42) verweist auf die "bread-and-butter issues" wirtschaftlicher Förderung (S. 42), die in der Regionalisierung Vorrang vor jedweder Demokratisierung habe. Sein nachfolgender Einwand *ibid.*, S. 44.

[241] Cornish Constitutional Convention 2002a, S. 5f.; ähnlich in anderen Publikationen.

Cornwall is different is [sic!, lies "in"] very many ways to inland, central and largely urban England. These differences are typically seen as 'inhibitors' but we see them as important strengths and opportunities that differentiate Cornish products from others and can provide economic advantage in other ways.[242]

Im Zusammenhang mit der Regionalisierung des Staates wird der Diskurs in Cornwall selbst mit auffallend unnationalistischen Begriffen geführt. Es sind lediglich Überreste der bekannten nationalistischen Diktion erhalten, wenn etwa auf den Grenzfluss Tamar verwiesen ("Cornwall's historic eastern and only boundary") oder auf die Keltizität rekurriert wird: "Cornwall's unique identity reflects its Celtic character, culture and environment."[243] Dass die kornische Wirtschaft, die von der des Südwestens Englands zu verschieden sei, um mit den gleichen wirtschaftspolitischen Konzepten und von denselben Entscheidungsgremien beeinflusst zu werden, nun eine herausragende Rolle spielt, kann (außer an *Devolution for one and all*, das wie beschrieben neben verstärkter und fester lokal verankerter Demokratie beinahe ausschließlich wirtschaftliche Argumente anbringt und kulturelle Faktoren nur am Rande erwähnt), beispielsweise in einer kurzen Darstellung der Position der Befürworter einer rein kornischen Regionalisierung durch Bert Biscoe, den Vorsitzenden der CCC, gezeigt werden, die 2002 in der Zeitung *Western morning news* sprechenderweise in der Rubrik "Westcountry news" erschien. Biscoe spricht dort gar nicht von einem Nationsstatus Cornwalls und vermeidet jegliche nationalistischen Anklänge; vielmehr führt er die wirtschaftlich schwache Lage Cornwalls (die er hauptsächlich übermäßiger Zentralisierung zuschreibt), den geringen Einfluss im Entscheidungsprozess innerhalb von *West Country*-Organisationen und -Behörden und die geringe Bürgernähe der geplanten südwestenglischen Regionalregierung in Cornwall an. Das Ziel, nämlich die Errichtung einer kornischen ähnlich der walisischen Versammlung, ist dadurch nicht weniger nationalistisch, immerhin führt er eine Art 'Fremdbestimmung' durch Institutionen außerhalb Cornwalls an (so werde das kornische 'Ziel 1'-Programm mit Büros und Personen in Cornwall durchgeführt, Leitung und Entscheidungsgremien seien jedoch außerhalb Cornwalls, in Plymouth, Exeter und Bristol beheimatet) und sieht einen Lösungsansatz der Probleme in der Schaffung eines rein kornischen Gremiums, das sich allein aus Cornwall legitimiert und rekrutiert und ausschließlich dessen Interessen vertritt – nämlich die kornische Versammlung *Senedh Kernow*.

Diese Zurückhaltung im Bereich nationaler und nationalistischer Terminologie ist als Anzeichen einer stärker pragmatischen Haltung zu sehen, die eher handfeste Ergebnisse in Form neuer Strukturen (kornische Versammlung, gegebenenfalls im Rahmen der Regionalisierung Englands) und wirtschaftlicher Verbesserungen denn die Anerkennung der nationalen Eigenständigkeit Cornwalls (auf einer Stufe

---

[242]   Cornish Constitutional Convention / Finance & Economics Subgroup, S. 7. Damit folgt die CCC den Thesen aus *Cornwall at the crossroads* (Deacon/George/Perry) von 1988.

[243]   Zuerst Cornish Constitutional Convention / Powers & Functions Subgroup, S. 2, dann Cornish Constitutional Convention 2000.

mit England, Wales und Schottland) sehen möchte. Bernard Deacon zeigt hierzu auf, wie der von südwestenglischen Gremien geführte regionalistische Diskurs in Cornwall Interesse an *kornischem* 'Regionalismus' stimuliert.[244]

Es ist jedoch ein weiter gehender Schritt möglich, denn diese Beobachtungen deuten darauf hin, dass sogar die Argumentationslinien und Ziele der kornischen Bewegung von deren Diskurs beeinflusst werden: Da die Regionalisierung Englands von der Regierung und den regionalen Vertretungen argumentativ hauptsächlich zur Wirtschaftsentwicklung vorangetrieben wird und in diesem Bereich Vorteile bringen soll, passt sich der kornische Nationalismus dieser Argumentationslinie an, vernachlässigt kulturelle, ethnische und national(istisch)e Aspekte und betont dagegen die dem Machtzentrum wichtigen Bereiche. Das sprechendste Beispiel hierfür findet sich in einer Broschüre der CCC, in der es heißt, Cornwalls Distinktivität (die üblicherweise ja in Sprache, geschichtlicher Erfahrung etc., also in der Kultur demonstriert wurde), "may best be summarised by a comparison of key economic factors".[245] Mit anderen Worten, die Angehörigen der CCC benutzen die vielzitierte Differenz Cornwalls nun in der Wirtschaft, übertragen sie gleichsam metaphorisch aus einem engeren kulturellen in den ökonomischen Bereich. Damit hat die Bewegung inzwischen begonnen, den von Sandford identifizierten (bisherigen) Nachteil Cornwalls, mit den von London als nicht relevant erachteten *identity politics* anstatt dem dominanten "economic/planning nexus of regionalism" zu argumentieren,[246] abzubauen und so vielleicht eher Gehör zu finden. Zur Anpassung an dieses Paradigma gehört auch, dass die CCC Cornwall hinsichtlich der (englischen) *Devolution* als einen einzigartigen Sonderfall bezeichnet,[247] der im Rahmen der Regionalisierung Englands gesondert zu behandeln sei, auch wenn bewusst vermieden wird, Cornwall England zuzurechnen. Hinzu kommt, dass Nationalismus in einer stark *Political correctness*-bewussten Zeit sowohl als Wort als auch als Begriff bei vielen Menschen zu sofortiger strikter Ablehnung führt und deshalb von Gegnern einer kornischen Versammlung als Gegenargument angeführt oder gar als Vorwurf instrumentalisiert wird. So heißt es in einer Stellungnahme der *Labour Party* in Cornwall, die Partei unterstütze zwar die Ansiedlung lokaler Verwaltung auf der unterstmöglichen Ebene (es bleibt aber im Unklaren, ob damit die kornische Ebene gemeint ist), aber keine "nationalistic

---

[244] Deacon 2002, S. 10.

[245] Cornish Constitutional Convention 2002b, S. 5.

[246] Sandford (2004), S. 23. Sandford sieht den bisher ethnisch-kulturell geführten Diskurs nun durch die ökonomische Dimension supplementiert ("adding economic development to the pre-existing cultural-historical oriented demand for devolution to Cornwall" als "a nod to the terms of debate within English regionalism"; *ibid.*, S. 21); es muss jedoch mit den vorherigen Ausführungen stärker betont werden, dass in der derzeitigen Argumentation (wahrscheinlich im Unterschied zu den darunter liegenden Überzeugungen der kornischen Akteure) ein beinahe kompletter Wechsel vom nationalistischen, ethnisch-kulturellen zum regionalistischen, ökonomischen Paradigma stattgefunden hat.

[247] So mehrmals in Cornish Constitutional Convention 2002b, *pass.*

assembly". Hierbei liegt ein impliziter Vorwurf in der Annahme, dass eine kornische Versammlung Cornwall "inward-looking" mache und zu sehr vom restlichen Land abgrenze, was bei einer Südwestregion offensichtlich nicht der Fall sei.[248] Allein die Verbindung der kornischen Absichten mit Nationalismus wertet diese in diesem Beispiel ab. Die Vermeidung nationaler Terminologie in jüngster Zeit kann also auch auf solche unerwünschten Assoziationen zurückgeführt werden.

Neuerdings hat die Bewegung zur Errichtung einer kornischen Versammlung dennoch Unterstützung aus dem kulturellen Bereich erhalten: Der von Les Merton edierte Gedichtband *101 poets for a Cornish Assembly* (2006) soll das Bewusstsein vor allem der in Cornwall lebenden Bevölkerung bezüglich dieser Bestrebungen erhöhen. Wenn auch die meisten der versammelten Autorinnen und Autoren ihre Unterstützung lediglich durch ihren Namen und das Bereitstellen eines ihrer Gedichte bezeugen, so sind vier Gedichte auch aufgrund ihres Inhalts kornisch-nationale Beiträge.[249] Zwei davon – Mary Houghs "My Cornwall" und Oggie Tellams "A Cornish Assembly"– sind in Reimform gepackte Aufforderungen zur Errichtung der kornischen Versammlung, die darüber hinaus Aspekte kornischer Kultur erwähnen: Landschaftsformen, *pasties*, Keltizität, Traditionen und Geschichte sowie die kornische Sprache bei Hough, die Geschichte des kornischen Widerstandes gegen Eindringlinge und die Errungenschaften von aus Cornwall stammenden Männern [sic!] bei Tellam. Nachdem diese Aspekte genannt wurden, kommen beide Gedichte geradeheraus zu ihrer Forderung am Schluss; Tellam endet mit: "So grant it [Cornwall] now its own assembly.", Hough mit:

> Our culture's in need of a boast,
> So lift up your glass with this toast,
> Protect our land and our breed,
> And support the assembly we need.

Neben dem inhaltlich gleichen Aufbau ist beiden Gedichten gemein, dass sie sich hinsichtlich literarischer Gestaltungsmöglichkeiten und Stilmittel auf die mehr oder weniger gelungene Verwendung der äußerlichen Gedichtform beschränken – sie stellen sich als oberflächlich transformierte, nichtliterarische Prosa dar.

Die sprachgestalterischen Möglichkeiten von Lyrik greift Tim Saunders in "Dydh Dywysyanz / Election Day" auf, dessen kornische Strophen mit deren englischen Übersetzungen alternieren: Saunders erreicht nicht nur einen Eindruck der Zweisprachigkeit in Cornwall, sondern im Aufruf, am Wahltag die Bedürfnisse Cornwalls in den Vordergrund zu rücken und eine entsprechende Partei zu wählen

---

[248]   Dazu der Bericht von Berger, S. 1, dem die Zitate entnommen sind. Alter (S. 12) verweist explizit auf den moralisch abwertenden Beigeschmack, der *Nationalismus* (und verwandten Begriffen) anhängt. Seton-Watson (S. 2) illustriert den pejorativen Gebrauch des Ausdrucks mit der Bemerkung "In fact, 'I am a patriot: you are a nationalist'." (ähnlich auch Billig, S. 17), was neben der moralischen Bewertung einen Vorwurf beinhaltet.

[249]   Diese Texte sind Chappell, Hough, Saunders 2006 und Tellam.

("[...] let us decide this very day that our Cornwall will be a free Cornwall"), auch sprachlich einen poetischen Effekt, der den vorgenannten Texten fremd ist, wenn der letzte Vers in der keltischsprachigen Version "c'hwath agan Kernow Kernow rydh" lautet. Michael J. Chappell letztlich nennt die kornische St. Piran-Flagge "A reminder of our Nation's history" und versteht sie als Symbol kornischer Souveränität (wenn diese auch kaum in vollem staatlichen Umfang anvisiert wird, was nicht in das Konzept der CCC passte). Tatsächlich aber besteht der wesentliche Beitrag der "101 poets" zum politischen Nationalismus Cornwalls eher in der Zustimmung, die die Literatinnen und Literaten dem Ziel der kornischen Versammlung durch ihr Erscheinen in jenem Band ausdrücken, als in 'nationalistisch' zu nennenden Leistungen auf dem Gebiet der schönen Literatur.

Die Liberals/Liberal Democrats und Zusammenfassung

Es ist das Verdienst der vorgenannten, sich mal mehr, mal weniger offen nationalistisch präsentierenden Gruppierungen, allen voran *Mebyon Kernow*, welche die größten Wahlerfolge und die breiteste Öffentlichkeitswirkung und Glaubhaftigkeit vorweisen kann, dass sich Kandidatinnen und Kandidaten der landesweiten Parteien (in der Praxis insbesondere die der *Liberal Democrats*) zumindest in Cornwall den kornischen Themen zuwenden, kornische Identität anerkennen und sich selbst möglichst einen Ruf von *Cornishness* zulegen müssen, etwa durch Veröffentlichung von Büchern über Cornwall.[250] Allerdings konnten sich die zur Wahl aufgestellten Personen, wie Tregidga zeigt, auch schon vor den Weltkriegen Vorteile davon versprechen, wenn sie kornische Identität demonstrierten.[251] Beispiele für das Hervorkehren kornischer Identität finden sich u. a. in den Biographien der liberaldemokratischen Abgeordneten für Cornwall, etwa bei Andrew George. In dessen Präsentation auf der Internet-Seite seiner Partei wird betont, dass er in seinem Wahlkreis St Ives geboren wurde, in Cornwall zur Schule ging und auch seine Frau aus Cornwall stammt; und weiter: "Though he spent many years working away in what he calls 'England', he eventually took an opportunity to return to his native Cornwall [...]. Andrew is renowned for his commitment to Cornwall" und "he was the first person to use Cornish in the Commons".[252] Zudem sind viele der Themen und Forderungen, die besonders *Mebyon Kernow* formuliert hatte, im Laufe der Zeit von anderen Parteien übernommen worden (z. B. die kornische Universität, ein "Cornwall Economic Development Council"[253] anstatt einer solchen Organisation für den gesamten Südwesten Englands, die höchste Stufe europäischer Förderung, die kornische Versammlung), was kaum geschehen

---

[250] Payton 1992, S. 231.
[251] Tregidga 1997, S. 138.
[252] Liberal Democrats 2001.
[253] Ein rein kornisches Wirtschaftsförderungsgremium wurde schon in Mebyon Kernow 1968, S. 6f., gefordert; die Übernahme von MK-Programmpunkten durch anderen Parteien beklagte um 1976 auch der MK-Funktionär Len Truran (S. 3). Deacon/Cole/Tregidga (*pass.*, so für die 1950er Jahre S. 41f. und zusammenfassend S. 119f.) geben zahlreiche Beispiele.

wäre, wenn diese damit nicht ein Wählerpotenzial hätten erreichen wollen, das sie an die nationalistischen Parteien zu verlieren fürchteten. Deshalb darf der Erfolg der nationalistischen Bewegung und die Stärke von "peripheral sectionalist sentiments" in der Bevölkerung nicht ausschließlich an den Stimmenanteilen der nationalistischen Parteien gemessen werden, wie Hechter warnte,[254] da diese auch von den landesweiten Parteien vertreten werden können, vor allem, wenn diese in der Opposition sind, was in Cornwall die Liberalen intensiv betreiben. So konnten diese 1977, weit entfernt von bedeutendem politischem Einfluss in Großbritannien, Vorschläge für kornische Selbstverwaltung innerhalb eines föderalen Systems mit gleichem Status für Schottland, Wales, Nordirland, Cornwall und die englischen Regionen unterbreiten.[255] Ein anderes Beispiel ist die Pressemitteilung des liberaldemokratischen Abgeordneten Andrew George, der in der Erläuterung der Regionalisierung auf die bestehende Identität Cornwalls und den Konstruktionscharakter der Südwestregion eingeht und dabei Argumente von *Mebyon Kernow* aufgreift. So hat vor allem diese die anderen Parteien eher durch potentielle denn reale Stimmengewinne gezwungen, sich mit der kornischen Thematik auseinander zu setzen. Es spricht letztlich für die Beharrlichkeit der Parteiangehörigen und ihre tiefe Überzeugung, dass sie sich angesichts des restriktiven Wahlsystems und des noch immer fernen Durchbruchs bei Wahlen nun schon über 50 Jahre lang für die Belange Cornwalls und verschiedene Grade an Autonomie einsetzen und Programme entwerfen, Forderungen äußern und die Probleme Cornwalls öffentlich thematisieren. Banks' anerkennende Worte über das Durchhaltevermögen der entsprechenden Parteimitglieder in Schottland und Wales dürfen – da ohne Aussicht auf baldigen Durchbruch eher verstärkt – auf kornische Aktivistinnen und Aktivisten übertragen werden.[256] Allein durch ihre fortgesetzte Existenz erinnern sie an die ungelöste Frage Cornwalls, die sie selbst aufzubringen halfen.

Wie bereits angerissen sind in besonderem Maße die *Liberals* bzw. *Liberal Democrats*, hier als 'die Liberalen' zusammengefasst, auf den Wagen kornischer Besonderheit aufgesprungen und konnten dabei an die in Cornwall lange bestehende Tradition der politischen Unterstützung für die Liberalen anknüpfen; aus dem Wunsch heraus, diese Basis zu erhalten, dürfte sich die Tendenz der Liberalen erklären lassen, sich in Cornwall als die Partei für die Interessen Cornwalls zu präsentieren. Diese Tendenz sowie die Verbindungen der *Liberals* zu *Mebyon Kernow*, insbesondere in deren Zeit als Pressure-Group mit der zeitweise bestehenden und vielfach wahrgenommenen Möglichkeit der doppelten Mitgliedschaft, und letztlich die Aussagen einzelner Angehöriger der Liberalen zu 'nationalen' Fragestellungen in Cornwall sind recht gut dokumentiert und müssen hier nicht

---

[254] Hechter, S. 230. Ähnlich Deacon (1983)a, S. 245, und Payton 1992, S. 27f. und S. 33.

[255] S. "Liberals' idea of independence for Cornwall welcomed". Zum Folgenden A. George, *pass.*, von 2000, zu vergleichen mit den Äußerungen des MK-Vorsitzenden Dick Cole, zitiert in "Protest at the Tamar Bridge", S. 7, von 1998.

[256] Banks (S. 191) spricht von "nationalist stamina".

erneut dargelegt werden.[257] Tregidga beispielsweise spricht für die Nachkriegszeit von einer "surrogate nationalist role of the Liberal party" und zitiert Howard Fry, den liberalen Kandidaten für den Wahlkreis St Ives, der 1967 für seine Partei die 'kornische Nation' anerkannte: "the Cornish are a nation in their own right". Durch solche Äußerungen und Sachverhalte tragen auch die Liberalen direkt zum kornischen *nation-building* bei. Doch auch indirekt sind sie für diesen Prozess bedeutsam. Bereits früher wurde darauf hingewiesen, dass sich Cornwall der für England typischen Opposition von *Conservatives* vs. *Labour* nicht in vollem Umfang angeschlossen hat, da die *Labour*-Partei die Liberalen nicht in dem Maße wie in England verdrängen konnte. Dies und die relative Prominenz von parteiunabhängigen Kandidatinnen und Kandidaten (*Independents*) sind als Zeichen kornischer Distinktivität im politischen Bereich zu sehen und als solches geeignet, ein 'nationales' Wahlverhalten Cornwalls zu demonstrieren. Die Argumentationslinie des distinkten Wahlverhaltens erscheint jedoch nur in akademischen Demonstrationen kornischer Differenz,[258] nicht in unserem Textkorpus.

Vielmehr sind *Cornish identity* und die wirtschaftliche Situation Cornwalls die wichtigsten Argumente der politischen Parteien und Organisationen der kornisch-nationalen Bewegung. Die Argumentation über die kornische Identität ist dezidiert nationalistisch, denn die eigene, ganze Nation steht im Zentrum der Politik, die kulturelle Eigenheit wird als Legitimation des Anspruchs auf das Recht der Selbstbestimmung angesehen und das Nationsparadigma wird anerkannt, da die Nationalität als der Rahmen gilt, innerhalb dessen die eigene Region zu verstehen ist. Dies alles bindet den zurückliegenden Abschnitt an das zuvor allgemein über Nationen und Nationalismus Ausgeführte. Neben dem ubiquitären Schlagwort *Cornish identity*, auf das an späterer Stelle eingegangen wird, ist im kornischen Nationalismus, verstärkt in neuerer Zeit, besonders die wirtschaftliche Argumentation prominent; diese wird hier, der gewählten Gewichtung entsprechend, nur kurz und der Vollständigkeit halber zusammengefasst.

Zwei Argumentationszusammenhänge hinsichtlich des besonderen, nationalen Status Cornwalls sind dabei hervorzuheben: Die wirtschaftlichen Beziehungen zu England und dessen Südwesten sowie die institutionelle Organisation des Gebietes einerseits und das Subventionspotenzial durch die Europäische Union andererseits. Daneben tritt neuerdings eine Argumentationslinie, die nicht auf den Status abhebt und daher nur erwähnt wird: *Mebyon Kernow* nutzt die schlechte Wirtschaftslage Cornwalls, das dann als bloße 'unterentwickelte Region' dargestellt wird, als Argument gegen die etablierten Parteien und fordert Verbesserungen in der Wirtschaftspolitik. Die Kritikpunkte, die *Mebyon Kernow* anführt, und die zu bekämpfenden Missstände sind hier besonders die folgenden: Cornwall habe die niedrigsten Löhne Großbritanniens, sei zu sehr vom Tourismus abhängig, was nur saisonale Arbeit und einen hohen Anteil an unterbezahlter Teilzeitbeschäftigung

---

[257] Tregidga 2000a (die Zitate sogleich S. 174 und S. 175), *id.* 2000b, Payton 1992, S. 223-230.
[258] Etwa Payton 1992, S. 232.

bedeutet, und von "over-development", d. h. von schnellen, umweltunverträglichen Entwicklungsmaßnahmen betroffen.[259] Damit kann die Partei zwar auch diejenigen Wählerinnen und Wähler in Cornwall ansprechen, die sich nicht primär als kornisch ansehen oder sich nicht vom nationalistischen Diskurs angesprochen fühlen, verliert damit aber zeitweise ihren nationalistischen Fokus.

Der erste Bereich der wirtschaftsbezogenen Argumentation, der explizit auf Cornwalls Nationsstatus eingeht, hängt mit der in Abschnitt 2.1 angesprochenen territorialen Integrität zusammen. Nach nationalistischer Auffassung darf Cornwall nicht nur aus ideologischen, identifikatorischen und historischen, sondern auch aus ökonomischen Gründen nicht der englischen Südwestregion angehören ("seven-county south-west" oder "devonwall"), da die Vergangenheit gezeigt habe, dass Cornwall aus einem solchen Verbund nicht die gleichen Vorteile ziehen könne wie die anderen beteiligten Grafschaften.[260] So wird u. a. dem für die Wirtschaftsförderung des englischen Südwestens zuständigen staatlichen *South West Economic Planning Council* vorgeworfen, vor allem den Interessen der besser entwickelten Gebiete (so Bristol oder Exeter und deren Umland) zu dienen und Arbeitsplätze in Cornwall zu vernichten.[261] Hingewiesen wird unter anderem auf die vollzogene oder drohende Zusammenlegung der kornischen Zentralen und Behörden von Feuerwehr, Polizei, Ambulanz und Wasserversorgung mit den jeweiligen Gegenstücken von Devonshire, die mit ihren Arbeitsplätzen nun oder in Zukunft in Devonshire ansässig sind und nicht mehr kornischer Kontrolle unterstehen.[262] Stattdessen sollten kornische Organisationen und Institutionen mit Sitz in Cornwall aufgebaut werden, die allein die Interessen Cornwalls verfolgen und vor Ort Arbeitsplätze schaffen; so soll die Wirtschaft von einer lokal ansässigen *Cornish Development Agency* (CDA) anstelle der jetzigen *South West Regional Development Agency* (SWRDA) unterstützt werden.[263]

Hervorgehoben wird zudem, dass wirtschaftliche Regionen besonders dann erfolgreich seien, wenn sie mit kulturellen Regionen übereinstimmten, dies sei aber nur in dem Fall gegeben, wenn Cornwall eine eigene Wirtschaftsregion bilde und kein Anhängsel einer größeren Südwestregion sei, von der es sich kulturell stark

---

[259]   Mebyon Kernow 1999b.

[260]   U. a. Truran, S. 4, Mebyon Kernow 1999b und (2001)a, Angarrack 1999, S. 288-290. Eine solche Vereinigung lehnt auch die 1998 gegründete Pressure-Group *Cornish Solidarity* (1998) ab: "Cornish Solidarity believes that for Cornwall to be included in this South-West Regional Assembly would be an economic and cultural disaster."

[261]   Z. B. Dick Cole von MK, wiedergegeben in "Protest at the Tamar Bridge" (alles S. 7): Cornwall dürfe nicht dem "seven-county south-west", einer "artificial region that stretches as far as Bristol and Bournemouth", angehören, die Arbeitsplätze, Geld und Entscheidungsgewalt aus Cornwall abziehe; und: "We all know from personal experience that the benefits of the seven-county south-west are felt east of the Tamar." Ähnlich Mebyon Kernow 1999b.

[262]   Z. B. Cornish Solidarity 1998, und Murley/Pascoe/Nute (Hgg.), S. 85.

[263]   Cornish Solidarity, *Mebyon Kernow unofficial Australian site* und Mebyon Kernow 1999b. Die Organisation *Cornish Solidarity* forderte 1998, die neuen EU-Strukturfonds-Gelder sollten von einem europäischen Büro in Cornwall verwaltet werden (s. Cornish Solidarity).

unterscheide.[264] Dazu könne sogar die *Cornish identity* als wirtschaftlicher Faktor aktiviert und somit in die Politik eingebracht werden:

> The other five [Celtic] nations are becoming more confident in their own identities - Ireland is pushing its case at the centre of Europe while Wales and Scotland recently elected their own assembly and parliament respectively.
> These nations are using their identities as strong political tools - to deliver greater democracy to their people, strengthen their local economies and give them a confidence for the future.
> Our identity could be our greatest asset, nourishing a real sense of place and purpose, providing a unifying element for the whole population of Cornwall.

Als zweiter wirtschaftlicher Punkt, der den Status Cornwalls tangiert, wird zur Unterstützung des Nationalismus aufgerufen, um über die Anerkennung als eigenständiger geopolitischer Einheit zu höheren Subventionen vor allem im Rahmen der Förderungsleistungen aus dem Strukturfonds der Europäischen Union zu gelangen.[265] Dieses Ziel wurde im März 1999 zu einem gewissen Grade erreicht mit der Gewährung des *Objective 1 status* ('Ziel 1' des Strukturfonds), zunächst für die Jahre 2000-2006, was den höchsten Rang wirtschaftlicher Förderung aus dem Europäischen Strukturfonds bedeutet.[266] Neben den wirtschaftlichen Vorteilen, die diese nach Cornwall fließenden Summen versprechen, ist es ein Erfolg (und dieser interessiert in unserem Zusammenhang besonders), der sich im 'Ziel 1'-Status zeigt, dass sich Cornwall dafür überhaupt erst qualifizieren konnte, weil es von der EU vor allem auf Betreiben des *Cornwall County Council* hin als eigene Einheit berücksichtigt wurde, wo es früher unterschiedslos der im Durchschnitt deutlich wohlhabenderen englischen Südwestregion zugerechnet oder zusammen mit Devonshire betrachtet worden war, was das Ausmaß der kornischen Situation stark verwaschen hatte. In wirtschaftlicher Hinsicht und auf europäischer Ebene ist Cornwall nicht länger "statistically invisible".[267] Auf dieser Anerkennung kann die Nationalismusbewegung nun aufbauen, um auch im Vereinigten Königreich als rechtlich und politisch distinktives Territorium über der *County*-Ebene anerkannt zu werden, und so, neben den ökonomischen Verbesserungen, die eigentlich

---

[264]   Wiederum Mebyon Kernow 1999b, auch für das folgende, längere Zitat.

[265]   So u. a. das *Cornish Stannary Parliament*: Murley/Pascoe/Nute (Hgg.), S. 87.

[266]   Hierzu The European Commission / Representation in the United Kingdom.

[267]   Deacon 1998b, S. 4. Denis/Pihan/Stanyer (S. 41) erwähnen, dass die von ihnen untersuchte Region "Cornwall & Devon" statistisch im englischen Südwesten untergehe; es ist symptomatisch für das gesamte Projekt, in dessen Rahmen jene Untersuchung entstand, dass die Autoren zu bemerken versäumen, dass Cornwall innerhalb der von ihnen propagierten Region den gleichen Nachteil erleidet, denn 'Devonwall' lag beim Pro-Kopf-Bruttoinlandsprodukt deutlich über dem Qualifikationslimit von 75% des EU-weiten Durchschnitts, während Cornwall allein betrachtet mit nur 70% weit darunter lag (Deacon 1998b, S. 5, Cornwall County Council 1999, S. 6). Allerdings warnt Deacon (*ibid.*) zu Recht, es brauche auch neue Ideen und Strukturen und neue Wege, die EU-Gelder zu investieren; Geldzufluss allein reiche nicht aus, um die wirtschaftlichen Defizite Cornwalls nachhaltig zu bekämpfen.

nationalistischen Ziele zu erreichen, eben jene Anerkennung, die sich in der Errichtung eigener politischer Strukturen widerspiegelte.

Zu diesem politischen Aspekt des kornischen Nationalismus, dem Erreichen eines erhöhten Grades von Autonomie, gibt es einen interessanten literarischen Text, mit dessen Erwägung das Feld der Politik abgeschlossen wird. Daphne du Maurier entwirft in *Rule Britannia* (1972 erstveröffentlicht), ihrem letzten Roman, der wiederum in Cornwall spielt, ein Szenario, in dem die britische Regierung in einer Nacht-und-Nebel-Aktion eine staatliche Vereinigung mit den USA eingeht, um das wirtschaftliche Desaster nach Verlassen des Gemeinsamen Europäischen Marktes abzuwenden. Der neue Staat trägt die passende Bezeichnung "USUK" und soll, so der Plan der fiktionalen britischen Koalitionsregierung, eine gleichberechtigte politische, wirtschaftliche, militärische und kulturelle Partnerschaft sein. Es stellt sich jedoch alsbald heraus, dass sich die staatliche 'Kooperation' zumindest in dem kleinen kornischen Wohnort der Heldinnen des Romans in militärische Okkupation, folglich in eine 'feindliche Übernahme' Großbritanniens durch die USA wandelt (weswegen zwischen den beiden Wörtern des Romantitels auch kein Komma erscheinen kann): Emma, die mit ihrer Großmutter Mad, einer berühmten Schauspielerin im Ruhestand, in Cornwall wohnt, erfährt von der 'Union' erst, nachdem eines Morgens ein amerikanisches Kriegsschiff im Hafen des Ortes liegt und sich Marineinfanteristen unter noch mysteriösen Umständen auf dem Grundstück einquartieren, was sich später in ein zwar örtlich begrenztes, aber dennoch restriktives, militärisches Kontrollsystem auswächst. Im weiteren Verlauf des Romans geht es nebenbei um die Auswirkungen einer solchen Okkupationssituation auf die zwischenmenschlichen Beziehungen in einer kleinen Gemeinschaft, in der Handlung aber vor allem um den wachsenden britischen Widerstand (lokal konzentriert um Mads Haushalt) gegen das, was einige Charaktere als Anschluss an die Vereinigten Staaten von Amerika verstehen, so dass *Rule Britannia* auf der *Plot*-Ebene ein Plädoyer für einen völlig unabhängigen britischen Staat zu sein scheint, der sich niemals einem größeren Verband anschließen (oder unterwerfen) werde und auch nicht der 'kleine Bruder' der USA sein wolle. In der Lesart der britisch/amerikanischen Opposition ist Cornwall die britische Region, in der du Maurier die Handlung anzusiedeln beliebte, eine Wahl, die letztlich arbiträr und von den Vorlieben der Autorin (sowie der Werbewirksamkeit des kornischen Schauplatzes) abhängig wäre.

Der Roman ist jedoch auch auf einer anderen Ebene lesbar, auf der die genannte Opposition als Gleichnis für innerbritische Oppositionen fungiert (keltisch/englisch, kornisch/englisch, Cornwall/*West Country*), und für diese Lesart sprechen verschiedene Hinweise im Verlauf des Romans. Einer davon ist in der geographischen Verteilung der Untergrundaktionen des britischen Widerstandes zu finden, die sich auf die 'keltischen' Gebiete konzentrieren, wie Mad in den Radionachrichten hört:

'Following the explosions in the Falmouth area, there have been two more, one near Camborne and a second in the clay district, a mile from Nanpean [alle drei Orte in Cornwall]. Other disturbances have been reported from South Wales. It is believed that Celtic factions amongst the population are taking this opportunity of giving vent to their dissatisfaction with the Coalition Government and the formation of USUK. Elsewhere the country is quiet. [...]'[268]

Hier deutet sich eine Kluft zwischen dem kooperierenden England und dem revoltierenden *Celtic fringe* an, vertreten durch Cornwall und Wales. An anderer Stelle erfahren die Heldinnen von "Civil disobedience in Scotland and in Wales",[269] nicht aber in England.

Dies wird unterstützt durch zwei Charaktere, die Mad und Emma beim Einkauf treffen: Während der Verkäufer im örtlichen Supermarkt, der Mad den Schinken aufschneidet ("He was not a local man, but had been sent down from Bristol when the supermarket first started.") die Errichtung von USUK auch ohne Verständnis der Vorgänge und ohne Hintergrundwissen begrüßt, hat der kornischstämmige Tom, seit 50 Jahren Fischer und jetzt Fischhändler, eine eindeutig ablehnende Haltung, die Mad nach der Aufregung mit dem anders gesinnten "Bristol hamslicer" offenbar schon vorausgeahnt hatte. An diesen beiden Figuren verdeutlicht du Maurier die Zustimmung und Ablehnung, die sich entlang der ethnischen Zugehörigkeit ausrichten. Dass du Maurier die eine Figur des Gegensatzpaares dabei gerade aus Bristol, so etwas wie die 'Hauptstadt' und damit Symbolträger der englischen Südwestregion, nach Cornwall kommen ließ, greift die Ablehnung der Inklusion Cornwalls in jener Region durch die kornische Bewegung auf und spielt auf die Opposition zwischen Cornwall und dem *West Country* an, die in jener Zeit schon virulent war,[270] während es durchweg eine kornische Klage war, dass nach Cornwall expandierende Unternehmen (hier der Supermarkt) eigene Arbeitskräfte in die Region mitbringen, anstatt auf das überreiche Arbeitskräftereservoir vor Ort zurückzugreifen.[271] Du Maurier schöpft hier aus dem 'Beschwerdekatalog' der kornischnationalen Bewegung, ebenso wie in ihrer Darstellung der Wirtschaftspläne USUKs, die durch die Amerikanerin Martha Hubbard vom USUK-Kulturprogramm "CGT" ("Cultural-Get-Together") geäußert werden, die Cornwall natürlich zum englischen "west country" zählt:

'We know how you depend, ever increasingly, on the tourist trade, and the CGT movement intends to help with that too. Why, take this little bit of Cornwall alone - you

---

[268] Du Maurier (2004), S. 114.
[269] Du Maurier (2004), S. 298.
[270] So etwa Payton 1993d, S. 231f., für die Politik des *South West Economic Planning Council* in den 1960er und 1970er Jahren und die kornische Kritik an derselben.
[271] Diese Szene du Maurier (2004), S. 49-51, die beiden Zitate S. 50. Bereits 1953 hatte Helen Charles in ihrem Wahlflugblatt (abgedruckt in Deacon/Cole/Tregidga, Abb. 57 nach S. 56, eigene Hervorhebung) "an anonymous clerk, in *Bristol* or London" als Symbol der Fremdbestimmung Cornwalls benutzt.

haven't started to develop its historical potentiality. Some of our people are highly enthu-
siastic about it, since they've heard of the association with Tristan and Isolde, and King
Arthur too, very naturally. Pageants, displays, the local inhabitants dressed up possibly
in the costumes of the times – you could stage the arrival of Tristan with his uncle's bride
from Ireland right here on Poldrea beach.'[272]

Somit wird als Lösung für Cornwalls *starke* Abhängigkeit vom Tourismus anstatt
einer Diversifizierung der Wirtschaft die *völlige* Abhängigkeit vom Tourismus
vorgeschlagen, so dass Cornwall ein riesiger Themenpark würde – eine Übertreibung, mit der du Maurier die wirtschaftspolitischen Konzepte der 1960er und
1970er Jahre karikierte, die später ja vor allem durch Deacon, George und Perry
wissenschaftlich angegriffen wurden, während W.H. Thompsons "Cornwall survey" des *Council for the Preservation of Rural England* bereits 1930 die Gefahren
des Massentourismus angedeutet hatte.

Darauf, dass die britisch/amerikanische Opposition zusätzlich in den Begriffen
der keltisch/englischen, insbesondere kornisch/englischen Unterscheidung gelesen werden kann, deuten auch Mads Antwort auf die Bemerkung ihres Sohnes,
Emmas Vaters, der im Dienste der Union tätig ist, über die *Marines* ("The Yanks
are a tough lot when they're roused."): "So were the Celts, when the Saxons invaded Cornwall", und die Überlegung des Nachbarn Jack Trembath auf die Unterstützung hin, die das kornische Widerstandsnest von einem walisischen Einsiedler
erhielt: "Maybe the Cornish and the Welsh have more in common than I thought.
Let someone come in from overseas and try to push us around, and they'll get
more than they bargained for."[273] In beiden Zitaten rekurriert du Maurier auf den
keltisch-britischen Widerstand gegen die 'angelsächsische Landnahme', der als
Vergleichsbeispiel für den keltischen, nicht aber englischen Widerstand gegen
USUK dient, womit die fiktionale amerikanische 'Intervention' in Großbritannien
und die historischen angelsächsischen Invasionen des 'keltischen' Britannien einander direkt parallel gestellt werden.

Weitere Hinweise darauf, dass innerbritische Differenzen vielleicht ein wichti-
geres Motiv in *Rule Britannia* als transatlantische sind, finden sich an anderen
Stellen des Romans; hierzu gehört die abwertende Haltung des englischen Zentrums zu Cornwall, die du Maurier in Emmas Vater als Vertreter des metropolita-
nen Establishments anlegt. Dieser sieht Cornwall zwar als unterste Spitze eines
südwestenglischen Kontinuums (und erscheint damit zugleich als Figur der *West
Country*-Ideologie), aber auch für ihn ist das Überqueren des Flusses Tamar noch
einmal ein besonderer Schritt, wie er in einer über die Nahrungsmittelstandards
angestoßenen Rede darlegt:

---

[272]   Du Maurier (2004), S. 67; an späterer Stelle (S. 137) lässt du Maurier die lokale Wochen-
zeitung dieser von USUK festgeschriebenen Ansicht folgen, wenn es in deren *Editorial* heißt:
"Our partners from across the Atlantic have pointed out that the Cornish china clay industry
is on the decline. Therefore we must turn to tourism in a far more concentrated way."
[273]   Du Maurier (2004), zuerst S. 174, dann S. 204.

'[...] The trouble is that standards become lower every mile you travel west, I've noticed it for years. Passable in Hampshire, shaky in Wiltshire, doubtful in Dorset, on the definite down-grade in Devon, and once you cross the Tamar you might as well be in Tibet – in fact, I would think conditions are superior in Tibet, especially with the Chinese in control.'
'[...] But Tibet will change, Tibet will become civilised at last – by Tibet I am referring to Cornwall, of course. With the USUK Cultural-Get-Together movement we may even have our early morning tea piping hot instead of tepid.'[274]

Emma protestiert hiergegen nur zurückhaltend; einer expliziten, harten Verurteilung, wie sie gerade Mad anderen Kollaborateuren zukommen lässt (etwa dem örtlichen Wirtshausbesitzer, der unter USUK-Verträgen aus Kalifornien importierten Wein an amerikanische Soldaten und später an amerikanische Touristinnen und Touristen verkaufen will), entgeht er nur durch die Verwandtschaftsverhältnisse, auch wenn insbesondere Mads Haltung (sowie die ihrer Pflegekinder, aber auch, zumindest unentschlossen sympathisierend, Emmas) immer klar ist. Der deutlichste Hinweis auf die Lesart der kornisch/englischen Opposition, für die argumentiert wird, findet sich aber in einem Treffen der Bauern der Umgegend, das unter Jack Trembaths Leitung stattfindet. Jack schwört seine Kollegen nicht etwa mit einem Appell an ihre *Britishness* auf den zivilen Ungehorsam gegenüber der amerikanischen 'Besatzung' ein, was den eigentlichen Gegensatz jener Situation getroffen hätte, er appelliert vielmehr an ihre *Cornishness* ("Are we Cornishmen or bloody suckers?", worauf ein "great yell" der Anwesenden, "Cornishmen!", folgt).[275] Hier kämpft also die kornische Bauernschaft, abstrakter Cornwall selbst um die Freiheit von der amerikanisch-englischen Besatzung, der Kampf besitzt aber, wie der kornische Nationalismus, keine gesamtbritische Dimension.

Zu guter Letzt wird der keltische Nationalismus explizit thematisiert, sprechenderweise in unmittelbarem Zusammenhang mit dem keltischen Widerstand gegen USUK, als bräuchte die Parallelität weitere Verdeutlichung. Der walisische Einsiedler, Mr Willis, berichtet Mad und Emma von Widerstandsaktionen in Wales und Schottland, von denen er über Funk erfahren hat, und erklärt sie mithilfe der Nationalismusbewegungen in beiden Ländern: Erneut scheinen sich die Aktionen eher gegen England als gegen die USA zu richten. Weiteres Interesse gewinnt die Szene in unserem Kontext dadurch, dass Mad sodann gegen eine ethnische Definition von Nationalität in diesen Nationalismusausformungen argumentiert, in der also erhöhter Wert auf den Geburtsort von Individuen gelegt wird. Diese Szene bietet den keltischen (und kornischen) Nationalismus, das Streben nach erhöhter politischer Autonomie für einzelne oder alle 'keltischen Nationen', noch einmal nachdrücklich als Ziel eines Gleichnisses mit der Ablehnung der britisch-amerikanischen Union an. An den Nationalismus Cornwalls wird dies durch die Hoffnung Emmas angebunden, ihre Großmutter werde dem Nationalismus nicht etwa durch

---

[274] Du Maurier (2004), S. 176.
[275] Die Zitate du Maurier (2004), S. 233.

Befürwortung von Brandstiftung, Anarchie und "blowing up bridges" in die Hände spielen:[276] Substaatlichen Nationalismen wird oft der Vorwurf gemacht, sie seien gewaltbereit und stifteten Uneinigkeit und Chaos, das Sprengen von Brücken aber gewinnt in Cornwall eine besondere Bedeutung, ist doch der Fluss Tamar die psychologische (und weitgehend rechtliche) Grenze zwischen Cornwall und Devonshire ('England'), so dass kornischen Nationalistinnen und Nationalisten polemisch vorgeworfen wird, sie würden die Tamarbrücken sprengen wollen.[277]

Insgesamt ist *Rule Britannia* also als eine Parallele zum (keltisch-)kornischen Nationalismus als Streben nach größerer Autonomie lesbar, was zugleich das Ziel der Parteien darstellt, die zuvor besprochen wurden. Es ist damit ein politischer Roman, der den keltischen Aspekt britischer Politik aufgreift, welcher im nächsten Abschnitt in seiner kornischen Ausformung eingehender beleuchtet wird.

3.4   Identität: Keltizität Cornwalls

Der vielleicht wichtigste einzelne Punkt in der Definition der *Cornish identity* ist die proklamierte Keltizität des Landes und der kornischen Bevölkerung: "Cornwall's celtic [sic!] roots create a strong sense of identity within the county."[278] Die Keltizität der Identität Cornwalls wird sogar als so wichtig für Cornwall eingeschätzt, dass Weatherhill konstatiert, Cornwall habe durch die von Jenner betriebene Aufnahme in den *Celtic Congress* seine Identität wiedergewonnen, gerade so, als ob es ohne das keltische Attribut keine Eigenschaften besäße. Keltizität ist der zentrale Mythos der kornischen Besonderheit, zugleich Ursprungsmythos und im doppelten Sinne gegenwärtige (nämlich heutige und aus der Vergangenheit noch präsente) Legitimation der Differenz Cornwalls. Cornwall als eine keltische Gemeinschaft zu imaginieren bedeutet, es eingebettet in einem verbindenden Zusammenhang mit den anderen keltischen 'Nationen' zu verorten: So gilt Cornwall für Anhänger der keltischen Sichtweise als eine der "six Celtic nations"[279] (ein immer wiederkehrender Ausdruck), die eine gemeinsame Abstammungsgeschichte teilten. Von gemeinsamen Wurzeln in der 'keltischen' Vor- und Frühgeschichte, so diese Anschauung, habe sich ein 'Zweig' nach dem anderen entwickelt, bis sich

---

[276] Die gesamte Szene ist du Maurier (2004), S. 299.

[277] S. etwa Paytons (1993d, *pass.*) Beschreibung der kornischen Bemühungen seit den 1940er Jahren, die Tamargrenze zu bewahren.

[278] Local Government Commission for England, S. 16. Einen Überblick über die Geschichte des kornischen 'Keltentums' bietet Hale 1997b. Das Folgende Weatherhill 1998, S. 158.

[279] So durchgängig im Diskurs des 'Pankeltismus' (*The Celtic League*, P.B. Ellis, Duncombe-Jewell schon 1901) und des kornischen Nationalismus (Mebyon Kernow 1984, S. 2, Mebyon Kernow 1999b, Cornish Nationalist Party 1977, Whetter 1992, Angarrack 1999, S. 20), aber auch bei C. Williams (1999, S. 267) und im angeführten Zitat (S. 114) von Fennell (Severy, S. 584); auch das Lyrikkompendium *Writing the wind* (Crowe, Denez und Hubbard (Hgg.)) vereinigt Gedichte in den keltischen Sprachen eben jener sechs 'Nationen'.

die heute bekannten sechs 'keltischen Nationen' etabliert hätten, worauf deren heutige Gemeinsamkeiten beruhten (Beispiele folgen an späterer Stelle). Unter dieser Annahme kann Angarrack das nationalistische Aufbegehren Cornwalls in einem Paradigma keltischer Emanzipationsversuche eingebettet sehen:

> Many Scots, Welsh and Irish want complete breakaway from Union with England. As Celtic self-confidence grows the clamour for greater autonomy grows with it. I can foresee a time when the United Kingdom is no more and the Celtic nations, including Cornwall, have gained federal status within a Unified Europe.[280]

In dieser Sicht verschwinden die Unterschiede zwischen den 'keltischen Nationen', während die Gemeinsamkeiten so sehr dominieren, dass die Übertragung von Eigenschaften oder Verhältnissen von einer oder mehreren Regionen auf eine oder mehrere andere zulässig erscheint. Die Keltizität ist so das eine wichtige Abgrenzungsmerkmal sowohl Cornwalls als auch der anderen 'Nationen' gegenüber dem 'angelsächsischen' England, das zudem normannische und skandinavische Einflüsse aufweise; solche Überlegungen wurden im Anschluss an Henry Jenner immerfort gemacht, sind also ein Produkt vor allem des 20. Jahrhunderts.[281]

Keltisch zu sein bedeutet zunächst, nicht englisch zu sein; und die Aussage, Cornwall sei nicht Teil Englands und die kornische Bevölkerung nicht englisch, findet sich in Gesprächen geäußert, in Zeitschriften, Leserbriefen, Büchern und anderen Publikationen veröffentlicht und als Graffiti quer durch Cornwall verteilt.[282] Gelegentlich scheint die Funktion der Keltizität, Cornwall von England zu unterscheiden, wichtiger zu sein als die vermeintlichen 'keltischen' Eigenschaften selbst, zumal da, wo nur die Opposition zwischen den ethnischen Gruppen genannt, aber nicht weiter auf Inhalte eingegangen wird.

Die Abgrenzung von England zeigt sich bis in unscheinbare Details: So ist auf vielen Schautafeln von *English Heritage* in Cornwall das Wort *English* (meist durch Auskratzen) unlesbar gemacht worden, um zu zeigen, dass die historischen Stätten nicht 'angelsächsisches', sondern kornisch-keltisches Erbe sind, während den Verfassern einer Schrift über das Kornische die Unterscheidung bei dem Titel *Cornish Place-Name Elements* ein "*[sic]*" hinter dem Wort "English" im Reihentitel wert ist, da ein Buch über Cornwall ihrer Ansicht nach nicht in die Schriftenreihe der *"English" Place-Name Society* gehört.[283] Die Abgrenzung ist aber nicht nur wertneutrale Demonstration von Differenz, sondern wird auch wertend und

---

[280] Angarrack 1999, S. 424, ähnlich *pass.*
[281] Etwa Jenner (1982), S. 4.
[282] Als ein früher 'neutraler', wenngleich wohlwollender Beobachter sei Walter White zitiert, der um 1850 durch Cornwall reiste: "Under the influence of these strange names [based on the Cornish language], the peculiarities of the people, and unfamiliar landscape features, it seemed to me more than once that I was in a foreign country, and I caught myself saying in conversation-"When I get back to England.""
[283] Dunbar/George, S. 189.

diskriminierend benutzt, wie das gezeigte antienglische Graffito (Abb. 9) dokumentiert. Die Opposition geht hier bis in die Sprache, da der Name Cornwalls in
dem ansonsten englischsprachigen Beleg in der keltischen Sprache erscheint.

Abb. 9: Antienglisches Graffito bei St Agnes: "ENGLISH GO HOME - FREE KERNOW".

Beispiele für die Unterscheidung von Cornwall und England sind zahlreich
und greifen mal mehr, mal weniger stark auf den keltischen Faktor zurück. Jenkin
und Jenkin etwa schrieben 1965: "Cornwall is not just another English county but
a Celtic country in its own right." In einer Geschichte Cornwalls für Kinder heißt
es: "If he [sic!, a west-bound traveller crossing the Tamar] feels that he is in a
'foreign' country, he need not be surprised. He is. This is Cornwall, not England.",
und bei Penrose: "Now, we Cornish aren't English. And just because Cornwall is
attached to England it's not part of England."[284] Anlässlich der Zeremonie des
kornischen *Gorseth* 1999 äußerte *Grand Bard* A.T. Jenkin: "Whether you are
Cornish born or have the concerns of Cornwall within your heart, I hope you will
all speak up for Cornwall on every possible occasion. Cornwall is not England,
and never will be, whatever Government departments say."; und als kornischer
Nationalist schließt es Angarrack aus, gleichzeitig englisch und kornisch zu sein,
da es "two different ethnicities with different national origins" seien, auch wenn
viele (nicht nationalistische) Menschen in Cornwall darin keinen Widerspruch sehen.[285] Die von kornischer Seite getroffene Unterscheidung zwischen Cornwall

---

[284]   Zuerst Jenkin/Jenkin, S. 26 (ähnlich S. 27, wo sie wünschen, Cornwall werde "continue to
exist as a Celtic country and not decline into merely an administrative division of England."), dann J. Jenkin, S. 85, und M. Penrose, S. [1].

[285]   A.T. Jenkin wird in Douglas Williams, S. 21, zitiert; dann Angarrack 1999, S. 12.

und England führt auch dazu, dass Cornwall als außerhalb Englands liegend gilt, wie in einem kornischen Dokument zur Regionalisierung: "Cornwall has only one boundary, with Southwest England".[286] In der Literatur finden sich entsprechende Hinweise etwa in dem Roman *The saffron eaters* von N.R. Phillips, in dem eine Gestalt als "quite short for an Englishman, quite tall for a Cornishman" beschrieben wird, und in dem Gedicht "The Queen's English" von Pol Hodge: Dort spielt Hodge, einer Aufzählung gleich, in den ersten drei Strophen zunächst auf englisch-patriotische Zitate an, die das Wort *England* enthalten (Shakespeare, Rupert Brooke, Lord Nelson, William Blake), nennt in der vierten Strophe Institutionen mit *England*, in der fünften solche mit *English* im Namen (etwa Bank und Kirche von England, *English Heritage*, so dass dieses Ethnonym in den ersten fünf Strophen stark verdichtet, geradezu omnipräsent erscheint), bevor es in kämpferischer Ablehnung all dieser Redewendungen, Ausdrücke und Namen in kornischem Dialekt des Englischen (und anschließend, verstärkend, auf Kornisch) heißt:

> I'm not English.
> This idn England
> An' I dun want to speak
> the language a some ol' queen.[287]

Mit großer poetischer Kunst greift auch Alan M. Kent auf die kornisch-keltisch/ englische Opposition zurück, wenn er in seinem Gedicht "11.11.11" die Dunkelheit des Gesichtskreises John Miltons und des biblischen Samson durch deren Verlust des Augenlichts – Blindheit – sowie das Sonnenfinsternis-Gleichnis aus Miltons *Samson Agonistes* mit der "blindness to ethnic apocalypse" in Cornwall, der Dunkelheit durch den Verlust des 'keltischen Lichts' und der tatsächlichen Sonnenfinsternis von 1999 verbindet, die in Großbritannien nur von Cornwall aus total zu sehen war;[288] damit wird die ethnische Situation Cornwalls gleichsam zu einer 'ethnisch dunklen' Tragödie Milton'schen Ausmaßes. Es handelt sich wohlgemerkt durchweg um eine kornisch/*englische*, nicht kornisch/*britische* Dichotomie; Letztere wird selbst im kornischen Nationalismus nicht als ausschließend verstanden. An dieser Stelle zeigt sich, dass die terminologischen Erläuterungen in Kapitel 1 und das konsequente Festhalten an den Definitionen bei ständiger Wachsamkeit hinsichtlich der benutzten Begriffe tatsächlich bedeutsam sind.

[286] Cornish Constitutional Convention 2002b, S. 10.
[287] Erst N.R. Phillips 1987, S. 20 (weitere Belege sind S. 90, wo sich kornische Pub-Gäste u. a. mit dem *Trelawny*-Lied gegen die Bezeichnung "English" wehren, und S. 161), dann Hodge (1997). Gerade hier zeigt sich, wie die Literatur eher postuliert denn argumentiert. Das Gedicht ist in der benutzten Quelle als Übersetzung aus dem Kornischen gekennzeichnet, die Dynamik der Sprachwechsel aber, von *standard English* mit der Häufung von *England* und *English* über *Cornish English* (wo, nun in umgekehrter Reihenfolge, nur je einmal *English* und *England* erscheint) hin zum *Cornish*, wo die Worte gänzlich zu *Sowsnek* bzw. *Pow Sow*s aufgelöst sind, ergibt sich nur in dieser Version, die daher den Vorzug erhielt.
[288] Kent (2004).

Eine Auswirkung der englisch/kornischen (und der darunter liegenden angel-sächsisch/keltischen) Opposition ist, dass kornischnationale Akteure die Einbeziehung Cornwalls in die englische Südwest-Standardregion zurückweisen, weil in dieser unvereinbare 'Kulturen' oder Identitäten vorlägen, die nach nationalistischer Ideologie nicht in einer politischen Struktur zusammengebracht werden sollten. So lehnt Angarrack die Südwestregion ab, da in ihr Cornwall, "one of the oldest and most stable regions in Europe", mit sechs englischen Grafschaften zusammengeschlossen werde, die eine "historical compatibility" nicht mit Cornwall, sondern nur untereinander teilten.[289] Eine Region aus Cornwall und den südwestenglischen Grafschaften, so wird weiterhin argumentiert, wäre willkürlich erschaffen und böte der Bevölkerung keine Möglichkeit der Identifikation, da sie historisch keine Wurzeln hätte und zu uneinheitlich wäre. In den Worten Paul Dunbars als Vorsitzendem der *South East Cornwall branch* von *Mebyon Kernow*: "Just drawing lines on a map won't do: One Celtic country and six English counties is simply not a region Whichever [sic!] way you look at it. [...] Cornwall is a classic European region." Dagegen sei die geplante Region mit Cornwall eine "pseudo-region".[290] Aus diesen Gründen kann der *Mebyon Kernow*-Vorsitzende Cole sagen, das Gremium für diesen Südwesten könne ebenso gut "some service station on the M5" (der wichtigsten Autobahn in Südwestengland) als ihren Sitz wählen, um so die nicht vorhandene Identität der willkürlichen Region in einem ebenso belanglosen, beliebig gewählten Sitzungsort widerzuspiegeln, bietet sich doch keine Ortschaft als offensichtliche 'Hauptstadt' an, die etwas mit der Identität der Gesamtregion zu tun hätte; Cornwall, das in der *Cornish identity* eine eigene starke Identität besitze, passe jedenfalls nicht in diese "massive, artificial region".[291]

Zur Negierung des Englischen im kornischen Nationalismus gehört auch die Ablehnung englischer Symbolik, die sich etwa im zitierten Gedicht von Hodge und im bereits genannten Entfernen von Erläuterungstafeln von *English Heritage* durch Mitglieder des *Cornish Stannary Parliament* äußert, aber auch im weithin praktizierten Übersprühen des Wortes *English* und des abstrakten Burgsymbols dieser Organisation auf (Straßen-)Schildern sowie der 'englischen Tudor-Rose' auf anderen Tourismus-Wegweisern. Die weitverbreitete Absage an das Attribut *English* bestätigt Charles Thomas: "The rash and unsightly notices and signs with 'English Heritage' causes genuine offence and distress and the recent expunging of the first word probably aroused more applause than condemnation.", und Donald Rawe drückt offen seine Unterstützung für "the correction or 'vandalisation' of English Heritage signs in Kernow" sowie der "detested Lancastrian red rose signs"[292] als Form des gewaltfreien Protestes aus. Tatsächlich kann infolge des zivilen Ungehorsams "in protest at the brutal repression of Cornish people by

---

[289] Angarrack 1999, S. 414.
[290] Beides wiedergegeben in *Mebyon Kernow unofficial Australian site*.
[291] Zitiert in "Protest at the Tamar Bridge", S. 7. Ähnlich auch Deacon 1998b, S. 5.
[292] Charles Thomas 2002, S. 87; Rawe 2003, S. 5. Das folgende Zitat Jobson, S. 18.

Tudor monarchs" seit 2003 anstelle der ungeliebten Rose die St. Piran-Flagge den
Weg zu kornischen Sehenswürdigkeiten weisen (*English Heritage* hat bisher nicht
reagiert); die Abbildungen 10-15 belegen den Fortgang dieser Aktion und doku-
mentieren kompakt einen visuellen Aspekt des kornischnationalen Gesamttextes.

Abb. 10: 'Unbearbeitete' *English Herit-*
age-Beschilderung (1996): Burgsymbol
auf einem Wegweiser zu Tintagel Castle,
einer historischen Stätte unter Verwaltung
der Organisation, im Ort Tintagel.

Abb. 11: Die 'englische' oder 'Tudor-Rose' auf dem Wegweiser zu einer anderen
touristischen Stätte (unspezifisches Beispiel außerhalb Cornwalls).

Abb. 12: Mit Farbe unkenntlich gemachtes *Eng-*
lish Heritage-Symbol (links neben "Pendennis
Castle") auf einem Tourismus-Wegweiser in
Falmouth.

Abb. 13: Mit schwarzer Farbe unkenntlich
gemachte 'englische Rose' am Touristen-
Informationsbüro in Newquay.

Abb. 14: Mit der St. Piran-Flagge über-
malte 'englische Rose' in Redruth.

Abb. 15: Neue Beschilderung mit St. Piran-
Flagge statt 'englischer Rose' auf einem Wegweiser nahe Pendeen; die zuständige Behörde
hat das bestehende Schild horizontal überklebt.

Wenn im kornischen Nationalismus einerseits die Differenz Cornwalls zu England überhöht wird, so wird andererseits diejenige zu den (anderen) 'keltischen'
Regionen heruntergespielt. Cornwall gilt als Teil der keltischen Gemeinschaft,
aber nicht als darin aufgehend, wie schon Henry Jenner meinte: Die Geschichte

Cornwalls habe gezeigt, dass Cornwall eine Nation gewesen sei, "separate from England on the one side and from the rest of Celtica on the other, ever since the progress of the Saxon conquest separated the Britons into different national-ities".[293] Auch die Mitglieder der *Folkmusic*-Gruppe Dalla legen Wert darauf, dass Cornwall zwar keltisch, aber dennoch distinktiv kornisch sei, wenn sie von dem "strong sense of identity, which is not just Celtic, but uniquely Cornish" spre-chen.[294] Zu der rein kornischen Identität tritt also das Bewusstsein, zum 'keltischen Verband' zu gehören, der einen supranationalen Charakter trägt, da er die einzel-nen nationalen Identitäten respektiert. Der kornische Nationalismus erhält so eine weitere Argumentationsmöglichkeit, richtet sich jedoch nicht auf ein Ziel, das alle 'keltischen Nationen' umfassen würde: Die Ziele, die kornische Organisationen und Individuen zu erreichen suchen, sind rein kornischer Natur, allerdings kann dabei die Zusammenarbeit mit den anderen Nationen hilfreich sein, um im Rah-men einer Gesamtlösung für die Britischen Inseln auch die kornischen Ziele zu verwirklichen. 'Keltischer Nationalismus' dagegen würde versuchen, die Nationen zusammenzuschweißen und *in toto* von England abzugrenzen, was als *Pan-Celti-cism* geschehen kann, sofern dies nicht nur die Koordination der gemeinsamen Ziele darstellt (hierzu Abschnitt 4.3). Ansonsten ist *Celtic nationalism* eher eine Abkürzung, um nicht alle Einzelbewegungen aufzählen zu müssen; nur in diesem Sinne benutzt etwa O'Leary den Ausdruck, wenn er walisischen, schottischen und irischen Nationalismus untersucht, dabei aber weder eine gemeinsame Politik noch allen drei gleichwertig zukommende Eigenschaften feststellt oder auch nur den Keltenbegriff reflektiert.

Dass Cornwall überhaupt eine 'keltische' Nation ist, ist unter den *Cornish cul-tural entrepreneurs*, um Burtons Begriff zu verwenden, vollkommen unumstritten, so dass sie dies zumeist noch nicht einmal zu belegen versuchen. So können etwa die Mitglieder von Dalla schreiben, Cornwall sei

> a small Celtic land (roughly the size of Luxembourg or Brunei) jutting out into the Atlantic ocean halfway between Ireland and Brittany. It is a small land with a giant history. A history with its roots firmly in Celtic culture, but also an extremely cosmopol-itan history buzzing with a host of other influences, due to ancient maritime links with, and waves of emigration to and from, all parts of the world.[295]

---

[293] Jenner 1904-1905, S. 234.

[294] So die Selbstdarstellung in Dalla. Hiermit korreliert auf linguistischem Gebiet eine Aussage Gendalls (1990, S. 533, Hervorhebung im Original) bezüglich lexikalischer Lücken im Mit-telkornischen als Grundlage für die Wiederbelebung: "However close our own language may be to Welsh and Breton, it is above all **itself**, and we should all do well to remember that. This underlines the danger, if not the absurdity, of relying on either of our sister lan-guages to support individual and idiosyncratic theories about our own Cornish." Gendall erteilt damit einer interkeltischen Austauschbarkeit eine Absage, sofern aus einer historisch belegten Sprachstufe des Kornischen selbst ein Lexem rekonstruiert werden kann.

[295] S. Dalla.

Das 'Keltische' sehen die Mitglieder der Musikgruppe als wichtigsten unter vielen Einflüssen auf Cornwall an, denn darin seien dessen Wurzeln begründet. Hier wie in den meisten anderen Belegen wird die Problematik des Keltenbegriffs (wie im Abschnitt 1.4 vorgestellt) komplett ignoriert. Filbee etwa spricht ganz selbstverständlich von "the younger generation of Celts" im heutigen Cornwall, nimmt dabei den Keltenbegriff unreflektiert hin und ignoriert zudem die umfangreiche englische Einwanderung nach Cornwall.[296] Eine Ausnahme findet sich in einem Text mit Hintergrundinformationen zum kornisch-keltischen Festival *Lowender Peran*, wo im Abschnitt "To be a Celt" die linguistischen Gemeinsamkeiten und die moderne kulturelle Identität der strikten keltischen Abstammung vorgezogen werden:

> [...] the term Celt has fairly ancient origins, but in the 19th Century it was popularly used to describe the group of peoples in western Europe who shared linguistic origins - the Bretons, Cornish, Welsh, Irish, Manx and Scottish. [...]. In modern usage those same people use the term to describe themselves, their languages and culture in a wider sense. The fact remains, however, that it is to do with language and cultural identity and not any particular biological features such as the shape of your nose, feet or blood group. In other words, from a Cornish perspective, it doesn't matter if you were not born here of ancient Celtic stock as long as you identify with Cornwall, 'think' Cornish and, of course, got here as soon as you could!

Dies ist aber eine große Ausnahme, denn anstatt wie hier eine Definition zu geben, der sich – bis auf den Hinweis auf ein "ancient Celtic stock" – auch ein Großteil der modernen Forschung anschließen könnte, gehen *Cornish nationalists* lieber direkt auf die vermeintlichen, oftmals klischeehaften Eigenschaften der Kelten ein, die auch den Bewohnern Cornwalls zukämen. Als Henry Jenner für die Aufnahme Cornwalls in den *Celtic Congress* warb, stand er vor der Aufgabe, die Keltizität Cornwalls zu belegen. Dazu nannte er zwar das kaum von präkeltischen, skandinavischen, sächsischen und normannischen Elementen beeinflusste 'keltische Blut' und griff auf die Kontinuität des Kornischen über das Aussterben als gesprochener Sprache hinaus zurück, vor allem aber führte er die vorgeblich 'keltischen' Eigenschaften der kornischen Bevölkerung ins Feld: "the imaginative temperament, the poetic mind, [...] the generosity of heart, the kindly hospitality, [...] the clan spirit, the homing instinct [...]".[297] Auch James Whetter bemühte vor über 35 Jahren das Keltenklischee: "The Celts of the early period were a people intensely aware of their environment. The meanings of Cornish place-names illustrates [sic!] this." Zu dieser Selbstverständlichkeit, erhöht durch das Präsens des zweiten Verbs, kommt dann das Klischee der naturverbundenen Kelten, das natürlich auf alle technologielosen, nicht verstädterten Gesellschaften passt: "It

---

[296]　Filbee, S. 157; das nachfolgende Zitat in "Lowender Peran: origins".
[297]　Jenner 1904-1905, S. 238. Solche 'keltischen' Eigenschaften konnte im historischen Kontext noch 1955 Elliott-Binns (S. 62-67) der kornischen Bevölkerung zuschreiben.

["the ethos of Celtic society"] contrasts greatly with the mechanised, urban life of modern societies today. To come into contact with an early society living in unison with Nature can reveal certain basic truths of existence".[298] Ein weiteres Beispiel lieferte *National Geographic*: In einem romantischen Beitrag über "The Celts" kamen 1977 zwei Personen zu Wort, die Keltenklischees aus antiken Quellen und der neuzeitlichen Wirkungsgeschichte für sich und ihre Länder übernahmen. "We have a different culture," so Janet Fennell aus Cornwall dort, "different traditions and values. We are more intuitive, mystic, melancholy, impulsive. We are more attuned to nature, less materialistic." Der irische Archäologe Etienne Rynne sagte dann über die Einwohner Irlands: "We love to exaggerate, to boast, to argue, to show off, much as did the ancient Celts."[299] John Jenkin nannte als "Celtic characteristics" der kornischen Bevölkerung 1984 "a love of song and story, an independent spirit, a stubbornness, a certain reserve of manner towards strangers, and a deep feeling of being Cornish". Marjorie Filbee, die in ihrer romantisierenden Geschichte Cornwalls (1996) die Keltizität nicht hinsichtlich Nationalität oder in der keltisch/englischen Dichotomie erwog, sondern durchgehend von *County* sprach, wies mehrmals auf die keltische Veranlagung zum Feiern und Trinken hin, zunächst bei den antiken Kelten Cornwalls: "When the battles were over, the Celts loved feasting and celebrating with heavy drinking", dann auch in einer äußerst vagen, beinahe visionären und für die Autorin typischen Kontinuitätskonstruktion bis in die Gegenwart: "The Celtic love of feasting is recorded in the very earliest stories. Today, when feeding the thousands of visitors to the county is of paramount importance, supplying plenty of food and drink is again occupying the inhabitants."[300]

---

[298] Beides Whetter 1970.

[299] Beide Zitate Severy, S. 584f. bzw. S. 626. Das Magazin setzt 2006 noch auf die 'atmosphärische' Darstellung der Kelten: Der Autor O'Neill ignoriert dort das 'Keltenproblem', perpetuiert unkritisch das Bild, dem zufolge "Celts once dominated the breadth of Europe" (S. 80), und kontrastiert oberflächlich die Gruppe, die er "blood Celts" nennt ("the several million people who were raised and still live in the surviving Celtic language territories"), mit "Celts of the spirit", denen 'keltische' Geschichte, Mythen, Kunst etc. zusagen (S. 84); der unglückliche Name "blood Celts" jedenfalls, der essentielle Vorstellungen vom Keltentum bedient, passt nicht zur ihm nachfolgenden Definition, nach der, streng genommen, die Kinder pakistanischer Immigranten im schottischen Edinburgh "blood Celts" sind, da auf den schottischen *Islands* das *Scots Gaelic* gesprochen wird. Das Folgende J. Jenkin, S. 84.

[300] Filbee, S. 37 bzw. S. 156f. Schon William Borlase (1758, S. 308) hatte "excessive drinking" als Laster seiner kornischen Landsleute ("my Countrymen", S. 309) gescholten, und Severy (S. 600f.) perpetuiert unkritisch, aber phantasievoll, das stereotype Bild keltischer Trinkgewohnheiten: "[...] hot-headed Celtic warriors often turned feasts into bloody brawls. Gathering in a chieftain's hall, sitting cross-legged on wolf skins, they would consume prodigious portions of wild boar. And guzzle wine, beer, or mead until they fell "into a stupor or a state of madness," reports Diodorus." Chapman (1992, besonders Kapitel 11) hat die geringe Zuverlässigkeit antiker Autoren diesbezüglich überzeugend aus einer Inkongruenz zwischen den kulturellen Kategoriesystemen von beobachtender und beobachteter Kultur erklärt.

Zum "Celtic character of the Cornish" gehört aber auch die keltische Spiritualität (aus der letztlich der "Celtic spirit"[301] in Cornwall erwächst), die parallel zur Naturverbundenheit verläuft und verstärkte Formen der Religiosität einschließt: Filbee sieht bei den 'kornischen Kelten' "a constant interest in the spiritual side of life", das diese im 4. und 5. Jahrhundert für das Christentum empfänglich gemacht habe, während sie seit der Reformation nicht mehr mit Kirche und Gottesdiensten zufrieden gewesen seien, da diese ihre "Celtic exuberance and spiritual needs" nicht befriedigt hätten.[302] Wieder andere Eigenschaften schrieb John Betjeman den kornischen Kelten ("these Iron Age people") zu: "The Cornish themselves are not dreamy and unpractical as the "foreigners" sometimes suppose. Like most Celts, they combine a deep sense of religion with a shrewd gift for business."

Hier wird nun die Proklamation der keltischen Abstammung Cornwalls betrachtet, um dann näher auf andere Punkte einzugehen, durch die Cornwall den 'etablierten' keltischen Nationen gleichgestellt wird. Die keltische Abstammung, um die es dabei geht, trägt einen Konstruktionscharakter, da Cornwall hier nicht aufgrund des linguistischen Kriteriums *per definitionem* zur keltischen Welt gerechnet wird, sondern ein historisches Modell entworfen wird, das gleichsam als Vorgeschichte den heutigen Zustand zu erklären hat. Die exemplarisch angeführten Belege bilden einen Text, der die Abkunft der kornischen Bevölkerung von der in der Forschung umstrittenen keltischen Vergangenheit Europas erzählt; mit dieser Erzählung soll die Keltizität Cornwalls *bewiesen* werden, wohingegen das Sprachkriterium nur *definiert*. Wiederum ist es dabei nicht wesentlich, ob die Erzählung 'wahr' ist oder nicht, denn sie wird im kornischen Nationalismus (wie die 'Abstammungslehre' in anderen Nationsmythen)[303] unkritisch hingenommen und als 'wahr' empfunden.

Behauptungen einer Abstammung der kornischen Bevölkerung von den Kelten finden sich schon in der zweiten Hälfte des 19. Jahrhunderts (auch wenn in den folgenden Beispielen die Abstammung noch nicht als Geschichte erzählt wird), u. a. bei Robert Hunt, der in seiner Sammlung folkloristischer Erzählungen auf die "Celtic ancestors" mit ihrer pantheistischen Religion und dem "Celtic mind" verweist.[304] Die Abstammung von den keltischen *ancient Britons* konnte zu jener Zeit, wie Payton anhand entsprechender Zitate zeigt, sogar in so weit entfernten Gebieten wie Australien angeführt werden, was im Rahmen des britisch geführten Imperialismus die überlegene "Britishness" der kornischen gegenüber anderen (besonders irischen) Immigranten demonstrieren sollte, da Erstere die größere historische Kontinuität und Tradition aufweisen konnten.[305]

---

[301] Beide Zitate Filbee, zuerst S. 105, dann S. 157: "The Celtic spirit of the country is as strong today as it ever was." Zum "Celtic spirit" wiederholt *ibid.*, S. 163. Auch *Gorseth Kernow* ist ja dem "Celtic Spirit of Cornwall" (Miners, S. 4) verpflichtet.

[302] Filbee, S. 44 bzw. S. 133. Sogleich Betjeman, S. 7.

[303] S. das oben (S. 32) bereits angeführte Zitat Connors über die *Pushtuns*.

[304] Hunt, S. 24.

[305] Payton 2000b, S. 112 und S. 119.

Doch die große Erzählung von der keltischen Abstammung Cornwalls beginnt
erst im 20. Jahrhundert, insbesondere mit Henry Jenner, der die Geschichte 1904
bereits als Verringerung des Keltengebietes von der gesamten britischen Hauptinsel, zuvor durch keltische Immigrationswellen besiedelt, auf das Gebiet westlich
des Tamars (sowie auf Wales und Schottland) ausführte. Besonders auffallend an
dieser Erzählung ist, dass prähistorische Zeiten ungeachtet der dazwischenliegen-
den Jahrtausende herangezogen werden, um heutige Unterschiede zu erklären, so
zwischen den unteren Gesellschaftsschichten in den englischen *Midlands* und denen der keltischen Rückzugsgebiete (Cornwall, Wales und angrenzende Areale):

> There ["in what was once the forest-covered district of middle England"], no doubt,
> when there was any fighting to be done, the aboriginal hid in the woods until it was all
> over [...]; while the white man, whether Briton, Saxon, or Norman, went out to fight, and
> not infrequently to be killed. A survival, perhaps, of the unfittest was the result, which
> may account for some of the peculiar characteristics of the Midland lower classes. That
> the successive changes of masters were matters of little or no importance to the enslaved
> aboriginal, while a life of servitude was intolerable to the free white man, may account
> for the fact that the labouring classes of Devon, Cornwall, Somerset, Wales, and the
> Welsh border are of a type infinitely superior in manners, morals, and physique to the
> same class in the Midlands, because they now consist almost entirely of the descendants
> of the free Britons who were driven westward rather than submit to the overwhelming
> invasion of the Teutonic tribes.[306]

Auch wenn die Ausführungen Jenners noch in den Irrglauben der Überlegenheit einer sogenannten 'arischen Rasse' eingebettet ist,[307] so bilden sie doch den
Auftakt der großen Erzählung der keltischen Abstammung Cornwalls, die auch
heute noch (minus Rassenverklärung) propagiert wird, und auch das Paradigma
der 'surhistorischen' Erklärungsmodelle (wenn diese Wortschöpfung analog zu
surrealistisch erlaubt ist), in denen weit auseinander liegende Zeitebenen gleichsam 'übereinander gelegt' oder synchronisiert werden (wie es oben schon für die
Geschichte selbst konstatiert wurde),[308] hat viele Nachahmende gefunden. James
Whetter beispielsweise springt bei der Erklärung der Unterschiedlichkeit von kornischer und englischer Bevölkerung (im 17. wie im 20. Jahrhundert) in aufeinander folgenden Sätzen vom 17. Jahrhundert zu den keltischen Einwanderungen im
3. und 2. Jahrhundert v. Chr. zurück;[309] dies ist die höchstmögliche Proklamation

---

[306] Jenner (1982), S. 3-5, Zitat S. 4; die darwinistische und rassistische Argumentation ist nur
aus der Entstehungszeit des Textes (kurz nach der Wende zum 20. Jahrhundert) zu erklären.

[307] Beinahe selbstverständlich finden sich die reinsten 'arischen' Charakteristika der britischen
Bevölkerung laut Jenner (1982, S. 4) bei den Kelten, besonders in den schottischen Highlands und in Cornwall (daneben bei den höheren Klassen der angelsächsischen Gebiete).

[308] Aleida Assmann nennt diese Strategie des historischen Gedächtnisses "Koppelung" ("Im
Gedächtnis stößt unmittelbar zusammen, was in der Geschichte getrennt ist") und deutet sie
zu Recht als eine eigenständige Leistung in der nationalen Mythenbildung, auch wenn sie
vom strikt chronologischen Verständnis der Geschichtswissenschaft abweicht (S. 54).

[309] Whetter 1991, S. 26.

der Kontinuität des kornischen 'Keltentums', das als eine überzeitliche Konstante verstanden wird. Ähnliches geschah schon in *The Celtic background of Kernow* von 1971, in dem Whetter die Kontinuität des keltischen Cornwall von der Eisenzeit bis in die Gegenwart nachzuweisen suchte. Eine solche strenge Kontinuität zwischen den eisenzeitlichen und den heutigen 'Kelten' erscheint auch in dem Reiseführer *A traveller's guide to Celtic Britain* von Ross und Cyprien:

> To tell the story of the Celts in Britain would involve the recounting of British history *in toto*. Celtic peoples survived the long centuries and are with us today, as a living reality in Wales, Scotland and Ireland, in Brittany, which was colonised from Wales and Cornwall, and in the Nova Scotian settlements from Gaelic Scotland and the Patagonian Welsh communities. The Cornish language died out in the eighteenth century, but the country is still fundamentally Celtic.[310]

Zum keltischen Abstammungsmythos seien einige weitere Beispiele angeführt. P.B. Ellis beginnt seine kurze, populäre Darstellung der Geschichte der kornischen Sprache nach einem knappen Überblick über die Situation der Sprachen der "six Celtic nationalities" mit einem Abriss der keltischen Geschichte von der Entstehung in der vermeintlichen Ursprungsregion an der unteren Donau über die Ausdehnung durch Europa und Kleinasien ("Some Celts pushed into Asia Minor and established a state [sic!] called Galatia"), erwähnt die Berichte von Caesar und Cicero, die Druiden, die keltische Religion und andere Standardelemente des populären Verständnisses der 'keltischen' Zivilisation der Frühgeschichte, bevor er mit den Worten "This then was the civilisation from which the Cornish sprang." unvermittelt zu Cornwall überleitet.[311] Sogar in einer konzisen Geschichtsdarstellung der inselkeltischen Sprache Kornisch wird somit die frühgeschichtliche Einheit der kontinentalen Kelten aufgerufen und auf Cornwall übertragen, um dem Kornischen (und implizit Cornwall selbst) eine 'würdige' keltische Geschichte zu verleihen.

In der humorvollen Anleitung zum 'richtigen' Kornisch-Sein von Penrose, die bestehende Klischees wiedergibt und teilweise überzeichnet, aber gerade deshalb wertvolle Hinweise auf das Selbstbild der kornischen Bevölkerung und auf die Wahrnehmung Cornwalls von außen gibt, findet sich folgende Charakterisierung:

> Cornish people are Celts, that is, descendants of the original, indigenous Britons who, over the long centuries, first by the Angles, later the Romans [sic!] and then by the perfidious Norman French, have been cruely [sic!] dispossessed of their lands. Gradually we Celts have been pushed further from the rich, fertile heartlands into the damp, windswept and rocky parts of the country that nobody else really wanted.

---

[310] Ross/Cyprien, S. 5 und S. 7f., das Zitat S. 7, Hervorhebung im Original.

[311] P.B. Ellis 1990, Zitate S. 3, S. 4 bzw. S. 5; der populäre Charakter dieses Textes offenbart sich u. a. in den Spekulationen zur frühen Geschichte Cornwalls (S. 6-8) sowie in der wiederholten, aber zumindest problematischen Gleichsetzung des kornischen Gebietes mit der *Duchy of Cornwall* (wie sie auch Riley, S. 173, vollzieht).

Kurz darauf heißt es noch: "So, as you can already see, your Cornish birthright comes with some pretty serious obligations, namely that you are blood related to they [sic!] that some folk, the English mostly, regard as "primitives". Never mind, no one is perfect."[312] Hier ist die Vorstellung von der keltischen Abstammung sogar für ironische Witze gut, was zeigt, wie sehr diese in Cornwall etabliert ist.

Doch nach der Abstammung wird gelegentlich auch die zwischenzeitliche Keltizität Cornwalls nachzuweisen versucht, wie das folgende Zitat belegt. Das *Cornish Stannary Parliament* nämlich argumentiert, die Keltizität Cornwalls sei 1508 in der *Charter of Pardon* durch Heinrich VII. anerkannt worden, wenn es in einer ihrer Veröffentlichungen heißt:

> His knowledge of the Cornish language through his exile in Brittany ["a Cornish speaking country" (sic!)] must have impelled Henry VII to use his position to officially recognize the Celtic identity of Cornwall, by providing Cornish control over Cornish natural resources.[313]

Die Bestätigung der politisch-ökonomischen Organisation der *Stannaries* durch den englischen König als Anerkennung der kornischen Keltizität sehen zu wollen setzt voraus, die damit verbundenen wirtschaftlichen Interessen des Monarchen zu ignorieren und die *Charter* als bewussten Willensakt des Königs zu deuten, der eine Art mittelalterlicher *Devolution* habe institutionalisieren wollen. Dass dies aus wissenschaftlicher Sicht nicht plausibel ist, tut dem Beitrag dieser Deutung zum Diskurs über die Keltizität Cornwalls keinen Abbruch, bietet sie doch einen weiteren historischen Ankerpunkt für eine keltische Identität Cornwalls.

Neben der dargelegten 'Abstammungslehre' und der keltischen Geschichte wird die Keltizität Cornwalls aber noch dadurch zu belegen oder unterstreichen versucht, dass Verbindungen und Parallelen zu den anderen keltischen Nationen in der Gegenwart aufgedeckt oder hergestellt werden. Der Vergleich mit den anderen keltischen Nationen wird von kornischen Nationalistinnen und Nationalisten deshalb sehr ausführlich geführt, weil es ja zumeist ihr Ziel ist, Cornwall aus England auszugliedern (daraus folgt Abgrenzung, der Diskurs legt Wert auf Unterschiede und ist kontrastiv) und parallel zu Wales und Schottland (Angleichung, der Diskurs stellt Gemeinsamkeiten und Analogien heraus und ist komparativ) direkt unter dem Dach des Vereinigten Königreichs neu zu lokalisieren. Dieser Vorgang ist mithilfe eines Computer-Bildes visualisierbar, nämlich als das Verschieben eines Ordners in dem aus dem Betriebssystem *Windows* bekannten *Windows-Explorer*, wie in Abbildung 16 gezeigt. Geopolitische Einheiten erscheinen dort als Ordner und Unterordner und werden wie im *Windows-Explorer* als Kästen in der Baumstruktur des Ordner-*Frames* dargestellt (die Reihenfolge gleichrangiger Gebiete ist alphabetisch). Die Abbildung zeigt links den rechtlichen Status quo, rechts den

---

[312] M. Penrose, S. [1] bzw. S. [1-2].
[313] Cornish Stannary Parliament 1993, S. 10.

angestrebten Zustand mit kornischer Autonomie im Vereinigten Königreich. Der Pfeil gibt die Richtung des Verschiebens des 'Ordners Cornwall' an (entspricht damit der Bewegung der Computermaus) und symbolisiert das Hauptziel des kornischen Nationalismus, die Gleichstellung mit den anderen 'Nationen' im Staat.

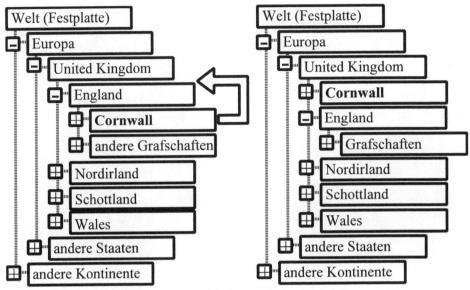

Abb. 16: Veranschaulichung des Hauptziels des kornischen Nationalismus.

Die Angleichungsversuche an die 'keltischen' Nationen geschehen durch Vergleiche von Elementen der *Cornish culture* mit denen der anderen Regionen; so wiederum zunächst über die Sprache, nämlich den Verband der keltischen Sprachfamilie, der Kornisch und damit Cornwall selbst angehöre (die kornische Sprache als Medium des *Gorseth Kernow* sei "a link between Cornwall, Wales and Brittany"),[314] dann auch über die Geschichte, die Ähnlichkeit der historischen Erfahrungen, wie in den folgenden Beispielen. Ivey schreibt in der Zeitschrift *Cornish worldwide* mit einer wohl ungewollten Umkehrung der Zugehörigkeit: "Celtic history is Cornish history [sic!] – we cannot separate Kernow from the broad Celtic history. [...] While it is important to maintain pride in our Cornish distinctiveness, we must never forget that we belong to a large, proud Celtic people", während bei *Cornish Solidarity* zu lesen ist: "The cultural and historical background of Cornwall is similar to Wales and Scotland".[315] Als Beleg der gemeinsamen Geschichte werden auch ähnliche Einzelerfahrungen wie die großen Auswanderungswellen, die für Cornwall wie für Irland in die Mitte des 19. Jahrhunderts fallen,[316] sowie

---

314 Nance 1928, S. 98. Das *Gorseth* fördert den Kontakt mit den anderen keltischen Ländern u. a. durch das Entsenden von Repräsentanten zu den jeweiligen Zeremonien.

315 Ivey, S. 5 (die kornische gehört zur keltischen Geschichte), dann Cornish Solidarity.

316 Die "Hungry Forties" werden für Cornwall von Payton (1996, Begriff S. 228) beschrieben.

Ereignisse der Zeitgeschichte gedeutet. So wird auch über das Wahlverhalten eine keltische Verbindung hergestellt: Die Konservative Partei errang bei den Allgemeinen Parlamentswahlen 1997 keinen einzigen Sitz in den 'keltischen' Gebieten Cornwall, Wales und Schottland, wie *Mebyon Kernow*-Mitglieder erfreut feststellen und durch den 'erfolgreichen' Vergleich implizit die Keltizität Cornwalls hervorheben konnten.[317]

Die Angleichung Cornwalls an die als 'keltisch' etablierten Regionen geschieht daneben auch durch Übernahme von einzelnen 'Wahrzeichen' jener Regionen, auch wenn sie für Cornwall teilweise historisch nicht belegt sind. Dabei geht es, wie beim *Gorseth* dargelegt wird, weniger um eine angebliche Wiederbelebung[318] vorgeblich autochthoner kornischer (und deswegen sekundär auch als 'keltisch' angesehener) Bräuche, Traditionen und Gegenstände, die schon aufgrund ihrer einheimischen Herkunft und ihres Alters einen Wert für Cornwall hätten, als vielmehr um den keltischen Symbolcharakter, die sie als Inbegriff eines als 'keltisch' etablierten Landes auf Cornwall übertragen. Als *invented traditions*[319] entfalten diese 'keltischen Wahrzeichen' aber eine ebenso große Wirkung und wandeln sich dabei von schottischen, walisischen oder irischen zu allgemein- oder pankeltischen Symbolen, ein Vorgang, der weniger erstaunlich erscheint, wenn berücksichtigt wird, dass sie auch in der vermeintlichen Ursprungsregion zunächst als 'keltisch' umgedeutet oder dort selbst 'erfunden' werden mussten.[320] Einige von diesen Symbolen werden nun vorgestellt.

Nach Robert Morton Nance, einem der Väter der Wiederbelebung des Kornischen, stellt das *Gorsedd* explizit eine Verbindung zwischen Cornwall und den anderen keltischen Gebieten her: "[...] so much do many of us believe in it now, as something of value to Cornwall, in itself and as a link with other Celts, that there seems little fear of its fading out from lack of interest." Für Jenner bedeutete die erste kornische Bardenversammlung 1928 "a striking and sudden re-awakening of

---

[317] *Mebyon Kernow unofficial Australian site*; nach 1997 gewannen die *Tories* in Schottland und Wales aber wieder Sitze, allein Cornwall blieb ohne konservative Abgeordnete.

[318] So auch Hale 1998a, u. a. S. 217.

[319] Definition nach Hobsbawm 1983, s. oben S. 22. In dem von Hobsbawm und Ranger edierten Buch untersuchen H. Trevor-Roper sowie P. Morgan, wie in Schottland bzw. Wales symbolische, vorgeblich alte und ungebrochene Traditionen unter innovativer Verwendung der Geschichte geschaffen wurden, die zum Zusammenhalt innerhalb der in sich jeweils uneinheitlichen Länder führen sollten. Besonders deutlich waren die Unterschiede in der Neuzeit zwischen den gälischen *Highlands* und den englisch-orientierten *Lowlands* Schottlands: Für *Lowlanders* waren ihre nördlichen Landsleute zurückgeblieben, arm und gewalttätig, während *Highlanders* kaum zwischen *Lowlanders* und *Englishmen* unterschieden (Colley, S. 14f.); Trevor-Roper (S. 15f.) geht sogar so weit zu erklären, dass die *Highlands* bis zum Beginn der Erschaffung einer "independent Highland tradition" (S. 16) im 18. Jahrhundert eher als Überlauf Irlands, als irische Kolonie, denn als Teil Schottlands galten.

[320] Hale 1997b, S. 92: "Isn't that [the tartan] a Scottish tradition? Well, not any more. The Cornish would argue that they are no less Celtic for having had to adopt these traditions, because all the contemporary Celts have made similar adaptions."

Cornwall to its Celtic character".[321] Das *Gorseth Kernow*, also das *Gorsedd* in seiner kornischen Ausformung, basiert weniger auf einer bestehenden oder konstruierten Tradition ähnlicher Veranstaltungen in der 'keltischen' Vergangenheit als
vielmehr auf der weitgehenden Übernahme der neuzeitlichen 'Rekonstruktion', die
der Waliser Edward Williams (1747-1826, besser bekannt unter dem bardischen
Namen Iolo Morganwg) unternahm, als er 1792 in London das (walisische) *Gorsedd* 'wiederbelebte'. Zwar wird in der Literatur darauf verwiesen, dass in walisischen Texten "Beisgawn" in "Dyfnwal" (Dumnonia) als einer der drei wichtigsten
Gorsedd-Orte genannt wird, wobei dies als der Steinkreis Boscawen-Un in Westcornwall identifiziert wird,[322] so dass eine gewisse historische Grundlage besteht;
doch wurden die Zeremonie und die dazugehörigen Gewänder und Regalien größ-
tenteils von Iolo erfunden, und es ist diese *invented tradition*, die in Cornwall
übernommen wurde. So beschreibt Richard Weight die 'Wiederbelebung' des
Gorsedd prosaisch:

> The Gorsedd was an assembly of 'bards' invented in London in 1790 by a homesick
> stonemason from Glamorgan. Claiming to be descended from the druidic priests of the
> ancient Britons, its members first met on Primrose Hill, dressed in white robes and
> pointed hoods [...].[323]

Die Vorarbeit besonders des walisischen *Gorsedd* in der Traditionsherstellung
wird im Importieren dieser Institution nach Cornwall übernommen, wenn auch mit
Modifikationen: Im *Gorseth Kernow* spielt *King Arthur* eine große Rolle, da dieser der kornischen Mythologie zufolge zurückkehren und Cornwalls Nationsstatus
wiederherstellen wird.[324] Es wird jedoch keine eigene 'Rekonstruktion' versucht,
die nach der spekulativen und phantasiereichen Methode des walisischen Begrün-
ders zu völlig anderem Aussehen der kornischen Veranstaltung und damit zum
Verlust der Übereinstimmung mit dem 'keltischen' Wales führen würde. Allein in
romantisierenden Versionen der Geschichte des *Gorseth* (und Cornwalls) sowie in
frühen Selbstdarstellungen des *Gorseth* wird eine direkte Tradition proklamiert.
Ein Beispiel für Ersteres findet sich bei Maureen Williams:

---

[321] Zuerst Nance 1951, S. 27, dann Jenner 1928; mit seiner Rhetorik von Schlaf und Erwachen
(Jenner fährt fort mit "and we do not mean to let it go to sleep again if we can help it") passt
er sich der nationalistischen Diktion an, in der eine Nation oftmals als nach einem die gesamte Nation erfassenden, daher 'nationalen' Schlaf (wieder-)erwacht dargestellt wird.

[322] So schon Jenner 1927, S. 2f., auf dessen Bestreben hin dort das erste *Gorseth* stattfand; auch
Miners, S. 9, Morris, S. [1]. Weiterhin Nance 1928, S. 98, und Gorseth Kernow, S. [1].

[323] Weight, S. 283. Zur Leistung Iolos s. Morris, S. [2], Miners, S. 10, und P. Morgan, S. 60f.

[324] Stephens, S. 218; ähnlich Nance 1951, der die frühe Geschichte des *Gorseth* zusammenfasst. *Grand Bard* Ann Trevenen Jenkin nannte es 1999 eine der wichtigsten Aufgaben des
Gorseth Kernow, sich für die Anerkennung Cornwalls als Einheit Großbritanniens einzusetzen, mithin den 'Nationsstatus' Cornwalls (wieder-)herzustellen, wie es von Artus erwartet
wird, anstatt es als "part of an amorphous and faceless South West region" Englands zu akzeptieren (zitiert in Douglas Williams, S. 21).

> There is an age-old Keltic [sic!] ceremony called the Gorsedd ("high seat") at which poets, dancers and musicians gathered to exchange ideas, perform and compete for prizes. Such gatherings were discouraged under English domination and lapsed sometime after the Middle Ages, to be revived again in Wales in 1792. After World War I, with Welsh help, the Cornish revived their Gorsedd.[325]

Der zweite Fall wird durch das Programmheft der ersten kornischen *Gorseth*-Veranstaltung, also schon in einem Text von 1928 belegt:

> The Gorsedd of the Bards of Britain, headed by its Archdruid, revisits Cornwall after a lapse of at least a thousand years in order to hold its ceremonies within what was anciently one of its three Principle Session-places, called in an ancient Welsh triad "Beisgawen yn Nyfnwal" [sic!] – Boscawen in Dumnonia – and there inaugurate a Cornish Gorsedd which shall foster the Celtic Spirit of Cornwall.[326]

Allerdings wird der Sprache im *Gorseth* die Bedeutung der Verbindung zur Vergangenheit zugeschrieben: "In its [the Cornish Gorsedd's] ceremonies it would be natural that the Cornish language should be used again to make a connecting thread, however slender, between Cornish patriots of our own day and the forgotten patriots of Ancient Cornwall."[327] Dies ist jedoch die Tradition der Sprache, nicht die des *Gorseth*.

Neben den *Gorseth*-Versammlungen, die Cornwall unmissverständlich als 'keltisch' präsentieren, ist *Gorseth Kernow* aber auch eine Organisation mit der Person des *Grand Bard* in herausgehobener Position, die sich zu vielen Themen des kornischen kulturellen, politischen und wirtschaftlichen Lebens äußert und ein Symbol kornischen Zusammenhalts darstellt, sowohl innerhalb Cornwalls als auch in der kornischen Diaspora um die ganze Welt, was nicht heißt, dass das *Gorseth* als Institution in Cornwall unumstritten wäre.

Ähnlich wie das *Gorseth Kernow* ist auch das *Esethvos Kernow*, die kornische Version des aus Wales bekannten *Eisteddfod*, eher die Übernahme einer für ein anderes 'keltisches' Land typischen Veranstaltung als eine eigene Tradition oder (Re-)Konstruktion, auch wenn es in eine Tradition keltischer Musikveranstaltungen gestellt wird: "[...] every Celtic nation had its own celebration of the arts and of music in particular, and it has long been felt that Cornwall should be no exception."[328] Das erste *Esethvos Kernow* fand im Jahr 1985 statt, seitdem hat sich die Veranstaltung zu einer Feier kornischer Kultur und Identität unter dem Primat der Musik entwickelt.

---

[325] Maureen Williams, S. 4. Williams, mit kornischer Abstammung in den USA lebend, ist ein Beispiel dafür, dass gerade *exiles* ihre kornische Identität betonen; dazu auch *Mebyon Kernow unofficial Australian site*, die australische Internetseite von Mitgliedern jener Partei.

[326] Gorseth Kernow, S. [1].

[327] Nance 1928, S. 98.

[328] Rawe 1989a.

Im Bereich der Musik ist eine weitere Übernahme eines Bedeutungsträgers aus einem 'keltischen' Land nach Cornwall angesiedelt: der Dudelsack. Die *Cornish bagpipes* werden auf deren Erwähnung in mittelalterlichen kornischen Dramen und anderen Quellen zurückgeführt, in denen von *pipes* die Rede ist, auf die Darstellung von Sackpfeifen in Schnitzereien einiger kornischer Kirchen aus dem frühen 16. Jahrhundert (exemplarisch Abb. 17), sowie auf den Volksglauben und lokale folkloristische Traditionen. So waren laut der Sage um den Steinkreis The Merry Maidens[329] im Westen Cornwalls die 19 aufrecht stehenden Menhire Mädchen, die am Sonntag tanzten und dafür in Stein verwandelt wurden, so dass sie bis heute an Ort und Stelle erstarrt im Kreis stehen. Von Bedeutung für die Legitimation des kornischen Dudelsacks ist nun die volkstümliche Benennung zweier weiterer, einzeln stehender Menhire in

Abb. 17: Dudelsackspieler, Schnitzerei auf einer Bank in der Kirche von Altarnun, Ostcornwall, um 1510-1530.

der Nähe davon, die der Sage nach die nun ebenso versteinerten Musiker sind, die zum Tanz aufgespielt hatten und noch vor der göttlichen Strafe wegzulaufen versuchten: Sie sind bis heute unter dem Namen The Pipers bekannt. Auf diese Quellen verweist z. B. die Musikformation Pyba (bestehend aus Merv Davey und wechselnden anderen Musikerinnen und Musikern), muss aber erkennen, dass es sich um eine Rekonstruktion handelt: "The Cornish pipes are a tantalizing enigma; they did not survive as a living tradition into modern times but are firmly planted in the folklore and mythology of the Duchy."[330]

An dieser Stelle wird der Mechanismus der Konstruktion des Keltischen innerhalb der kornischen Kultur besonders deutlich: Der Dudelsack war im Mittelalter ein in Europa verbreitetes Instrument der populären Musik, das aber nur in den landwirtschaftlich geprägten Randgebieten mit geringerem Zugang zu den innovativen Zentren, die zu anderen Musikinstrumenten übergegangen waren, bis in die moderne Zeit erhalten blieb. Insbesondere in den schottischen *Highlands* war er noch anzutreffen, als die romantische Aufarbeitung einer als 'keltisch' verstandenen Vergangenheit begann, so dass der Dudelsack zum Inbegriff zunächst nur der *Highlands*, dann jedoch ganz Schottlands wurde. Da Schottland in der Folgezeit eindeutig als 'keltisch' galt, wurde der Dudelsack zum Symbol alles Keltischen,

---

[329] Eine Kurzversion gibt Mais, S. 82.
[330] Pyba, Innenheft, S. [3].

das andere Regionen zur Demonstration ihrer eigenen Keltizität übernehmen konnten.[331] So geschah es in Cornwall: Die frühere Ubiquität des Instruments, die einen Nachweis seiner Existenz in Cornwall eigentlich überflüssig machte, da davon auszugehen ist, dass es in jeder vorindustriellen Gesellschaft Europas in irgendeiner Form vorhanden war, wurde zugunsten des keltischen Symbolgehalts 'vergessen'; dadurch entstand der Zwang nachzuweisen, dass der Dudelsack in Cornwall historisch vorkam. Mit dem Befund, dass er hier tatsächlich nachweisbar ist (wie in der Schnitzerei in Abbildung 17, woraus zudem auf eine eigene, kornische Form des Instruments geschlossen wird, die sich von den schottischen *Highland pipes* unterscheidet), gilt die kornische Keltizität in dieser Sichtweise und auf diesem Gebiet als belegt.

Der gleiche Mechanismus der Aneignung lässt sich auch beim *Cornish kilt* und dem *Cornish national tartan* beobachten. Das Tragen des Kilts in Cornwall ist zwar nicht direkt belegt, wird jedoch aus ähnlichen Holzschnitzereien wie beim Dudelsack geschlossen.[332] Wie beim Tartan handelt es sich beim Kilt um die Übernahme eines als 'keltisch' etablierten Wahrzeichens, das von der *(Pan-)Celtic Association* um die Wende zum 20. Jahrhundert aktiv als Symbol aller Kelten gefördert wurde.[333] Da sich für die Tartanmuster und -farben, abgesehen von den schottischen Vorbildern, die nur den grundlegenden Aufbau vorgaben, keine Vorlagen finden ließen, wurden seit den 1950er Jahren verschiedene Varianten des *Cornish tartan* in den traditionellen Farben Cornwalls (Schwarz und Gold – die Kombination Schwarz und Silber/Weiß kommt erst aus der St. Piran-Flagge) mit weiteren bedeutungstragenden Farben (Rot für Schnabel und Beine des charakteristischen *Cornish Chough*, der auf die Wiederkunft des 'kornischen' König Artus verweist, Weiß aus der St. Piran-Flagge, Blau für das allgegenwärtige Meer) neu entworfen.[334]

Das Tragen von Kilt und Tartan demonstriert ebenso keltisch-kornische Identität und ist Teil der Erschaffung der keltischen 'Nation' wie die verbale Verteidigung etwa des *Cornish tartan*: "Invented nonsense, some still say. But the Cornish have adopted it enthusiastically; it marks us out as Celts, as much as the Cornish language itself does; we believe in it, and wear it proudly on ceremonial occasions". Die Erfindung wird hier nicht geleugnet, sondern auf eine historische, verloren gegangene Basis verwiesen, während die Symbolwirkung erhalten bleibe, durch die Cornwall unzweifelhaft als keltische Nation gekennzeichnet werde:

---

[331] Ähnlich, aber im bretonischen Kontext, konzipiert Chapman (1992, S. 117f.) den Vorgang.
[332] Rawe 1991, S. 11 und *id.* 1995, S. 19. Zu Kilt und Tartan Burrell 1996, *id.* 1997 und Payton 1996, S. 284; zur Illustration der Tartans Richards.
[333] Hale 1997b, S. 93f. Die genannte Organisation war zunächst unter beiden Bezeichnungsvarianten bekannt, bis sich zunächst *Pan-Celtic Association* durchsetzte; als Cornwall 1904 beitrat, änderte sich der Name wieder in *Celtic Association* (Löffler, S. 281, Fn. 13).
[334] Rawe 1991, S. 10 und *id.* 1995, S. 19. Hale (1998a, S. 84f.) verweist zudem auf einen Beleg eines bereits 1948 als "traditional saffron tartan" bezeichneten Stoffes.

What, many say, gives the Cornish the right to wear tartans, invented or not? Aren't tartans the prerogative of the Scots? To which Gwas Gwethnok [Ernest Morton-Nance, der *Designer* des Cornish National Tartan] replies that all Celts have, or should have their own plaids or chequered cloths, as they undoubtedly had in the great days of Celtic supremacy in Europe. We read in Julius Caesar's Commentary *De Belli Gallica* [sic!] of the great Roman's visit to the Isles of Britain: he landed near Dover, to be confronted by ranks of Celtic tribesmen dressed in 'chequered breeches (brachae, or brythen)'. Who were they? Certainly not Scots, or Cornish. The tribe then inhabiting what later became Kent was the Belgae. Other accounts from classical writers underline Caesar's account brythen, or plaids, were worn by other British tribes. We may deduce therefore that the Dumnonii of the South West, occupying Cornwall, Devon and parts of Somerset and Dorset, must have had their own Iron-Age tartans.[335]

Insgesamt ist der Kilt in Verbindung mit dem eigenen Tartan ein bedeutendes Kulturelement kornischer Identitätsbestimmung, das sogar beiträgt, Geschichte zu formen: "As we wear our national dress with pride we create history, enlarging our unique Cornish consciousness in Kernow."[336] Hier wird implizit die "invention of tradition" anerkannt, der Vorgang, dass aus der konstanten Benutzung einer jungen Erfindung eine Tradition erwächst, die sich mit der Zeit zu einem Träger von Identität entwickeln und die Kultur bereichern kann.

Letztlich möchten kornische Nationalistinnen und Nationalisten die Keltizität Cornwalls auch durch den Nachweis historischer Beispiele pankeltischer Zusammenarbeit und Solidarität belegen: Wenn Cornwall in der Geschichte, besonders vor dem verstärkten Zuzug aus England, freundschaftliche Verbindungen mit den als 'keltisch' etablierten Nationen unterhalten habe, so könne daraus geschlossen werden, dass auch Cornwall als keltisch galt. Auf diese Weise möchte P.B. Ellis den kornischen Aufstand von 1497 als Ausdruck pankeltischer Solidarität deuten, auch wenn es dafür keine Belege gibt: "the Cornish refused to pay taxes to supply arms for a war against their fellow Celts of Scotland", eine Deutung, die in schwächerer Form ein fast noch jugendlicher Philip Payton vorwegnahm: "To the Cornish, with their feelings of alienation, the problem seemed remote and the taxes too high. So they decided to refuse to pay their share for the war against their fellow Celts in Scotland."[337] In beiden Belegen wird nach einer Begründung für den kornischen Aufstand gesucht und in der angenommenen Solidarität unter 'keltischen Nationen' gefunden. Wenn es eine solche Solidarität gab, so muss Cornwall ja 'keltisch' gewesen sein, was diesen Autoren ohnehin selbstverständlich ist.

Auch heute noch ist die Zusammenarbeit unter den bewussten Gebieten, an der Cornwall teilhat, sowohl durch die darin geäußerte Keltizität als auch durch den auf Cornwall übertragenen Nationsstatus (wegen der Vergleichbarkeit Cornwalls mit 'Nationen' und der auch in Hinsicht auf Cornwall 'nationalen' Diskursführung)

---

[335] Rawe 1991, S. 10f., das vorherige Zitat S. 10. Ähnlich wird 2004 in "A chequered history" (S. 27f.) argumentiert.

[336] Rawe 1995, S. 19.

[337] P.B. Ellis 1990, S. 13, Payton 1973, S. 79.

Teil der Erschaffung und Perpetuierung der kornischen Nation. Wenn dieser Umstand in der Beschreibung nur einen geringen Umfang einnimmt, so darf er nicht
vernachlässigt werden. Dazu mag ein kurz angerissenes Beispiel reichen. Das von
Cathal Ó Luain 1983 edierte *For a Celtic future* teilt die einzelnen Beiträge nach
den "Celtic nations" in ihren keltischsprachigen Namen ein (Alba, Breizh, Cymru,
Éire, Kernow, Mannin), wodurch Cornwall in das Paradigma der keltischen Nationen eingereiht wird. Cornwall findet zudem auch in anderen als den spezifisch
kornischen Beiträgen Berücksichtigung und wird damit von Akteuren aus den anderen 'keltischen Nationen' sowohl wahr- als auch ernst genommen. Dieses
Sechser-Paradigma begann mit der bereits beschriebenen Aufnahme Cornwalls in
den *Celtic Congress*, der die erste Institutionalisierung pankeltischen Kooperation
war, welche Cornwalls Bemühungen der Demonstration des Status einer eigenen,
'keltischen' Nation unterstützte.

Ein verdichteter Text dieser Keltizität findet sich in dem jährlichen Musik- und
Tanzfestival *Lowender Peran*, das dazu dient, Cornwalls "Celtic links" zu feiern,
wobei der Schwerpunkt doch auf Cornwall selbst liegt.[338] Die Programmübersicht
(hier von 2004) zeigt zweierlei deutlich: zum einen, in welchem Maße Cornwall
inzwischen zur 'keltischen' Gemeinschaft gezählt wird, da Musik- und Tanzforma-
tionen aus allen 'keltischen' Nationen auftraten, zu denen die kornischen Gruppen
ganz selbstverständlich zählten und bei dieser in Cornwall stattfindenden Veranstaltung sogar in der Überzahl waren, zum anderen, wie etabliert die Vorstellung
der "six Celtic nations" ist, wenn etwa die angebotenen Tanz-Workshops ähnlich
wie Verben oder Nomina in den Paradigmen einer lateinischen Grammatik durch
eben jene sechs Nationen 'durchexerziert' wurden (einerseits "Specialist Dances",
andererseits "Troyl Dances", jeweils aus allen sechs 'keltischen' Nationen, insgesamt also zwölf Einzelveranstaltungen; hinzu kam das übergreifende "Celtic
Circle Dancing").[339] Gleichzeitig fällt auf, dass die Herkunft einer Gruppe oder
eines Tanzes ein wichtiges Klassifikationskriterium zu sein schien, da diese bei
der Nennung des Termins zumeist angezeigt wurde: Dies trägt zur Etablierung
und Perpetuierung des Konzepts der "six Celtic nations" bei und 'feiert' die Zugehörigkeit jedes einzelnen Mitglieds, in diesem Beispiel insbesondere Cornwalls,
zu dieser Gemeinschaft.

Daneben kann Keltizität auch Trägerin ganz anderer Absichten sein: Wenn
etwa P.B. Ellis keltische Geschichte in sozialistischen Begriffen konzipiert ("The
Celtic society was always a socialist society and there is no reason why the Celtic
peoples should accept the present alien political system that has been enforced
upon them."), so ist dies mindestens ebenso sehr die Forderung nach "socialist
democratic republics", also einem sozialistischen Systemwechsel im Vereinigten

---

[338] Hierzu "Lowender Peran: origins": "Lowender Peran is a registered Charity set up to en-
        courage recognition of Cornwall's heritage and Celtic links as a vibrant, living tradition that
        people of all ages and backgrounds can participate in and enjoy."
[339] "Lowender Peran programme 2004", 16. und 17. Oktober. Ähnlich in früheren Jahren.

Königreich, wie eine Forderung nach pankeltischer Zusammenarbeit allein wegen der vermeintlichen gemeinsamen Keltizität.[340]

Zum Schluss dieses Abschnitts muss ein dunkler Punkt in der nationalistischen Argumentation für die Keltizität Cornwalls Erwähnung finden: Es treten gelegentlich, zumal in den frühen Texten, rassistische Züge auf, wenn der Unterschied zum 'angelsächsischen' England betont werden soll. So war für Jenner aus dem Wissensstand seiner Zeit heraus eine enge Korrelation von Sprache und Rasse selbstverständlich,[341] während es bei A.K.H. Jenkin 1934 hieß: "Cornwall is *not* England, nor is a Cornishman of the same race as an Englishman. The Cornish, like the Welsh, are British people." und "The Cornish people, therefore, though they have of course intermarried with the English in later times, are not of English blood. They are descended [...] from the Celtic people and from the old race of inhabitants who were here before the Celts." Für diese Autoren in den ersten Jahrzehnten des 20. Jahrhunderts war der Diskurs über englische und keltische Rassen noch unproblematisch. Ähnliches findet sich aber auch noch in neuerer Zeit, besonders bei James Whetter:

> Basically in fact the Cornish were different racially, linguistically from their neighbours across the Tamar though by this time [the seventeenth century] the distinction was becoming blurred [...]. The Celts were an alert, adventurous, warlike race and were organised into tribes under chieftains and kings. In appearance they were well-built of average height, oval faced, blue-eyed and with brown or blond hair. Clearly there was some intermarriage with the old stock [...].[342]

Wenn Jenner und andere früher rassistisch argumentiert hatten, was in jenen Fällen noch mit der Entstehungszeit der Texte erklärbar, wenn auch nicht annehmbar war, so sind Whetters Äußerungen vollkommen unerklärlich und unentschuldbar. An diesen Beispielen fällt jedoch auf, dass sich eine bewusste Konstruktion und eine darin angelegte, aber ignorierte oder nicht wahrgenommene Dekonstruktion des Keltenbegriffs vermischen: Die Kelten werden zwar von den früheren Bewohnern Britanniens wie von den später einwandernden "fierce fighting tribes known

---

[340] P.B. Ellis 1969, S. 23 bzw. S. 31. Zur Vielschichtigkeit der Keltizität bemerkt Amy Hale (1998a, S. 238) lakonisch und wenig erhellend: "Even within Cornwall there is clearly more than one kind of "Celt", which shows that "Celtic" is a complex designation, meaning different things to different people."

[341] So gibt Saunders (2004, S. 37) Jenners Position wieder; als Quelle u. a. Jenner (1982), S. 4. Im Folgenden A.K.H. Jenkin, S. 8 und S. 9, Hervorhebung im Original.

[342] Whetter 1991, S. 26; ähnlich schon *id.* 1971, S. 5. Auch John Jenkin weist 1984 in *A first history of Cornwall*, das Kindern kornische Geschichte näher bringen soll, auf Rassenunterschiede zwischen kornischer-'keltischer' und englischer Bevölkerung hin (S. 84): "There is no doubt that historically, geographically and geologically, Cornwall is absolutely different from England. Racially, the true-born Cornishman is as different from an Englishman as is a Welshman, a Scotsman or an Irishman, although we must recognize that through centuries of intermarriage there are not many one hundred per cent Cornish people left."

as the Angles and the Saxons"[343] unterschieden und Mischehen gerade mit Letzteren eingeräumt, die einzige Bevölkerungsgruppe aber, die als bedeutsam erachtet wird, ist die keltische. Anders ausgedrückt, obwohl Whetter anerkennt, dass sich drei 'Rassen' (in dieser Sichtweise) vermischt haben, vernachlässigt er der Einfluss der nichtkeltischen 'Rassen' (was die früheren Megalithiker angeht) oder spielt ihn herunter und leugnet ihn nahezu (hinsichtlich der späteren Angelsachsen). Dieser exklusive Rassismus unterscheidet sich deutlich von der inklusiven Definition von *Cornishness*, die besonders *Mebyon Kernow* gebraucht. Weniger stark an expliziten Rassenunterschieden orientiert ist das folgende Beispiel, das dennoch als rassistisch zu lesen ist:

> They [English "foreigners"] think themselves Cornish when here for ten years. Tell these people that they will never be Cornish, or relate to our ways and history. Foreigners have no right to take our land and confuse our future.
> Say that you are a <u>Nationalist</u> and proud of it.[344]

Bedeutend ist hier, dass in dieser Konzeption niemand kornisch *werden* kann, so sehr jemand auch das, was unter *Cornish culture* oder *Cornish identity* verstanden wird, für sich übernimmt oder sich mit Cornwall identifiziert, da es grundlegende, unveränderbare Unterschiede gebe, die eben auf Differenzen der 'Rassen' zurückgeführt werden, während eine ethnische Konzeption sich wandelnde Identitäten ja erlaubte – zumal nach den genannten zehn Jahren. Entsprechend solcher Annahmen unterteilt Whetter die (keltisch-)kornische Bevölkerung Cornwalls wie folgt, wobei er die Unterschiede auf verschiedene keltische Untergruppen zurückführt, die zu unterschiedlichen Zeiten vom Festland eingewandert seien:

> From personal observation I seem to discern three main types of Cornishman. First are the tallish, well-built individuals, brown hair, sometimes blondish, fair skins, generally blue eyes, oval, pear-shaped heads. Farmers, countryfolk in central and eastern Kernow. Second stocky, solidly built men and women with large round heads, often with receding foreheads. Farmers often also - in pockets through the land. Third, black haired men and women, short to middling in stature, swarthy complexions, sometimes slight of build. Blue and brown eyes. Localised in fishing villages round the coast of Kernow and forming quite a large proportion of the population in west Kernow. [durchweg sic!][345]

Whetters folgenden Ausführungen, die Menschen in Cornwall hätten "thinner skins than the English" und seien "more in tune with nature", können kaum mehr Rassismus genannt werden, sondern sind freies, romantisches Phantasieren. Einen trotz 'beruhigender' Einschübe vollkommen abschreckenden Ton tragen allerdings die abschließenden Konsequenzen, die der Autor aus den 'Beobachtungen' zieht:

---

[343] Wiederum A.K.H. Jenkin, S. 23.
[344] *Free Cornwall* 1998, S. 2.
[345] Whetter 1972, S. 74 (auch Riley (S. 86) möchte drei "physical types" in Cornwall erkennen und folgt Whetter dabei eng); alle folgenden Zitate Whetters wiederum Whetter 1972, S. 75.

It should be appreciated that the people in ultimo who will be the most tenacious in preserving, promoting the [Cornish] identity will be those of Cornish blood. That continued dilution of Cornish stock by interbreeding with English and others may well over the years weaken the resolve to maintain the differences. Though I believe in the sphere of numbers of population there may well have to be government control in the future I am not, of course, advocating any government regulation here, the promotion of any sort of Cornish stock breeding programme. Self-governing Kernow I believe should be a free and open society, a fully participating democracy and any sort of direction in that field would be totally abhorrent. People should be able to find their mates freely, in a natural way. However, especially until self-government is achieved and Kernow has world recognition as a nation Cornish people may well bear in mind the above reflections. In any case intermarriage among the Cornish happens naturally now and may well continue to do so. Differing cultural backgrounds operate here. Also no doubt important are these deep-seated physical differences, this common sensitivity which means that a Cornish man and woman can be on the same wavelength, have an unconscious understanding which a Cornish and a non-Cornish person does not reach. With the flood of English, both tourist and resident, into the land a certain amount of segregation between Cornish and non-Cornish seems to be occurring in communities, social activities. Until our aims are achieved I feel such segregation should be encouraged. [durchweg sic!]

Zu diesen Ausführungen, die das Lesepublikum erschaudern lassen, erübrigt sich jeder Kommentar. Solch offen rassistische Entgleisungen sind zum Glück die Ausnahme im Diskurs des kornischen Nationalismus. Meist sind nur Anspielungen zu erkennen, so im Programm der *Cornish Nationalist Party* von 1977, wo es in einer Spekulation über einen zukünftigen kornischen Staat heißt: "Just as Cornish people will have total fulfilment as Cornish, as Celts, so the society created by the Cornish state will promote freely individual personal fulfilment."[346] Was immer mit der 'Erfüllung als Kelten' gemeint sein mag, hier klingt ein unterschwelliger Rassismus an, demzufolge es deutliche Unterschiede zwischen den 'keltischen' und 'angelsächsischen' Bevölkerungsgruppen in Cornwall gibt.

Festhalten lässt sich, dass die *Cornish identity* eine 'keltische' Komponente trägt, die von der parallel verlaufenden, ebenso 'keltischen' *Cornish culture* flankiert wird (kornische Kultur wird als *eine* keltische Kultur konstruiert). Während Erstere als aus der geschichtlichen Abstammung hervorgehend verstanden wird, beruft sich Letztere auf einzelne Merkmale, die zumeist aus anderen 'keltischen' Regionen übernommen und teilweise angepasst wurden: Wenn der Tartan oder der Dudelsack aus Schottland 'importiert' wurden, so doch mit eigenen Mustern und Farben bzw. in einer eigenen, distinkten Form. Diese Einzelsymbole markieren das, was unter 'kornischer Kultur' zusammengefasst wird, insgesamt als 'keltisch'. Somit wird in den untersuchten Texten die kornische Nation 'geschrieben', indem Cornwall als 'keltisch' imaginiert wird, was durch den Vergleich mit den als 'keltische Nationen' bekannten und weithin akzeptierten Regionen der Britischen Inseln deren Nationscharakter auf Cornwall überträgt.

---

[346] Rubrik "Environment and ecology" [!] in Cornish Nationalist Party 1977.

3.5   Weitere funktionale Bereiche der kornischen Kultur

In den vorgehenden Abschnitten wurden die großen kulturellen Felder, auf denen kornischer Nationalismus ausgetragen und die kornische Nation errichtet wird, abgedeckt. Daneben gibt es weitere Bereiche der Kultur, in denen Cornwall national ausdifferenziert wird, die zur Definition der *Cornish identity* herangezogen werden und damit zur *Cornish culture* zu zählen sind. Einer davon wurde bereits im Abschnitt über Geschichte angesprochen: die Religion. Dies geschah deshalb an jener Stelle, da sowohl das 'keltische Christentum' als auch der Methodismus weniger als aktuelle Unterscheidungskriterien denn als Teil der eigenen Geschichte in den nationalistischen Diskurs eingeführt werden. Dies kontrastiert mit dem irischen Nationalismus des 19. Jahrhunderts, in dem der Katholizismus Irlands in Opposition zum protestantisch definierten Staat stand, dem das Land angehörte, Religion also eine entscheidende zeitgenössische Funktion aufwies, während die Konfessionen in den nordirischen *Troubles* schon kaum mehr als Namengeber[347] der in Konflikt befindlichen Faktionen waren. Auch andere Felder können wegen ihres geringen Umfangs anhand weniger Einzelbeispiele untersucht werden, um vorherige Beobachtungen nicht allzu sehr wiederholen zu müssen.

Literatur
Eines dieser Felder kultureller Tätigkeiten, in denen kornische Kultur und Identität nationale Aspekte aufweisen, ist die Literatur. Wenn der sprichwörtlich geneigte, insbesondere der der traditionellen Anglistik zugeneigte Leser oder eine ebensolche Leserin nun mit einem "Endlich Literatur!" aufatmet, so wird er oder sie sogleich enttäuscht. Die Erschaffung eines kulturellen Zusammenhangs in epischer, lyrischer und dramatischer Dichtung, auf den eine kornische Nation aufbauen könnte, wird hier nicht thematisiert, da diejenigen literarischen Texte, die als patriotisch oder (proto-)nationalistisch gelten können oder solche Passagen enthalten, zumeist auf dieselben Zusammenhänge zurückgreifen wie nichtliterarische Texte. Somit ist eine separate Behandlung nicht gerechtfertigt, es genügten einzelne Zitate an entsprechender Stelle.[348] Zudem muss auffallen, dass Literatur bislang recht wenig benutzt wurde, um Cornwall in einen nationalen Kontext zu stellen: Das nationsbildende Potential von Literatur ist nur andeutungsweise genutzt, das Feld national-literarischer Aktivitäten nicht annähernd aufgespannt worden. Die Literatur beschränkt sich weitgehend auf *Image*, Kultur und Identität Cornwalls, wie es oben mit du Mauriers Romanen (mit Ausnahme ihres *Rule Britannia*) genannt wurde, auch wenn in mehreren anderen Romanen die zeitgenössische wirtschaftliche und kulturelle Situation Cornwalls reflektiert wird und dabei teilweise die gleichen Fragestellungen und Probleme erscheinen, die auch im Nationalismus

---

[347] Ähnlich Alter, S. 143.
[348] So oben ab S. 120 zum Kornischen aus der Lyrik, S. 180 zu einer politischen Kampagne aus einem Gedichtband sowie S. 193 zur kornisch/englischen Opposition aus einem Roman.

relevant sind, in der Literatur bisher aber nicht nationalistisch behandelt wurden. So sprechen die kornischen Romane *The playing place* von Myrna Combellack (1975 begonnen, über zehn Jahre später veröffentlicht), *The saffron eaters* und *Horn of strangers* von N.R. Phillips (1987 bzw. 1996) und *Clay* von Alan Kent (1991) Fragen der Arbeits- und Wohnsituation in Cornwall (Zweitwohnsitze), des Zuzugs aus England, des Schutzes der kornischen Landschaft und des Massentourismus sowie der kornischen vis-à-vis der englischen Kultur und Identität an, deuten aber eine nationalistische Antwort nicht einmal an. Selbst der genannte Gedichtband *101 poets for a Cornish Assembly* enthält gerade einmal vier Gedichte, die eine eindeutig nationalistische Interpretation erlauben (oben S. 180f.), was die bisherige Begrenztheit des literarischen Beitrags zum *nation-building* demonstriert. Ausnahmen sind verschiedene Gedichte, insbesondere von Pol Hodge, und der oben ausführlich besprochene Roman *Rule Britannia* von du Maurier, der als Parabel zu Cornwall gelesen werden kann und so mit genuin literarischen Mitteln auf kornischen Nationalismus reflektiert. Insbesondere bei der späteren, auf das 'Schreiben' folgenden Verbreitung der Idee der Nation könnte die Literatur jedoch einen wichtigen Beitrag leisten; hiermit wird eine Lakune der Nationsbildungsbestrebungen identifiziert. Dieser Beitrag ist von der Literatur leistbar, auch wenn die *imagination*, die Literarinnen und Literaten Werke kreativ nutzen, nicht die gleiche ist, die in Benedict Andersons Definition der Nation als "imagined community" zum Tragen kommt. Ebenso ist ja die literarische *invention* fiktionaler Charaktere und Ereignisse von anderer Art und wird anders rezipiert als die *invention of the Celts / Great Britain / a nation*, oder auch die "invention of tradition" aus der gleichnamigen Aufsatzsammlung von Hobsbawm und Ranger, die eher ein Eigenleben entwickeln können, obwohl auch aus mythisch-fiktionalen Ursprüngen wie der Figur Robin Hoods "fictions of memory" erwachsen können, die als Erinnerung ohne historische Grundlage dennoch reale Bedeutung erlangen können, hier als Symbolfigur englischer Gerechtigkeit und Freiheiten.[349]

Mit Alan M. Kents *The literature of Cornwall: continuity, identity, difference, 1000-2000* von 2000 liegt eine umfassende Studie zum Verhältnis von kornischer Literatur und kornischer Identität/Kultur vor, die zwar mit der *Repräsentation* kornischer Identität (etc.) in der Literatur einen anderen Ansatz verfolgt als die hier untersuchte *Konstruktion*, die aber kaum nationale Aspekte der Literatur aufzeigen kann, obwohl (mit der nachfolgenden Argumentation, die jene Studie als Quelle benutzt) unterstellt werden kann, dass Kent dies sicherlich gerne getan hätte, wenn ihm die kornische Literatur dafür eine nennenswerte Materialgrundlage geboten hätte. Insbesondere sind diejenigen Belege, die Kent '(proto-)nationalistisch' nennt, nach der hier verwendeten Definition gewöhnlich als 'patriotisch' zu verstehen, da eine Verbindung zum Nationsbegriff zumeist fehlt. Dies ist gut an den Anthologien *The wheel* und *The dreamt sea* zu erkennen, die viele Gedichte enthalten, die, wie E.H. Hamblys "Dew genes, a Gernow", das Land ("tyr", nicht

---

[349] Wie Vera Nünning, *pass.*, besonders S. 30-34, zeigt.

'Nation', sondern 'Gebiet, Territorium') feiern, ohne dabei die nationale Sichtweise auszuführen oder die abstrakte 'kornische Nation' zu evozieren; zwar nennt Hambly den Tamar und das Meer als Grenzen Cornwalls, jedoch spricht er auch den Himmel als eine der Grenzen an, wodurch er die Andeutung des nationalen Verständnisses bereits wieder durchbricht.[350] Hier wie in anderen Gedichten äußert sich ein Patriotismus in Form der Liebe zu Cornwall, die zwar auch im Nationalismus zum Tragen kommt, aber noch nicht nationalistisch genannt werden kann.

Im Folgenden wird also gewissermaßen nicht intra-, sondern metaliterarisch argumentiert. Da auch das so gefasste metaliterarische Feld, der Anzahl an Belegen im nationalistischen Korpus nach zu urteilen, nur von geringer Bedeutung für den kornischen Nationalismus ist, mögen zwei Beispiele genügen.

Alan Kent zeigt in dem genannten *The literature of Cornwall*, wie *Cornish identity* in der Literatur sowohl konstruiert als auch reflektiert wird, wobei auch Geschichte und definierende Erfahrungen wie Methodismus, (De-)Industrialisierung, Armut, Emigration, Massentourismus, *Cultural Revival* und Nationalismus erscheinen. Anhand zahlreicher Belege weist er nach, dass kornische Identität und Kultur jederzeit literarischen Ausdruck fanden und deren Repräsentationen von Transformation, Anpassung und Wiederbelebung, aber genauso von einer grundlegenden Persistenz gekennzeichnet waren. Um dies zu zeigen argumentiert Kent für eine Kontinuität der "drei Literaturen" Cornwalls ("Cornish Literature", Texte auf Kornisch; "Anglo-Cornish Literature", Texte mit kornischem Hintergrund auf Englisch; "Cornu-English Literature", Texte in der traditionell in Cornwall gesprochenen Englischvarietät), die im britisch-europäischen Kontext zu sehen seien und Verbindungen zu den anderen keltischen Literaturen aufwiesen, aber dennoch eine eigenständige Literaturtradition darstellten. In seiner Argumentation für die Kontinuität zieht Kent aber sehr weitläufige und daher fragwürdige Verbindungen heran, etwa wenn er das kornischsprachige Textbeispiel eines kornischen Immigranten in Amerika (1710) als Beleg der Kontinuität seit dem Mittelalter sieht, weil mit diesem Migranten die kornische Sprache und Literatur erneut ihren Weg über die Grenzen Cornwalls gefunden hätten, wie zuvor schon die mittelalterlichen Artus-Legende, *Tristan und Isolde* und das kornische Drama nicht auf Cornwall beschränkt gewesen seien. Auch sieht er die Kontinuität belegt, weil sowohl John Roscarrock (um 1550-1634) als auch John Betjeman (1906-1984) über die kornischen Heiligen geschrieben haben.[351] Diese Kontinuitätskonstruktion in der

---

[350]   Hambly (1999)a, zuerst 1933; die beiden Anthologien sind Saunders (Hg.) und Kent (Hg.). Zwei nennenswerte Ausnahmen sind die Gedichte "An balores" ('The chough') von Harold Edeys (1933), in dem Cornwall explizit als "genethel" ('Nation') verstanden wird, wenn der Aufruf erscheint: "[...] Dysquedheugh 'gas goth / Bos Kernow un genethel bedhens arta 'gas both." ('Show pride, let your will be for Cornwall to be a nation again'; S. 142/143), und "Journey to the North coast" von Donald R. Rawe (2004b, hier S. 144), das von *Hurling* als "Proud national sport of Kernow" spricht, ganz wie es nichtliterarische Texte tun.

[351]   Diese beiden Beispiele Kent 2000, S. 81 ("Cornish literature travelling across the globe") bzw. S. 219 ("Cornish saints and their lives"), zu den 'drei Literaturen' zuvor S. 17f.

Literaturgeschichte ist es, die hier interessiert: Sie steht in Verbindung zur dargestellten Demonstration (und dabei eben auch Konstruktion) von Kontinuität in der Geschichte und der Keltizität. Wenn Kent untersucht, wie kornische Identität literarisch reflektiert wird und damit gleichzeitig eine 'nationale' Literaturgeschichte schreibt, die die Existenz einer eigenen kornischen Literaturtradition oder -schule postuliert,[352] setzt er Cornwall im Bereich der Literatur (wie andere in der Sprache, der Geschichte etc.) von England ab, etabliert es auf derselben, 'nationalen' Ebene mit diesem und stellt es wiederum in den 'keltischen' Nexus.

Eine eigenständige Literaturtradition Cornwalls führt auch Tim Saunders an, der den kornischen Abschnitt einer Anthologie 'keltischer' Lyrik einleitet und das Land schon dadurch in den Zusammenhang der 'keltischen Nationen' stellen kann:

> Emerging from the parent Brittonic some fifteen hundred years ago, Cornish clung tenaciously to its territory as invader after invader swept in. It only ceased to be a community vernacular towards the end of the eighteenth century, leaving an attenuated oral tradition and a manuscript legacy. In that span of time it had produced verse drama, lyric, prose narrative, religious polemic, grammar and rhetoric.[353]

Insgesamt werden in diesen Beispielen eine rein kornische, wenn auch von Entwicklungen außerhalb Cornwalls nicht unbeeinflusste Literatur und Literaturgeschichte konstruiert und die Besonderheit der kornischen Literatur betont, um so auch auf literarischem Gebiet, wie in anderen besprochenen und noch zu besprechenden Feldern der kornischen Kultur, die Eigenheit Cornwalls herauszustellen. Somit wird auch die Literatur als Zeichen einer eigenen, von England und anderen Gebieten differenzierten, 'nationalen' Identität und Kultur argumentativ benutzt.

Musik und Kunst

Ähnlich wie mit der Literatur verhält es sich mit der Musik und der Kunst, die deshalb nur angerissen werden. Eine eigene Tradition kornischer Musik wird vor allem von den Musikschaffenden selbst angeführt, in die sie sich und ihre Musik dann stellen. So beschreibt Mike O'Connor eine kornische innerhalb der keltischen Musiktradition und beginnt die historische Einleitung in seinem Überblick über kornische Musik mit dem Abzug der römischen Legionen aus Britannien, um den inzwischen bekannten Topos der keltisch/angelsächsischen Dichotomie einbringen zu können, obwohl er Beispiele für in Cornwall entstandene Musik erst ab dem Spätmittelalter angibt und erst ab dem 15. Jahrhundert genauere Hinweise auf fahrende Musiker und Instrumente aufzeigt.[354] Da er die Keltizität Cornwalls

---

[352] Kent 2000, S. 186. In vielen Nationen Europas wurden, wie Leerssen (besonders S. XIII) zusammenfasst, im 19. Jahrhundert "national literary histories" zur Unterstützung des 'Nationalstaates' geschrieben, die die nationale Kultur und deren Kontinuität auf literarischem Gebiet demonstrierten und supranationale und universelle Literaturgeschichten ablösten.

[353] Saunders 1997, S. 279.

[354] O'Connor, S. 6-17, besonders S. 8f.

als gegeben ansieht, nimmt er historische Hinweise aus allen keltischen Regionen als auch für Cornwall geltend an: Ein Beleg für die Selbstverständlichkeit, mit der sich kornischnationale Akteure des 'keltischen Paradigmas' bedienen. Wie zuvor Kent für die Literatur beschreibt und erschafft O'Connor eine eigene Musiktradition und schreibt eine kornische Musikgeschichte, mit der Cornwall um eine 'nationale' Tradition (und zugleich deren Geschichtsschreibung) bereichert wird.

Im Bereich der *Folkmusic* ist es heute vor allem die Formation Pyba, die eine kornische Musiktradition präsentiert (vormals wären u. a. die Gruppe Bucca und Brenda Wootton zu nennen), wenn es in einer Selbstcharakterisierung heißt:

> pyba explore traditional cornish music using different ethnic, folk and medieval instru-
> ments in a creative interpretation of the sound as it might have been in antiquity and can
> be today. haunting melodies are matched to celtic harp and flute - and the cornishpipes,
> from which the group derives its name, provide an atmospheric interpretation of livelier
> dance tunes and medieval carols. [durchgehend sic!]

Explizit wird auf die eigene Musiktradition an anderer Stelle des Weihnachts-albums *Nadelik* eingegangen, dem auch das vorherige Zitat entnommen ist:

> Cornwall has a tradition of carols and Christmas music which reaches back into the 15th
> and 16th Centuries, some still popular today, some unusual and linked to ancient mysteri-
> es. Kescana and Pyba bring to life the carols, dances and music of Christmas past in
> Cornwall.[355]

Eine kornische Musiktradition erwähnt letztlich auch Le Nen Davey, der diese mit der von ihm herausgegebenen CD *Mammyk ker ...* popularisieren möchte, die an Radiostationen weltweit verschickt wurde.

Neben der konzipierten eigenen Musiktradition gibt es aber auch in der Musik selbst die Übernahme kultureller Merkmale aus anderen 'keltischen' Gebieten (auf den Dudelsack und die Musikfeste *Esethvos Kernow* und *Lowender Peran* wurde bereits eingegangen, hinzu treten im Grenzbereich zur Literatur Übersetzungen wie die der walisischen Nationalhymne, die Henry Jenner ins Kornische übertrug, womit er die 'nationale' Keltizität von Wales auch für Cornwall beanspruchte):[356] Die Newlyn Reelers Band etwa holt mit den *jigs* und *reels* (namentlich auf der CD *A bit more rosin* von 1988) Musikformen und einzelne Weisen nach Cornwall, die mit Irland verbunden werden, wodurch Cornwall dem 'keltischen' Land angeglichen wird, ja geradezu in Konkurrenz dazu tritt, denn musikalische Unterschiede sind zumindest für uneingeweihte Ohren nicht zu erkennen.

In diesem (pan-)keltischen Umfeld bewegt sich auch die Gruppe Naked Feet, die Lieder auf Englisch und Kornisch im Repertoire hat und so *Cornish identity* in

---

[355] Beide Zitate aus Kescana/Pyba, zuerst Innenheft, S. [4], dann Rückseite der CD-Hülle. Das
       Folgende Le Nen Davey, Innenheft, S. [2].

[356] Jenner (1999), S. 38/39 (mit englischer Übersetzung).

der Musik, hier in den progressiven Richtungen ausdrückt, dabei aber traditionelle 'keltische' Instrumente wie die *tin whistle* mit ihren irischen Konnotationen einfließen lassen, wie etwa in "Tees an castel" (auch auf Englisch aufgenommen als "Castle clan", beides auf dem Album *Fire* von 2002) zu hören ist. Zudem hat die Formation ihre Heimat Cornwall beim *International Pan Celtic Festival* repräsentiert, den zweiten Platz erreicht und so bei der Etablierung Cornwalls im musikalischen Wettstreit der 'keltischen Nationen' mitgewirkt. Beides ist wiederum als Beitrag zum Sichtbarmachen Cornwalls als kleine, aber dennoch gleichberechtigte 'keltische Nation' und damit als Teil des nationsbildenden Diskurses zu sehen.

In der Kunst ist die kornische Traditionsbildung bisher wenig vorangeschritten; entsprechend dürftig sind Belege im nationalistischen Korpus. Übernahmen aus anderen 'keltischen' Gebieten gibt es in nennenswertem Umfang nur in der Ornamentik, sind dort aber umso weiter verbreitet. So finden sich die typischen, als 'keltisch' geltenden kurvilinear-abstrakten Formen auf den Internetseiten von *Cornish Solidarity* und *Lowender Peran* (geradezu als 'Insignien' der Keltizität jener Organisationen),[357] Schaufenster, Auslagen und Werbung von Geschäften werden damit dekoriert, T-Shirts, Aufkleber und andere mit solchen Mustern versehene Dinge sind in ganz Cornwall erhältlich (exemplarisch Abb. 18). Diese ubiquitäre 'keltische' Ornamentik, die auf den abstrakten Linienformen der La Tène-Kunst basiert, aber mit den angelsäch-

Abb. 18: T-Shirt-Aufdruck mit 'keltischer' Ornamentik im Rahmen. Beachtenswert ist auch die Umrisslinie Cornwalls, die Benutzung des Kornischen, die St. Piran-Flagge sowie die hier allein durch den Kontext als 'keltisch' präsentierte, historisierende Schrifttype.

sischen Einflüssen der verschlungenen Tierdarstellung vermischt ist (*Hiberno-Saxon*) und zudem skandinavische Einflüsse aufweist, ist inzwischen integraler Bestandteil der visuellen Kultur Cornwalls und stellt die damit versehenen Objekte (und teilweise deren Besitzer) in einen 'keltischen' Zusammenhang.

Das einzige jedoch, mit dem in der Kunst wie zuvor in der Literatur und der Musik eine eigene kornische Tradition begründet wird, sind gelegentliche Erwähnungen der Künstlerkolonien und -schulen von Newlyn und St Ives, die wegen ihrer Benennung nach den jeweiligen Orten in Cornwall eine kornische Dimension besitzen; auch wenn die meisten der dort versammelten Kunstschaffenden

---

357 Zu den Internetbelegen Cornish Solidarity und "Lowender Peran: origins".

nicht aus Cornwall stammten, sondern aus dem restlichen Großbritannien zugezogen waren, reichen die kornische Lokalität und Bezeichnung aus, um *Cornishness* zu demonstrieren. So erinnert "Arts and crafts" des *Tregellas Tapestry* nicht nur an Einzelpersonen, sondern auch an die "Painters of the Newlyn School"[358] und spricht ihnen damit eine gesamtkornische Bedeutung zu. Abgesehen von der Ornamentik ist das Feld der Kunst allerdings insgesamt betrachtet keines, das Akteure des kornischen Nationalismus argumentativ benutzen. Allein in einem später behandelten Quellentext (unten, S. 298) erwähnt der Verfasser, Donald Rawe, doch eine eigene Tradition in der Kunst, führt dies aber nicht weiter aus.

Die Disziplin Cornish Studies
Auch die akademische Disziplin *Cornish Studies* kann als Teil des nationsschaffenden Diskurses angesehen werden. Nach einer langen Tradition antiquarischer und lokaler Studien in und über Cornwall wurden Cornwallstudien 1970 mit der Gründung des *Institute of Cornish Studies* institutionalisiert. Diese Forschungseinrichtung, in der das Fach Cornwallstudien bis heute stark fokussiert ist (was sich u. a. in der geringen Zahl von Forscherinnen und Forschern speziell aus dem Fach äußert, die hier zitiert werden können), ist der Universität Exeter angegliedert, aber in Cornwall, neuerdings in Penryn bei Falmouth, angesiedelt und wird von der Universität gemeinsam mit dem *Cornwall County Council* finanziert. *Cornish Studies* blieben bis weit in die 1980er Jahre hinein eine eher konservative Disziplin,[359] die sich mit kornischer Geschichte, Archäologie, Sprache, Naturkunde und ähnlichem beschäftigte und damit weitgehend bei den Feldern der früheren antiquarischen Studien blieb. Dabei wurde implizit akzeptiert, dass es sich bei Cornwall um eine Beispielregion handelte, an der auf Regional- oder Lokalebene größere Zusammenhänge nachgewiesen oder qualifiziert werden konnten. Erst seit der zweiten Hälfte der 1980er Jahre änderte sich dieses Bild, u. a. mit der Publikation *Cornwall at the crossroads*, in der Deacon, George und Perry erstmals in einer Studie der sozialen Verhältnisse Cornwalls die Besonderheiten des Landes selbstreflexiv in die Untersuchung und die Erkenntnisse einfließen ließen. Tatsächlich veränderten sich Cornwallstudien ab dieser Zeit dahin, kornische Besonderheiten ("Cornish difference") und ethnische Aspekte zu betonen, wobei auch politische Implikationen und Ansprüche erkennbar waren. Dieser Wandel in der Disziplin drückt sich in den Bezeichnungen *New Cornish Studies*, *New Cornish Historiography* und *New Cornish Social Science* aus. Untersuchte z. B. A.L. Rowse in seinem Klassiker der kornischen Geschichtsschreibung, *Tudor Cornwall* (1941), noch hauptsächlich, wie sich die englische Reformation in Cornwall darstellte (wobei er die Geschichte einer englischen Region schrieb), so zieht sich die Darlegung kornischer Differenz wie ein roter Faden durch die historischen Werke *The making of modern Cornwall* (1992) und *Cornwall* (1996) von Philip Payton,

[358] The Tregellas Foundation, unpag. (Tafel Nr. 50).
[359] So Malcolm Williams 2002, S. 45f.

in der Behandlung der Tudorzeit wie in anderen Epochen. Mit Paytons Ernennung zum Direktor des Instituts und dem Erscheinungsbeginn der zweiten Serie des Periodikums *Cornish studies*, das für naturwissenschaftliche Beiträge zunehmend unattraktiv wurde,[360] setzte sich die Entwicklung fort.

Der Beitrag der Disziplin *Cornish Studies* zum kornischen *nation-building* manifestiert sich auf verschiedenen Ebenen. So erheben Cornwallstudien allein durch ihre Existenz und die Parallelität zu anderen Disziplinsbezeichnungen (*English Studies*/Englandstudien, *Welsh Studies*, Frankreichstudien etc.) Cornwall in den Rang derjenigen Gebiete, die auf einer 'nationalen' Ebene zu untersuchen sind; zudem begreift sie sich gleichsam als Unterdisziplin der *Celtic Studies* und trägt damit zum Sichtbarmachen der keltischen Ansprüche bei, die im Namen Cornwalls angemeldet werden. Dies trifft besonders auf linguistische Studien zu, da es wegen der fest etablierten Zurechnung des Kornischen zur keltischen Sprachfamilie in dieser Definition keinen Zweifel an der Keltizität Cornwalls gibt.

Von besonderer Wichtigkeit sind jedoch die fundamentalen Annahmen über den Untersuchungsgegenstand der Disziplin, "man in his Cornish setting, past, present and future", wie ihn Charles Thomas in seiner Antrittsvorlesung als erster *Professor of Cornish Studies* 1973 inkludierend umschrieb.[361] Zu diesen Annahmen, aus denen die Existenzberechtigung der Cornwallstudien als eigenständiges Fach abgeleitet wird, gehört grundlegend, dass Cornwall als hinreichend verschieden von benachbarten Regionen und seine Bewohner als kulturell verschieden von den Bewohnern anderer Regionen gesehen werden, um die eigenständige Behandlung zu legitimieren.[362] So schrieb der zweite Professor für Cornwallstudien, Philip Payton, zum Auftakt der zweiten Serie von *Cornish studies* 1993:

> In all this [the first volume of the second series of *Cornish studies*] there is, to a greater or lesser degree, a common strand of Cornish distinctiveness, an emphasis on a Cornish 'difference' which finds its expression in everything from political behaviour to the natural environment. When all is said and done, it is this Cornish 'difference' that is at root the *raison d'être* of Cornish Studies as an area of academic inquiry. It is a 'difference' that exists not in parochial isolation but is an integral part of that wider pattern of European cultural and territorial diversity. This collection of articles, therefore, should be seen as a reflection of that diversity, a window into the life of one small but (we like to believe) unique part of the Atlantic periphery of Britain and Europe.[363]

Diese Differenz, ja Einzigartigkeit sind Voraussetzung für die gesonderte Behandlung Cornwalls in geistes- und sozialwissenschaftlichen Studien, und dies muss

---

[360] Im ersten Band (1993) war ein Aufsatz über Milben und Zecken auf den Isles of Scilly (Hyatt), im Folgeband (1994) einer über Schmetterlinge in Cornwall und der Bretagne (Spalding) enthalten, während der naturkundliche Beitrag von Turk, der noch im dritten Band (1995) erschien, schon auf "Cornish difference" in Flora und Fauna einging.
[361] Charles Thomas 1973, S. 16.
[362] Ähnlich Hale 2002a, S. 241.
[363] Payton 1993b, S. 2f.

auch immer wieder bewiesen werden, um die Disziplin zu legitimieren, insbesondere, wenn das Fach wie in Form der *New Cornish Studies* mehr sein will als die lokale, nämlich auf die 'Grafschaft Cornwall' bezogene und darauf beschränkte Ausformung anderer Disziplinen. Wie erwähnt nimmt der Begriff *difference*, die ja von Rokkan und Urwin zu den "key characteristics of peripheries" gezählt wurde,[364] in Paytons Untersuchungen einen zentralen Platz ein: Payton ist dort damit befasst, kornische Besonderheiten in Geschichte und Gegenwart nachzuweisen und zu einer Erzählung der Besonderheit Cornwalls zu verdichten. Diese 'kornische Differenz' ist vor allem die Differenz zu England, und in diesem Bestreben bestehen Gemeinsamkeiten mit dem nationalistischen Diskurs, der Cornwall ebenso von England abzugrenzen sucht. Tatsächlich lassen sich Paytons Arbeiten mit diesen Bestrebungen korrelieren, andererseits sind sie auch Teil einer sich etablierenden Disziplin, die sich noch zu legitimieren sucht. Alle Fächer der *Area Studies* setzen eine sinnvolle Gebietseinheit als Untersuchungsgrundlage voraus, was bedeutet, dass in den jeweiligen Regionen bestimmte Unterschiede zu ihrer weiteren Umgebung angenommen werden können, die die gesonderte Betrachtung legitimieren, und dass somit die Wahl gerade dieser Einteilung analytische Vorteile gegenüber anderen möglichen Einteilungen bietet. Colin Williams hält hierfür gar den Nationsstatus Cornwalls für nötig: "For Cornish Studies to be more than an exercise in local or county history, the prior legitimacy of the Cornish nation has to be established."[365] Wenn dies auch zu weit gegriffen scheint, so bewegen sich die Forschenden doch in einem Zwiespalt, da sie gezwungen sind, *a priori* ein Mindestmaß an kornischer Differenz und quasi-nationaler Identität und Kultur und deren jeweiliger Kontinuität anzuerkennen, die sie dann untersuchen, was zu einem Konflikt von wissenschaftlicher Objektivität und ideologischer Überzeugung führen kann.[366] So ist es in der Tat ein Angriff auf das akademische Fach der ('neuen') Cornwallstudien, wenn etwa John Cooper kornischen ethnischen Differenzen bereits in der Frühen Neuzeit kaum noch explanative Bedeutung beimisst und in seiner Deutung der Geschichte des "englischen Südwestens" der Tudorzeit wenig interpretatorischen Gebrauch davon macht, stattdessen Cornwall als wenig ausdifferenzierten Teil des englisch-walisischen Königreichs ansieht, der nahezu unabhängig von ethnischen Kategorien verstehbar wird.[367] Da sich aber die Forschenden allein schon durch die Untersuchung von kultureller Differenz in dieser bewegen und Teil des Untersuchungsgegenstandes werden, ist es fraglich, inwieweit sie die *Cornish identity* untersuchen, unterstützen oder mitgestalten sollten, oder wo die Grenzen zwischen Interpretation einerseits und Performanz/Konstruktion liegen. Zumindest ist dies eine Problematik, die in der Disziplin reflektiert wird:

---

[364] Rokkan/Urwin, S. 3.
[365] C. Williams 2002, S. 70.
[366] Malcolm Williams 2002, S. 48f.
[367] Cooper, *pass.*

Should they ["academics in Cornwall"] follow the well-trodden path of students in flora and fauna, art and archaeology, sociology and economics, and treat Cornish experiences as case studies to test the global hypotheses of main-stream literature? Or should they march under the Cornish banner, and see their *raison d'être* as investigating (or strengthening?) the formation of a Cornish identity? I do not wish to take sides [...].[368]

Cornwallstudien sind damit eine politisierte Disziplin in dem Sinne, dass sie bereits durch ihre Voraussetzungen Berührungspunkte mit den Eigenständigkeitsbestrebungen aufweist und ihre Erkenntnisse den Protagonisten jener Bewegung in die Hände spielen können.[369] Dies wird beispielsweise bei Alan Kent deutlich, auf dessen Studien zur kornische Literatur bereits eingegangen wurde (S. 216): Mit diesen literaturwissenschaftlichen Studien bewegt er sich auf dem akademischen Gebiet der *Cornish Studies*, jedoch gerät gerade sein *The literature of Cornwall* zur Argumentation für kornische Differenz im Bereich der Literatur und gereicht so dem kornischen *nation-building* zum Vorteil, wie zuvor argumentiert wurde. Kent steht damit am *Interface* zwischen akademischen Disziplin und sozialer Bewegung (weswegen sein Buch hier als Quelle benutzt wurde). Insofern können geisteswissenschaftliche Abhandlungen der *Cornish Studies* im Allgemeinen und methodisch ausgerichtete oder selbstreflexive Arbeiten im Besonderen als Teil des *nation-building* verstanden werden, insbesondere wenn sie 'kornische Identität' nachweisen oder 'kornische Kultur' untersuchen und so zugleich die Aufmerksamkeit der kornischen Bevölkerung darauf lenken, wodurch kornische Kultur und Identität, neben ihrer offensichtlich belegten Existenz, zugleich einen 'respektablen', akademisch sanktionierten Anschein erhalten. (Dieser Bewusstmachung dient auch der von Payton edierte Band *Cornwall for ever! Kernow bys vyken!*, der kornische Geschichte und die Thematik kornischer Differenz und Identität für junge Leserinnen und Leser aufbereitet und im Jahr 2000 an alle Schulkinder in Cornwall verteilt wurde.) Dies geht bis hinab auf die sprachliche Ebene: Einen solchen Beitrag zum 'nationsschaffenden' Diskurs im Rahmen der *Cornish Studies* liefert, vielleicht unabsichtlich, Payton selbst, wenn er in seiner Einleitung zu *Cornwall since the war* von der "Cornish question" spricht, die zunehmend interdisziplinär untersucht werde, was Cornwall aus dem traditionellen Umfeld antiquarisch-philologischer Studien und der etablierten *Celtic Studies* herauslöse und als Studienobjekt in eine sozialwissenschaftliche Strömung eingliedere, die die regionale und andere Vielfalt Europas betont.[370] Mit der Wendung "Cornish question" stellt Payton die historischen, gesellschaftlichen und politischen Umstände

---

[368]   Perry 2000, S. 8. Im Jubiläumsband von *Cornish studies* mit methodischem Fokus wird die Debatte fortgeführt: Hale 2002a, Stoyle 2002a, C. Williams 2002, Malcolm Williams 2002.

[369]   Malcolm Williams 2002, S. 48f. *Celtic Studies* wiesen bereits früher Berührungspunkte mit nationalistischen Bemühungen der untersuchten Gebiete auf: Im zweiten Jahrzehnt des vergangenen Jahrhunderts hatte sich sogar ein deutscher Keltologe, Kuno Meyer (1858-1919), ganz mit den irischen nationalistischen Zielen identifiziert (Ó Lúing, S. 269f.).

[370]   Payton 1993c, S. 2.

Cornwalls der historisch so virulent hervortretenden "Irish question" nahe, auch wenn Erstere noch im Begriff ist, sich als Frage zu formulieren. Wieder wird die Bedeutung des größeren, als 'keltisch' und als 'Nation' etablierten Vorbildes auf Cornwall übertragen, das dadurch eine Aufwertung erfährt.

Auf der sprachlichen Ebene ist noch ein weiterer Punkt bedeutsam. Viele der in den Cornwallstudien Forschenden benutzen Redewendungen, die einen besonderen Status Cornwalls über der Grafschaftsebene innerhalb Englands anerkennen oder implizieren, auch wenn es ihnen gerade nicht direkt um das Verhältnis Cornwalls zu den anderen Staatsteilen geht. Einige wenige Beispiele mögen hier genügen. Payton schreibt in einem Aufsatz: "[...] between 1841 and 1861 Cornwall had a higher proportion of native-born than any English county." und kurz darauf "It [Cornish identity] exhibited a continuing ethnic dimension, distinguishing it from the industrial regions of England". In beiden Fällen wäre, dem *de facto*-Status Cornwalls als englischer Grafschaft bzw. Region, ein zusätzliches "other" zu erwarten gewesen: "any other English county" bzw. "the other industrial regions of England". Indem er dies aber unterlässt, impliziert Payton, dass Cornwall eben keine weitere Grafschaft oder Region Englands war. Eine ähnliche Implikation kommt wenige Seiten nach Paytons Belegstelle bei Sharron Schwartz vor, wo es wie folgt heißt: "Between 1860 and 1870 Cornwall was the only 'English' county where there were more lifetime male emigrants than lifetime internal migrants." Obwohl sie Cornwall als Grafschaft bezeichnet, setzt Schwartz das Attribut *English* in qualifizierende Anführungszeichen, was andeutet, dass Cornwall nicht ohne Weiteres als Teil Englands zu verstehen ist.[371] Matthew Spriggs äußert in seinem Überblick über Sprachgeschichte und -geographie des Kornischen: "When we leave England, however, and cross the River Tamar, that most long-standing of European political borders, to Cornwall, we find a different situation." Hier treten innerhalb der *Cornish Studies* zwei Merkmale des nationalistischen Diskurses in Cornwall auf: Erstens stellt Spriggs Cornwall als von England klar unterschieden dar, da das Betreten Cornwalls das Verlassen Englands bedeute, und zweitens sieht er den Fluss Tamar als Grenze zwischen Ländern an und vergleicht diese mit anderen Grenzen Europas, wobei er der kornischen Grenze noch das höchste Alter (mithin die höchste Legitimität oder zumindest eine Ehrwürdigkeit) bescheinigt. Damit bewegt sich der Forscher schon im Kernbereich kornischnationaler Ideologie, die er somit zumindest in diesen Punkten unterstützt. Stünde die Bemerkung alleine, müsste sie eher dem nationalistischen Diskurs als den *Cornish Studies* zugerechnet werden. Letztlich ist eine Anmerkung interessant, die die Verfasser der monographischen Parteiengeschichte *Mebyon Kernow and Cornish nationalism* ihrem Buch vorausschicken, dass sie nämlich durchgängig *nationalism* anstatt *regionalism* oder *separatism* (und verwandten Begriffen, auch solchen aus den Bereichen *autonomy* und *revival*) benutzten; so vereinheitlichen und vereinfachen

---

[371] Zuerst Payton 2002b, beides S. 125, dann Schwartz, S. 137; in den beschriebenen Zwiespalt geriet, thematisch bedingt, auch der jetzige Verfasser. Das Folgende Spriggs, S. 230.

sie einerseits den Sprachgebrauch in ihrer Publikation, vor allem jedoch gleichen sie die kornische Bewegung dadurch den explizit und unter dieser Bezeichnung bekannten nationalistischen Bewegungen in Schottland und Wales an, die in der Darstellung auch oft zu Vergleichszwecken herangezogen werden.[372] Wieder trägt die Untersuchung Cornwalls dazu bei, dieses auf eine Stufe mit den (anderen) britischen Nationen und auf die 'keltische' Seite der englisch/'keltischen' Opposition zu stellen. Solche Zusammenhänge, aber auch die genannten Voraussetzungen und die Praxis der *Cornish Studies* (besonders die Betonung von Differenz) verleiteten den Historiker John P.D. Cooper dazu, Philip Payton als "representing what might be termed the nationalist school of Cornish history" zu bezeichnen,[373] was aber eine unzutreffende Charakterisierung und darauf zurückzuführen ist, dass Cooper die fachliche Methodik nicht in Rechnung stellt.

Mit diesen Beobachtungen zum Verhältnis von *nation-building* und *Cornish Studies* sind die Kulturfelder, die Akteuren des kornischen Nationalismus Argumente und Aktionsraum zur Verfügung stellen, hinreichend besprochen und die Vorgänge selbst vorgeführt worden. Nach einem Exkurs werden im nächsten Abschnitt weniger einzeltextorientiert Symbole der kornischen Identität und Methoden der Transmission des kornischen Nationalgedankens untersucht.

Exkurs: John Angarracks Breaking the chains

In seinem umfangreichen Buch *Breaking the chains: propaganda, censorship, deception and the manipulation of public opinion in Cornwall*[374] erzählt der Aktivist John Angarrack kornische Vergangenheit in radikal-nationalistischer Weise als Geschichte der fortgesetzten Unterdrückung Cornwalls durch England. Bei der Darstellung der bekannten und oben in den Abschnitten 2.1 und 3.2 dargelegten historischen Wendepunkte Cornwalls geht er auch ausführlich auf die Präsentation von Geschichte durch "English extremists"[375] ein, denen er Selektion und Deselektion, mithin bewusste Geschichtsfälschung vorwirft. Das Ziel, das englische Regierungsinstitutionen dabei verfolgten, so unterstellt er, sei es, die kornische Ethnizität auszulöschen. Dieser 'englische Imperialismus' wird Angarrack zufolge besonders durch vier Instanzen ausgeführt: Dies sind erstens die Monarchie (überwiegend in Form der *Duchy of Cornwall*, "a multi-million pound hereditary feudal dictatorship"),[376] zweitens seit der Reformation in England das "cunningly devised

---

[372]   Deacon/Cole/Tregidga, S. 2.

[373]   Cooper, S. 54.

[374]   Angarrack 1999; in diesem Exkurs beziehen sich ungekennzeichnete Seitenangaben immer darauf. Einzelne Belegstellen (ausgenommen direkte Zitate) müssen meist nicht angeführt werden, da Angarrack sowohl in der gewählten Terminologie konstant bleibt als auch inhaltlich repetitiv schreibt; 'Angarrack 1999, *pass.*' ist daher der Standard-Nachweis.

[375]   Z. B. S. 7.

[376]   S. 280.

religious political tool, the Anglican Church of England", welche als "politically controlled religious arm of central government" fungiere,[377] drittens das politische System Whitehalls und Westminsters, das Cornwall als Kolonie verstehe und auf das kornische Schulwesen destruktiven Einfluss nehme, und in neuer Zeit viertens die von England kontrollierten Medien, die die öffentliche Meinung innerhalb und außerhalb Cornwalls manipulierten und die kornische Bevölkerung bewusst und geplant desinformierten. Einen breiten Raum nimmt das englische Schulsystem mit dem einheitlichen staatlichen Lehrplan ein, durch den kornische Besonderheiten und letztlich die *Cornishness* ausgelöscht werden solle. Insbesondere Medien und Schulsystem seien es dabei, die der kornischen Bevölkerung die titelgebenden Ketten anlegten, da sie verhinderten, dass sich die jüngere Generation der prekären Lage ihrer *Cornishness* bewusst würde und dann gegen die englische Fremdbestimmung aufbegehrte.[378] All dies wird unter dem Schlagwort des 'englischen Imperialismus' zusammengefasst, gegen den sich der kornische Nationalismus wende, der bei Angarrack gegenüber den sonstigen Konnotationen von *Nationalismus* eine evaluative Aufwertung erfährt.

Typisch für Angarracks Text sind einerseits die vielen rhetorische Fragen, von denen auch mehrere hintereinander erscheinen und Angarracks eigene, explizite Schlussfolgerungen ersetzen können, dabei durch die suggestive Formulierung aber bei den Lesenden keinen Zweifel bezüglich Angarracks Sicht entstehen lassen, sowie andererseits seine durchaus geschickte Umkehrung der Perspektiven und Vorwürfe: So begegnet er dem Vorwurf des (separatistischen, isolierenden, spaltenden) Nationalismus an die kornische Seite wiederholt mit der Anschuldigung, dass tatsächlich England nationalistisch sei und dessen Führungsschicht die englische Nation über die anderen stelle und Cornwall (Wales, Schottland, Irland sowie, vormals, letztlich auch die überseeischen Kolonien) unter seiner nationalistischen Ideologie ausbeute. Gleichzeitig belegt er die in englischer Terminologie 'Rebellen' genannten *Cornishmen* aus der Geschichte eher mit anachronistischen Ausdrücken wie 'Bürgerrechtler', wohingegen er englische Könige regelmäßig als 'Tyrannen' betitelt, die in der englischen Sicht 'Einigkeitsstifter' sind, dreht also auch terminologisch den sprichwörtlichen Spieß um.[379] Des Weiteren wendet sich Angarrack gegen andere, eigentlich prokornische Sichtweisen: Wo Payton etwa die Gründung der kornischen Diözese 1876/77 und den anschließenden Bau der

---

[377] S. 53 bzw. S. 56.

[378] S. 326. Mit den "chains" meint er den Mechanismus, mit dem der Zwang zur Konformität mit der dominanten englischen Kultur perpetuiert und neuen Generationen als selbstverständlich anerzogen werde, so dass die Bevölkerung Cornwalls ihre kornische Identität nicht in einer multikulturellen Gesellschaft ausleben dürfe; seine gesellschaftlich-kulturellen Ketten kontrastieren so mit den politischen Eisenketten, welche das Individuum von politischer Freiheit und republikanischer Mitbestimmung abhalten, aus dem *locus classicus* der Fessel-Metapher, Jean-Jacques Rousseaus (S. 351) wortgewaltiger Eröffnung seiner Abhandlung *Du contrat social*: "L'homme est né libre, et par-tout il est dans les fers".

[379] König Athelstan als "murdering tyrant" (S. 24), "An Gof" als "civil rights leader" (S. 40).

Kathedrale in Truro (1880-1910) als Zeichen der territorialen Anerkennung Cornwalls durch die Errichtung eigener, cornwallspezifischer Institutionen deutet, sieht Angarrack die neue Diözese nur als "a euphemism for an imperial command and control centre, or propaganda headquarters", das dazu gedient habe, die zum Methodismus übergetretene Bevölkerung zu beeindrucken und für die Anglikanische Kirche zurückzugewinnen.[380] Ebenso widerspricht er den Bewertungen der *Duchy of Cornwall* durch die Historiker Rowse und Stoyle, die anerkennend deren Wirkung als Zeichen kornischer Differenz betont hatten: Nach Angarrack war und ist sie vor allem ein Instrument der finanziellen Ausbeutung Cornwalls.[381]

Wenn diese Umkehrungen von Sichtweisen und Vorwürfen noch ein originärer Beitrag zum kornischen Nationalismus sind und geschickt die Relativität von sozialen 'Fakten' ebenso herauskehren wie ihrerseits instrumentalisieren, so ist eine andere textliche Strategie zu durchsichtig, um selbst ausgemachte Anhänger des kornischen Nationalismus zu überzeugen: Angarrack präsentiert eine Schwarz-Weiß-Dichotomie von *the English* und *the Cornish*, die auch durch eine kurze Einschränkung (nicht alle Menschen teilten die jeweiligen Einstellungen, Sichtweisen und Intentionen)[382] nicht wesentlich abgemildert wird. So beschreibt er ausführlich von "Engländern" begangene, abscheuliche Gräueltaten, Unterdrückung und Ausbeutung im Namen des "English Empire", während er die Beteiligung von Personen aus Cornwall daran entschuldigt, da es sich bei diesen um "misguided Cornish folk who, in escaping intolerable poverty and deprivation in their own homeland, became foreign mercenaries working for English interest's" [sic!] und "victims of circumstance" gehandelt habe.[383] Mit der so präsentierten moralischen Überlegenheit der kornischen Bevölkerung, die nach Angarrack in der Geschichte zumeist Opfer und höchstens zwangsweise und am Rande Mittäter war, versucht er trotz der offensichtlichen Gut/Böse-Verzeichnung, die kornisch-nationale Öffentlichkeit emotional anzusprechen und identifikatorische Bezugspunkte anzubieten, die aber Zweifelnde kaum werden überzeugen können.

Der radikale Charakter des Textes tritt (abgesehen von seiner ätzenden Kritik an Religion im Allgemeinen und dem Christentum[384] im Besonderen) vor allem dann hervor, wenn Angarrack historische Vergleiche zieht, etwa wenn er die Unterdrückung der keltischen Gebiete Großbritanniens, in englischer Sichtweise als Streben nach Einigkeit dargestellt, anderen 'Einigungsbestrebungen' der Weltgeschichte parallel stellt: "Philip of Spain, Louis XIV, Napoleon, Hitler and Slobodan Milosevic all attempted to impose on others their own form of 'unity' using similar methods." Ein anderes Beispiel ist die Unterstützung, die er dem Vergleich

---

[380]   Payton 1996, S. 223; demgegenüber Angarrack 1999, S. 150.

[381]   Rowse 1957, S. 82, Stoyle 2000, S. 1121; dagegen Angarrack 1999, z. B. S. 213 und S. 261.

[382]   S. 12.

[383]   S. 126 (ähnlich S. 127) bzw. S. 137; die Gräueltaten zuvor z. B. S. 119, S. 198-204 und S. 383-385; mit "English Empire" enthebt er den *Celtic fringe* der Mitverantwortung daran.

[384]   So findet sich auf S. 172 eine Parodie der zentralen Glaubensartikel des Christentums. Das folgende Zitat S. 25.

der kornischen Situation (insbesondere die englische Geschichtsfälschung, die auf ein subtiles Auslöschen der kornischen Bevölkerung durch Ausmerzen der *Cornishness* anstatt durch Massenmord hinauslaufe) mit dem Holocaust zukommen lässt, wenn er einen Handzettel der "Campaign for Social Justice in Cornwall", der diesen Vergleich zieht, in Gänze abdruckt und wohlwollend einleitet.[385]

Angarracks Buch stellt eine Art idealtypischen 'Paradetext' des kornischen Nationalismus dar, da kornische Kultur dort als eine gegebene Größe angenommen sowie als Legitimation für die nationale Anerkennung der Region angeführt wird; zudem enthält es viele der Konstruktionen der 'Nation Cornwall' in einzelnen Kulturbereichen, insbesondere dem der Geschichte. Mit praktischen Politikstrategien und konkreten Forderungen, wie seine Vision von einem Cornwall mit föderalem Status in der Europäischen Union nach Auflösung des Vereinigten Königreichs[386] zu verwirklichen wäre, hält sich Angarrack jedoch stark zurück; als 'Anleitung' für Aktivistinnen und Aktivisten, Politikerinnen und Politiker oder Planungsgremien ist *Breaking the chains* deutlich weniger geeignet als etwa *Cornwall at the crossroads*, in dem Deacon, George und Perry aus der Abwägung sozioökonomischer, politischer und kultureller Konzepte die Notwendigkeit eines grundlegenden Politikwechsels und vor allem konkrete Forderungen ableiten. Angarrack dagegen erhofft sich viel von der Europäischen Union, in erster Linie ein Ende der Dominanz Londons über Cornwall und Gerechtigkeit für kleine Nationen;[387] er wartet also auf von außen veranlasste Veränderungen, während in Cornwall zunächst nur "Cornish pride, dignity and self-esteem"[388] wiedererweckt werden müssten. Sein Aufruf "We must work to move as much control of industry, finance, planning and administration back into Cornwall." [sic!] wird nicht von der Darlegung praktischer Strategien begleitet, wie dies zu erreichen sei. Wenn Angarracks scharfen Worten Taten folgen sollen, so müssen kornische Aktivistinnen und Aktivisten an anderer Stelle nach Vorgaben von Handlungslinien suchen.

---

[385] S. 444-446.

[386] So S. 424.

[387] S. 334: "Hopefully, within a generation, the London based Anglo elite will have no more power than a County Council has at present. By then, with European help, their age old repressive grip on Cornwall will have been seriously investigated for its lack of democratic accountability."; ähnlich S. 348 und *pass*. Angarracks unerschütterlicher Glaube an das vereinte Europa lässt ihn sogar zu einem für ihn untypischen biblischen Bild greifen, wenn er vom "European olive branch" (S. 413) spricht.

[388] S. 410; das folgende Zitat S. 421.

4 Aspekte kornischer Nationalität

4.1 *Icons* und Fokussierungen der nationalen Identität

Im dritten Kapitel wurde anhand vieler Texte gezeigt, welche kulturellen Felder hauptsächlich benutzt werden, um kornische Identität zu demonstrieren, kornische Kultur zu praktizieren und so ein nationales Zeichensystem zu konstruieren, durch das die 'kornische Nation' erschaffen wird. In diesem Abschnitt geht es nun um einzelne Symbole, durch die die Idee dieser 'kornischen Nation' reproduziert wird. Dies geschieht unter den Vorzeichen des von dem Sozialwissenschaftler Michael Billig entwickelten Konzeptes des *banal nationalism*.

Billig weist in seinem *Banal nationalism* von 1995 darauf hin, dass sich Nationalismus in staatlich verfassten 'Nationen' nicht nur an wenigen, emotional aufgeladenen Momenten äußere, etwa zu Beginn eines Krieges oder an Gedenktagen (z.B. den 1989 stattfindenden Feierlichkeiten zum 200. Jahrestag der Französischen Revolution), oder nur in peripheren, substaatlichen Kontexten auftrete, so bei den Bombenanschlägen irisch-nationalistischer oder baskisch-separatistischer Gruppierungen. Vielmehr sei Nationalismus der Normalfall auch in den vorgeblichen 'Nationalstaaten' der sogenannten westlichen Welt: "Nationalism, far from being an intermittent mood in established nations, is the endemic condition." Dort, so argumentiert Billig überzeugend, wird die jeweilige Nation durch "forgotten reminders" tagtäglich reproduziert.[1] Inbegriff des *banal nationalism* und zugleich Billigs Leitmotiv ist die (National-)Flagge: "The metonymic image of banal nationalism is not a flag which is being consciously waved with fervent passion; it is the flag hanging unnoticed on the public building." Durch unzählige alltägliche Praktiken und Symbole (die Grenzlinie auf der Karte der Wettervorhersage, die Überrepräsentation der Inlandsnachrichten gegenüber denen der ganzen restlichen Welt, die nationalen Feiertage, das Feiern des Gewinns einer Fußballweltmeisterschaft auch durch Personen, die sich sonst nicht für den Sport interessieren, etc.), deren nationalistische Funktion (im Sinne der Erinnerung an Nationalität) zumeist unbewusst ist, wird die Nation täglich 'beflaggt',[2] also sowohl durch tatsächliche Flaggen wie durch andere Symbole, Praktiken und Annahmen, die flaggenartig das 'Nation-Sein' zur Schau stellen. Dadurch erweitert Billig die Bedeutung von

---

[1] Billig, S. 6 bzw. S. 8. So modifiziert er (S. 68-75 und S. 95) Benedict Andersons Idee: Die Nation sei zwar eine "imagined community", allerdings werde sie nicht ständig neu imaginiert; vielmehr werde die ursprüngliche Imagination, sozusagen der einmal erstellte Entwurf der Nation, durch den *banal nationalism* reproduziert. Zur Flagge im Folgenden *ibid.*, S. 8.

[2] Billig, S. 8. Die vorherigen Beispiele *ibid.*, *pass.*, und eigene Ergänzung.

Nationalismus. Zwei weitere Punkte verdienen hier Beachtung. Zum einen merkt Billig an, dass der *banal nationalism* nicht "benign", "innocent" oder "harmless" sei, da er schnell zur Erweckung von Gefühlen für kriegerische Zwecke aktiviert werden könne, wie der Falkland- und der Golfkrieg (Letzterer inzwischen im Plural zu verwenden) gezeigt haben.[3] Dann ist die Terminologiewahl allerdings etwas unglücklich, denn *banal* kann leicht als eben doch 'harmlos' (etc.) missverstanden werden. Zum anderen, so Billig, sei eine einzelne Nation nicht ohne die anderen vorstellbar, weswegen nicht nur die eigene Nation 'beflaggt' werde, sondern zugleich die gesamte Ordnung der Nationen der Welt, mit anderen Worten das, was oben das "Nations-Paradigma" genannt wurde (Abb. 1, S. 37), wodurch Billig die hier gemachte Annahme der Existenz eines solchen Paradigmas unterstützt.

Mit dem Begriff des *banal nationalism* lassen sich außerhalb der bisher besprochenen Bereiche noch einige weitere Merkmale und Symbole der kornischen Kultur und Identität aufzählen, die nicht nur in explizit nationalistischen Kreisen Cornwalls von großer (auch emotionaler) Bedeutung sind und zum kornischen *nation-building* beitragen. Diese unterscheiden sich von jenen Bereichen, indem sie nicht *per se* eine Unterscheidung Cornwalls von anderen Regionen darstellen, die zur Erschaffung einer 'kornischen Nation' instrumentalisiert wird, sondern eine wie auch immer geartete Differenz symbolartig darstellen und ikonenhaft zusammenfassen. *Cornish identity* und die kornische Nationalität fokussieren sich in diesen Symbolen oder *Icons* und werden so zeichenhaft darstellbar, agieren mithin als Billigs "forgotten reminders" des besonderen Status Cornwalls.

Mehrere solcher Symbole finden sich bereits in der geographischen Beschaffenheit Cornwalls. Die physische Oberfläche des Landes (der wegen der in ihrer Summe viele hundert Kilometer messenden unterirdischen Stollen aus der Zeit der Zinn- und Kupfergewinnung sogar noch eine gewisse Tiefe verliehen wird) und insbesondere ihre Begrenzungen werden als Symbol der kulturellen und ethnischen Identität Cornwalls und seiner Bevölkerung benutzt, wie es bei Territorien im Gegensatz zum einfachen 'Raum' oder 'Gebiet' generell möglich ist,[4] da sie Grenzen zwischen In- und Exklusion setzen. Im Falle Cornwalls wird das Territorium dabei sogar als "the most definitive marker of Cornish identity" angesehen.[5] Als schriftlicher Beleg direkt aus der nationalistischen Bewegung heraus sei hier zunächst Anne Burn angeführt, die in ihrem Beitrag zu *Free Cornwall* schreibt: "A true nationalist cannot fail to feel a spiritual bond with the landscape for the

---

[3]   Billig, S. 6f.

[4]   "By combining some people and certain resources and separating them from other people and other resources, the creation of territories gives physical substance and symbolic meaning to notions of 'us' and 'them' and 'ours' and 'theirs'." Territorium ist so "*the* fundamental basis for defining group and individual identities" (J. Penrose, S. 280 bzw. S. 283, Hervorhebung im Original).

[5]   A. Thomas, S. 141; ähnlich Deacon/Payton, S. 75, mit Hinweis auf den rein kornischen Wahlkreis bei Europawahlen und die Ausdehnungsversuche der Autoritäten in Plymouth nach Cornwall (ausführlicher hierzu Payton 1993d). Das folgende Zitat Burn, S. 5.

land of one's ancestors dwells deep in the souls of all who love their Land." Dafür wird die oft beschriebene Anhänglichkeit der kornischen Bevölkerung zu diesem Land als Zeugnis herangezogen:

> The feeling of being Cornish is anchored to the sense of Cornwall itself as a place. Cornishmen, wherever they travel all over the world – and actually the bulk of Cornish folk are overseas – carry with them an image of the little land to which, in their hearts, they are tethered.[6]

Für James Whetter sind topographische Merkmale (neben den sprachlichen) geradezu der bleibende Inbegriff dessen, was Cornwall definiert:

> One may well ask what does the Cornish identity consist of? What are the characteristics that make Cornwall and its people different? I suppose first of all there are the physical characteristics of the land itself. Then there are all those features that attest to the overwhelming Celtic influence, the various historic relics, the hill forts and cliff castles, Celtic crosses and other monuments, as well as less distinguishable features such as the pattern of fields and farm settlements, the hedges, the network of roads and lanes. Above all, there are the place-names, which are very largely of Celtic derivation.[7]

Neben dem Rückgriff auf die kornische Keltizität ist es also auch für Whetter das kornische Territorium, hier bis hinunter zu topographischen Einzelkennzeichen gefasst, das die kornische Identität wesentlich bestimmt. Als Symbol wird das Territorium aber besonders dann wortwörtlich sichtbar und erscheint als Teil der visuellen Kultur Cornwalls, wenn seine Begrenzungen (die Silhouette Cornwalls nach Art einer Landkarte) beispielsweise auf Autoaufklebern wiedergegeben werden, was zumeist zusammen mit der Flagge Cornwalls geschieht. Hier steht die abstrakte Umrisslinie *pars pro toto* für alles, was Cornwall wortwörtlich umfasst; zugleich wird durch das Anbringen solcher Aufkleber eine Haltung der besonderen Wertschätzung Cornwall gegenüber ausgedrückt.

Der visuelle Symbolcharakter des kornischen Territoriums und dessen Funktion lässt sich am Beispiel des Logos der Partei *Mebyon Kernow* (Abb. 19) aufzeigen. Dieses zeigt die schematisierte Umrisslinie der kornischen Landmasse, der britischen Geographie folgend von Nordosten nach Südwesten auslaufend und zur besseren Wiedererkennung korrekt eingenordet, in der Graphik von rechts oben nach links unten verlaufend. Eine annähernd quadratische Form bekommt das Logo durch die davor versetzt angeordneten Buchstaben 'M' und 'K', deren Folge die geographisch bedingten Leerräume links oben und rechts unten füllt. Mit diesem Logo wirbt die Partei sowohl in ihrer Internet-Präsentation als auch auf den anlässlich der *Cornish Assembly*-Kampagne

Abb. 19: Umriss Cornwalls im Logo von *Mebyon Kernow*.

---

6 Rowse 1969, S. 2.
7 Whetter 1970; andere Merkmale, die Whetter nennt, seien stärker veränderlich und bedroht (z. B. "physical" und "temperamental characteristics" der Bevölkerung).

herausgebrachten Plastiktüten. Mit der distinktiven Umrisslinie Cornwalls im Logo nutzt *Mebyon Kernow* die bekannte Symbolwirkung des kornischen Territoriums, und dies ist das Entscheidende, um die gesamtkornische und zugleich ausschließlich kornische Dimension ihrer Politik zu demonstrieren und das Publikum, von dem angenommen werden kann, mit dieser abstrakten Form vertraut zu sein, emotional anzusprechen – im Internet und an ihren Ständen auf der Straße, aber auch in anderen Situationen. Auch auf dem bereits gezeigten T-Shirt (Abb. 18, S. 219) war die geographische Silhouette ja eines der Symbole Cornwalls.

Bezüglich der Oberfläche des Landes, innerhalb seiner Grenzen, gibt es eine visuelle Entsprechung zu Whetters oben angeführter schriftlicher Konzeption Cornwalls aus typischen Landschaftsformen und Einzelmerkmalen, denn auch von diesen gereichen einige zu emotional wirksamen Symbolen von *Cornishness*. Dies gilt insbesondere für die industriellen Landschaften, die beispielsweise bei der Gewinnung von Porzellanerde (Kaolin, besonders im Raum St Austell) durch das Auftürmen des weißen Abraums[8] oder durch die Konzentration von verlassenen Minen mit den dazu gehörenden oberirdischen, jetzt verfallenden Bauten in zahlreichen erzhaltigen Gegenden entstanden. Die über die Landschaft verteilten Ruinen der Maschinenhäuser stehen geradezu emblematisch für Cornwall und dessen industrielle Vergangenheit,[9] so dass hier erneut auf die Geschichte rekurriert wird. Neben dem bereits besprochenen Logo des *Approved Origin Scheme* (Abb. 4, S. 141), das die stilisierte Ruine einer Bergbauanlage zeigt, genüge folgende Aussage als Beispiel für den Symbolcharakter des verlassenen, in Ruinen liegenden Maschinenhauses der Zinnminen:

> One aspect of Cornwall, though, has reigned supreme since the beginning of recorded history and before. It is the mining industry – and for Cornishmen the poignant symbol of the abandoned engine house, and the associated underground workings, is the definition they acknowledge and cling to.[10]

Der Symbolcharakter des (kornischen) Territoriums zieht es nach sich, dass die Integrität Cornwalls zu den höchsten Zielen der kornischnationalen und angrenzender Bewegungen zählt. Die Organisation *Tyr-Gwyr-Gweryn* beispielsweise sieht die territoriale Integrität Cornwalls als für die kornische Identität überlebenswichtig an, während *Mebyon Kernow* verlauten ließ: "Cornwall remains the only territorial unit for government that MK will accept. Cornish integrity is non-negotiable." Kämpferischer klang die Verteidigung Cornwalls aber früher:

---

[8]   Kent (2000, S. 209-214) beschreibt ausführlich die Bedeutung dieser Landschaftsform für den Literaten Jack Clemo, in dessen Romanen und Gedichten die Porzellanerde aufgrund ihrer weißen Farbe oftmals symbolisch für die Erlösung durch Christus stehe.

[9]   Hale 2002b, S. 164. Nach Hale werde diese industrielle Symbolik neuerdings oftmals als 'keltisch' interpretiert, hinreichende Belege bleibt die Autorin aber schuldig.

[10] Oates, S. 24; die folgenden Belege Tyr-Gwyr-Gweryn bzw. Mebyon Kernow 1999b (beide unpag.).

Mebyon Kernow is a non-violent and democratic movement in the best traditions of British political movements and we would never condone the use of force as a solution to Kernow's problems. But if Plymouth City Council persist in their expansionist policies in south-east Kernow, if the British government backs them up, more, if the City Council by some law contrived at Westminster - which, by the way, we would not recognize - ever acquired possession of one yard of territory west of the Tamar Mebyon Kernow would naturally feel sympathy for militants who formed themselves into cells to disrupt and disorganize the administration of the occupied lands.[11]

Es ist als ein großer Erfolg der kornischen Bewegung zu werten, dass Cornwall noch die Tamargrenze besitzt, die Integrität des Landes also bisher verteidigt werden konnte. So musste auch eine Kommission zur Reform der Lokalverwaltung Englands bei ihren Erwägungen anerkennen, dass diese Grenze ein wichtiger Faktor der kornischen Identitätsbildung war. Die Kommission hielt daher die Einrichtung einer "single unitary authority" für ganz Cornwall für empfehlenswert, da diese Option die "integrity of the county area and its importance to individuals as a unit of cultural and community identity"[12] respektiere, und verwarf andere Optionen, so die Schaffung dreier solcher Autoritäten, unter deren Zuständigkeit Cornwall bei Auflösung des *Cornwall County Council* aufgeteilt worden wäre.

Noch bedeutender für die physische Beschaffenheit Cornwalls als Symbol kornischer Identität ist der Grenzfluss Tamar, dem es zu verdanken ist, dass das Land, im Norden, Süden und Westen allein dem Meer zugewandt, praktisch von allen Seiten von Wasser umgeben ist, da er Cornwall im Osten so von Devonshire trennt, dass nur im äußersten Nordosten einige Kilometer Landgrenze bestehen. Schon 1804 hatte John Whitaker mit Nachdruck auf die Bedeutung des Flusses verwiesen, als er im Zuge der Darstellung der Attacken Athelstans schrieb: "*All* Devonshire now became for ever a part of England. The Tamar now formed, as it forms at this day, the contracted limit between England and Cornwall."[13]

Zahlreiche Beispiele im Korpus belegen die Bedeutung des Tamars, die folgenden, für sich sprechenden Kostproben mögen aber genügen. Schon der *Cornwall County Council* verweist in seiner Selbstdarstellung darauf: "To the east, Cornwall's border with Devon is formed by the River Tamar, which forms a physical and cultural divide with the rest of Great Britain, for all but 18 km of its length." Fleet hebt die Bedeutung des Flusses wie folgt hervor: "the Tamar has come to acquire a symbolic, almost mystical, significance for Cornishmen, [...], for countless thousands of them it has stood – and stands – as the place of parting or return, the end or beginning of home". Die *Cornish Constitutional Convention* argumentiert in ihrer Forderung nach Anerkennung einer rein kornischen Region sogar, das

---

11 Mebyon Kernow 1970; durch den Terminus "occupied lands" wird hier wieder inter-'nationale' Terminologie auf das Verhältnis zwischen Cornwall und England angewendet.

12 Local Government Commission for England, S. 20; auffällig ist hierbei die dezidiert anti-nationalistische Ausdrucksweise, in der Cornwall als bloße "county area", die Gemeinschaft der kornischen Bevölkerung nüchtern als "cultural and community identity" erscheint.

13 Whitaker, Bd. 1, S. 19 (Hervorhebung im Original).

Problem instabiler Regionsgrenzen existiere in Cornwall wegen Athelstans Grenzsetzung im 10. Jahrhundert nicht: "We note that Cornwall's boundary with South-
west England was fixed in 936 A.D. with only very minor changes since".[14] Oft
wird sogar Wert darauf gelegt, dass die Grenze nicht wie meist in der Flussmitte,
sondern am linken, östlichen Ufer liegt, wie im Bericht von Howard Curnow,
einem der Organisatoren des zuvor angesprochenen Gedenkmarschs von 1997:

> That declaration [by Athelstan] had never been rescinded. Therefore I reminded the
> gathering at the Castle that we would cross the Tamar, and then step into England at the
> far side. But when I reached the bridge just ahead of the procession, I found the vice-
> chairman of West Devon District Council had taken up position in the centre of the
> bridge. Diplomacy was called for.

Der *Councillor* konnte dann mit der vorgeschobenen Begründung einer besseren
Filmbarkeit des Ereignisses dazu bewegt werden, den kornischen Zug an der 'richtigen' Stelle zu empfangen, nämlich auf der östlichen Seite der Brücke. Dass dies
zumindest in Teilen der Bevölkerung Widerhall findet, belegt ein Leserbrief, in
dem E.J. Pengelly, wie andere, mit Nachdruck darauf hinweist, dass der Fluss seit
Athelstans Grenzsetzung integraler Teil kornischen Territoriums sei: "For those
who are sincerely interested in truth, please let it be known that the Tamar is
unambiguously a Cornish river and an integral part of Cornish territory. [...] The
Tamar, in fact, is the national border between Cornwall and England".[15] Tatsächlich gehört es zur nationalistischen Interpretation, dass der Tamar als Landesgren-
ze zwischen Nationen (nämlich Cornwall und England, das auf der anderen Seite
beginne), nicht als Grenze zwischen administrativen Einheiten wie Grafschaften
oder Regionen gilt. So schrieb Richard Gendall 1975: "We have now arrived at
the frontier between Cornwall and England, officially recognized by the Saxon
King Athelstan about the year 936 A.D.; the river Tamar." Kent bezeichnet den
Tamar als "the oldest national boundary in Europe", Laity, Saunders und Kent als
"one of the most stable frontiers in Europe", während Weatherhill die Grenze gar
als aus einen Vertrag zwischen Cornwall und Wessex folgend ansieht.[16]

Hierzu kann angemerkt werden, dass der Tamar bereits im Mittelalter als Synonym für Anfang oder Ende Cornwalls galt, die Grenze mithin im Bewusstsein der
kornischen Bevölkerung in einem Maße verankert war, das es zuließ, den Fluss in
einer metonymischen Umschreibung Cornwalls zu nutzen, wie in den folgenden
Beispielen aus der kornischen Literatur. In einem Sprachmonument, das ein Dra-
menfragment, ein Zwischenspiel eines größeren Stückes oder ein eigenständiges
Gedicht sein könnte und zwischen 1350 und 1400 datiert wird, heißt es:

---

[14] Nacheinander Cornwall County Council 2001b, Fleet, S. 118, und Cornish Constitutional
      Convention 2002b, S. 10; nachfolgend Howard Curnow in Parker (Hg.), S. 59.
[15] E.J. Pengelly 2002; auch Weatherhill (2005, S. 43) legt Wert auf den genauen Grenzverlauf.
[16] Gendall 1975, S. 5 (wieder Rekurs auf die lange zurückliegende Geschichte als Legitima-
      tion der Distinktivität); Kent 1997, S. 4; Laity/Saunders/Kent, S. 6; Weatherhill 2005, S. 43.

lemen yz torn my os re	Now I give her into your hand,
ha war en greyz myante	and by my faith, I swear it,
nag vs y far	she does not have her equal
an parz ma ze pons tamar	this side of the Tamar bridge.[17]

Ähnlich ist in *Beunans Meriasek*, dem Heiligenleben von 1504, zu lesen:

Me yv duk in oll kernow	I am Duke in all Cornwall:
indella ytho ov thays	So was my father,
hag vhel arluth in pov	And a high lord in the country
a tamer the pen an vlays	From the Tamar to the end of the kingdom. [Land's End][18]

Abb. 20: Donald MacLeod: *Ow treusi an Tamer – Crossing the Tamar.* 1996.

Der Bedeutung des Flusses entsprechend hat der in der kornischen Künstler-kolonie St Ives arbeitende Maler Donald MacLeod in seinem regional bekannten Gemälde über den kornischen Aufstand von 1497 (Abb. 20) nicht etwa den Aufbruch Michael Josephs ("An Gof") und seiner Anhänger in St Keverne im Westen Cornwalls, ihre Ankunft vor den Toren Londons oder die anschließende Schlacht von Blackheath gemalt, sondern genau den Augenblick dargestellt, in dem die

---

17   Zu diesem sogenannten *Charter Endorsement* oder *Charter Fragment* Toorians (Hg.), Datierung besonders S. 8f.; zitiert wurden Zeilen 15-18, S. 6 (kornisch) bzw. S. 28 (englisch).
18   Stokes (Hg.), S. 71, Zeilen 2205-2208; die Beschreibung Cornwalls als Land zwischen Tamar und Land's End zeigt, wie sehr dessen Begrenzungen bewusst waren. Diese beinahe magische Scheidegrenze hat sich bis heute im Sprachgebrauch erhalten, so im obigen Zitat von Cole ("east of the Tamar" für 'außerhalb Cornwalls', s. "Protest at the Tamar Bridge", S. 7) oder wenn Payton (2002c, S. 20) von "the little land west of the Tamar" spricht.

Anführer über eine Brücke das östliche Tamarufer erreichen, damit Cornwall verlassen und in nationalistischer Sichtweise England betreten. Es ist also gerade der Moment festgehalten, in dem die Aufständischen ihre weitere Heimat, die 'Nation Cornwall', im Gegensatz zum jeweiligen Landstrich oder Dorf verlassen. Wiederum wird der Fluss zum emotionalen Symbol für die kornische Heimat, und so kann MacLeod die gesamtkornische und gleichzeitig cornwallspezifische Dimension des Ereignisses herausstellen, denn nun liegt wörtlich und steht metaphorisch ganz Cornwall hinter dem kornischen Zug, was dem Gemälde eine Tiefe verleiht, die kein anderer Moment aus der Geschichte um den Aufstand des Schmieds und seiner Anhänger erreichen konnte. MacLeods Gemälde hat damit als ein visueller 'Meistertext' des kornischen *nation-building* zu gelten.

Neben den geographischen Gegebenheiten können aber auch alle Objekte, Symbole und Tätigkeiten des täglichen Lebens, die eine Verbindung zu Cornwall haben, als sichtbares Zeichen der *Cornish identity* gelten, wenn sie im entsprechenden Kontext dargestellt oder benutzt werden. Beispiele sind das sogleich zu besprechende *Cornish pasty* oder das Surfen, das von der jungen Generation der einheimischen Bevölkerung, die in der Nationalismusbewegung stark vertreten ist, zur jungen 'nationalen' Sportart (im Unterschied zum älteren *Rugby Football*) und zum "marker of ethnic affiliation" erhoben und durch Dekoration der Sportgeräte und -bekleidung mit keltischen Symbolen zur Demonstration kornisch-keltischer Identität benutzt wird.[19] Die Bedeutung des Surfens für die kornische Identität wird aber auch dadurch bestätigt, dass das kornische *Gorseth* 1993 erstmals eine Person für ihre Verdienste um das Surfen in Cornwall mit dem Titel *Bard* und der Aufnahme in den Kreis des *Gorseth* geehrt hat, und Kent weist sogar darauf hin, dass das Surfen als 'grüne' Sportart der klischeehaften keltischen Eigenschaft des Einklangs mit der Natur entspreche, da es nicht destruktiv ist,[20] anders als beispielsweise das Skifahren, das in den Alpen ein Umweltproblem darstellt; allerdings geht diese Interpretation doch etwas zu weit.

Das *Cornish pasty* (eine mit Fleisch und Gemüse gefüllte Teigtasche), das als lange etabliertes *Icon* unter anderen Symbolen seinen Weg auf das Titelblatt der ersten Ausgaben der zweiten Folge von *Cornish studies* gefunden hat und für dessen rechtlichen, europaweiten Schutz der Europaabgeordnete für Cornwall und Plymouth 1995 vor dem Europaparlament eintrat,[21] gilt als kornisches Nationalgericht. Es wird weithin als kulinarischer Inbegriff Cornwalls und nicht nur von Nationalistinnen und Nationalisten als Träger kornischer Identität auf diesem Gebiet angesehen, als "cornerstone and symbol of Cornish culture the world over". So schreibt Les Merton in seiner humorvollen *Official encyclopædia of the Cornish pasty* von 2003 im Eintrag "Up-Country Pasty" (ein *pasty*, das auf der anderen

---

[19] So Burrell 1996; dazu auch Kent 2000, S. 267, das vorherige Zitat *id.* 2002, S. 221.

[20] Dies beides Kent 2002, S. 221f.

[21] Hierzu Young. Deacon, Cole und Tregidga (S. 8f.) sehen das *pasty* zu Recht als frühes kornisches *Icon*, da es bereits 1847 bei einer Demonstration symbolisch umhergetragen wurde.

Seite des Tamarflusses hergestellt wurde): "Our readership includes a large number of Methodists. Therefore it would be very unfitting to comment on pasties made up-country." Kurz nach diesem Verzicht auf die eigentlich angebrachten Kraftausdrücke äußert Merton, die kornische Bevölkerung sei genauso abhängig vom *pasty* wie Koalas von Eukalyptusbäumen.[22] Bei Rugbyspielen dient eine riesige *pasty*-Imitation als Glücksbringer des kornischen Teams, insbesondere wenn sie bei *County Championship*-Finalspielen von Fans an die Torlatte gehängt wird. So wurde bereits 1908, eventuell sogar während des Spiels, ein Ton-Modell an die Querlatte gehängt, und Cornwall gewann; Ordner verhinderten diesen Vorgang beim Finale 1989, das prompt verlorenging, während eine bessere Vorbereitung durch die Fans im Vorlauf des Finals 1991 für ein erfolgreiches Aufhängen der neuen *pasty*-Imitation aus Draht und Gips, 'folgerichtig' für den Sieg Cornwalls sorgte.[23] Diese Anekdote zeigt, dass das *pasty* ein veritables Symbol der Kultur Cornwalls ist, mit dem sich sogar die Rugby-Anhängerschaft identifiziert. Neben dem alltäglichen *pasty*-Genuss (und der kitschigen Vermarktung z. B. als Manschettenknöpfe aus Metall) trägt die symbolische, fast rituelle Nutzung des *pasty* dazu bei, ein kornisches Zeichensystem zu erstellen und zu perpetuieren ('einzuüben'); zugleich bietet das *pasty* emotionale Anknüpfungspunkte für die nationale Sichtweise Cornwalls, zumal in dem aus kornischer Perspektive 'internationalen' Rahmen der Endspiele, hat die Fahrt ins Londoner Twickenham (Middlesex), wo die Finals stattfinden, doch den Status einer Pilgerreise nach England inne.

Deutlicher wird dies in den üblichen Nationalsymbolen, die auch für Cornwall vorhanden, wenn auch inoffiziell sind: 'Nationalflagge', 'Nationalpatron' (dessen Gedenktag als 'Nationalfeiertag' gilt) und 'Nationalhymne'. Sogar eine Vogelart, der *Cornish Chough*, eine Krähe mit rotem Schnabel und roten Beinen, nach der das *Cornish Stannary Parliament* ihre Aktion zur Entfernung von *English Heritage*-Tafeln aus Cornwall benannt hat ("Operation Chough!"), symbolisiert das Land als "our "national" bird".[24] Diese Symbole verkörpern Cornwall nicht nur, sondern reihen es zugleich in die Gemeinschaft von 'Nationen' ein, denen solche Symbole dem "Nations-Paradigma" zufolge gewohntermaßen nur zukommen.

So gilt als kornische 'Nationalflagge' die *St Piran's flag*, ein weißes (silbernes) Georgskreuz auf schwarzem Grund, die als Flagge des Patrons der Zinnarbeiter im 20. Jahrhundert besondere Bedeutung erlangte, obwohl sie schon 1826 als altes Banner und 1837 als etablierte Flagge der *Tinners* und Cornwalls beschrieben wurde. Wenn sie auch als Zeichen Gesamtcornwalls nicht unumstritten war,[25] so

---

[22] Zunächst Richardson, S. 59, dann Merton 2003b, S. 32 und S. 38.
[23] Gregory 1991, S. 32f.; Clarke/Harry (unpag., Abschnitt "The Pasty's tale").
[24] Berry, S. 36; zuvor Cornish Stannary Parliament 2000b. Der Vogel ist ein Emblem Cornwalls, weil der Legende in ihrer kornischen Ausprägung nach die Seele König Artus' in einem *Cornish Chough* auf die Wiederkunft des 'kornischen' Königs wartet (Darke, S. 9).
[25] Deacon, Cole und Tregidga (S. 39) erwähnen, dass *Mebyon Kernow*-Mitglieder noch in den 1950er Jahren um eine buntere Version einer kornischen Flagge stritten. Die historischen Daten zuvor nach R.G. Jenkin 1969, S. 4, Payton 1974, S. 76, und *id.* 1996, S. 269.

wird sie doch heute besonders zu kulturellen Veranstaltungen wie den *St Piran's Day*-Feierlichkeiten und anderen Anlässen mit kornischer Bedeutung, aber auch zu allen anderen Gelegenheiten wie den Demonstrationen gegen die Schließung einer Krankenhausabteilung in Penzance mit Stolz getragen, denen damit eine gesamtkornische, eben 'nationale' Dimension verliehen wird. Das *Cornish Stannary Parliament* forderte 1974 in einer Petition an Königin Elisabeth II., dass die *St Piran's flag* als "Cornish National Flag" offiziell anerkannt werde,[26] was allerdings nicht zum gewünschten Erfolg führte. Jedoch weht sie seit 1985 auch vor der *County Hall* in Truro, in der der *Cornwall County Council* tagt, so dass sie bereits zu einem "forgotten reminder" der nationalen 'Beflaggung' (nach Michael Billig) geworden ist. So weit ist ihr Symbolcharakter etabliert, dass sie als Aufkleber an der Rückseite kornischer Autos geradezu ein Ausweis kornischer Identität ist, wie auch als Anstecknadel oder Aufdruck auf T-Shirts (Abb. 18, S. 219), mit denen die Trägerin oder der Träger die Identifikation mit Cornwall demonstriert.

Da britische Autos auf den Nummernschildern die jeweilige Landesflagge (die von England, Schottland und Wales), alternativ den *Union Jack* oder die Europa-Sterne tragen dürfen, entstand Unwille darüber, dass das Transportministerium die *St Piran's flag* für Cornwall ablehnte; ein Händler in Penwith verkauft illegalerweise dennoch Nummernschilder mit der schwarz-weißen Flagge und hofft, angezeigt zu werden und vor Gericht auf die 'Diskriminierung' aufmerksam machen zu können.[27] Mit der weiten Verbreitung der Flagge in der kornischen Bevölkerung und dem gewissen Maß an 'offizieller' Anerkennung, das der *County Council* der Flagge zollt, besitzt Cornwall eines der wichtigsten Embleme von Nationalität, nämlich eine in der Bevölkerung geschätzte 'Nationalflagge' (die Grafschaften gewöhnlich nicht zukommt und Cornwall somit auf eine über der grafschaftlichen liegende, 'nationale' Ebene erhebt), an die sich sowohl weitere Symbole als auch 'nationale' Emotionalität und damit Billigs 'Beflaggung der Nation' anschließen können. (Die Versuche in Devonshire seit 2004, eine eigene Flagge zu etablieren, folgen sicherlich dem erfolgreichen Vorbild am anderen Ende der Tamarbrücke, denn die kornische Flagge dient inzwischen auch als wirtschaftliches Markenzeichen und wirbt mit seiner einfachen, leicht reproduzierbaren Struktur prägnant für kornische Produkte in ganz Großbritannien. Die Devonshire-Flagge allein kann aber die nationale Symbolik, in die die kornische Flagge eingebettet ist, nicht ersetzen, zumal mit ihr keine nationale Identifikation ausgedrückt wird.)

Als 'Nationalpatron' Cornwalls, parallel zum englischen St. George, dem walisischen St. David, dem schottischen St. Andrew und dem besonders prominenten irischen St. Patrick, gilt heute St. Piran, der zunächst nur der Patron der *Tinners* war,[28] während Henderson noch 1935 den Erzengel Michael in dieser Funktion

---

[26]   Trewin-Wolle (Hg.), S. 8, Abdruck der Petition S. 12.
[27]   Hierzu "Number plate rebel with Cornish cause defies law".
[28]   So schon 1758 William Borlase, S. 302, und 1804 John Whitaker, Bd. 2, S. 8. Sogleich folgend Henderson, S. 197-201.

sah; doch dieser war offensichtlich nicht distinktiv kornisch und 'keltisch' genug, so dass der bisherige Patron der kornischen Bergleute, der Bedeutung der Zinngewinnung für Cornwall entsprechend, zum Nationalheiligen erkoren wurde. Mit seiner irischen Abstammung[29] und damit den Verweisen auf das sogenannte keltische Christentum ist dieser ideologisch weitaus anziehender als der unspezifische, 'panchristliche' Erzengel.

Der Status des heiligen Piran als kornisches *Icon* ist inzwischen so etabliert, dass die Skinner's Brewery aus Truro mit ihrem *St Piran's Ale* sich und mit der Abbildung des Heiligen auf den betreffenden Bierflaschen ihrem Produkt kornische Identität verleihen kann (Abb. 21). Dass Piran dabei als Surfer auf dem Mühlstein gezeigt wird, auf welchem er der Legende nach Cornwall erreichte, nachdem er in Irland mit eben jenem Stein um den Hals über die Klippen geworfen worden war, verbindet den ehrwürdigen Heiligen mit der kornischen Surfgeneration, abstrakter den historisch-religiösen mit dem

Abb. 21: Der heilige Piran als Surfer auf dem Mühlstein; Etikett des *St Piran's Ale* der Skinner's Brewery.

sportlichen Kulturbereich und belegt zusätzlich zu den oben bereits angeführten Beispielen erneut die Bedeutung des Surfsports für Cornwall.

Es gibt Bestrebungen, die Ruinen von Pirans frühchristlichem Oratorium, die in den Sanddünen nahe Perranporth an der Nordküste Cornwalls begraben liegen, auszugraben und zum Mittelpunkt eines Zentrums für kornische Kultur zu machen, um so die Besonderheiten Cornwalls in diesem Bereich symbolisch in einem Ort zu fokussieren und einen Beitrag zur "Cornish Renaissance" zu leisten:

> There is growing awareness in Cornwall of the intrinsic value of Cornish culture and identity; and culture and identity require symbols to focus them and give them substance. [...] Over the centuries the Oratory has been a focus for Cornish people; and the St Piran's Day processions and celebrations on the *towanow* [Sanddünen] have been a focal activity for centuries.[30]

In diesem Besucherzentrum hätte die 'Nation Cornwall' eine Art Nationalmuseum, einen Ort nationaler Erinnerung, der viele der vorgestellten Einzelaspekte kornischer Identität und Kultur zusammenfassen könnte, gilt doch St. Piran, ungeachtet seiner ursprünglich religiösen Bedeutung, als Symbol kornischer Differenz, und sein Oratorium "symbolises much that is important in Cornwall". Damit wäre, in Edensors Terminologie, ein "iconic site" errichtet, ein Ort, der wie ein im säkularen Sinne 'heiliges' Zentrum der Nation Ziel 'nationaler Pilgerfahrten' werden

---

29   Hierzu Carter, besonders S. 3-9.
30   Dieses und das sogleich folgende Zitat aus St. Piran Project.

könnte.[31] In der hier benutzten Terminologie ergäbe sich ein an diesem Ort *verdichteter* 'Text' der kornischen Nationalität, aus dem sich die Nationsbildung lesen ließe, der dabei selbst der Perpetuierung der Nation dienen würde, indem er in den Besucherinnen und Besuchern ein Gefühl nationaler Bindung zu induzieren sucht. Dabei sind die Bestrebungen zu diesem Museum, die sich zwar in St. Piran fokussieren, sich aber darin bei weitem nicht erschöpfen, selbst ein Teil dieses Nationsformationsprozesses, sozusagen ein Absatz dieses 'Textes'.

Das Fehlen einer dominierenden 'Hauptstadt' in Cornwall hat es bisher verhindert, dass sich ein Zentrum entwickeln konnte, in dem sich nationale Aspekte in dieser Art verdichten ließen. Dies kontrastiert mit anderen Gebietseinheiten auf den Britischen Inseln, deren historische Städte jeweils einen besonderen Fokus darstellen, beispielsweise mit England, wo London mit den nationalen "iconic sites" aufwarten kann (Buckingham-Palast, Trafalgar Square mit der Nelson-Säule und Nationalgalerie, Tower und Tower Bridge, *British Museum* etc., die allerdings im Zwiespalt zwischen *Englishness* und *Britishness* stehen; der *Millennium Dome* konnte auch nirgendwo anders auf den Britischen Inseln entstehen als in London), Irland, wo Dublin unangefochten die nationalen Symbole hütet (das *General Post Office* als Ort des Osteraufstandes 1916, das "Book of Kells" im Trinity College und sogar negativ, in der Ablehnung britischer Hoheitsansprüche, als Ort der 1966 in die Luft gesprengten Nelson-Säule), Wales, wo Cardiff als Sitz der neuen walisischen Versammlung einen starken Vorzug vor Swansea erhielt, und Schottland, wo zumindest eine 'Aufgabenteilung' zwischen Glasgow als wirtschaftlicher und Edinburgh als politischer Hauptstadt etabliert ist (so befindet sich das *Royal Museum of Scotland* auch dort). Auf der Ebene der Grafschaften kann selbst das benachbarte Devonshire mit Exeter (und seiner berühmten Kathedrale) ein Zentrum vorweisen, dessen Vorrangstellung wegen der Spezialisierung der Stadt Plymouth auf maritime Aspekte unbestritten und das allein als Ort zentraler repräsentativer Einrichtungen jener Grafschaft vorstellbar ist. In Cornwall dagegen ist Truro als Sitz der Grafschaftsverwaltung, des *Royal Cornwall Museum* und der Diözese höchstens *prima inter pares*. So wurde neuerdings der Hauptcampus der *Combined Universities in Cornwall* nach Penryn, ins Hinterland von Falmouth gelegt, während die größte urbane Struktur Camborne-Redruth ist, wo unter anderem das neue *Kresenn Kernow / The Cornwall Centre* mit der *Cornish Studies Library* (Redruth) angesiedelt ist und auch Bodmin, Penzance und sogar Launceston (als eine historisch bedeutende Stadt) eigene Zentren sind, in denen die Ansiedelung prestigereicher Institutionen denkbar wäre. Die Gründung eines 'nationalen' Museums unter dem Namen St. Pirans in den Sanddünen nahe des kleinen Ortes Perranporth an der Nordküste würde diese Dezentralität als kornische Besonderheit fortsetzen.

Doch St. Piran ist nicht nur 'Nationalpatron' Cornwalls und Ursprung der kornischen Flagge, sein Festtag, der *St Piran's Day* am 5. März, gilt inzwischen als

---

[31]   Edensor, S. 45; auf Tintagel Castle als "iconic site" wurde bereits hingewiesen (S. 143).

'Nationalfeiertag' Cornwalls.[32] Wurde er anfangs nur von Zinnarbeitern begangen, wie Whitaker 1804 bemerkte, so ist er später als gesamtkornischer Feiertag übernommen worden (ähnlich der Flagge und der Patronsfunktion). An diesem Tag wird kornische Identität auch unabhängig von der Person Pirans demonstriert, in Cornwall selbst wie in den Zielgebieten der kornischen Auswanderungswellen. Dies findet Parallelen in den Feierlichkeiten am irischen *St Patrick's Day*, der als Fokus für *Irishness* in ganz Irland und überall da begangen wird, wo Personen irischer Abstammung zusammenkommen.

Zum abstrakten 'Text' des Ablaufs des kornischen Feiertags als ein Nationalfeiertag gehören vor allem die alljährlichen 'Wallfahrten' (am Wochenende um den 5. März, denn es handelt sich nicht um einen gesetzlichen Ruhetag) zu den genannten Stätten bei Perranporth, auf denen das Leben Pirans und die Geschichte Cornwalls unter besonderer Berücksichtigung der (Zinn-)Bergbaugeschichte in dramatisierten Szenen auf Englisch und Kornisch nachgestellt werden.[33] Zusammen mit den vielen *St Piran's flags*, Accessoires in Schwarz-Gold, dem kornischen Tartan und der gespielten kornischen Musik (auch mit dem Dudelsack, der seinerseits seine *Cornishness* durch die St. Piran-Flaggen und den kornischen Gesamtkontext erhält), ist dies eine große 'Performanz', ein darbietendes Ausleben der kornischen, national verstandenen Kultur, ebenso wie die Paraden, die dann in Truro, aber auch in anderen Städten Cornwalls abgehalten werden.

Diesem Feiertag ist es somit eigen, dass alle kornischen 'nationalen' Merkmale aufgerufen werden können, auch wenn sie keinen direkten Bezug zu Piran aufweisen, was den Tag überhaupt erst von einer eigentlich historisch-religiösen zu einer kornischnationalen Veranstaltung macht; insbesondere das Singen der *Trelawny*-Hymne am Ende der 'Wallfahrt' markiert ihn als 'nationalen' Feiertag. Doch er ist nicht nur ein Ausführen und eine Demonstration kornischer Kultur insgesamt, in seiner jährlichen Wiederkehr dient er auch dazu, kornische Nationalität 'einzuüben': Er bietet einen jährlichen Fokus für nationale Gefühle, die dabei insbesondere an jüngere Mitglieder der kornischen Gemeinschaft weitergegeben werden. Mit dem 'rituellen' Gedenken an den Heiligen, der heute für ganz Cornwall steht, und den allgemeinkornischen Veranstaltungen, die an oder um jenen Tag stattfinden, gehört der *St Piran's Day* in die Kategorie der *invented traditions*, die ein Gefühl der Konstanz, Verbundenheit und Legitimität vermitteln, wie oben (S. 22) in der Zusammenfassung von Hobsbawm beschrieben.

---

[32] Dabei ist der *St Piran's Day* nur das wichtigste Fest, denn auch andere sind Teil kornischer Kultur und Manifestationen der *Cornish identity*. Ältere Feste wie der *'Obby 'Oss*-Tag am 1. Mai in Padstow und der *Helston Furry Dance* am 8. Mai stehen neben jüngeren Veranstaltungen wie dem *Trevithick Day* in Camborne (April) oder *Lowender Peran* in Perranporth (Oktober). Sie alle sind fester Bestandteil des gesamtkornischen kulturellen Kalenders und werden zur Demonstration von *Cornishness* benutzt; insbesondere fallen die unzähligen St. Piran-Flaggen auf, die dann allerorts sichtbar sind. Das Folgende Whitaker, Bd. 2, S. 8.

[33] Eine Beschreibung der Feierlichkeiten um Perranporth 2002, denen auch der Verfasser dieser Arbeit beiwohnte, gibt Parker 2002b (mit zahlreichen Abbildungen).

Zu den weiteren Symbolen, die einen Nationsstatus suggerieren, weil sie gewöhnlich nur Nationen zukommen, gehört die Nationalhymne, und so wird vor allem bei bedeutenden Rugbyspielen, aber auch bei vielen anderen Veranstaltungen mit einer kornischen Dimension die inoffizielle 'Nationalhymne' Cornwalls, *Trelawny or The Song of the Western Men* (Anhang B), gesungen. Dass dieses Lied in Cornwall tatsächlich jenen Status besitzt, wird beispielsweise durch einen Beitrag in der Zeitschrift *Cornish world* belegt, in dem dessen Verfasser rundheraus erklärt: "It was [the Rev Robert Stephen] Hawker who gave us our National Anthem, The Song of the Western Men, better known as Trelawny". In gleicher Weise heißt es auch: "*Trelawny*, as it is now known, has become the Cornish national anthem." An anderer Stelle erscheint ein weiterer Aspekt der kornischen Hymne: "At the Royal Albert Hall", wird ein Mitorganisator der *Last Night of the Cornish Proms* 2002 zitiert, "they end the evening with *Rule Britannia*. Our evening will close with everyone singing *Trelawny* and with St Piran's flags being raised."[34] Mit diesem direkten Vergleich wird die nationale Bedeutung des britischen Liedes, das in hohem Maß britischen Nationalstolz ausdrückt, auf das kornische Lied übertragen. Bei Gelegenheiten wie der Musikveranstaltung oder den genannten Rugbyspielen manifestiert sich die 'kornische Nation' durch diese Symbole, so beim Finale der *Rugby County Championships* 1992 in Twickenham, als 40 000 kornische Fans (fast 10% der Einwohner Cornwalls) ihre *Cornishness* u. a. mit den traditionellen Farben Cornwalls (etwa als Rugbyshirts in *black-and-gold*), St. Piran-Flaggen, *pasties* und dem *Trelawny*-Lied demonstrierten:[35]

> Success in the County Championship provided a catalyst for ethnic assertion. This was less to do with rugby and more to do with celebrating Cornishness. Twickenham provided the location for a celebration of Cornish ethnicity. It was [...] an unashamed collective display of Cornish pride.

Die große Unterstützung des Teams und besonders die ethnische Symbolik sowie die Bedeutung des Rugbyspiels als "the people's game" für *Cornish folk* (wie für Waliser) kommentierte ein Journalist des *Guardian* anlässlich des Finales 1989: "If the final of the Toshiba County Championship proved anything, it was that the lusty spirit of national independence is alive and flourishing in the undeclared Republic of Cornwall." Diese hat, wie sich zweifelsfrei sagen lässt, im Rugby ihren

---

[34] Zuerst Dawe, S. 55, dann Prout (unpag.), schließlich Simon Hendra, zitiert in "Trelawny will be climax to event of musical magic".

[35] Payton 1992, S. 244, *id.* 1996, S. 278; das nachfolgende Zitat Deacon 1993, S. 209. Bawden (S. 24) spricht in seinem passenderweise "Rugby - the Cornish game" überschriebenen Artikel gar von 50 000 Schwarz-Gold-Anhängern im Finale 1991. Jedenfalls ist die Zahl deutlich höher als jene in dem Lied, wo es heißt, 1688 seien 20 000 Menschen aus Cornwall ausgezogen, um sich für den im Tower inhaftierten Bischof Trelawny einzusetzen. Vielleicht geht diese Zahl (mit Übertreibung) auch auf den Marsch nach London 1497 zurück, so dass sich die 'kornischen' Unruhen von 1497 und 1688 in der historischen Erinnerung bereits vermischt hatten, als das Lied im 19. Jahrhundert in seiner heutigen Form entstand.

'Nationalsport' gefunden: "Rugby in Cornwall, of course, is almost a religion – some might even say it is a religion."[36] Ein anderer kornischer Kommentator nennt Rugby "OUR modern game", ähnlich sieht es Donald Rawe ("Rugby, the game which the Cornish, like the Welsh, have adopted and made especially their own, raises a nationalistic fervour when the Cornwall team plays in the County Championships"); zuletzt ist Rugby als "The national sport of Kernow" bezeichnet worden.[37] Tatsächlich hat die Reise von *Trelawny's Army*, der kornischen Rugbyfans, zu den Auswärtsspielen des kornischen Teams, insbesondere zu den Grafschafts-Finals, eine beinahe ritualistische Form angenommen. Dazu mag passen, dass der Sport für Cornwall nicht nur ein Attribut ist, sondern andersherum auch im Rugby kornische Differenz und Unabhängigkeit ihren Ausdruck finden: Seward führt Belege aus dem gesamten 20. Jahrhundert für die "independent and Cornucentric nature of Cornish rugby" an und zeigt, dass Begegnungen des kornischen Teams mit anderen Mannschaften oftmals internationale Charakterzüge tragen.[38]

Gerade im Bereich des Sports, hier besonders im Rugby, zeigt sich eine typische Eigenschaft von Nationen, die auch in Cornwall zu beobachten ist. Sind die lokalen Rugbyvereine untereinander von starker Rivalität gekennzeichnet, so entsteht Solidarität unter den Anhängern verschiedener Clubs auch zu den Spielern der gegnerischen Vereine, wenn diese für die 'nationale' Auswahl Cornwalls auflaufen:

> A Cornish town rugby club has tended (reflecting the town) to be a fiercely independent entity with an equally fierce rivalry towards other clubs that I suspect is not seen elsewhere in the R.F.U. [der englischen *Rugby Football Union*]. Despite this a Redruth supporter for instance will quite happily cheer a Camborne player scoring a try at the Rec. to the rooftops…so long as he has a black and gold [Cornish] jersey on. Our same player, sporting a cherry and white [Camborne] outfit is unlikely to get the same reaction! Why is this? It is because Cornishmen put their rivalries to one side when it comes to the greater good of the representative side called Cornwall. This is not the case elsewhere in

---

[36]   Zunächst R. Armstrong, dann Michael Williams, S. 24. Auch Seward, dessen Aufsatz für eine eingehendere Thematisierung der Bedeutung dieses Sports für die *Cornish identity* zu konsultieren ist, schreibt dem kornischen Rugby Integrationsvermögen zu (S. 176), worauf auch anekdotische Hinweise deuten, etwa eine Bemerkung Bill Bishops, des kornischen Repräsentanten bei der *Rugby Football Union* (zitiert in Gregory 1991, S. 30), der 1989 anlässlich der kornischen Finalteilnahme sagte, der letzte, der Cornwall verlasse, um nach London zum Finale zu reisen, möge das Licht löschen.

[37]   Gay, S. [8] (Hervorhebung im Original), Rawe 1972, S. 100, dann Coleman, Aufsatztitel.

[38]   Seward, S. 170. Als Aperçu sei Seward (*ibid.*) noch zitiert: "In 1989 there was a memorable match between Cornwall and the Soviet Union at Redruth, a game which resulted in a closely-fought draw. One cannot resist the observation that, while the Soviet Union has now collapsed, Cornwall endures." In solchen Spielen nimmt Cornwall tatsächlich als 'nationale' Einheit am internationalen Sportgeschehen teil. Dass sportliche Aktivitäten auch in anderen Ländern zur Demonstration nationaler Identität genutzt werden können, belegt historisch und im 'keltischen' Kontext die 1884 in Irland gegründete *Gaelic Athletic Association*, die im Sport bewusst irische im Unterschied zur britischen/englischen Identität schaffen wollte.

the R.F.U. where the clubs have been put first, despite the best efforts of one or two county associations.[39]

In dem gesamten Text, dem das Zitat entnommen ist, argumentiert dessen Verfasser im Bereich des Sports ähnlich wie die nationalistischen Parteien in der Politik: Er lehnt die Zugehörigkeit Cornwalls zu einer englischen Organisation (R.F.U.) und damit die Zugehörigkeit zu England ab und fordert stattdessen eine unabhängige, nationale kornische Organisation, eine C.R.F.U. mit eigenen Wettbewerben, an denen nur kornische Vereine teilnehmen, und einem "Cornish national team", das an internationalen Begegnungen teilnimmt, wie es auch in Wales und Schottland der Fall ist.[40] Entsprechend wird in der Politik die Zugehörigkeit Cornwalls zu England und die Inklusion im englischen Teil des Staatsapparates abgelehnt und stattdessen eine legislative kornische Versammlung gefordert. Der Sport läuft in diesem Beispiel in den gleichen Bahnen wie die Politik, der politische Nationalismus findet seine Entsprechung im kulturellen Nationalismus, hier im Sport.

Neben Rugby sind aber auch ältere Sportarten für Cornwall charakteristisch und werden als Merkmale des Landes hervorgehoben, so das *Cornish Wrestling* (als Dialektwort oft *Wrasslin'*), über das in vielen kornischen Zeitschriften berichtet wird, u. a. wiederholt in *Cornish nation*, und *Hurling*, die beide als Ausdruck kornischen Charakters im Sport angesehen werden.[41] Schon 1902 galten beide als "the truly Cornish sports", wie eine Verlautbarung der 'Keltisch-Kornischen Gesellschaft' belegt, und Jenkin und Jenkin fassen beide Sportarten ("typical Cornish sport") als Grundlage des neueren *Cornish Rugby* auf, das sich durch die tiefen Rivalitäten zwischen den Mannschaften und die enthusiastische Anteilnahme des Publikums vom 'normalen' Rugby unterscheide.[42] Harry Pascoe gab schon 1928 einen Bericht über Geschichte und zeitgenössische Bedeutung des kornischen Ringkampfs: Die jahrhundertealte Tradition des *Cornish Wrestling* ("this ancient sport that has come from the days of antiquity through successive generations of our ancestors") habe ihre Fortsetzung in der Wiederbelebung des Sports Anfang des 20. Jahrhunderts gefunden, wie Pascoe mit Stolz auf die einheimische Tradition und Geschichte anmerkt. Als letzter Beleg zur Traditionsbildung durch die genannten Sportarten sei folgende Äußerung von Donald Rawe angeführt, der hier "The nationalistic implications of the Cornish cultural revival" (so sein Aufsatztitel) erwägt, den Sportarten folglich eine nationale Dimension beimisst:

---

[39]   Gay, S. [2] (die Rivalität gerade zwischen Camborne und Redruth ist ausgesprochen stark, wie bei Nachbarstädten nicht anders zu erwarten); weiterhin schreibt Gay, S. [1]: "Any true Cornishman will tell you what it means to play for Cornwall". Ansporn sei "the honour of playing for one's country. I think if the latter means proper international rugby in front of their own supporters, players will try that much harder"; S. [6].

[40]   Gay, S. [4-6].

[41]   Michael Williams, S. 24.

[42]   "Cowethas Kelto-Kernuak = The Celtic-Cornish Society", S. 79; Jenkin/Jenkin, S. 25, das Zitat S. 24. Im Folgenden Pascoe, S. 66, das Zitat S. 69.

But our own traditional sports of Hurling and Cornish wrestling also continue; the first at St Ives and St Columb only, although with unabated enthusiasm; the second at a number of district tournaments up and down Mid-Cornwall. Kernow shares with Breizh this Celtic style of wrestling, with its own distinct rules; and since 1928, unbroken except by the war years, Cornishmen have been matched biennially against their Breton cousins, either in Cornwall or Brittany.[43]

Vom kornischen Territorium bis hin zum Rugby dienen die besprochenen Symbole und *Icons* und die Fokussierungen an Feiertagen und Festen dazu, die 'Nation Cornwall', um erneut auf Michael Billig zurückzugreifen, 'auszuflaggen'. Durch ihre Wiederkehr im kornischen Alltagsleben oder die ritualistische Ausübung zu besonderen Anlässen wird die Idee der 'Nation Cornwall' reproduziert, ja geradezu 'eingeübt', wie argumentiert wurde. Sie erschaffen emotionale Bindungen, indem sie Kristallisationspunkte für Nationalstolz bieten. In Erweiterung von Billigs Ausführungen wird die Nation aber nicht ausschließlich reproduziert. Vielmehr kann ein permanentes "flagging" durch die genannten Mittel im kornischen Fall auch neue 'Anhänger' für das nationale Verständnis Cornwalls gewinnen, denn es handelt sich ja um einen Minderheitennationalismus, während Billig überwiegend nationale Mehrheiten betrachtet, die einen weniger kämpferischen Standpunkt als in Cornwall einnehmen müssen. Die 'nationale' Identität Cornwalls wird also in einem einzigen Vorgang zugleich erschaffen, ausgeübt und propagiert.

Dies kann beispielhaft an der Trauerzeremonie für den aus Cornwall stammenden Historiker A.L. Rowse 1997 demonstriert werden. Payton beschreibt, wie der Sarg des Verstorbenen, mit der St. Piran-Flagge bedeckt, zu den Klängen der *Trelawny*-Hymne an den versammelten Gästen vorbei getragen wurde. Payton reflektiert dabei nicht, dass die 'nationalen' Ehren der Flagge und Hymne etwa in den USA (und anderen etablierten 'Nationalstaaten' – Billigs Fokus) für hochstehende Persönlichkeiten völlig unauffällig wären; in Cornwall jedoch sind die St. Piran-Flagge und das *Trelawny*-Lied in diesem Kontext Bedeutungsträger anderer Art, da sie anstelle von *Union Jack* und *God save the Queen* erscheinen: Der Tote wird so nicht durch den 'Nationalstaat' geehrt, sondern als kornischer Patriot und substaatlicher 'Nationalist' ausgezeichnet. Wenn eine Flagge auf dem Sarg und das Abspielen der dazugehörigen Hymne an anderer Stelle unauffällig nationale Konnotationen trägt, so ist die Benutzung der kornischen Flagge und Hymne in dieser Situation zum Teil dem kornischen *nation-building* zuzurechnen, da die Symbole keine offiziell anerkannten Hoheitszeichen sind (so muss Payton die Hymne vorsichtig qualifizierend als "the Cornish national anthem, as he [Rowse] called it"[44] bezeichnen): In dieser Inszenierung wird das 'Nationale' der von anderen Totenehrungen bekannten Symbolik auf Cornwall übertragen, dieses also als in 'nationalen' Begriffen verstanden. Gleichzeitig bestätigt diese Symbolik die Anhänger der nationalen Sichtweise Cornwalls, perpetuiert mithin den wahrgenommenen

---

[43] Rawe 1972, S. 100.
[44] Zitat und die Beschreibung Payton 2005, S. 1.

Nationsstatus des Landes, und trägt letztlich dazu bei, den anderen Anwesenden (und denen, die davon lesen) die Nationsansprüche Cornwalls bekannt(er) zu machen, ja sie kann nicht nur zu erhöhtem Bewusstsein führen, sondern vielleicht sogar neue Anhänger mobilisieren, denn für viele der Anwesenden war Rowse eine namhafte Persönlichkeit, und das soziale Gewicht seiner Person wurde hier in die 'nationale' Waagschale Cornwalls geworfen. Dies ist der Unterschied des Minderheitennationalismus zu dem von Billig dargestellten *Banal nationalism* etablierter Staaten, was Billigs Konzept erweitert.

4.2 *Devolution* und das 'Europa der Regionen'

Welche Konsequenzen ergeben sich aus dem bisher Untersuchten in gleichsam 'konstitutioneller' Hinsicht für Cornwall? Legitimieren kornische Kultur, *Cornish identity* und Eigenschaften und Besonderheiten Cornwalls einen Sonderstatus gegenüber den Grafschaften Englands, oder die nationale Gleichstellung mit Wales, Schottland, der Insel Man oder den Kanalinseln? Immerhin kam eine staatliche Kommission, wie erwähnt, im Zusammenhang mit der Reform der Lokalverwaltung Englands 1994 zu dem Schluss, dass Cornwall besondere Eigenschaften in Geschichte, Kultur, Siedlungsmuster, der wirtschaftlichen Situation und seiner peripheren Lage aufweise. Aufgrund dieser Eigenschaften musste sie sogar politische Konsequenzen anerkennen, ganz im Sinne der nationalistischen Vorstellung von der wünschenswerten Korrespondenz kultureller Gruppen mit politischen Strukturen, jeweils im weitesten Sinne verstanden: Insbesondere empfahl die Kommission, dass Cornwall eine Verwaltungsstruktur behalten sollte, in der eine einzige Instanz ganz Cornwall vertreten solle ("one voice for Cornwall").[45]

Die Antwort auf diese Frage hängt davon ab, ob Cornwall als Nation Großbritanniens, Region Englands oder Untereinheit der englischen Südwestregion, also als normale englische Grafschaft zu gelten habe (hiermit wird eine Überlegung aus Abschnitt 1.1 wieder aufgegriffen, und auch Polydore Vergil, Abschnitt 2.2, befand sich ja im Zwiespalt, ob er Cornwall auf der Ebene von Grafschaften oder der von Landesteilen verorten sollte). Da Cornwall im Sinne des kornischen Nationalismus nicht zu England gehört, kann der Begriff *County* allerdings bereits eingegrenzt werden: Im Untersuchungskorpus dient er nur zur Kennzeichnung des rein rechtlichen Status Cornwalls, die kornischen Akteure lehnen ihn folglich ab.[46] Ebenso verhält es sich mit subregionalen Bezeichnungen (Cornwall als *sub-region* des englischen Südwestens), da auch hier die Zugehörigkeit zu England impliziert ist. Somit bleibt eine Varianz zwischen *Nation* und *Region*. Genau diesen Zwiespalt reflektiert Colin Williams:

---

[45] Local Government Commission for England, S. 16-18.
[46] Murley/Pascoe/Nute (Hgg., z. B. S. 82) setzen das Wort *County* in *Cornwall County Council* in Klammern, um die Ablehnung des *County*-Status für Cornwall zu zeigen.

the big issue it [Cornish Studies] must face is the relationship between Cornwall and the rest of the United Kingdom. And in their related ways this means both England and the Celtic nations in tandem. This is the crux of the claim to an independent Cornish Studies existence, that we are dealing with a place which has a unique location and relationship within these isles.[47]

Dies kann ohne Weiteres auf die Gesamtsituation inklusive der politischen Lage übertragen werden: Zurzeit konkurrieren die genannten Sichtweisen Cornwalls, doch solange es rechtlich und in der Praxis eine Grafschaft Englands ist, kann es nicht damit rechnen, als Nation anerkannt zu werden, was wiederum bedeutet, dass weitreichende Zugeständnisse wie an Schottland oder Wales auf absehbare Zeit nicht zu erwarten sind. Immerhin bedeutete die Errichtung einer kornischen Parallele etwa zur walisischen Versammlung, dass Cornwall England rechtlich ausgegliedert würde, was wegen der Änderung des Verhältnisses zwischen den konstitutiven Staatsteilen den konstitutionellen Status quo in einem Maße veränderte, das den politischen Entscheidungsinstanzen für Cornwall unangemessen erscheinen wird: Bestehenden Einheiten mehr Autonomie zuzugestehen ist eine andere Größenordnung als etwas, das als integraler Teil Englands gilt, abzutrennen und auf einer höheren Ebene institutionell neu zu verankern (s. Abb. 16, S. 203). Dazu bedürfte es einer grundlegenden Neustrukturierung des britischen Staates, die England, Cornwall, Wales, Schottland und Nordirland entlang föderaler Linien neu ausrichtete. Dies wäre, unter eventuellen Aspirationen Schottlands, die Union zu verlassen, die 'klassische' Lösungsvariante, um die Integrität des Staates zu sichern und dennoch weiter reichende Zugeständnisse an Schottland machen zu können.[48]

Eine föderale Ordnung für die Britischen Inseln wurde schon in der Mitte des 19. Jahrhunderts im Kontext der irischen *Home Rule*-Bewegung vorgeschlagen, um die Abspaltung Irlands vom Vereinigten Königreich zu verhindern; dadurch wollte etwa der Liberale William Sharman Crawford die Integrität des *Empire* und zugleich die Rechte Irlands bei Erhalt der Oberhoheit des "imperial parliament" über das irische "local parliament" schützen.[49] Doch in allen Diskussionen um *Devolution* oder *Home Rule* – egal ob nur für Irland oder auch für Schottland und Wales oder sogar Cornwall ("Home Rule all round") – wurde neben der vermeintlichen Schwächung der staatlichen Einigkeit und damit des Staates (und vormals des *Empire*) insgesamt, die unteilbare Souveränität des Parlaments in Westminster angeführt, die andere parlamentarische Versammlungen neben sich nicht zulasse,[50] auch wenn sie mit der schottischen und der walisischen Versammlung nun bereits 'angefochten' ist.

---

[47]   C. Williams 2002, S. 68.
[48]   Kendle, S. 171: "[federalism] would ensure unity while allowing and protecting diversity".
[49]   Zu Crawford s. *IHD*, S. 274-276; zu Föderalismus und Irland Kendle, S. 58-60.
[50]   Dazu Kendle, besonders S. 12-17 und S. 61 ("Federalism was simply unacceptable to a political community so deeply wedded to the concept of parliamentary sovereignty.").

Ein Fortführen dieser Dezentralisierung durch Einberufung weiterer Versammlungen bringt aber das Problem der Größe Englands auf. Soll im Zuge der Dezentralisierung auf bestehende Einheiten zurückgegriffen werden, wie es in Cornwall mit dem Insistieren auf der *Cornish identity* und der Betonung der historischen Wurzellosigkeit der geplanten Südwestregion, die keine Identifikationsmöglichkeit biete, gefordert wird, so dürfte England als in der Bevölkerung akzeptierte Einheit nicht unterteilt werden (Cornwall sei hier außen vor gelassen). Dann aber würde die englische Versammlung durch die numerische Übermacht der repräsentierten Bevölkerung alle anderen Parlamente überschatten und mit dem föderalen Parlament konkurrieren. Ob diese gesamt*englische* Körperschaft als eigenständige Versammlung, vielleicht sogar nicht in London, sondern etwa in Birmingham zu konstituieren wäre, oder sich aus den für englische Wahlkreise gewählten *Members of Parliament* zusammensetzen könnte, die alternierend mit dem föderalen Parlament tagt, bliebe der genauen konstitutionellen Ausgestaltung vorbehalten. Eine interessante und in diesem Szenario weiter zu verfolgende Idee wäre es jedoch, den großstädtischen Ballungsraum London, der zweifellos einen Sonderfall darstellt, aus der 'Region' England auszugliedern, die Metropole als eigenständige Einheit neben England, Wales, Schottland, Nordirland und eventuell Cornwall anzuerkennen und Londoner Instanzen auf der gleichen Ebene wie die der vier oder fünf anderen Landesteile anzusiedeln, wodurch der Dominanz Englands in der Union bereits ein Stück weit entgegengewirkt würde (die Ausgliederung Cornwalls trüge dazu auch ein Schärflein bei). Ob dafür das Gebiet des bisherigen Großlondons (*Greater London*) oder eine größere Struktur angemessen wäre, bliebe zu bestimmen, wobei es letztendlich an der Bevölkerung dieser Gebiete läge, zwischen der Zugehörigkeit zur englischen oder zur Londoner 'Region' zu wählen. Die unterschiedliche Größe in Territorium und Bevölkerung der Einheiten mit eigenen Versammlungen (England, London, Nordirland, Schottland, Wales, Cornwall) unterhalb des Zentralparlaments in dem föderalen Staat wäre dann ein geringerer Hinderungsgrund, immerhin sind die deutschen Bundesländer auch von sehr unterschiedlicher Größe in Fläche, Einwohnerzahl und wirtschaftlicher Stärke.

Sollte dagegen nicht auf die bestehenden geopolitischen und kulturellen Entitäten zurückgegriffen werden, also bei einer Unterteilung Englands und Schaffung mehrerer Versammlungen für England, so entstünden andererseits künstliche Regionen entstehen, die in der Bevölkerung kaum Rückhalt finden könnten, da die identifikationsstiftende Einheit England ist[51] und darunter kaum geographisch definierte Regionalidentitäten existieren – wenn überhaupt, dann mit fließenden Grenzen und nicht exkludierend. Die endgültige Regionsbestimmung wäre ein langwieriger und letztlich arbiträrer Vorgang, geeignet, in allen Teilen Englands Diskussionen, Unmut und Widerstand hervorzurufen. Der englische Südwesten bildet jedenfalls keine geschlossene Einheit: Die Menschen in Devonshire teilen mit jenen in Wiltshire keine regionale Identität, die sie nicht auch mit jenen in

---

[51]   So auch Kendle (*pass.*), der die Geschichte föderaler Ideen im Königreich nachzeichnet.

Lincolnshire oder East Anglia gemein hätten, denn die etablierte Identität über der Grafschaftsebene ist die englische, Regionalidentitäten sind innerhalb Englands nicht definiert.[52] Ein Anzeichen dafür war die Ablehnung eines nordostenglischen Gremiums durch die dortige Wahlbevölkerung 2004. In einer diskursanalytischen Kritik am "top-down"-Prozess der englischen Regionenbildung, die mit kultureller Identität wenig zu tun habe, spricht Deacon deshalb von einem "semantic vacuum that surrounds the concept of region in England", welches von den in den jeweiligen Regionalverwaltung tätigen Personen mit den spezifischen Inhalten einer dadurch erst erschaffenen Regionalkultur und -identität zu füllen ist.

In diese Richtung argumentieren auch Hearl und seine Mitautoren, fügen aber eine problematische Überlegung zu Cornwall hinzu:

> The human geography of England [...] does not facilitate the creation of special status regions. In the twentieth century the idea of dividing the Kingdom of England [sic!] into ten or twelve, or possibly twenty to thirty, regions for planning, economic development or political devolution reasons has from time to time enjoyed a degree of popularity. But when the proposed regions are examined in detail they are found to be artifacts of the theorists; both their boundaries and their internal spatial structures are found to be indefensible. England does not divide into regions or provinces which have distinctive social bases.
>
> The main exception to the above generalisation is the far south west. Cornwall and Devon undoubtedly 'go together' in the minds of most British citizens [...].[53]

Die Verfasser sehen hier zwei Dinge nicht. Erstens übersehen sie den starken kornischen Partikularismus, der sich auch bei nicht nationalistisch orientierten Personen in Cornwall findet und sich in der *Cornish identity* äußert, selbst wenn diese nicht in nationalen Begriffen verstanden wird, mit der Grafschaft Devon jedenfalls nichts gemein hat. Zweitens ist es unerheblich, ob die meisten Einwohner Großbritanniens Cornwall und Devonshire als eine Einheit betrachten (und dies ließe sich schon damit anzweifeln, dass Cornwall einen Namen mit 'magischem' Klang hat, der gewisse Assoziationen weckt,[54] wie es beim Nachbarn Devonshire

---

[52] So A. Thomas, S. 147. Im Folgenden Deacon 2002, S. 4.

[53] Hearl *et al.*, S. 204.

[54] Dies kann an einem Beispiel gezeigt werden: Daphne du Maurier (1972, S. 3) berichtet im Prolog zu ihrem *Vanishing Cornwall*, welchen Eindruck allein die Erwähnung des Wortes *Cornwall* in einer Unterhaltung einmal machte:

""And what are the plans for August?" asked the visitor.

Our nurse, with a glance at her three charges, stirred her tea. "There's to be a change this year," she said, " something different. They are going to Cornwall."

The effect was dramatic, her emphasis on the word Cornwall intense. It sounded like a journey to the moon. I looked from her kind, grave face–for she was not smiling–to the visitor, who paused in surprise, a piece of cake midway to her mouth.

"To Cornwall?" she exclaimed.

They exchanged adult glances. Something unspoken seemed to be in the air. Silence fell, then they passed to other things, as though, for this moment, the subject was forbidden."

nicht gegeben ist), entscheidend sind die Einwohner der 'Region' selbst, deren Regionskonzeptionen für eine Neuordnung des Staates in Referenden festzustellen wäre, was wegen der Möglichkeit eines eventuell bevorzugten Alleingangs Cornwalls selbstverständlich unbedingt in getrennten Referenden für die beiden Gebiete zu geschehen hätte. Immerhin besteht eine gewisse Rivalität zwischen Cornwall und Devonshire, die immer wieder mindestens für Erheiterung sorgen kann:

> Cornwall's present inhabitants, native-born and newcomers alike, might still manage a wry smile of satisfaction at the opinion of a Plymouth correspondent to the *Western Morning News* that 'we may have built the Tamar Bridge between us but there is still something pretty odd at the western end of it'.[55]

Die Lösung dieser Fragen durch ein föderales Modell bedeutet in jedem Fall einen radikalen Bruch in der Staatsstruktur,[56] so dass zweifelhaft ist, ob sich das *United Kingdom* das leisten möchte, tritt doch, bei Abwesenheit einer föderalen Tradition, neben die Ideologie der unteilbaren Parlamentssouveränität und die englische Frage die Angst vor einem gänzlichen Auseinanderbrechen des Staates.

Somit sieht es so aus, als ob die unvollständige *Devolution* vorläufig bestehen bliebe; unvollständig, weil durch die parlamentarischen Versammlungen außerhalb der *Houses of Parliament* ein verfassungsrechtlicher Zwiespalt entstanden ist: Derzeit können z. B. schottische Parlamentsabgeordnete in Westminster über Fragen abstimmen, die ausschließlich England betreffen, aber englische Abgeordnete nicht über ausschließlich schottische, was als *Westlothian* oder *Midlothian Question* bekannt ist. Sollte aufgrund der juristischen Lage noch einmal versucht werden, den Konflikt aufzulösen, so könnte bei der resultierenden Neuordnung des Staates und seiner Teile auch der kornische Nationalismus seine Forderungen deutlich zu Gehör bringen. Doch was dem vom deutschen Beispiel föderalistisch konditionierten Blick als 'Ungereimtheit' erscheint, wird im Vereinigten Königreich kaum als Problem empfunden,[57] auch nicht in England, aus dessen Sicht die jetzige Situation als ungerecht bezeichnet werden könnte.

Größere Chancen hatte Cornwall, im Rahmen der Regionalisierung Englands zu erhöhter Eigenständigkeit zu kommen, doch ist dieses Projekt durch das Nein-votum des englischen Nordostens zumindest stark verzögert, wenn nicht (vorerst) ganz gestoppt worden.[58] Allerdings konnte für weiter gehende Ziele des kornischen Nationalismus ohnehin nur die wirtschaftliche Perspektive der Regionalisierung Erfolg versprechen, denn die ökonomische Ausrichtung dieser Regionen bringt es mit sich, dass ihr Erfolg wahrscheinlich an der fortgesetzten wirtschaftlichen Leistung und Stärke zu messen wäre. Dieser Bewertungsgrundlage kommt

---

[55] Dies berichtet Soulsby, S. 114.
[56] So Urwin (1982a, S. 434) ohne Hinblick auf die Britischen Inseln.
[57] Philip Payton, persönliche Mitteilung, 10. April 2002.
[58] Dies alles sind keine rein hypothetischen Überlegungen ('Was wäre, wenn ...'), sondern ein Abwägen der Alternativen, die dem kornischen Nationalismus offenstanden und -stehen.

zugute, dass Cornwall als 'Ziel 1'-Region der Europäischen Union gesondert vom Rest der bisherigen englischen Südwestregion behandelt wird; ob sich diese Sonderbehandlung auszahlt, wird sich eventuell schon nach dem vorläufigen Ende der europäischen Unterstützung 2006 zeigen. Eine affirmative Beantwortung dieser Frage wäre natürlich ein weiteres Argument für kornische Aktivistinnen und Aktivisten, die dann darauf verweisen könnten, dass Cornwall besser fährt, wenn es eine Region für sich bildet, und daraus die Forderung nach Einrichtung eigener, mit größeren Kompetenzen ausgestatteter Institutionen ableiten. Ein letzter Hoffnungsschimmer im Zuge der Regionalisierung besteht darin, dass die Regierung versucht sein könnte, nach dem gescheiterten Nordosten in einer weiteren Region den Versuchsballon einer Abstimmung über eine Regionalversammlung zu starten, denn die inzwischen hinreichend bekannte Unterschriftenaktion weist ja viel stärker als in jener Region darauf hin, dass populäre Unterstützung für ein solches Gremium vorhanden ist, so dass Cornwall der Regierung als 'Zugpferd' der Regionalisierung dienen und eine erste 'englische' Versammlung in anderen Regionen den Wunsch nach ähnlichen Versammlungen wecken oder stärken könnte.

Es ergibt sich ein dritter Weg, der als der erfolgversprechendste zu gelten hat, denn auf die nationale Argumentation Cornwalls wird sich unter heutigen Umständen keine britische Regierung einlassen, und die wirtschaftsfunktional geführte Debatte der Regionalisierung Englands, die effiziente Verwaltung und bessere Regionalförderung zu erreichen sucht, läuft den eigentlichen Zielen der nationalen Anerkennung Cornwalls wenn auch nicht vollkommen entgegen, so doch quer. Dieser Weg ist das vereinte Europa mit seiner Hinwendung zu substaatlichen Regionen, das bereits eine Veränderung des nationalistischen Diskurses bewirkte.

Die *Cornish Constitutional Convention* führt ökonomische, geographische, politisch-kulturelle und identifikatorische Gründe an, warum Cornwall eine 'Region' sei.[59] Dies geschieht genau dazu, um Cornwall als eine der bei der Einrichtung von Regionalversammlungen zu berücksichtigende Einheit, eben als eine Region im Sinne der Regionalisierung Englands zu etablieren. Dass die Hinwendung zum Regionsbegriff auch im Hinblick auf das 'Europa der Regionen' erfolgt, wurde oben bereits (S. 176) gezeigt. Aber auch Angarrack benutzt den Regions- anstelle des Nationsbegriffs für Cornwall, und zwar gerade im Zusammenhang mit Europa: "This [Cornish representation in the EU's Committee of the Regions] is the way forward for Cornwall. Not as a lowly County of England but as a fully fledged British Region of a United Europe."[60] Mit diesen Beispielen lässt sich belegen, dass der nationalistische Diskurs (im Sinne einer Argumentation für und über den Nationsstatus) teilweise verlassen wird, um die Interessen Cornwalls in veränderten Umständen besser fördern zu können: Die Anpassung an den dominanten Diskursbegriff der Region qualifiziert Cornwall, in den neuen politischen Debatten (sowohl um England als auch insbesondere um Europa) eine größere

---

[59]   Cornish Constitutional Convention 2002b, S. 5.
[60]   Angarrack 1999, S. 411.

Rolle zu spielen, als es beim Insistieren auf dem Nationsbegriff, mithin dem Komplex der nationalen Selbstbestimmung der Fall wäre, der in naher Zukunft weder in Europa noch in Großbritannien erfolgversprechend erscheint. Ziel hinsichtlich Europas wäre hierbei, Cornwall im europäischen Kontext durch Zurücknehmen des Nationsbegriffs als eine eigenständige Region zu etablieren, die ohne Vermittlung von London und nicht als Teil englischen Südwestregion direkten Kontakt zu den europäischen Gremien halten soll: "The vision has to be Cornwall as a European region in its own right."[61] Dabei könnte die zunehmende Integration der Europäischen Union das Konzept einer 'kornischen Nation' wie das vieler anderer Nationen in Europa an den Rand drängen oder gänzlich ersetzen, wenn die Vertiefung tatsächlich auf dem Weg des 'Europas der Regionen' fortschreitet.

Daneben ist die Europäische Union auch ein Legitimationsfaktor, wenn betont wird, die geringe Größe Cornwalls sei kein Gegenargument zu nationalistischen Forderungen, da in Europa kleine Nationen wie Luxemburg überleben könnten:

> Within a united Europe no nation 'goes it alone'. Similarly, within Europe, Cornwall would not 'go it alone' (as politicised scaremongers and vacillating doom merchants suggest). It is therefore folly to accept without question the old 'Cornwall cannot go it alone' imperial battering ram as such spurious arguments merely disguise a disingenuous political agenda.[62]

Vergleiche mit kleinen Staaten oder Regionen mit weitreichender Autonomie werden von den kornischen Akteuren im Übrigen oft ins Feld geführt, z. B. von Jenkin und Jenkin, die in der Darstellung der Argumentation von *Mebyon Kernow* damit die Partei unterstützen, von der *Cornish Constitutional Convention*, von Ellis, der darauf hinwies, dass es in Europa zahlreiche und in der ganzen Welt sogar 116 Staaten gebe, die kleiner als Cornwall seien, oder von V. Thompson:

> Finally we must explode the myth that Cornwall is too small to have a separate existance [sic!]. The list of smaller countries which enjoy prosperous independence is a formidable one and few have the advantages of natural wealth, geographical location and safe deep water ports which we enjoy. Certainly we are too small to exist in isolation. In the modern world even Europe and the USA depend on World trade for their existance [sic!].[63]

Graham Hart möchte durch den Vergleich mit Samoa (187 000 Einwohner), Tonga (112 000), den Färöer-Inseln (47 000), Island (165 000) und Liechtenstein (28 000) erreichen, dass Cornwall trotz seiner geringen Größe an internationalen Sportwettbewerben teilnehmen kann, so an den *Commonwealth Games* 2006.[64] Es ist, nebenbei bemerkt, eine geschickte Strategie, diese nationalistische Forderung

---

[61]   Deacon 1998b, S. 5.

[62]   Angarrack 1999, S. 413.

[63]   Dieses Zitat V. Thompson (S. 5); zuvor Jenkin/Jenkin (S. 27), Cornish Constitutional Convention (2002b, S. 6), und P.B. Ellis (1969, S. 26f.).

[64]   Hart (S. 47f.), woher auch die angegebenen Zahlen übernommen wurden.

zunächst im untergeordneten Bereich des Sports zu stellen, der bereits gewisse Unregelmäßigkeiten hinsichtlich der Teilnahme substaatlicher Equipen kennt, wie die Existenz der englischen, walisischen, schottischen und nordirischen Fußball-Nationalmannschaften zeigt, denn dadurch könnte eine größere Breitenwirkung erreicht werden als etwa eine Berücksichtigung Cornwalls in der politischen und juristischen *Devolution*-Debatte: Sportveranstaltungen bieten die Möglichkeit des Auslebens von Aspekten dessen, was Billig als *banal nationalism* bezeichnet, und tragen dem Massenphänomencharakter des Nationalismus Rechnung.

Insofern ist die europäische Einigung der erfolgversprechendste Zusammenhang, in dem Cornwall zu erhöhter Autonomie mit Stärkung der kornischen Kultur und Identität gelangen kann, was das Hauptziel des kornischen Nationalismus darstellt. Mit der Legitimation kleiner geographischer Einheiten, sei es als Mitglied oder als Region, und dem erlangten 'Ziel 1'-Status Cornwalls bietet dieser Weg jedenfalls mehr Chancen zu Veränderung als die anderen beiden Optionen: *Devolution* in Großbritannien erscheint beinahe aussichtslos, da hier eine grundsätzliche Änderung des Verhältnisses Cornwalls zum restlichen Staat nötig wäre und dem Projekt mit der Einrichtung der Organe in Schottland und Wales, bis auf Fragen einzelner Kompetenzen, zudem die Dynamik ausgegangen ist, während die englische Regionalisierung ihren Schwung vorerst gänzlich verloren hat und mit ihrer Konzentration auf ökonomische Belange ohnehin nur geringe Teile der kornischen Forderungen bedient hätte. Deshalb setzen Aktivistinnen und Aktivisten des kornischen Nationalismus ihre Hoffnungen zu Recht auf ein sich einigendes Europa, auch wenn sie gezwungen sind, ihre Ziele bei einer Schwächung des Nationsbegriffs unter den Vorzeichen des Regionalismus zu verfolgen.

4.3   'Pankeltische' Idee und Nationalismen des *Celtic fringe*

In diesem Abschnitt geht es mit *Celtic nationalism* um einen doppeldeutigen Begriff. Einerseits wird der Ausdruck 'keltischer Nationalismus' als Kurzform für die Summe der einzelnen nationalistischen Bewegungen in den 'keltischen' Gebieten der Britischen Inseln und Frankreichs verwendet, andererseits kann er auch die verstärkte Zusammenarbeit dieser Gebiete bis hin zu einer diese verbindenden Nationalbewegung bezeichnen. Die erste Bedeutung, in der etwa O'Leary den Begriff benutzt, wenn er unter ihm die Nationalismen von Irland, Schottland und Wales zusammenfasst, ist unproblematisch und muss hier nicht weiter interessieren. Unter der zweiten Bedeutung jedoch wird etwas gefasst, das der Deutlichkeit halber eher mit *Pan-Celticism* oder ähnlichen Ausdrücken wiedergegeben wird.

Die pankeltische Idee besteht im Grunde genommen darin, dass es wünschenswert sei, ein bestimmtes Maß an Zusammenarbeit der 'keltischen', selbstverwalteten oder unabhängigen 'Nationen' zu erreichen.[65] Dies bedeutet zunächst, dass die

---

[65]   P.B. Ellis 1993, S. 43-45.

'keltischen Nationen' für ihre inneren Angelegenheiten selbst verantwortlich sein sollten, also ein gewisses Maß an Autonomie im britischen bzw. französischen Staat besitzen müssten (ein Teil Irlands hat ja sogar die völlige staatliche Unabhängigkeit erlangt), um dann in verstärktem Umfang auf den Gebieten Wirtschaft, Kultur und Politik miteinander und unter Umgehung Englands bzw. Frankreichs zusammenzuarbeiten. Das Eingehen föderaler Strukturen oder gar die Gründung eines einheitlichen Staates sind dabei in der Praxis höchstens Randideen, eher ein utopisches Ideal als ein politisches Ziel; der nationalistische Aspekt überwiegt den supranationalen. So fördert die pankeltische internationale Organisation *Celtic League* die Kooperation zwischen den sechs 'keltischen Nationen' (mit dem Ziel einer zukünftigen Assoziation) und das gemeinsame, keltische Bewusstsein, will die Länder jedoch nicht vereinen oder ihre Verschiedenheit verneinen.[66]

So definiert Peter Berresford Ellis, der sicherlich zu den prominentesten Vertretern der pankeltischen Idee gehört, Panbewegungen als jene, die unterschiedliche Nationalitäten, die aber eine historisch-ethnische Abstammung teilen, zu einer Bewegung zu verbinden suchen. "Unity" unter den sechs 'keltischen Nationen' sei jedoch nicht "union", wie er in seinem pankeltischen 'Glaubensbekenntnis' betont, sondern nur kulturelle, politische und ökonomische Zusammenarbeit.[67] Vor allem grenzt Ellis den Pankeltismus vom Panslawismus des 19. Jahrhunderts ab, da dieser von russischer Seite als Mittel des Imperialismus missbraucht worden sei, um Russlands internationale Stellung zu festigen und in 'Osteuropa' als Führungsmacht aufzutreten, und es keinen Hinweis darauf gebe, dass pankeltische Akteure versucht hätten, von den slawischen Verhältnissen zu lernen oder auch nur mit panslawischer Ideologie vertraut waren; vielmehr sei das Verhältnis unter den skandinavischen Staaten als Modell für Pankeltismus geeignet.[68]

Wenn sich nun Anhänger des Pankeltismus auf Gemeinsamkeiten berufen, so sind dies in erster Linie die gemeinsamen sprachlichen Ursprünge der fraglichen Gebiete, die ein gemeinsames Bewusstsein zur Folge hätten.[69] Den so verbundenen 'Nationen' komme auch eine gemeinsame Identität zu, die u. a. auf einem bestimmten Geschichtsbild beruht, wie es auch bei den 'nationalen' Einzelidentitäten

---

[66] Hierzu Celtic League, S. 329.

[67] P.B. Ellis 1969, S. 39; die anderen der vier Punkte des *Creed of the Celtic revolution* (Buchtitel, *ibid.*) sind das Wiederherstellen der Position der keltischen Sprachen, politisch-ökonomische Freiheit von englischer bzw. französischer Hegemonie und die Kooperation mit dem kymrischsprachigen Patagonien und dem schottisch-gälischsprachigen Neuschottland. Die vorherige Definition *id.* 1993, S. 79.

[68] P.B. Ellis 1993, S. 79f. und S. 147-149; ähnlich *id.* 1969, S. 35-37. Zum Panslawismus ähnlich Löffler, S. 279; eine Führungsrolle wie dort Russland könnte im Pankeltismus höchstens Irland beanspruchen, dieses hat aber bislang besonders wenig Interesse an pankeltischer Zusammenarbeit gezeigt, vielleicht weil es sich seiner Keltizität sicher war und ist, vielleicht wegen der zumindest für den Großteil Irlands erreichten Staatlichkeit.

[69] So P.B. Ellis 1993, S. 138. Löffler (S. 283) weist darauf hin, dass Sprache für Panbewegungen generell oftmals der wichtigste Aspekt der Zusammengehörigkeit sei.

der Fall ist. P.B. Ellis, der für den Pankeltismus ergiebigste Autor, sieht pankeltische Solidarität durch die Geschichte belegt: Er diskutiert die angelsächsischen Expansion, die der traditionellen Sichtweise nach die keltische Migration nach Armorica (die spätere Bretagne) ausgelöst habe, und nicht etwa die Überfälle von Iren an der Westküste der früheren römischen Provinz Britannien. Mit der Bemerkung, es habe *West Britons* gegeben, die gerade nach Irland geflohen seien, sieht er pankeltische Solidarität sogar im Frühmittelalter belegt, auch wenn für jene Zeit sicherlich keine 'nationale' Solidarität angenommen werden kann, wie es bei Ellis anklingt, während Marion Löffler sogar erst die *Académie Celtique* (1805-1914) als ersten Ausdruck des Pankeltismus ansieht.[70]

Damit ist auch eine weitere Abgrenzung zu treffen: Der Pankeltismus beruht auf der linguistischen Verwandtschaft der betroffenen Gebiete, deren kritischer Zeitraum, bei aller propagierter Kontinuität seit der europäischen Eisenzeit,[71] die Neuzeit ist: Die keltische Sprache muss noch in moderner Zeit gesprochen worden sein, um dem jeweiligen Land Zutritt zum Kreis der pankeltischen Gemeinschaft zu verschaffen. Ist die keltische Sprache einer Region dagegen im Mittelalter oder früher ausgestorben, so hat diese keinen Anspruch auf pankeltische Solidarität. Anders steht es um eine paneuropäische Identität, die wegen der weiten Verbreitung als 'keltisch' klassifizierter Funde und der 'keltischen' Sprachen in Europa (also auch auf dem Festland)[72] interessanterweise auf der 'keltischen' Vergangenheit beruhen könnte: Diese Identität ist nicht dieselbe, die eine Organisation wie die *Celtic League* zur Erlangung ihrer Ziele, der Erschaffung formaler Verbindungen zwischen den autonomen 'keltischen Nationen', anrufen. Somit konkurrieren Versuche, eine politisch nützliche europäische Identität auf der keltischen Vergangenheit basieren zu wollen, mit der pankeltischen Identität in der Sichtweise jener Bewegung. Ein Beispiel für diese andere, nämlich europäische Identität bot eine Ausstellung im Palazzo Grassi in Venedig 1991, die den Titel *I Celti: la prima Europa* (*The Celts: The First Europe*) trug;[73] dieses 'erste Europa' der Eisenzeit wurde – im Jahr des Abschlusses des Vertrags von Maastricht – dem zeitlich 'zweiten Europa' im Siliciumzeitalter, nämlich der politischen Einigung Europas in der Europäischen Union und dem Europarat, implizit parallel gestellt.

Wenn zum einen die pankeltische Bewegung im Verhältnis zu den Einzelbewegungen doch recht schwach ist und zum anderen der Einschluss Cornwalls im Pankeltismus den hier behandelten Status Cornwalls als 'keltische Nation' bereits voraussetzt (wie er diesen andererseits auch unterstützt und fördert, indem er das Land in ein Paradigma ebensolcher Nationen stellt), so ist es nachvollziehbar,

---

[70] P.B. Ellis 1994-1995, *pass.* (es versteht sich von selbst, dass Ellis die These von der modernen Konstruktion und des Mythos des 'Keltentums' strikt ablehnt), dagegen Löffler, S. 275.

[71] Diese hatte ja u. a. James Whetter (1991, S. 26) angeführt.

[72] Collis (1996, S. 26) nennt "the former wide distribution of Celtic languages from Spain to Turkey, or of La Tène art from Romania to Ireland", obwohl diese nicht unzweifelhaft 'keltisch' ist, als Grundlage dieser Konstruktion paneuropäischer Identität.

[73] Collis 1996, S. 26f., listet weitere Beispiele auf.

dass die pankeltische Idee nun nicht weiter verfolgt und stattdessen auf weitere einzelne Nationalismen eingegangen werden soll. In vielen anderen Regionen und Nationen Europas gibt es nämlich ähnliche Nationalismusbewegungen wie in Cornwall, also Gebiete in Industriestaaten mit autonomistischen oder separatistischen Bewegungen (unter dem Stichwort 'Nationalismen' vereint), denn nur um diese Nationalismusform geht es ja hier. In unserem Zusammenhang sind aber besonders jene Gebiete interessant, deren Nationalismusbewegung sich wie die kornische auf keltische Hintergründe beruft. In einem komparativ ausgerichteten Abschnitt werden deshalb nun Vergleiche mit anderen 'keltischen' Gebieten angestellt, um sich nicht isoliert auf eine einzige kulturelle Bewegung in einem Staat und dessen spezifische Gegebenheiten zu beschränken, sondern die umfassendere (west-)europäische Perspektive anzudeuten. Dies kann nur auf einer abstrakteren Ebene als im kornischen Einzelfall geschehen, denn eine ähnlich eingehende Untersuchung einer Vielzahl von 'Texten' der verschiedenen Bewegungen würde mehrere Studien dieses Formats bedingen. Folglich wird nur ein skizzenhaftes Bild mit breiten Pinselstrichen entstehen, das einige der Gemeinsamkeiten und Unterschiede zwischen Cornwall und anderen Gebieten des sogenannten *Celtic fringe* streiflichtartig hervorhebt, keinen Anspruch auf Vollständigkeit erhebt und jeweils nur die hervorstechendsten Merkmale beleuchtet, die in jedem Fall anders gelagert sind. So werden also Einsichten aus der Forschungsliteratur mit den an Cornwall gemachten Erkenntnissen korreliert und mit anderweitigen Beobachtungen ergänzt, weniger, um etwas über die anderen Länder zu erfahren, als vielmehr, um den kornischen Einzelfall noch deutlicher hervortreten zu lassen.

Richard Haesly hat in einer neueren empirischen Untersuchung über Typen nationaler Identität in Schottland und Wales herausgefunden, dass die wahrgenommene Differenz zu England zu den zentralen Merkmalen der jeweiligen Identität zählt, was sich dort in einer außerordentlich großen Zustimmung zu der Aussage "It is annoying for a Scot [bzw. "a Welshman or Welshwoman"] to be called English." äußert; tatsächlich erreichte keine der anderen getesteten 42 Aussagen eine ebenso große oder größere Zustimmung oder Ablehnung.[74] Da die Abgrenzung von England wie gezeigt auch im kornischen Textkorpus eine bedeutende Rolle spielt, kann eine gewisse antienglische Haltung bereits jetzt als ein Herzstück der Identität der jeweiligen 'keltischen' Gebiete Großbritanniens (und, mindestens durch anekdotische Belege gestützt, auch Irlands) gelten.

Kulturelles Wales

Wales wurde durch den *Act of Union* von 1536 mit England vereinigt; die festgefügte Wendung "England and Wales" beschreibt die Tatsache, dass Gesetze des Westminster-Parlaments seither für beide Gebiete gelten, denn in der Praxis war Wales, mit wenigen Ausnahmen, bis ins 20. Jahrhundert hinein politisch und juristisch betrachtet beinahe ununterscheidbarer Teil dieses Gebietes, das den

---

[74]   Haesly, S. 254 und S. 256.

Doppelnamen eher wegen des Fehlens einer einheitlichen Bezeichnung als wegen einer Kompositionalität aus zwei Landesteilen trug. Wo Schottland eigene Institutionen in die Union mit England (und Wales) retten konnte, sind es in Wales überwiegend kulturelle Eigenheiten, die das Land auszeichnen, allen voran die walisische oder kymrische Sprache, die heute noch von etwa einer halben Million Menschen gesprochen wird (18,7% der walisischen Bevölkerung) und staatliche Anerkennung besonders durch den *Welsh Language Act* von 1967 und Unterstützung durch das *Welsh Language Board* erhält.[75] Diese Zahl bedeutet einerseits, dass die keltische Sprache ein traditionelles Kulturgut ist, das in einigen Teilen der Bevölkerung noch Rückhalt findet und zu schützen ist, und andererseits, dass es eine sprachliche Spaltung in der walisischen Bevölkerung gibt, denn für die Mehrheit muss sich die subbritische Identität, wie in Cornwall, in anderen als dem sprachlichen Bereich ausdrücken. Dennoch ist die Existenz der kymrischen Sprache ein Symbol der *Welsh identity* und Bedeutungsträger im Nationalismus, so sehr sogar, wie Tom Nairn berichtet, dass dessen Akteure oft nicht nachvollziehen können, warum es in Schottland überhaupt eine nationalistische Bewegung gibt, wo nicht einmal eine eigene Sprache zu verteidigen ist.[76]

Was den Nationsstatus betrifft, kann sich der walisische Nationalismus via Sprache/Nation-Nexus mehr als der kornische, wo es sich um eine ausgestorbene und dann wiederbelebte Sprache handelt, auf die tatsächlich noch gesprochene Sprache berufen und mit den schwindenden Zahlen ihrer Sprecherinnen und Sprecher gleichzeitig auf die kulturelle Bedrohung Wales' durch England verweisen, ein Vorwurf, der in Cornwall nur noch historisch angebracht werden kann. Im Umfeld der Sprache sind auch die hauptsächlich kymrischsprachigen kulturellen Veranstaltungen wie das *Eisteddfod* und das *Gorsedd* zu sehen, die für Wales als typisch gelten. Während die *Eisteddfodau* zumindest tangential an poetische Veranstaltungen des Mittelalters anknüpfen können, muss das *Gorsedd* (*Order of Bards of the Island of Britain*) fast gänzlich als Erfindung Iolo Morganwgs gelten; beide gehen in ihrer heutigen Form auf das 18. Jahrhundert zurück,[77] womit die ersten Anzeichen eines walisischen Proto-Kulturnationalismus bedeutet sind. Das Kymrische trägt zwar zur walisischen Symbolträchtigkeit der Veranstaltungen bei, ist aber der walisischen Einigkeit angesichts des Minderheitenstatus der Sprache auch in Wales selbst nicht unbedingt förderlich; parallel verläuft dem die Spaltung von Wales (grob gesprochen) in den industriellen, urbanen Süden und dem agrarischen, ländlichen Norden, die die linguistische Heterogenität widerspiegelt und auf unterschiedlich starke englische Einflüsse zurückgeht.

Politisch ist der walisische Nationalismus weniger stark als der kulturelle oder derjenige Schottlands; dies lässt sich aus den Wahlergebnissen der nationalistischen Partei *Plaid Cymru* (1925 unter dem Namen *Welsh Nationalist Party* / *Plaid*

---

[75] C. Williams 1999, S. 277, nach Zahlen des Zensus 1991; zur Sprachpolitik *ibid.*, S. 281f.

[76] Nairn, S. 197f.

[77] Zum *Eisteddfod* P. Morgan, S. 56-58, zum *Gorsedd* G. Williams, S. 31, P. Morgan, S. 60.

Genedlaethol Cymru gegründet und nach dem Zweiten Weltkrieg umbenannt)[78] ebenso wie aus den *Devolution*-Referenden von 1979 (mit deutlicher Absage an eine walisische Versammlung) und 1997 (mit nur sehr knapper Zustimmung) lesen. Der erste Westminster-Sitz für *Plaid Cymru* ließ bis 1966 auf sich warten; diese lange Zeit seit der Parteigründung mag den kornischen Aktivistinnen und Aktivisten von *Mebyon Kernow* Trost spenden.

Dass der walisische Nationalismus keine sezessionistische Grundlage finden kann, zeigt sich darin, dass eine walisische Identität bei aller Ablehnung Englands nicht als im Widerspruch zur britischen Nationalidentität gesehen wird.[79] Wie in Cornwall gilt die britische als übergeordnete Identität, die mit der Landesidentität nicht in Konflikt gerät. In Ermangelung bedeutender institutioneller Differenzmerkmale (die Rolle der jungen walisischen Versammlung als Identitätsstifterin müsste noch genauer untersucht werden) ist eine emotionale Bindung an das Land von großer Bedeutung,[80] wie sie auch für Cornwall beschrieben wurde.

Zu den weiteren kulturellen Symbolen, die für Wales stehen, gehören neben dem botanischen Nationalemblem des Lauchs u. a. der walisische Drache (auf der Flagge oder allein stehend), der eine weite Verbreitung in Wales genießt, im religiösen Bereich der Nonkonformismus, der allerdings wie in Cornwall im Zuge des Nachlassens religiöser Identifikationsformen an Bedeutung verliert, und eben die kymrische Sprache, deren charakteristisches Schriftbild wegen der ungewohnten Graphemkombinationen bei gleichzeitig hoher Sichtbarkeit durch bilinguale Ausschilderung in Wales beinahe ikonische Züge trägt[81] und die in dem künstlichen Ortsnamen *Llanfairpwllgwyngyllgogerychwyrndrobwlllllantysiliogogogoch* (kurz *Llanfairpwll*, postalisch *Llanfair P.G.*) einen immer wieder gern zitierten Inbegriff walisischer Eigenart gefunden hat.

Selbstverständlich spielt auch im walisischen Nationalismus die Geschichte eine bedeutende Rolle, und wie in Cornwall beginnt sie sehr früh. Der frühere *Plaid Cymru*-Vorsitzende Gwynfor Evans etwa bietet eine Geschichte der 'Nation Wales', die mit den Römern beginnt, aber als Nationswerdung, parallel zum kornischen Fall, das *Age of the Saints* nennt. Diese Geschichte wird als Erzählung der ökonomischen Ausbeutung Wales' durch England konzipiert, wie es auch im kornischen Pendant geschah.[82] Andere Vergleichsmöglichkeiten als Wales, dessen Nationalismus besonders auf kulturelle Momente abhebt, bietet jedoch Schottland.

---

[78] Diekmann, S. 25 und S. 348.

[79] Haesly, S. 256.

[80] Haesly, S. 256; nach Haesly gibt es Anzeichen, dass die walisische Versammlung der Identität Aufschwung verleihen kann (S. 259f.), wie es das *Welsh Office* in London nie konnte.

[81] Dies nutzte Dylan Thomas (*pass.*) in seinem Hörspiel *Under Milk Wood*, in welchem er die Wortschöpfung *Llareggub* als glaubhaften walisischen Ortsnamen präsentieren konnte (obwohl dieser rückwärts gelesen einen rüden englischen Ausdruck ergibt), was besonders wegen des im Kymrischen gängigen geminierten Graphems <ll> in Initialposition überzeugt. Zum folgenden Ortsnamen Sager, S. 400.

[82] Evans, S. 14f. (frühe Geschichte) bzw. S. 29-35 (Ausbeutung).

Politisches Schottland

Der schottische Fall unterscheidet sich deutlich von den in Wales gemachten Beobachtungen. Dies beginnt schon bei der politischen Vereinigung der jeweiligen Gebiete mit dem Staat, der die britische Hauptinsel dominierte: War es zwischen Wales und England ein Anschluss des kleineren, politisch nicht geeinten Gebietes an das größere, was im walisischen Nationalismus als gewaltsame Annexion gegen Widerstand dargestellt werden kann, so handelte es sich bei dem politisch lange in einem Königreich geeinten Schottland zunächst um eine Vereinigung der Kronen zweier frühneuzeitlicher 'Staaten', indem Jakob VI. von Schottland 1603 als Jakob I. den englischen Thron bestieg und England und Schottland in Personalunion regierte, dann um eine vertraglich vereinbarte Vereinigung unabhängiger Parlamente im Jahre 1707, durch das (zumindest formal) die bisherigen Staaten aufgelöst wurden und in "Großbritannien" aufgingen. Da dieser Vorgang rechtlich einen neuen Staates begründete, konnte die schottische Flagge, das weiße Andreaskreuz auf blauem Grund, Eingang in den gesamtbritischen *Union Jack* finden. Diese Vereinigung brachte England strategische Sicherheit vor durch Frankreich unterstützten schottischen Angriffen oder Umsturzversuchen, gleichzeitig Schottland die wirtschaftlichen Vorteile der Öffnung des englischen Marktes und die Zugehörigkeit zum beginnenden britischen Weltreich als Teil dessen Zentrums. Gravierende institutionelle Unterschiede, die nach der Union 1707 und bis heute beibehalten wurden und das in der geschichtlichen Erinnerung wachgehaltene eigene Königtum bilden die objektive Grundlage schottischer Eigenständigkeit. Quasi-staatliche Institutionen wie das eigene Rechts-, Kirchen- und Erziehungswesen erinnern an die Zeit staatlicher Unabhängigkeit Schottlands, und auch das 1885 wiedereingerichtete Amt des *Scottish Secretary*, eines Ministers für Schottland, der das *Scottish Office* zugeordnet bekam, ist eine *accommodation* im britischen Staat. Dies sind im weiteren Sinne politische Differenzmerkmale, da sie auf staatlichen Regelungen basieren.

Im Bereich kultureller Merkmale fällt zunächst die Schwäche der Sprachfrage auf: Die keltische Sprache Schottlands, das schottische Gälisch, spielt nur eine untergeordnete Rolle, wie in Cornwall ist eher auf ihre symbolische Existenz hinzuweisen als auf einen nennenswerten Bilingualismus wie in Wales. Als nationale Sprache gilt daher das *Scots*, das in nationalistischer Sicht kein Dialekt des Englischen, sondern eine eigene Sprache ist. Insgesamt jedoch ist Sprache von nachrangiger Bedeutung,[83] was wegen der dreigeteilten Sprachsituation (Englisch – *Scots* – Gälisch) vollkommen plausibel erscheint: Bei dieser Sachlage kann Sprache kaum zur nationalen Identitätsbestimmung herangezogen werden, zumal die eine

---

[83] Haeslys Untersuchung (S. 254f.) belegt eine starke Ablehnung derjenigen der dort getesteten Aussagen, die die Sprachen Schottlands ins Zentrum schottischer Identität stellen. In Schottland und Cornwall steht also eine andere als die linguistische Identität (nämlich die politische respektive kulturelle) im Vordergrund, Sprache wird nur als untergeordneter Teil der Kultur verstanden, die zu sprechen aber nicht nötig ist; dies kontrastiert mit Wales.

Sprache, das Gälische, aus Irland nach Schottland kam, während die anderen beiden die Sprache des englischen Gegenbildes (das Englische) bzw. linguistisch eine lange abgespaltene Varietät derselben (das *Scots*) sind. Dem entspricht die traditionelle Teilung Schottlands in die gälischen *Highlands and Islands* und die anglisierten *Lowlands*, die einer schottischen Einigkeit immer entgegenstand.

Das nationale Zeichensystem Schottlands, nach Seton-Watson eine "old continuous nation" (s. oben, S. 3), ist lange etabliert und gut dokumentiert. Kulturelle Symbole wie der *Highland Dress*, Kilts, Tartanmuster und Dudelsack gelten weltweit als schottische Erfindung und Inbegriffe des 'Schottentums'.[84] Dass es sich dabei meist um *invented traditions* handelt, wie Trevor-Roper zeigt,[85] ist außerhalb akademischer Interessen nebensächlich; ihre Wirksamkeit entfalten die Symbole unabhängig von ihrer relativ jungen Geschichte, und selbst wenn etwa der Kilt gelegentlich belächelt wird, so gehört er doch zu den Standardelementen bei formellen Anlässen in Schottland und ist von Hochzeiten nicht wegzudenken.

Das schottischnationale Geschichtsbild enthält neben anderen historischen Momenten mit "the '45" ein Ereignis, das im historischen Bewusstsein vieler Schotten eine ungeheure Bedeutung erlangt hat und erinnert wird, aber eine relativ kleine, wenig aussichtsreiche Erhebung mit dem Ziel einer katholischen Thronfolge war,[86] die nicht einmal ganz Schottland vereint hatte. Der Vergleich mit den drei früheren kornischen Erhebungen drängt sich geradezu auf. Hinzu kommen die sogenannte "Declaration of Arbroath" von 1320, eine Erklärung an Papst Johannes XXII. in Avignon, die sich in erstaunlich 'protonationalistischer' Art gegen England richtet,[87] und natürlich die Schlachten gegen England, deren aus schottischer Sicht erfolgreicher Ausgang ebenso erinnert wird wie die Niederlagen, so der Sieg von Robert Bruce 1314 gegen ein englisches Heer in der Schlacht von Bannockburn und die Niederlage der aufständischen Jakobiten 1746 bei Culloden. Letztlich besitzt der schottische Nationalismus eine Gallionsfigur in William Wallace (genannt "Braveheart", um 1300), der durch den Hollywood-Film *Braveheart* (1995) mit dem in Amerika geborenen Australier Mel Gibson in der Titelrolle und als Regisseur popularisiert wurde, was der Bewegung ungeahnte Unterstützung

---

[84]   Als Teil der "Tartanry" sind diese aber einer ethnischen Vergangenheit verpflichtet und mit einer Rückwärtsgewandtheit verbunden, die für viele nationalistische Akteure unattraktiv sind, was, so McCrones (1989, S. 161) These, dazu beitragen mag, dass kulturelle Faktoren im schottischen Nationalismus verhältnismäßig unbedeutend sind.

[85]   Nach Trevor-Roper (S. 19) war der karierte Tartanstoff, ursprünglich wohl aus Flandern stammend, im 16. Jahrhundert in Schottland bekannt, während der 'Schottenrock' aus diesem Stoff erst eine Erfindung des 18. Jahrhunderts war (S. 21f.), als sich Schottland schon in der Union mit England und Wales befand. Allerdings spielt er dabei die Bedeutung des Vorläufers des *Kilts* (das gegürtet getragene *Plaid*) herunter.

[86]   Chapman 1978, S. 20f.

[87]   Krieger, S. 169f.; da in der Erklärung nur ein Kreis von Magnaten unter Führung von Grafen sprach (*ibid.*), der zudem dem mittelalterlichen, dynastischen Weltbild verhaftet war, ist sie nicht 'nationalistisch', obwohl sie eine Art Unabhängigkeitserklärung darstellt.

einbrachte, nicht zuletzt wegen des erhöhten Bewusstseins schottischer Geschichte und insbesondere des dort vorgestellten Geschichtsbildes einer reduktionistischen Gut/Böse-, Wir/Ihr-Dichotomie zwischen Schottland und England.[88] Mit Robert Bruce und "Braveheart" lassen sich die kornischen Führer des Aufstandes von 1497, Thomas Flamank und "An Gof", korrelieren, die alle persönliche Anknüpfungspunkte an die jeweilige 'nationale' Geschichte darstellen.

Politisch zeichnet sich Schottland durch den stärksten Nationalismus Großbritanniens aus; dabei schwankte das wichtigste Organ der Bewegung, die *Scottish National Party* (SNP), 1934 hervorgegangen aus der Vereinigung der *National Party of Scotland* (1928 gegründet) und der *Scottish Party* (1931-32 entstanden), zwischen den Zielen einer begrenzten Autonomie und völliger Unabhängigkeit Schottlands, ein Zwiespalt, der bis heute anhält,[89] auch wenn die Partei zuletzt das schottische Parlament als einen ersten Schritt begrüßte. Wahlerfolge waren bis in die Mitte der 1960er Jahre gering und nahmen dann bis 1979 einen Aufschwung. Da Wahlergebnisse in Prozentanteilen der abgegebenen Stimmen wegen des *First-past-the-post*-Wahlsystems nicht allzu viel über die spätere Repräsentation aussagen, muss auch die Anzahl der gewonnenen Sitze genannt werden, wenn es nicht nur um Stimmungen in der Wahlbevölkerung, sondern auch um den daraus erwachsenden Einfluss im Parlament geht. So konnte die SNP nach den Allgemeinen Wahlen im Herbst 1974 mit 30,4% der schottischen Stimmen elf Abgeordnete nach Westminster entsenden, verlor aber bei den nächsten Wahlen 1979 wieder sieben Sitze, obwohl der Stimmenanteil immer noch bei 17,3% lag. Die vorübergehenden Erfolge basierten zum Teil auf dem in der Nordsee gefundenen Erdöl, das Eigenständigkeitsbestrebungen neuen Schwung brachte, da es alsbald zum nationalen Mythos wirtschaftlicher Prosperität eines autonomen oder unabhängigen Schottlands wurde.[90] In der nachfolgenden Zeit waren die Erfolge wechselhaft, jedoch konnte die Partei immer Sitze gewinnen, so dass der schottische politische Nationalismus als eine etablierte Größe im britischen Parlamentssystem gelten muss, ein Status, von dem das kornische Pendant weit entfernt ist.

Bezüglich der Identität lässt sich zusammenfassend feststellen, dass die schottische Identität nie unbedeutend war, auch wenn zu Zeiten des *British Empire* eine britische Identität im Vordergrund stand. Schottische Identität, viel sichtbarer als die kornische, korreliert dennoch mit jener, die wie gezeigt ebenso von der britischen Identität überschattet wurde, wenn dies Vorteile versprach, und die Rückkehr der *Scottishness* in die politische Arena als relevante Frage (besonders in und seit den 1960er Jahren) machen den modernen schottischen Nationalismus zu einer Ausformung des Neonationalismus, wie er, wenn auch weniger virulent und deutlich weniger im engeren politischen Bereich, auch in Cornwall zu finden ist.

---

[88] In seiner interessanten und ausführlichen Behandlung des Filmes zeigt Edensor auf, wie *Braveheart* von 'patriotischer' Seite gefeiert und instrumentalisiert wurde (S. 150-153).

[89] Finlay, S. 19. Finlay gibt auch einen Überblick über die wechselhaften Erfolge der Partei.

[90] Weight, S. 553f.; die Zahlenangaben zuvor Rose/McAllister, S. 71.

Der teilweise erfolgreiche Sonderfall Irland

Irland wurde vom 12. bis zum Beginn des 19. Jahrhunderts wie eine Kolonie regiert;[91] einen eigenen, unabhängigen irischen Staat hatte es nie gegeben – anders
als einen schottischen. Die Vereinigung mit Großbritannien, die 1801 in Kraft trat,
war so auch nicht die Vereinigung zweier Staaten wie bei der Gründung Großbritanniens 1707. Vielmehr erhoffte sich die große Kolonialmacht, mit der Aufnahme des kolonieartigen Gebildes in das eigene Staatsgebiet ein für alle Mal Ruhe
in ihrem *backyard* schaffen zu können. Doch der gut erforschte irische Nationalismus, der zumindest in seiner Frühzeit schwer von katholischen Emanzipations-
versuchen innerhalb des Staates zu unterscheiden ist, erschwerte eine dauerhafte
Union von Anfang an. Zu viele Differenzmerkmale konnten aufgerufen werden,
um Unterstützung für nationalistische Bestrebungen zu mobilisieren und einen
eigenen Nationsstatus argumentativ zu untermauern. Dazu gehören unter anderem
der Katholizismus, der Irland am deutlichsten von dem Großbritannien geradezu
definierenden Protestantismus differenzierte, die irische Sprache mit den alten
mythischen Texten, die die Vision eines 'Goldenen Zeitalters' induzierten (wie in
Cornwall das *Age of the Saints*, als Irland ein religiöses Zentrum Europas war),
und zunächst die eigenen politischen Institutionen, dann die Erinnerung daran, an
die sich ein von England verschiedenes, ja sogar entgegengesetztes Geschichtsbild mit eigenen historischen Mythen anschloss. Dieses Geschichtsbild rekurriert
selbst wiederum auf den Katholizismus, waren Katholiken doch lange staatlich
diskriminiert worden und konnten erst ab 1829 ins britische Parlament gewählt
werden, was sich nahtlos in das historische Gesamtbild von Unterdrückung und
Aufständen einbetten ließ. Aber schon seine Insellage begünstigte eine getrennte
Wahrnehmung Irlands, das eben offenkundig ein 'anderes Land' war.[92] Zu Beginn
des 20. Jahrhunderts begann dann die Sezession der 26 Grafschaften der heutigen
Republik Irland (*Home Rule Bill* 1912; Errichtung des *Irish Free State* 1922 nach
dem *Anglo-Irish Treaty* aus dem Vorjahr, Verfassung für den nun *Éire* genannten
Staat 1937), die ihren vorläufigen Abschluss im Austritt aus dem *Commonwealth*
1949 fand. Fast ließe sich sagen, Irland sei der letzte Teil gewesen, der in den von
England dominierten Staat kam, und der erste, der ihn verließ.

Das Gälische ist seit der irischen Verfassung von 1937 erste Amtssprache der
Republik, während Englisch als zweite Amtssprache anerkannt ist. Diesen einzigartigen Status unter den keltischen Sprachen verdankt das Irische der Staatlichkeit
Irlands und dem Willen der Staatsgründenden, die Sprache als Unterscheidungsmerkmal zu Großbritannien (eigentlich England) symbolisch zu überhöhen, denn

---

[91] Birch, S. 18.
[92] Bernhard Klein (*pass.*) zeigt an verschiedenen Textes des 16. und 17. Jahrhunderts, wie
Irland schon in jener Zeit als ein der englischen Zivilisation geradezu entgegengesetztes
Land konstruiert wurde. Aus dem Widerspruch, dass trotz der antithetischen Konzeptionen
von *Englishness* bzw. *Britishness* einerseits und *Irishness* andererseits die spätere politische
Integration durchgeführt wurde, lässt sich der Misserfolg dieser Union teilweise erklären.

einer soziolinguistischen Realität entsprach dieser Status auch damals schon nicht mehr. Als Medium gesellschaftlicher Alltagskontakte ist die Sprache heute auf wenige kleine Gebiete, das *Gaeltacht*, im Westen Irlands beschränkt. Mit der staatlichen Unterstützung[93] ist sie jedoch auch im Bildungs- und Verwaltungswesen außerhalb der *Gaeltacht*-Gebiete vertreten und dient der Verkörperung irischer Identität für die gesamte Insel, erneut, wie in Cornwall, eher symbolisch denn kommunikativ, etwa in kulturellen Veranstaltungen, die abgehalten werden, um der Sprache bewusst ein Forum der Benutzung zu bieten.

Irischer Nationalismus ist somit durch eine deutliche Sonderstellung ausgezeichnet: Im 19. Jahrhundert, als die gesamte Insel dem *United Kingdom of Great Britain and Ireland* angehörte, war er ganz der Staatsbildung verschrieben (mit *Home Rule* als möglichem Zwischenstadium) und entsprach zeitgenössischen Bewegungen in Europa, die Verbindung mit katholischer Emanzipation zugleich Verkettung mit einer anderen Reformbewegung und Mittel zur Durchsetzung der eigenen Ziele. Mit der Erlangung der Staatlichkeit änderte sich dies zum mehrheitlichen Staatsnationalismus wie in anderen etablierten Staaten, nahm also eine andere Qualität an. Hinsichtlich Nordirlands ist nun von *Irredenta*-Nationalismus zu sprechen, der die *six counties* als politisch abgetrenntes, aber integrales Territorium Irlands beansprucht und mit der Republik zu vereinigen sucht: Nordirland gilt dieser Nationalismusform als bisher 'unerlöster' Teil Irlands. Aufgrund der komplexen Lage, deren Charakterisierung als Opposition von katholischer, irischnationalistischer Seite, die der *Irredenta* folgt, und protestantischer, britischunionistischer Seite zu einfach ist, muss es hier aber außen vor bleiben. Jedenfalls kann zu keinem Zeitpunkt der irischen Geschichte, weder für Nordirland noch für die Republik Irland oder die vormals ungeteilte Insel, von einem Neonationalismus wie in Wales, Schottland oder Cornwall gesprochen werden.

Die Bretagne als Vergleich in Frankreich

Die Bretagne, als Herzogtum nach Hochzeiten und politischem und militärischem Druck 1532 endgültig an Frankreich gekommen, beherbergt eine Bewegung (innerhalb dieser auf Bretonisch *Emsav* 'Aufstand, Bewegung'), die dem französischen Sprachgebrauch nach zumeist *regionalistisch* genannt wird; die dortigen Akteure berufen sich jedoch wie die kornischen auf keltische Wurzeln, was ihnen das Paradigma 'keltischer Nationalität' und damit sogleich die Argumentation über die nationale Selbstbestimmung eröffnet.[94] Deshalb sollte die Bewegung, dem Kriterium der Bedeutung des in der Bewegung selbst geführten Diskurses folgend (oben, S. 45), *nationalistisch* genannt werden. Zu beachten ist, dass die Keltizität

---

[93] Einem alten Witz zufolge haben irischsprachige Nichtschwimmer bessere Aussichten auf Anstellung als Bademeister in einer irischen Badeanstalt als ihre Mitbewerber, die zwar schwimmen, aber nur Englisch sprechen können. Zur historischen Sprachsituation des Gälischen zuvor Ó Murchú, S. 471.

[94] So auch McDonald, S. 98.

auf *insel*keltische Ursprünge zurückgeführt wird, denn, wie McDonald erklärt, nur so kann sich die Bretagne als keltische Minderheit von der französischen Mehrheit abgrenzen, die ihrerseits auf eine (gallisch- oder festlands-) keltische Vergangenheit blickt,[95] anders als in Großbritannien, wo eine einfachere Opposition von keltischen und angelsächsischen Ursprüngen vorherrscht.

Parallel zur Entwicklung in Cornwall ging der nationalistischen Bewegung in der Bretagne (hier seit dem frühen 19. Jahrhundert) eine Phase des antiquarischen Interesses an Sprache, Sitten und Gebräuchen voraus, die die Förderung der bretonischen Sprache und Literatur einschloss und als "Breton cultural revival" durch "patriotic Breton linguists, writers and historians" bezeichnet wurde; dass vieles davon vor einem Pariser Hintergrund geschah und von *exiles* getragen wurde,[96] erinnert an Cornwall und Wales (in London etwa Jenner für Cornwall und Iolo Morganwg, der "homesick stonemason from Glamorgan", für Wales).

Die bretonische Sprache ist ein wichtiger Punkt in der Definition der bretonischen Identität; Rachel Hoare fand in einer empirischen Studie, dass das Beherrschen der Sprache in der Wahrnehmung der Bevölkerung notwendig ist, um nicht nur als "breton(ne)", sondern als "un(e) vrai Breton(ne)" (sic!) zu gelten;[97] hier werden also feine Unterscheidungen im Grad der 'Bretonizität' gemacht. Damit kommt der Sprache in der Bretagne ein höheres Maß an Definitionskraft zu als in Cornwall, zumal das Bretonische noch eine traditionelle Sprachgemeinschaft aus Muttersprachlerinnen und -sprachlern besitzt. Dennoch hat das Bretonische vielleicht deshalb einen schwereren Stand als die keltischen Minderheitensprachen Großbritanniens, weil sich die französische Identität stark auf die *francophonie* beruft, der französische Staat folglich starkes Gewicht auf die (eine, einheitliche) Staatssprache legt und das Französische festschreibt und fördert; eine interne Minderheitensprache wie das *Brezhoneg* wird so zu einer potentiellen Bedrohung für Einigkeit und Identität Frankreichs. Zudem sehen viele Einwohner Frankreichs das Französische seinerseits als bedrängt an (durch das Englische), was – übrigens ähnlich wie bei der bretonischen/französischen Keltizität – mit dem Diskurs der Bedrohung oder 'Unterdrückung' der bretonischen Minderheitensprache konkurriert. Das Englische hingegen (selbst in seiner britischen vis-à-vis der amerikanischen Varietät) kann als mittlerweile globale *lingua franca* nicht in ähnlicher Art durch 'kleinere' Sprachen, gleichsam 'von unten', gefährdet werden.

Zur Sicherung der Zukunft der Sprache haben Aktivistinnen und Aktivisten in der Bretagne 1977 die *Diwan*-Schulen ins Leben gerufen, die auf der Idee fußen, bretonische Kinder vom Kindergarten an in der bretonischen Sprache (als Unterrichtsfach und -medium) zu unterrichten und ihnen Gelegenheit zu geben, sie in ungezwungenen, alltäglichen Umständen zu gebrauchen. Dabei ist es angesichts der traditionellen Sprachgemeinschaft verständlich, dass *Diwan* erfolgreicher ist

---

[95] McDonald, S. 102f.
[96] Reece, S. 36, für die vorherigen Zitate S. 25. Zu Iolo sogleich Weight, S. 283.
[97] Hoare, S. 175; ähnlich und zusammenfassend S. 184.

als das kornische Pendant *Dalleth* ('Anfang', ein 1979 gegründeter Bund, der Eltern unterstützt, die ihre Kinder bilingual erziehen wollen, und sich für kornischsprachige Spielgruppen einsetzt), das in einer reinen *Revival*-Umgebung steht. Wie in Cornwall werden jedoch andere Faktoren als Sprache insgesamt als wichtiger erachtet, besonders Abstammung von bretonischen Eltern, ständiges Leben in der Bretagne, die Liebe zur Region und seiner Kultur und das Gefühl, bretonisch zu sein. Letztlich ist auch der bretonische Akzent des Französischen Identitätsmerkmal,[98] wie es jenseits des Ärmelkanals das kornische Englisch ist.

Ein Teil des populären Wissens über die bretonische Bewegung besteht in dem Vorwurf, deren Mitglieder hätten im Zweiten Weltkrieg mit den deutschen Besatzern kollaboriert, um Frankreich zu schwächen und bretonische Autonomie zu erlangen. "Further they [the supporters of the French government in Brittany] hint that the Breton Movement was more or less artificially created by the Germans who used it as a tool to destroy the unity of France." Dem wird entgegengehalten, dass es von jeher Politik der französischen Regierungen gewesen sei, Manifestationen bretonischer Besonderheiten zu unterdrücken, insbesondere schon vor der deutschen Invasion Frankreichs, als es gar nicht möglich gewesen sei, mit den Maßnahmen gegen Bretonen die Kollaboration zu beenden, während Verhandlungen mit Deutschland über den Status der Bretagne nach einer Niederlage Frankreichs nur von wenigen Bretonen gutgeheißen worden seien, und germanophile Tendenzen einzelner Personen oder Gruppierungen nur aus der frankophoben Stimmung folgten.[99] Hier ist interessant, wie zwei nationale Auffassungen aufeinander treffen, denn der bretonische Nationalismus ist aus französischer Perspektive subversiv und der französischen nationalen Einigkeit abträglich, während Frankreich aus bretonischer Sicht einen eigenen, unterdrückenden Nationalismus verfolgt, so dass der Vorwurf, im abwertenden Sinne nationalistisch zu sein, in beiden Richtungen vorgetragen wird (im Exkurs zu Angarrack oben wurde ja auch auf die Umkehrung der Perspektiven und Vorwürfe hingewiesen).

Als interessante Parallele in der Bretagne fällt ein Buch Jean Markales auf, in dem dieser diejenigen Teile der Geschichte seiner Region darstellt, die in der offiziellen Geschichtsversion Frankreichs keine Berücksichtigung finden ('vergessen' werden), und wie Angarrack und Hodge unbekannte historische 'Tatsachen' aufdecken und bewusst machen will; so lautet sein Titel denn auch *Histoire secrète de la Bretagne*, was u. a. an *Cornwall's secret war* von Pol Hodge (1999) erinnert. Ältere und jüngere (was etwa die Kollaborationsvorwürfe angeht) Geschichte sind also auch in der Bretagne Teil des nationalistischen Diskurses.

Cornwall und die Bretagne gelten als enge Verwandte, was sich schon in der Nähe der beiden keltischen Sprachen, aber auch in der Geographie, Geologie und Toponymik zeigt. Neben einer ähnlichen Halbinsel-Situation und gleichartigen Landschaftsformationen fallen besonders Ortsnamen-Äquivalenzen auf (jeweils

---

98   Hoare, S. 170, S. 175f. und S. 184f.
99   Welsh Nationalist Party (Hg.), S. 20f., S. 47f. und S. 68f., das Zitat zuvor S. 5.

Cornwall – Bretagne): Direkte Entsprechungen, etwa *Cornwall – Cornouaille* (Landstrich), und Entsprechungen in Ortsnamenbestandteilen (*Lan(n)*- 'Ort der Kirche -' wie in *Lanhydrock, Launceston – Landivisiau, Lampaul; Pen(n)*- 'Kopf, Landspitze' wie in *Penzance, Penwith – Penn ar Men Du, Penmarc'h*) sowie in der hohen Anzahl von Ortsnamen nach Heiligen (*St Ives, St Just – St. Brieuc, St.-Pol-de-Léon*). Dass diese Verwandtschaft geschätzt wird, belegen die regelmäßig stattfindenden kornisch-bretonischen Ringerwettkämpfe, die kulturellen Festen gleichkommen, oder das kornische Lied "Dynergh dhe dus a Vreten Vyghan" ('Welcome to Men from Brittany') von R.M. Nance, der dort die Einheit der 'Briten' feiert, obwohl 'Sachsen' und 'Franken' sie zu Feinden gemacht hätten, und damit zugleich ein weiteres Beispiel für die Konstruktion der keltisch/germanischen Opposition in der Literatur gibt.[100]

Hinsichtlich ihrer Nationalismusbewegungen stehen beide Gebiete vor größeren Hürden als Wales und Schottland, die unbestritten als konstitutive Nationen des britischen Staates gelten: Eine weiter gehende Anerkennung Cornwalls wird u. a. durch dessen geringe Größe und den *de facto*-Grafschaftsstatus[101] erschwert; bei der Bretagne sind es die in Paris fehlende Idee substaatlicher Nationen, die in der 'unteilbaren' französischen Nation keine Verbreitung finden konnte, und der noch immer weitgehend zentralistische Staatsaufbau. Sind die Hürden bei beiden ähnlich hoch, so sind doch Unterschiede durch die jeweiligen staatlichen Umstände gegeben, die eine komparative Betrachtung so sehr erschweren wie lohnend machen. Hinzu kommt auf der südlichen Seite des Kanals, dass das fünfte, heute Loire-Atlantique genannte *Département* der historischen Provinz Bretagne seit den Tagen Vichy-Frankreichs nicht mehr zur neuen Region Bretagne, sondern zur Region Pays de la Loire gehört; somit ist die Bretagne seit über einem halben Jahrhundert 'geteilt', eine Erschwernis, die in Cornwall nicht gegeben ist.

Ein gescheitertes Galicien?

Die historische Provinz Galicien (nicht zu verwechseln mit dem polnisch-ukrainischen Galizien) im Nordwesten Spaniens genießt seit der Volksabstimmung 1980 den Status einer autonomen Region. Dass Galicien gescheitert wäre, ist deshalb nur ein provokativer Einstieg, denn der Status geht darauf zurück, dass die spanische Verfassung von 1978 drei historische Nationalitäten in Spanien anerkennt, nämlich die katalanische, baskische und galicische.[102] In unserem Rahmen ist nur die beanspruchte Keltizität des Landes, nicht die Nationalbewegung als Ganzes von Interesse, und nur dort ist ein teilweises Scheitern zu konstatieren.

---

[100] Nance (1999), hier S. 54/55.
[101] Forderungen von kornischer Seite kann immer entgegengehalten werden, dass deren Erfüllung ähnliche Wünsche von 'anderen Grafschaften' nach sich zöge: Was Cornwall zukäme, müsste auch allen anderen Grafschaften zugestanden werden, was sich als impraktikabel erweise (und zudem der nationalistischen Sichtweise Cornwalls zuwiderliefe).
[102] Máiz, S. 173.

Die Keltizität Galiciens, das in dieser Hinsicht nicht ganz von seinem östlichen Nachbarn Asturien sowie dem Norden Portugals abgegrenzt werden kann, dem es linguistisch eher angehört als Spanien, beruht laut den Anhängern der keltischen These auf vor- und frühgeschichtlichen Zeiten, als der Nordwesten der Iberischen Halbinsel zusammen mit Armorica, Dumnonia, dem walisischen Küstenstreifen, der Insel Man, dem atlantischen Schottland und Irland einen klar definierten maritimen Kulturraum bildete, der durch den alle verbindenden Seehandel eine gewisse Homogenität der 'protokeltischen' Lebensweise und Glaubensformen besaß; diese Seeverbindungen hätten bis in frühchristliche Zeiten Bestand gehabt. Hinzu kommt als ein weiteres Schlüsselmoment in der Konstruktion des 'keltischen Galiciens' die 'keltische' Migration aus Dumnonia und Südwales, deren Ziel nicht nur die spätere Bretagne, sondern eben auch Nordwestiberia gewesen sei.[103]

Während Hinweise auf prähistorische Verbindungen der genannten Gebiete tatsächlich stark sind,[104] so ist deren Keltizität, insbesondere die Galiciens, damit noch nicht belegt. Können die etablierten sechs 'keltischen Nationen' wenigstens auf eine einheimische Sprache verweisen, die zu der Sprachfamilie gehört, die *keltisch* genannt wird, so ist Galicien stärker auf Vergleiche mit Ländern angewiesen, deren Keltizität zumindest unter *Celtophiles* anerkannt ist. Neben archäologischen Hinweisen und dem prä- und protohistorischen Geschichtsbild werden für Galicien hauptsächlich Ähnlichkeiten im Bereich der Mythen und der Folklore angeführt,[105] es können jedoch keine spezifisch galicischen Einzelmerkmale angeführt werden, die allein wegen ihrer galicischen Abkunft als 'keltisch' gelten, wie dies für den 'schottischen' Dudelsack möglich ist, dessen Übernahme und Modifikation u. a. in Cornwall auf seinen (pan-)'keltischen' Symbolgehalt verweist. Schon deswegen, aber auch wegen der fehlenden keltischen Sprache ist die Position Galiciens als 'keltische Nation' deutlich schwächer selbst als die Cornwalls. Konnte dort mindestens mit der Sprache auf keltische Wurzeln verwiesen werden, so stammt "the myth of Celtism" in Galicien aus historischen Werken des 19. Jahrhunderts, die eine Keltizität Galiciens überhaupt erstmalig behaupteten.[106]

In diesem Zusammenhang ist auch ein Problem zu sehen, das als "Galician crisis" in die Geschichte des Pankeltismus eingegangen ist. Mit einer möglichen Mitgliedschaft Galiciens in der *Celtic League* stand nicht weniger auf dem Prüfstand als die Definition des im Pankeltismus verwendeten Keltenbegriffs. Während die Einwanderung aus Britannien, eine Anzahl von Lehnwörtern aus keltischen Sprachen im Galicischen (Galego) und gewisse kulturelle Merkmale, die auf 'keltische' Verbindungen schließen lassen könnten, anerkannt wurden, so wurde doch betont, dass es keine Hinweise für ein Überleben einer keltischen Sprache

---

[103] So weit Alberro, S. 15-18, S. 24 und S. 35.
[104] So fasst Alberro (S. 25) die dazu angeführten archäologischen Belege zusammen.
[105] Alberro (S. 25-33) stellt viele der für die Konstruktion des keltischen Galiciens angeführten Belege aus diesem Bereich zusammen.
[106] Máiz, S. 178.

nach dem 7. oder 8. Jahrhundert gibt. Somit konnte Galicien nicht als 'keltische Nation' anerkannt werden, da es das Sprachkriterium nicht erfüllte, welchem zufolge eine keltische Sprache noch in moderner Zeit in dem jeweiligen Land gesprochen worden sein muss, um es als 'keltisch' zu qualifizieren.[107] Somit hatte die importierte keltische Sprache keine Zeit, sich zu einer eigenständigen Varietät des Keltischen zu entwickeln, und allein das Vorhandensein einer keltischen Sprache zu irgendeinem Zeitpunkt der Geschichte reicht als Qualifikation nicht aus, denn dies liefe ja darauf hinaus, dass auch beispielsweise Oberitalien, ja sogar England und Frankreich selbst in die *Celtic League* und die pankeltische Bewegung aufgenommen werden müssten, da in allen keltische Sprachen gesprochen wurden; so war das Britische (der Vorläufer des Kymrischen und Kornischen) im Gebiet des heutigen England bis zum *adventus Saxonum* die allgemein gesprochene Sprache und wurde erst dann von westgermanischen Dialekten verdrängt. Gerade England und Frankreich können im Pankeltismus aber nicht zu den 'keltische Nationen' gezählt werden, da sie ja die (fotografisch gesprochen) Negativbilder der *six Celtic nations* sind, von denen sich jene abheben wollen. P.B. Ellis muss dieses Schreckgespenst des Pankeltismus nur mit einem milde spottenden Ton unterlegen, um der Idee einer Aufnahme Galiciens eine klare Absage zu erteilen: "There are far more Celtic survivals in French or, indeed, loan-words in modern English [than in Galician], and one presumes the next step to recognition of the Galicians as Celts would be to recognize both the French and English also."[108]

Galicien blieb die Anerkennung als 'keltisches' Land also von 'offizieller' Seite verwehrt; ansonsten erscheint Galicien aber oft in pankeltischen Kontexten und wird gerade im kulturellen Bereich, etwa bei Film- und Musikfestivals, gerne akzeptiert.[109] Dies kann bedeuten, dass es später vielleicht doch noch zu einer Aufnahme Galiciens kommen wird. In dieser Hinsicht, in der Konstruktion als explizit 'keltische Nation', ist Galicien ähnlich im Werden begriffen wie Cornwall.

Dennoch zeigt die Entwicklung in Galicien einen interessanten Unterschied zu der in Cornwall. In seinem historischen Überblick über die frühe galicische Nationalbewegung beschreibt Núñez Seixas eine Phase des "Provinzialismus" (etwa ab 1840), die einer zweiten Phase (etwa ab 1880) vorausgegangen sei, in welcher Galicien dann als 'Nation' verstanden worden sei; in jener Frühphase sei es lediglich darum gegangen, Galicien als eine einzige, ungeteilte Provinz wiederherzustellen; der entscheidende Punkt ist, dass dies innerhalb der 'spanischen Nation' geschehen sollte.[110] Somit wurde zunächst keine Unvereinbarkeit zwischen der galicischen

---

[107] Diese Darstellung der Ereignisse beruht auf P.B. Ellis 1993, S. 20-27. An anderer Stelle hat Ellis (1994, S. 101) ein heutiges 'keltisches Galicien' als "sheer fantasy" abgetan.

[108] P.B. Ellis 1985, S. 22.

[109] Auf der Homepage einer solchen Kulturveranstaltung (s. Foothills Scottish Highland Games & Festival) wird der bekannte Ausdruck bereits um eins erhöht zu "Seven Celtic Nations". Natürlich ist ein keltisches 'Familienmitglied' am Rande des sonnigen Spanien durchaus attraktiv für viele Angehörige der anderen 'keltischen Nationen' weiter im Norden.

[110] Núñez Seixas, S. 97f.

Identität und einer umfassenderen *Hispanidad* gesehen. In Cornwalls war zwar dem eigentlichen Nationalismus auch eine Phase des antiquarischen Interesses an Sprache und Kultur vorausgegangen, jedoch keine Einigungsbewegung, die nicht nationalistisch gewesen wäre. Diesen Unterschied machen sicherlich die verschiedenen staatlichen Rahmenbedingungen aus: Während die kastilischen Grundlagen verhältnismäßig erfolgreich als 'spanisch' in den Gesamtstaat integriert wurden (so können die Bezeichnungen *el castellano* und *el español* für die Sprache weitgehend synonym gebraucht werden), blieben auf den Britischen Inseln für die Einwohner des *Celtic fringe* die Einzelnationen und deren Opposition zu England viel stärker im Bewusstsein, und die Bezeichnungen *English* und *British* werden höchstens in England beinahe unterschiedslos verwendet. In Cornwall wie in den (anderen) außerenglischen Gebieten war deshalb eine nationale Abgrenzung von der dominanten Nation innerhalb des Staates möglich (was bei Galicien sogleich nach Sezession ausgesehen hätte), so dass praktisch von Anfang an *Cornish identity* als unvereinbar mit *Englishness*, nicht aber mit *Britishness* galt und die nationale Sichtweise Cornwalls proklamiert wurde, was dadurch erleichtert wurde, dass sich diese Sicht in das etablierte Paradigma nationaler Staatsteilgebiete einbettete. Dies passt zu Núñez Seixas' dritter Phase der galicischen Bewegung, als die Akteure um 1916 begannen, nationalistische Ideologie anzunehmen, indem sie sich auf das nationale Selbstbestimmungsrecht beriefen, nur galicisch sprachen, die Existenz einer spanischen Nation leugneten oder den Vorbildern der 'keltischen Nationen' folgen wollten.[111] Mit dem letzten Punkt, der Nachfolge der anderen 'keltischen Nationen', bestehen wieder explizite Berührungspunkte mit Cornwall.

Nach diesem Überblick über einige substaatliche, 'keltische' Nationalismen in Westeuropa können die an Cornwall gemachten Beobachtungen in weitere Zusammenhänge eingebettet werden. In den letzten beiden Fällen fiel besonders auf, welchen Einfluss die jeweiligen staatlichen Gegebenheiten auf die Bewegungen hatten; dabei hat das durch England, Schottland, Wales und (Nord-)Irland multinationale Vereinigte Königreich ein Muster nationaler Identifikation vorgegeben, das sich sowohl innerhalb Großbritanniens (in Cornwall) als auch in anderen Staaten (Frankreich und Spanien) anwenden ließ, auch wenn jene ursprünglich keine Pluralität interner 'Nationen' kannten. Die Regionen auf dem Kontinent konnten über den Kanal blicken, ihre Regionalidentitäten nach dem Muster des britischen *Celtic fringe* umwandeln und so 'keltische Nationen' konstruieren. Die Übernahme der Keltizität und ihrer Einzelmerkmale ist in allen Regionen nachweisbar oder es lässt sich zeigen, dass sie *invented traditions* darstellen. Im vorigen Kapitel wurde dargelegt, wie 'Wahrzeichen' der kornischen Keltizität nach dem Muster anderer 'keltischer Nationen' erfunden wurden. Da jedoch der Kilt, der ein Inbegriff schottischer Keltizität ist, auch in Schottland selbst eine *invented tradition* ist, muss der Unterschied zwischen schottischem 'Original' und kornischer 'Kopie' als einer des

---

[111] Núñez Seixas, S. 99f.

Grades, nicht der Art gelten, denn dass der schottische Kilt im 18., der kornische im 20. Jahrhundert erfunden wurde, bedeutet nur eine temporale, keine essentielle Differenz. Ähnlich beim *Gorsedd*: Der kornische Bardenkreis ist jetzt rund 80, der walisische gut 200 Jahre alt, und doch bleiben beide 'erfundene Traditionen', mit dem Unterschied, dass das walisische *Gorsedd* heute in Wales und darüber hinaus Symbol walisischer Kultur ist und einen festen Platz im kulturellen Kalender und im Bewusstsein der dortigen Bevölkerung hat, während das kornische Pendant noch dabei ist, eine solche Stellung zu erlangen.

Daran schließt sich eine weitere Gemeinsamkeit der untersuchten Nationalismen: Die Opposition zur dominanten Nation, der eine Phase des kulturellen Interesses an der (in all diesen Fällen) peripheren Region vorausging.[112] In Galicien kam zur Erkundung der Regionalkultur (und der Keltizität) durch die lokale soziale Elite eine Einigungsbewegung, die die Region zunächst in den Begriffen einer Provinz und erst später in nationalen Begriffen verstand. Die Rolle der (zumeist keltischen) Sprache als Identitätsstifterin ist in allen Gebieten gegeben (auch das Galicische wird als distinkte Sprache verstanden), wenn auch in unterschiedlichen Graden und Arten: Einerseits in symbolischer Art, mit geringer Bedeutung in Schottland und größerer Bedeutung in Irland und Cornwall, andererseits kommunikativer Art, wo zum symbolischen Gehalt noch hinzutritt, dass die Sprache ein gefährdetes Kulturgut ist, mit größerer Bedeutung in Wales als in der Bretagne. Auch ist Geschichte überall Teil des jeweiligen kulturellen Nationalismus: Der historische Nationsstatus und das nationale Geschichtsbild sind in allen betrachteten Gebieten relevant. Cornwall ist somit in seiner Nationalismusbewegung nicht ungewöhnlich, die kulturellen Felder und Mittel der Nationsbildung sind weitgehend dieselben wie in anderen substaatlichen Nationen, wobei alle gewisse Eigenheiten zeigen. Wenn eine 'nationale Kultur' oftmals im 18. und 19. Jahrhundert, in Cornwall jedoch hauptsächlich im 20. Jahrhundert entstand, so ist Letzteres darin lediglich später als die Vergleichsfälle, ihnen der Art nach aber sonst sehr ähnlich, wenn die besonderen Umstände jedes Einzelfalls, die zu einer Varianz zwischen den Untersuchungsgebieten führen, in Rechnung gestellt werden.

John Breuilly meinte, selbst Schottland keine besonders distinktive Kultur zuschreiben zu müssen, aufgrund derer die Erfolge der *Scottish National Party* zu erklären seien, obwohl Schottland nach Irland den am wenigsten umstrittenen Nationsstatus der untersuchten Gebiete hat:

---

[112]   Hechter (S. 300-302 sic!): "the demand for Celtic nationalism in the nineteenth century was largely expressed in cultural terms: it was to an extent a romantic plea"; mit Ausnahme Irlands wurde keltischer Nationalismus erst danach politisch. Der Widerstand gegen das Zentrum wurde also mit der im 19. Jahrhundert entwickelten 'Waffe' der keltischen Kultur geführt, "though in many ways this ['Celtic culture'] had little in common with its ancient counterpart. The renaissance of Celtic culture, the beginnings of Celtic nationalism and the distinctive electoral behavior of the Celtic territories were all responses to a situation which may usefully be described as colonial." (Hechter, S. 59, der These des *internal colonialism* folgend). Die 'wiederentdeckte' oder konstruierte Kultur wurde so instrumentalisiert.

It is in any case difficult to specify the content of this silent culture. Many cultural features, for example dialect, exist elsewhere, including English regions. Gaelic has played no role in modern Scottish nationalism [...]. Most of the Scottish 'traditions' in which tourists delight are the product of the first 'tourists', English Victorians; they were kept sentimental and harmless and were celebrated only after the societies of the Highlands which inspired them had been safely destroyed.[113]

Breuilly übersieht, vielleicht wegen seiner Konzentration auf Politik, dass eine von außen induzierte Identität von den Einheimischen übernommen werden kann und dann ebenso wirkmächtig ist wie eine vorgeblich seit undenkbaren Zeiten etablierte; ebenso kommt es bei den kulturellen Identifikationspunkten nicht darauf an, ob sie tatsächlich traditionell oder erfunden oder 'wiederbelebt' sind, wie im kornischen Fall gesehen. Das *Scots Gaelic* kann als nationale Sprache und damit als Nationsmerkmal, das *Scots* als nationaler 'Dialekt' dargestellt werden, anders als bei den englischen Regionen, die nicht auf die nationale Rhetorik zurückgreifen können, selbst wenn sie ausgeprägte regionale Eigenheiten haben. Von Breuillys Argumentation bleibt somit stehen, dass auch Kultur und Identität Schottlands konstruiert sind, ebenso, wie es zuvor für Cornwall demonstriert wurde.

4.4 Zentrum und Peripherie, Peripheralität, *internal colonialism*

Nach diesem Überblick über substaatliche Nationalismen, in dem die kornischnationale Bewegung mit ähnlichen Nationsbildungsprozessen verglichen wurde, werden nun zwei verschiedene, aber miteinander verknüpfte Modelle, die für das Studium derjenigen Gebiete bereitstehen, in denen solche Bewegungen vorkommen können, auf ihre Tragweite für Cornwall hin untersucht. Gleichsam als *tertium comparationis* dienen hier andere Studien zu Cornwall, die Gebrauch oder Anleihen von beiden Modellen machen. Mit der Anwendung auf Cornwall kann dieses zugleich als lohnendes Fallbeispiel für weitere Studien legitimiert werden.

Grundlegend ist das Zentrum/Peripherie-Modell, das Stein Rokkan und Derek Urwin in mehreren Publikationen[114] als theoretisches Modell entwickelt haben. Danach stehen Peripherien in einem Abhängigkeitsverhältnis zu den Zentren, in denen sich die politischen Entscheidungsträger, wirtschaftliche und militärische Macht und eine normativ definierte 'Hochkultur' konzentrieren und die mit allen anderen Gebieten kommunizieren, während Peripherien überwiegend nur auf die Zentren ausgerichtet, voneinander jedoch relativ isoliert sind, da Verkehrs- und Kommunikationswege zum Zentrum hin gravieren. In Großbritannien besteht dieses Zentrum aus London und den *Home counties*, grob dem Südosten Englands, der mit Westminster und Whitehall den politischen, mit der Börse, der *Bank of England*, den vielen Unternehmenszentralen etc. den ökonomischen Schwerpunkt

---

[113] Breuilly, S. 283.
[114] Greifbar und am klarsten dargelegt in Rokkan/Urwin und idd. (Hgg.).

des Staates beherbergt und mit der Führungsrolle in Presse und Rundfunk, der Kunstszene, bei den *iconic sites* und vielen weiteren Bereichen kulturell für den gesamten Staat tonangebend ist und mit der sprechenderweise *Received Pronunciation* genannten Aussprache eine Norm gesetzt hat, die erst seit kurzem angetastet wird. Demgegenüber nennen Rokkan und Urwin als Schlüsselcharakteristika einer Peripherie "distance, difference and dependence";[115] das politische Entscheidungsvakuum, wirtschaftliche Ausrichtung auf eine oder wenige Branchen, Abhängigkeit von anderen Märkten und eine marginalisierte Kultur tragen zur Peripheralität bei. In dieser Definition ist Cornwall definitiv eine Peripherie, da es geographisch entfernt liegt, mit dem *Cornwall County Council* nur geringe politische Kontrolle (nämlich als Grafschaftsverwaltung) hat, wirtschaftlich vom London-dominierten Markt abhängig und stark auf Tourismus (früher Bergbau und Fischerei) spezialisiert ist und kornische Kultur oft nicht einmal als existent anerkannt wird.

Seine umfassendste Anwendung auf Cornwall hat das Zentrum/Peripherie-Modell in Philip Paytons *The making of modern Cornwall* von 1992 gefunden, was eine weitere Darstellung der Peripheralität zugunsten einer Problematisierung von Paytons Begriffen "peripherality" und "difference" an dieser Stelle überflüssig macht. Paytons Verdienst ist es, dass die wissenschaftliche Untersuchung des modernen Cornwall inzwischen von Diskussionen um kornische Differenz dominiert wird, wenn auch hauptsächlich in der 'lokalen' Forschung. Als Leitmotiv seiner Studie stellt Payton die Frage, warum ein "abiding and all-pervading sense of 'Cornishness' and separate identity", "this difference" gegenüber England bis heute überlebt habe: Seiner These zufolge geschah dies nicht *trotz*, sondern gerade *wegen* der Dominanz des englischen Zentrums in einer bis in die Gegenwart fortbestehenden, sich verändernden Zentrum/Peripherie-Beziehung zwischen England und Cornwall,[116] in der das Zentrum die Peripherie auch durch "accommodation" (durch die *Duchy*, die *Stannaries* und die Überrepräsentation im Parlament) nicht ganz in das eigene politisch-kulturelle System integrieren konnte, sondern in Letzterer ein konstantes Gefühl von "peripherality" induzierte, was deren Identität und das Gefühl der 'Verschiedenheit' nicht nur erhielt, sondern sogar stärkte und in immer neuen Variationen und mit neuen Eigenschaften perpetuierte.

Um dies argumentativ zu belegen, konzipiert Payton die Geschichte Cornwalls in der Neuzeit als Abfolge von drei Phasen von "peripheralism"; dabei greift er auf ein früheres Zweiphasenmodell der Peripheralität zurück und erweitert es um eine dritte, vom kornischen Fall her entwickelte Phase, die bis in die Gegenwart reicht. In der sich im Mittelalter etablierenden ersten Phase ("older" oder "first peripheralism") war das überwiegend keltischsprachige Cornwall, in dieser Konzeption, geographisch und kulturell vom Zentrum isoliert (dies als Konstanten der

---

[115] Rokkan/Urwin, S. 3.
[116] Die anfänglichen Zitate Payton 1992, S. IX. Schon Urwin (1982b, S. 23) sah Cornwall zusammen mit Wales und Nordengland als Teil einer "inner periphery" der Britischen Inseln, die im 11. bis 14. Jahrhundert unter den Einfluss des englischen Zentrums gekommen sei.

Peripheralität) und zudem durch die genannte *accommodation* konstitutionell als distinkt gekennzeichnet. Die kornische Sprache, die 'Tradition' von Aufständen,[117] die engen Kontakte zur Bretagne usw. waren die Merkmale, in denen sich kornische Identität im Unterschied zur englischen manifestierte. Diese Phase wurde durch die Industrialisierung in den "second peripheralism" überführt, als Cornwall zunächst eine der führenden Industrieregionen Großbritanniens war, infolge von Überspezialisierung auf Bergbau und die dazugehörige Technologie aber nur unvollständig industrialisiert wurde und von äußerem Input abhängig blieb. Dazu gehörten Kapital von englischen Märkten und Banken zum Aufstocken kornischer Ressourcen wegen unzureichender Finanzinfrastruktur durch in die Höhe schnellende Kosten infolge des Zwangs zu immer tieferen Minen,[118] Kohleimporte aus Wales wegen fehlender eigener Vorkommen und die externe Weiterverarbeitung der gewonnenen Rohstoffe, wodurch in Cornwall kaum Folgeindustrien entstanden, was somit nicht zur Diversifizierung der kornischen Wirtschaft beitrug. Zugleich sank die Bedeutung der Zeichen der ersten *peripheralism*-Phase. Kornische Identität gründete sich nun auf "industrial prowess", eine Basis, die durch ihr rapides Verschwinden mit dem Niedergang der Bergbauindustrie seit den 1860er Jahren zusammen mit den Auswanderungswellen seit den 1840er Jahren eine "Fossilisierung" der kornischen Wirtschaft, Kultur und Gesellschaft bedingte, in der das Land von den schwindenden Resten der früheren industriellen Stärke und den (ökonomisch bedeutsamen) Verbindungen zu seinen überseeischen Auswanderern, die Geld nach Cornwall übersandten, zehrte. Ohne den dynamisierenden Faktor der industriellen Stärke erstarrte die *Cornish identity* und wurde von einer Phase der Marginalisierung ersetzt, deren Auswirkung die sozioökonomische Paralyse Cornwalls von den letzten Dekaden des 19. Jahrhunderts bis nach dem Zweiten Weltkrieg war (Paytons ""Second Peripheralism" in its most matured manifestation").[119] Der Aufstieg der Tourismusbranche war dabei keine Alternative, sondern eine Folge des Niedergangs der traditionellen Industrien, durch den die bisherige Ausdrucksweise kornischer Identität per "industrial prowess" verfallen musste. Politisch hatte Cornwall zwischen den Weltkriegen nicht an der Herausbildung der *Labour/Conservative*-Opposition teil, sondern behielt seine liberale Tradition im Wesentlichen bei, was zusammen mit dem vergleichsweise späten Auftreten der *Labour*-Partei ein Zeichen der kornischen Verschiedenheit auf politischem Gebiet war. Aber auch im veränderten sozioökonomischen Klima nach

---

[117] Cooper (S. 51 und S. 54) wendet sich dagegen, die Aufstände der Frühen Neuzeit zu einer Tradition der Rebellion unter kornisch-ethnischen Vorzeichen zu erhöhen, da Loyalität überwogen habe und gesamtenglische (in seiner Sicht) Entwicklungen zu berücksichtigen seien, so die Unterstützung der Aufstände durch Personen aus anderen Grafschaften. Dennoch erstaunt es, dass von einer so kleinen Region vergleichsweise oft Unruhen ausgingen.

[118] Deacon (1998a, S. 30f.) weist zwar darauf hin, dass der Großteil des Kapitals aus lokalen Quellen kam und nichtkornische Geschäftsanteile bei einer Mine unter einem Fünftel lagen, bei anderen bei einem Drittel; dies sind jedoch Anteile, die nicht zu unterschätzen sind.

[119] Payton 1992, S. 240.

dem Zweiten Weltkrieg bewegte sich Cornwall nicht auf das Zentrum zu oder wurde gar Teil desselben, sondern erfuhr wegen verschiedener Anstrengungen der Regionalentwicklung der Zentralregierung eine Perpetuierung der Peripheralität unter neuen Vorzeichen ("branch factory economy"[120], "Counterurbanisation").

Dieser "third peripheralism" zeichnet sich durch die Abhängigkeit Cornwalls von Regierungsmaßnahmen und der Leistung der gesamtbritischen Wirtschaft aus, an deren Aufschwüngen es in verringerten und an deren Abschwüngen es in verstärktem Maß teilhat, also eine Funktion der Wirtschaft insbesondere des englischen Zentrums ist. Durch diese Veränderungen wird die Distinktivität Cornwalls in neuem Gewand perpetuiert, jetzt aber durch Handlungen der politisierten *Cornish Revival*-Bewegung unterstützt. Den Nationalismus in Form von Parteien wie *Mebyon Kernow* und anderen Formationen wie der *Cornish Social and Economic Research Group* erklärt Payton vage als Teil und Konsequenz der gegenwärtigen dritten Phase der Peripheralität, als Bestrebungen, die Paralyse aufzubrechen, und als ein weiteres Zeichen kornischer Differenz im Rahmen der Peripheralität.

Paytons Sichtweise beschreibt das Verhältnis von Zentrum und Peripherie in Bezug auf Cornwall generell sehr gut, auch wenn bei seiner cornwallzentrischen Betrachtung zumeist die Peripherie allein im Mittelpunkt steht, während das Zentrum vor allem durch seine weitgehende Ausblendung in Erscheinung tritt: Die volle Dynamik der Zentrum/Peripherie-Beziehung kommt bei Payton nicht zum Tragen, so dass von diesem Modell besonders der Aspekt der Peripheralität übrig bleibt. Paytons Konzeption ist jedoch hinsichtlich der zweiten Peripheralismusphase kritikwürdig, denn sein *second peripheralism* besteht tatsächlich aus zwei sehr unterschiedlichen Zeitabschnitten, deren Umschlag der schnelle wirtschaftliche Abschwung in den 1860er Jahren ist. Während der erste Abschnitt durch wirtschaftliche Stärke, Aufschwung, Dynamik und optimistische Erwartungen, im kulturellen Bereich durch ein großes Selbstbewusstsein aufgrund der als überlegen wahrgenommenen, vorgeblich kornischen Eigenschaften gekennzeichnet ist, zeichnet sich der zweite Abschnitt durch Resignation, nostalgische Erinnerung an vergangene Größe, eine deutlich pessimistischere Bewertung kornischer Merkmale und schwindendes Selbstvertrauen aus. Dies unter eine einzige Phase zu fassen, was nur die Konstanten und die ähnlichen Bedingungen der Peripheralität betont, ist deswegen zumindest kritisch zu beurteilen, da die kulturellen Faktoren unterbewertet werden. Hinzu kommt, dass sich Cornwall in der Phase des wirtschaftlichen Erstarkens, also im ersten Abschnitt von Paytons *second peripherality*, dem Zentrum annäherte, wie auch Bernard Deacon anmerken musste.[121] So wurde

---

[120] Dies bedeutet, dass Unternehmen, oft von staatlicher oder europäischer Regionalförderung unterstützt, in Cornwall Fabriken und Niederlassungen errichten, die aber von der außerhalb Cornwalls befindlichen Zentrale abhängen, meist eigene Angestellte mitbringen (zumal für höhere Positionen) und bei einer Verschlechterung der Lage als erstes verkleinert oder geschlossen werden, so dass sich nur ein Illusion von Aufschwung für die Region ergibt.

[121] Deacon 1997, S. 10: "One of the places moving from periphery to a more central position in the eighteenth century was Cornwall."

Cornwall im 19. Jahrhundert sogar zu einer führenden Regionen wirtschaftlicher Entwicklung und Innovation auf britischem Boden. Wenn dieser Zustand auch nicht lange anhielt und für damalige Beobachter unmerklich bereits die Anlagen zur Perpetuierung der Peripheralität in sich trug (geringe Diversifizierung durch Überspezialisierung auf Rohstoffgewinnung mit wenig mehrwertschaffender weiterverarbeitender Industrie sowie Abhängigkeit vom restlichen Großbritannien), so ist er doch von der späteren Paralyse so verschieden, dass bei der Zurechnung zur Phase der zweiten Peripheralität die Gefahr besteht, dass er übersehen wird und damit das Bild Cornwalls im 19. Jahrhundert übermäßig vereinfacht wird. Zudem passt die Rolle Cornwalls in der Industrialisierung – wo es, wenn auch vielleicht keine Spitzen-, so doch eine Motor-Funktion ausübte – nicht zu der von Payton apostrophieren Peripheralität: Für einen historisch gesehen kurzen Moment muss von einer Unterbrechung der Peripheralität gesprochen werden, auch wenn dies gegen Paytons "Konstanten der Peripheralität" geht.

Paytons Studie zeigt zwei Aspekte des Untersuchungsgegenstandes: Das Zentrum/Peripherie-Modell lässt sich gewinnbringend auf Cornwall anwenden, denn der Erhalt der kornischen Identität im Angesicht von Industrialisierung und dem Aufstieg der Massenmedien bis hin zum staatsweiten Fernsehen und dem Druck der Globalisierung wird im Rahmen der Prämissen des Modells erklärbar. Andererseits steuert die kornische Fallstudie in der Betonung eines wandelbaren, aber kontinuierlichen Zustandes der Peripheralität durch Payton (mit der genannten zeitlichen Ausnahme) seinerseits auch neue Aspekte zum Modell bei, indem es Konstanten der Peripheralität auch in historischer Perspektive aufzeigt.

Was das Modell selbst und Paytons Anwendung nicht angemessen zur Geltung bringen können, ist die national(istisch)e Argumentation der kornischen Akteure, das kornische *nation-building*, das in der Zentrum/Peripherie-Sicht nicht erklärbar wird. Zwar kann das Gefühl der Peripheralität und der Vernachlässigung durch das Zentrum, das zu Forderungen führt oder zur Untermauerung derselben angeführt wird, durchaus nachvollzogen werden, aber der Unterschied zwischen Cornwall, in dessen Namen einige Personen den Weg der Nationsbildung beschreiten, und etwa Nordengland, das ähnlich peripher ist, aber nicht national(istisch) argumentiert oder argumentieren kann, bleibt hier letztlich unerklärt,[122] so dass nun das zweite Modell betrachtet werden soll.

Einen anderen Schwerpunkt als das Zentrum/Peripherie-Modell setzt das Modell des *internal colonialism*, das zuerst u. a. in Bezug auf die amerikanischen Ureinwohner und die farbige Bevölkerung der USA verwendet worden war. Schon 1968 sprach Keith Buchanan dann für die Britischen Inseln von ""internal colonies" in the Celtic West" und meinte Schottland und Wales, die sich in einem "satellite/metropolis"-Verhältnis zu England befänden, deren Wirtschaft von England in Zusammenarbeit mit der jeweiligen lokalen Führungsschicht nach kolonialen Vorgehensmustern ausgerichtet worden seien und die immer noch ausgebeutet

---

[122] Zum Unterschied Cornwall/Nordengland (basierend auf *Nation/Region*), s.u. ab S. 287.

würden[123] – ein Hinweis auf die Verbindung des *internal colonialism* zum Zentrum/Peripherie-Modell. Hier interessiert nun besonders Hechters Übertragung des Modells aus vor allem südamerikanischen Kontexten auf die 'keltischen' Gebiete der Britischen Inseln, dargelegt in seinem *Internal colonialism* von 1975.

In Hechters Sichtweise sind die keltischen Gebiete 'interne Kolonien' in dem von England dominierten Staat. Die sich in den verschiedenen Regionen ungleich darstellenden Auswirkungen von Modernisierungsprozessen im Rahmen der Ausbreitung des Kapitalismus in der Industrialisierung führten, so Hechter, zu einer "cultural division of labor"[124] und zur dauerhaften Benachteiligung der ethnisch unterschiedlichen Randgebiete, die innerhalb des Staates von der dominierenden 'Nation' wie Kolonien behandelt wurden, was den Ausschluss von wirtschaftlicher und politischer Entscheidungsgewalt, Ausbeutung von Rohstoffen und Arbeitskräften und andere Kennzeichen von Kolonien beinhaltete. Die "cultural division of labor", die sich in der Institutionalisierung der sozialen Stratifikation zwischen begünstigter und benachteiligten Regionen manifestierte, induzierte in den benachteiligten, peripheren Gebieten ein Verstärken des Gefühls, eine von der des Zentrums verschiedene Ethnizität zu besitzen, die für den Ausschluss verantwortlich ist, und dieses Gefühl wurde in der Folgezeit durch anhaltende Zentrum/Peripherie-Interaktion aufrecht erhalten (auf diesen Aspekt stützte sich ja Payton). 'Keltischer' Nationalismus erklärt sich somit als Reaktion einer solchen "internal colony" (der vernachlässigten Peripherie) auf die Absicht, die Benachteiligung und den Ausschluss von zentral gehaltenen, prestigereichen Positionen auf Dauer zu sichern,[125] mithin als Mittel der Abschüttelung der 'Kolonialmacht', ganz ähnlich wie in überseeischen Kolonialsituationen. Ambitionierten Menschen in der internen Kolonie bleiben zwei Wege offen: Sie können versuchen, ins Zentrum vorzudringen und sozusagen die Seiten zu wechseln, oder sie nehmen eine nationalistische Strategie an, die sich gegen die fortgesetzte 'Unterdrückung' wendet, um sich dadurch Aufstiegsmöglichkeiten vor Ort zu eröffnen.

Obwohl Hechter Cornwall kaum beachtete, ist das von ihm auf den *Celtic fringe* angewendete Modell auch für Cornwall interessant.[126] So beschreibt er den wirtschaftlichen Aspekt dieses Kolonialismus wie folgt:

---

[123] Buchanan, S. 37-42; die Zitate S. 38 bzw. S. 39. Insbesondere sei wie bei außereuropäischen Kolonien auf Rohstofflieferung, nicht aber auf Weiterverarbeitung und die Fertigung von Endprodukten hingearbeitet worden, so dass das Argument der geographischen Lage als Erklärung für die wirtschaftliche Schwäche des *Celtic fringe* nicht zutreffe (S. 42).

[124] Hechter, S. 9; ähnlich S. 39.

[125] Hechter, S. 39f.

[126] Cornwall nahm Hechter (S. 64) explizit aus seiner Betrachtung heraus, da England hier eine Assimilationspolitik betrieben habe, ohne auf kulturelle Überlegenheit zu setzen, und der Prozess wirtschaftlicher Integration vor 1600 begonnen habe, so dass aus Cornwall keine der "full-fledged internal colonies" geworden sei. Tatsächlich war Cornwall in englischer Sicht zu Beginn der Zentralisierung im 16. Jahrhundert bereits Teil Englands, wenn auch Überreste früherer Distinktivität erhalten waren. Das folgende Zitat Hechter, S. 9f.

Whereas the core is characterized by a diversified industrial structure, the pattern of development in the periphery is dependent, and complementary to that in the core. Peripheral industrialization, if it occurs at all, is highly specialized and geared for export. The peripheral economy is, therefore, relatively sensitive to price fluctuations in the international market. Decisions about investment, credit, and wages tend to be made in the core. As a consequence of economic dependence, wealth in the periphery lags behind the core.

Die Parallelen zur kornischen Situation sind offensichtlich, wenn auch von der wirtschaftlichen Entscheidungsgewalt, trotz der Abhängigkeit von externen Märkten und Investoren, einiges in lokaler Hand verblieb: Die Industrialisierung Cornwalls war auf Bereiche überspezialisiert, die im Zentrum fehlten (insbesondere Bergbau, dabei wenig weiterverarbeitende Industrie), und führte deshalb nicht zu Prosperität, zumal die Preisentwicklung auf den weltweiten Erzmärkten die kornische Wirtschaft in der zweiten Hälfte des 19. Jahrhunderts zusammenbrechen ließ. Gleichzeitig muss aber berücksichtigt werden, dass Cornwall bis in die 1860er Jahre hinein viel zur Industrialisierung sowie zur Prosperität Großbritanniens beigetragen hat und somit in dieser Zeit keine rein passive Rolle spielte.

Der interne Kolonialismus ist der Zentrum/Peripherie-Perspektive bei allen Anleihen von dieser darin überlegen, dass er die periphere Widerstandsbewegung in Form eines ethnischen Nationalismus zu erklären vermag: Die Unterschiede zwischen dem Zentrum einerseits und der Peripherie bzw. der internen Kolonie andererseits werden hier ja auf das Perpetuieren ethnischer Differenz zurückgeführt (die ökonomische Seite ist in unserem Zusammenhang weniger bedeutend), und insofern hängt Paytons Studie zum modernen Cornwall auch von Hechter ab. Wegen der Diskriminierung der 'Kolonien' kann Hechter von dieser eine Reaktion in Form ethnisch-kulturell, unter den gegebenen Voraussetzungen national motivierter Mobilisierung voraussagen, die in Schottland, Wales und bereits deutlich früher in Irland im jeweiligen Nationalismus gegeben war. Was dem vorherigen Modell nicht gelungen war, nämlich den Unterschied zwischen Nordengland und Cornwall zu erklären, gelingt dem internen Kolonialismus: Wenn der Norden Englands wirtschaftlich und politisch zum südostenglischen Zentrum vielleicht ähnlich wie Cornwall gestellt ist, so verläuft die Trennung vom Zentrum innerhalb Englands eben nicht entlang ethnisch-kultureller Linien, wie es Hechter für den *Celtic fringe* konzipiert. Die Reaktion Nordenglands auf Unterentwicklung und politisch-kulturelle Vernachlässigung kann nicht Anlass zu einer ethnisch-nationalistischen Mobilisierung werden.

Dies ist der entscheidende Punkt, den Bernard Deacon bezüglich Cornwalls feststellt. Deacon hat eine Anwendung des Modells des internen Kolonialismus auf Cornwall versucht und dabei ansatzweise untersucht, ob dieses als 'interne Kolonie' gelten könnte. Seine Antwort lautet zusammengefasst, dass es zwar Kriterien wie wirtschaftliche Unterentwicklung und Abhängigkeit, auf das Zentrum ausgerichtete Verkehrswege und die Arbeitsteilung entlang kultureller oder ethnischer Merkmale erfülle und insofern sehr wohl eine "internal colony" sei, dass das

Modell jedoch gerade in der Vorhersage eines hohen Maßes an ethnischer Mobilisierung in der 'Kolonie' (etwa in Form von nationalistischen Wahlerfolgen) nicht zutreffe, da diese erstaunlicherweise sehr gering ausfalle. Deacons Erklärung hierfür liegt darin, dass die kornische Bevölkerung ihre deutlich vorhandene *Cornish identity* nicht als eine "nationality" begreife, da die kulturellen Differenzmerkmale zwischen Cornwall und England recht gering seien – insbesondere im Vergleich mit Schottland und Wales.[127] Hier muss jedoch ergänzt werden, dass die nationale Sichtweise in Cornwall, wie hier argumentiert wurde, erst noch entsteht, weshalb es nicht erstaunt, dass die Mobilisierung der Bevölkerung nicht sonderlich hoch ist. Deacon unterbewertet hier die Leistung des Modells des internen Kolonialismus, das überhaupt erst die Möglichkeit eröffnet, auch die derzeitig andauernden *nation-building*-Versuche in Cornwall und das ethnische und nationale Bewusstsein, auch wenn dieses noch im Beginn begriffen ist, als Reaktion auf Peripheralität oder 'Koloniestatus' zu verstehen. Zudem ist fraglich, ob im kornischen Fall tatsächlich eine ähnlich hohe politische Aktivierung der von Deacon anerkannten ethnischen Differenz wie in Wales oder Schottland erwartet werden kann, denn allein die Existenz der ethnisch differenzierten Identität ist angesichts der von Hechter beschriebenen Assimilationspolitik in Cornwall erstaunlich und sollte im Verbund mit der hier zuvor dargestellten, ethnisch aufgeladenen kulturellen und politischen Agitation als ausreichend angesehen werden, um die Vorhersage des Modells als erfüllt zu betrachten, auch wenn diese Agitation nicht das Maß der walisischen und schottischen Bewegungen erreicht.

Somit ist festzuhalten, dass eine Annäherung an und Beschreibung von Cornwall mit dem Zentrum/Peripherie-Modell vielleicht besser gelingt, dass dieses aber gerade im hier untersuchten *nation-building* eine explanatorische Lakune aufweist. Diese kann mit dem Modell des *internal colonialism* geschlossen werden. Die Untersuchungsregion Cornwall erweist sich somit als für beide Modelle relevant und sollte von der internationalen Forschung nicht länger ausgeblendet werden, während andersherum beide Modelle eine Relevanz für Cornwall haben, auch wenn ihre Anwendung dem gewählten Fokus entsprechend hier eher exkursartig stattfinden musste.

---

[127]   Deacon (1983)b, *pass.*, für Letzteres besonders S. 267.

5 Schlussfolgerungen und Ausblick

5.1 *Cornish culture*: Imagination, Invention, Tradition, *invented tradition*?

In diesem letzten Kapitel werden weiter gehende Schlüsse aus dem zuvor unter-suchten Prozess des kornischen *nation-building* gezogen. Zunächst geht es dabei um das, was als 'kornische Kultur' bezeichnet wurde; als Einstieg bietet sich hier ein Aufsatz Bernard Deacons von 1986 an.

Deacon unterscheidet dort drei 'Kulturen' in Cornwall.[1] Das deutlichste Kon-zept hat er von dem, was er "popular culture" nennt; diese beruhe auf der Industri-alisierung Cornwalls im 18. Jahrhundert und sei von Methodismus, ökonomischer Disziplin, Modernisierung und Abkehr von der früheren *folk culture* bestimmt. Einige der Kennzeichen der "popular culture", die auch heute noch von der ein-heimischen Bevölkerung als 'kornisch' angesehen würden, sind das *pasty, rugby football, brass bands* und *male voice choirs*. Mit dem Zusammenbruch des Berg-baus in den 1860er Jahren und der Auswanderung vor allem der besonders begab-ten, jungen Trägerinnen und Träger dieser Kultur stagnierte ihre Entwicklung, fror gleichsam ein. Zu dieser Zeit setzte jedoch das ein, was Deacon "guide book cul-ture" nennt und später auf die lokale Kulturtradition zurückwirkte: Es wurde ein zeitloses, unveränderliches *Image* Cornwalls hauptsächlich von Außenstehenden für Außenstehende entworfen, in dem Cornwall als verkaufbares, weil durch die Keltizität andersartiges Produkt für die beginnende Tourismusindustrie dargestellt wurde. Eine solche romantisierte Vision Cornwalls beinhaltete einfache, abergläu-bische Leute, beschäftigt in Ackerbau, Fischerei, Schmuggel und *Wrecking*,[2] umgeben von *Piskies* in einer mystischen und magischen Landschaft, kurz: "The

---

[1] Diese Kurzfassung nach Deacon 1986a, S. 9f. In einem späteren Aufsatz (1993) arbeitet er seine Konzeption aus und spricht von "three waves of cultural production" (S. 205).

[2] Mit dem *Wrecking* verhält es sich wie mit UFOs: Es existierte und existiert, aber anders, als gemeinhin verstanden. Wenn 'nichtidentifizierte Flugobjekte' die populäre Vorstellung von außerirdischen Untertassen verfehlen, so ist auch das *Wrecking* nicht das (historisch äußerst zweifelhafte) irreführende Anzünden von Lichtern auf Klippen in stürmischen Nächten, um Schiffe stranden zu lassen, die Besatzung zu töten und das Wrack zu plündern, sondern al-lein das Sicherstellen der Ladung und anderer Teile von Wracks, zugegebenermaßen auch dann, wenn ein legaler Rechtsanspruch fehlt. Während der Arbeit an dieser Schrift wurde der Verfasser Zeuge jener Tradition, als der Frachter *Kodima* in der kornischen Whitsand Bay in Seenot geriet und eine Ladung Holz verlor, die in der Umgegend angespült wurde. Nachdem die russische Besatzung gerettet war, kümmerten sich Leute aus ganz Cornwall um die Ladung: In der Folgezeit entstanden viele schöne Holzschuppen vor kornischen Pri-vathäusern, ohne dass lokale Baumärkte einen Anstieg im Holzabsatz registrierten.

middle class Englishman had discovered the Celt - that sullen, brooding, myster-
ious race of superstitious and picturesque peasants living in isolated poverty on
the Western seaboard of Europe."[3]

"Celtic (Revivalist) culture" letztlich ist nach Deacon diejenige Kultur, die auf
die keltischen Wurzeln Cornwalls zurück- und zu den anderen keltischen Ländern
hinüberblicke; diese Kultur sei auch von der Romantik beeinflusst, aber im Unterschied zur "guide book culture" vor allem in Cornwall selbst geformt worden. Ihre
wichtigsten Merkmale seien keltischer Tanz, Musik und Kunst (Ornamentik), also
Merkmale, die dezidiert nicht-englische Faktoren kornischer Kultur darstellen.
Allerdings muss Deacon anerkennen, dass die *Revivalists*, also die Anhänger der
"Celtic culture" Cornwalls, dem *Image* des Landes in der Version der "guide book
culture" kaum entgehen konnten, sondern vielmehr in den Sog der romantisch-
nostalgischen Version des mythischen *King Arthur*-Cornwall gerieten. Daher rühren Überschneidungen in den beiden Konzeptionen kornischer Kultur. Deacon
stellt jedoch einen trennenden Graben zwischen der eher elitären, intellektuellen
'revival culture' und der im Volk verankerten, daher wirklich 'populären' *popular
culture* fest, der dadurch zustande gekommen sei, dass *Revivalists* die Geschichte
und die Entwicklung der kornischen Kultur etwa seit der Mitte des 18. Jahrhunderts (mit Einsetzen der Industrialisierung und dem Tod der kornischen Sprache)
ignoriert hätten und nun keinen Bezug mehr zwischen dem alten, keltischen Cornwall einerseits und dem neuen, industriellen Cornwall und damit zur weiteren,
zeitgenössischen kornischen Bevölkerung andererseits herstellen konnten. Dies
sei erst in neuester Zeit (Deacon schrieb dies 1986) wieder gelungen.

Diese Sichtweise wurde deshalb so ausführlich dargelegt, weil sie ein brauch-
bares, wenn auch vereinfachtes (und bei Deacon teilweise polemisch formuliertes)
Schema der Entstehung dessen liefert, was unter 'Kultur Cornwalls' in der Gegenwart verstanden werden kann: Elemente der populären *working class*-Kultur ver-
mischten sich mit Elementen der elitären, keltischen *Revival*-Kultur sowie den
Entwürfen, Vorstellungen und Vorurteilen Außenstehender. Besonders seit den
1970er Jahren hat sich daraus ein kulturelles Gemenge entwickelt,[4] das die drei
'Wellen' selektiv und eklektisch vermischt und einen *Pool* bereitstellt, aus dem
heraus sich zeitgenössische kornische Identität individuell definieren lässt. Anders
ausgedrückt, kornische Kultur deckt ein breites Spektrum ab, aus dem Elemente
individuell angenommen werden können.[5] Dabei ist nicht von sich ablösenden,
getrennten Phasen auszugehen, vielmehr von einem kontinuierlichen Umbaupro-
zess, in dem mal diese, mal jene Elemente stärker betont werden und dessen her-
vorstechendstes Merkmal die Konstanten der Verschiedenheit sind, wie Payton es

---

[3]   Deacon 1986a, S. 10; dies ist das externe Bild Cornwalls: "The image of modern Cornwall
       today is largely what generations of visitors have made it." Deacon/George/Perry, S. 106.
[4]   Deacon 1993, S. 207.
[5]   Philip Payton (persönliche Mitteilung, 10. April 2002) hat dies auf Nachfrage einmal um-
       gangssprachlich als "Pick-and-mix"-Situation bezeichnet.

1992 beschrieb (s. oben ab S. 272). Deacon ergänzte in diesem Kontext später, dass keine der zur kornischen Kultur beitragenden Merkmale ein *core value*, also einen zentralen, unumstrittenen und emotional potentiell wirkungsvollen Wert darstellt, der in großem Umfang politische Mobilisation (wie Sprache in Wales, Katholizismus im noch mit dem Vereinigten Königreich verbundenen Irland) ermöglicht, woraus sich die relative Schwäche der ethnopolitischen Bewegung in Cornwall hinsichtlich der Wahlergebnisse erklären lassen könne. Payton sieht im kornischen Territorium zwar etwas, das einem "core value" nahe kommt, jedoch wird dies, wie schon Deacon anmerkte, zumeist nur bei drohender Gefahr für die Integrität des Territoriums zu politischer Agitation aktivierbar.[6]

Was in Deacons vereinfachter Darstellung anklingt, kann jetzt ausgebaut und benannt werden, denn die kornische Kultur muss somit als eine *synthetische Kultur* gelten, zusammengesetzt aus den Elementen der verschiedenen kulturellen 'Wellen' Deacons. Neben der Beschreibung als synthetischer Kultur müssen noch einige Erweiterungen in Deacons Konzeption eingebracht werden. Zunächst sollte zusätzlich analytisch zwischen der keltischen Wiederbelebung und den genuinen Überresten der vorindustriellen Kulturtradition unterschieden werden, die selbst nach ihrer Integration in die "popular culture" erkennbar blieben. Diese bestehen z. B. in lokalen Heiligen- und Festtagen, von denen manche tatsächlich eine ungebrochene Tradition aufweisen, während andere 'wiederbelebt' wurden (letztere Einzelfesttage fallen dann schon wieder in den Bereich des *Revivals*), oder im *Hurling* und *Wrestling*, die auf vorindustriellen Traditionen beruhen und dann von der *Revival*-Bewegung gefördert wurden. Wenn das *Revival* selbstverständlich auch die erhaltenen Traditionen aufgriff und nicht ausschließlich vergessenen Traditionen neues Leben in modernem Gewand einhauchte (also Wiederbelebung im Wortsinn), so sollte dieser Unterschied nicht vernachlässigt werden.

Sodann müssen zu den drei genannten 'Kulturen' oder 'kulturellen Wellen' zwei weitere hinzugefügt werden; die erste soll als "globale kornische Kultur" (*global [Cornish] culture*) bezeichnet werden. Mit der Auswanderung aus Cornwall besonders seit dem 19. Jahrhundert, verstärkt durch den Niedergang des Bergbaus in Cornwall in den 1860er Jahren, haben sich in den Zielgebieten der Emigrierenden ganze kornische Gemeinschaften gebildet, in denen sich kornische Identität trotz oder gerade wegen der Isolation der Diaspora erhalten hat. Da in solchen Situationen mit einer gewissen Anpassung an das neue Umfeld zu rechnen ist, müssen auch rückwirkende Einflüsse aus den Zielgebieten auf Cornwall angenommen werden. Tatsächlich konnte Payton die immer weiter bestehenden Kontakte zwischen Personen und ganzen Familien in Cornwall und Übersee aufzeigen, so dass heute die "Cornish diaspora" ein fester Bestandteil des kornischen Bewusstseins ist: So spricht Pengelly mit Stolz von "9 million people of Cornish descent around the world";[7] wenn diese Zahl stimmt, stellte sie etwa das 18fache der heutigen

---

[6] Deacon 1993, S. 212-214, Payton 1993d, S. 248f., dagegen wieder Deacon 1993, S. 214.

[7] Payton 1999, *pass.*; N. Pengelly 2005.

Bevölkerung Cornwalls dar. Weitere Belege sind die vielen *overseas visitors* auf der Suche nach ihren kornischen Familienwurzeln, mit denen sich Cornwall-Forschende Bibliotheken und Archive in Cornwall teilen, und insbesondere die noch jungen *Dehwelans*-Veranstaltungen ("The Cornish homecoming", zuerst 2002 in Cornwall abgehalten), die in Form eines kulturellen Festes den Rahmen für ein Treffen von *Cornish people* aus Cornwall und aus Übersee bilden. Textlich ist das *Cousin Jack (and Jenny)*-Phänomen, das Netzwerk von Menschen kornischer Abstammung in der ganzen Welt (*Cousin Jacks*), in mehreren Gedichten von Ann Trevenen Jenkin zu finden, so in "Calumet, Michigan": Dort wird "A long journey / To a strange and foreign place" in den USA beschrieben, die in dem Ort aus dem Titel endet, als wäre es eine Rückkehr nach Hause, da der Ort den Charakter eines Bergbau-Ortes in Cornwall trägt, von Menschen mit typisch kornischen Namen bewohnt wird und in vielen Details kornisch geprägt ist. Die wechselseitige Verbundenheit von Einwohnern und den kornischen Reisenden wird vor allem durch das heimatliche Gefühl des lyrischen Ichs in diesem Ort in Amerika ("We could have been in Camborne / Or Redruth. I am at ease.") vermittelt.[8]

Letztlich kommt, wenn Deacons Modell in die Gegenwart fortgeschrieben wird, eine weitere kulturelle Welle hinzu, die sich vielleicht mit der Bezeichnung *kornischer Jugendkultur* (*[Cornish] youth culture*) umschreiben lässt. Dazu gehören, auch wenn sie nicht auf die jungen Generationen beschränkt sind, Merkmale wie die Bedeutung des Surfens (Cornwall als Mekka des Wellenreitens) und *New Age-* und andere spirituelle oder ökologisch-alternative Lebensweisen, denen Cornwall als ein wörtlich nahe-liegendes 'Tibet' in Großbritannien gilt, sicherlich in Zusammenspiel mit der proklamierten Keltizität des Landes. Wie die anderen 'Kulturen' wird diese nicht von der Gesamtbevölkerung getragen, wirkt sich aber sowohl auf das *Image* Cornwalls als auch auf die Gesamtgemengelage der kornischen Kultursituation aus, die oben ja synthetisch genannt wurde.

Die Verschmelzung von Kulturelementen aus diesen verschiedenen 'Bereichen' lässt sich anhand mehrerer Beispiele illustrieren. Ein erstes ist das oben bereits abgedruckte Etikett des *St Piran's Ale* der Skinner's Brewery (Abb. 21, S. 239), das den Nationalpatron (entnommen aus der "revivalist culture", die hier an Hinweise aus der frühchristlichen Geschichte Cornwalls anknüpfen möchte) als 'coolen', durch den parallel schwimmenden Delfin (ein Symbol der Naturnähe gewisser alternativer Lebensweisen) zusätzlich als im Einklang mit der Natur befindlich gekennzeichneten Surfer auf seinem Mühlstein zeigt, welcher in dieser Tätigkeit auf das verweist, was hier die *kornische Jugendkultur* genannt wurde. Ihre kornischen Referenzen demonstriert die Brauerei damit auf zwei unterschiedlichen 'Ebenen' kornischer Kultur. Aber auch die "popular culture" kann mit der "Celtic culture" verbunden werden: "As Cornish people we can take pride not only in the courage of Trelawny and Spurr and the achievements of Trevithick and Davy, but also take pride in our vast and ancient Celtic heritage." Wenn also Richard Trevithick, die

---

[8]   A.T. Jenkin (2004).

Verkörperung des kornischen Einfallsreichtums, der Fortschrittlichkeit und industriellen Blüte, als Teil der "popular culture" Cornwalls Achtung erwiesen wird, weil er aus Cornwall stammte, geht die aus der "Revival culture" stammende Keltizität Cornwalls auch auf solche Ikonen eines anderen Kulturbereichs über, und Trevithick wird zu einem 'keltischen Erfinder': Die industrielle Vergangenheit Cornwalls wurde also mit dem Bild der früheren, als 'keltisch' verstandenen Zeit und der *Revival*-Kultur zum Bildnis des *Cornishman* als "industrial Celt"[9] zusammengespannt. Dies war kein einfacher Vorgang, denn, wie Amy Hale mit Recht erinnert, "'industrial' and 'Celtic' do not generally share the same semantic space". Die heutige Vermischung der Keltizität mit der industriellen Vergangenheit (mithin die Verschmelzung von "popular" und "Celtic culture"), konnte erst mit dem endgültigen Übertritt der industriellen Ära ins Reich der Geschichte geschehen, als die Maschinenhäuser und Schlote verfielen und seitdem die melancholische Facette im Bild des 'Keltentums' bedienen.

Cornish culture wie hier dargestellt ist nichts Festes, nicht etwas, das allen Bewohnern Cornwalls – nicht einmal allen Nationalistinnen und Nationalisten – eigen ist oder von allen als wichtig erachtet wird; vielmehr bildet dies alles das Korpus, aus dem Individuen selektiv ihre *Cornish identity* zusammensetzen können; diese ist veränderbar, wird ständig neu definiert, passt sich unterschiedlichen Situationen an und steht zudem im Wechselspiel mit anderen Identitäten.[10] Die heutige *Cornish culture* ist damit das Ergebnis eines langen Prozesses, der den Erhalt, aber auch die Wiederbelebung und Erfindung von Traditionen, Merkmalen, Eigenschaften und Symbolen beinhaltete. Kornische Identität wiederum beruht auf einer Selektion der für die eigene Person für wesentlich erachteten Teile dieses kulturellen *Pools* sowie auf der Fortsetzung von Unterschiedlichkeiten, seien sie geschichtlich überkommen[11] oder, wie der keltische Anteil der Identität Cornwalls, an historischen Anknüpfungspunkten ansetzend in neuer Zeit entworfen.

Um nach all diesem auf die Frage aus der Überschrift dieses Abschnitts noch einmal explizit zu antworten: *Cornish culture* enthält alle der genannten Aspekte (Imagination, Invention, Tradition, *invented tradition*) und lässt sich nicht einfach als 'authentisch' bestätigen oder als 'Erfindung' entlarven. Sie ist ein Konstrukt auf einem älteren Fundament (das mittelalterlich-keltische Cornwall), das einen Aufbau in Form der "popular culture" erhielt, der im 18. und 19. Jahrhundert eine wesentliche Transformation und Neuerung (um nicht Erfindung zu sagen) darstellte,

---

[9]   Begriff nach Kent 2000, S. 280; das vorige Zitat Ivey, S. 5, das folgende Hale 1997b, S. 94.

[10]   Dies unterstützen auch Deacon und Payton (1993, S. 63): "Cornish culture, therefore, is that meanings system adopted by the group of people who define themselves as 'Cornish'. From this perspective, culture must be viewed as a dynamic process, subject to constant change and re-negotiation and contested by other cultures with their own maps of meaning."

[11]   Mark Stoyle hat in vielen Veröffentlichungen eine Geschichte der kornischen Differenz in der Frühen Neuzeit etabliert, die auch die kornischen Aufstände als Versuche zu erklären vermag, kornische Identität zu bewahren, während Payton (v. a. 1992) ja zeigte, wie diese Differenz in die Neuzeit perpetuiert und dabei transformiert wurde.

im 20. Jahrhundert durch *Celtic Revival* und Tourismus-Strategien modifiziert wurde und in der zweiten Jahrhunderthälfte immer wieder neu erfunden und mit neuen Merkmalen auch aus anderen Kultursystemen angereichert wurde.

Dabei ist zu beachten, dass beispielsweise der Methodismus im 18. Jahrhundert eine brandheiße Erfindung nicht nur in der religiösen Landschaft Großbritanniens, sondern eben auch hinsichtlich seiner Bedeutung für das kulturelle Leben Cornwalls war und somit Gefahr laufen müsste, als moderne Verfälschung abschätzig angesehen zu werden; tatsächlich ist er aber inzwischen als authentische Tradition verankert, was beweist, wie jede neue Konzipierung der Kultur etwas hinzufügt, anstatt sie zu gefährden oder zu zerstören. Es bedarf keiner großen Weitsicht vorauszusagen, dass dies auch mit den neueren Entwicklungen wie etwa der modernen Keltizität Cornwalls oder, im Einzelnen, dem *Gorseth* so sein wird. Dies geht kontra Tanner, der bei seinen auf Reisen durch den *Celtic fringe* gemachten Beobachtungen der jeweiligen Kulturen zwar die keltischen Sprachen und religiösen Nonkonformismus in verschiedenen Denominationen als tatsächlich 'keltische' Merkmale gelten lässt, weiter gehende Differenzmerkmale aber als "junk" oder "marketing device" ablehnt: Die dramatischen Veränderungen durch den Methodismus sieht Tanner nicht als inauthentisch an, die weitaus weniger virulenten Auswirkungen des *Celtic Revival* dagegen schon.[12] Tanner begeht so den Fehler, zeitlich weiter zurückliegende Neudefinitionen (die damals junge Neuerungen oder 'Erfindungen' waren) als authentisch zu akzeptieren, neuere dagegen als irrelevante Erfindungen abzulehnen; er nimmt vielmehr an, dass Kulturen nach Erreichen eines von ihm willkürlich bestimmten Zustandes nicht mehr veränderlich sein dürften, obwohl Veränderung gerade ein Anzeichen dafür ist, dass Kulturen tatsächlich gelebt werden. Welche Stellung diese synthetische, ständig neu definierte Kultur und die daraus erwachsende Identität nun im Prozess der kornischen Nationsbildung einnehmen, wird im folgenden Abschnitt thematisiert.

Zuvor sei hier jedoch noch erwähnt, dass sich kornische Nationalistinnen und Nationalisten trotz ihrer kulturbezogenen Argumentation kaum des Konzepts der *multicultural society* oder des britischen als eines multikulturellen Staates bedienen, ist dieser Begriff doch zu sehr mit den Herkunftskulturen von historisch gesehen 'kürzlich' immigrierten Ethnien verbunden, die die britische Kultur je nach Standpunkt verwässern und bedrohen oder aber bereichern. In kornischer Sicht beruht *Cornishness* aber gerade auf einer viel älteren als der englisch-dominierten britischen Kultur, die dann Ausgangspunkt der 'Multikultur' wurde, sie sehen sich sozusagen am anderen Ende der temporalen Skala angesiedelt, so dass Cornwall für die kornischen Akteure eine grundsätzliche, weitaus tiefergehende, da indigene Frage darstellt. Andererseits ist Cornwall für ethnische Minderheiten mit Migrationshintergrund Teil der etablierten, dominierenden und diskriminierenden Mehrheitskultur, die proklamierte keltisch-kornische Ethnizität nicht oder nicht entscheidend von der britischen oder 'englischen', 'weißen' differenziert (anders

---

[12]   Tanner, Wortzitate S. 110, Gegenüberstellung von *Revival* und Methodismus S. 235-239.

als die afrikanische, karibische, indische etc.), so dass es kaum Berührungspunkte gibt. Der kornische Nationalismus bewegt sich vielmehr im Paradigma des britischen als eines multi*nationalen* Staates, ein erneuter Hinweis darauf, dass es sich um eine als *nationalistisch* zu bezeichnende Bewegung handelt.

5.2   'Nation Cornwall': ewig, geboren oder hergestellt?

Im Abschnitt 1.3 oben wurde betont, dass das letztlich einzige Kriterium, das eine Nation erfüllen muss, um als solche zu gelten, der Wille der Bevölkerung dazu ist; allerdings wurde ebenso betont, dass die Angehörigen dieser Nation gewisse Gemeinsamkeiten bei sich sehen müssen, auf die sie sich berufen, um die von ihnen gewählte Region über die bloße Verwaltungseinheit hinaus zur Nation erklären zu können. Im Falle Cornwalls besteht diese Grundlage in Ermangelung einer weithin gesprochenen Sprache (anders als in Wales, wo das Kymrische ein wichtiger Faktor der nationalen Identifikation ist) und des Fehlens eines Bewusstseins staatlicher Eigenständigkeit der Nation in einer nicht allzu fernen Vergangenheit mit den entsprechenden Institutionen und Symbolen, wie es Brand in Schottland für wichtig erachtet, vor allem aus den eng miteinander verknüpften Konzepten der *Cornish culture* und der *Cornish identity*, gelegentlich zusammengefasst als *Cornish cultural identity*.[13] Dass es eine solche gibt, ist unumstritten, auch in den meisten wissenschaftlichen Untersuchungen. Beispiele sind zahlreich: So heißt es bei Woolf: "The Cornish in England can claim as particular an identity as the Bretons in France", und bei Colley: "Cornwall, then [1761] as now a culturally distinct and fairly isolated county"; dies ist es auch, was Payton als "persistence of difference" bezeichnet.[14] Überhaupt finden sich Bemerkungen wie "Cornwall is different" und "the Cornish are different" immer wieder auch in nicht nationalistischen Kontexten, von wissenschaftlichen Publikationen bis hin zu Reiseberichten und -führern (schon Walter White bemerkte Mitte des 19. Jahrhunderts nach seiner Tamarüberquerung "the difference between the county you are in and the one you have left"; dann 1939 Lambert: "One is constantly hearing it said that the Cornish are in some way "different" – and so, of course, they are"), einem Geschichtswerk für Kinder ("There is no doubt that historically, geographically and geologically, Cornwall is absolutely different from England") und anderen beschreibenden Werken (z. B. 1980 in Denys Val Bakers *The timeless land*: "Cornwall, in short, in the face of all the mass centralisation of our modern society, has remained stubbornly *different*" und, gegen die Wiederbelebungsversuche des Kornischen als

---

[13]   Dieser Begriff Whetter 1973, S. 33, zuvor Brand, S. 31f.; auch *Cornish Solidarity* benutzt die "unique culture and history of Cornwall" (s. Cornish Solidarity), ebenso das *Cornish Stannary Parliament* ("Cornwall's Celtic identity"; Murley/Pascoe/Nute (Hgg.), S. 87) und natürlich *Mebyon Kernow* (1997: "our Cornishness", "Cornwall's distinctive character").

[14]   Woolf, S. 36; Colley, S. 49; Payton 1992, *pass.*, ähnlich Rowse 1981, S. 32.

Unterscheidungsmerkmal: "Cornwall does not need to create differences to em-
phasise its apartness from the rest of England. It *is* apart [...]", "different from the
rest of England") sowie natürlich den nationalistischen Veröffentlichungen.[15]

Ist die Existenz einer modernen kornischen Identität unumstritten, so ist doch
unklar, was sie genau ausmacht und wie sehr sie sich auf historische Fakten berufen kann. Dass diese Fragen aktuell sind und lebhaft diskutiert werden, belegen
u. a. die vielen Leserzuschriften, die Zeitungen in Cornwall, dem *West Briton* und
den *Western morning news*, zugehen; als Beispiel diene die Diskussion im *West
Briton*, die durch einen polarisierenden Leserbrief von John Morse am 25. Juni
1998 begonnen wurde (*Revived Cornish* als "recently-invented counterfeit-Corn-
ish"),[16] welcher eine Vielzahl von Antworten von kornischen Leserinnen und Le-
sern herausforderte (abgedruckt am 2., 9. und 16. Juli 1998, als der Herausgeber
entschied, keine weiteren Zuschriften zu veröffentlichen). Die in der Diskussion
aufkommende Erregung der Teilnehmenden belegt, dass die *Cornish identity* eine
gelebte Identität ist und großen Rückhalt in der kornischen Bevölkerung findet.

Wenn sich nun, wie im vorhergehenden Abschnitt erwähnt, aus Kultur Identität
individuell konstruieren lässt, wobei sich Letztere dann in der Einstellung der sich
so identifizierenden Menschen zu Ersterer äußert, ist es nur noch ein weiterer
Schritt, diese Kultur und die damit verbundene Identität in nationalen Begriffen
zu verstehen und als 'nationale' Kultur und Identität anzusehen.[17] Diese nationale
Sichtweise gehört dem Prozess des *nation-building* an und erschafft letztendlich
das Konzept dieser Nation, welches sich dann positiv als Nation manifestieren
kann, wenn es von einer großen Mehrheit der potentiellen Nationsangehörigen unterstützt und angenommen wird (ein Durchbruch wäre erreicht, wenn es Außenstehende in der Mehrzahl akzeptierten). Die kornische Kultur mit ihren vielen
Einzelaspekten, wie vor allem in Kapitel 3 dargestellt, ist dabei selbst natürlich
nicht 'nationalistisch', eine Feststellung, die in anderem Kontext schon Jenner traf:
"In Cornwall [...] we have, I know, the sentiment of Cornish nationality and that,
with many details of culture which are not especially nationalistic, is what the

---

[15]   Z. B. Mebyon Kernow (o.J.), S. [10], und, in der Wirtschaft, Cornish Constitutional Con-
       vention / Finance & Economics Subgroup, S. 7. Zuvor White, S. 111; Lambert, S. 21 (in an-
       deren Worten ähnlich bereits 1925 Vulliamy, S. 3-7); J. Jenkin, S. 84 (die geographischen
       und geologischen Unterschiede sind hier nicht relevant, es kommt auf das an, was unter his-
       torischer Differenz gefasst wird); Val Baker, S. 2, Hervorhebungen im Original.

[16]   Morse (S. 40); die Aussage zur Sprache führte zur Diskussion kornischer Kultur insgesamt.

[17]   Dem entspricht A.D. Smiths (2001b, S. 30, Hervorhebung im Original) Definition einer
       nationalen Identität: "The concept of 'national identity' may be defined as the *maintenance
       and continuous reproduction of the pattern of values, symbols, memories, myths and tradi-
       tions that compose the distinctive heritage of nations, and the identifications of individuals
       with that particular heritage and those values, symbols, memories, myths and traditions.*"
       Wenn es auch vielleicht exakter gewesen wäre zu sagen, nationale Identität *äußere* sich in
       den genannten Vorgängen, so ist hier doch Smiths treffender Punkt der individuellen Identi-
       fikation mit den kulturellen Momenten entscheidend, denn Smith lehnt damit ja objektive
       Kriterien der nationalen Identität ab und führt sie auf die Ebene von Individuen.

Cornish Gorsedd is out to encourage".[18] Aber sie wird benutzt, um Cornwall als 'national' zu imaginieren (nach Anderson, oben S. 34), und erst dieser Vorgang ist das nationalistische *nation-building*, also der Vorgang, vorhandene oder erschaffene Merkmale und Differenzen dem "Nations-Paradigma" gemäß zu deuten und damit die Nation, die keine greifbare Existenz besitzt, ins Leben zu rufen.

In all den gezeigten kulturellen Punkten, von der Bedeutung der kornischen Sprache über die Betonung einer eigenen Geschichtsperspektive und der Keltizität bis hin zum *Cornish tartan* oder dem *Cornish pasty*, werden die Objekte des 'kulturellen Nationalismus' erkenntlich. Sie stehen jedoch nicht abseits der politischen Bewegung, sondern werden in dieser als Argumente für einen nationalen Status genutzt; eine strikte Trennung ist nicht möglich. Durch sie wird der Gemeinsinn in Cornwall gestärkt, ein Bewusstsein von *Cornishness* in den Bewohnern geweckt oder gestärkt und gezeigt, dass es das Land wegen seiner Geschichte, historischen Kontinuität und der heute fortbestehenden Identität 'verdient' hat, auch seine politischen Angelegenheiten selbst zu regeln, was allesamt ja der Sinn von *invented traditions* ist. Mit dieser Verbindung von Kultur und Politik wird die 'kornische Nation', die "imagined Cornish community",[19] wie sie zwei in Cornwall tätige Forscher nennen, erst erschaffen und gleichzeitig aufrechterhalten.

Dass es tatsächlich die auf der kornischen Kultur aufbauende *Cornish identity*[20] ist, die die kornische Nationalität ermöglicht, zeigt sich auch in Bemerkungen aus der Bewegung selbst heraus, denn diese ist sich ihres Status genau bewusst:

> What gives a man [sic!] his nationality is not merely his place of birth but his identification with that place, its people and its customs. Our claim to nationality in Kernow is a serious one, one which is based on that very identification with our land, our sense of belonging.

Diese Identifikation mit dem Land ("[the] place, its people and its customs") ist gleichbedeutend mit dem Bewusstsein von *Cornishness*, das in der kornischen Bevölkerung verbreitet ist; es bedeutet, sich selbst als kornisch verstehen und das Kornisch-Sein als relevant ansehen zu wollen, und markiert die Bevölkerung als ethnische Gruppe: "So the Cornish can be said to comprise a self-aware ethnic group with a sense of shared roots, common history and some notion of a distinctive culture."[21] Explizit, Grundlage dieser "ethnic group" ist die besprochene *Cornish identity*, die, anders als A.D. Smiths nur in der *longue durée* zu verstehende *ethnicity*, eine *ethnic identity* ist, welche erworben werden kann. Diejenigen Aktivistinnen und Aktivisten nun, die sich im Politischen wie im Kulturellen für eine

---

[18] Jenner (2004), S. 196.

[19] Deacon/Payton, S. 76f.

[20] So kann Deacons (1983b, S. 261) Gleichung "identity equals culture" nicht aufrechterhalten werden, denn die kornische Identität folgt zum Teil aus der Unterstützung und der Wertschätzung dessen, was als kornische Kultur bekannt ist. Das folgende Zitat Drew, S. 11.

[21] So weit Deacon 1993, S. 203f., das Zitat S. 204.

größere Eigenständigkeit der territorialen Einheit mit dem Namen *Cornwall* einsetzen, können die ethnische Identität nutzen, indem sie deren Grundlagen, die in Kapitel 3 untersucht wurden, mit (auch politischer) Bedeutung aufladen und gleichzeitig den Nationsbegriff dafür aktivieren. Dieses Mobilisieren des emotionalen Begriffs der Nation unter Berufung auf Kultur, Sprache, Geschichte und 'Keltentum', die mit politischer Bedeutsamkeit besetzt wurden, macht die kornischen Autonomiebestrebungen von einer Regionalismus- zu einer Nationalismusbewegung, wie ein instruktiver Vergleich mit einer anderen Region zeigt:

> The Cornish are fortunate to be able to paint their regional discontents in the attractive colours of Celtic tradition, which makes them so much more visible, even though it leads some of them to reinvent a language not spoken for 200 years, and even though the only popular public tradition with genuine roots in the country is Wesleyan Methodism. They are luckier than, say, Merseyside, which can mobilize in defence of the equally or more hard-hit local interests only the memory of the Beatles, of generations of Scouse comedians, and the proud tradition of its rival football teams [...]. Merseyside cannot blow a national trumpet. Cornwall can.[22]

Was den Unterschied Cornwalls zu dem im Zitat als Beispiel angeführten Merseyside ausmacht, ist im Negativen, dass die ökonomischen Gegebenheiten, in beiden Vergleichsteilen recht ähnlich, in Cornwall nicht Basis der Identität sind (im Norden dagegen der Hauptfaktor einer vagen nordenglischen Identität): Es ist eine *nationale* Identität, keine Interessengemeinschaft.[23] Ins Positive gewendet sind es die Geschichte (besonders der historische Status Cornwalls), die *Cornish identity*, die Sprache und die anderen Merkmale, die ein Segment der kornischen Bevölkerung unter den Vorzeichen der 'keltischen Nationen' zu einer genau abgrenzenden Identitätsdefinition in nationaler Weise instrumentalisieren kann. Die Anrufung des Nationsbegriffs durch Aktivistinnen und Aktivisten zeigt, dass bei den Anhängern dieser Bewegung (mit Renan gesprochen) der Wille vorhanden ist, eine Nation zu bilden; sie haben ein entsprechendes nationales Bild konstruiert und erschaffen dabei die *imagined community* der kornischen Nation, betreiben also das *nationbuilding*. Oder mit Seton-Watsons Nationsdefinition ausgedrückt: Die kornische Nation wird dadurch erschaffen, dass viele Personen sich selbst als dieser Nation zugehörig betrachten und sich verhalten, als seien sie eine Nation,[24] was sich u. a.

---

[22] Hobsbawm 1990, S. 170.
[23] Dies erinnert an ein weiteres Diktum Ernest Renans (letzter Teilsatz des folgenden Zitats, hier im Zusammenhang wiedergegeben; S. 902, Hervorhebung und Interpunktion sic!), das in "Qu'est-ce qu'une nation?" im Kontext mit Faktoren steht, die er nicht als eine Nation konstituierend ansieht: "La communauté des intérêts est assurément un lien puissant entre les hommes. Les intérêts, cependant, suffisent-ils à faire une nation ? Je ne le crois pas. La communauté des intérêts fait les traités de commerce. Il y a dans la nationalité un côté de sentiment ; elle est âme et corps à la fois ; un *Zollverein* n'est pas une patrie."
[24] Nach Seton-Watson (S. 5) existiert eine Nation, wenn "a significant number of people in a community consider themselves to form a nation, or behave as if they formed one."

in der Unterstützung des besprochenen Geschichtsbildes (seiner Wiedergabe und Verteidigung) und im bewussten Akt der Wiederbelebung der ausgestorbenen Sprache als Symbol der eigenen Nationalität äußert, was Hobsbawm ja in seinem Merseyside-Vergleich ansprach. Das Argument für den Nationsbegriff ist hier also nicht die Kultur selbst, sondern vielmehr, dass einige Personen mithilfe der kulturellen Inhalte (Sprache, Geschichte etc.) den Nationsstatus zu demonstrieren suchen. Allerdings, so ist Seton-Watsons Forderung nachzukommen, bekennt sich (noch) eine Minderheit anstatt einer "significant number of people" (willkürlich festgelegt z. B. die Hälfte) zu dieser Nation, was auch am Zuzug aus dem restlichen Großbritannien liegen mag, da die zugezogene Bevölkerung zumindest anfangs höchstens geringe Bindungen an ein nationales Cornwall zeigen wird.

Dieses *nation-building* der nationalistischen Bewegung ist die Selbstdefinition einer eigenen, der kornischen Nation in Opposition zur englischen Nation, die in einer ihrer selbst bewussten Weise geschieht: Ähnlich wissenschaftlichen Studien werden feststehende Kriterien der Nationalität zugunsten von individueller Identifikation abgelehnt, die Opposition ist jedoch immer vorhanden. Auf Ressentiments gegenüber der Bezeichnung historischer Stätten in Cornwall als *English* wurde bereits hingewiesen (Abschnitt 3.3 über das *Cornish Stannary Parliament*, 3.4 zum 'Keltentum'), es gibt jedoch eine Vielzahl weiterer Belege. Allen Forster schreibt etwa, *English Heritage* "[is] desecrating ancient Cornish sites" durch die falsche Zuordnung zu England, und weiter: "Free Cornwall has a clear position on this Anglo outrage [sic!]. We wish to see "English Heritage" in all its pathetic imagery, drummed out of Cornwall and Scilly by <u>any</u> means."[25] Die *Cornish identity* als Identität einer ethnischen Gruppe erwächst somit aus wahrgenommenen Unterschieden zum benachbarten England, demgegenüber Kontraste aufgebaut werden. Dabei wurde das Entstehen der ethnischen Identität, wie bei anderen Ethnien, dadurch begünstigt, dass die Unterschiede nicht unüberwindbar groß sind, wie gemeinhin und gerade von den Angehörigen der Ethnie angenommen wird, sondern durch engen Kontakt nur verstärkt wahrgenommen und herausgestellt werden.[26] Dies ist der "narcissism of minor differences", wie Ignatieff das Diktum Freuds[27]

---

[25] Forster, Hervorhebung im Original.

[26] Eriksen, S. 250; dort findet sich noch folgende 'Zusammenfassung': "The more similar people become, it seems, the more they are concerned with remaining distinctive."

[27] Der *locus classicus* ist *Das Unbehagen in der Kultur*, wo Freud den "Narzißmus der kleinen Differenzen" auf Nationen statt wie in einer früheren Schrift auf die Geschlechter anwendet und mit englisch/schottischen Animositäten illustriert (S. 78f.). Ignatieff (*pass.*, Zitat S. 95) beleuchtet damit ein Paradoxon: "the smaller the real differences between two groups, the larger such differences are likely to loom in their imagination. Or to put the point in dynamic terms, as real differences between groups diminish, symbolic, imagined differences become more salient." Dies sei auch in der Globalisierung zu sehen, die äußerlich (im Konsumverhalten, Wirtschaftsbewegungen und anderen beobachtbaren Sektoren) Angleichung fördere, woraus ein Bedürfnis nach Unterscheidung erwachse; daran sei nur problematisch, dass diese zu einer narzisstischen Konzentration auf die eigene Gruppe zu Lasten des Interesses an und Verständnisses von anderen Gruppen, mithin zu Ignoranz führe (S. 95-97).

in einem eindringlichen Aufsatz auf das frühere Jugoslawien anwendet. Wie bei allen Definitionen sozialer Gruppen ist ein gegenüberliegendes 'Anderes' vonnöten, gegen welches das 'Selbst' abgegrenzt wird, wobei schon geringe wahrgenommene Unterschiede ausreichen. Durch den engen Zusammenhang von Ethnizität und Nationalismus ("most nationalisms – some would say all – are special cases of ethnic ideologies")[28] kann dann aus der politischen Aufladung der Ethnizität eine Nationalismusbewegung erwachsen und aus der ethnischen Gruppe die Vorstellung einer Nation erschaffen werden.

Auf Andersons Konzeption der Nation als "imagined community" aufbauend erkennt Stuart Hall fünf wesentliche Elemente jener 'Vorstellung': 1. "the *narrative of the nation*, as it is told and retold in national histories, literatures, the media, and popular culture"; 2. "the emphasis on *origins, continuity, tradition, and timelessness*"; 3. "*the invention of tradition*"; 4. "a *foundational myth*"; 5. "the idea of a *pure, original people or "folk"*".[29] Einige von Halls Unterscheidungen fußen auf geringen Unterschieden: Die Inhalte der Punkte zwei bis vier beziehen sich auf geschichtliche Vorstellungen, während der erste besagt, dass diese Inhalte erzählt und wiedererzählt werden müssen, und die Tradition im zweiten Punkt ist in ihrer Wirkungsweise schwerlich von den *invented traditions* aus Halls drittem Punkt zu unterscheiden. Ist die 'kornische Nation' nun wie von Hall konzipiert vorgestellt? Tatsächlich konnte anhand der Geschichtsdarstellungen, der Populärkultur (u. a. in den Sportarten) und in der Literatur (mit Alan Kents literaturwissenschaftlicher Studie von 2000, die eine Nationalliteratur und -literaturgeschichte begründet), die Erzählung der 'kornischen Nation' (1.) gezeigt werden. Insbesondere die kornische Sprache, die auch in den Medien reflektiert wird, ist Teil dieser Erzählung, da durch sie, via den verbreiteten Sprache/Nation-Nexus, die Idee der kornischen Nation repräsentiert wird; zudem war hier schon die Kontinuität (aus 2.) von großer Bedeutung. Auch die geschichtlichen Punkte Halls konnten im untersuchten Textkorpus nachgewiesen werden; als Gründung der 'Nation Cornwall' *als Nation* gilt die Grenzsetzung durch Athelstan im 10. Jahrhundert (4., "foundational myth"), wenn die Geschichte Cornwalls auch als viel weiter zurückreichend verstanden wird und die 'keltische' Einwanderung in vorchristlicher Zeit einschließt. Letztere ist der kornische Ursprungsmythos (2., "origins"), der in die Idee eines rein 'keltischen' Volkes mündet, was Hall getrennt behandelt (5.). Tatsächlich findet sich Athelstans Grenzziehung in 'realer' Zeit belegt (durch Wilhelm von Malmesbury), während das "coming of the Celts", das beispielsweise David Riley für seine Darstellung kornischer Geschichte voraussetzt, in einer unbestimmten, vorchristlichen, schlecht dokumentierten Zeit konzipiert ist (bei Hall: "lost in the mists of, not "real," but "mythic" time", 4.).[30] Auf die Kontinuitätsbildung durch Erinnerung verschiedener historischer Ereignisse und eine statische Vision der

---

28   Eriksen, S. 261.
29   Hall, S. 613-615, Hervorhebungen im Original.
30   Riley, S. 23-29; Hall, S. 614.

Bevölkerung[31] wurde ebenso abgehoben wie auf die der *Cornishness* angedichtete Zeitlosigkeit (beides 2.), da diese nicht als modernes Phänomen anerkannt, sondern als Konstante in die Vergangenheit projiziert wird. Erfundene Traditionen (3.) sind hinlänglich dargestellt worden, hier ist etwa das *Gorseth* in Erinnerung zu rufen. Schließlich ist auch die Bedrohung der 'reinen' (5.) *Cornishness* durch Einwanderung aus England thematisiert worden, der die Vision eines 'Goldenen Zeitalters' der keltischsprachigen Nation Cornwall im Mittelalter entgegengesetzt wird.[32] Da Halls fünf Punkte der kulturellen Repräsentation der Nation somit vorhanden sind, sollte die Antwort auf die Frage nach der Entstehung der kornischen Nation lauten, dass die Nation imaginiert und diese Vorstellung von der Nation dann in den besprochenen kulturellen Texten repräsentiert wird (wodurch sie das Objekt wissenschaftlicher Untersuchung werden kann), was sie perpetuiert und die Möglichkeit zur weiteren Verbreitung der Vorstellung eröffnet. Wie das Konstrukt anderer Nationen ist auch das der kornischen Nation weder schon immer oder seit vielen Jahrhunderten vorhanden, sondern wurde von einigen Personen entworfen, in Cornwall in unserem 'langen 20. Jahrhundert', in den anderen meist im 19. Jahrhundert. Ob für diesen Vorgang Beschreibungen wie "geboren" oder "Baumwollhemden gleich hergestellt"[33] zutreffender erscheinen, hängt von den dann immer wertenden An- und Absichten der Betrachtenden ab, ändert jedoch nichts an der Modernität und dem Konstruktionscharakter der Nation.

5.3   Ins 21. Jahrhundert: ein Ausblick

Wie steht es nun um den kornischen Nationalismus in der Gegenwart und welche Möglichkeiten eröffnen sich für die nähere Zukunft? Miroslav Hroch hat ein lineares Dreiphasenmodell des 'Erwachens' kleiner Nationen, des kulturellen *nation-building* entworfen,[34] das sich auch auf Cornwall anwenden lässt. Zunächst nimmt Hroch eine Phase des 'gelehrten Interesses' an, in welcher Individuen aus akademischen Beweggründen beginnen, Sprache, Kultur und Geschichte des jeweiligen

---

31 So proklamiert etwa Riley (S. 29) in der Darstellung der Einwanderungen nach Cornwall von Personen von "Mediterranean character with dark features" vor über 2 000 Jahren hohe Kontinuität: "Many of these physical types can still be found near the coasts in such places as Penzance and Brixham. How many of those swarthy fishermen, I wonder, who are to be seen attending to their nets and boats are indeed aware that their ancestors were creating a livelihood from the sea, much as they do, more than two thousand years ago?"

32 Gerade Riley sprach von der "Cornish nation" des 9. Jahrhunderts (S. 69, S. 70; S. 75: "the Cornish nation as it existed until early in the 10th Century" [sic!]), von der kornischen "national history" in frühchristlicher Zeit (so S. 47) oder vom "Cornish national consciousness" (S. 74) in vornormannischer Zeit; eine gewisse Zeitlosigkeit ist auch hier zu beobachten.

33 So in G. Williams' polemischer Formulierung, s. oben S. 58.

34 Hroch, S. 22f.; die drei Phasen, kurz mit A, B und C bezeichnet, nennt er ausführlicher "scholarly interest", "patriotic agitation", "rise of a mass national movement" (S. 23).

Landes zu untersuchen, die bis dahin wenig Beachtung gefunden hatten; die Aktivitäten dieser "Phase A" tragen noch fast den Charakter eines Hobbys, sich mit der nationalen Idee der jeweiligen Region zu beschäftigen, dienen jedoch keinen politischen oder gesellschaftlichen Zielen und sind nur auf individueller Basis organisiert. Für Cornwall wären dies die antiquarischen Studien bis ins 20. Jahrhundert und vielleicht noch die frühen Forschungen des *Institute of Cornish Studies*, das sich relativ isoliert mit der kornischen Sprache, Ortsnamen, Mythologie und Geschichte beschäftigte und auf ähnlichen Gebieten tätig war.

Hrochs "Phase B", die patriotische Agitation, in der Angehörige der Eliten, die sich der nationalen Idee bewusst sind, diese zu verbreiten suchen, repräsentieren in Cornwall einerseits die Aktivitäten vieler Forscherinnen und Forscher der *New Cornish Studies* ab Mitte der 1980er Jahre, andererseits Parteien und Organisationen wie *Mebyon Kernow* oder *Cornish Solidarity*. Die akademischen Studien in neuem Gewand, die mit einer Öffnung der Forschung für großbritannienweite und internationale Forschungstrends einhergingen und vermehrt komparative Studien hervorbrachten, die Cornwall in einen Rahmen nationaler Vielfalt der Britischen Inseln und darüber hinaus Europas stellten, sowie die neue Agitation sind nun zu einem größeren Grade institutionalisiert und, wie Hroch anmerkt, "as much national as scientific".[35] Auch außerwissenschaftliche Aktivitäten sind zunehmend in internationale Zusammenhänge eingebunden, etwa die kornische Sprachförderung, deren Anhänger nun weniger cornwallintern zu wirken versuchen, sondern mit dem "Europäischen Büro für Sprachminderheiten" (EBLUL) kooperieren, oder die Politik, in der *Mebyon Kernow* nun mit der europäischen Formation "Demokratische Partei der Völker Europas - Freie Europäische Allianz" (EFA) zusammenarbeitet, die kleinere Nationen und Regionen vertritt.

Lassen sich also Phasen A und B von Hrochs Modell in Cornwall nachweisen, so ist Phase C, der Aufstieg einer nationalen Massenbewegung, bisher noch nicht erreicht,[36] und Cornwall wäre in Phase B zu lokalisieren. Allerdings können gelegentlich doch Massen mobilisiert werden, so bei der Verteidigung der Integrität des kornischen Territoriums in den 1970er Jahren oder der von *Mebyon Kernow* initiierten, dann aber von weiteren Trägern ausgeführten Petitionsaktion 2000-2001, bei der 50 000 Unterschriften für eine Abstimmung über *Senedh Kernow* zusammenkamen. Zudem ist die Institutionalisierung von Verbänden wie *Mebyon Kernow* nun auf einer cornwallweiten Basis fortgeschritten, auch wenn die Partei keine mehrheitlich national bewusste Wahlbevölkerung umwerben kann, zwei von

---

[35]   Hroch, S. 23. Die Beobachtung zu Weatherhill oben (S. 135 Fn. 114) belegte ja, dass der Prozess tatsächlich noch fast ausschließlich auf der Ebene von Eliten stattfindet.

[36]   Hroch möchte das Überwechseln zu einer Massenbewegung aus sozialen, rein *intra*nationalen, quantitativ zu erfassenden Variablen erklären, die die Erfolgsaussichten der nationalen Agitation bestimmten; dies muss hier nicht interessieren, zumal Hroch den internationalen Einfluss vernachlässigte und angesichts des Erscheinungsjahres seiner Studie (1985, auf Forschungen basierend, die erstmals um 1970 veröffentlich wurden) die Bedeutung des vereinten Europas für substaatliche Nationalismen nicht angemessen berücksichtigen konnte.

Hrochs Bedingungen für seine Phase C.[37] Diese Beispiele können somit nur als erste gelegentliche Anzeichen für ein Übertreten in jene Phase gedeutet werden, oder vielmehr für ein Dazutreten derselben, denn die Aktivitäten der Phasen A und vor allem B hören nicht in dem Moment auf, in dem die Massenbewegung der Phase C einsetzt. In der hier vorgetragenen Interpretation sind die Aktionen der Phase B ja das 'Schreiben der Nation' und damit ein notwendiger Teil des Nationalismus, nämlich das *nation-building*, während Phase C das 'Lesen' dieses 'Textes' und das Identifizieren mit ihm durch die breite Bevölkerung bedeutete. Ob also Cornwall und der kornische Nationalismus tatsächlich in Phase C von Hrochs Konzeption übertreten können, bleibt nur abzuwarten, auch wenn die genannten Anzeichen kornische Nationalistinnen und Nationalisten hoffnungsvoll stimmen könnten.

Aber auch das vielzitierte Schlagwort der Globalisierung muss hier berücksichtigt werden. Dieses beinhaltet zunächst vor allem ein Nachlassen der Bedeutung von Staats- und Politikinstanzen, Identitäten und den zugehörigen 'hohen' Kulturen, die überwiegend im 19. Jahrhundert künstlich geschaffen wurden und die in 'nationalstaatlichen' Kategorien zu erfassen waren, zugunsten solcher Instanzen, Identitäten und Kulturen, die auf größeren Einheiten bis hin zur größten, der weltumspannenden Einheit fußen. Die dann oft beklagte Folge des Entstehens einer weltweiten Einheitskultur (angloamerikanischer Prägung) kann dabei kaum durch das Ideal einer universellen Identität gemildert werden, die die gesamte Menschheit umfasst (Humanität, Weltbürgertum). Jedoch scheint gerade die 'Coca-Colaisierung' oder 'McDonaldisierung', um zwei gastronomische Umschreibungen für diesen Prozess zu nennen, dazu zu führen, dass sich Identitäten und Kulturen unterhalb der nationalstaatlichen Ebene größerer Beliebtheit, mithin erhöhter Identifikation erfreuen können. Wenn sich diese Entwicklung, die nicht nur Stuart Hall beobachtet,[38] fortsetzt, so können die Akteure des kornischen Nationalismus optimistisch in die Zukunft blicken: Wenn auch deren politischen Visionen und Forderungen auf absehbare Zeit kein Erfolg beschieden sein sollte, so entsteht doch ein Klima, in dem sich kleine Territorien ihrer Identität und des Überlebens ihrer Kultur sicherer sein können als unter den Voraussetzungen der kulturellen Einigkeitsbestrebungen von Staaten, die sich im Wettstreit der (europäischen) Mächte als homogene Nationalstaaten präsentieren wollten und sich zu 'einheitsbildenden' Maßnahmen bis hin zur Unterdrückung von internen Minderheiten gedrängt fühlten. In ähnlicher Weise äußerte auch Gellner "a hope rather than a prediction", dass es nämlich sein könne, dass "the advanced industrial world will once again, like the agrarian world of the past, be one in which effective political

---

[37] Hroch, S. 23.

[38] "[...] alongside the tendency towards global homogenization, there is also a fascination with *difference* and the marketing of ethnicity and "otherness."" Hall, S. 623, Hervorhebung im Original. Dies ist als *glocalisation* bekannt: weltweite Homogenisierung, begleitet von einer entgegengesetzten (Re-)Partikularisierung. Vgl. Ignatieffs Bemerkung oben, S. 289 Fn. 27.

units will be either larger or smaller than 'national' units based on similarity of high culture."[39] Wenn dem so wäre, und Gellner nannte es "not an unreasonable hope", so könnten sich die kornische Akteure tatsächlich erhoffen, dass Funktionen von der staatlichen auf die regionale, nämlich cornwallweite Ebene transferiert werden. Doch dies sind vorerst nur Spekulationen.

Realistischer sind die in Abschnitt 4.2 genannten Chancen und Gefahren der weiteren, näherliegenden Entwicklungen für die Aspirationen des kornischen Nationalismus: Die Chancen, die eine kornische Versammlung nach Art des *Senedh Kernow* bietet und die sie weiter verfolgen müssen, die Gefahren, dass Cornwall fest in eine englische Südwestregion eingebunden wird und dass es dann seine Distinktivität nach und nach verlieren könnte, was sie abwehren müssen. Im Zuge der *Devolution* – wie übrigens in der europäischen Regionalisierung – eröffnen sich also zwei Möglichkeiten: Unter dem Mantel der *Devolution* könnte sich die kornischnationale Bewegung ihren Zielen nähern, sie könnte aber auch einen herben Rückschlag erleiden, wenn in der Verschmelzung mit der Grafschaft Devonshire und eventuell weiteren Grafschaften eine (auch nur 'regional', nicht sogar 'national' verstandene) Eigenständigkeit Cornwalls negiert wird.

Dass die Zukunft Cornwalls eng mit der Gesamtentwicklung im Vereinigten Königreich verknüpft ist, versteht sich von selbst. Cornwall stellt jedoch, anders als Schottland, vorerst keine Gefahr für den britischen Staat dar, denn nur wenige Menschen wollen die Unabhängigkeit Cornwalls auch nur im Rahmen der Europäischen Union, und es bedürfte schon dramatischer Veränderungen in der konstitutionellen Ordnung des heutigen Staates, um daran etwas zu ändern. Allerdings sind in Cornwall Forderungen nach einer ökonomisch 'fairen' Behandlung des Landes sowie nach Anerkennung und Schutz der kulturellen Besonderheiten weit verbreitet. Beides beruht auf dem Gefühl der Vernachlässigung durch London; gerade die relative Armut der heutigen Grafschaft wird einer ihr unangemessenen, kornische Besonderheiten außer Acht lassenden Wirtschaftspolitik zugeschrieben. Um solche 'Nachteile' zu beseitigen, sind viele Menschen in Cornwall bereit, den nationalen Weg zu beschreiten, also zu versuchen, durch Erlangung des Nationsstatus Vorteile für das Land zu erreichen.

Wird die Idee einer kornischen Nation innerhalb Cornwalls von einer (bedeutenden)[40] Minderheit unterstützt, so war sie bis vor relativ kurzer Zeit außerhalb

---

[39] Mit den "'national' units based on similarity of high culture" meinte Gellner (1997, S. 107 für alle Zitate) die vorgeblich ethnisch homogene, 'nationalstaatliche' Ebene, auf der große Aufgaben ("preventing nuclear and ecological disaster, controlling drugs and arms trades") nicht hinreichend angegangen werden könnten, während kleinere Aufgaben ("administering the school and welfare system") effektiver auf tieferen Ebenen zu behandeln seien. Gellner.

[40] So unterstützen Teile der kornischen *Intelligenzija* die nationalistischen Bestrebungen: Ken George, Paul Dunbar und Graham Sandercock, die wichtige Personen im *Language revival* und teilweise bei der Erforschung des Kornischen sind, haben sich von *Mebyon Kernow* als Kandidaten aufstellen lassen, während der derzeitige Professor für Cornwallstudien, Philip Payton, anfangs der *Steering Group* der *Cornish Constitutional Convention* angehörte.

Cornwalls kaum verbreitet, es sei denn, es ging um die *six Celtic nations*. Direkt ablehnend äußerte sich in den frühen 1980er Jahren etwa Breuilly: Der Slogan "Cornwall first" werde durch die Wahlbevölkerung als absurd abgetan, da Cornwall im Unterschied etwa zu Schottland keine identifikatorische Bedeutung (z. B. durch eine gemeinsame Kultur) zukomme. Tatsächlich hat *Mebyon Kernow* in den frühen 1970er Jahren in einer Plakataktion mit "Kernow Kensa" ('Cornwall first') für ihre Ziele geworben[41] und auch heute findet sich in vielen Handzetteln der Partei die Forderung "We must put Cornwall first". Breuilly ist zwar darin zuzustimmen, dass es nach Prozentanteilen bisher keinen Durchbruch des kornischen politischen Nationalismus gab, er übersah in seiner übereilten Behauptung aber, dass kurz zuvor, nämlich 1979, "8.8 per cent of those who voted in Cornwall supported the local nationalist cause". Breuilly stand erst am Anfang der Zeit, zu der die Wissenschaften mit dem Studium Cornwalls als eigenwertigem Objekt sozialwissenschaftlicher Forschung im Rahmen der nationalen Vielfalt der Britischen Inseln begannen; seitdem gelingt es den Forschenden und den kornischen Akteuren vermehrt, Cornwall in den jeweiligen Feldern als ernstzunehmende Thematik zu etablieren.

Inzwischen ist die Kenntnis von der Konstruktion Cornwalls als Nation aber auch schon über den Tamar nach Osten vorgedrungen, wenn sie dort auch nicht weithin verbreitet ist. Der *Guardian* schrieb vor geraumer Zeit in einer Reflexion über künftige konstitutionelle Reformen im Vereinigten Königreich beispielsweise:

> Many Scots [...] seek to have no other identity than as Scots, bridling at the very idea of themselves as British. Smaller minorities also have equally proud visions of themselves as irreducibly Welsh, Irish, Manx or Cornish. These identities are distinctly national in ways which proud people from Yorkshire, much less proud people from Berkshire, will never know.
> Any new constitutional settlement which ignores these factors will be built upon uneven ground.[42]

In der Forschungsliteratur setzt sich dies fort: Bei der Exposition seines Nationsbegriffs argumentierte Walker Connor gegen den Terminus *British nation*, der bisweilen Verwendung finde, "even though the British people are composed, inter alia of the Cornish, English, Manx, Scottish, and Welsh nations".[43] Obwohl die Erhöhung der Zahl der britischen Nationen um Cornwall seinem Argument mehr Gewicht verlieh, zeigt Connors unerwarteter Rückgriff auf die *Cornish nation* doch, dass ihm diese präsent war. Diese Beispiele können als Anzeichen gedeutet

---

[41] Charles Thomas 1973, S. 15; zuvor Breuilly, S. 283: "A party which argued 'Northumbria first' or 'Lancashire first' or even, as has actually happened, 'Cornwall first' would be dismissed as absurd by the relevant voters." Das nachfolgende Zitat Butler/Marquand, S. 176.

[42] So das Editorial "Who we are and what we ought to be" von 1990.

[43] Connor 1992, S. 51.

werden, dass die 'Nation Cornwall' auch jenseits ihrer Grenze sichtbar zu werden beginnt, und können weiterhin Anlass zu vorsichtigem Optimismus unter kornischen Nationalistinnen und Nationalisten sein. Vorsichtig deshalb, weil kornische Nationalität noch immer für einen Witz gehalten werden kann, wie eine Bemerkung Bernard Cricks zeigt, dessen Sensibilisierung für die Nationalitätenfrage ihn nicht davon abhält, Cornwall abwertend zu erwähnen (im Umfeld des Zitates äußert er Verärgerung über den unreflektierten Gebrauch von *English* statt *British* als Adjektiv zu 'citizen of the United Kingdom'):[44] "Once I read "Cornish" [in the nationality section of a hotel register] but I suspected, correctly, that it was a wag and not a nut." Das kornische *nation-building* ist also in der Tat keineswegs abgeschlossen.

Letztlich muss der kornische Nationalismus außerhalb der Politik sicherstellen, dass kornische Kultur und Identität nicht erstarren und nur das Tourismus-*Image*, mithin die Nachfrage von Außenstehenden bedienen, sondern gelebt werden und sich weiterentwickeln können. Diese Gefahr beschreibt Colin Williams an anderen Beispielen deutlich:

> But what of those communities whose language, culture and economic base have already atrophied under the twin weights of an often oppressive, unresponsive state and world economy which dictated to them their role in the global division of labour? What future do they have? Are their languages and cultures already doomed? Need they necessarily become 'open museums' where a once virulent cultural heritage is re-packaged to make it palatable to consumers, in a Disney-like theme homeland? Are the sons and daughters of slate quarry workers in North Wales destined to become industrial heritage guides, with an occasional smattering of Welsh thrown in to prove to the tourist that they are indeed in a 'foreign' land? Is crofting in the Scottish Highlands to be preserved so that eager youngsters from Strathclyde, let alone all the Celtic descendants abroad, can undertake interesting history projects and relive the past through the ingenuity of marketing consultants who sanitise history so as not to cause offence or discomfort?[45]

Williams hätte die dystopischen Visionen von Wales und Schottland leicht um das kornische Beispiel ergänzen können, in dem Cornwall zu einem gut erschlossenen keltischen Themenpark in der Nachbarschaft Englands mit industrieller, aber gesäuberter Vergangenheit verkommt. Ansätze dazu sind heute bereits zu erkennen, wie ein Beispielpaar aus der touristischen Präsentation der kornischen Bergbauvergangenheit demonstriert: *Poldark Mine* bei Helston im Südwesten Cornwalls ist ein solcher Themenpark, wie ihn sich Colin Williams wohl vorgestellt hatte, als er die obigen Zeilen schrieb. Die begehbaren Stollen aus der Zeit des aktiven Bergbaus und die Ausstellungsstücke sind in ein Umfeld aus 'Attraktionen' (Spielautomaten, eine Schießbude, ferngesteuerte Modellboote in einem künstlichen Wasserbecken, ein Kinderparadies und dergleichen, sowie die obligatorischen Geschäfte und ein *tea room*) eingebettet worden, das sich zum Konsumieren anbietet.

---

44 Crick, S. 23.
45 C. Williams 1991, S. 2f.

Über das Gelände verstreut aufgestellte Bergbaumaschinen (oder Teile davon) – als hätte es Williams vor Augen gehabt: peinlich sauber gehalten und in fröhlichen Farben angestrichen, um ansehnlicher als in ihrem historischen Umfeld zu sein – schaffen dafür einen (leicht zu übersehenden) thematischen Hintergrund mit gelegentlichem Wiedererkennungswert. Das Maß zwischen Bildungs- und Spaßausflug kann der oder die Einzelne selbst bestimmen – oder den ohnehin geringen Bildungsanteil ganz auslassen. *Geevor Tin Mine*, ganz im Westen Cornwalls auf Land des *Cornwall County Council* gelegen und von lokalen Organisationen geleitet, lockt dagegen nicht mit 'Vergnügungen', sondern ist durch und durch lehrreich angelegt. Nach dem Besuch eines Museums mit verschiedenen Originalexponaten und Modellen führen ehemalige Bergleute kompetent und mit Einblick und Wissen, die sie aufgrund ihrer früheren Arbeit besitzen, durch die oberirdischen Verarbeitungsstätten im Zustand ihrer letzten Benutzung, bevor die älteren Werkstätten unter Tage besichtigt werden. Noch sind es die ehemaligen Kumpel selbst, die sich als Williams' "industrial heritage guides" betätigen, damit einen Eindruck von der kornischen Bergbaukultur vermitteln und durch ihr Verharren in der Gemeinschaft vor Ort und die Pflege der eigenen Vergangenheit, von den handfesten Maschinen bis hin zu überliefertem Wissen und Traditionen, diese Kultur auch erhalten und ausleben können. Doch in einigen Jahren wird sich die Frage stellen, welchen Grad an Authentizität *Geevor* im Gegensatz zu *Poldark*, welches keine besitzt, noch erreicht.[46] Diese kontrastierenden Erlebnisse illustrieren die Fossilisierung und Umwandlung von Kultur und Geschichte in marktgerechte, verkauf- und konsumierbare Vergangenheitsdarstellungen ("heritage") und stellen Aspekte kornischer Kultur in eine Reihe ähnlicher Attraktionen in Großbritannien – z. B. das *Jorvik Viking Centre* in York, *Canterbury Tales* in Canterbury, *A Day at the Wells* in Tunbridge Wells. Es ist eine der Aufgaben des (kulturellen) Nationalismus, dieser Entwicklung entgegenzuwirken, denn mit der zunehmenden 'Verkitschung' kornischer Kultur schwindet zugleich die Grundlage des kornischen Nationalismus.

5.4 Zusammenfassung

Eine kornische Unabhängigkeitserklärung, die die 'Nation Cornwall' gleichsam durch einen Sprechakt konstituierte, gibt es bislang nicht in einem einzelnen Dokument (wie die oben, S. 61, angeführte irische Version von 1916); vielmehr ergeben, wie hier argumentiert, viele einzelne Passagen einen Metatext, aus dem sich die Nation 'lesen' lässt. Fast eine Zusammenfassung bietet ein bisher nicht angeführter Leserbrief von Donald Rawe an die Herausgeberin des Magazins *Cornish scene*; Rawe rügt dort die Benutzung der Bezeichnung *county* für Cornwall in einer früheren Ausgabe jener Zeitschrift und weist stattdessen auf den Landes-

---

[46] Die Informationen beruhen auf Begehungen 2005 (*Poldark Mine*) und 2002 (*Geevor Mine*).

und Nationsstatus Cornwalls hin. Um diesen Status zu belegen, bringt er viele der
genannten Faktoren vor, auf denen die 'kornische Nation' aufbaut:

- Cornwall sei voller keltischer Ortsnamen, die oft auf keltische Heilige zurück-
  gehen, und habe eine eigene keltische Sprache, die einst als tot gegolten habe,
  aber wiederbelebt worden sei und beständig an Stärke zunehme (Sprache als
  Kennzeichen der Nation, sichtbar in den Ortsnamen, Herunterspielen des Aus-
  sterbens und optimistische Darstellung der heutigen Situation der Sprache, wie
  oben in Abschnitt 3.1 ausgeführt, sowie Keltizität und 'Goldenes Zeitalter' der
  Geschichte durch die keltischen Heiligen, Abschnitte 3.2 und 3.4);
- Cornwall habe eigene, lebendige und von England gänzlich unabhängige Tra-
  ditionen in Musik, Literatur und Kunst (u. a. Abschnitt 3.5);
- England fange von Cornwall aus gesehen erst am Tamar an und sei für viele
  Menschen in Cornwall ein anderes Land (Hinweis auf die physische Entität
  Cornwall, deren Begrenzung und Integrität, Abschnitt 4.1);
- Cornwall sei nie offiziell in England eingegliedert worden, sondern besitze im
  Stannary Law einen eigenen Rechtscode und im *Duke of Cornwall* eine perso-
  nifizierte Unterscheidung von England (Aufrufung der Geschichte zur Demon-
  stration des früheren, historisch legitimierten Nationsstatus, Abschnitt 3.2, in
  Abgrenzung von England, 3.4);
- Cornwall werde von den anderen fünf 'keltischen Nationen' als eine ebensolche anerkannt (Rekurs auf die Keltizität, Abschnitt 3.4, Teilhabe am Pankeltismus aus 4.3);
- die *St Piran's flag* und der kornische Tartan seien Zeichen einer lebendigen
  Identität, in der Cornwall ein Land und keine Grafschaft sei, wie immer es um
  die gegenwärtigen administrativen Gegebenheiten bestellt sei (Aufzählung
  von 'Hoheitszeichen', Abschnitt 4.1, und visuellen, 'keltischen' Differenzmerk-
  malen, 3.4).[47]

Damit sind bis auf die Politik die Kulturfelder enthalten, die auf ihre *nation-building*-Funktion hin untersucht wurden, was den Text zu einer ansehnlichen Zusammenschau direkt aus der Bewegung selbst heraus macht, die als programmatisch
gelten darf.

Interessanterweise hat der schillernde Kritiker und Literat Samuel Johnson, als
er 1775 in seiner Schrift *Taxation no tyranny* die Unabhängigkeitsbestrebungen
der nordamerikanischen Kolonien mit einer selbstverfassten Unabhängigkeitserklärung Cornwalls lächerlich machte, genau aus dem Reservoir an kornischen
Differenzen geschöpft, das hier als Grundlage der Nationsbildung vorgestellt wurde, und damit ungewollt Teile der Argumentation des kornischen Nationalismus
vorweggenommen:[48]

---

[47] Rawe 1989b, *pass.*
[48] Dies ist Johnson (1977), S. 445f. für das Zitat, Hervorhebung und Schreibweise durchgängig sic!; als Teil der kornischen 'Unabhängigkeitserklärung' steht der zitierte Abschnitt dort
in über die Absätze laufenden Anführungsstrichen, die hier ausgelassen wurden.

Know then, that you are no longer to consider Cornwal as an English county, visited by English judges, receiving law from an English Parliament, or included in any general taxation of the kingdom; but as a state distinct, and independent, governed by its own institutions, administered by its own magistrates, and exempt from any tax or tribute but such as we shall impose upon ourselves.

We are the acknowledged descendants of the earliest inhabitants of Britain, of men, who, before the time of history, took possession of the island desolate and waste, and therefore open to the first occupants. Of this descent, our language is a sufficient proof, which, not quite a century ago, was different from yours.

Such are the Cornishmen; but who are you? who but the unauthorised and lawless children of intruders, invaders, and oppressors? who but the transmitters of wrong, the inheritors of robbery?

Was Dr. Johnson den imaginären kornischen Rebellen in dieser "very reasonable Declaration of Independence for the Cornish"[49] sprichwörtlich in den Mund legt, ist die Argumentation für einen kornischen Sonderstatus, belegt durch Differenzen in der Sprache, der Geschichte und sogar in der Besteuerung (durch Anspielungen auf die Steuervorteile kornischer Zinnarbeiter). Die an die englische Bevölkerung gerichtete Deklaration verweist auf die gegenüber England älteren Ursprünge Cornwalls (Johnson geht hier auf das zurück, was er weiter unten "the original" nennt), was auf den keltischen Abstammungsmythos deutet, den Johnson als solchen aber nicht explizit benennt, und darauf, dass Cornwall im Verständnis der imaginären Rebellen keine englische Grafschaft sei. Hinzu kommt die kornische Sprache, die zu Johnsons Zeiten in England offenbar noch im Gedächtnis war; Dolly Pentreath, traditionell die letzte (monoglotte oder voll kompetente) Sprecherin des Kornischen genannt, starb zwei Jahre nach Veröffentlichung dieser Schrift. Das im Aussterben begriffene Kornische macht Johnson, ganz nach Art der tatsächlichen Nationalismusbewegung des 'langen' 20. Jahrhunderts, zu einer lebendigen Umgangssprache gegen Ende des 17. Jahrhunderts (vom Erscheinungsjahr 1775 "not quite a century ago" zurückgerechnet).

Das Zitat Johnsons zeigt, dass die Differenz Cornwalls im 18. Jahrhundert für gebildete Personen auch außerhalb Cornwalls erkennbar war, sofern sie sich die Mühe machten, sich damit zu beschäftigen, und vor allem, dass diese Differenz noch nicht wie später genutzt wurde. Denn warum wählte Johnson gerade Cornwall als Gleichnis für das, was er für absurde Forderungen der amerikanischen Kolonien hielt, schrieb er doch (wie in Vorwegnahme von Cricks Anmerkung, oben S. 296), eine solche kornische Erklärung könne nur im Spaß oder von einem Verrückten verfasst worden sein?[50] Offenkundig bot Cornwall Johnson einige Parallelen zu den überseeischen Kolonien: Es hatte einige Zeichen der Differenz, war aber integraler Bestandteil des britischen (bei Johnson: 'englischen') Staates und konnte demzufolge kein eigenes Gemeinwesen bilden. Abstrakter formuliert existierten die kornischen Argumente damals schon, wurden aber noch nicht als

---

[49]   So augenzwinkernd der kornische Historiker Rowse (o.J., S. 301).
[50]   Johnson (1977), S. 448.

Argumente eingesetzt, da ein 'nationales' Vorstellen Cornwalls in jener Zeit noch nicht möglich war, sonst hätte es Johnson nicht als 'absurdes' Vergleichsbeispiel wählen können. Die angeführten (und andere) Zeichen kornischer Differenz wurden erst im 20. Jahrhundert genutzt, um einen nationalen Text zu schreiben, nun nicht mehr, wie bei Johnson, in parodistischer Absicht. Anders ausgedrückt, ein kornischer Nationalismus, der die genannten und andere Differenzmerkmale zum *nation-building* nutzt, konnte damals noch nicht entstehen: Dies wurde erst möglich, als mithilfe von Vergleichen mit etablierten Nationen erstens ein nationales Vokabular und eine nationale Vorstellungswelt entwickelt worden waren (so über die Keltizität in der Angleichung an andere 'keltische Nationen') und zweitens die Überlebensfähigkeit einer kleinen Nation (über den Vergleich mit anderen kleinen Nationen) begründet war. Dieser Befund wird gestützt durch die Erkenntnisse der Dissertation von Deacon, der in der *Cornish identity* des 18. und 19. Jahrhunderts keine nationalen Aspekte finden konnte.[51] Dies macht deutlich, dass der Wille zur Nation, der sich in den Äußerungen der nationalen Sichtweise manifestiert, ein zweiter Schritt nach der Wahrnehmung gewisser Eigenschaften und Differenzen ist, welcher unter bestimmten Bedingungen der Moderne stattfinden kann, und dann eventuell weitere Eigenschaften und Differenzen kreiert.

Auf eine ähnliche Zweistufigkeit deutet auch ein in Nationalismusstudien oft zitiertes Wort, das im Englischen wie folgt lautet: "We have made Italy, now we must make Italians"; gewöhnlich ohne nähere Quellenangabe angeführt, geht es auf den Nationalistenführer und Ministerpräsidenten des Piemont, Massimo d'Azeglio, zurück.[52] Im italienischen *Risorgimento* (des 'Wiederauferstehens' Italiens im Vorlauf und Umfeld der Proklamation des geeinten Königreichs 1861) wurde damit ausgedrückt, dass der junge italienische Staat nun eine italienische Nation in Form eines einigen, sich mit dem Staat identifizierenden Volk zu erschaffen habe; es ist ebenso ein zeitgenössischer Hinweis darauf, dass das *nation-building* auch bereits existierenden Staaten als Aufgabe zufallen kann und sich nicht unbedingt andersherum eine existierende Nation in einem neuen Staat verwirklicht. Tatsächlich kann dieser Ausspruch *mutatis mutandis* auf Cornwall und dessen Nationswerdung übertragen werden: 'We have made Cornwall, now we have to make the Cornish'. Zwar war ursprünglich das Erreichen der Staatlichkeit gemeint, die für Cornwall unwahrscheinlich ist und höchstens von einer winzigen, radikalen Minderheit angestrebt wird, aber nach der vorgetragenen Argumentation des abstrakten Schreibens der Nation kann das *making of Cornwall* als dieser Prozess begriffen werden, dem dann das *making of the Cornish* zu folgen hätte: Zunächst wird die Nation Cornwall abstrakt als Text geschrieben, dann muss dafür gesorgt werden, dass sich die (inkludierend formuliert) in Cornwall lebende Bevölkerung, zumindest zum Großteil, mit diesem Text identifiziert. Mit anderen

---

51 Deacon 2001b, *pass.*
52 Z. B. Petersen, S. 682; dort wird als eine der italienischen Varianten genannt: "L'Italia è fatta. Dobbiamo fare gli italiani." Weichlein (S. 43) merkt an, der Satz sei so nie gefallen.

Worten, die Arbeit der Nationalistinnen und Nationalisten muss sich nun, da sie den günstigen Zeitpunkt der *Devolution* für Schottland und Wales verpasst haben und die Regionalisierung Englands in seiner jetzigen Form einen vielleicht endgültigen Rückschlag erhalten hat, zunächst nicht mehr nach außen, auf London oder Brüssel, sondern nach innen, auf Cornwall selbst richten. Aus Sicht der kornischnationalen Bewegung muss die Bevölkerung aktiviert werden, sich stärker für die Belange Cornwalls einzusetzen. Eine sehr wichtige Voraussetzung dafür existiert bereits: Indem sich der kornische Nationalismus offen für zugezogene Bevölkerungsgruppen zeigt, die sich mit ihrer neuen Heimat identifizieren (lassen) wollen, ist der Bewegung potentiell eine breite Basis eröffnet worden. Diese muss nun politisiert, von den Zielen überzeugt und in die Bewegung integriert werden, damit Cornwall seine separate Identität in einem möglichen Zusammenschluss mit der englischen Südwestregion erhalten kann, bis eventuell in einem Referendum (wie sie in Schottland und Wales in den Jahren 1979 und 1997 stattfanden) über die Ausgliederung aus jener Region und die Gründung einer eigenen Vertretung abgestimmt wird.

Das *nation-building* geschieht also in zwei Stufen: Zuerst wird eine 'Kultur' aus alten und neuen Versatzstücken 'geschrieben', die in verschiedenen beobachtbaren Formen erscheint, und damit ein Zeichensystem oder eine Ikonographie aufgebaut; diese Kultur allein gereicht jedoch nicht zum *nation-building*, sondern bietet sich zur Identifikation unter den 'nationalen' Vorzeichen an, so dass ihre Erschaffung die erste Stufe der Nationsbildung ist. In Anlehnung an Walker Connor ("a nation is a self-aware ethnic group") beschreibt Gregory Jusdanis, für den nationale Kultur nicht den politischen oder wirtschaftlichen Interessen der nationalistischen Akteure nachgeordnet, sondern sogar Voraussetzung für die Möglichkeit der Durchsetzung der gewählten nationalistischen Strategien ist, nationale Kultur als eine Ethnizität (oder ethnische Identität), die in einem Prozess der Selbst-Bewusstmachung politisiert wurde; indem die Kultur im Erlangen der Staatlichkeit Unterscheidungsmerkmal von anderen Gruppierungen und sodann Grundlage der Autorität des Staates ist, ist sie zugleich eine der Grundlagen des Nationalismus selbst, da dieser ja die (letztlich staatliche) Autonomie für diese Kultur fordert.[53] Dem folgend wurde dargestellt, wie die ethnische Identität Cornwalls einerseits 'geschrieben', andererseits 'selbst-bewusst' eingesetzt und zu politischen Forderungen instrumentalisiert, mithin im Sinne Jusdanis' als nationale Kultur politisiert wurde. Dies ist der Vorgang, durch den die Identität in den 'Text' der Nationsbildung überführt wird. Damit kann die Kultur Cornwalls als 'nationale' Kultur, der Vorgang ihrer Erschaffung zugleich als *nation-building* verstanden werden. Als zweite Stufe kann dann folgen, dass sich die potentiellen Nationsangehörigen mit dieser Kultur identifizieren und den Willen zeigen, die Kultur und besonders die Unterschiede zur dominierenden Kultur für (auch politisch) wichtig zu erachten,

---

[53] Connor 1978, S. 388; Jusdanis, S. 20-23, S. 44 und S. 69; "National culture [...] is an ethnic identity that has become politicized." (so S. 69).

wobei gegebenenfalls auf den "narcissism of minor differences"[54] zurückgegriffen wird.

Wenn nun die 'Nation Cornwall' als durch den ersten Schritt, den untersuchten Diskurs der kornischen Nationalismusbewegung entstehend angenommen wird, so ist dieser Diskurs im Sinne Bourdieus ein "discours performatif", der eine neue, von der bisher anerkannten oder 'offiziellen' Fassung (beispielsweise der eines bestehenden Staates) abweichende Einteilung der sozialen Welt einführt.[55] Wie Bourdieu argumentiert, ist diese Objektifikation der Region/Nation – er behandelt *région* als den übergeordneten der beiden Termini – im Diskurs erfolgreich, wenn die den Diskurs führende Person (bei Bourdieu im Singular, tatsächlich im Plural zu gebrauchen, wie bei den vielen besprochenen Autorinnen und Autoren) weithin Anerkennung für die neue Vorstellung oder Vision der Einteilung ("di-vision") erlangen kann, insbesondere in der diskursiv erzeugten Gruppe selbst (die genannte zweite Stufe). Cornwall wurde in diesem Diskurs als eine Einheit neu erschaffen, die nicht auf der Ebene der englischen Grafschaften, sondern der der britischen Nationen angesiedelt ist; ganz nach Bourdieus Beschreibung der Regionalismusdiskurse wurde dabei eine neue Grenze oder Einteilung geschaffen, die, und dies geht über Bourdieus Interesse hinaus, nicht 'bloß' regional, sondern dezidiert national vorgestellt wurde. *Nation-building* ist also nicht nur das Zusammensetzen einer Nation aus heterogenen, aber auch durch Gemeinsamkeiten verbundenen Teilen, die in einem vorgeblichen Nationalstaat integriert werden (wie in Italien oder Deutschland im 19. Jahrhundert), sondern auch das 'Aufwerten' einer Region oder einer sonstigen territorialen Einheit zu einer Nation, wie hier für Cornwall beschrieben.

Im Kontext der beschriebenen Zweistufigkeit kann eine mögliche Kritik an der Vorgehensweise entkräftet werden, die sich mit Walker Connors Gedanken in seinem Aufsatz "When is a nation?" fassen lassen; zu Recht kritisiert Connor dort, dass es in vielen Studien (also nicht nur im nationalistischen Diskurs selbst) als Zeichen der Existenz einer Nation gedeutet wird, wenn bei Einzelpersonen oder sozial herausgehobenen Eliten ein gewisses nationales Bewusstsein nachweisbar ist, ohne den Grad der Verbreitung in der weiteren Bevölkerung zu berücksichtigen, der für die Zeit vor dem späten 19. Jahrhundert zumeist viel niedriger anzunehmen ist, als es gewöhnlich geschieht.[56] Allerdings ging es hier ausschließlich um den performativen Diskurs, durch den die 'Nation Cornwall' reifiziert wird, um es in Bourdieus Diktion zu wiederholen, also darum, die erste Stufe des diskursiven kornischen *nation-building*, in Texten fixiert, aufzuzeigen, nachvollziehbar zu machen und als einen Schreibprozess zu deuten. Diese Texte sind notwendigerweise diejenigen einer kulturell bewussten und kulturell aktiven Elite (anhand welcher Connors wesentliche Forderung, die Nation als ein Massenphänomen zu

---

54   Ignatieff (S. 95) wendet Freuds Wort auf die Nachfolgeländer des früheren Jugoslawien an.
55   Bourdieu, S. 66, die folgende Argumentation Bourdieus S. 65f.
56   Connor 1990, *pass.*

begreifen, nicht erfüllt werden kann), und nur diese sind in qualitativen Textstudien zu erfassen. Das tatsächliche Ausmaß der Akzeptanz der Vorstellung einer kornischen Nation bei den in Cornwall lebenden Menschen, mithin die Identifikation der breiten Bevölkerung mit dem nationalen Cornwall (Connors Forderung), wäre hingegen durch quantitative Studien empirisch zu erfassen und könnte mit Fragebögen und Umfragen statistisch quantifiziert werden. Erfahrungen aus Gesprächen in Cornwall und Studien wie die von Willett deuten aber darauf hin, dass die nationale Sichtweise Cornwalls zum gegenwärtigen Zeitpunkt trotz des weit verbreiteten Bewusstseins kornischer Besonderheiten noch keinen Durchbruch erlebt hat. Der erste Vorgang, die Erschaffung der 'nationalen' Kultur und Identität durch den Diskurs über die 'Nation', ist bereits vorangeschritten, der zweite dagegen noch nicht. Wenn die nationalistischen Bemühungen jedoch erfolgreich sind und in der Bevölkerung ein größeres Bewusstsein hinsichtlich der kornischen Nationalität geweckt werden kann, was bedeutet, dass mehr Menschen ihre *Cornishness* mit dem Nationsbegriff verbinden und zudem mit einer gewissen politischen Bedeutung aufladen, haben wir im heutigen Cornwall den spannenden Fall einer im Entstehen begriffenen Nation vor uns: Die 'Nation Cornwall' befindet sich gleichsam *in statu nascendi*.

Die 'naszierende' Nation konkurriert zudem mit anderen, gleichzeitig und nach ähnlichen Mustern in anderen Diskursen erschaffenen Konstrukten, denen eine eigene Identität zugeschrieben wird. Besonders bedeutend für Cornwall ist hierbei die südwestenglische Region, der es zugerechnet wird. So versucht eine Initiative namens *South West England Brand* unter Federführung des Planungsgremiums *South West of England Regional Development Agency* (SWRDA), mithilfe einer, wie die Beteiligten zugeben, erschaffenen südwestenglischen Regionalidentität die Wirtschaft des Gebietes zu fördern und der heterogenen Region ein einheitliches Auftreten zu ermöglichen.[57] Dazu machen die Verantwortlichen der *South West England Brand* genaue Vorgaben, wie die Region zu repräsentieren sei, etwa indem sie eine Bibliothek von graphischen Symbolen und Bildern bereitstellt, die in allen Verlautbarungen zu verwenden seien, und bestimmte Schrifttypen und den Gebrauch von sprachlichen Kontraktionen vorschreibt:

> TONE OF VOICE   1.27
> All our communications use plain speech. No fancy words, no showing off. We use contractions, like 'we're', 'it's', 'that's' and so on. [...] We make things sound a bit chatty, with expressions like 'no wonder' and 'that's why'. We use (polite) slang expressions, like 'party on'.[58]

---

[57] South West England Brand (2005a): "an identity that has been built to promote the region and to change perceptions of what the region can offer to both businesses and visitors", zur Heterogenität der 'Region': "South West England region is so diverse that it is impossible to sum up or "brand" in a number of words or images." [sic!] (South West England Brand 2005b).

[58] South West England Brand (2003), *pass.*, das Zitat im Abschnitt 1.27 (unpaginiert).

Die dort verwendeten Pronomina der ersten Person Plural können dabei sowohl auf die Mitglieder der *South West England Brand* und die beteiligten Partnerorganisationen als auch auf die gesamte Bevölkerung verweisen, wobei Letzteres eine klar definierte Gruppe suggerierte. Hier wird eine südwestenglische Identität repräsentiert und dadurch zugleich konstruiert, die erst im Entstehen ist und in Cornwall sicherlich weniger Anhänger als östlich des Tamars haben wird, dafür aber den nationalistischen Autorinnen und Autoren ein Dorn im Auge sein dürfte, für die Cornwall eben nicht Teil des englischen Südwestens ist. Es ist keineswegs klar, welcher Diskurs seine jeweilige Konstruktion zu guter Letzt in der Bevölkerung wird etablieren können, oder ob die auf sich gestellten und sich weitgehend selbst finanzierenden kornischen Aktivistinnen und Aktivisten überhaupt eine Chance haben, sich gegenüber den von Regierungsbehörden getragenen, von staatlicher Seite mit finanziellen Ressourcen ausgestatteten und von Marketing-Beratungsfirmen unterstützten Bestrebungen der südwestenglischen Regionsbildung durchzusetzen.

Nach diesen generell zusammenfassenden Überlegungen erscheint noch ein Wort der Vorsicht bezüglich kornischer Kultur und Identität angebracht, bevor die Arbeit in einer spezifischeren Zusammenfassung endet: Kornische Kultur, gerade in Verbindung mit der proklamierten Keltizität des Landes, läuft immer Gefahr, im besten Falle als Tourismusstrategie dargestellt ('enttarnt'), im schlechtesten Falle rundweg als ohne historische Grundlage oder sogar als albern abgelehnt zu werden. Dabei sollte jedoch nicht vergessen werden, dass kornische Kultur, die Identifikation mit Cornwall und auch die Keltizität ein Weg von Teilen der kornischen Bevölkerung sind, sich selbst, ihre Umgebung und ihre Vergangenheit und Zukunft konzeptionell zu erfassen und ein Selbstbild zu definieren, mit dem sie ihr Leben zu strukturieren suchen. Eine solche Definition gibt Individuen etwas, das alle Menschen brauchen: eine Identität, mit der sie behaglich leben und der Zukunft entgegensehen können. Diese kornische Identität wird von weiten Segmenten der Bevölkerung Cornwalls geteilt. Ein kleinerer Anteil der dortigen Bevölkerung definiert oder konstruiert die *Cornish identity* in nationalen Begriffen. Wie meistens gehen die Aspekte einer national unmarkierten und einer explizit nationalen Identität ineinander über, so dass die Grenzen oft schwer zu ziehen sind. Die Forschung jedenfalls sollte nicht versuchen, solche Identitäten und die damit verbundenen Kulturen zu bewerten oder als inauthentisch zu entlarven: Für viele Menschen haben sie eine immense Bedeutung und sind somit unzweifelhaft 'echt'. Ob es dann gelingen wird, diese 'kornische Nationalkultur' und damit die 'kornische Nation' nicht nur im Bewusstsein der Bevölkerung Cornwalls, sondern auch im weiteren Staat zu etablieren und in politischen Strukturen erkenntlich werden zu lassen, ist bei den sich im Fluss befindlichen nationalen Identitäten auf den Britischen Inseln (inklusive einer englischen Identität, die sich von der weiteren britischen differenzieren und emanzipieren könnte) und unter den verschiedenen Umbauansätzen des britischen Staates, von einer möglichen Erweiterung der

Kompetenzen der substaatlichen Parlamente in Cardiff und Edinburgh (von Belfast ganz zu schweigen) über die Regionalisierung Englands und das Verhältnis zur Europäischen Union und der europäischen Gemeinschaftswährung bis hin zur Reform des Oberhauses und der Zukunft der Monarchie, vielleicht nicht die dringlichste, in jedem Fall aber eine ausgesprochen spannende und wegen der Argumentation im kulturellen Bereich und der daraus erwachsenden Implikationen auch für die Kulturwissenschaften relevante Frage.

Sodann können abschließend Vorgehen und Erkenntnisse dieser Studie zusammengefasst werden. Untersuchungen im Bereich von *Nation* und *Nationalismus* müssen aufgrund der Vielschichtigkeit der dabei verwendeten Begriffe deutliche Abgrenzungen und Definitionen derselben vorlegen; dies geschah nach einigen Formalia in Abschnitt 1.3, bevor im nachfolgenden Abschnitt ähnliche Definitionen und Erklärungen hinsichtlich geographischer Einheiten und des problematischen Keltenbegriffs angestellt wurden. Dem folgte in Kapitel 2 die einführende, auf die spätere Behandlung ausgerichtete Vorstellung der untersuchten britischen Region und ihrer Geschichte, die in eine Beschreibung ihres Nationalismus im 20. Jahrhundert mündete.

Kapitel 3 beleuchtete dann diejenigen Zeugnisse, die eine nationale Sichtweise von Cornwall, der kornischen Kultur sowie der *Cornish identity* belegen. Unter Rückgriff auf die vorherigen Nationsdefinitionen, in denen der Nation keine greifbare Existenz zugesprochen werden konnte, wurden diese Belege als kornisches *nation-building* interpretiert: Da eine Nation kein 'Ding' in der Welt ist, sondern nur in Diskursen repräsentiert werden kann, konnte sich diese Argumentation auf das präsentierte Quellenmaterial stützen, das die Repräsentation der 'kornischen Nation' enthielt, weshalb zugleich verhältnismäßig viele Zitate aus den genannten Kulturbereichen unumgänglich waren. Dieser Diskurs der Repräsentation der 'kornischen Nation' wurde in seiner schriftlich fixierten, also in Texten vorliegenden Form untersucht; diese Texte wurden ihrerseits als sich ergänzende Teile eines 'Metatextes' angesehen, die der Nation als einem Ganzen erst Form verliehen. Sie zeigten eine überraschende Homogenität, da die Art der Repräsentation einer Nation Mustern folgt, die den kornischen Akteuren (sowie der Gesamtbevölkerung) bekannt sind: Das Geschichtsbild und die in vielen Bereichen beobachtete Traditionsbildung etwa tragen der erstaunlichen Tatsache Rechnung, dass typischerweise lieber das (oft nicht vorhandene) hohe Alter der Nation in den Vordergrund gerückt wird als deren Jugend und Modernität,[59] während die Hervorhebung der Existenz der eigenen Sprache der verbreiteten Vorstellung entspringt, dass Sprachen Nationen begründen und jede Nation eine eigene Sprache besitzen muss, was als Sprache/Nation-Nexus bezeichnet wurde.

Dennoch konnten an den Texten gelegentlich auch Divergenzen hinsichtlich dessen aufgezeigt werden, was die Nation eigentlich ausmacht; erinnert sei an die

---

[59]   Diese Tatsache beschäftigt auch Anderson (1986), S. 659: "But, why do nations celebrate their hoariness, not their astonishing youth?"

unterschiedlichen Ansichten in der Frage des Einflusses der präkeltischen vis-à-vis der keltischen Bevölkerung auf Cornwall. Kornisches *nation-building* ist trotz der weitreichenden Übereinstimmung der Texte so von einer gewissen Mehrstimmigkeit oder in Homi Bhabhas Wortspiel von "dissemi-*nation*" gekennzeichnet, einem "double-writing", in dem nichtidentische Formen der Repräsentation 'des Volkes', 'der Nation' oder 'der nationalen Kultur' auftreten.[60] Da das 'Schreiben der kornischen Nation' (das in den Texten als Ziel ja immer das selbe ist, in der Ausgestaltung aber verschieden gefasst werden kann) nicht unter einer einzigen, zentralen Leitung geschieht, gibt es solche Divergenzen notwendigerweise; anders sähe es in staatlich verfassten Nationen aus.[61] Der kornischnationale Gesamttext ist aber ein "offener" Text, der eine Summe ist, aber kein normiertes Ganzes bildet, auch wenn durch ihn eine 'ganze' Nation definiert oder 'geschrieben' wird. Um den Begriff *nation-building* beim Wort zu nehmen, es gibt viele Räume im Gebäude der Nation, es können und müssen aber nicht alle von allen Angehörigen bewohnt werden. Dennoch bilden die 'Versatzstücke' ein solides Fundament für das in seiner Errichtung befindliche Gebäude, denn Tatsache ist, dass in den untersuchten kulturellen Bereichen die gleichen Vorgänge geschehen sind wie in anderen Nationen (dies zeigten u. a. die Vergleiche in Abschnitt 4.3), und für eine so kleine Gebietseinheit wie Cornwall ist viel erreicht worden, gerade im Bereich der Geschichte, aber auch in dem der Sprache. Nun muss das Gebäude, um in diesem Bild zu bleiben, im Laufe der Zeit auch bezogen werden. Wenn hierbei wie bei der politisch-institutionellen Anerkennung der 'Nation Cornwall' allerdings nicht irgendwann Fortschritte gemacht werden, kann das kornische Projekt des *nation-building* auch scheitern und Episode in der britischen Geschichte, das Gebäude gleichsam als Bauruine unvollendet bleiben.

Aus dem offenen Charakter des kornischnationalen 'Textes' folgt weiterhin, dass die Nation durch den nationalistischen Diskurs nur insofern normiert und mit Regeln der In- und Exklusion versehen ist, als dass bestimmte Kombinationen von Attributen oder Merkmalen ausgeschlossen sind. So ist ja in nationalistischer Sicht eine gleichzeitig kornische und englische Identität ausgeschlossen: Wer sich so definiert, fände in kornischnationalen Kreisen keine Aufnahme. Daneben ist aber beispielsweise Sprachkompetenz des Kornischen keine *Conditio sine qua non* der kornischen Wertegemeinschaft, sondern nur ein Zeichen des besonderen Engagements. Daneben konkurrieren die bürgerliche und die ethnische Definition der Zugehörigkeit zur 'kornischen Nation', was in Cornwall wie anderswo nicht entschieden ist.[62] Dass Cornwall in dieser Dichotomie weniger eindeutig dem

---

[60] Bhabha 1990b, S. 292, Zitate S. 299; im Aufsatztitel erscheint die Form "DissemiNation".

[61] Als Gegenbeispiel ist der französische Staat des 19. Jahrhunderts zu nennen, der u. a. durch Lehrpläne vorgeben konnte, wie etwa das nationale Geschichtsbild aussehen sollte; der Mythos "nos ancêtres, les Gaulois" und die Studie von Eugen Weber wurden in diesem Kontext bereits erwähnt.

[62] So setzt das neue deutsche Einbürgerungsrecht bestimmte Regeln, die von rechtspopulistischer Seite (mit anderen Regeln der In- und Exklusion) nicht akzeptiert werden.

bürgerlich-voluntaristischen Verständnis zuneigt, als es gerade in Schottland der Fall ist, liegt sicherlich daran, dass der kornische Nationsstatus nicht etabliert und vor allem nicht institutionalisiert ist.

Doch die untersuchten Quellentexte sind nicht reine Repräsentationen einer in anderer Art bereits existierenden Nation. Aufgrund der Natur von Nationen (im Gegensatz zu Staaten) war es dieser 'Text', der die Nation überhaupt erst erschuf, d. h. schon das über lange Zeit anhaltende Repräsentieren der 'kornischen Nation' (mit gewissen Konstanten und Variationen) bringt diese in die ihr eigentümliche Existenz als Vorstellung, was als *nation-building* zu gelten hat. Nun könnte eingewendet werden, es gebe doch Diskurse und Texte über das Einhorn, ohne dass dieses dadurch existiert; dass dies kein gültiger Einwand ist, liegt an der *materiellen* Existenz, die dem Einhorn, nicht aber der Nation abverlangt würde, die ein geistiges Konstrukt ist. Eine der wichtigsten Ideen ist also, dass die Nation durch einen 'nationalen' Diskurs entsteht, und zwar indem und weil von ihr (schriftlich fixiert) gesprochen wird.[63] In Anbetracht der schwierigen Nationsdefinition könnte geäußert werden, "Ich weiß nicht, was eine Nation ist, aber ich erkenne eine, wenn ich sie sehe". Nun sind Nationen aber nicht 'draußen in der Welt' zu greifen, sondern entstehen, wenn sie in Diskursen erscheinen, verfestigen sich bei anhaltendem Erscheinen in Diskursen sowie in deren schriftlicher Fixierung, und haben außerhalb der Diskurse keine Realität. Somit können Nationen nicht gesehen, sondern müssen 'gelesen' werden, was auf das *nation-building* als einem Schreibprozess antwortet.[64]

All dies wurde in Kapitel 4 auf verschiedenen Ebenen (in Abschnitt 4.2 etwa in Relation zum Regionsbegriff) elaboriert und in Kapitel 5 auf einer abstrakten Ebene integriert. Vergleiche mit anderen Regionen konnten Cornwall als durchaus typischen Fall, aber mit einer ganz eigenen Sachlage im Detail zeigen (Abschnitt 4.3), der mit sozialwissenschaftlichen Modellen beschreibbar und grundsätzlich für weitere Forschungen auch außerhalb britischer Regionalstudien legitimiert ist (Abschnitt 4.4).

Abschließend sollen die benutzte Methode, die Interpretation des *nation-building* als ein 'Schreiben der Nation', das zur Etablierung dieser Nation ein nachgeordnetes 'Lesen der Nation' durch weite Teile der Bevölkerung verlangt, und eine Reihe von Einzelergebnissen und -erkenntnissen zusammengefasst und festgehalten werden:

- Die Trennung der Bezeichnungen *Nation*, *Staat* und *Nationalstaat*, wie sie hier versucht und durchgängig aufrecht erhalten wurde, hat sich im Verlauf

---

[63] Schriftlichkeit und Mündlichkeit fungieren hier nur als Umschreibungen für den Diskurs. Dabei wurde disziplinsbedingt zwar tatsächlich überwiegend Schrifttum unter den erweiterten Textbegriff gefasst, allerdings konnten mit dem *Tregellas Tapestry* oder den Aktionen rund um die 'Tudor-Rose' und das Symbol der Organisation *English Heritage* auch Ausblicke in die visuelle Kultur gegeben werden.

[64] Im 'Schreiben der Nation' ließe sich eine Parallele zu John L. Austins Klassiker *How to do things with words* ziehen, etwa 'How to create things with texts'.

der Untersuchung bewährt und kann zur Entwirrung der problematischen Konzepte beitragen.

–   Insbesondere ist der Nationsbegriff als auf eine abstrakte, ideelle Gemeinschaft der breiten Bevölkerung verweisend zu verstehen, so dass sowohl *Nation* als auch *Nationalismus* Massenphänomene sind, die zumeist erst in die Zeit seit dem 19. Jahrhundert zu datieren sind, während frühere Hinweise eher auf *Patriotismus* oder andere Formen des Zusammengehörigkeitsgefühls deuten und nichts mit den modernen Begriffen zu tun haben, solange sie vor allem auf Eliten ausgerichtet sind. Das für alle Disziplinen relevante Kriterium der Nation als Massenphänomen ist gerade bei Datierungen des Auftretens von Nationen oder des Erscheinens einer bestimmten Nation zu berücksichtigen: In alle Regel bewirkt es eine spätere Datierung.

–   Die Bezeichnung *Nationalismus* verdient den Vorzug vor *Regionalismus* und anderen Begriffen als akademische 'Gattungsbezeichnung' für soziale Bewegungen, wenn mit dem Ziel politischer Anerkennung, wie in Cornwall, eine 'Nation' konstruiert und über den Nationsstatus argumentiert wird: Kornische Protagonistinnen und Protagonisten aktivieren meist explizit den Begriff der *Nation*, um Cornwall zu beschreiben, und stützen ihre Argumentation u. a. auf das Recht der *nationalen* Selbstbestimmung[65] und auf den *nationalen* Status Cornwalls in der Geschichte, während der Gegenbegriff der *Region* in Großbritannien mit der Zugehörigkeit zu einer Gruppe von Grafschaften im Westen Englands verbunden wird, die sie aber gerade strikt ablehnen, da sie die größte subjektive Gefahr für Cornwall und dessen Nationalismusbewegung darstellt. Nur durch die Klassifizierung der Bewegung als Nationalismus wird, wie in dieser Untersuchung durchgehend geschehen, der Diskurs und die Argumentation in der jeweiligen Bewegung ernst genommen, auch wenn so anders als nach vorherigen Konventionen klassifiziert werden muss. Ansonsten müssten Texte wie der von Graham Hart, der für die Teilnahme Cornwalls an internationalen Sportwettkämpfen argumentiert, als Verirrungen abgetan und ignoriert werden, obwohl dort dezidiert nationalistisch argumentiert wird.[66]

---

[65]   So möchte *Mebyon Kernow* (1999c) Cornwall zu einer "self-governing nation within a Europe of the Peoples" machen.

[66]   An Harts Forderung ist besonders als nationalistisch zu werten: 1. Er beruft sich auf das nationale Selbstbestimmungsrecht (seine Äußerung "What Cornwall needs are its teams, sportsmen and women competing on the international stage and why not? We are a nation aren't we?", zeigt dabei die für ihn nicht weiter zu belegende Inklusion Cornwalls im "Nations-Paradigma", oben Abb. 1, S. 37); 2. seine Bezeichnungen "Celtic nation of Cornwall" (so weit S. 47) und "historic nation of Cornwall" (ab hier S. 48) verweisen in nationalistischer Art auf Abstammung und Geschichte der Nation, die durch diesen Status ein "rightful claim" (wieder ein Hinweis auf Selbstbestimmung) der internationalen Repräsentation erwerbe; 3. die Anerkennung als Nation durch die internationale Repräsentation schätzt er selbst bei den zu erwartenden sportlichen Niederlagen höher ein als Siege in innerbritischen Begegnungen ("I'd rather watch us suffer a heavy defeat to, say, Liechtenstein (pop. 28,000) than beat, say, Wiltshire 1-0."); 4. mit dem Aufruf "This dream of Cornwall competing on

- Der Diskurs wird nicht von nationalistischen Akteuren allein, sondern 'von außen' mitbestimmt, da er den äußeren Gegebenheiten angepasst wird. Wenn es um *Devolution* oder das 'Europa der Regionen' geht, wird vermehrt das Vokabular des Regionalismus benutzt, wie von Ian Saltern, der die *Senedh Kernow*-Kampagne erläutert und mit den Worten schließt: "For the past 116 years Cornwall has been miscast as a county. The time is now right for Cornwall to face the world as [a] strong, vibrant, confident and proud and democratic region."[67] An der Stelle von *region* wäre hier dem früheren Gebrauch nach eher *nation* zu erwarten gewesen. Das ändert jedoch nichts daran, dass das Ziel (gerade in diesem Beispiel) die politische Anerkennung Cornwalls ist, die Bewegung also nationalistisch ist.
- Wenn eine Nation eine "imagined community" ist, wie Andersons weitgehend akzeptierte These lautet, so müssen gewisse Symbole vorhanden sein, durch die diese Gemeinschaft vorstellbar wird, und gewisse kulturelle Inhalte, die als dieser Gemeinschaft anhaftend vorgestellt werden; so etwas zu erschaffen ist der Prozess des *nation-building*. Somit kann in einer Nationsbewertung eine Variable wie die Größe des betrachteten Gebietes hinsichtlich Landmasse und/ oder Bevölkerung als ein relevantes Kriterium abgelehnt werden; stattdessen muss der nationalistische Diskurs in Rechnung gestellt werden, also die Art, in der das fragliche Land in Form einer Nation vorgestellt und repräsentiert wird, wobei die Nation für Außenstehende erst in der textlichen Fixierung dieser Vorstellungen und Repräsentationen und nicht schon in den Vorstellungen selbst erkenntlich wird.
- Anders als in den einleitend genannten Studien (ab S. 12), die die Konstruktion einer Nation durch Diskurse oder in Texten zwar andeuten, das Entstehen der Nation dann aber eben doch nicht konsequent als Schreibprozess deuten, sondern bei der schriftlichen Repräsentation einer offenbar als außertextlich bereits existierend angesehenen Nation stehen bleiben, wurde dieser Schritt hier dezidiert vollzogen, im Gegensatz zu jenen, die auf Genrebezeichnungen wie 'die Pamphletliteratur' oder 'die Geschichtsschreibung' zurückfallen, auf der Basis einer großen Anzahl von spezifischen Einzeltexten diverser Textsorten.
- Die Arbeit hat qualitativ 'textliche Bausteine' der Idee von der kornischen Nation nachgewiesen, anstatt durch quantitative Untersuchungen die Verbreitung

---

an international level is possible if we pull together" aktiviert er die nationale Solidarität und sucht Cornwall in der Unterstützung des nationalen Anliegens zu einen ("a unity of the Cornish on a scale not seen in centuries"), wobei die vertraute Narrativik nationalistischer Bewegungen mit dem 'Goldenen Zeitalter' der nationalen Solidarität, dessen Verfall und Wiedererweckung in einer visionären Zukunft anklingt (so etwa Fichte, oben ab S. 59). Diese Punkte stimmen dem Wesen nach mit Merkmalen nationalistischer Bestrebungen im Europa des 19. und 20. Jahrhunderts überein (wie in Abschnitt 1.3 und der dort benutzten Literatur beschrieben) und können daher unmöglich als *regionalistisch* klassifiziert werden.

[67] Saltern, S. 49.

dieser Idee erfassen zu wollen. Von den aufgezeigten typischen 'Bausteinen' oder Textmustern, die als Standardelemente im 'Schreiben der Nation' gelten können, sei an zwei erinnert. Einerseits wird im nationalistischen Schreibprozess typischerweise eine ethnische Dichotomie erstellt, durch welche die zu schreibende Nation und deren Angehörige von einer bestimmten anderen Nation und deren Angehörigen abgegrenzt werden. Eine solche Oppositionskonstruktion, in unserem Falle die kornisch-keltisch/angelsächsische Opposition, brachte etwa O'Connor (s. oben S. 217) in seine Behandlung der kornischen Musik ein, auch wenn sie weder in dem historischen Überblick über diese Musiktradition, in dem sie erschien, noch zum Verständnis kornischer Musik wie dort präsentiert notwendig war: Diese Dichotomie ist ein unverzichtbares textliches Standardelement, ja ein Topos des 'Schreibens der kornischen Nation'. Andererseits muss die Strategie der Umkehrung des Nationalismus-Vorwurfs, wie sie nicht nur bei Angarrack (im obigen Exkurs ab S. 225) zu finden war, als Besonderheit einer bestimmten Ausprägung des Nationalismus, nämlich des Neonationalismus erkannt werden, in dem sich die substaatliche Nation gegenüber dem 'nationalen' Selbstverständnis des übergeordneten 'Nationalstaates' legitimieren und angesichts von Anschuldigungen der Spaltung der (national-)staatlichen Einigkeit verteidigen muss; dies wurde auch im Falle der Bretagne beobachtet, wo der Sprachgemeinschaft des *Brezhoneg* (der dortigen keltischen Sprache) und insbesondere der sprachlichen *Revival*-Bewegung vorgeworfen wird, die Stellung des Französischen anzugreifen; mit der Erkenntnis, dass solche Vorwürfe nur in der spezifischen Konstellation dieser Nationalismusvariante erhoben werden können, wird sogleich erneut die ausführliche Behandlung der Nationalismusformen im vorausgeschickten Abschnitt 1.3 gerechtfertigt.

- Das 'Schreiben der Nation' ist nicht gleich der Summe der von den nationalistischen Akteuren hervorgebrachten Argumente: So war ökonomische Benachteiligung immer ein Argument, mit dem *Mebyon Kernow* für sich warb, doch damit konnte keine 'Nation' errichtet werden, da es nicht spezifisch national war, sondern in vielen Regionen als Klage angebracht werden konnte und kann (solche Benachteiligung wird erst in nationale Zusammenhänge überführt, wenn sie als ethnisch motiviert dargestellt wird).[68] Der nationalistische Diskurs enthält so einen Überschuss über das reine *nation-building*, während jenes auch auf nicht-nationalistische Aspekte zurückgreift, etwa auf die bei vielen Menschen nicht als 'national' verstandene kornische Identität.

- Die Untersuchung des kornischen Einzelfalls hat gezeigt, dass eine Trennung von politischem und kulturellem Nationalismus nicht möglich ist,[69] auch wenn die anfänglich rein kulturelle *Revival*-Bewegung ihren kulturellen Wurzeln im

---

[68]   S. etwa die Zitate des *Cornish Stannary Parliament* oben S. 174.

[69]   Wie in Abschnitt 1.3 erwähnt hatte Hutchinson (1994, S. 40) den bekannten politischen Nationalismus klar von "a distinct species of nationalism, called cultural nationalism" getrennt.

Laufe des 20. Jahrhunderts entwuchs und sich auf den politischen Bereich aus-
dehnte. Jeglicher Ausdruck von kornischem politischen Nationalismus blieb
und bleibt eng mit kulturellen Momenten verknüpft und hängt von diesen ab,
wie etwa anhand der Argumentation der politischen Partei *Mebyon Kernow*
demonstriert werden konnte.[70]

– Im kornischen Fall, der durchaus als repräsentativ für kleine Regionen innerhalb größerer, westlicher Industriestaaten gelten kann, ist das Gebiet der Kultur sehr ergiebig, und mit der weit verbreiteten *Cornish identity*, die ihre letzte
vornationale Facette in den propagierten Bergbaufähigkeiten und der industriellen Stärke des 19. Jahrhunderts erhalten hatte, stand sogar schon eine Form
der persönlichen Identifikation bereit, die zunächst kulturell umgeformt (z. B.
um die keltischen Aspekte erweitert) und dann zur Nationsbildung instrumentalisiert wurde.

– Die These von der Genese einer Nation, die von Mitgliedern einer Nationalismusbewegung in Interaktion mit der Gesamtbevölkerung und den bestehenden
Institutionen, abstrakter – wenn erfolgreich – durch den nationalistischen Diskurs selbst hervorgebracht und dann schriftlich fixiert ('geschrieben') wird,
folglich zu 'lesen' ist, konnte am kornischen Beispiel belegt werden: Eine Nation ist ein gedankliches Konstrukt, und ein Weg der Annäherung an oder der
Beschreibung von *nation-building*, verstanden als der korrespondierende Kon-
struktionsprozess, ist der vorgestellte und konsequent vollzogene Ansatz des
'Schreibens' der Nation,[71] der die Möglichkeit und sogar Notwendigkeit des
'Lesens' der Nation sowohl durch potentielle Landsleute (*co-nationals*) als
auch durch Forschende impliziert. Daraus folgt, dass auch in anderen mit Na-
tionen beschäftigten Disziplinen stärker auf die Textlichkeit eingegangen und
Texte *als Texte* betrachtet werden könnten; dies ist als originärer Beitrag der
Philologie zum wissenschaftlichen Repertoire zu sehen. Ein Beispiel war hier
das *close reading* (bis hin zu grammatischen Formen) eines Artikels aus der
Zeitschrift der *Cornish Nationalist Party* in Abschnitt 3.3, aus dem sich die
Erkenntnis einer merkwürdig unentschlossenen Haltung der Partei (bzw. ihres
Vorsitzenden) zwischen kornischem Nationalismus und britischem Patriotis-
mus, regionalem und nationalem Verständnis Cornwalls sowie Bekenntnis
zum freien Markt und Forderung nach Schutz der kornischen Industrien und
Umwelt ergab.

– Als vielleicht wichtigster einzelner Kultursektor, der für das *nation-building*
relevant ist, hat sich die Geschichte erwiesen. Dass die Geschichte einer Nation für das Selbstverständnis derselben wichtig ist, stand außer Frage; anhand

---

[70] Auch das *Cornish Stannary Parliament* (2000a, B2(a)) konzentrierte sich argumentativ auf
kulturelle Fragestellungen, etwa: "The unwritten constitution in Britain means there have
been no rules to prevent English cultural aggression in Celtic Cornwall. The English constitution is therefore biased in favour of English culture and against Cornish culture."

[71] Billigs diskursorientierter Ansatz ähnelt dem zwar, setzt aber eine andere Gewichtung.

der Texte, in denen ein kornischnationales Geschichts*bild* konstruiert wurde,
konnte gezeigt werden, mit welchen textlichen Strategien Geschichte selektiv
instrumentalisiert wurde, um einen früheren Nationsstatus Cornwalls nachzuweisen und zugleich Parallelen zur heutigen Situation des Landes zu ziehen.
Dies kam insbesondere in der gewählten modernen Terminologie zum Tragen:
Angarracks Beschreibung eines möglichen Tauschhandels im Mittelalter, bei
dem der englische König durch die *Stannaries* Rechte im kornischen Bergbau
erwarb und im Gegenzug "devolved autonomy"[72] für Cornwall gewährte, erinnert mehr an die tagespolitische Debatte um eine "devolved assembly" denn an
mittelalterliche Verhältnisse (Textmuster der übereinstimmenden Terminologie, die eine Vergleichbarkeit unterstellt). Hier wird im Bereich der Historie
ein Modell angewendet, das oben mit der provisorischen Wortschöpfung 'sur-
historisch' umschrieben wurde und in dem durch 'Übereinander-Legen' unterschiedlicher Zeitebenen die Zeitdimensionen oder das Zeitgefühl der Nation
verloren gehen, was den Eindruck hoher Kontinuität erweckt. Dadurch wird
die Nation 'synchronisiert', was wiederum Anreiz zu erhöhter Identifikation
mit der Nation und Solidarität unter ihren Angehörigen schaffen kann. Es
könnte im Anschluss daran überlegt werden, ob die Geschichts-'Manipulation'
allein schon als Anzeichen der Nationsbildung gezählt werden kann, denn
diese dient ja dem speziellen Zweck der Herstellung und Demonstration von
Kontinuität und Solidarität durch die lange, 'ehrwürdige' Geschichte und nicht
etwa dazu, in akademischer Manier das durch Eric Hobsbawm von Ernest Renan aufgenommene Diktum (Hobsbawms Darstellung nähert sich der Formel
'A nation is something that gets its history wrong' an) zu erfüllen.[73]

–   Die eben genannte Kontinuität muss als bedeutendes Element des Geschichtsbildes gesondert hervorgehoben werden: Die Konstruktion von Kontinuität
und historischen Konstanten ist in den Geschichtsdarstellungen immer äußerst
wichtig und geschieht teilweise in kreativer Manier, was hier noch einmal mit
einem neuen Zitat belegt werden kann: "Tribe members, while bound to each
other whether fighting or feasting, would follow their chief in battle without
hesitation – a characteristic that the Cornish showed many times throughout
history."[74] Die Autorin stellt in jener Passage die Konstante einer kornischen
Gefolgschaftstreue auf, angefangen bei den 'Kelten' des römischen Britanniens, als deren Fortsetzung die Aufstände von 1497 und 1549 bis hin zu den
kornischen Royalisten-Anführern der Familie Grenville im Bürgerkrieg des
17. Jahrhunderts gelten könnten – eine Kontinuität über mehr als eineinhalb
Jahrtausende. Daneben müssen die Versuche der Traditionsbildung in anderen
Kulturbereichen gesehen werden, etwa in der Musik- und der Literaturgeschichte.

---

[72]   Angarrack 2002, S. 130.
[73]   Zu Renans berühmtem Zitat und Hobsbawms Wiedergabe desselben s. oben ab S. 32.
[74]   Filbee, S. 36.

– Anstatt kornische Kultur und Identität als Ergebnis von Jahrhunderten oder
gar Jahrtausenden von Geschichte zu präsentieren (wie es Nationalistinnen
und Nationalisten zu tun gewillt sind) oder sie als Teil eines zeitgenössischen
kornisch-kulturellen Identitätsprojektes unter der Leitung von "cultural entrepreneurs" enttarnen zu wollen, wie es sich R.E. Burton vornahm, wurden sie
als etwas weitaus Interessanteres verstanden: Als Fundament des 'Gebäudes'
einer Nation *in statu nascendi*, in den Überreste jener Geschichte eingearbeitet
werden, versetzt mit erfundenen Traditionen und zeitgenössischen Stoffen und
unter großzügiger Verwendung von Versatzstücken vorgeblich ähnlicher, das
heißt 'keltischer' Kulturen, und all das in kreativer Weise; dieses Gebäude wird
der kornischen Bevölkerung zum 'Einzug' angeboten. Textlich gesprochen ist
der Bau ein Schreibakt, der einen weiteren Text (da es schon zahlreiche Nationen gibt) eines bestimmten, etablierten Genres (der 'geschriebenen Nation' des
nation-building) mit gewissen unverzichtbaren Standardpassagen fast einer
Grammatik gleich erstellt, indem er frühere Textpassagen selektiv aufnimmt,
neue Absätze oftmals in historisierender Form hinzufügt und passende Text-
bausteine aus Paralleltexten adaptiert und integriert, wodurch die Nation in
Form eines Textes geschrieben wird.

Anhang A: Die Kritik an Penglase 1997 durch Tschirschky (2003)

Charles Penglase argumentiert in seinem Aufsatz "La Bible en moyen-cornique" von 1997, dass es eine mittelalterliche Übersetzung der Bibel ins Kornische gegeben haben muss. Grundlage seiner Argumentation sind die sogenannten *Tregear Homilies*, ein Manuskript aus der Zeit um 1558, das eine Übersetzung einer englischen, katholischen Predigtsammlung ins *Spät*kornische darstellt. In diesem Dokument findet Penglase Verbformen, die dem *Mittel*kornischen angehören und bis auf eine Ausnahme nur in Zitaten aus der Bibel auftreten. Daraus schließt er, dass der Autor des Manuskripts die Passagen einer mittelkornischen Bibelübersetzung entnommen hat und dass diese Übersetzung weithin benutzt und ihre Sprache Mitte des 16. Jahrhunderts noch verstanden wurde.

Tschirschkys Kritik[1] an der gerade skizzierten Argumentation unterteilt sich in vier Punkte, wobei die ersten drei, mit denen nicht gegen die Existenz einer mittelkornischen Bibelübersetzung *per se* argumentiert wird, direkt aus den von Penglase selbst angestellten Überlegungen hervorgehen.

1. Wenn die angenommenen mittelkornischen Zitate von der kornischen Bevölkerung problemlos verstanden worden wären, wie Penglase behauptet, so machte es keinen Sinn, dass Tregear dieselben Stellen in mindestens zwei der fünf Fälle gleich nach der Anführung in der mittelkornischen Version in der spätkornischen Variante wiederholt[2] – also eigentlich übersetzt. Eine solche Doppelung würde jedoch gerade dann nötig, wenn der Autor nicht davon ausgehen konnte, dass sein Publikum das 'Original' ohne Erklärung verstehen würde.

2. Über den Autor Tregear ist nicht genug bekannt, um viel über seinen Hintergrund sagen zu können;[3] allerdings könnte er die relevanten Bibelstellen mit Kenntnis der mittelalterlichen Dramentexte und ein wenig philologischem Geschick selbst in eine historisierende Fassung gebracht haben. Durch zwei Überlegungen gibt Penglase zu dieser Vermutung Anlass. Zum einen führt er die gegenüber einer neueren Übersetzung höhere Autorität einer mittelalterlichen Bibelversion an, was Tregear bewusst gewesen sein muss: "Comme la population avait l'habitude d'entendre la Bible en moyen-cornique, les nuances médiévales dans ces passages devaient augmenter la valeur des citations de Tregear, *ce qui était sûrement son but.*"[4] Tregear hatte also durchaus ein Motiv, Bibelstellen anstatt im zeitgenössischen in einem historischen, hier mittelalterlichen Kornisch anzuführen, zumal die Predigtsammlung als Ganzes im Zusammenhang der Gegenreformation zu sehen ist, in der die katholische

---

[1] Diese Zusammenfassung gibt den Gang der Argumentation von Tschirschky (2003) wieder und ergänzt diese im weiteren Verlauf.

[2] Penglase 1997, S. 235f.

[3] Kent 2000, S. 52.

[4] Penglase 1997, S. 238, eigene Hervorhebung.

Seite immer auf die Demonstration ihrer Tradition Wert legte, um sich von der 'jungen' Reformation stärker abzusetzen. Zum anderen weist die eine benutzte morphologische Form des Mittelkornischen, die nicht in einem Bibelzitat erscheint und die Penglase aber überzeugend als "archaïsme résiduel" erklärt, darauf hin, dass dem Autor ein Exempel bereitstand, nach welchem er historisierende Formen in anderen Kontexten auch ohne umfangreiche Kenntnisse der mittelalterlichen Literatur Cornwalls konstruieren konnte. Hierzu erklärt Penglase aber sogar, dass die mittelkornischen religiösen Dramen noch Anfang des 17. Jahrhunderts vor großem Publikum aufgeführt, also offensichtlich von kornischen Zuschauerinnen und Zuschauern verstanden wurden,[5] so dass davon auszugehen ist, dass ein Übersetzer religiöser Traktate erst recht Kenntnisse des Mittelkornischen besitzen würde.

3. Eine der fünf von ihm angeführten Belegstellen überzeugt als mittelkornisches Zitat nicht einmal Penglase selbst, der dazu erklärt, Tregear habe hier nicht aus der Vorlage zitiert oder den Bibeltext im Mittelkornischen geschrieben (sic!, eine Formulierung, die schon den eigenen Übersetzungs- oder Schreibakt Tregears im Gegensatz zum direkten Zitat andeutet), sondern die Bibelstelle nur mit mittelkornischen Verbformen angereichert, um ihr ein "saveur médiévale" zu verleihen.[6] Penglase erkennt hier an, dass Tregear historisierende Formen konstruieren und bewusst als Stilmittel einsetzen konnte, um dem Text den Eindruck der höheren, präreformatorischen Autorität zu geben. Zudem ist uneinsichtig, warum Tregear in einem der Fälle darauf hätte verzichten wollen, aus der ehrwürdigen mittelkornischen Bibel zu zitieren, die er doch angeblich zur Hand hatte, nur um seinen eigenen Versuch einer historischen Übersetzung zu präsentieren.

4. Letztlich ist es erstaunlich, dass es – entgegen einer Aussage von Penglase, der die geschichtliche Situation über Gebühr vereinfacht und sich hier lediglich auf P.B. Ellis stützt – Hinweise darauf gibt, dass im Zuge der Reformation überlegt wurde, die Bibel zum besseren Verständnis der Bevölkerung ins Kornische zu übertragen,[7] wenn es doch bereits eine bekannte, verstandene und weithin benutzte Bibelübersetzung gegeben hätte. Seiner These nach hätte kein Bedarf an einer 'erneuten' kornischen Übersetzung bestanden, selbst wenn die Sprache des vorgeblichen mittelalterlichen Textes mittlerweile antiquiert geklungen hätte.

Penglase ist sicherlich zuzustimmen, wenn er in seinem Fazit erneut schreibt, die historisierende Sprache in den Bibelzitaten habe die Autorität der Predigten erhöhen sollen.[8] Wird seine Untersuchung nur als eine über den Gebrauch archaischer Wortformen gelesen, mit denen jenes Ziel erreicht werden soll (und dazu

---

[5] Penglase 1997, S. 238, zum Archaismus zuvor S. 237.
[6] Penglase 1997, S. 237.
[7] Zuerst Penglase 1997, S. 233; dagegen Kent 2000, S. 51, und P.B. Ellis 1974, S. 62-64.
[8] Penglase 1997, S. 241.

lädt der Text selbst ein),[9] so ist sie durchaus überzeugend. Insgesamt ist jedoch die Hypothese, es habe eine Bibelübersetzung ins Mittelkornische gegeben, allein aufgrund morphologischer Details in einem einzigen Manuskript wie in obiger Argumentation nicht erhärtbar. Die Abwesenheit jeglicher weiterer, stützender Hinweise auf die Existenz einer solchen Übersetzung, geschweige denn der Erhalt nicht eines einzigen Exemplars der angeblich weithin benutzten Bibel, und die genannten Überlegungen, in der Reformation eine kornische Übersetzung zu erstellen, sprechen sogar gegen die Penglase-Hypothese, so dass bis zum Erscheinen neuer Hinweise davon ausgegangen werden muss, dass es keine mittelalterliche kornische Bibelübersetzung gegeben hat.

Entgegen Penglase war somit die höhere Autorität, die Tregear mit seinen 'Bibelzitaten' in den *Homilies* anrief, nicht die einer mittelalterlichen kornischen Bibel, sondern die des vorreformatorischen Katholizismus selbst. Wenn die Beobachtungen bezüglich der Verbformen und der Sprachperiodisierung linguistisch korrekt sind und nicht nur auf einer konservativen oder fossilisierten Sprachvariante Tregears beruhen (was nicht diskutiert wurde), so muss der Gebrauch dieser Formen als Versuch Tregears verstanden werden, seinen Text zu historisieren, um ihm eine höhere Wertigkeit zu verleihen, und im Streit mit dem sich etablierenden Protestantismus die gesamte Geschichte des westlichen Christentums in die Waagschale der römisch-katholischen Altkirche zu werfen, was eine erstaunliche sprachliche Leistung des Übersetzers und über den kornischen Rahmen hinaus ein bemerkenswertes Beispiel für gegenreformatorische Strategien im Zeitalter der Konfessionalisierung auf literarischem Gebiet ist.

---

[9] So schreibt Penglase (1997, S. 241, eigene Hervorhebung) "*l'emploi* du moyen-cornique dans ces passages"; wie die vorher angeführte deutet auch diese Formulierung eher an, Tregear habe sich beim Übersetzen des Mittelkornischen bedient, anstatt aus einer mittelkornischen Vorlage zu zitieren. Überhaupt ist sein Schluss vom Gebrauch der Sprachvariante auf die Existenz der alten Übersetzung zumeist nur der restlichen Argumentation angehängt, die entsprechenden Passagen stehen oft etwas isoliert im Text, als habe Penglase nachträglich eine weitere These eingefügt und damit die Zielrichtung seines Aufsatzes verändert.

Anhang B: *Trelawny or The Song of the Western Men*

A good sword and a trusty hand!
A merry heart and true!
King James's men shall understand
What Cornish lads can do!

And have they fixed the where and when?
And shall Trelawny die?
Here's twenty thousand Cornishmen
Will know the reason why!

> *And shall Trelawny live?*
> *Or shall Trelawny die?*
> *Here's twenty thousand Cornishmen*
> *Will know the reason why!*

Out spake our captain brave and bold,
A merry wight was he:
Though London Tower were Michael's hold
We'll set Trelawny free!

We'll cross the Tamar, land to land,
The Severn is no stay,
Then "One and All", and hand in hand,
And who shall bid us nay?

Refrain.

And when we come to London Wall,
A pleasant sight to view:
Come forth, come forth, ye cowards all,
Here's better men than you!

Trelawny he's in keep and hold,
Trelawny he may die,
But twenty thousand Cornish bold
Will know the reason why!

Refrain.[1]

---

[1]   In der Literatur sind geringfügige Textvariationen zu finden, etwa Payton 1996, S. 166f., vs.
P. Kennedy (Hg.), S. 225f. Diese Version hat der Verfasser in Cornwall mehrfach gehört.

Anhang C: Nachtrag über die Wahlen 2005

Anfang Mai 2005 fanden sowohl Allgemeine Wahlen zum Parlament des Vereinigten Königreichs als auch Wahlen zum *Cornwall County Council* statt; da dies die letzten Wahlen vor Veröffentlichung dieser Arbeit waren, werden die Wahlergebnisse hier gesondert einer kurze Betrachtung unterzogen.

Tony Blair und seine *Labour Party* wurden bei den Allgemeinen Parlamentswahlen zwar in Amt und Regierung bestätigt, die komfortable Parlamentsmehrheit schrumpfte jedoch empfindlich.[1] Einer der Sitze, die *Labour* abgeben musste, war der von Candy Atherton aus dem kornischen Wahlkreis Falmouth & Camborne, der an die Liberaldemokraten fiel. Damit sind nun alle fünf kornischen Parlamentssitze in den Händen der Liberaldemokratischen Partei, woraus sich drei Erkenntnisse ergeben: Erstens, die Arbeiterpartei kann sich nicht einmal annähernd auf eine Mehrheit in Cornwall stützen, vielmehr regiert sie fortan gegen das kombinierte Wahlergebnis Cornwalls. Zweitens, erneut haben sich die dortigen Wählerinnen und Wähler nicht dazu bewegen lassen, zwischen *Conservative* - und *Labour Party* als den beiden Hauptalternativen zu wählen. Das kornische Wahlergebnis verweist so weiterhin darauf, dass Cornwall mit dem Kriterium des Wahlverhaltens betrachtet nicht Teil Englands ist, das bei gelegentlichen Abweichungen eine erstaunlich stabile Dichotomie zwischen eben diesen Parteien zeigt. Drittens, die Partei *Mebyon Kernow* konnte erneut keinen Sitz erringen, so dass der kornische Nationalismus auch im neuen britischen Parlament unrepräsentiert bleibt; allerdings wurde mit dem Liberaldemokraten Andrew George eine Person in ihrem Wahlkreis St Ives bestätigt, deren Engagement für Cornwall auch in nationalistischen Kreisen unumstritten ist. Bis hin zur liberaldemokratischen Übernahme der kornischen Thematik also 'im Westen nichts Neues'.

Mebyon Kernow nahm in vier (2001: drei) Wahlkreisen an der Wahl teil (in St Ives stellte die Partei niemanden gegen Andrew George auf) und erlangte 3 552 Stimmen (etwa 1,4% der kornischen oder 1,7% der Stimmen in den vier von *Mebyon Kernow* umkämpften Kreisen), was gegenüber der vorherigen Wahl ein Plus von 353 Stimmen bedeutete.[2] Ob dieser rund 11-prozentige Zuwachs bei der absoluten Stimmenzahl (die Wahlbeteiligung und den zusätzlichen umkämpften Wahlkreis unberücksichtigt lassend) als Erfolg gewertet werden sollte, ist zweifelhaft. Die anderen Parteien des substaatlichen Nationalismus im *United Kingdom* hatten zwar mehr Erfolg, konnten aber an ihre besten Zeiten auch nicht heranreichen: *Plaid Cymru* erlangte drei Sitze (einen weniger als bei der vorherigen Wahl), die *Scottish National Party* kam auf sechs (einen mehr als 2001) und die irische *Sinn*

---

[1]   Eine Liste der *Members of Parliament* nach Wahlkreisen bietet The United Kingdom Parliament. Übersichten nach Wahlkreisregion oder Parteizugehörigkeit, Name und Geschlecht der Abgeordneten können über dortige Links abgerufen und dargestellt werden.

[2]   Die Zahlen zur Wahl 2005 nach BBC News 2005a (*pass.*, mit Links zu den einzelnen kornischen Wahlkreisen) und eigene Berechnungen, zur Wahl 2001 B. Morgan (*pass.*).

Fein auf fünf Sitze (ebenso einer mehr), so dass das Bild insgesamt recht stabil blieb. Für die Liberaldemokratische Partei müsste sich allerdings eine stärkere Verpflichtung Cornwall gegenüber einstellen, stammen doch fünf ihrer insgesamt 62 Mandate von dort. So muss das Zwischenfazit lauten: Cornwalls distinktives Wahlverhalten gegenüber England und Großbritannien insgesamt blieb konstant, erstreckte sich aber ebenso konstanterweise nicht auf die Unterstützung der nationalistischen Partei vor Ort.

Auf eine ähnliche Konstanz lässt sich auch aus den Ergebnissen der Wahlen zum 82-köpfigen Grafschaftsrat am selben Tag schließen: Für Cornwall typisch ist die hohe Anzahl von liberaldemokratischen (48) und unabhängigen (20) Kandidatinnen und Kandidaten, die in den neuen *Cornwall County Council* einziehen können, während die beiden staatsweit gesehen 'großen' Parteien *Labour* (5) und *Conservatives* (9) in Cornwall nur als Minderheitenparteien erscheinen, Erstere in noch stärkerem Maße als Letztere.

Mebyon Kernow - The Party for Cornwall konnte dagegen keinen einzigen Sitz erringen, vielmehr zeigt die Untersuchung der Stimmen in den einzelnen Wahlbezirken, dass die Partei zumeist abgeschlagen in wechselnden Konstellationen auf dem dritten oder vierten Platz hinter den Liberaldemokraten, *Labour* und den Konservativen landete.[3] Nur in den Kreisen Bude-Stratton, der zwei Mitglieder stellt, und Camborne West hatten die jeweiligen Kandidaten [sic!] der Partei annähernd eine Chance, sich einen Sitz zu sichern, während sie sonst oft nur ein Viertel (etwa in Liskeard, Perranporth, Saltash, St Austell), manchmal nicht einmal ein Zehntel (Feock & Kea, Mylor, St Agnes) der Stimmen erhielten, die die jeweilige Gewinnerin oder der jeweilige Gewinner erhielt. Der elektorale Durchbruch von *Mebyon Kernow* ist damit immer noch in weiter Ferne, und das sogar auf rein kornischer Wahlebene. Da vermag es die Anhänger der Partei wohl kaum zu trösten, dass mit Bert Biscoe für Truro East und Mark Kaczmarek für St Day, Lanner & Carharrack zwei ausgesprochen prokornische Personen des regionalen Kulturbetriebs in den Grafschaftsrat gewählt wurden, wobei Biscoe als Vorsitzender der *Cornish Constitutional Convention* sogar leitend an den autonomistischen *Devolution*-Bestrebungen Cornwalls mitwirkt.

An Wahlergebnissen gemessen ist der kornische Nationalismus damit immer noch sehr schwach, aber die Arbeit hat an vielen Stellen gezeigt, dass gelegentlich durchaus weitere Kreise der Bevölkerung Cornwalls aktiviert werden können – insbesondere beim Schutz des kornischen Territoriums, bei der Unterschriftenaktion für eine kornische Versammlung oder bei Sportveranstaltungen. Das Land verharrt somit vorerst in einer Konstellation, die aus anderen Zusammenhängen als 'Neunzig-Minuten-Patriotismus' bekannt ist, ein Patriotismus also, der sich eben nicht bis in die 'hohe' Politik hinein auswirkt, sondern sich (in diesem Falle) damit begnügt, das kornische Rugbyteam wie eine Nationalmannschaft zu unterstützen, sofern dieses erfolgreich ist.

---

[3]   Eine Übersicht über die Ergebnisse gibt Cornwall County Council 2005.

Wenn mit diesen und früheren Wahlergebnissen der kornische Nationalismus als klein und nicht nach seinem Durchbruch etabliert charakterisiert wird, so wird damit Payton widersprochen, der sogar den politischen Nationalismus "relatively successful" nannte: Die Wahlergebnisse, auch auf lokaler Ebene, deuten auf eine relativ zu Wales und Schottland geringe Unterstützung der politischen Bewegung hin, gerade auf der von der Wahlbevölkerung für wichtig erachteten Parlaments-ebene. Anders verhält es sich mit dem 'kulturellen Nationalismus', wie Payton wiederum richtig bemerkt: "On the other hand, however, there was considerable evidence of not merely the survival of a separate Cornish identity but of its en-hancement in the face of rapid socio-economic change", und kurz darauf ergänzt: "Cornwall had not only remained 'different' but was in fact asserting that differ-ence with renewed vigour."[4]

Somit haben es die nationalistischen Gruppierungen bisher nicht geschafft, die kornische Bevölkerung dauerhaft zu mobilisieren und für ihre Ziele zu begeistern, obwohl die Grundlagen dafür in Form von Gefühlen von *Cornishness* und der *dif-ference* gegenüber England gegeben sind. Erfolg kann also nur hinsichtlich eini-ger der Ziele festgestellt werden, denn, um noch einmal Payton anzuführen, "at one level the nationalists were victims of their own success, their hitherto "beyond the pale" demands now a routine element of the Cornish political agenda, their rhetoric and vision increasingly usurped by "mainstream" politicians".[5] Dies alles betrifft jedoch nur den politischen Teil des kornischen Nationalismus, das *nation-building* als kulturelles 'Schreiben der Nation', für das hier argumentiert wurde und das bereits Voraussetzung für jenen war, bleibt von den recht geringen Erfol-gen des politischen Nationalismus unberührt.

---

[4] Payton 1996, zunächst S. 277, dann S. 277 bzw. S. 280.
[5] Payton 1992, S. 243f.

Bibliographie

NB: Mit dem Asterisk (*) markierte bibliographische Einheiten können (ganz oder in einzelnen Passagen) als Teil des kornisch-nationalistischen Textkorpus angesehen werden, geben Inhalte wieder, die dazu zu zählen sind, oder dienen hier als Quellen dafür. Sie werden nicht separat angeführt, um einen Nachweis aus dem Text durch Abdruck in einer einzigen alphabetischen Listung leichter auffindbar zu machen. Bei englischsprachigen Titeln wird der neueren englischen Konvention der Kleinschreibung gefolgt. Ansonsten ist die akademische, bibliographiebezogene Autor-Jahr-Zitierweise um ein System von Klammern ergänzt worden, das sich bei Benutzung der Bibliographie ebenso von selbst erschließt wie das System der einfachen und doppelten Anführungszeichen im Haupttext. Leider können sich wegen des dynamischen Charakters des Internets die angegebenen URL als veraltet erweisen; die zitierten Internet-Stellen sind jedoch im Rahmen der technischen Möglichkeiten gespeichert worden. Da sie zumeist unpaginiert sind, konnten an den entsprechenden Stellen im Haupttext keine Seitenangaben gemacht werden, ebenso wie bei solchen gedruckten Quellen, die eine Seite nicht überschreiten.

Acton, John Emerich Edward Dalberg (1955): "Nationality". In: *Id.*: *Essays on freedom and power*, hrsg. von Gertrude Himmelfarb. New York: Meridian. S. 141-170. [Erstm. 1862]

*Agan Tavas (2001)a: *Agan Tavas and the status of Cornish = Agan Tavas ha'n stuth a Gernuak*. [Internet] <http://www.clas.demon.co.uk/html/body_about_corn ish.html> (25.10.2001).

*Agan Tavas (2001)b: *History of Cornish = Ystory a'n Kernuak*. [Internet] <http://www.clas.demon.co.uk/html/body_history_of_cornish.htm> (25.10.2001).

Alberro, Manuel 2001: "Celtic Galicia?: ancient connections and similarities in the traditions, superstitions and folklore of the Cornish peninsula and Galicia in Spain". In: Philip Payton (Hg.): *Cornish studies, second series: nine*. Exeter: Univ. of Exeter Press. S. 13-44.

Alter, Peter 1985: *Nationalismus*. (Edition Suhrkamp; 1250 = N.F., 250: Neue historische Bibliothek) Frankfurt a.M.: Suhrkamp.

Anderson, Benedict 1986: "Narrating the nation". In: *Times literary supplement*, 13. Juni 1986. S. 659.

Anderson, Benedict ²1991: *Imagined communities: reflections on the origin and spread of nationalism*. Überarb. Ausg. London: Verso. [¹1983]

*Angarrack, John 1999: *Breaking the chains: propaganda, censorship, deception and the manipulation of public opinion in Cornwall*. Camborne: Cornish Stannary Publ.

*Angarrack, John 2001: "Is Cornwall ready for a religious merger?" In: *Western morning news*, 7. August 2001. S. 20f.

*Angarrack, John 2002: *Our future is history: identity, law and the Cornish question*. [Padstow]: Independent Academic Press.

Armstrong, John A. 1982: *Nations before nationalism*. Chapel Hill, N.C.: Univ. of North Carolina Press.

Armstrong, Robert 1989: "Superb crowd, shame about the mess on the pitch". In: *The Guardian*, 3. April 1989. S. 15.

Arnold, Matthew (1903): "On the study of Celtic literature". In: *The works of Matthew Arnold in fifteen volumes: vol. 5*. London: Macmillan. S. VII-XXI, 1-150. [Erstm. 1867]

Arthurson, Ian 1994: *The Perkin Warbeck Conspiracy, 1491-99*. Stroud: Sutton.

Assmann, Aleida 1993: Arbeit am nationalen Gedächtnis: eine kurze Geschichte der deutschen Bildungsidee. (Edition Pandora; 14) Ffm: Campus.

Assmann, Jan 1988: "Kollektives Gedächtnis und kulturelle Identität". In: *Id.*, Tonio Hölscher (Hgg.): *Kultur und Gedächtnis*. (Suhrkamp-Taschenbuch Wissenschaft; 724) Frankfurt a.M.: Suhrkamp. S. 9-19.

Austin, J[ohn]. L. 1962: *How to do things with words: the William James lectures delivered at Harvard University in 1955*. Cambridge, Mass.: Harvard Univ. Press.

Baker, Denys Val; cf. Val Baker, Denys.

Banks, J[ohn].C. 1971: *Federal Britain?* London: Harrap.

Barbour, Stephen 2000: "Nationalism, language, Europe". In: *Id.*, Cathie Carmichael (Hgg.): *Language and nationalism in Europe*. Oxford: Oxford Univ. Press. S. 1-17.

Barth, Fredrik 1969: "Introduction". In: *Id.* (Hg.): *Ethnic groups and boundaries: the social organization of culture difference*. Bergen: Universitetsforlaget. S. 9-38.

Bawden, Paul 1995: "Rugby – the Cornish game". In: *Cornish world* 4 (1995). S. 24.

BBC News 2005a: *Election 2005: results: South West*. [Internet] <http://news.bbc.co.uk/1/shared/vote2005/html/region_9.stm> (13.5.2005).

BBC News 2005b: *Cash boost for Cornish language*. [Internet] <http://news.bbc.co.uk/1/hi/england/cornwall/4092664.stm> (2.9.2005).

Bechhofer, Frank, David McCrone, Richard Kiely, Robert Stewart 1999: "Constructing national identity: arts and landed elites in Scotland". In: *Sociology* 33 (1999), 3. S. 515-534.

Beddoe, John (1971): *The races of Britain: a contribution to the anthropology of Western Europe*. London: Hutchinson. [Nachdr. mit neuer Einl. v. David Elliston Allen; erstm. 1885]

Benner, Erica 2001: "Is there a core national doctrine?" In: *Nations and nationalism* 7 (2001), 2. S. 155-174.

Berding, Helmut 1996: "Vorwort". In: *Id.* (Hg.): *Mythos und Nation*. (Studien zur Entwicklung des kollektiven Bewußtseins in der Neuzeit; 3) (Suhrkamp-Taschenbuch Wissenschaft; 1246) Frankfurt a.M.: Suhrkamp. S. 7-9.

Berger, Paul 2001: "Labour rejects Cornish assembly". In: *Western morning news*, 21. November 2001. S. 1, S. 7.

Berresford Ellis, Peter; cf. Ellis, Peter Berresford.

*Berry, Claude [2]1971: *Portrait of Cornwall*. London: Hale. [[1]1963].

*Betjeman, John (1964): *Cornwall: a Shell guide*. (The Shell county guides) London: Faber and Faber. [Erstm. 1933]

Bhabha, Homi K. 1990a: "Introduction: narrating the nation". In: *Id.* (Hg.): *Nation and narration*. London: Routledge. S. 1-7.

Bhabha, Homi K. 1990b: "DissemiNation: time, narrative, and the margins of the modern nation". In: *Id.* (Hg.): *Nation and narration*. London: Routledge. S. 291-322.

Bhabha, Homi K. (Hg.) 1990: *Nation and narration*. London: Routledge.

Billig, Michael 1995: *Banal nationalism*. London: Sage.

Birch, A[nthony]. H. 1977: *Political integration and disintegration in the British Isles*. London: Allen and Unwin.

Birkhan, Helmut 1997: *Kelten: Versuch einer Gesamtdarstellung ihrer Kultur*. Wien: Verl. der Österreichischen Akademie der Wissenschaften.

*Biscoe, Bert 1998: "The hungry beast: a personal view of Keskerdh Kernow and the media". In: Simon Parker (Hg.): *Cornwall marches on! Keskerdh Kernow 500*. Redruth: Keskerdh Kernow. S. 149-161.

*Biscoe, Bert 2002: "Centralisation is the enemy of progress". In: *Western morning news*, 8. Mai 2002. S. 25.

Blaschke, Jochen (Hg.) 1980: *Handbuch der westeuropäischen Regionalbewegungen*. Frankfurt a.M.: Syndikat.

Blondel, Jean 1975: *Voters, parties, and leaders: the social fabric of British politics*. Harmondsworth: Penguin. [Erstm. 1963]

*Blyton, Enid 1953: *Five go down to the sea*. Ill. von Eileen Soper. (The Famous Five; 12) London: Hodder and Stoughton.

*Borlase, William (1970): *The natural history of Cornwall*. Neuausg., eingel. von F.A. Turk. London: E and W Books. [Erstm. 1758]

Borlase, William Copeland (1994): *Nænia Cornubiæ: the cromlechs and tumuli of Cornwall*. Felinfach: Llanerch. [Faks. der Ausg. London: Longmans, Green, Reader, and Dyer, 1872]

Borlase, William Copeland (1995): *The age of the saints: a monograph of early Christianity in Cornwall* .... Felinfach: Llanerch. [Faks. der Ausg. Truro: Pollard, 1893]

Bourdieu, Pierre 1980: "L'identité et la représentation: éléments pour une réflexion critique sur l'idée de région". In: *Actes de la recherche en sciences sociales* 35 (1980). S. 63-72.

Bowman, Marion 2000: "Contemporary Celtic spirituality". In: Amy Hale, Philip Payton (Hgg.): *New directions in Celtic studies*. Exeter: Univ. of Exeter Press. S. 69-91.

Brand, Jack 1980: "The rise and fall of Scottish nationalism". In: Charles R. Foster (Hg.): *Nations without a state: ethnic minorities in Western Europe*. (Praeger special studies) New York: Praeger. S. 29-43.

Bremann, Rolf 1984: *Soziolinguistische Untersuchungen zum Englisch von Cornwall*. (Bamberger Beiträge zur Englischen Sprachwissenschaft; 14) Frankfurt a.M.: Lang.

Brennan, Gillian 2001: "Language and nationality: the role of policy towards Celtic languages in the consolidation of Tudor power". In: *Nations and nationalism* 7 (2001), 3. S. 317-338.

Breuilly, John 1985: *Nationalism and the state*. Chicago: Univ. of Chicago Press. [Erstm. 1982]

*Brown, Wella, Graham Sandercock [2]1997: *Kesva an Taves Kernewek: derivas hy thowl = The Cornish Language Board: a policy statement*. [Saltash]: Kesva an Taves Kernewek. [[1]1994]

Buchanan, Keith 1968: "The revolt against satellization in Scotland and Wales". In: *Monthly review* 19 (1968), 10. S. 36-48.

Bulpitt, Jim 1983: *Territory and power in the United Kingdom: an interpretation*. Manchester: Manchester Univ. Press.

*Burn, Anne 1988: "Landscape and people". In: *Free Cornwall* special edition (1988), 1. S. 5-7.

Burnett, David 1999: "The origins of the Duchy of Cornwall". In: *The Duchy review* 9 (1999). S. 8-11.

Burrell, Ian 1996: "The Sons of Cornwall are on the march, and this time it's away from London". In: *The Independent*, 9. Dezember 1996. S. 3.

Burrell, Ian 1997: "Realpolitik replaces Cornish passion". In: *The Independent*, 8. September 1997. S. 6.

Burton, Robert Edward 2000: *A passion to exist: cultural entrepreneurship and the search for authenticity in Cornwall*. PhD-Diss., Universität Exeter.

Butler, David, David Marquand 1981: *European elections and British politics*. London: Longman.

Caesar, C. Iulius (1990): *Der Gallische Krieg: lateinisch-deutsch*, hrsg. von Otto Schönberger. Darmstadt: Wissenschaftliche Buchges. [*De bello Gallico*, um 52-51 v. Chr.]

Calhoun, Craig 1997: *Nationalism*. (Concepts in social thought) Minneapolis: Univ. of Minneapolis Press.

Caraman, Philip 1994: *The Western Rising 1549: the Prayer Book Rebellion*. Tiverton: Westcountry Books.

*Carter, Eileen 2001: *In the shadow of Saint Piran: AD 500-2000. The history of the saint and his foundations at Perranzabuloe*. Wadebridge: Lodenek.

Casey, A.M. 1977: "Cornish nationalism". In: Georgina Ashworth [Minority Rights Group]

(Hg.): *World minorities, vol. 1*. Sunbury: Quartermaine House. S. 53-55.

*Celtic Association (Hg.) 1904: "The Pan-Celtic Congress, August 30th to September 3rd, 1904". In: *Celtia* 4 (1904), 6 (Congress number). S. 93-111.

*Celtic League [1983]: "The Celtic League: aims and addresses". In: Cathal Ó Luain (Hg.): *For a Celtic future: a tribute to Alan Heusaff*. Dublin: The Celtic League. S. 329-331.

Chapman, Malcolm 1978: *The Gaelic vision in Scottish culture*. London: Croom Helm.

Chapman, Malcolm 1992: *The Celts: the construction of a myth*. New York: St Martin's Press.

Chapman, Malcolm 1993: "Social and biological aspects of ethnicity". In: *Id*. (Hg.): *Social and biological aspects of ethnicity*. (Biosocial Society series; 4) Oxford: Oxford Univ. Press. S. 1-46.

*Chappell, Michael John 2006: "Baner". In: Les Merton (Hg.): *101 poets for a Cornish Assembly*. Bristol: Boho Press. S. 29.

*Charles, Helena [1953]: *What is Home Rule?* (New Cornwall pamphlet; 1) Redruth: New Cornwall.

*"A chequered history". In: *Cornish world* 37 (2004). S. 26-30.

Chynoweth, John 2002: *Tudor Cornwall*. Stroud: Tempus.

*Clarke, Jerry, Terry Harry [1992?]: *Tales of Twickenham*. Redruth: Harry and Clarke.

Coate, Mary 1933: *Cornwall in the great Civil War and Interregnum 1642-60: a social and political study*. Oxford: Oxford Univ. Press.

Cobban, Alfred ²1951: *National self-determination*. Chicago, Ill.: Univ. of Chicago Press. [¹1944]

Cole, Dick 1997: "The Cornish: identity and genetics – an alternative view". In: Philip Payton (Hg.): *Cornish studies, second series: five*. Exeter: Univ. of Exeter Press. S. 21-29.

*Coleman, Will 2005-2006: "The national sport of Kernow". In: *Cornish world* 44 (2005-2006). S. 40-49.

Colley, Linda 1992: *Britons: forging the nation 1707-1837*. New Haven, Conn.: Yale Univ. Press.

Collins, William Wilkie (1982): *Rambles beyond railways: or notes in Cornwall taken a-foot*. (The Cornish Library; 5) London: Mott. [Erstm. 1851, erweiterte Ed. 1861]

Collis, John 1996: "The origin and spread of the Celts". In: *Studia celtica* 30 (1996). S. 17-34.

Collis, John 1997: "Celtic myths". In: *Antiquity* 71 (1997), 271. S. 195-201.

Collis, John 1999: "George Buchanan and the Celts in Britain". In: Ronald Black, William Gillies, Roibeard Ó Maolalaigh (Hg.): *Celtic connections: proceedings of the tenth International Congress of Celtic Studies. Vol. one: Language, literature, history, culture*. East Linton: Tuckwell Press. S. 91-107.

*Combellack, Myrna 1989: *The playing place: a Cornish round*. Trewirgie: Truran.

Connor, Walker 1978: "A nation is a nation, is a state, is an ethnic group is a ...." [sic!]. In: *Ethnic and racial studies* 1 (1978), 4. S. 377-400.

Connor, Walker 1990: "When is a nation?" In: *Ethnic and racial studies* 13 (1990), 1. S. 92-103.

Connor, Walker 1992: "The nation and its myth". In: Anthony D. Smith (Hg.): *Ethnicity and nationalism*. (International studies in sociology and social anthropology; 60) Leiden: Brill. S. 48-57.

Cooper, J[ohn].P.D. 2003: *Propaganda and the Tudor state: political culture in the West-country*. (Oxford historical monographs) Oxford: Clarendon Press.

*"Cornish Assembly still a possibility". In: *Cornish world* 40 (2004-2005). S. 7.

*The Cornish Constitutional Convention 2000: *Cornwall comes together to set up Cornish Constitutional Convention: (press release)*. [Internet] <http://www.senedhkernow.com/press_releases/001.rtf> (26.8.2005).

*The Cornish Constitutional Convention 2002a: *Devolution for one and all: governance for*

Cornwall in the 21st century. Truro: The Cornish Constitutional Convention.

*The Cornish Constitutional Convention 2002b: *Your region, your choice: the case for Cornwall. Cornwall's response to the Government's Devolution White paper*. Truro: The Cornish Constitutional Convention.

*The Cornish Constitutional Convention / Finance & Economics Subgroup 2001: *Economic development powers*. [Internet] <http://www.senedhkernow.com/documents/EconomicDevelopmentPowersv1.pdf> (26.8.2005).

*The Cornish Constitutional Convention / Powers & Functions Subgroup 2001: *Transport policy and devolution*. [Internet] <http://www.senedhkernow.com/documents/Transportv1x1.PDF> (26.08.2005).

Cornish nation. Launceston: Mebyon Kernow Publ. 1.1968 – .

*Cornish Nationalist Party [1977]: *Program an Party Kenethlegek Kernow = Programme of the Cornish Nationalist Party*. St Austell: C.N.P. Publ.

*Cornish Nationalist Party 1987: "CNP election manifesto". In: *An baner Kernewek* 49 (1987). S. 3.

*Cornish Nationalist Party (o.J.): *Constitution & rules*. [Broschüre] St Austell: CNP Publ.

*Cornish Solidarity 1998: *A Cornish Solidarity policy statement*. [Internet] <http://www.arachne-web.com/Cornish/Solidarity/> (17.10.2001).

*Cornish Stannary Parliament 1975a: "Plans for the complete enfranchisement of the Cornish people". In: *Cornish Stannary gazette* 2 (1975). S. 9-11.

*Cornish Stannary Parliament 1975b: "Resumee of the Cornish Stannary Parliament's policy". In: *Cornish Stannary gazette* 2 (1975). S. 2-3.

*Cornish Stannary Parliament 1993: *The constitution of Cornwall or Kernow, the country of the West Britons*. o.O.: Cornish Stannary Parliament.

*Cornish Stannary Parliament 2000a: *The independent Cornish legal system*. [Internet] <http://www.cornish-stannary-parliament.abelgratis.com/page28.html>, Forts. <~/page29.html> ... <~/page31.html> (13.8.2001).

*Cornish Stannary Parliament 2000b: *Operation Chough!* [Internet] <http://www.Cornish.Heritage.care4free.net/page4.htm>, Forts. <~/page5 .htm> ... <~/page8.htm>, <~/page29.htm>, <~/page31.htm> ... <~/ page34.htm>, <~/ page36.htm> ... <~/page40.htm> (30.10.2001).

*Cornish Stannary Parliament 2002: *Parliamentary enquiry into the Duchy of Cornwall*. Camborne: Stannary Information Office.

Cornwall County Council 1999: *Cornwall Now! and in the future: building an Objective 1 strategy for Cornwall and the Isles of Scilly*. [Broschüre] Truro: Cornwall County Council.

Cornwall County Council 2001a: *Elections of 7 June 2001*. [Internet] <http://www.cornwall.gov.uk/Councils/dem-33.htm> und <~/Councils/results/ed_ag.htm>, Forts. <~/ed_hn.htm>, <~/ed_pr.htm>, <~/ed _sw.htm> (25.10.2001).

Cornwall County Council 2001b: *Economy of Cornwall: Cornwall - a brief description. Location*. [Internet] <http://www.cornwall.gov.uk/business/economy/corn2.htm> (9.3.2004).

Cornwall County Council 2005: *County Council elections May 5th 2005: election results*. [Internet] <http://www.cornwall.gov.uk/Councils/elections/results.htm> (12.5.2005).

Cornwall County Council / Cornish Language Strategy Steering Group 2004: *Strategy for the Cornish language: consultation draft*. [Truro]: Cornwall County Council.

Cornwall Songwriters; cf. O'Connor, Mike (Hg.).

*"Cowethas Kelto-Kernuak = The Celtic-Cornish Society". In: *Celtia* 2 (1902), 5. S. 78f.

Crang, Philip 1997: "Regional imaginations: an afterword". In: Ella Westland (Hg.): *Cornwall:*

the cultural construction of place. Penzance: Patten. S. 154-165.

Crick, Bernard 1989: "An Englishman considers his passport". In: Neil Evans (Hg.): *National identity in the British Isles*. (Coleg Harlech Occasional Papers in Welsh Studies; 3) Gwynedd: Centre for Welsh Studies. S. 23-34.

Crystal, David 1987: *The Cambridge encyclopedia of language*. Cambridge: Cambridge Univ. Press.

Cunliffe, Barry 1997: *The ancient Celts*. Oxford: Oxford Univ. Press.

*Dalla (2002): *About Dalla*. [Internet] <http://www.typenet.co.uk/dalla/about.php> (3.6.2002).

Dark, K[enneth]. R[ainsbury]. 1994: *Civitas to kingdom: British political continuity 300-800*. (Studies in the early history of Britain) London: Leicester Univ. Press.

*Darke, T.O. 1971: *The Cornish chough*. Truro: Bradford Barton.

*Davey, Merv 2001: "The pipes, the pipes are calling". In: *Cornish world* 24 (2001). S. 10-11.

Davies, Janet (Hg.) 1993: *Mercator media guide, vol. 1*. Cardiff: Univ. of Wales Press.

Davies, Norman 1999: *The Isles: a history*. Oxford: Oxford Univ. Press.

*Dawe, Richard 2004: "Western man". In: *Cornish world* 37 (2004). S. 55.

Deacon, Bernard [1983]a: "The electoral impact of Cornish nationalism". In: Cathal Ó Luain (Hg.): *For a Celtic future: a tribute to Alan Heusaff*. Dublin: The Celtic League. S. 243-252.

Deacon, Bernard [1983]b: "Is Cornwall an internal colony?" In: Cathal Ó Luain (Hg.): *For a Celtic future: a tribute to Alan Heusaff*. Dublin: The Celtic League. S. 259-272.

Deacon, Bernard 1985: "The Cornish revival: an analysis". [Unveröff. Diskussionspapier, Redruth: Cornish Studies Library]

Deacon, Bernard 1986a: "Cornish culture or the culture of the Cornish?" In: *An baner Kernewek* 46 (1986). S. 9-10.

Deacon, Bernard 1986b: "How many went?: the size of the great Cornish emigration of the nineteenth century". [Unveröff. Diskussionspapier, Redruth: Cornish Studies Library]

Deacon, Bernard 1993: "And shall Trelawny die?: the Cornish identity". In: Philip Payton (Hg.): *Cornwall since the war: the contemporary history of a European region*. Redruth: Truran. S. 200-223.

Deacon, Bernard 1997: "'The hollow jarring of the distant steam engines': images of Cornwall between West Barbary and Delectable Duchy". In: Ella Westland (Hg.): *Cornwall: the cultural construction of place*. Penzance: Patten. S. 7-24.

Deacon, Bernard 1998a: "Proto-regionalization: the case of Cornwall". In: *Journal of regional and local studies* 18 (1998). S. 27-41.

Deacon, Bernard 1998b: "Putting objective one in perspective". In: *Cornish nation* 11 (1998). S. 4-5.

*Deacon, Bernard 1999: *The Cornish and the Council of Europe Framework Convention for the Protection of National Minorities*. [Redruth]: [Steering Group for the Cornish National Minority Report].

Deacon, Bernard 2000: "In search of the missing 'turn': the spatial dimension and Cornish Studies". In: Philip Payton (Hg.): *Cornish studies, second series: eight*. Exeter: Univ. of Exeter Press. S. 213-230.

Deacon, Bernard 2001a: "Fifty years on ...: a short history". In: *Cornish nation* 20 (2001). S. 6-9.

Deacon, Bernard 2001b: *The reformulation of territorial identity: Cornwall in the late eighteenth and nineteenth centuries*. PhD-Diss., Open University, Milton Keynes.

Deacon, Bernard 2002: "Building the region: culture and territory in the south west of England". In: *Everyday cultures working papers* 3 (2002). [Internet] <http://www.open.ac.uk/socialsciences/necp/necpsubset/necpinfopops/pdfwp3.pdf> (1.7.2003).

Deacon, Bernard 2003: "Propaganda and the Tudor state or propaganda of the Tudor historians?: [Rezension von] J.P.D. Cooper, Propaganda and the Tudor State: Political Culture in the Westcountry, Oxford Univ. Press, 2003". In: *Cornish history* [Online-Zeitschrift] <http://www.marjon.ac.uk/cornish-history/reviews/tudorstateppg.pdf> (7.1.2004).

Deacon, Bernard 2004: "From 'Cornish Studies' to 'critical Cornish Studies': reflections on methodology". In: Philip Payton (Hg.): *Cornish studies, second series: twelve.* Exeter: Univ. of Exeter Press. S. 13-29. [Ersch. 2005]

Deacon, Bernard, Dick Cole, Garry Tregidga 2003: *Mebyon Kernow and Cornish nationalism.* [Cardiff]: Welsh Academic Press.

*Deacon, Bernard, Andrew George, Ronald Perry 1988: *Cornwall at the crossroads: living communities or leisure zone?* Redruth: The Cornish Social and Economic Research Group.

Deacon, Bernard, Philip Payton 1993: "Re-inventing Cornwall: culture change on the European periphery". In: Philip Payton (Hg.): *Cornish studies, second series: one.* Exeter: Univ. of Exeter Press. S. 62-79.

*Deacon, Bernard, Peter Wills, Ronald Perry 1994: *Empowering Cornwall: the best government for the region and its communities.* Redruth: The Cornish Social and Economic Research Group.

"Den Toll"; i.e. Hugh Miners (q.v.).

Denis, Michel, Jean Pihan, Jeffrey Stanyer 1991: "The peripheries today". In: Michael Havinden, Jean Quéniart, Jeffrey Stanyer (Hgg.): *Centre et périphérie: Bretagne, Cornouailles/Devon: étude comparée = Centre and periphery: a comparative study of Brittany and Cornwall & Devon.* Exeter: Univ. of Exeter Press. S. 37-48.

Deutsch, Karl W. 1953: *Nationalism and social communication: an inquiry into the foundations of nationality.* (Technology Press books) Cambridge, Mass.: Massachusetts Institute of Technology.

Deutsch, Karl W. 1969: *Nationalism and its alternatives.* New York: Knopf.

Diekmann, Knut 1998: *Die nationalistische Bewegung in Wales.* (Veröffentlichungen des Deutschen Historischen Instituts London; 43) Paderborn: Schöningh. [Zugl. Diss. Univ. Tübingen 1995]

Dietz, Bernhard 2000: *Die Macht der inneren Verhältnisse: historisch-vergleichende Entwicklungsforschung am Beispiel der "keltischen Peripherie" der Britischen Inseln.* (British studies; 1) Münster: LIT. [Zugl. Diss. Univ. Braunschweig 1997]

Dorian, Nancy J. 1994: "Purism vs. compromise in language revitalization and language revival". In: *Language in society* 23 (1994), 4. S. 479-494.

*Drew, Julyan 1979: "Genocide - the end of the Cornish?" In: *Cornish nation* 38 (1979). S. 11.

The Duchy review. London: The Duchy of Cornwall. 1 (1988) - .

*Du Maurier, Daphne 1972: *Vanishing Cornwall: the spirit and history of Cornwall.* Harmondsworth: Penguin. [Erstm. 1967]

*Du Maurier, Daphne (2004): *Rule Britannia.* Einl. von Ella Westland. (Virago modern classics; 505) London: Virago. [Erstm. 1972]

Dunbar, Paul, Ken George 1997: *Kernewek Kemmyn: Cornish for the twenty-first century.* [Hayle?]: Cornish Language Board.

*Duncombe-Jewell, L.C. 1901: "Cornwall: one of the six Celtic nations". In: *Celtia* 1 (1901), 10. S. 151-154, 159.

Duursma, Jorri 1996: *Fragmentation and the international relations of Micro-States: self-determination and statehood.* (Cambridge studies in international and comparative law) Cambridge: Cambridge Univ. Press.

[EBLUL] European Bureau for Lesser Used Languages [Brüssel] (1999): *Minority languages in the European Union - United Kingdom.* [Internet] <http://www.eblul.org/State/uk.htm> (22.10.2001).

The Economist Intelligence Unit (Hg.) 1997: *Country report: United Kingdom [1997, 4].* London: The Economist Intelligence Unit.

Edensor, Tim 2002: *National identity, popular culture and everyday life.* Oxford: Berg.

*Edey, Harold (1999): "An balores (Can warlergh Mordon) = The chough (after Mordon)". In: Tim Saunders (Hg.): *The wheel: an anthology of modern poetry in Cornish 1850-1980.* London: Boutle. S. 142/143. [Erstm. 1933]

[*EHD*] Dorothy Whitelock (Hg.) 1955: *English historical documents, vol. I: c. 500-1042.* London: Eyre and Spottiswoode.

Elliott-Binns, L[eonard].E[lliott]. 1955: *Medieval Cornwall.* London: Methuen.

*Ellis, P[eter]. Berresford 1969: *The creed of the Celtic revolution.* London: Medusa.

*Ellis, P[eter]. Berresford 1974: *The Cornish language and its literature.* London: Routledge and Kegan Paul.

*Ellis, Peter Berresford 1985: *The Celtic revolution: a study in anti-imperialism.* Ceredigion: Y Lolfa.

*Ellis, Peter Berresford 1989: "The Celtic people: the linguistic criterion". In: *Kernow* (1989), 4. S. 3-5.

*Ellis, P[eter]. Berresford ²1990: *The story of the Cornish language.* Penryn: Tor Mark Press. [¹1970?]

*Ellis, Peter Berresford 1992: "The [Dis]United Kingdom: Cornwall's rôle in Britain's ethnic problems". In: Jens-Ulrich Davids, Delia Krause, Priscilla Metscher (Hgg.): *Britische Regionen oder: Wie einheitlich ist das Königreich?* (Gulliver; 31) Hamburg: Argument. S. 11-31.

*Ellis, Peter Berresford 1993: *The Celtic dawn: a history of Pan Celtism.* London: Constable.

*Ellis, Peter Berresford 1994: *Celt and Saxon: the struggle for Britain AD 410-937.* London: Constable. [Erstm. 1993]

*Ellis, Peter Berresford 1994-1995: "PanCelticism [sic!]: modern myth or historical tradition". In: *The Celtic history review* 1 (1994-1995),1. S. 3-5.

Ellis, Steven [G.] 1988: "Not mere English: the British perspective, 1400-1650". In: *History today* 38 (1988), 12. S. 41-48.

English Heritage 2001: *Historic Cornwall, Kernow Istorek.* o.O.: English Heritage.

Eriksen, Thomas Hylland 1995: *Small places, large issues: an introduction to social and cultural anthropology.* (Anthropology, culture and society) London: Pluto.

The European Commission / Representation in the United Kingdom 2001: *Regional policy and the Structural Funds in the United Kingdom (2000-2006).* (Background briefings; 23) [Internet] <http://www.cec.org.uk/info/pubs/bbriefs/bb23.htm> (22.10.2001).

Evans, Gwynfor 1975: *A national future for Wales.* [Cardiff]: Plaid Cymru.

Everett, David 2003: "Celtic revival and the Anglican Church in Cornwall, 1870-1930". In: Philip Payton (Hg.): *Cornish studies, second series: eleven.* Exeter: Univ. of Exeter Press. S. 192-219.

Fawcett, C[harles].B[ungay]. (1960): *Provinces of England: a study of some geographical aspects of devolution.* London: Hutchinson. [Erstm. 1919]

Fichte, Johann Gottlieb (1962): "Reden an die deutsche Nation". In: *Id.: Ausgewählte Werke in sechs Bänden,* hrsg. von Fritz Medicus. Bd. 5. Darmstadt: Wissenschaftliche Buchges. S. 365-610. [Erstm. 1808]

*Filbee, Marjorie 1996: *Celtic Cornwall.* London: Constable.

Finberg, H[erbert].P[atrick].R[eginald]. 1964: *Lucerna: studies of some problems in the early history of England.* London: Macmillan.

Finberg, H[erbert].P[atrick].R[eginald]. 1974: *The formation of England, 550-1042.* (The

Paladin history of England) London: Hart-Davis, MacGibbon.

Finlay, Richard J. 2000: "The Scottish National Party: a party trapped by the past?" In: *Journal for the study of British cultures* 7 (2000), 1. S. 19-28.

Flacke, Monika 1998: "Einleitung". In: *Id.* (Hg.): *Mythen der Nationen: ein europäisches Panorama.* München: Koehler and Amelang. S. 14-16.

Flatrès, Pierre 1957: *Géographie rurale de quatre contrées celtiques: Irlande, Galles, Cornwall et Man.* Rennes: Librairie Univ. Plihon.

*Fleet, John 1972: "The Cornish border, 1969-1972". In: F[rank].G. Thompson (Hg.): *The Celtic experience: past and present.* (Annual book of the Celtic League) Dublin: Celtic League. S. 118-123.

*Foothills Scottish Highland Games & Festival (2005): *Welcome!* [Internet] <http://www. foothillshg.org> (10.6.2005).

*Forster, Allen 1987: "Cultural terrorism". In: *Free Cornwall* (1987), 2. S. 8.

*Free Cornwall 1988: "The grey plaque". In: *Free Cornwall* (1988), 6. S. 2.

Freeman, Michael 1994: "Nationalism". In: Michael Foley (Hg.): *Ideas that shape politics.* Manchester: Manchester Univ. Press. S. 54-61.

Freud, Sigmund (⁸2003): "Das Unbehagen in der Kultur". In: *Id.: Das Unbehagen in der Kultur und andere kulturtheoretische Schriften,* Einl. von Alfred Lorenzer und Bernard Görlich. (Fischer Taschenbuch; 10453) Frankfurt a.M.: Fischer Taschenbuch Verl. [¹1994; geschr. 1929]

*Gay, John (2001): *Saving Cornish rugby: a pamphlet for discussion on the future of Cornish rugby in the modern era.* [Internet] <http://www.trelawnys.army.btinternet. co.uk/ta/SavingCR.pdf> (22.10.2001).

Gellner, Ernest 1964: *Thought and change.* (The nature of human society) London: Weidenfeld and Nicolson.

Gellner, Ernest 1983: *Nations and nationalism.* Ithaca: Cornell Univ. Press.

Gellner, Ernest 1997: *Nationalism.* New York: New York Univ. Press.

*Gendall, Richard 1952: "Cornish nationalism". In: *The Cornish review* 10 (1952). S. 17-19.

*Gendall, Richard 1975: *The Cornish language around us.* Padstow: Lodenek.

*Gendall, Richard 1990: "The language of the Cornish people". In: *Old Cornwall* 10 (1990), 11. S. 531-535.

*Gendall, Richard 1998: "Fourteen ninety-seven in Cornwall". In: *Celtic history & literature review* 1 (1998). S. 3-5.

*George, Andrew 2000: *MP seeks support for regional assemblies: (press release 14/12/2000).* [Internet] <http://www.andrewgeorge.org.uk/press/38 .htm> (7.9.2001).

George, Ken 1993a: "Cornish". In: Martin J. Ball, James Fife (Hgg.): *The Celtic languages.* (Routledge language family descriptions) London: Routledge. S. 410-468.

George, Ken 1993b: "Revived Cornish". In: Martin J. Ball, James Fife (Hgg.): *The Celtic languages.* (Routledge language family descriptions) London: Routledge. S. 644-654.

Görnandt, Caroline 2000: *Cornwall: Somerset, Devon, Dorset [mit Bath und Bristol].* (DuMont-Reise-Taschenbuch; 2187) Köln: DuMont-Reiseverlag. [Erneut aufgelegt 2004]

*Gorseth Kernow 1928: *Programme of the Gorsedd of the Bards held at the stone circle of Boscawen-Un on Friday, the 21st of September, 1928, to inaugurate a Cornish Gorsedd.* St Ives: Lanham.

Government Office for the South West 2000: *An independent academic study on Cornish: final.* [Internet] <http://www.gosw.gov.uk/docbank/Cornishlang.pdf> (20.8.2002).

Grabes, Herbert 2001: "Introduction: 'writing the nation' in a literal sense". In: *Id.* (Hg.) 2001: *Writing the early modern English nation: the transformation of national identity in sixteenth- and seventeenth-century England.* (Costerus NS; 137) Amsterdam: Rodopi. S. IX-XV.

Grabes, Herbert (Hg.) 2001: *Writing the early modern English nation: the transformation of national identity in sixteenth- and seventeenth-century England.* (Costerus NS; 137) Amsterdam: Rodopi.

Great Western Railway [5]1924: *The Cornish Riviera, within easy reach of London, the Midlands and the North.* London: GWR Company. [[1]1904; geschr. von A. M. Broadley]

*Green, Royston 1981: *The national question in Cornwall: a historical review.* (Our history; 74) London: Communist Party / History Group.

Greenberg, William 1969: *The flags of the forgotten: nationalism on the Celtic fringe.* Brighton: Clifton.

Greenfeld, Liah 1992: *Nationalism: five roads to modernity.* Cambridge, Mass.: Harvard Univ. Press.

*Gregory, Colin 1991: *Cornwall rugby champions.* London: Partridge.

*Gregory, Colin 1997: "Celebrating all that's Cornish". In: *Western morning news,* 16. Mai 1997. "Kernow 500"-Beilage, S. 3.

"Gwas Myghal"; i.e. Henry Jenner (q.v.).

Hacking, Ian 1999: *The social construction of what?* Cambridge, Mass.: Harvard Univ. Press.

Haesly, Richard 2005: "Identifying Scotland and Wales: types of Scottish and Welsh national identities". In: *Nations and nationalism* 11 (2005), 2. S. 243-263.

"Haldreyn"; i.e. William Morris (q.v.).

Hale, Amy 1997a: "Genesis of the Celto-Cornish revival?: L.C. Duncombe-Jewell and the Cowethas Kelto-Kernuak". In: Philip Payton (Hg.): *Cornish studies, second series: five.* Exeter: Univ. of Exeter Press. S. 100-111.

Hale, Amy 1997b: "Rethinking Celtic Cornwall: an ethnographic approach". In: Philip Payton (Hg.): *Cornish studies, second series: five.* Exeter: Univ. of Exeter Press. S. 84-99.

Hale, Amy 1998a: *Gathering the fragments: performing contemporary Celtic identities in Cornwall.* PhD-Diss., University of California Los Angeles. [Nachdr. Ann Arbor: UMI. 2002.]

Hale, Amy 1998b: "The Old Cornwall Societies and the Cornish-Celtic revival". In: *Celtic history & literature review* 2 (1998). S. 42-47.

Hale, Amy 2002a: "Cornish Studies and Cornish culture(s): valuations and directions". In: Philip Payton (Hg.): *Cornish studies, second series: ten.* Exeter: Univ. of Exeter Press. S. 240-251.

Hale, Amy 2002b: "Whose Celtic Cornwall?: the ethnic Cornish meet Celtic spirituality". In: David C. Harvey, Rhys Jones, Neil McInroy, Christine Milligan (Hgg.): *Celtic geographies: old culture, new times.* (Critical geographies) London: Routledge. S. 157-170.

Hale, Amy, Shannon Thornton 2000: "Pagans, pipers and politicos: constructing 'Celtic' in a festival context". In: Amy Hale, Philip Payton (Hgg.): *New directions in Celtic studies.* Exeter: Univ. of Exeter Press. S. 97-107.

Hall, Stuart 1996: "The question of cultural identity". In: *Id.,* David Held, Don Hubert, Kenneth Thompson (Hgg.): *Modernity: an introduction to modern societies.* Malden, Mass.: Blackwell. S. 595-634.

Halliday, F[rank]. E[rnest]. [2]1975: *A history of Cornwall.* London: Duckworth. [[1]1959]

*Hambly, Edmund Henry (1999)a: "Dew genes, a Gernow = God be with you, Cornwall". In: Tim Saunders (Hg.): *The wheel: an anthology of modern poetry in Cornish 1850-1980.* London: Boutle. S. 104/105. [Erstm. 1933; in der Vorlage fälschlicherweise "Gerenow"]

*Hambly, Edmund Henry (1999)b: "Mebyon Kernow = Sons of Cornwall". In: Tim Saunders (Hg.): *The wheel: an anthology of modern poetry in Cornish 1850-1980.* London: Boutle. S. 104/105. [Erstm. 1973]

Härke, Heinrich 1995: "Finding Britons in Anglo-Saxon graves". In: *British Archaeology* 10 (1995). [Internet] <http://www.britarch.ac.uk/ba/ba10/ba10feat.html> (4.10.2005).

*Hart, Graham 2005: "Heroes waiting to be made". In: *Cornish world* 41 (2005). S. 46-48.

Harvey, David C., Rhys Jones, Neil McInroy, Christine Milligan 2002: "Timing and spacing Celtic geographies". In: Idd. (Hgg.): *Celtic geographies: old culture, new times*. (Critical geographies) London: Routledge. S. 1-17.

Harvey, R.G., M.T. Smith, S. Sherren, L. Bailey, S.J. Hyndman 1986: "How Celtic are the Cornish?: a study of biological affinities". In: *Man* N.S. 21 (1986), 2. S. 177-201.

Haslam, Graham 1991: "Patronising the plotters: the advent of systematic estate mapping". In: Katherine Barker, Roger J.P. Kain (Hgg.): *Maps and history in south-west England*. (Exeter studies in history; 31) Exeter: Univ. of Exeter Press. S. 55-71.

Hastings, Adrian 1997: *The construction of nationhood: ethnicity, religion, nationalism*. (The Wiles Lectures given at the Queen's University of Belfast) Cambridge: Cambridge Univ. Press.

Haverfield, F[rancis]. 1924: *A history of the county of Cornwall. Part 5: Romano-British remains*, hrsg. von William Page. (The Victoria history of the counties of England) London: St Catherine Press.

Havinden, Michael, Jean Quéniart, Jeffrey Stanyer (Hgg.) 1991: *Centre et périphérie: Bretagne, Cornouailles/Devon: étude comparée = Centre and periphery: a comparative study of Brittany and Cornwall & Devon*. Exeter: Univ. of Exeter Press.

*Hawkins, Kit 1990: "Short history of the constitutional position of Cornwall". In: *Kernow* (1990), [8]. S. 3-4.

Hayes, Carlton J.H. 1960: *Nationalism: a religion*. New York: Macmillan.

Hearl, Derek, Adrian Lee, Michael Rush, Jeffrey Stanyer 1991: "Politics & government in the far south west". In: Michael Havinden, Jean Quéniart, Jeffrey Stanyer (Hgg.): *Centre et périphérie: Bretagne, Cornouailles/Devon: étude comparée = Centre and periphery: a comparative study of Brittany and Cornwall & Devon*. Exeter: Univ. of Exeter Press. S. 203-213.

Heath, Sidney [1911]: *The Cornish Riviera*. Ill. von E.W. Haslehust. (Beautiful England) London: Blackie and Son.

Hechter, Michael 1975: *Internal colonialism: the Celtic fringe in British national development, 1536-1966*. (International library of sociology) London: Routledge and Kegan Paul.

Heinz, Sabine 1998: "Zur Geschichte der Berliner Keltologie bis 1945". In: *Beiträge zur Geschichte der Sprachwissenschaft* 8 (1998), 2. S. 281-286.

Helgerson, Richard 1992: *Forms of nationhood: the Elizabethan writing of England*. Chicago: Univ. of Chicago Press.

Henderson, Charles 1935: *Essays in Cornish history*, hrsg. von A.L. Rowse und M.I. Henderson. Oxford: Clarendon.

Herbert, A.P. 1965: "Foreword". In: George Thayer: *The British political fringe: a profile*. London: Blond. S. 5-9.

Higham, Nicholas [J.] 1992: *Rome, Britain and the Anglo-Saxons*. (The archaeology of change) London: Seaby.

Hill, Christopher 1989: "The English Revolution and patriotism". In: Raphael Samuel (Hg.): *Patriotism: the making and unmaking of British national identity. Vol. I: History and politics*. (History Workshop series) London: Routledge. S. 159-168.

Hill, J[onathan].D[avid]. 1995: "The Pre-Roman Iron Age in Britain and Ireland (ca. 800 B.C. to A.D. 100): an overview". In: *Journal of world prehistory* 9 (1995), 1. S. 47-98.

Hoare, Rachel 2001-2002: "Language attitudes and perceptions of identity in Brittany". In: *Teanga* 20 (2001-2002). S. 163-192. [Ersch. 2004]

Hobsbawm, Eric [J.] 1983: "Introduction: inventing traditions". In: *Id*., Terence Ranger (Hgg.): *The invention of tradition*. (Past and present publications) Cambridge: Cambridge Univ. Press. S. 1-14.

Hobsbawm, E[ric]. J. 1990: *Nations and nationalism since 1780: programme, myth, reality.* (The Wiles lectures given at The Queen's University Belfast) Cambridge: Cambridge Univ. Press.

Hobsbawm, E[ric]. J. 1992: "Ethnicity and nationalism in Europe today". In: *Anthropology today* 8 (1992), 1. S. 3-8.

Hobsbawm, Eric [J.], Terence Ranger (Hgg.) 1983: *The invention of tradition.* (Past and present publications) Cambridge: Cambridge Univ. Press.

*Hodge, Pol (1997): "The Queen's English". In: Thomas Rain Crowe, Gwendal Denez, Tom Hubbard (Hgg.): *Writing the wind: a Celtic resurgence. The new Celtic poetry. Welsh, Breton, Irish Gaelic, Scottish Gaelic, Cornish, Manx.* Cullowhee, N.C.: New Native Press. S. 310. [Erstm. 1997]

*Hodge, Pol 1999: *Cornwall's secret war: the true story of the Prayer Book War.* o.O.: Kowethas an Yeth Kernewek.

*Hooper, E[rnest].G[eorge].R[etallack]. (1999): "Mebyon Kernow = Sons of Cornwall". In: Tim Saunders (Hg.): *The wheel: an anthology of modern poetry in Cornish 1850-1980.* London: Boutle. S. 118/119. [Erstm. 1965]

Hoskins, W[illiam].G[eorge]. 1960: *The westward expansion of Wessex: with a suppl. to the early charters of Devon and Cornwall by H.P.R. Finberg* (Department of English Local History occasional papers; 13) Leicester: Leicester Univ. Press.

*Hough, Mary 2006: "My Cornwall". In: Les Merton (Hg.): *101 poets for a Cornish Assembly.* Bristol: Boho Press. S. 57.

Hroch, Miroslav 1985: *Social preconditions of national revival in Europe: a comparative analysis of the social composition of patriotic groups among the smaller European nations.* Cambridge: Cambridge Univ. Press.

Hume, David (1994): "Of national characters". In: *Id.: Political essays,* hrsg. von Knud Haakonssen. (Cambridge texts in the history of political thought) Cambridge: Cambridge Univ. Press. S. 78-92. [Erstm. 1748]

*Hunt, Robert (1993): *The drolls, traditions, and superstitions of old Cornwall (Popular romances of the west of England). First series: Giants, fairies, Tregagle, mermaids, rocks, lost cities, fire worship, demons and spectres.* Felinfach: Llanerch. [Faks. der Ausg. London: Chatto and Windus, ³1881. ¹1865]

Hutchinson, John 1987: *The dynamics of cultural nationalism: the Gaelic revival and the creation of the Irish nation state.* London: Allen and Unwin.

Hutchinson, John 1994: *Modern nationalism.* (Fontana movements and ideas) London: Fontana.

Hyatt, Keith H. 1993: "The acarine fauna of the Isles of Scilly". In: Philip Payton (Hg.): *Cornish studies, second series: one.* Exeter: Univ. of Exeter Press. S. 120-161.

Ignatieff, Michael 1999: "Nationalism and the narcissism of minor differences". In: Ronald Beiner (Hg.): *Theorizing nationalism.* (SUNY series in political theory: contemporary issues) New York: State Univ. of New York Press. S. 91-102. [Erstm. 1995]

[*IHD*] Edmund Curtis, R[obert].B[rendan]. McDowell (Hgg.) ²1968: *Irish historical documents, 1172-1922.* (Methuen library reprints) London: Methuen. [¹1943]

*Ivey, Allen E. 1996: "Cornish history – lost, stolen or strayed" In: *Cornish worldwide* 17 (1996). S. 5-8.

Jackson, Kenneth [Hurlstone] 1953: *Language and history in early Britain: a chronological survey of the Brittonic languages, first to twelfth century A.D.* (Edinburgh University publications: Language & literature; 4) Edinburgh: Edinburgh Univ. Press.

James, Ronald M. 1994: "Defining the group: nineteenth-century Cornish on the North American mining frontier". In: Philip Payton (Hg.): *Cornish studies, second series: two.* Exeter: Univ. of Exeter Press. S. 32-47.

James, Simon 1998: "Celts, politics and motivation in archaeology". In: *Antiquity* 72 (1998), 275. S. 200-209.

James, Simon 1999: *The Atlantic Celts: ancient people or modern invention?* London: British Museum Press.

*Jenkin, A[lfred].K[enneth]. Hamilton 1962: *The story of Cornwall*. Truro: Bradford Barton. [Erstm. 1934]

*Jenkin, Ann Trevenen 1998: "1497-1997: The Cornish uprisings and the battle of Blackheath – 500 years later". In: *Lewisham history journal* (1998), 6. S. 1-17.

*Jenkin, Ann Trevenen (2004): "Calumet, Michigan". In: Alan M. Kent (Hg.): *The dreamt sea: an anthology of Anglo-Cornish poetry 1928-2004*. London: Boutle. S. 137. [Erstm. 1997]

*Jenkin, John 1984: *A first history of Cornwall*. Redruth: Truran.

*Jenkin, Richard G. 1968: "Mebyon Kernow and the future of Cornwall". In: *The Cornish review* 2. Ser., 9 (1968). S. 5-9.

*Jenkin, Richard G. 1969: "Flag of Cornwall". In: *Cornish nation* 1 (1969), 6. S. 4.

*Jenkin, Richard [G.], Ann Jenkin 1965: *Cornwall: the hidden land* (West country handbook; 2) Bracknell: West Country Publ.

*Jenner, Henry 1904-1905: "Cornwall a Celtic nation". In: *The Celtic review* 1 (1904-1905). S. 234-246.

*Jenner, Henry (1927): "The Gorsedd of Boscawen-Un". In: *Old Cornwall* [1] (1928), 7. S. 1-6. [Vortrag von 1927]

*Jenner, Henry 1928: "The Grand Bard's letter". [Leserbrief] In: *The Cornish Gorsedd at Boscawen-Un stone circle, near St. Buryan, (September 21st, 1928)*. Penzance: The Cornishman. S. 10.

*Jenner, Henry [1982]: *A handbook of the Cornish language, chiefly in its latest stages with some account of its history and literature*. New York: AMS. [Erstm. 1904]

*Jenner, Henry (1999): "Bro goth agan tasow = Ancient land of our fathers". In: Tim Saunders (Hg.): *The wheel: an anthology of modern poetry in Cornish 1850-1980*. London: Boutle. S. 38/39. [Erstm. 1904]

*Jenner, Henry [2004]: "Bards, druids and the Gorsedd". In: Derek R. Williams (Hg.): *Henry and Katharine Jenner: a celebration of Cornwall's culture, language and identity*. London: Boutle. S. 190-196. [Aus den Jenner-Manuskripten der Courtney Library, The Royal Institution of Cornwall; geschr. um 1929]

*Jenner, Henry (o.J.): *Who are the Celts and what has Cornwall to do with them?* St Ives: Lanham. [Um 1928]

*Jobson, Robert 2003: "St Piran sign is approved". In: *Western morning news*, 26. Juli 2003. S. 18.

Johnson, Samuel ([10]1810): *A dictionary of the English language: in which the words are deduced from their originals ...* . 2 Bde. London: o.V. [Erstm. 1755]

Johnson, Samuel (1977): "Taxation no tyranny". In: *Id.: Political writings*, hrsg. von Donald J. Greene. (The Yale edition of the works of Samuel Johnson; 10) New Haven, Conn.: Yale Univ. Press. S. 411-455. [Erstm. 1775]

*Jury, Louise 1997: "Lexicon brings ancient words back to life". In: *The Independent*, 9. August 1997. S. 5.

Jusdanis, Gregory 2001: *The necessary nation*. Princeton, N.J.: Princeton Univ. Press.

Kamusella, Tomasz D.I. 2001: "Language as an instrument of nationalism in Central Europe". In: *Nations and nationalism* 7 (2001), 2. S. 235-251.

Kearney, Hugh 1989: *The British Isles: a history of four nations*. Cambridge: Cambridge Univ. Press.

Keating, Michael 1988: *State and regional nationalism: territorial politics and the European state*. New York: Harvester.

Kedourie, Elie [4]1993: *Nationalism*. Oxford: Blackwell. [[1]1960]

Kendle, John 1997: *Federal Britain: a history*. London: Routledge.

Kennedy, Neil 2002: "Fatel era ny a keel? Revived Cornish: taking stock". In: Philip Payton (Hg.): *Cornish studies, second series: ten*. Exeter: Univ. of Exeter Press. S. 283-302. [Hauptsachtitel etwa: 'Wie geht's uns denn?']

Kennedy, Peter (Hg.) 1975: *Folksongs of Britain and Ireland*. London: Cassell.

*Kent, Alan M. 1991: *Clay*. Launceston: Amigo.

*Kent, Alan [M.] 1997: "Assertive voices of Celtic nation". In: *Western morning news*, 16. Mai 1997. "Kernow 500"-Beilage, S. 4.

*Kent, Alan M. 2000: *The literature of Cornwall: continuity, identity, difference, 1000-2000*. Bristol: Redcliffe.

Kent, Alan M. 2002: "Celtic nirvanas: constructions of Celtic in contemporary British youth culture". In: David C. Harvey, Rhys Jones, Neil McInroy, Christine Milligan (Hgg.): *Celtic geographies: old culture, new times*. (Critical geographies) London: Routledge. S. 208-226.

*Kent, Alan M. (2004): "11.11.11". In: *Id.*: *The dreamt sea: an anthology of Anglo-Cornish poetry 1928-2004*. London: Boutle. S. 197. [Erstm. 2002]

*Kent, Alan M. (Hg.) 2004: *The dreamt sea: an anthology of Anglo-Cornish poetry 1928-2004*. London: Boutle.

*Kescana, Pyba (o.J.): *Nadelik: a Cornish Christmas*. [Musik-CD] [Withiel]: Kesson. [2002?]

Kidd, Colin 1999: *British identities before nationalism: ethnicity and nationhood in the Atlantic world, 1600-1800*. Cambridge: Cambridge Univ. Press.

Klein, Bernhard 1996: "'Utterly another people': Konstruktionen kultureller Differenz im Irland der frühen Neuzeit". In: *Zeitschrift für Anglistik und Amerikanistik* 44 (1996), 3. S. 249-265.

Kleinschmidt, Harald 2001: "What does the "Anglo-Saxon Chronicle" tell us about 'ethnic' origins?" In: *Studi medievali*, 3. Ser., 42 (2001), 1. S. 1-40.

Kneafsey, Moya 2000: "Rural tourism and identity: stories of change and resistance from the west of Ireland and Brittany". In: Amy Hale, Philip Payton (Hgg.): *New directions in Celtic studies*. Exeter: Univ. of Exeter Press. S. 167-196.

Kohn, Hans 1939: "The nature of nationalism". In: *American political science review* 33 (1939), 6. S. 1001-1021.

Korey, Jane Smith 1991: *As we belong to be: the ethnic movement in Cornwall, England*. PhD-Diss., Brandeis University, Waltham, Mass.

Krieger, Karl-Friedrich 1990: *Geschichte Englands von den Anfängen bis zum 15. Jahrhundert*. (Geschichte Englands in drei Bänden; 1) München: Beck.

Kunze, Rolf-Ulrich 2005: *Nation und Nationalismus*. (Kontroversen um die Geschichte) Darmstadt: Wissenschaftliche Buchges.

Kupchan, Charles A. 1995: "Nationalism resurgent". In: *Id.* (Hg.): *Nationalism and nationalities in the new Europe*. (A Council of Foreign Relations book) Ithaca: Cornell Univ. Press. S. 1-14.

Laing, Lloyd 1975: *The archaeology of late Celtic Britain and Ireland c. 400-1200 AD*. London: Methuen.

Laing, Lloyd 1979: *Celtic Britain*. (Britain before the conquest) London: Routledge and Kegan Paul.

Laing, Lloyd, Jennifer Laing 1990: *Celtic Britain and Ireland, AD 200-800: the myth of the Dark Ages*. Dublin: Irish Academic Press.

*Laity, Paul (1999): *Cornish Stannary (tin) law and institutions*. [Internet] <http://our world.compuserve.com/homepages/kernow_tgg/Laity.html> (22.10.2001).

*Laity, Paul, Tim Saunders, Alan M. Kent 2001: *The reason why: Cornwall's status in* *constitutional and international law*. [Broschüre] [Cornwall]: o.V.

*Lambert, J[ack].W[alter]. 1939: *Cornwall*. (The Penguin guides) Harmondsworth: Penguin.

Lee, Adrian 1993: "Political parties and elections". In: Philip Payton (Hg.): *Cornwall since the war: the contemporary history of a European region*. Redruth: Truran. S. 253-270.

Leerssen, Joep 1999: "Introduction: writing national literary histories in the nineteenth century". In: Menno Spiering (Hg.): *Nation building and writing literary history*. (Yearbook of European studies; 12) Amsterdam: Rodopi. S. IX-XV.

*Le Nen Davey, Kyt (Hg.) 2002: *Mammyk ker ...: all the best from Cornwall*. [Musik-CD] Bodmin: Kesson.

Levinger, Matthew, Paula Franklin Lytle 2001: "Myth and mobilisation: the triadic structure of nationalist rhetoric". In: *Nations and nationalism* 7 (2001), 2. S. 175-194.

Lewis, George Randall 1908: *The stannaries: a study of the English tin miner*. (Harvard economic studies; 3) Boston: Houghton, Mifflin and Co.

Lhuyd, Edward (2000): *Archæologia Britannica, giving some account additional to what has been hitherto publish'd, of the languages, histories and customs of the original inhabitants of Great Britain: from collections and observations in travels through Wales, Cornwal [sic!], Bas-Bretagne, Ireland and Scotland. Vol. I: Glossography*. (Celtic linguistics, 1700-1850; 2) London: Routledge. [Faks. der Erstausg. Oxford: [Lhuyd], 1707]

*Liberal Democrats 2001: *Andrew George*. [Internet] <http://www.libdems.org.uk/index.cfm?page=whois&section=people&wid=19&wgroup=mp> (22.10.2001).

"Liberals' idea of independence for Cornwall welcomed". In: *The West Briton*, 6. Oktober 1977. S. 9.

Llobera, Josep R. 1994: *The god of modernity: the development of nationalism in Western Europe*. (Berg European studies series) Oxford: Berg.

Local Government Commission for England 1994: *The future local government of Cornwall: draft recommendations. A report to local residents*. London: HMSO.

Löffler, Marion 2004: "Der Pankeltismus vor dem Ersten Weltkrieg im europäischen Kontext". In: Erich Poppe (Hg.): *Keltologie heute: Themen und Fragestellungen. Akten des 3. Deutschen Keltologensymposiums, Marburg, März 2001*. (Studien und Texte zur Keltologie; 6) Münster: Nodus. S. 271-289.

*"Lowender Peran: origins". [1999] [Internet] <http://www.an-daras.com/lp_origin_m.asp> (14.3.2004).

*"Lowender Peran programme 2004". 2004. [Internet] <http://www.an-daras.com/w_lp/programme.htm> (6.10.2004).

Lowenna, Sharon 2004: "'Noscitur a sociis': Jenner, Duncombe-Jewell and their milieu". In: Philip Payton (Hg.): *Cornish studies, second series: twelve*. Exeter: Univ. of Exeter Press. S. 60-87. [Ersch. 2005]

Lowenthal, David 1994: "Identity, heritage, and history". In: John R. Gillis (Hg.): *Commemorations: the politics of national identity*. Princeton, N.J.: Princeton Univ. Press. S. 41-57.

*Lyon, R. Trevelyan 2001: *Cornish: the struggle for survival*. o.O.: Tavas an Weryn.

McArthur, Mary 1988: *The Cornish: a case study in ethnicity*. M.Sc.-Abschlussarb., Universität Bristol.

McCrone, David 1989: "Representing Scotland: culture and nationalism". In: *Id.*, Stephen Kendrick, Pat Straw (Hgg.): *The making of Scotland: nation, culture and social change*. (Explorations in sociology; 29) Edinburgh: Edinburgh Univ. Press. S. 161-174.

McCrone, David 1998: *The sociology of nationalism: tomorrow's ancestors*. (International library of sociology) London: Routledge.

McDonald, Maryon 1989: *'We are not French!': language, culture and identity in Brittany*. London: Routledge.

Macdonald, Sharon 1993: "Identity complexes in western Europe: social anthropological per-spectives". In: *Id.* (Hg.): *Inside European identities: ethnography in western Europe.* (Berg ethnic identities series) Oxford: Berg. S. 1-26.

Mac Eoin, Gearóid 1991: "The modern Celts". In: Sabatino Moscati (Hg.): *The Celts.* (*I Celti*; engl.) Milano: Bompiani. S. 671-674.

*Mac Neacaill, Tomás (1999): "An venen goth = The old woman". In: Tim Saunders (Hg.): *The wheel: an anthology of modern poetry in Cornish 1850-1980.* London: Boutle. S. 130/131. [Erstm. 1953]

*Mais, S[tuart].P[etre].B[rodie]. ³1934: *The Cornish Riviera.* London: Great Western Railway Company. [¹1928]

Máiz, Ramón 1994: "The open-ended construction of a nation: the Galician case in Spain". In: Justo G. Beramendi, Ramón Máiz, Xosé M. Núñez (Hgg.): *Nationalism in Europe past and present: actas do congreso internacional os nacionalismos en Europa pasado e presente, Santiago de Compostela, 27-29 de Setembro de 1993.* Bd. II. (Cursos e congresos da Uni-versidade de Santiago de Compostela; 84) Santiago de Compostela: Univ. de Santiago de Compostela. S. 173-208.

Makem, Tommy (2006): "Four green fields". [Internet] <http://www.makem.com/disco graphy/recordings/lyricpage/fourgreenfields.html> (30.6.2006). [Um 1967]

Mallory, J[ames].P. 1989: *In search of the Indo-Europeans: language, archaeology and myth.* London: Thames and Hudson.

Markale, Jean 1979: *Histoire secrète de la Bretagne.* (Le livre de poche; 5265) [Paris]: Michel. [Erstm. 1977]

Martin, F.X. ²1976: "The evolution of a myth: the Easter Rising, Dublin 1916". In: Eugene Kamenka (Hg.): *Nationalism: the nature and evolution of an idea.* London: Arnold. S. 56-80. [¹1973]

May, Stephen 2001: *Language and minority rights: ethnicity, nationalism and the politics of language.* (Language in social life series) Harlow: Longman.

*Mebyon Kernow 1968: *What Cornishmen can do: a statement on the economic development of Cornwall.* [Redruth?]: Mebyon Kernow.

*Mebyon Kernow 1970: [Ohne Titel, etwa "Editorial"]. In: *Cornish nation* 2 (1970), 1. S. 1.

*Mebyon Kernow 1984: *Making our own decisions: Mebyon Kernow policies for Cornwall.* [Redruth]: Gwerthow Mebyon Kernow.

*Mebyon Kernow 1997: *1997 is the year that matters: press release 30-01-97.* [Internet] <http ://www.manxman.co.im/cleague/mebyon.html> (22.10.2001).

*Mebyon Kernow [1999]a: *A fresh start for Cornwall: the manifesto of Mebyon Kernow - the Party for Cornwall.* (Cornish nation special publication) St Columb: Mebyon Kernow.

*Mebyon Kernow 1999b: *Manifesto.* [Internet] <http://members.tripod.co.uk/ trebell/manifesto.html> (17.10.2001).

*Mebyon Kernow (1999)c: *Mebyon Kernow homepage.* [Internet] <http://www.caradon flm.freeserve.co.uk/mk/MK.htm> (6.8.1999).

*Mebyon Kernow (2001)a: *The history of MK.* [Internet] <http://members.tripod.co .uk/trebell/history.html> (17.10.2001).

*Mebyon Kernow 2001b: "MK demands for Cornwall". In: *Cornish nation* 21 (2001). S. 11.

*Mebyon Kernow 2001c: "Spotlight on the election campaign". In: *Cornish nation* 22 (2001). S. 6-8.

*Mebyon Kernow (o.J.): *The little known history of Cornwall: a stamp for Cornwall.* Redruth: Mebyon Kernow Publ. [Um 1975]

Mebyon Kernow unofficial Australian site. (2005) [Internet] <http://members.oze

mail.com.au/~kevrenor/mk.htm>, Forts. <~mk2.htm> (22.7.2005).

*Mee, Arthur (Hg.) 1937: *Cornwall: England's farthest south.* (The King's England) London: Hodder and Stoughton. [Nachdr. 1947]

Megaw, J[ohn].V[incent].S[tanley]., M.R[uth]. Megaw 1996: "Ancient Celts and modern ethnicity". In: *Antiquity* 70 (1996), 267. S. 175-181.

Megaw, J[ohn].V[incent].S[tanley]., M.R[uth]. Megaw 1998: "'The mechanism of (Celtic) dreams?': a partial response to our critics". In: *Antiquity* 72 (1998), 276. S. 432-435.

Megaw, [M.] Ruth, [John] Vincent [Stanley] Megaw 1999: "Celtic connections past and present: Celtic ethnicity ancient and modern". In: Ronald Black, William Gillies, Roibeard Ó Maolalaigh (Hgg.): *Celtic connections: proceedings of the tenth International Congress of Celtic Studies. Vol. one: Language, literature, history, culture.* East Linton: Tuckwell Press. S. 19-81.

Meid, Wolfgang 1999: "Keltisch und die keltischen Sprachen – Sprachgeschichte und Überlieferung". In: Ingeborg Ohnheiser, Manfred Kienpointner, Helmut Kalb (Hgg.): *Sprachen in Europa: Sprachsituation und Sprachpolitik in europäischen Ländern.* (Innsbrucker Beiträge zur Kulturwissenschaft; 30) Innsbruck: Univ. Innsbruck, Inst. für Sprachwissenschaft. S. 209-236.

*Merton, Les 2003a: *Oall rite me ansum?: a salute to Cornish dialect.* Newbury: Countryside.

*Merton, Les 2003b: *The official encyclopædia of the Cornish pasty.* Redruth: Palores.

*Merton, Les (Hg.) 2006: *101 poets for a Cornish Assembly.* Bristol: Boho Press.

Milden, Kayleigh 2004: "'Are you Church or Chapel?': perceptions of spatial and spiritual identity within Cornish Methodism". In: Philip Payton (Hg.): *Cornish studies, second series: twelve.* Exeter: Univ. of Exeter Press. S. 144-165. [Ersch. 2005]

Mill, John Stuart (1991): "Considerations on representative government". In: *Id.: On liberty, and other essays*, hrsg. von John Gray. (The world's classics) Oxford: Oxford Univ. Press. S. 203-467. [Erstm. 1861]

Mindenhall, Dorothy 2000: "Choosing the group: nineteenth-century non-mining Cornish in British Columbia". In: Philip Payton (Hg.): *Cornish studies, second series: eight.* Exeter: Univ. of Exeter Press. S. 40-53.

*Miners, Hugh ("Den Toll") 1978: *Gorseth Kernow: the first 50 years.* Penzance: Gorseth Kernow.

Minogue, K[enneth].R. 1976: "Nationalism and the patriotism of city-states". In: Anthony D. Smith (Hg.): *Nationalist movements.* London: Macmillan. S. 54-73, S. 160-162.

Moffat, Alistair 2001: *The sea kingdoms: the story of Celtic Britain and Ireland.* London: Harper Collins.

Morgan, Bryn 2001: *General Election results, 7 June 2001.* (Research paper / House of Commons Library; 01/54) [Internet] <http://www.parliament.uk/commons/lib/research/rp2001/rp01-054.pdf> (12.5.2005).

Morgan, Prys 1983: "From a death to a view: the hunt for the Welsh past in the Romantic period". In: Eric Hobsbawm, Terence Ranger (Hgg.): *The invention of tradition.* (Past and present publications) Cambridge: Cambridge Univ. Press. S. 43-100.

*Morris, William ²1976: *The Gorsedd and its bards in Britain.* Penzance: Gorseth Kernow. [¹1974]

*Morse, John 1998: "Liaison officer's claim hardly seems to tally". [Leserbrief] In: *The West Briton*, 25. Juni 1998. S. 40.

*Murley, Colin 2001: *Background to the removal of English Heritage signs.* [Internet] <http://www.cornish-stannary-parliament.abelgratis.com/page22.html>, Forts. <~/page23.html> (13.8.2001).

*Murley, Colin, Ray Pascoe, [Ernest] Rod[ney] Nute (Hgg.) 1996: *Cornwall, one of the four* *nations of Britain: an introduction to the link between Cornwall's past, present and future.* Redruth: Cornish Stannary Publ.

Myhill, John 2006: *Language, religion and national identity in Europe and the Middle East: a historical study.* (Discourse approaches to politics, society and culture; 21) Amsterdam: Benjamins.

Nairn, Tom [2]1981: *The break-up of Britain: crisis and neo-nationalism.* London: Verso. [[1]1977]

*Naked Feet 2002: *Fire.* [Musik-CD] o.O.: Cornish Rock.

*Nance, R[obert]. Morton 1925: "What we stand for". In: *Old Cornwall* [1] (1925), 1. S. 3-6.

*Nance, R[obert]. Morton 1928: "Cornwall and the Gorsedd". In: Trelawny Roberts, Charles Henderson (Hgg.): *Tre Pol and Pen: the Cornish annual, 1928.* London: Dodsworth (London Cornish Association). S. 97-99.

*Nance, R[obert]. Morton 1951: "The Cornish Gorsedd". In: *The Cornish review* 7 (1951). S. 22-27.

Nance, R[obert]. Morton 1973: "When was Cornish last spoken traditionally?" In: *Journal of the Royal Institution of Cornwall* N.S. 7 (1973-1974), 1. S. 76-82.

*Nance, R[obert]. Morton (1990): *Gerlyver noweth Kernewek-Sawsnek ha Sawsnek-Kernewek = A new Cornish-English and English-Cornish dictionary.* Redruth: Truran. [Erstm. 1938]

*Nance, Robert Morton (1999): "Dynergh dhe dus a Vreten Vyghan = Welcome to men from Brittany". In: Tim Saunders (Hg.): *The wheel: an anthology of modern poetry in Cornish 1850-1980.* London: Boutle. S. 52/53-54/55. [Erstm. 1929]

**New Cornwall.* [Hayle: Jenkin]. 1952 – ca. 1962.

*Newlyn Reelers Band 1988: *A bit more rosin.* [Musik-CD] o.O.: New Sentinel.

Newman, Gerald 1987: *The rise of English nationalism: a cultural history, 1740-1830.* New York: St Martin's Press.

*Norden, John (1966): *A topographical and historical description of Cornwall.* (Speculi Britanniae pars) Newcastle upon Tyne: Frank Graham. [Nachdr. der Ausg. London: William Pearson, 1728; geschr. zwischen 1584 und 1610]

Norris, Edwin (Hg.) (1968): *The ancient Cornish drama.* 2 Bde. London: Blom. [Erstm. 1859]

*"Number plate rebel with Cornish cause defies law". In: *The Cornishman,* 7. März 2002. S. 3.

Núñez Seixas, Xosé-Manoel 1996: "Die galicische Nationalbewegung (1840-1939): ein historischer Überblick". In: *Lusorama* 30 (1996). S. 91-110.

Nünning, Vera 2003: "A 'usable past': fictions of memory and British national identity". In: *Journal for the study of British cultures* 10 (2003), 1. S. 27-48.

*Nute, E[rnest].R[odney]. 1998-1999: "The Cornish question: a brief explanation (past and present)". In: *Stannary information paper,* August 1998 - Januar 1999. S. [3-7].

*Nute, Rod[ney] E[rnest]., Colin F. Murley 2000: *The national identity of Cornwall and the Cornish: a presentation of facts to the Council of Europe, ...* (Bearb.: Cornish Stannary Parliament) [Camborne]: Stannary Information Office.

*Oates, David 2002: "From painful farewell to a community in cyber-space". In: *Western morning news,* 7. Mai 2002. S. 24f.

*O'Connor, Mike [2]2003: *Ilow Kernow: Cornish instrumental tradition; the resource.* Wadebridge: Lyngham House. [Erstm. 2000]

*O'Connor, Mike (Hg.) 2000: *The cry of tin: a musical documentary drama by Cornwall Songwriters.* Wadebridge: Lyngham House.

[OED] *The Oxford English Dictionary.* [2]1989, bearb. von J.A. Simpson und E.S.C. Weiner. Oxford: Clarendon. [Erstm. 1884-1928]

O'Leary, Cornelius 1976-1977: "Celtic nationalism: a study of ethnic movements in the British Isles". In: *The Jerusalem journal of international relations* 2 (1976-1977), 2. S. 51-73.

*Ó Luain, Cathal (Hg.) [1983]: *For a Celtic future: a tribute to Alan Heusaff.* Dublin: The Celtic

League.

Ó Lúing, Seán 1994: "Celtic scholars of Germany: a brief survey". In: *Zeitschrift für celtische Philologie* 46 (1994). S. 249-271.

Ó Murchú, Máirtín 1993: "Aspects of the societal status of Modern Irish". In: Martin J. Ball, James Fife (Hgg.): *The Celtic languages.* (Routledge language family descriptions) London: Routledge. S. 471-490.

O'Neill, Tom 2006: "Celt appeal". In: *National geographic* 209 (März 2006), 3. S. 74-95.

O'Reilly, Camille C. 2003: "When a language is 'just symbolic': reconsidering the significance of language to the politics of identity". In: Gabrielle Hogan-Brun, Stefan Wolff (Hgg.): *Minority languages in Europe: frameworks, status, prospects.* Basingstoke: Palgrave Macmillan. S. 16-33.

Özkırımlı, Umut 2000: *Theories of nationalism: a critical introduction.* Basingstoke: Macmillan.

Özkırımlı, Umut 2005: *Contemporary debates on nationalism: a critical engagement.* Basingstoke: Palgrave Macmillan.

Padel, O[liver].J[ames]. 1994: "The nature of Arthur". In: *Cambrian medieval Celtic studies* (1994), 27. S. 1-31.

Padel, O[liver].J[ames]. 1999: "Place-names". In: Roger Kain, William Ravenhill (Hgg.): *Historical atlas of south-west England.* Exeter: Univ. of Exeter Press. S. 88-94.

*Parker, Simon 2002a: "Signing up for the bilingual revolution". In: *Western morning news*, 22. Oktober 2002. S. 22f.

*Parker, Simon 2002b: "Taking pride in St Piran". In: *Western morning news*, 5. März 2002. "Living Cornwall"-Beilage, S. 1.

*Parker, Simon (Hg.) 1998: *Cornwall marches on! Keskerdh Kernow 500.* Redruth: Keskerdh Kernow.

Parry, John J. 1946: "The revival of Cornish: an dasserghyans Kernewek". In: *Publications of the Modern Language Association* 61 (1946), 1. S. 258-268.

Partridge, Simon 1999: *The British union state: imperial hangover or flexible citizens' home?* (Catalyst pamphlet; 4) London: The Catalyst Trust. [Internet] <http://www.catalyst forum.org.uk/pdf/bpus.pdf> (20.9.2004).

*Pascoe, Harry 1928: "Cornish wrestling". In: Trelawny Roberts, Charles Henderson (Hgg.): *Tre Pol and Pen: the Cornish annual, 1928.* London: Dodsworth (London Cornish Association). S. 63-69.

*Payton, P[hilip]. J. 1973: "The Cornish rebellions". In: *Cornish nation* 2 (1973), 13. S. 79-81.

*Payton, P[hilip]. J. 1974: "An baner Kernewek". In: *Cornish nation* 2 (1974), 17. S. 75-76.

Payton, Philip John 1989: *Modern Cornwall: the changing nature of peripherality.* PhD-Diss., Polytechnic South West, [Plymouth].

Payton, Philip [J.] 1992: *The making of modern Cornwall: historical experience and the persistence of 'difference'.* Redruth: Truran.

Payton, Philip [J.] 1993a: "'a ... concealed envy against the English': a note on the aftermath of the 1497 rebellions in Cornwall". In: *Id.* (Hg.): *Cornish studies, second series: one.* Exeter: Univ. of Exeter Press. S. 4-13.

Payton, Philip [J.] 1993b: "Introduction". In: *Id.* (Hg.): *Cornish studies, second series: one.* Exeter: Univ. of Exeter Press. S. 1-3.

Payton, Philip [J.] 1993c: "Introduction". In: *Id.* (Hg.): *Cornwall since the war: the contemporary history of a European region.* Redruth: Truran. S. 1-4.

Payton, Philip [J.] 1993d: "Territory and identity". In: *Id.* (Hg.): *Cornwall since the war: the contemporary history of a European region.* Redruth: Truran. S. 224-252.

Payton, Philip [J.] 1995: "Introduction". In: *Id.* (Hg.): *Cornish studies, second series: three.*

Exeter: Univ. of Exeter Press. S. 1-6.

Payton, Philip [J.] 1996: *Cornwall*. Fowey: Alexander Ass.

Payton, Philip [J.] 1997a: "Identity, ideology and language in modern Cornwall". In: Hildegard L.C. Tristram (Hg.): *The Celtic Englishes*. (Anglistische Forschungen; 247) Heidelberg: Winter. S. 100-122.

Payton, Philip [J.] 1997b: "Paralysis and revival: the reconstruction of Celtic-Catholic Cornwall 1890-1945". In: Ella Westland (Hg.): *Cornwall: the cultural construction of place*. Penzance: Patten. S. 25-39.

Payton, Philip [J.] 1999: *The Cornish overseas*. Fowey: Alexander Ass.

Payton, Philip [J.] 2000a: "Cornish". In: Glanville Price (Hg.): *Languages in Britain & Ireland*. Oxford: Blackwell. S. 109-119.

Payton, Philip [J.] 2000b: "Re-inventing Celtic Australia". In: Amy Hale, Philip Payton (Hgg.): *New directions in Celtic studies*. Exeter: Univ. of Exeter Press. S. 108-125.

Payton, Philip [J.] 2002a: *Cornwall's history: an introduction*. Redruth: Tor Mark Press.

Payton, Philip [J.] 2002b: "Industrial Celts?: Cornish identity in the age of technological prowess". In: *Id.* (Hg.): *Cornish studies, second series: ten*. Exeter: Univ. of Exeter Press. S. 116-135.

Payton, Philip [J.] 2002c: *... a vision of Cornwall*. Fowey: Alexander Ass.

Payton, Philip [J.] 2003: "Dr Rowse turns in his grave: [Rezension von] John Chynoweth, Tudor Cornwall, Tempus, 2002". In: *Cornish history* [Online-Zeitschrift] <http://www.mar jon.ac.uk/cornish-history/reviews/tudor cornwall.pdf> (7.1.2004).

Payton, Philip [J.] 2004: "Introduction". In: *Id.* (Hg.): *Cornish studies, second series: twelve*. Exeter: Univ. of Exeter Press. S. 1-12. [Ersch. 2005]

Payton, Philip [J.] 2005: *A.L. Rowse and Cornwall: a paradoxical patriot*. Exeter: Univ. of Exeter Press.

*Payton, Philip [J.] (Hg.) 2000: *Cornwall for ever! = Kernow bys vyken!* Lostwithiel: Cornwall Heritage Trust.

Payton, Philip [J.], Paul Thornton 1995: "The Great Western Railway and the Cornish-Celtic revival". In: Philip Payton (Hg.): *Cornish studies, second series: three*. Exeter: Univ. of Exeter Press. S. 83-103.

Pearce, Susan [M.] 1978: *The kingdom of Dumnonia: studies in the history and tradition in south-western Britain, A.D. 350-1150*. Padstow: Lodenek.

*Pengelly, E.J. 2002: "Tamar is integral part of Cornish territory". [Leserbrief] In: *Western morning news*, 23. April 2002. "Western morning views"-Beilage, S. 6.

*Pengelly, Nigel 2005: "Foreword". In: *Cornish world* 42 (2005). S. 3.

*Pengelly, Nigel (Hg.) 2003: "What does it mean to be Cornish?" In: *Cornish world* 35 (2003). S. 20-27.

Penglase, Charles 1997: "La Bible en moyen-cornique". In: *Etudes celtiques* 33 (1997). S. 233-243.

*Penglase, Charles (2001): *The Cornish language*. [Internet] <http://www.Cornish. Heritage.care4free.net/page19.htm> (17.8.2001).

Pennington, Robert R. 1973: *Stannary law: a history of the mining law of Cornwall and Devon*. Newton Abbot: David and Charles.

Penrose, Jan 2002: "Nations, states and homelands: territory and territoriality in nationalist thought". In: *Nations and nationalism* 8 (2002), 3. S. 277-297.

*Penrose, [Mark] 1995: *How to be proper Cornish*. [Penzance]: [Penrose]. [4. Nachdr.]

Perry, Ronald 1991: "Self-image, external perceptions and development strategy in Cornwall". In: Michael Havinden, Jean Quéniart, Jeffrey Stanyer (Hgg.): *Centre et périphérie: Bretagne, Cornouailles/Devon: étude comparée = Centre and periphery: a comparative study of*

Brittany and Cornwall & Devon. Exeter: Univ. of Exeter Press. S. 230-232.

Perry, Ronald 1999a: "The changing face of Celtic tourism in Cornwall, 1875-1975". In: Philip Payton (Hg.): *Cornish studies, second series: seven.* Exeter: Univ. of Exeter Press. S. 94-106.

Perry, Ronald 1999b: "Silvanus Trevail and the development of modern tourism in Cornwall". In: *Journal of the Royal Institution of Cornwall* N.S. II; 3 (1999), 2. S. 33-43.

Perry, Ronald 2000: "Dr Payton and Mr Probert (Letter to the Editor)". [Leserbrief] In: *Cornish History Network newsletter* 7 (2000). S. 8. [Internet-Ausg.] <http://www.ex.ac.uk/chn/newsletter7.pdf> (25.10.2001).

Petersen, Jens 1994: "The transformation of the Italian national consciousness during the 19th and 20th centuries". In: Justo G. Beramendi, Ramón Máiz, Xosé M. Núñez (Hgg.): *Nationalism in Europe past and present: actas do congreso internacional os nacionalismos en Europa pasado e presente, Santiago de Compostela, 27-29 de Setembro de 1993.* Bd. I. (Cursos e congresos da Universidade de Santiago de Compostela; 84) Santiago de Compostela: Univ. de Santiago de Compostela. S. 677-690.

*Phillips, Andy 2004-2005: "The call for a Cornish Church". In: *Cornish world* 40 (2004-2005). S. 24-28.

*Phillips, N.R[oy?]. 1987: *The saffron eaters.* Exeter: Devon Books.

*Phillips, N.R[oy?]. 1996: *Horn of strangers.* Tiverton: Halsgrove.

Pocock, J[ohn].G.A. 1975: "British history: a plea for a new subject". In: *The journal of modern history* 47 (1975), 4. S. 601-621.

Pool, P[eter]. A[ubrey]. S[eymour]. 1975: *The death of Cornish (1600-1800).* Penzance: Wordens.

Pool, P[eter]. A[ubrey]. S[eymour]. 1995: *The second death of Cornish.* Redruth: Truran.

Powell, T[homas].G[eorge].E[yre]. 1958: *The Celts.* (Ancient peoples and places; 6) New York: Praeger.

Price, Glanville 1984: *The languages of Britain.* London: Arnold.

Price, Glanville 1992: "Cornish language and literature". In: *Id.* (Hg.): *The Celtic connection.* (Princess Grace Irish library; 6) Gerrards Cross: Smythe. S. 301-314.

Price, Glanville 2000: "British". In: *Id.* (Hg.): *Languages in Britain & Ireland.* Oxford: Blackwell. S. 70-77.

[Prince of Wales] HRH The Prince of Wales 2006: *HRH The Prince of Wales and The Duchess of Cornwall annual review 2006.* [Internet] <http://www.princeofwales.gov.uk/downloads/AR_2006_intro.pdf>, Forts. <~/AR_2006_part1.pdf> ... <~AR_2006_part3.pdf>, <~AR_2006_appendices.pdf> (7.8.2006).

*"Protest at the Tamar Bridge". In: *Cornish nation* 11 (1998). S. 6-7.

*Prout, Tom (2001): *Who was Trelawny?* [Internet] <http://www.trelawnys-army.org.uk/ta/tatrelny.html> (27.8.2005).

Puhle, Hans-Jürgen 1994: "Nation states, nations, and nationalisms in western and southern Europe". In: Justo G. Beramendi, Ramón Máiz, Xosé M. Núñez (Hgg.): *Nationalism in Europe past and present: actas do congreso internacional os nacionalismos en Europa pasado e presente, Santiago de Compostela, 27-29 de Setembro de 1993.* Bd. II. (Cursos e congresos da Universidade de Santiago de Compostela; 84) Santiago de Compostela: Univ. de Santiago de Compostela. S. 13-38.

*Pyba 1999: *Ilow koth a Gernow* [sic!] = *The ancient music of Cornwall.* [Musik-CD] Bodmin: Pyba.

"Q"; i.e. Arthur Quiller-Couch (q.v.).

*Quiller-Couch, Arthur [1921]: "Foreword: Cornish characteristics". In: John Kinsman: *The Cornish handbook [: the history, poetry and romance of a charming corner of England].* Cheltenham: Burrow. S. 7-16.

*Rawe, Donald R. 1972: "The nationalistic implications of the Cornish cultural revival". In: F[rank].G. Thompson (Hg.): *The Celtic experience: past and present*. (Annual book of the Celtic League) Dublin: Celtic League. S. 97-102.

*Rawe, Donald [R.] 1989a: "Esethvos Kernow: an Eisteddfod for Cornwall". In: *Cornish scene* N.S. 4 (1989). S. 47.

*Rawe, Donald R. 1989b: "Letter to the Editor". [Leserbrief] In: *Cornish scene* N.S. 4 (1989). S. 93-94.

*Rawe, Donald [R.] 1991: "The story of Cornish tartans". In: *Cornish scene* N.S. 13 (1991). S. 10-12.

*Rawe, Donald R. 1995: "A proud history of Cornish tartans". In: *Cornish world* 6 (1995). S. 19.

*Rawe, Donald R. 2003: "1497, 1549 and all that". In: *An baner Kernewek* 113 (2003). S. 5f.

*Rawe, Donald [R.] 2004a: "Arthur: man or myth?" In: *Cornish world* 39 (2004). S. 26-33.

*Rawe, Donald R. 2004b: "Journey to the North coast". In: Alan M. Kent (Hg.): *The dreamt sea: an anthology of Anglo-Cornish poetry 1928-2004*. London: Boutle. S. 140-147.

Reece, Jack E. 1977: *The Bretons against France: ethnic minority nationalism in twentieth-century Brittany*. Chapel Hill, N.C.: Univ. of North Carolina Press.

Renan, Ernest (1947): "Qu'est-ce qu'une nation?" In: Henriette Psichari (Hg.): *Œuvres complètes de Ernest Renan*. Bd. I. Paris: Calmann-Lévy. S. 887-906. [Erstm. 1882]

Renfrew, Colin 1987: *Archaeology and language: the puzzle of Indo-European origins*. London: Cape.

Renfrew, Colin 1996: "Prehistory and the identity of Europe: or, don't let's be beastly to the Hungarians". In: Paul Graves-Brown, Siân Jones, Clive Gamble (Hgg.): *Cultural identity and archaeology: the construction of European communities*. London: Routledge. S. 125-137.

Retallack Hooper, Ernest George; cf. Hooper, Ernest George Retallack.

*Richards, Alan 2000: *The Cornish tartans*. [Internet] <http://www.alanrichards.org/cornishtartan.htm> (26.8.2005).

Richardson, Paul 2000: *Cornucopia: a gastronomic tour of Britain*. London: Little Brown.

Ricœur, Paul 1971: "The model of the text: meaningful action considered as a text". In: *Social research* 38 (1971), 3. S. 529-562.

*Riley, David P. 2004: *King Arthur's realm: a history of the kingdom of Cornwall*. Ilfracombe: Stockwell.

Robbins, Keith 1988: *Nineteenth-century Britain: integration and diversity. The Ford lectures ... 1986-1987*. Oxford: Clarendon.

Robbins, Keith 1998: *Great Britain: identities, institutions and the idea of Britishness*. (The present and the past) London: Longman.

Roberts, Trelawny 1930: "The Cornishman outside Cornwall". In: The Celtic Congress (Hg.): *Celtic Congress in London, 22nd to 30th July, 1930: official handbook*. London: London Executive of the Celtic Congress. S. 58-63.

Rokkan, Stein, Derek W. Urwin 1983: *Economy, territory, identity: politics of West European peripheries*. London: Sage.

Rokkan, Stein, Derek W. Urwin (Hgg.) 1982: *The politics of territorial identity: studies in European regionalism*. London: Sage.

Rose, Richard [1970]: *The United Kingdom as a multi-national state*. (Occasional paper; 6) Glasgow: Univ. of Strathclyde, Survey Research Centre.

Rose, Richard 1982: *Understanding the United Kingdom: the territorial dimension in government*. London: Longman.

Rose, Richard, Ian McAllister 1982: *United Kingdom facts*. London: Macmillan.

Ross, Anne 1967: *Pagan Celtic Britain: studies in iconography and tradition*. London:

Routledge and Kegan Paul.

*Ross, Anne, Michael Cyprien 1985: *A traveller's guide to Celtic Britain*. London: Routledge and Kegan Paul.

Rousseau, Jean-Jacques (1964): "Du contract [sic!] social; ou, Principes du droit politique". In: Bernard Gagnebin, Marcel Raymond (Hgg.): *Oeuvres complètes de Jean-Jacques Rousseau*. Bd. 3. (Bibliothèque de la Pléiade; 169) [Paris]: Gallimard. S. 347-470. [Erstm. 1762]

Rowe, John [2]1993: *Cornwall in the age of the Industrial Revolution*. St Austell: Cornish Hillside Publ. [[1]1953]

Rowse, A.L. 1937: "The Duchy of Cornwall". In: *The nineteenth century and after* 121 (1937), 719. S. 43-56.

Rowse, A.L. 1957: *Tudor Cornwall: portrait of a society*. (The Bedford historical series; 14) London: Cape. [Erstm. 1941]

*Rowse, A.L. 1969: "On being Cornish". In: *Cornish nation* 1 (1969), 7. S. 2.

Rowse, A.L. 1981: *The expansion of Elizabethan England*. (The Elizabethan age) London: Macmillan. [Erstm. 1955]

*Rowse, A.L. (o.J.): *The little land of Cornwall*. Redruth: Truran. [Erstm. 1986]

*Royle, R.M. (1999): "An edhen dhu = The black bird". In: Tim Saunders (Hg.): *The wheel: an anthology of modern poetry in Cornish 1850-1980*. London: Boutle. S. 170/171-172/173. [Erstm. 1972]

Rush, Michael 1999: "Parliamentary boundaries and political affiliations 1918-1997". In: Roger Kain, William Ravenhill (Hgg.): *Historical atlas of south-west England*. Exeter: Univ. of Exeter Press. S. 201-205.

Sager, Peter [6]1997: *Wales: Literatur und Politik, Industrie und Landschaft*. (DuMont Kunst-Reiseführer) Köln: DuMont. [[1]1985]

*St Piran Project 2001: *Newsletter*. (Oktober 2001) o.O.: St Piran Project.

*Saltern, Ian 2004: "The argument for an Assembly". In: *Cornish world* 38 (2004). S. 49.

Samuel, Raphael 1989: "Preface". In: *Id.* (Hg.): *Patriotism: the making and unmaking of British national identity. Vol. I: History and politics*. (History Workshop series) London: Routledge. S. X-XVII.

Sandford, Mark 2003: "A Cornish Assembly?: prospects for devolution in the Duchy". In: Philip Payton (Hg.): *Cornish studies, second series: eleven*. Exeter: Univ. of Exeter Press. S. 40-56.

Sandford, Mark (2004): "English regionalism through the looking glass: perspectives on the English question from the North-East and Cornwall". [Unveröff. Ms., 23. Januar 2004. Frühere Version u.d. Titel "English regionalism through the looking glass: Cornwall and the North-East compared", Konferenzbeitrag, Regional Studies Association conference "Reinventing regions in a global economy", Pisa, 12.-15. April 2003. [Internet] <http://www.regional-studies-assoc.ac.uk/events/pisa03/sandford.pdf> (14.1.2004).]

*Saunders, Tim 1997: "Preface: Cornwall / Cornish". In: Thomas Rain Crowe, Gwendal Denez, Tom Hubbard (Hgg.): *Writing the wind: a Celtic resurgence. The new Celtic poetry. Welsh, Breton, Irish Gaelic, Scottish Gaelic, Cornish, Manx*. Cullowhee, N.C.: New Native Press. S. 279f.

Saunders, Tim 2004: "'The answer is simple': Henry Jenner and the Cornish language". In: Derek R. Williams (Hg.): *Henry and Katharine Jenner: a celebration of Cornwall's culture, language and identity*. London: Boutle. S. 35-48.

*Saunders, Tim 2006: "Dydh Dywysyanz / Election Day". In: Les Merton (Hg.): *101 poets for a Cornish Assembly*. Bristol: Boho Press. S. 88f.

*Saunders, Tim (Hg.) 1999: *The wheel: an anthology of modern poetry in Cornish 1850-1980*. London: Boutle.

Schwartz, Sharron P. 2002: "Cornish migration studies: an epistemological and paradigmatic critique". In: Philip Payton (Hg.): *Cornish studies, second series: ten.* Exeter: Univ. of Exeter Press. S. 136-165.

Seixas, Xosé-Manoel Núñez; cf. Núñez Seixas, Xosé-Manoel

Seton-Watson, Hugh 1977: *Nations and states: an enquiry into the origins of nations and the politics of nationalism.* London: Methuen.

*Severy, Merle 1977: "The Celts". In: *National geographic* 151 (Mai 1977), 5. S. 582-633.

Seward, Andy 1997: "Cornish rugby and cultural identity: a socio-historical perspective". In: Philip Payton (Hg.): *Cornish studies, second series: five.* Exeter: Univ. of Exeter Press. S. 164-179.

Seymour, Michel 2000: "Quebec and Canada at the crossroads: a nation within a nation". In: *Nations and nationalism* 6 (2000), 2. S. 227-255.

Shafer, Boyd C. 1972: *Faces of nationalism: new realities and old myths.* New York: Harcourt Brace Jovanovich.

Shakespeare, William (1998): *King Richard II,* hrsg. von Peter Ure. (The Arden Shakespeare) Walton-on-Thames: Nelson. [Erstm. um 1595]

Shaw, Ken 1991: "Elements in the notion of peripheral identity". In: Michael Havinden, Jean Quéniart, Jeffrey Stanyer (Hgg.): *Centre et périphérie: Bretagne, Cornouailles/Devon: étude comparée = Centre and periphery: a comparative study of Brittany and Cornwall & Devon.* Exeter: Univ. of Exeter Press. S. 224-227.

Sieyès, Emmanuel [Joseph] (1970): *Qu'est-ce que le Tiers état?,* hrsg. von Roberto Zapperi. (Les classiques de la pensée politique) Genève: Droz. [Erstm. 1789]

Sims-Williams, Patrick 1986: "The visionary Celt: the construction of an ethnic preconception". In: *Cambridge medieval Celtic studies* 11 (1986). S. 71-96.

Sims-Williams, Patrick 1998: "Celtomania and celtoscepticism". In: *Cambrian medieval Celtic studies* 36 (1998). S. 1-35.

Sklar, Alissa 1999: "Contested collectives: the struggle to define the "we" in the 1995 Québec referendum". In: *Southern communication journal* 64 (1999), 2. S. 106-122.

Smith, Adam (1976): *An inquiry into the nature and causes of the wealth of nations,* hrsg. von R[oy].H[utchison]. Campbell, A[ndrew].S[tewart]. Skinner, W[illiam]. B[urton]. Todd. 2 Bde. (The Glasgow edition of the works and correspondence of Adam Smith; 2) Oxford: Clarendon. [Erstm. 1776, ersch. 1775]

Smith, Anthony D. 1981: *The ethnic revival [in the modern world]* (Themes in the social sciences) Cambridge: Cambridge Univ. Press.

Smith, Anthony D. 1986: *The ethnic origins of nations.* Oxford: Blackwell.

Smith, Anthony D. 1993: *National identity.* (Ethnonationalism in comparative perspective) Reno: Univ. of Nevada Press. [Erstm. 1991]

Smith, Anthony D. 1995a: "Gastronomy or geology?: the role of nationalism in the reconstruction of nations". In: *Nations and nationalism* 1 (1995), 1. S. 3-23.

Smith, Anthony D. 1995b: *Nations and nationalism in a global era.* Cambridge: Polity Press.

Smith, Anthony D. 1998: *Nationalism and modernism: a critical survey of recent theories of nations and nationalism.* London: Routledge.

Smith, Anthony D. 2001a: "Authenticity, antiquity and archaeology". In: *Nations and nationalism* 7 (2001), 4. S. 441-449.

Smith, Anthony D. 2001b: "Interpretations of national identity". In: Alain Dieckhoff, Natividad Gutiérrez (Hgg.): *Modern roots: studies of national identity.* (Contemporary trends in European social sciences) Aldershot: Ashgate. S. 21-42.

*Smith, A[rthur].S.D. 1947: *The story of the Cornish language: its extinction and revival.* Camborne: Camborne Printing and Stationery Co.

*Smith, A[rthur].S.D. (1999)a: "An dasserghyans Kernewek = The Cornish revival". In: Tim Saunders (Hg.): *The wheel: an anthology of modern poetry in Cornish 1850-1980.* London: Boutle. S. 82/83-86/87. [Geschr. um 1935, veröff. 1957]

*Smith, A[rthur].S.D. (1999)b: "An Gwlascarer = The patriot". In: Tim Saunders (Hg.): *The wheel: an anthology of modern poetry in Cornish 1850-1980.* London: Boutle. S. 76/77. [Geschr. um 1935]

Smith, Malcolm 1998: "Genetic variation and Celtic population history". In: Philip Payton (Hg.): *Cornish studies, second series: six.* Exeter: Univ. of Exeter Press. S. 7-22.

Smutny, Florian 2004: *Das Nationale: aktuelle Impulse für die Nationalismustheorie.* (Konflikt-forschung; 16) Wien: Braumüller.

Snyder, Louis L. 1954: *The meaning of nationalism.* New Brunswick, N.J.: Rutgers Univ. Press.

*SOSKernow (1999): *The stannaries.* [Internet] <http://homepages.tesco.net/~k.wasley/stannary.htm> (3.11.1999).

*SOSKernow (2001): *Prayer book rebellion.* [Internet] <http://homepages.tesco.net/~k.wasley/Prayer.htm> (25.11.2001).

Soulsby, Ian 1986: *A history of Cornwall.* (The Darwen county history series) Chichester: Philli-more.

South West England Brand [2003]: *Brand guidelines 2003.* [Internet] <http://www.southwestbrand.info/guidelines/sw-brand-guidelines.pdf> (30.3.2005).

South West England Brand (2005)a: *Welcome to the South West England Brand centre.* [Inter-net] <http://www.southwestbrand.info> (30.3.2005).

South West England Brand (2005)b: *What is the brand?* [Internet] <http://www.southwestbrand.info/about/what-is.asp> (30.3.2005).

Spalding, Adrian 1994: "An introductory note on the wildlife of Brittany and Cornwall with special reference to the Lepidoptera". In: Philip Payton (Hg.): *Cornish studies, second series: two.* Exeter: Univ. of Exeter Press. S. 164-173.

*Spriggs, Matthew 2003: "Where Cornish was spoken and when: a provisional synthesis". In: Philip Payton (Hg.): *Cornish studies, second series: eleven.* Exeter: Univ. of Exeter Press. S. 228-269.

Stanyer, Jeffrey 1991: "Preface". In: Michael Havinden, Jean Quéniart, Jeffrey Stanyer (Hgg.): *Centre et périphérie: Bretagne, Cornouailles/Devon: étude comparée = Centre and peri-phery: a comparative study of Brittany and Cornwall & Devon.* Exeter: Univ. of Exeter Press. S. XIX.

Stephens, Meic 1976: *Linguistic minorities in Western Europe.* Llandysul: Gomer Press.

*Stevenson, Joy 2000: "Dialect deserves to be used and respected". In: *Western morning news,* 25. Juli 2000. S. 18-19.

Stevenson, Robert Louis (1911): "The English admirals" (Essay VII in "Virginibus puerisque"). In: *The works of Robert Louis Stevenson,* vol. 2. (Swanston edition) London: Chatto and Windus ... S. 372-384. [Erstm. 1881]

Stevenson, Robert Louis (1915): *Across the plains: with other memories and essays.* London: Chatto and Windus. [Erstm. 1879]

*Stokes, Whitley (Hg.) (1996): *Beunans Meriasek = Bywnans Meryasek.* o.O.: Kesva an Taves Kernewek. [Erstm. 1872 von Whitley Stokes hrsg., 1996 von Ray Edwards redigiert und mit zusätzlicher Version in *Kernewek Kemmyn* von Keith Syd hrsg.]

Stoyle, Mark [J.] 1994: *Loyalty and locality: popular allegiance in Devon during the English Civil War.* Exeter: Univ. of Exeter Press.

Stoyle, M[ark].J. 1998: "The last refuge of a scoundrel: Sir Richard Grenville and Cornish parti-cularism, 1644-6". In: *Historical research* 71 (1998), 174. S. 31-51.

Stoyle, Mark [J.] 1999: "The dissidence of despair: rebellions and identity in early modern

Cornwall". In: *Journal of British studies* 38 (1999), 4. S. 423-444.

Stoyle, Mark [J.] 2000: "English 'nationalism', Celtic particularism, and the English Civil War". In: *The historical journal* 43 (2000), 4. S. 1113-1128.

Stoyle, Mark [J.] 2002a: "Re-discovering difference: the recent historiography of early modern Cornwall". In: Philip Payton (Hg.): *Cornish studies, second series: ten.* Exeter: Univ. of Exeter Press. S. 104-115.

Stoyle, Mark [J.] 2002b: *West Britons: Cornish identities and the early modern British state.* Exeter: Univ. of Exeter Press.

Stoyle, Mark [J.] 2004: "[Sammel-Rezension von] Tudor Cornwall, by John Chynoweth (Stroud: Tempus Publishing, 2002). / Propaganda and the Tudor State: Political Culture in the Westcountry, by J. P.D. Cooper (Oxford: Clarendon P., 2003)". In: *English historical review* 119 (2004), 481. S. 505-508.

Stuart, Elisabeth 1994: "In the steps of the Black Prince". In: *The Duchy review* 6 (1994). S. 28-31.

Svensson, Örjan 1987: *Saxon place-names in east Cornwall.* (Lund studies in English; 77) Lund: Lund Univ. Press. [Zugl. Diss. Univ. Lund 1987]

Tanner, Marcus 2004: *The last of the Celts.* New Haven, Conn.: Yale Univ. Press.

Taylor, Thomas (1995): *The Celtic Christianity of Cornwall: divers sketches and studies.* Felinfach: Llanerch. (Faks. der Ausg. London: Longmans, Green and Co. 1916).

*Tellam, [David] Oggie 2006: "A Cornish Assembly". In: Les Merton (Hg.): *101 poets for a Cornish Assembly.* Bristol: Boho Press. S. 103.

Thayer, George 1965: *The British political fringe: a profile.* London: Blond.

Theroux, Paul 2002: "Hawai'i (The Hawaiians)". In: *National geographic* 202 (Dezember 2002), 6. S. 2-41.

Thieberger, Richard 1997: "Le concept de la 'nation' en France et en Allemagne au XVIIIe siècle: quelques remarques à propos d'une perversion étymologique". In: Bernd Spillner (Hg.): *Französische Sprache in Deutschland im Zeitalter der Französischen Revolution.* (Studien zur allgemeinen und romanischen Sprachwissenschaft; 5) Frankfurt a.M.: Lang. S. 39-46.

*"Thirty years' a-leader writing". [Editorial] In: *An baner Kernewek* 120 (2005). S. 3.

Thomas, Alys 1994: "Cornwall's territorial dilemma: European region or 'Westcountry' sub-region?" In: Philip Payton (Hg.): *Cornish studies, second series: two.* Exeter: Univ. of Exeter Press. S. 138-150.

*Thomas, Charles 1973: *The importance of being Cornish in Cornwall: an inaugural lecture, delivered ... on April 10th, 1973.* Redruth: Inst. of Cornish Studies.

Thomas, Charles 1986: *Celtic Britain.* (Ancient peoples and places; 103) London: Thames and Hudson.

*Thomas, Charles 2002: "Cornish archaeology at the millennium". In: Philip Payton (Hg.): *Cornish studies, second series: ten.* Exeter: Univ. of Exeter Press. S. 80-89.

Thomas, Chris 1997: "See your own country first: the geography of a railway landscape". In: Ella Westland (Hg.): *Cornwall: the cultural construction of place.* Penzance: Patten. S. 107-128.

Thomas, Dylan (1991): *Under Milk Wood: a play for voices.* (Everyman's library) London: Dent. [Erstm. 1954, Radio BBC und im Druck]

*Thomas, Herbert 1928: "Cornwall a thousand years ago: back to the land of our fathers". In: *The Cornish Gorsedd at Boscawen-Un stone circle, near St. Buryan, (September 21st, 1928).* Penzance: The Cornishman. S. 7-9.

*Thomas, William Herbert (Hg.) 1892: *Poems of Cornwall by thirty Cornish authors.* Penzance: Rodda.

*Thompson, Vic. 1970: "Cornwall .... "to be or not to be?"". In: *Cornish independent*, Oktober

1970, 7. S. 5-6.

Thompson, W. Harding 1930: *Cornwall: a survey of its coasts, moors, and valleys, with suggestions for the preservation of amenities*. London: Univ. of London Press.

Thorn, Caroline, Frank Thorn (Hgg.) 1979: *Domesday Book: Cornwall*. (History from the sources: Domesday Book; 10) Chichester: Phillimore.

Todd, Malcolm 1987: *The South West to AD 1000*. (A regional history of England) London: Longman.

*Toorians, Lauran (Hg.)1991: *The Middle Cornish "Charter endorsement": the making of a marriage in medieval Cornwall*. (Innsbrucker Beiträge zur Sprachwissenschaft; 67) Innsbruck: Univ. Innsbruck, Inst. für Sprachwissenschaft.

Townsend, A.R., C.C. Taylor 1975: "Regional culture and identity in industrialized societies: the case of North-East England". In: *Regional studies* 9 (1975), 4. S. 379-393.

*The Tregellas Foundation (o.J.): *The Tregellas Tapestry at Kresenn Kernow, The Cornwall Centre, and Market Way, Redruth*. Redruth: The Tregellas Foundation.

Tregidga, Garry 1997: "The politics of the Celto-Cornish revival, 1886-1939". In: Philip Payton (Hg.): *Cornish studies, second series: five*. Exeter: Univ. of Exeter Press. S. 125-150.

Tregidga, Garry 2000a: "'Bodmin man': Peter Bessell and Cornish politics in the 1950s and 1960s". In: Philip Payton (Hg.): *Cornish studies, second series: eight*. Exeter: Univ. of Exeter Press. S. 161-181.

Tregidga, Garry 2000b: *The Liberal Party in south-west Britain since 1918: political decline, dormancy and rebirth*. Exeter: Univ. of Exeter Press.

*"Trelawny will be climax to event of musical magic". In: *The West Briton*, 18. April 2002. S. 24.

"Tremayne, Peter"; i.e. Peter Berresford Ellis (q.v.).

Trevenen Jenkin, Ann; cf. Jenkin, Ann Trevenen.

Trevor-Roper, Hugh 1983: "The invention of tradition: the Highland tradition of Scotland". In: Eric Hobsbawm, Terence Ranger (Hgg.): *The invention of tradition*. (Past and present publications) Cambridge: Cambridge Univ. Press. S. 15-41.

*Trewin-Wolle, E[dward]. (Hg.) 1975: *Cornish Stannary gazette* 1 (Jan. 1975). o.O.: Cornish Stannary Parliament.

*Truran, Leonard H. (o.J.): *Mebyon Kernow: for Cornwall – a future!* Redruth: MK Publ. [Um 1976]

Tschirschky, Malte W. 2003: "The medieval 'Cornish Bible'". In: Philip Payton (Hg.): *Cornish studies, second series: eleven*. Exeter: Univ. of Exeter Press. S. 308-316.

Tulard, Jean, Jean-François Fayard, Alfred Fierro 1987: *Histoire et dictionnaire de la révolution française, 1789-1799*. (Bouquins) Paris: Laffont.

Turk, Stella 1995: "The significance of Cornish and Scillonian natural history". In: Philip Payton (Hg.): *Cornish studies, second series: three*. Exeter: Univ. of Exeter Press. S. 144-160.

*"Tyr ha Tavas (Land and Language)". In: *Old Cornwall* 2 (1933), 5. S. 29f.

*Tyr-Gwyr-Gweryn 2001: *Cornish genocide*. [Internet] <http://ourworld.compuser ve.com/homepages/Kernow_tgg/Genocide.html>, Forts. <~/Corngen.ht ml>, <~/Coerce.html>, <~/Method.html>, <~/finger.html> (23.10.2001).

Udall, Nicholas (1884): "Answer to the commoners of Devonshire and Cornwall". In: Nicholas Pocock (Hg.): *Troubles connected with the Prayer Book of 1549: documents ...* (Camden Society; [2=] N.S. 37) [London:] The Camden Society. [Hier: Nachdr. New York: Johnson Reprint Corp., 1965] S. 141-193. [Erstm. 1549]

The United Kingdom Parliament 2005: *Alphabetical list of constituencies and Members of Parliament*. [Internet] <http://www.parliament.uk/directories/hciolists/ alcm.cfm> (12.5.2005).

Urwin, Derek W. 1982a: "Conclusion: perspectives on conditions of regional protest and accommodation". In: Stein Rokkan, Derek W. Urwin (Hgg.): *The politics of territorial identity: studies in European regionalism*. London: Sage. S. 425-436.

Urwin, Derek W. 1982b: "Territorial structures and political developments in the United Kingdom". In: Stein Rokkan, Derek W. Urwin (Hgg.): *The politics of territorial identity: studies in European regionalism*. London: Sage. S. 19-73.

*Val Baker, Denys 1973: *The timeless land: the creative spirit in Cornwall*. Bath: Adams and Dart.

Verdery, Katherine 1993: "Whither 'nation' and 'nationalism'?" In: *Dædalus* 122 (1993), 3. S. 37-46.

[Vergil, Polydore] Henry Ellis (Hg.) 1846: *Polydore Vergil's English history, from an early translation ... . Vol. 1, containing the first eight books, comprising the period prior to the Norman Conquest*. (Camden series; 1,36) London: Camden Soc. [Begonnen um 1513]

Vernon, James 1998: "Border crossings: Cornwall and the English (imagi)nation". In: Geoffrey Cubitt (Hg.): *Imagining nations*. (York studies in cultural history) Manchester: Manchester Univ. Press. S. 153-172.

*Vian, Peter 1973: "Mebyon Kernow after self government". In: *Cornish nation* 2 (1973), 14. S. 94.

Vink, Caroline 1993: "'Be forever Cornish!': Some observations on the ethnoregional movement in contemporary Cornwall". In: Philip Payton (Hg.): *Cornish studies, second series: one*. Exeter: Univ. of Exeter Press. S. 109-119.

*Vulliamy, C.E. 1925: *Unknown Cornwall*. Ill. von Charles Simpson. (The county series) London: Bodley Head.

Wakelin, Martyn F. 1975: *Language and history in Cornwall*. Leicester: Leicester Univ. Press.

Walton, Stephen J. 1998: "Norwegian". In: Glanville Price (Hg.): *Encyclopedia of the languages of Europe*. Oxford: Blackwell. S. 335-343.

Ward-Perkins, Bryan 2000: "Why did the Anglo-Saxons not become more British?" In: *English historical review* 115 (2000), 462. S. 513-533.

*"Warning of more bombs". In: *Western morning news*, 9. Dezember 1980. S. 1.

*Watson, W[illiam].C[harles].D[avid]. (1999): "My a glew = I hear". In: Tim Saunders (Hg.): *The wheel: an anthology of modern poetry in Cornish 1850-1980*. London: Boutle. S. 72/73. [Geschr. um 1935]

*Weatherhill, Craig 1998: *Cornish place names & language*. Wilmslow: Sigma.

*Weatherhill, Craig 2005: "Cornwall, not England" [Interview]. In: *Cornish world* 43 (2005). S. 40-47.

*Weatherhill, Craig 2006: "Do the Celts exist?". In: *Cornish world* 45 (2006). S. 34-39.

Weber, Eugen 1977: *Peasants into Frenchmen: the modernization of rural France, 1870-1914*. London: Chatto and Windus.

Weber, Max 1913: [Diskussionsbeitrag Prof. Max Weber (Heidelberg)]. In: *Verhandlungen des Zweiten Deutschen Soziologentages vom 20.-22. Oktober 1912 in Berlin*. (Schriften der Deutschen Gesellschaft für Soziologie: 1. Ser.; 2) Tübingen: Mohr. S. 49-52.

Weber, Max (^{5}1976): *Wirtschaft und Gesellschaft: Grundriß der verstehenden Soziologie*, Studienausg., bes. von Johannes Winckelmann. Tübingen: Mohr. [Erstm. 1922]

Weichlein, Siegfried 2006: *Nationalbewegungen und Nationalismus in Europa*. (Geschichte kompakt) Darmstadt: Wissenschaftliche Buchges.

Weight, Richard 2002: *Patriots: national identity in Britain 1940-2000*. London: Macmillan.

Welsh Nationalist Party (Hg.) (o.J.): *Breton nationalism*. [Cardiff?]: Welsh Nationalist Party. [Um 1947]

Westland, Ella (Hg.) 1997: *Cornwall: the cultural construction of place*. Penzance: Patten.

*Whetter, James 1970: "Cornwall's language". In: *Western morning news*, 6. Mai 1970. S. 4.

*Whetter, James 1971: *The Celtic background of Kernow*. [St Austell?]: MK Publ.

*Whetter, James 1972: "The Cornish physique". In: *Cornish nation* 2 (1972), 9. S. 74-75.

*Whetter, James 1973: *A Celtic tomorrow: essays in Cornish nationalism*. St Austell: M.K.

*Whetter, James 1974: "The origin of the name "Cornwall"". In: *Cornish nation* 2 (1974), 17. S. 85-86.

*Whetter, James 1977: *Cornish essays 1971-76*. St Austell: C.N.P. Publ.

*Whetter, James 1988: *The history of Glasney College*. Padstow: Tabb House.

*Whetter, James 1991: *Cornish weather and Cornish people in the 17th century*. St Austell: Trelyspen.

*Whetter, James 1992: "A cornish-only region". In: *An baner Kernewek* 68 (1992). S. 3.

*Whetter, James 1997: "CNP belongs to the 21st century". In: *An baner Kernewek* 87 (1997). S. 3.

Whitaker, John 1804: *The ancient cathedral of Cornwall historically surveyed*. 2 Bde. London: Stockdale.

White, Walter ²1861: *A Londoner's walk to the Land's End and a trip to the Scilly Isles*. London: Chapman and Hall. [¹1855]

Whiting, Robert 1989: *The blind devotion of the people: popular religion and the English Reformation*. (Cambridge studies in early modern British history) Cambridge: Cambridge Univ. Press.

*"Who we are and what we ought to be". [Kommentar, Editorial] In: *The Guardian*, 8. Mai 1990. S. 18.

Wiesinger, Peter 1989: "Regionale und überregionale Sprachausformungen im Deutschen vom 12. bis 15. Jahrhundert unter dem Aspekt der Nationsbildung". In: Joachim Ehlers (Hg.): *Ansätze und Diskontinuität deutscher Nationsbildung im Mittelalter* (Nationes; 8) Sigmaringen: Thorbecke. S. 321-343.

[Wilhelm <von Malmesbury>] Willelmus Malmesbiriensis Monachus (1887): *De gestis regum anglorum libri quinque*, hrsg. von William Stubbs. (Rerum britannicarum medii ævi Scriptores, [90]) London: Eyre and Spottiswoode. [Vollendet um 1125]

Willett, Joanie 2004: *Cornish identity: vague notion or social fact?* BSc (Hons)- Abschlussarb., Cornwall College (Cornwall Business School), Camborne.

Williams, Colin H. 1991: "Linguistic minorities: West European and Canadian perspectives". In: *Id*. (Hg.): *Linguistic minorities, society and territory*. (Multilingual matters; 78) Clevedon: Multilingual Matters. S. 1-43.

Williams, Colin H. 1999: "The Celtic world". In: Joshua A. Fishman (Hg.): *Handbook of language and ethnic identity*. Oxford: Oxford Univ. Press. S. 267-285.

Williams, Colin H. 2002: "On ideology, identity and integrity". In: Philip Payton (Hg.): *Cornish studies, second series: ten*. Exeter: Univ. of Exeter Press. S. 67-79.

Williams, Derek R. 1993: *Prying into every hole and corner: Edward Lhuyd in Cornwall in 1700*. Trewirgie: Truran.

Williams, Derek R. 2004: "Henry Jenner, F.S.A.: city scholar and local patriot". In: *Id*. (Hg.): *Henry and Katharine Jenner: a celebration of Cornwall's culture, language and identity*. London: Boutle. S. 70-110.

*Williams, Douglas 1999: "Sun dances on 71st Gorsedd". In: *Western morning news*, 7. September 1999. S. 20f.

*Williams, Douglas, Michael Williams 2002: *Fifty famous Cornish folk*. (The West Briton) Truro: Cornwall and Devon Media.

Williams, Gwyn A. 1982: *The Welsh in their history*. London: Croom Helm.

Williams, Malcolm 2002: "The new Cornish social science". In: Philip Payton (Hg.): *Cornish studies, second series: ten.* Exeter: Univ. of Exeter Press. S. 44-66.

Williams, Malcolm 2003: "Why is Cornwall poor?: poverty and in-migration since the 1960s". In: *Contemporary British history* 17 (2003), 3. S. 55-70.

*Williams, Maureen 1997-1998: "Presenting my Cornwall: her charm, her history & her people". In: *Keltic fringe* 12 (1997-1998), 4. S. 2-6.

*Williams, Michael 2002: "No one was a match for mighty 'Sykes'". In: *Western morning news*, 9. April 2002. S. 24f.

Williams, N[icholas].J.A. 1995: *Cornish today: an examination of the revived language.* Sutton Coldfield: Kernewek dre Lyther.

Williams, N[icholas].J.A 1998: "Pre-occlusion in Cornish". In: *Studia celtica* 32 (1998). S. 129-154.

Williams, Raymond 1961: *The long revolution.* London: Chatto and Windus.

Williams, Raymond 1988: *Keywords: a vocabulary of culture and society.* London: Fontana Press. [Erstm. 1976]

*Williams, Roy 2002: "Roots in pre-Celtic Cornwall". [Leserbrief] In: *Western morning news*, 20. März 2002. S. 13.

Wodak, Ruth, Rudolf de Cillia, Martin Reisigl, Karin Liebhart, Klaus Hofstätter, Maria Kargl 1998: *Zur diskursiven Konstruktion nationaler Identität.* (Suhrkamp-Taschenbuch Wissenschaft; 1349) Frankfurt a.M.: Suhrkamp.

*Woodhouse, Harry 1994: *Cornish bagpipes, fact or fiction?* Trewirgie: Truran.

Woolf, Stuart 1996: "Introduction". In: *Id.* (Hg.): *Nationalism in Europe, 1815 to the present: a reader.* London: Routledge. S. 1-39.

*Wright, Robert 1997: "Sons of Cornwall settle for bar-room politics". In: *Financial Times*, 19. August 1997. S. 6.

*Young, Robin 1995: "Cornwall stakes exclusive claim to its pasties". In: *The Times*, 2. November 1995. S. 8.

Index